GERHARD VON RAD

o. Professor für alttestamentliche Theologie

THEOLOGIE DES ALTEN TESTAMENTS

BAND II

Die Theologie der prophetischen Überlieferung Israels

Gedenket nicht an das Alte und achtet nicht auf das Vorige
Denn siehe, ICH will ein Neues machen. Jesaja 43 18f

CHR. KAISER

Die Deutsche Bibliothek – CIP-Einheitsaufnahme

Rad, Gerhard von:
Theologie des Alten Testaments / Gerhard von Rad. –
Gütersloh: Kaiser.
(Kaiser-Taschenbücher; ...)
Bis 8. Aufl. als: Einführung in die evangelische Theologie; Bd. 1

Bd. 2. Die Theologie der prophetischen Überlieferung Israels. –
10. Aufl. – 1993
(Kaiser-Taschenbücher; 3)
ISBN 3-579-05003-6
NE: GT

ISBN 3-579-05003-6
10. Auflage, 1993

Umschlaggestaltung: Ingeborg Geith, München
Satz: Buchdruckerei Albert Sighart, Fürstenfeldbruck
Druck und Bindung: Clausen & Bosse, Leck
Printed in Germany

AUS DEM VORWORT ZUR 1. BIS 3. AUFLAGE

Dieser Band, mit dem ich das vor einigen Jahren begonnene Werk abschließe, wird, so hoffe ich, manche Fragen hinsichtlich des theologischen modus procedendi, die dem Leser des ersten Bandes noch offen bleiben mußten, beantworten.

Der hier vorgelegte Entwurf ist aus einer ganz bestimmten Aporie heraus zu verstehen, die innerhalb der bisherigen Geschichte der alttestamentlichen Theologie aufgebrochen ist. Wer versucht, sich über das Erreichte und über das noch zu Bewältigende Rechenschaft zu geben, dem kann es nicht entgehen, daß die Auffassungen von einer Theologie des Alten Testamentes im großen und ganzen zwischen zwei sehr verschiedenen Möglichkeiten pendeln, einer geistesgeschichtlichen und einer heilsgeschichtlichen. W. Vatke, mit dessen Werk dieser Zweig biblischer Wissenschaft im Jahre 1835 zum ersten Male in großer Form auf den Plan getreten ist, suchte die geistig-religiöse Entwicklung Israels als ein Ganzes, d.h. als einen folgerichtigen Ablauf in den Griff zu bekommen, wobei zutagetreten sollte, wie sich in dem scheinbar Besonderen doch immer zugleich das Allgemeine der menschlichen Religion manifestierte. Dieses Interesse an den von Israel ausgesprochenen allgemeinen religiösen Wahrheiten hat noch lange eine Rolle gespielt und ist auch heute noch anzutreffen. Aber auch da, wo sich unter der Einwirkung der religionsgeschichtlichen und religionsvergleichenden Forschung der Sinn für die Besonderheiten der Religion Israels geschärft hat und wo demgemäß die geschichtsphilosophischen Impulse zurücktraten, haftete das theologische Interesse weithin an der geistig-religiösen Leistung Israels, wie das besonders an der Teilung der alttestamentlichen Theologie in einen geschichtlichen und einen ideellen Teil deutlich wird, die Schultz, Dillmann, Sellin und Procksch vollzogen haben. Diese Theologien bringen durchaus eine besondere Offenbarung, die Israel zuteil geworden ist, in Ansatz, aber die göttliche Kondeszendenz — schon Vatke sprach von einer Synkatabasis — ereignete sich für sie durchaus im geistigen Raum, und die innere religiöse Hinbewegung des alten Israel auf das Christentum war dann auch das, was man für das eigentlich Eschatologische im Alten Testament hielt. Demgegenüber bedeutete die Theologie von W. Eichrodt mit ihrem programmatischen Wort von dem „Einbruch der Königsherrschaft Gottes" eine entschiedene Wende. (Aber auch die Mahnrufe von W. Vischer, die weithin wirksam geworden sind, sollen nicht vergessen werden.) Die Frage ist nur, ob in der Entfaltung des Stoffes, wie Eichrodt sie vollzieht, die eigentümlich geschichtsbezogene Aussage des Alten Testaments zu ihrem Rechte kommt.

Dieser dominierenden vergeistigenden und verinnerlichenden Auffassung hat eine kleine Gruppe, die man unter dem Namen der heilsgeschichtlichen Schule zusammenfaßt, widersprochen (J.T.Beck, G.Menken, J.C.K. v.Hofmann, F.Delitzsch u.a.). Hier geht man von dem Primat der geschichtlichen Heilstatsachen aus. „Es sind die bestimmtesten Tatsachen, welche als Quelle der religiösen Vorstellungen ... uns vorgehalten sind. Es ist nicht das Bewußtsein, von welchem aus die objektive Veranschaulichung der Religion Boden gewann. Nicht das Bewußtsein schuf das als Tatsache vorgehaltene, sondern umgekehrt durch die Tatsachen wurde das Bewußtsein geschaffen"[1]. Aber auch in dieser Konzeption sind — namentlich bei Hofmann — ganz bestimmte und, wie wir heute sehen, ganz unalttestamentliche zeitgeschichtliche Philosopheme zum Tragen gekommen. Vor allem aber unterliegt ihr Interesse an einer „objektiven Heilsgeschichte" den größten theologischen Bedenken, denn dem Alten Testament läßt sich dieser Aspekt nicht entnehmen. Wir sehen in ihm zwar ein höchstes Interesse an einzelnen Geschichtsfakten und dann auch an den Geschichtsläufen, die in deren Schatten liegen. Das Entscheidende aber ist die sich immer neu vollziehende Vergegenwärtigung und Aktualisierung der Heilsfakten. Es kommt also gerade nicht zu jener Verobjektivierung, an der den Heilsgeschichtlern so viel lag. Nach alledem will es scheinen, daß die alte Frage nach einer Theologie des Alten Testaments auch heute noch offen steht und daß noch viel getan und geklärt werden muß, bis sie recht geschrieben werden kann.

Daß der Verfasser das von ihm Vorgelegte nicht für eine vollständige und umfassende Theologie des Alten Testamentes hält, sei auch hier noch einmal betont. Etwa nach der Seite begriffsgeschichtlicher Entfaltungen hätte viel mehr getan werden können. Indessen liegen in dieser Hinsicht in neueren Monographien, im Theologischen Wörterbuch zum Neuen Testament, aber auch in den Theologien von W. Eichrodt und L. Köhler so gute Darstellungen vor, daß meine Ausführun-

1. J. C. F. Steudel, Vorlesungen über die Theologie des AT (1840), S. 18 f.

gen in dieser Richtung kurz gehalten werden konnten. Andererseits möchte gerade die theologische Entfaltung des Alten Testaments, wie sie hier versucht wurde, die Grenzen der heute immer noch so beliebten Begriffsuntersuchungen erkennbar machen. Nicht daß wir auf sie je verzichten könnten! Zur Orientierung und als Korrektiv behalten sie für die Exegese ihre Wichtigkeit. Ob aber ihre Ergebnisse — also die Kenntnis der Vorstellung vom „Glauben", von der „Gerechtigkeit", vom „Bund", von den „Opfern", vom „Eifer", von der „Herrlichkeit Gottes" usw. — als konstitutive Elemente in eine alttestamentliche Theologie gehören, ist eine andere Frage. Die Begriffsuntersuchung möchte eine Gesamtvorstellung erarbeiten, in deren Raum eine möglichst große Zahl von Einzelbelegen einbegriffen werden kann. Einen solchen Ideenkomplex kann sie nur auf dem Weg einer Generalisierung und Abstraktion in den Griff bekommen. Wenn es aber richtig ist, was hier auf breiter Basis gezeigt werden wollte, daß nämlich eine alttestamentliche Aussage zuerst von daher zu verstehen ist, daß sie in der Mitte zwischen einer ganz bestimmten göttlichen Vergangenheit und einer ganz bestimmten göttlichen Zukunft steht, und daß sich erst von diesem Ort aus das bestimmen läßt, was in diesem Spannungsfeld von Verheißung und Erfüllung der Glaube, der Unglaube, die Gerechtigkeit oder der Bund ist, — dann wird man sich über die Grenzen der notwendigerweise generalisierenden und abstrahierenden Begriffsuntersuchungen nicht täuschen. Der Unterschied — wiederum notwendigerweise vereinfacht — ist ja klar: Sehe ich das Alte Testament „genetisch", also im Sinne eines umfassenden religiös-geistigen Entwicklungsprozesses, dann kann ich es wohl als ein einigermaßen in sich geschlossenes Ganzes sehen, mit Anfängen, Höhepunkten und Abschlüssen. Sehe ich aber in ihm vornehmlich jene ruhelos heilsgeschichtliche Bewegung von Verheißung und Erfüllung, dann wird deutlich, wie die Erwartungen in ihm immer breiter ausladen, dann ist es kein in sich geschlossenes Ganzes, dann ist es ganz und gar offen, und die Frage nach seinem Verhältnis zum Neuen Testament wird zu der Frage schlechthin.

Sollte dem Autor eine Bitte an den Leser erlaubt sein, so wäre es die, die letzten vier Abschnitte dieses Bandes ja nicht für sich zu nehmen. Sie stehen und fallen mit der Haltbarkeit des Vorherigen, insonderheit des über die Traditionsgeschichte und die sich in ihr immer wiederholenden Neuinterpretationen Gesagten. Es gibt keine Gesamtinterpretation des Alten Testaments, die heute nicht ihr Recht fortwährend an einer ihr genau entsprechenden Einzelinterpretation beweisen müßte. Sonst ist sie belangloses Gerede. Die theologische Deutung der alttestamentlichen Texte setzt aber nicht erst da ein, wo der literarkritisch und historisch geschulte Exeget (so oder so!) seine Arbeit getan hat, so daß wir also zwei Arbeitsgänge hätten, einen historisch-kritischen und dann einen „theologischen". Die theologische Deutung, die in dem Text eine Aussage von Gott zu begreifen sucht, ist vom ersten Anfang des Verstehensprozesses wirksam. Mit allgemein biblisch-theologischen Formeln oder Parolen ist heute weniger denn je etwas auszurichten. Charakteristisch für unsere Problemlage ist die große Nähe von Exegese und Einleitung einerseits und Theologie des Alten Testaments andererseits. Die Theologie ist heute brennend an der Exegese und an ihrem Verstehensvorgang interessiert, weil hier schon die für sie wichtigen Entscheidungen fallen. Sie kann sich nicht entfalten, ohne ständig auf die Einzelexegese und ihre Ergebnisse zurückzugreifen, und sie wird erst glaubwürdig, wenn sie dem Leser den Blick auf die Exegese, ihr eigentliches Fundament, immer wieder freigibt. Denn darüber, was denn nun die Exegese als die eigentliche *Aussage* eines Textes zu verstehen und wie sie sie, möglichst frei von modernen Ressentiments und sachfremden Leitbildern, zu erheben habe, besteht noch sehr wenig Übereinstimmung. Aber auch abgesehen von diesem Interesse an der Exegese, dem in einer Theologie des Alten Testamentes heute besonders Rechnung zu tragen war, mußten sich bei einer derart traditionsgeschichtlich-eschatologischen Auffassung des Alten Testaments, wie sie hier vorgetragen wird, ganz von selbst die wesentlichen Probleme einer Theologie des Alten Testaments an das Ende verschieben, d. h. an den heilsgeschichtlichen Ort, wo die Frage nach dem Verhältnis der im Alten Testament aufgestauten Verheißung zu dem neutestamentlichen Christusgeschehen am brennendsten wird.

Den Abschnitt S. 108 ff. und Teile der Abschnitte S. 339 ff. und S. 358 ff. hatte ich die Ehre, vor der Theologischen Fakultät der Rijksuniversiteit Utrecht am 29. II. und 1. III. 1960 als Obbink Lectures vorzutragen.

Heidelberg, 1. Juni 1960 Gerhard v. Rad

VORWORT ZUR 4. AUFLAGE

Der Text ist diesmal nicht nur von einigen noch verbliebenen Fehlern gereinigt, sondern auch an nicht wenigen Stellen verbessert oder erweitert worden. Das Kapitel über die „Apokalyptik" habe ich neu geschrieben und seine Hauptthese auf breiterer Basis zu begründen gesucht. Neu hinzugekommen ist auch das abschließende Kapitel „Rückblick und Ausblick".

Die Verweise auf den Band I beziehen sich auf die 1962 erschienene 4. Auflage.

Für die sorgfältige Hilfe bei der Korrektur habe ich außer Herrn Pfarrer Haller, Neuendettelsau, auch meinem Assistenten, Herrn Dr. Hermisson, zu danken. Die Durchsicht und Anpassung der Register hat in dankenswerter Weise Fräulein A. Findeiß, Heidelberg, übernommen.

Heidelberg, im Mai 1965 Gerhard v. Rad

Verzeichnis der Abkürzungen

A. Alt, I II III	A. Alt, Kleine Schriften zur Geschichte des Volkes Israel (1953—59)
ANET	Ancient Near Eastern Texts Relating to the Old Testament ed. J. B. Pritchard (2. Aufl. 1955)
AOB	Altorientalische Bilder zum Alten Testament, herausgegeben von H. Gressmann (2. Aufl. 1927)
AOT	Altorientalische Texte zum Alten Testament, herausgegeben von H. Gressmann (2. Aufl. 1926)
BASOR	The Bulletin of the American Schools of Oriental Research
BBLAK	Beiträge zur biblischen Landes- und Altertumskunde
BK	Biblischer Kommentar, herausgegeben von M. Noth
BRL	Biblisches Reallexikon von K. Galling (1937)
BZAW	Beiheft zur Zeitschrift für die alttestam. Wissenschaft
Dt dt	Deuteronomium (5. Buch Mose), deuteronomisch
Dtr dtr	Deuteronomistische Geschichtsschreibung, deuteronomistisch
Eichrodt, I II III	W. Eichrodt, Theologie des Alten Testaments, Band I—III (1933—39), Band I⁵ (1957)
Gordon	C. H. Gordon, Ugaritic Handbook, Bd. I—III (1947)
HAT	Handbuch zum Alten Testament, herausgegeben von O. Eißfeldt
HUCA	The Hebrew Union College Annual
JBL	Journal of Biblical Literature
Köhler	L. Köhler, Theologie des Alten Testaments (1936)
Noth, Geschichte	M. Noth, Geschichte Israels (2. Aufl. 1954)
Noth, Ges. Studien	M. Noth, Gesammelte Studien zum Alten Testament (1957)
Noth, Pentateuch	M. Noth, Überlieferungsgeschichte des Pentateuch (1948)
Noth, Überl. Studien	M. Noth, Überlieferungsgeschichtliche Studien (Schriften der Königsberger Gelehrten Gesellschaft 1943)
RB	Revue Biblique
RGG	Die Religion in Geschichte und Gegenwart (2. Aufl. 1927—31, 3. Auflage ab 1957)
ThLZ	Theologische Literaturzeitung
ThR	Theologische Rundschau
ThWBNT	Theologisches Wörterbuch zum Neuen Testament, herausgegeben von G. Kittel und G. Friedrich
ThZ	Theologische Zeitschrift
Vriezen	Th. C. Vriezen, Theologie des Alten Testaments in Grundzügen (ohne Jahr)
VT	Vetus Testamentum
ZAW	Zeitschrift für die alttestamentliche Wissenschaft
ZDPV	Zeitschrift des Deutschen Palästina-Vereins
ZThK	Zeitschrift für Theologie und Kirche

INHALT

I. HAUPTTEIL

II. HAUPTTEIL

III. HAUPTTEIL

I. HAUPTTEIL

A. EINFÜHRUNG

Die scharfe Abtrennung der Botschaft der Propheten von den Vorstellungen des älteren Jahweglaubens, wie sie in der Disposition dieses Werkes sichtbar wird, kann hier nicht in einem Satz begründet werden; sie kann erst im Folgenden von der Entfaltung des Ganzen gerechtfertigt werden[1]. Sie kann natürlich nicht meinen, daß mit den Propheten etwas völlig Neues in Erscheinung getreten sei, das sich zu allem Bisherigen nur gegensätzlich verhielt. Im Gegenteil; der Aufweis der tiefen Verwurzelung der Propheten in den alten und ältesten Traditionen Israels wird eine der Hauptaufgaben dieser Darstellung sein. Ja noch mehr: Die Möglichkeit, daß es in der Prophetie zu einer solchen religiösen Eruption kommen konnte, die Möglichkeit, daß diese Männer überhaupt verstanden wurden, ja daß Israel an dieser Eruption religiös nicht zugrunde ging, das alles war tief von den Erfahrungen her bedingt, die schon das vorprophetische Israel mit Jahwe gemacht hatte. Und doch hat diese Trennung, zu der wir uns hier entschließen, ihr Recht. Im Grunde ist sie ja schon seit langem von der Prophetenforschung vorbereitet. Diese Prophetenforschung ist ja jung; erst im 19. Jahrhundert ist die Prophetie als ein religiöses Phänomen sui generis — man kann geradezu sagen — entdeckt worden; und damit ist — seltenes Ereignis in der Geschichte der Bibelauslegung! — ein ganzer und großer Bereich der Bibel ganz neu ins Licht der Erkenntnis gerückt worden; ja er begann sogleich weit über die Grenzen des Fachwissenschaftlichen hinaus zu der Zeit zu reden. Diese Entdeckung der Prophetie ist für alle Zeiten mit den Namen H. Ewalds, J. Wellhausens und B. Duhms verknüpft. Von größter Bedeutung für dieses neue Verständnis der Prophetie war die Ablösung ihrer Botschaft von dem ihr vermeintlich vorausgegangenen „Gesetz"[2]. Ein

1. Vgl. die vorläufigen Bemerkungen Bd. I, S. 142.

2. Die Auffassung, daß die Propheten die Ausleger des mosaischen Gesetzes waren, wurde im Protestantismus von Luther bis in die Mitte des 19. Jahrhunderts durchge-

neuer Zugang zu ihr war in dem Augenblick frei, als man durch die Ergebnisse der Quellenkritik der Nötigung enthoben war, die Propheten von der pentateuchischen Überlieferung her zu verstehen, sofern sie in den Quellenschriften des Deuteronomiums und der Priesterschrift ihren Niederschlag gefunden hat. Diese quellengeschichtliche Umstellung war revolutionär, denn sie rückte mit einem Schlag die Propheten aus einer Beschattung heraus, in der sie in ihrer Eigenart gar nicht deutlich werden konnten. Aber das Pendel schlug daraufhin zu weit aus; denn so original, so persönlich und gottunmittelbar, wie man es sich damals dachte, waren die Propheten doch nicht. Heute sehen wir sie auf und ab von alten Überlieferungen abhängig, die sie aktualisieren und interpretieren. Ja, am Ende dieses Buches werden wir uns sogar noch vor die Aufgabe gestellt sehen, den Propheten ihren Anteil am Gesetz wiederzugeben[3]. Diese inzwischen nötig gewordenen Korrekturen an dem Bild der „klassischen Prophetenforschung" greifen tief; denn damals sah man gerade in der geistigen Unabhängigkeit und in der religiösen Unmittelbarkeit dieser Männer das Wesen des Prophetischen überhaupt. Gerade hier aber sind, wie heute völlig deutlich geworden ist, moderne Vorstellungen von der Freiheit und Geistigkeit der religiösen Persönlichkeit von den Auslegern eingetragen worden. Die Forschung hat inzwischen gezeigt, daß der substantielle Anteil der Propheten an den antik-orientalischen Vorstellungen, an Kultus und Mythus, ja auch an primitiv-„magischen" Vorstellungen (wie man es damals nannte) doch viel größer war. Und diese Gebundenheit an die ihnen vorgegebenen Überlieferungen und allgemeinen religiösen Vorstellungen betraf keineswegs etwa nur die Ränder, sondern reichte bis ins Zentrum ihrer Botschaft. Damit ist aber die Definition des Prophetischen überhaupt, die damals sonderlich von den neuen Ideen ausging, die jene Männer in ihrer gottunmittelbaren

halten. „prophetia enim nihil aliud quam expositio et (ut sic dixerim) praxis et applicatio legis fuit" (WA VIII, 105, 6 ff.). Die Prophetie „wurzelt tief im Gesetze, ist daraus erzeugt, nichts anderes als die weitere Entfaltung desselben in seiner Anwendung auf Gegenwart und Zukunft des Volkes" (*H. A. C. Hävernick*, Vorlesungen über die Theologie des Alten Testamentes [1848], S. 16). Man vergleiche damit die Darstellung Wellhausens von seinen Bemühungen, die Propheten von dem Gesetz her zu verstehen; er habe den Pentateuch durchstudiert, aber vergebens auf das Licht gewartet, das sich von da aus auf die prophetischen Bücher ergießen sollte. „Vielmehr verdarb mir das Gesetz den Genuß jener Schriften; es brachte sie mir nicht näher, sondern drängte sich nur störend ein, wie ein Gespenst, das zwar rumort, aber nicht sichtbar, nicht wirksam wird." Prolegomena zur Geschichte Israels (1899[5]), S. 3.

3. S. u. S. 421 ff.

Persönlichkeit konzipiert hatten, im wesentlichen hingefallen. Hingefallen ist ferner der ganze Begriff einer „prophetischen Religion", die man als den geistigen Gegenpol gegenüber der „priesterlichen Kultreligion" verstehen zu müssen glaubte. In dieser Hinsicht steht die Forschung eigentlich auch heute noch in dem Abbau einer Konzeption, als deren Höhepunkt man B. Duhms „Israels Propheten" (1916) bezeichnen kann. In dem Maße aber, in dem die Forschung von dem Psychologismus, Personalismus und Idealismus dieses Prophetenbildes abrückte, ist sie aber auch in der Bestimmung dessen, was denn nun in der Botschaft dieser Männer das Neue war, zunehmend unsicher geworden. Gerade die Erkenntnis von der überaus starken Überlieferungsgebundenheit der prophetischen Botschaften hat die Forschung fast wieder auf die alte Frage, von der sie ausgegangen war, zurückgeworfen. Sie muß das, was in Anbetracht dieser ihrer neuen Sicht als das spezifisch „Prophetische" zu gelten hat, neu zu bestimmen suchen. Die Frage nach dem Zustandekommen der prophetischen Botschaft stellt sich ja anders, wenn man sie nicht mehr einfach auf das unmittelbare Gotterleben dieser Männer zurückführen kann. An welchem theologischen Ort betätigte sich also ihre einzigartige Unabhängigkeit und religiöse Vollmacht?

Zur Beantwortung dieser, wie gesagt, sehr elementaren Fragen ist es unerläßlich, daß wir uns die Botschaften der Propheten in ihrer geschichtlichen Abfolge vergegenwärtigen. Auch eine kurze Vorgeschichte der „prophetischen Bewegung" mag der genaueren Erfassung des Phänomens dienlich sein[4].

4. Gesamtdarstellungen: *G. Hölscher,* Die Profeten (1914); *B. Duhm,* Israels Propheten (1916); *T. H. Robinson,* Prophecy and the Prophets in Ancient Israel (1923); *A. Jepsen,* Nabi (1934); *M. Buber,* Der Glaube der Propheten (1950); *C. Kuhl,* Israels Propheten (1956); *A. Neher,* L'Essence du prophétisme (1955); vgl. auch *R. Rendtorff,* ThWBNT VI S. 796 ff; *G. Fohrer,* Neuere Literatur z. alttestam. Prophetie, ThR 1951, S. 277 ff; 1952, S. 193 ff. 295 ff; ders., Zehn Jahre Literatur zur atl. Prophetie (1951—60), ThR 28 (1962) S. 1—75, 235—297, 301—374; *J. Lindblom,* Prophecy in Ancient Israel (1963^2); *A. Heschel,* The Prophets (1962); *J. Fichtner,* Propheten, RGG^3 V Sp. 613 ff.

B. DIE VORKLASSISCHE PROPHETIE

1. Die Anfänge

Die Prophetie, von der in diesem Buch die Rede sein soll, begann im 9. Jahrhundert — mit Elia und Elisa — ihre Stimme zu erheben. Das war also in einer schon einigermaßen vorgerückten Stunde der Glaubens- und Kultusgeschichte des alten Israel. Wenn sich auch die Anfänge der Prophetie noch in wesentlich frühere Zeiten hinaufverfolgen lassen, so tritt sie doch, verglichen mit den uralten Institutionen des Priestertums oder des sakralen Rechts, mit ihrem besonderen Auftrag als ein Spätling in die Geschichte Israels ein. Das gilt namentlich im Blick auf die Prophetie des 8. Jahrhunderts, also im Blick auf Amos, Hosea oder Jesaja, in der die Bewegung ihren ersten Höhepunkt erreicht hat. Aber der Ausdruck „prophetische Bewegung", ohne den wir freilich nicht ganz auskommen, kann irreführen; denn je weiter die Forschung in den Gegenstand eindringt, um so komplexer erscheint er ihr. Die gerade Entwicklungslinie, die man früher von den Ekstatikerbanden von 1. Sam. 10_{5} ff. über Samuel und Elia bis zu Jesaja und Jeremia hin herabgeführt hat, ist längst als eine unzulässige Vereinfachung erkannt. Gerade im Blick auf die Anfänge zeigt es sich, daß das Belegmaterial einfach nicht ergiebig und vor allem nicht eindeutig genug ist, daß wir mit seiner Hilfe etwas wie eine Geschichte dieser Bewegung oder auch nur ein ungefähres Bild ihrer Ursprünge nachzeichnen könnten. Schon unser verallgemeinernder Sprachgebrauch, der von „Propheten" spricht, täuscht eine Einheitlichkeit der Sache vor, die nicht vorhanden war. Nathan wird in den Quellen überall als „Prophet" (נָבִיא) bezeichnet; Gad dagegen fungiert teils als „Seher Davids" (חֹזֶה 2. Sam. 24_{11}), teils als Prophet (נָבִיא 1. Sam. 22_{5}; 2. Sam. 24_{11}). Amos wird von Amazja als „Seher" (חֹזֶה) angeredet und antwortet daraufhin, er sei kein „Prophet" (נָבִיא Am. 7_{12}). In 1. Sam 9_{9} werden Prophet und Seher (רֹאֶה) als Synonyma bezeichnet; es wird aber festgestellt, daß sich der Sprachgebrauch im Laufe der Zeit geändert habe. Elisa wird sehr häufig als „Gottesmann" (אִישׁ הָאֱלֹהִים) tituliert[5].

5. 2. Kön. $4_{7,\, 9,\, 16,\, 21\, f,\, 25,\, 27,\, 40,\, 42}$; $5_{8,\, 14\, f,\, 20}$ u. ö.

Die Jünger, die sich um ihn scharen, heißen aber „Prophetenjünger" (בְּנֵי הַנְּבִיאִים 2. Kön. 2$_{3, 5, 7, 15}$; 4$_{1, 38}$ u. ö.). Die Prophetengeschichte 1. Kön. 13 erzählt von dem „Gottesmann" aus Juda, während sie dessen Berufskollegen in Bethel mit nabi bezeichnet; sie hebt aber diese Unterscheidung wieder auf, indem sie den Judäer sagen läßt: „Ich bin auch ein nabi wie du" (1. Kön. 13$_{18}$). Diese auffallende Beweglichkeit in der Terminologie warnt uns davor, in den einzelnen Texten eine zu unmittelbare Spiegelung der geschichtlichen Wirklichkeit zu sehen. Es sind doch immer schon bestimmte Auffassungen der Erzähler im Spiel, und vor allem ist es sicher eine regional begrenzte Begrifflichkeit, die jeweils in den einzelnen Textgruppen zu Worte kommt[6]. Wer wollte auch erwarten, daß man in den verschiedenen Zeiten und an verschiedenen Orten dieselbe Sache einheitlich benannt hat? Und wär es denn immer dieselbe Sache? Sicher drückt sich in der Buntheit der Terminologie in den Dokumenten letztlich auch die Uneinheitlichkeit des geschichtlichen Phänomens aus, nur dürfen wir in der Verwendung der einzelnen Bezeichnungen gerade im Literarischen keine Konsequenz und Methode erwarten. Das Wort, das weitaus am häufigsten verwendet wird, ist nabi; aber das starke Überwiegen dieses Wortes gegenüber anderen Bezeichnungen bedeutet für uns keine Erleichterung, sondern vielmehr eine Erschwerung der Erkenntnis; denn ohne Zweifel vollzieht sich mit dem Überhandnehmen dieses Wortes, vollends dann in der Rückschau späterer Erzähler, eine Verallgemeinerung und eine begriffliche Nivellierung. Es wird eine der besonderen Aufgaben dieser Darlegungen sein, zu zeigen, wie vielerlei voneinander verschiedene Auffassungen von dem Amt und der Botschaft dieser Männer in der Zeit vom 8. bis zum 6. Jahrhundert in dem einen Wort nabi Raum gefunden haben. Wir sind dem Verständnis der Sache noch nicht einen

6. Ein lehrreiches Beispiel für diese Verschiedenheit der Auffassungen und die dadurch verursachte Unklarheit gibt die Überlieferung von Samuel im 1. Samuelbuch. Obgleich die Erzähler außerhalb der Jugendgeschichte die Bezeichnung נָבִיא auf Samuel nicht anwenden, ist kein Zweifel, daß sie Samuel weithin für einen Mantiker und Propheten halten. Der Erzähler der Jugend- und Berufungsgeschichte (1. Sam. 1—3) nennt Samuel an herausgehobener Stelle einen נָבִיא (1. Sam. 3$_{20}$). Der von 1. Sam. 19$_{18}$ ff. — wieder ein anderer — hält Samuel für den Vorsteher eines Kreises von Ekstatikern, während der von 1. Sam. 9 ihn als Seher und Gottesmann bezeichnet (9$_{6, 8, 11}$). Der Dtr stellt ihn sich als den letzten Richter vor (1. Sam. 12). Wahrscheinlich aber war der geschichtliche Samuel keines von dem allen, sondern ein Gesetzessprecher. (S. Bd I, S. 46, 73 f; *H. Wildberger*, Samuel und die Entstehung des israelitischen Königtums, ThZ 1957 S. 464 f.)

Schritt näher gekommen, wenn wir das Wort nabi mit dem aus dem griechischen Sprachraum kommenden „Prophet" übersetzt haben.

Es liegt nahe, das hebräische Wort נָבִיא mit dem akkadischen Verbum nabu „rufen", „verkündigen" in Zusammenhang zu bringen. Die Frage aber, ob es dann als eine Aktivbildung („Rufer") oder als eine Passivbildung (der von der Gottheit „Gerufene") aufzufassen ist, steht noch offen. Das Verbum נבא ist höchstwahrscheinlich denominiert. Das *Hitpael* bedeutet „sich im Zustand verzückten Rasens befinden". Es herrscht in der älteren Literatur vor. Das *Niphal* hat oft die gleiche Bedeutung, tendiert aber in der späteren Literatur deutlich nach dem blasseren und allgemeineren „verkündigen", „weissagen" hin. (Einzelheiten und Belege bei *R. Rendtorff* ThWBNT VI, 796 ff; *A. Jepsen*, Nabi [1934], S. 5 ff.)

An der Feststellung, daß erst nach der Landnahme Begeisterte in Israel aufgekommen sind, ist festzuhalten. Es gibt einige Anzeichen, die darauf hinweisen, daß im 11. Jahrhundert in Syrien und Palästina eine ekstatisch-mantische Bewegung aufgekommen ist, deren Ursprünge wahrscheinlich außerhalb dieses Bereichs, vielleicht in der thrakisch-kleinasiatischen Begeisterungsmantik liegen[7]. Diese Bewegung muß dann über das Medium der kanaanäischen Religiosität nach Israel gekommen sein. Die ältesten alttestamentlichen Belege für ihr Aufkommen sind die Berichte von jenen Schwärmen von derwischartigen Begeisterten, die da und dort im Lande aufgetaucht sind, und denen der israelitische Bauer verwundert genug nachgesehen haben mag (1. Sam. $10_{5\,\mathrm{ff.}}$). Diese ihre ekstatische Erregung war ansteckend; sie konnte auch auf einen, der nur eben dem Kreis dieser Rasenden nahekam, überspringen (1. Sam. $19_{18\,\mathrm{ff.}}$). Der Sprachgebrauch, der das Wort „geifern", „sabbern" im Sinne von „weissagen" verwendet (הִטִּיף Am. 7_{16}; Mi. $2_{6,11}$) oder der andere, demzufolge ein Prophet auch als מְשֻׁגָּע, als „Verrückter" bezeichnet werden konnte (2. Kön. 9_{11}), sagt genug. Ob sich in den ältesten Zeiten diese ekstatische Erregung überhaupt im artikulierten Wort geäußert hat oder ob sie als solche Selbstzweck und Erweis göttlichen Ergriffenseins war, wissen wir nicht. Die höchst anschauliche Schilderung von dem sich steigernden stundenlangen Rasen der Baalspriester weiß von Gebetsrufen, die die in

7. *G. Hölscher*, a. a. O. S. 132 ff. Vgl. die klassische Schilderung ekstatischer Zustände im Bereich der thrakisch-kleinasiatischen Begeisterungsmantik bei *E. Rohde*, Psyche (1907[4]), Bd. II, S. 8—22. *T. H. Robinson*, a. a. O. S. 33 ff. Zur Frühgeschichte der Prophetie vgl. jetzt *J. Lindblom*, Zur Frage des kanaanäischen Ursprungs des altisraelitischen Prophetismus (in Festschrift f. *Eißfeldt:* Von Ugarit nach Qumran [1958], S. 89 ff.).

ihrer Erregung fühllos Gewordenen unter Selbstverwundungen ausgestoßen haben (1. Kön. 18$_{26}$ ff.).

Eine Erzählung, die ein Licht auf die theologische Beurteilung dieser Erregungszustände wirft, findet sich in Nu. 11$_{10}$ ff. und gehört dem Elohisten zu. Mose hat sich in Worten äußerster Niedergeschlagenheit, ja Verzweiflung über die Last seines Amtes beschwert. Daraufhin ließ Jahwe 70 Älteste ans heilige Zelt kommen, nahm etwas von dem Geiste Moses und verteilte es unter die Siebzig. Die Wirkung war eine höchst überraschende, denn die Ältesten sind daraufhin in eine prophetische Erregung geraten (וַיִּתְנַבְּאוּ), die gar kein Ende finden wollte. Sogar zwei von ihnen, die aus irgendeinem Grunde nicht zum Zelt herausgekommen waren, sind im Lager in diesen Zustand versetzt worden. Josua, erschrocken über diesen Vorfall, bat Mose, dem doch zu wehren; aber Mose sah die Sache ganz anders an: „Oh, daß doch das ganze Volk Jahwes aus Propheten bestünde, daß Jahwe seinen Geist auf sie kommen ließe!" Diese Erzählung kann nun zwar nicht dahin gedeutet werden, daß schon das Israel der „Wüstenzeit" Erfahrungen mit dem Phänomen der prophetischen Erregung gemacht habe. Die Erzählung wird ja auch mit Recht als verhältnismäßig jung beurteilt[8]. Aber ist sie im Kreis der pentateuchischen Überlieferung jung, so ist sie doch als Dokument einer Begegnung und Auseinandersetzung mit der prophetischen Bewegung alt. Deutlich spricht aus ihr noch das Erstaunen über das Fremdartige und das Bemühen, mit der ungewohnten Erscheinung gedanklich ins reine zu kommen. Ist sie nicht etwas Unordentliches? Oder ist sie vielleicht doch mit dem Jahweglauben vereinbar? Das Ergebnis der Erzählung ist ein überraschend positives: Auch der Geist dieser Erregten ist Geist von Moses Geist. Die Erzählung bemüht sich also um eine Legitimierung dieses neuen religiösen Phänomens, das, wie gesagt, den Altgläubigen manches Kopfzerbrechen gemacht haben mag. Man könnte in dieser Erzählung geradezu etwas wie eine Rezeption der ekstatischen Bewegung in die Institutionen des Jahweglaubens hinein sehen, jedenfalls eine legitimierende Ätiologie des Prophetentums. In der Antwort des Mose, die die schwere Frage so positiv entschieden hat, gibt sich der Jahweglaube eine ganz neue Deutung seiner selbst. Er mißt sich jetzt an einem Maßstab, der der Frühzeit noch unbekannt war, d. h. er bewertet sich nach dem Maß des prophetischen Geistbesitzes; und in dieser Hinsicht — so meint der Erzähler — kann es gar kein Zuviel geben. —

Unmittelbar auf die eben besprochene folgt eine andere Erzählung, in die eine spruchartige Dichtung eingelegt ist, die wiederum von einer bestimmten Form des älteren Prophetentums handelt. „Wenn unter euch ein Prophet ist, so offenbare ich mich ihm durch Gesichte und rede zu ihm durch Träume. Nicht so mit meinem Knecht Mose ..." (Nu. 12$_{6, 8}$). Auch hier also wird das Nabitum auf Mose bezogen; freilich, hier geht es zugleich auch um die rechte Abgrenzung von Mose, während wir oben auf das Bemühen stießen, die beiden Größen möglichst eng miteinander zu verbinden. Aber der seltsame Gottesspruch spricht wohl überhaupt von einem anderen Nabitum, denn die Propheten, die er meint, sind nicht einfach Gefäße göttlichen Geistes, sondern Gegenstand artikulierter göttlicher Anrede, und dies beides ist schwerlich ein und dasselbe. Ferner ist dieser Prophet nach der Auffassung jenes Spruches ein Mann, der mit einer Botschaft an die Öffentlichkeit tritt. Der Erleuchtung allerdings, die er empfängt, haftet — und darauf insistiert der Spruch — etwas Mittelbares an. Sie geschieht in Traumgesichten und Rätselsprüchen, also in einer gewissen Gebrochenheit. Viel unmittelbarer steht Mose zu Gott, weil er sein Wissen aus dem direkten Gespräch mit Gott und aus unmittelbarem Schauen herleitet. Leider

8. *H. Greßmann,* Mose (1913), S. 179; *M. Noth,* Pentateuch, S. 141 ff.

ist an diesem Passus vieles dunkel. Was ist mit dem Schauen der „Gestalt Jahwes" gemeint? Vor allem aber: Was ist hier mit „Mose" gemeint, der dem Nabitum so angelegentlich übergeordnet wird[9]?

Es gab eine Zeit in der Prophetenforschung, für die war die Frage nach dem Alter und der Herkunft des Prophetentums identisch mit der Frage nach dem Alter und der Herkunft des Ekstatikertums. Es ist aber doch fraglich geworden, ob das Prophetentum nur diesen einen Ursprung hat und ob der riesige Baum nur aus dieser Wurzel erwachsen ist. Macht man sich von der Suggestion dieser reichlich konstruktiven Entwicklungslinie frei, so stellt sich schnell heraus, daß uns schon im Alten Testament das alte Nabitum als ein recht komplexes Phänomen entgegentritt. Hat es, woran wir zu zweifeln keinen Anlaß haben, auch noch zur Zeit Davids solche Ekstatikerschwärme gegeben, dann war auch Nathan ihr Zeitgenosse. Was aber hat er mit ihnen gemeinsam außer der Bezeichnung nabi[10]? Er steht ihnen so fern, daß man schon erwogen hat, ihm sein prophetisches Amt überhaupt absprechen und ihn nur als Prinzenerzieher verstehen zu sollen[11]. Aber nun ist von einigen Texten des Briefarchivs von Mari, einem Stadtstaat zur Zeit Hammurabis am mittleren Euphrat (um 1700 v. Chr.), gerade auf die Prophetenfunktion Nathans ein neues Licht gefallen. Dort erfahren wir nämlich von einem Mantiker (muḫḫum) des Gottes Dagan, der Gottesbescheide, die er im Traum empfangen hat, hohen Staatsbeamten ausrichtet. Das Besondere aber daran ist, daß es sich hier nicht um die sattsam bekannten Orakel handelt, die man überall bei der Gottheit eingeholt hat, sondern um ein unbequemes Dreinreden, um Beschwerden und Befehle, die dieser dem Hofe offenbar nahestehende Gottesmann weitergibt[12]. Ein anderer Maritext kommt altisraelitischen Verhältnissen noch näher, denn in ihm nimmt die Gottheit — hier ist es der syrische Wettergott Hadad — durch den Mund eines Mantikers nicht nur für sich in Anspruch, den König eingesetzt zu haben, sondern sie läßt den König auch wissen, daß sie ihre Setzung, wenn es ihr gefällt, auch wieder zurücknehmen kann. „Ich

9. Siehe Bd. I, S. 303.

10. 2. Sam. 7_{1} ff, 12_{25}; 1. Kön. $1_{8, 23}$. Neben Nathan hat auch Gad eine Rolle als Hofprophet gespielt, 1. Sam. 22_{5}; 2. Sam. 24_{11-13}.

11. *G. Hölscher*, a. a. O. S. 124.

12. Vgl. dazu *W. von Soden*, Die Verkündigung des Gotteswillens durch prophetisches Wort in den altbabylonischen Briefen aus Mari, Welt des Orients (1950), S. 397 ff; *M. Noth*, Geschichte und Gotteswort im Alten Testament, Ges. Studien (1957), S. 230 ff; *C. Westermann*, Grundformen prophetischer Rede (1960), S. 82 ff.

werde, was ich gab, wegnehmen."[13] Auch Nathan empfing seine Offenbarungen des Nachts (2. Sam. 7); auch er sprach im Namen seines Gottes ein dynastiegründendes Wort und auch er war ungerufen bei Hofe erschienen, um im Namen seines Gottes Klage zu erheben (2. Sam. 12). Ebenso fühlt man sich an den Seher Gad erinnert, der dem König das göttliche Mißfallen über die veranstaltete Volkszählung mitzuteilen hatte (2. Sam. 24$_{11}$ ff.). Reicht diese außerisraelitische Parallele auch hin, die Geschichtlichkeit Nathans als eines Mantikers und auch Politikers am Hofe Davids zu sichern, so geben uns die inneralttestamentlichen Quellen doch von seinem Amt noch kein rechtes Bild, das klar genug wäre, daß wir es von anderen Erscheinungen des gleichzeitigen Nabitums abgrenzen könnten. Nur das vermögen wir gerade noch zu erkennen, daß Nathan kein Ekstatiker war und in keiner Beziehung zu jenen exaltierten Verzückten stand, die man damals im Lande antreffen konnte. Auch Ahia von Silo, den man übrigens auch bei häuslichen Unglücksfällen gegen Bezahlung zu befragen pflegte (1. Kön. 14$_{1}$ ff. vgl. 1. Sam. 9$_{7}$ f.), hat durch die Designation Jerobeams zum König über Israel kräftig in die Politik eingegriffen (1. Kön. 11$_{29}$ ff.). Unbeschadet großer Unterschiede geht doch die Ähnlichkeit dieses Mari-Prophetentums mit dem späteren israelitischen Prophetentum recht weit, und man sollte sie nicht bagatellisieren[14]. Selbst bei dem großen Jesaja fühlt man sich noch lebhaft an dieses vorisraelitische Prophetentum erinnert, das sich doch auch schon in militärischen, in dynastischen oder außenpolitischen Problemen im Namen der Gottheit an den König gewandt hat.

Auch einer wesentlich eingehenderen Diskussion der einschlägigen literarischen Belege würde es wohl nicht gelingen, das älteste „Prophetentum" als ein einigermaßen deutlich konturiertes geschichtliches Phänomen erkennbar zu machen. Die Quellen geben das, wonach wir so angelegentlich fragen, nicht her. Dafür, daß im 11. Jahrhundert in Syrien und Palästina eine mantisch-ekstatische Bewegung aufkam, und daß diese Bewegung, die ihre Ausgänge wahrscheinlich überhaupt nicht bei den Semiten hatte, auch auf Israel übergegriffen hat, spricht

13. *A. Lods,* Une tablette inédite de Mari, intéressante pour l'histoire ancienne du prophétisme sémitique (Studies in Old Testament Prophecy 1950), S. 103 ff.

14. *S. Herrmann* hat besonders auf das Verhältnis Elias zu dem Hausminister Obadja aufmerksam gemacht (1. Kön. 18$_{1}$ ff.), weil hier genau wie in Mari der Verkehr des Propheten mit dem König über einen hohen Beamten geht (Die Ursprünge der prophetischen Heilserwartung im Alten Testament, Theol. Diss. Leipzig, 1957, S. 58 ff.).

in der Tat manches. Aber es geht gewiß nicht an, in diesem Überspringen des Funkens auf den Bereich des Jahweglaubens die Geburtsstunde „des“ israelitischen Prophetentums zu sehen. Gewiß, die Titulierung von Abraham (Gen. 20_{7}) oder Mose (Dt. 18_{15}; 34_{10} u. ö.) oder von Ahron (Ex. 7_{1}) oder der Mirjam (Ex. 15_{20}) als „Propheten“ muß als eine nachträgliche, also anachronistische Interpretation einer viel späteren Zeit beurteilt werden; andererseits läßt sich aus der in ihrem Sinn keineswegs so eindeutigen Notiz 1. Sam. 9_{9} die These, daß das Nabitum das altisraelitische Sehertum abgelöst habe, auch nicht so sicher begründen[15]. Vielmehr machen es neuere Untersuchungen wahrscheinlich, daß „Propheten“ schon in den heiligen Kriegen der vorstaatlichen Zeit eine Funktion hatten[16]. Die Hauptschwierigkeit, die einer deutlicheren Erkenntnis der älteren Verhältnisse im Wege steht, liegt, wie gesagt, in der Terminologie, d. h. in der schon sehr früh einsetzenden Verallgemeinerung der Bezeichnung nabi. War nabi ehedem nur Bezeichnung für den Ekstatiker, der von Fall zu Fall „in einen anderen Menschen verwandelt“ wurde (1. Sam. 10_{6}) und der dann aus der Verzückung heraus redete? Wir können nicht genau sagen, welcher Erscheinung die Bezeichnung ursprünglich zugehört hat und auf welche sie dann alsbald übertragen wurde. Aber im Blick auf Nathan, Gad oder Ahia von Silo kann man doch behaupten, daß sich schon bei diesen Männern einiges von den großen Themen der späteren Propheten abzeichnet: Jahwes Geschichtspläne mit dem Königtum, die Verheißung seiner Dauer, die Ankündigung von Strafen, die den Gesalbten treffen werden, ja die Verwerfung einer Dynastie durch Jahwe (1. Kön. $14_{7\,ff.}$).

In diesem Zusammenhang muß wohl der Text genannt werden, dessen Auslegung seit je die größten Schwierigkeiten bereitet hat, der Judaspruch des Jakobsegens (Gen. 49_{8-12}), sofern die weithin vertretene Auffassung im Recht ist, die in diesem Stammesspruch ein prophetisches Wort sieht, das sich auf das davidische Königtum bezieht. Die Art, wie der Spruch dieses Königtum als eine spezifisch judäische Angelegenheit darstellt, ist auffallend. Davids Königtum, jedenfalls das über Israel, war gerade kein Stammeskönigtum. So ist neuerdings vorgeschlagen worden, den Spruch auf das Königtum Davids in Hebron zu beziehen[17]. Alle Schwierigkeiten liegen in

15. Zu der Diskussion über 1. Sam. 9_{9} s. *H. H. Rowley*, The Servant of the Lord (1952), S. 99 ff.

16. *R. Bach*, Die Aufforderungen zur Flucht und zum Kampf im alttestamentlichen Prophetenspruch (1962), S. 92 ff; *R. Rendtorff*, Erwägungen zur Frühgeschichte des Prophetentums in Israel, ZThK 1962 S. 145 ff.

17. *J. Lindblom*, Suppl. to VT Vol. I (1953), S. 78. Die Argumentation leidet

dem v. 10 b. War gesagt, daß das Szepter und der Herrscherstab von Juda „nicht weichen" werde, so entsteht die Frage, wie nun das „bis daß" zu deuten sei. Ist es Hinweis auf einen, der darnach „auftritt", also auf einen, der erst nach der Herrschaft des Szepters von Juda „kommt"? In diesem Falle hätten wir eine echte Weissagung von dem Kommen eines Herrschers, der von den bisherigen unterschieden wird. Es ist aber auch möglich, das „bis daß" nicht exklusiv, sondern inklusiv zu verstehen, und dann bedeutet es, daß das Vorhergesagte mit dem „bis daß" zu seiner Höhe und zu seinem Ziele kommt. Die Beantwortung dieser Frage kann nur von der Deutung des Wortes שִׁילֹה in v. 10 kommen. Entschließt man sich zu der beliebten, aber freilich etwas blassen Emendation מֹשְׁלוֹ, so lautet die Zeile: „bis sein Herrscher kommt und ihm der Gehorsam der Völker gehört." Das könnte dann (im Sinne der zweiten Deutung des „bis daß") als ein vaticinium ex eventu auf David und die Verwirklichung seines Großreiches gedeutet werden. Auch die Aussagen über die geradezu paradiesische Fruchtbarkeit — wer sein Reittier achtlos an einen Rebstock anbinden, wer sein Gewand im Wein waschen kann, der lebt im Paradies — könnten zu der Topik des Hofstils gehören[18]. Aber neuerdings ist man doch, der Anregung *Lindbloms* folgend, dazu zurückgekehrt, den Text in seiner ursprünglichen Gestalt zu belassen. Dann wäre ihm die Erwartung zu entnehmen, daß David nach Silo, dem amphiktyonischen Zentrum, kommen müsse. David hat das bekanntlich nicht getan; er hat seinem Staat in Jerusalem ein neues Zentrum gegeben und die Lade von Silo dorthin bringen lassen (s. O. *Eißfeldt*, Silo und Jerusalem, in Suppl. to VT Vol. IV [1957] S. 138 ff.). Ob der Spruch, wie Eißfeldt meint, nach dieser Deutung aus der Zeit vor der Zerstörung von Silo (1050) stammen muß, kann dabei noch offenbleiben. Er könnte ja auch den Wunsch enthalten, daß Silo seine alte Ehrenstellung zurückgegeben werde.

Kann man sich fragen, ob der Judaspruch von Gen. 49 überhaupt als prophetisch im engeren Sinne des Wortes anzusprechen ist und nicht einfach als eine Dichtung, die den Aufstieg Davids feiert, so geht der Bileamspruch Nu. 24_{15-19} in einer Form einher, die man nur als die eines prophetischen Orakels bezeichnen kann. Auch er zielt — wie man allgemein annimmt — auf David[19] und er läßt uns sehr entfernt etwas von dem Stil solcher Königsorakel ahnen, die damals das junge Königtum gefeiert haben. Auch hier ist im einzelnen vieles dunkel. Die Bezeichnung des Königs als eines Sterns, als eines Kometen, findet sich im AT nur noch in Jes. 14_{12} f. — Haben wir es mit diesen beiden Sprüchen — und das wird allgemein angenommen — mit vaticinia ex eventu zu tun, also mit einer Feier, einer Weihung von Gegenwärtigem, so kann man sie zwar insofern als „messianisch" bezeichnen, als sie sich auf den Gesalbten beziehen[20]; sie sind aber deutlich von den messianischen Weissagungen der späteren Propheten abzurücken, denn diese gehen ja gerade von der Voraussetzung aus, daß das Gegenwärtige abgetan ist und daß man sich auf etwas Kommendes einstellen muß.

allerdings daran, daß Lindblom zur Datierung des Judaspruches auch andere Stammessprüche mit heranzieht. Der formale und inhaltliche Befund von Gen. 49 gibt aber keine Gewähr, daß die einzelnen Stammessprüche auf dieselbe geschichtliche Epoche zu beziehen sind.

18. Siehe Bd. I, S. 333 f.

19. Dafür spricht jedenfalls der Hinweis auf die Unterwerfung Moabs und Edoms. Andererseits ist es bei einer so alten, vielleicht sogar zeitgenössischen Dichtung auffällig, daß sie den Judäer David als einen Stern aus „Jakob", also aus Israel, bezeichnet.

20. Siehe Bd. I, S. 329, A. 14.

2. Elia

Wer sich der geschichtlichen Abfolge der Ereignisse, wie sie von den biblischen Büchern dargeboten wird, überläßt, und wer bei Nathan oder bei Ahia von Silo eine gewisse Plastik in der Darstellung vermißt hat, der stößt in den Eliaerzählungen mit einem Mal auf ein prophetisches Phänomen von durchdringender geschichtlicher Leuchtkraft[21]. Zwar ist der Überlieferungsbestand alles andere als einheitlich. Der große Block von 1. Kön. 17_1-19_{18} besteht allein schon aus sechs Einzelerzählungen, die in ihrer Thematik von einem Sammler erst nachträglich aufeinander abgestimmt wurden, was man unschwer sehen kann. Etwas abseits davon stehen die Erzählungen von Naboths Weinberg 1. Kön. 21 und die von der Krankheit Ahasjas 2. Kön. 1. Diese Erzählungen üben in der Art ihres Darstellens zwar auch noch eine gewisse Typisierung und Schematisierung, besonders da, wo etwa schroffe Gegensätze herauszuarbeiten waren. Und doch lebt alles in ihnen von der Schwere des geschichtlich Einmaligen. Das gilt vor allem von Elia selbst, dem Unnahbaren, Unberechenbaren, dem Gefürchteten, ja Gehaßten und doch Unentbehrlichen. Dieses Stigma einer im Grunde unerfindbaren Größe, das jeder der Eliaerzählungen wieder auf eine andere Weise aufgeprägt ist, erklärt sich nur daraus, daß sich in ihnen eine geschichtliche Gestalt von fast übermenschlicher Größe spiegelt. Freilich, über Elias persönliche Verhältnisse, über den religiösen und sozialen Lebenskreis, dem er zugehörte, über seine Herkunft, läßt sich aus den Erzählungen so gut wie nichts entnehmen. Sie reden von ihm wie von einem, den jeder kennt, ohne daß doch bei ihren Lesern oder Hörern so etwas wie das moderne Interesse an der „Persönlichkeit des Propheten" vorauszusetzen wäre. Erfährt man, daß Elia aus Gilead stammte, so mag man bedenken, daß sich in diesem ostjordanischen Bereich, der ja kein alter kanaanäischer Kulturboden, sondern israelitisches Kolonialland war, der Jahweglaube in seiner Ausschließlichkeit reiner erhalten haben wird als im Westen, wo sich Israel immer unbefangener der Baalsreligion öffnete. So kann man sich leicht vorstellen, wie die große Religionsmischung den noch im patriarchalischen Jahweglauben aufgewachsenen Elia entsetzt haben wird.

Diese Religionsmischung hatte, wie wir sahen, weit zurückreichende Wurzeln. Sie datiert eigentlich seit der Einwanderung Israels in Ka-

21. *G. Fohrer*, Elia (1957); *R. S. Wallace*, Elijah and Elisha (1957); *J. Steinmann*, Elie le prophète (1956), S. 93 ff.

naan; aber sie war in ein neues Stadium eingetreten, als David weite Gebiete Kanaans dem Reiche Israel einverleibte, die daraufhin gewiß nicht planmäßig „missioniert" wurden[22]. Hat der Jahweglaube, woran wir nicht zu zweifeln brauchen, mit der Zeit seinen Weg auch dort hinaus gefunden, so war doch durch diesen Bevölkerungszuwachs das kanaanäische Element innerhalb Israels ein bedrohlicher Faktor geworden. Aber wer merkte das schon; denn die Zersetzung der alten Vorstellungen von Jahwe, von der Besonderheit seiner Verehrung und von seinem Rechtswillen war eine schleichende und ist den wenigsten bewußt geworden. Äußerlich wird in dem Bereich des Jahwekultes so ziemlich alles beim alten geblieben sein. Die Altäre rauchten, die Gebete wurden gesprochen und die religiöse Sprache und Begrifflichkeit, in der man sich Jahwes Offenbarung und seine Taten vergegenwärtigte, hatte sich vielleicht gar nicht tiefgreifend verändert. Aber war das überhaupt noch Jahwe, den man verehrte? Meinte man nicht vielmehr Baal mit seinen naturhaften Segnungen, auf den man nur den Namen Jahwes übertragen hatte? Oder war es etwas unbestimmbares Drittes zwischen Jahwe und Baal?

So waren die Dinge auf kultischem Gebiet seit David etwa 150 Jahre lang gelaufen, bis durch die Politik Omris und Ahabs mit einem Mal eine Verschärfung eintrat; die Krise, die bisher eine chronische war, trat in ein akutes Stadium. Das kam so: Omri hatte dem Staat in der Gründung von Samaria ein neues Zentrum gegeben. Dieses Samarien war wahrscheinlich ein relativ selbständiger Stadtstaat mit einer eigenen politischen und kultischen Verfassung[23]; jedenfalls war es mit einem Baalstempel ausgestattet (1. Kön. $16_{29, 32}$; 2. Kön. $10_{18\,ff.}$) und hatte sicher keinen Jahwetempel. Hatte sich schon Omri zur Stärkung seines Reiches auf eine Bündnispolitik mit seinen nordöstlichen und nordwestlichen Nachbarn verlegt, so waren durch Isebel die politischen und wirtschaftlichen Verbindungen mit Tyrus noch enger geworden, denn die Königin war eine tyrische Prinzessin. Waren an sich schon solche Beziehungen in der Antike nie rein weltlicher Art, weil die politische Anerkennung immer auch gewisse kultische Konzessionen an den Bündnispartner einschloß, so lassen die Eliaerzählungen ja keinen Zweifel, daß Isebel nicht nur persönlich sehr aktiv an ihren phönikischen Kultformen festgehalten, sondern auch in Israel Organe dieses Baalskultes, „Propheten", unterhalten hat (1. Kön. 18_{19}).

22. Siehe Bd. I, S. 75 f.
23. *A. Alt*, Der Stadtstaat Samaria (1954), Kl. Schriften, Bd. III, S. 270 ff.

Draußen in der Landschaft diente man noch Jahwe, oder besser gesagt: dem, den man damals für Jahwe hielt; am Hofe aber und von der Oberschicht in der Stadt wurde Baal verehrt. So war also das, was sich noch an echter Jahweverehrung im Lande fand, vollends in die Defensive gedrängt.

In dieser Stunde einer akuten Bedrohung des Jahwekultes überhaupt ist Elia aufgestanden. Die große Kultversammlung auf dem Karmel, von der die Erzählung 1. Kön. 18 17-40 ausführlich berichtet, läßt darauf schließen, daß es Elia gelungen ist, die große Frage, wer denn nun Gott in Israel sein solle, zu einer Staatsaktion zu machen, zu der die Gläubigen von weit her geeilt sind[24]. Es scheint noch etwas wie ein amphiktyonisches Aufgebot gewesen zu sein, in dem Elia den Streit um die beiden Kultformen zum Austrag zu bringen gedachte. Denn dies muß für seine Zeitgenossen etwas ganz Überraschendes gewesen sein, daß Elia hier ein Entweder-Oder sah. Keiner hat damals so wie Elia die Unvereinbarkeit des Baalskultes mit den alten Jahwetraditionen Israels gesehen. Wir dürfen also nicht glauben, daß die Alternative der Frage Jahwe oder Baal für die Zuhörer von vornherein geläufig war[25]. Der Erzähler berichtet, daß das Volk auf diese ultimative Frage Elias hin geschwiegen habe, und daraus sprach eher ein Unverständnis für die Fragestellung als ein Schuldgefühl (v.21). Elia mußte das Volk erst mit Riesenkräften in eine Entscheidung hineindrängen, wo noch kein Mensch die Notwendigkeit dazu sah.

Um das Geschehen auf dem Karmel genauer zu verstehen, müssen wir, wie A. Alt es gelehrt hat, von der zunächst nebensächlich erscheinenden Erwähnung eines zerstörten Jahwealtares ausgehen (v.30). Da der Karmel außerhalb des Siedlungsgebietes der alten Amphiktyonie lag, kann dieser Altar erst in der Zeit nach David errichtet worden sein. Dieser Jahwekult auf dem Karmel muß also ein Eindringling, ein vorgeschobener Posten im kanaanäischen Raum gewesen sein; denn der Karmel war seit Urzeiten der Kultbereich des Baal vom

24. Zur Erzählung vom Gottesurteil auf dem Karmel s. *A. Alt,* II, S. 135 ff, Das Gottesurteil auf dem Karmel (s. auch Bd. III, S. 276 f.); *Otto Eißfeldt,* Der Gott Karmel (Sitzungsberichte der Deutschen Akademie der Wissenschaften zu Berlin, Kl. f. Sprachen, Literatur und Kunst, 1953, No. 1), S. 31 ff; *K. Galling,* Der Gott Karmel und die Ächtung der fremden Götter (Geschichte und Altes Testament 1953), S. 105 ff.

25. Das nicht ganz deutliche Wort von dem Hinken auf beiden Seiten könnte eine Anspielung auf einen Kulttanz, auf das Einknicken der Knie enthalten (so zuletzt *Galling* a. a. O. S. 107).

Karmel. Wann und wie der Jahweglaube in diesen Raum vorgedrungen ist, wissen wir nicht. Wahrscheinlich hat zuerst der Jahwekult den des Baal einfach verdrängt. Dann aber ist der alte bodenständige Kultus doch wieder aufgelebt. Aber das war nun freilich eine Erfahrung, die Israel oft hatte machen müssen: Wo es einmal zu einem so friedlichen Nebeneinander der beiden Altäre kam, da mußte der Altar Jahwes veröden. Und das eben war die Situation, die Elia an der Stätte vorfand. Sagten wir oben, das sei das schlechterdings Neue gewesen, daß Elia das Nebeneinander, ja Ineinander der beiden Kultformen für unerträglich hielt, während sich seine Zeitgenossen zufrieden darin eingerichtet hatten, so spitzt der Erzähler alles auf die Antwort auf die von dem Propheten gestellte Frage zu. Wer gab sie? Jedenfalls nicht das Volk (die Erzählung geht hier einen eigenen Weg gegenüber der ihr sonst so ähnlichen von Jos. $24_{14\,ff.}$). Auch Elia hat sie nicht gegeben, sondern Jahwe selbst. Es ist dem Erzähler offenbar ein wichtiges Anliegen, zu zeigen, daß Israel nur so gerettet werden konnte, und daß es von sich aus niemals aus der Verwahrlosung seines Glaubens und seiner Gottesverehrung herausgefunden hätte, wenn sich nicht Jahwe selber aufs neue in großer Herrlichkeit bezeugt hätte. Damit war nun freilich die große Frage, wer denn nun Gott in Israel sei, wunderbarer entschieden, als durch irgendein, und sei es noch so feierliches menschliches Bekenntnis. Die Erzählung hat alles getan, das doch immerhin lokale Ereignis zu höchster Grundsätzlichkeit auszuweiten.

Man könnte es fast für einen Nachteil halten, daß sie das ganze Geschehen gleich von Anfang an auf dem unvereinbaren Gegensatz der beiden Kultübungen aufbaut, daß sie also von dem schon ausgeht, was doch erst ihr Ergebnis war. Sie zeigt eben die Dinge so, wie Elia sie sah. Aber damit hat sie sich die Möglichkeit gegeben, die beiden unvereinbaren Kultübungen, zweifellos stark typisierend, einander gegenüberzustellen. Der Baalskult führt zu Übersteigerung und Selbstauflösung. Dem aussichtslosen Versuch, durch Leistung die Aufmerksamkeit der Gottheit zu erregen, steht die Gelassenheit Elias gegenüber, die neben dem rasenden Bemühen der Baalspriester geradezu als Passivität erscheint. So bereit zum Selbsterweis wußte Israel seinen Gott! Es wußte sich von ihm aufgesucht und nicht ihn suchend oder herbeiziehend. Enthält so die Erzählung ein gerütteltes Maß von „Lehre", so ist doch in anderer Hinsicht die Atmosphäre der Erzählung eine sehr altertümliche und wundergläubige, sonderlich darin, daß sie alles Geschehen an Elia bindet, eine Gestalt von geradezu urweltlicher Wucht und schwindelerregendem prophetischem Selbstbewußtsein („so wahr Jahwe, der Gott Israels lebt, in dessen Dienst ich stehe, es soll in diesen Jahren weder Tau noch Regen fallen, es sei denn auf mein Wort", 1. Kön. 17_1).

Die Tötung der Baalspriester war keineswegs der Akt einer Rache oder eines Fanatismus, zu dem sich Elias Leidenschaft hatte hinreißen lassen. Es ist mit Recht darauf hingewiesen worden, daß Elia nur ein uraltes, inzwischen freilich weithin vergessenes amphiktyonisches Recht praktiziert hat, demzufolge auf jeder Form des Abfalls von Jahwe die Todesstrafe stand: „Wer anderen Göttern opfert, der soll vom Leben zum Tode gebracht werden" (Ex. 22_{19})[26]. Noch das Deuteronomium hält, 200 Jahre nach Elia, an dieser Rechtsordnung fest (Dt. 13_{7-12}); es rechnet sogar mit der Möglichkeit, daß ganze Städte geschlossen dem Jahwekult absagen, und setzt für diesen Fall die äußerste Strafe aus, nämlich die der „Bannung", die völlige Ausrottung alles Lebenden (Dt. $13_{13\,ff.}$)[27].

Die folgende Erzählung von der Theophanie am Horeb (1. Kön. 19) gibt sich jetzt als die unmittelbare Fortsetzung der Karmelgeschichte, insofern sie sehr geschickt diejenige Person des Dramas in den Vordergrund rückt, die durch die Selbstoffenbarung Jahwes am Karmel weder überzeugt noch überwunden ist, die sich im Gegenteil jetzt erst zum Äußersten entschlossen hatte, — die Königin Isebel. Aber es ist doch deutlich, daß diese Erzählung ursprünglich für sich gestanden hat, ja daß sie sogar in gewisser Hinsicht der vorigen parallel geht, denn auch sie geht von der verzweifelten Lage des Jahwekultes aus (v.10), und auch sie berichtet von einer Offenbarung Jahwes und endet mit einem Strafgericht, dessen Vollzug allerdings in diesem Falle nur angekündigt wird[28]. Dieses Ende des Jahweglaubens, das Elia vor sich sieht, ist doch der eigentliche Grund seiner Verzweiflung. Das Schwachwerden und Resignieren des Propheten bis hin zu Selbstmordgedanken — das war für einen Erzähler dieser Zeit eine sehr kühne und erregende Exposition. Hier ist wirklich Schwachheit in äußerster, in geradezu paradigmatischer Gestalt; denn wer kann noch so schwach werden, wie ein Prophet, der sich auf nichts anderes gewiesen weiß als auf Gottes Mund und Arm!

Die Darstellung von der Theophanie selbst ist zweifellos etwas überarbeitet, behält aber doch auch in ihrer Jetztgestalt durch die Realistik der Schilderung den Charakter hoher Altertümlichkeit[29]. Ihre Deutung scheint einigermaßen festzuliegen; aber man sollte sich bei einem solchen Gegenstand viel mehr die hermeneutische Frage

26. S. Bd. I, S. 217, A. 29.
27. *K. Galling*, a. a. O. S. 122 ff.
28. *H. Gunkel*, Elias, Jahve und Baal (1906), S. 20 f.
29. Daß der Abschnitt v. 9—14 uneinheitlich ist, kann auch dem ungeübten Auge nicht entgehen. Es wird aber genügen, wenn man die Verse 9 b—11 a als eine ungeschickte Vorwegnahme aus dem ursprünglichen Bestand ausscheidet.

stellen, was denn hier im Sinne des Textes überhaupt deutbar ist und wo unserer Deutungsbeflissenheit Grenzen gesetzt sind. Die verbreitete Auffassung, die in dem „stillen sanften Sausen" den Ausdruck einer geläuterten, d. h. einer geistigeren und sittlicheren Gottesauffassung sah, also eine Zurückweisung Elias und seines Eifers, ist unhaltbar. Sie steht ja auch im Widerspruch mit dem Auftrag selbst, der von solch milder Geistigkeit gar nichts spüren läßt. Bei einer alttestamentlichen Gotteserscheinung kommt aber alles auf das ergehende Wort an; die Begleiterscheinungen, vollends wo sie der Erzähler nicht interpretiert, bleiben immer Beiwerk, und es ist sehr fraglich, ob eine solche Darstellung der Begleitumstände derart symbolistisch aufgeschlüsselt sein will.

Damit soll natürlich nicht bestritten werden, daß die Entgegensetzung von Sturm, Erdbeben und Feuer mit der „Stimme eines feinen Schweigens" von großer Seltsamkeit ist und jeden Leser zum Nachdenken anreizen wird; nur muß dann sein Verständnis, gemäß der ganzen Art solcher Erzählungen, ein realistisches bleiben und darf nicht in einen vagen Symbolismus übergehen[30]. Gewiß hat diese merkwürdige Abfolge der Phänomene einen Sinn, insofern nämlich hinter der Reihe der vordergründigen natürlichen Mächtigkeiten ein Jenseits davon — natürlich kein metaphysisches — spürbar werden möchte; aber nicht als ihre Verlängerung oder Steigerung, sondern eher schon als ihre Umkehrung. Der Erzähler ist ja außerstande, sich in philosophischen Abstraktionen zu ergehen; auch wenn er ein Phänomen von äußerster Ungegenständlichkeit und Fremdheit beschwören will, muß er im Bereich des Anschaulichen bleiben; und so bezeichnet er die Erscheinung Jahwes mit einem Phänomen, das gerade noch im Bereich des Atmosphärischen, aber auf der untersten Stufe des noch Wahrnehmbaren, liegt[31]. Will man aber diese Erscheinung Jahwes durchaus auf ihren erlebnismäßigen Gehalt hin befragen, so war die Situation nach dem Vorüberziehen von Sturm, Erdbeben und Feuer und mit dem Hörbarwerden des feinen Wehens gewiß nicht entspannter oder gar freundlicher, sondern vollends unheimlich geworden; so jedenfalls hat sie auf Elia gewirkt (v. 13).

Bei der Vergleichung dieser Theophanie mit der in Ex. 19 f. erzählten, zu der der Text von 1. Kön. 19 herauszufordern scheint, ist u. E. große Zurückhaltung geboten. Man muß sich klarmachen, daß allein schon mit der Erwähnung des Gottesberges die Vorstellung von einer Theophanie mit der ganzen dazugehörigen Topik gegeben war und von jedem, der die Geschichte vernahm, von vornherein erwartet wurde. Dazu bedurfte es also keiner Anlehnung an Ex. 19. Wollte aber der Erzähler wirklich mit seiner Darstellung an die alten Sinaiereignisse erinnern und seinen Bericht als Parallele dazu oder als Weiterführung verstanden haben (was aber keineswegs feststeht), so wissen wir immer noch nicht, auf welche Überlieferung und Darstellung er sich bezieht. Sie kann andere Züge enthalten haben als diejenige, die sich in Ex. 19 f. niedergeschlagen hat.

30. S. Bd. I, S. 194, A. 13.

31. Daß das Wort דְּמָמָה etwas Atmosphärisches meint, eine leise Luftbewegung, ist auch aus Ps. 107_{29} zu schließen und außerdem aus der LXX, die den Passus mit *φωνὴ αὔρας λεπτῆς* wiedergibt.

Es wird in der Erzählung nicht besonders erklärt, warum Elia den weiten Weg an den Horeb unternommen hat und ob wir die Reise als eine Wallfahrt verstehen sollen[32]. Offenbar wollte er Gott an seinem Berge, also an der Stelle aufsuchen, wo er sich am reinsten geoffenbart hatte, und ihm da, wo auch Mose gewirkt hatte, sein Leid klagen. Dieses Leid gipfelte in der Überzeugung: Der Jahweglaube hat in Israel endgültig abgewirtschaftet. Die Antwort, die Elia darauf empfing — und wir sagten, daß sie jeder sonstigen Ausdeutung der Theophanie vorzuordnen sei — ist höchst überraschend: Israel ist keineswegs am Ende, Jahwe hat noch manche Pläne mit ihm. Zunächst freilich werden zwei Rächer in diesem Israel furchtbar hausen, und Elia soll sie zu diesem Auftrag selber designieren: den Aramäer Hasael und Jehu. Durch den einen wird sich das Strafgericht von außen gegen Israel wenden, durch den anderen von innen heraus[33]. Aber das Ende Israels ist das nicht, denn Jahwe „will übriglassen 7000, alle Knie, die sich nicht vor Baal gebeugt haben und deren Mund ihn nicht geküßt hat" (1. Kön. 19$_{18}$). Dieser letzte Satz ist der Höhepunkt der Geschichte und zugleich ihr Schlüssel, denn er ist natürlich die Antwort auf die Klage Elias, daß er der Letzte der Jahwetreuen sei. Es wird auch weiterhin ein Israel vor Jahwe geben, sogar nach entsetzlichen Strafgerichten. Allerdings — und das ist ein ganz neuer Klang in Israel —, dieses Israel wird nur mehr als ein Rest vor Jahwe bestehen. Man muß aber darauf achten, daß die Aussage von dem Rest ganz indikativisch ist und jeder konditionalen Logik entbehrt (ein Rest wird bleiben, falls sich welche finden, die ihre Knie vor Baal nicht gebeugt haben). Gott setzt den Rest. Er weiß jetzt schon von denen, deren Existenz Elia bisher verborgen geblieben ist. Gewiß, dieser Rest besteht aus den Treuen, aber die Entscheidung über ihre Rettung ist schon gefallen, bevor die kommenden Drangsale noch begonnen haben. Diese Gottesrede über Jahwes Pläne mit Israel bedeutet für Elia zugleich seine Entamtung. Er soll noch die drei Aufträge ausführen, dann bedarf Jahwe seiner nicht mehr; er darf aber wissen, daß Jahwe auch fürderhin seine Hand gnädig über Israel halten wird, denn aus dem Rest wird ein neues Israel erwachsen[34].

32. S. Bd. I, S. 23 f.

33. Hasael: 2. Kön. 8$_{7}$ ff.; Jehu: 2. Kön. 9$_{1}$ ff.

34. Man hat schon immer gefragt, ob der Kreis der Eliaerzählungen geschlossen haben kann, ohne die Ausführung der Befehle berichtet zu haben. Tatsächlich müssen wir im Hinblick auf 2. Kön. 8$_{7}$ ff. und 9$_{1}$ ff. mit der Möglichkeit eines Textver-

Die Restvorstellung entstammt, wie die immer noch maßgebende Studie von W. Müller nachgewiesen hat, nicht dem religiösen oder gar kultischen Bereich, sondern den Erfahrungen des politischen Lebens[35]. Die damalige Kriegführung ging zwar grundsätzlich auf die totale Vernichtung der Völker aus, oft genug aber gelang die völlige Ausrottung eines Gegners doch nicht; dann blieb eben ein Rest. So rühmen sich die altorientalischen Großkönige, sonderlich die der Assyrer, oft genug, daß ihre Vernichtungsstrategie bei dem jeweils bekriegten Volk keinen Rest gelassen habe; in anderen Fällen geben sie zu, daß nur ein Rest geblieben sei. In diesem politischen Sinne sprach auch Israel etwa von einem „Rest Edoms" (Am. 9_{12}), von dem „Rest der Rephaiter" (Jos. 13_{12}), von dem „Rest des Reiches Sihons" (Jos. 13_{27}), von dem „Rest der Amoriter" (2. Sam. 21_{2}), dem „Rest von Asdod" (Jer. 25_{20}) usw. Das Schicksal dieses Restes war allermeist elend genug; er war zur völligen politischen Bedeutungslosigkeit verurteilt, wo er sich nicht zerstreute, fliehen mußte oder verhungerte. Es konnte sich freilich auch einmal fügen, daß der Rest zur Keimzelle einer völkischen Neubildung wurde. In dieser Hinsicht kann das Bleiben eines Restes für das betroffene Volk als Hoffnungszeichen gelten. Für andere Völker ist deshalb auch ein solcher Rest immer ein Gegenstand der Aufmerksamkeit. Wie unbequem auch noch ein geschlagenes und dezimiertes Volk werden konnte, hat das Israel der Königszeit an den Philistern, „dem Rest der Gestade Kaphthors" erlebt (Jer. 47_{4}; Hes. 25_{15} f.). Die Vorstellung von dem Rest ist also keineswegs, wie Greßmann meinte, ein spezifisches Element der prophetischen Verkündigung[36]. Auch darin wird man Müller recht geben müssen, daß Elia nicht der erste war, der die Restvorstellung in die religiöse Sprache und Begrifflichkeit übertragen hat, denn offenkundig findet sie sich schon beim Jahwisten bei der Veranschaulichung paradoxer Geschichtspläne Jahwes[37]: Noah mit seinen Söhnen ist auch nichts anderes als ein bewahrter Rest; Lot mit seiner Familie ist ebenfalls ein Rest, der aus Sodom entkommt; Jakob teilt seine Habe, daß schlimmstenfalls das übriggebliebene Lager „zu einer Errettung werden" könne (Gen. 32_{9}); und in feierlicher Stunde verkündet Joseph, daß Jahwe eine so seltsame Führung veranstaltet habe, um „einen Rest auf Erden zu bereiten und um euch leben zu lassen als eine große Errettung" (Gen. 45_{7}). Neu im Munde Elias ist an der Restvorstellung zunächst nur dies, daß sie sich auf eine Bewahrung nach zukünftigen Katastrophen, die Jahwe selbst wirken wird, bezieht.

Werfen wir noch einen Blick auf die Nabothgeschichte (1. Kön. 21) und die Erzählung von dem Heilung suchenden Ahasja (2. Kön. 1), so rundet sich das Bild von Elia. In der ersteren geht es um die bedingungslose Gültigkeit des Gottesrechtes, vor dem alle gleich sind und dem auch ein König unterstellt ist. Wir tun hier einen Blick in das Widereinander zweier Rechtsauffassungen. Der sehr viel willkürlicheren absolutistischen Auffassung von den Rechten und Befugnissen eines Königs,

lustes rechnen. Ein Redaktor hat sich für die Auffassung entschieden, daß Hasael und Jehu nicht von Elia, sondern von Elisa gesalbt worden seien.

35. Zum folgenden vgl. *W. Müller,* Die Vorstellung vom Rest im Alten Testament (Theol. Diss. Leipzig, 1939).

36. *H. Greßmann,* Der Ursprung der israelitisch-jüdischen Eschatologie (1905), S. 229 ff.

37. *W. Müller,* a. a. O. S. 40 ff.

die für kanaanäische Stadtkönige charakteristisch war, steht die in gewissem Sinn demokratische, jedenfalls viel strengere israelitische Auffassung gegenüber, nach der Recht und Besitz und vor allem das Leben des einzelnen ohne Unterschied der Person vor Gott als geschützt galten[38]. In ganz ähnlicher Weise, nur in einem anderen Lebensbereich, nämlich auf dem Gebiet der sakralen Medizin, läßt die andere Erzählung den Konflikt aufbrechen. Der König Ahasja, der aus dem Fenster gestürzt war, wußte wohl, daß er sich an eine Gottheit wenden mußte, wenn er noch geheilt werden wollte; aber er hat sich an den Baalsebub von Ekron gewandt, der wahrscheinlich weit und breit als Kapazität für Wunderheilungen bekannt war. Demgegenüber steht in Elia die ganze Intransigenz des alten Jahweglaubens auf: Auch für jegliche Heilung ist allein Jahwe zuständig; es war Unglaube und Abfall von Jahwe, es war eine Sünde gegen das erste Gebot, daß sich Ahasja in seiner Not an eine fremde Gottheit und nicht an Jahwe gewandt hat[39].

Dieser Elia — so läßt sich jetzt rückschauend sagen — so, wie ihn die Erzähler darstellen, ist eigentlich kein Gegenstand, keine „Gestalt" im modernen literarischen Sinne, die in irgendeiner Hinsicht auch einmal für sich genommen werden könnte und als der Gegenstand eines besonderen Interesses gelten dürfte. Die Erzähler sehen ihn vielmehr als ein Glied eines umfassenden Geschehens, nämlich der überraschenden Selbstbezeugung Jahwes nach einer Zeit der Religionsmischung und des Verfalls. In diesem Geschehen ist Elia sicher ein sehr wichtiges Glied, aber doch nicht so, daß er als der Hauptgegenstand der Erzählung verstanden werden könnte. Was er ist, das ist er für die Erzähler nicht infolge irgendeiner denkwürdigen Kraft oder

38. Durch den Fund der königlichen Archive der nordsyrischen Städte Ugarit und Alalak ist ein neues Licht auf die wirtschaftlichen und bodenrechtlichen Verhältnisse gefallen, die in diesen Staaten offenbar seit langem herrschten, *I. Nougayrol* in Le palais royal d'Ugarit, III (1955), S. 31, 283 ff; *J. Wiseman*, The Alalach Tablets (1953). Dem König unterstand praktisch das ganze Wirtschaftsleben, und er war seinerseits unablässig bestrebt, seinen Grundbesitz zu vermehren. Aus den Texten von Alalak wird unter anderem auch deutlich, was für eine große Rolle der Tausch von Grundstücken gespielt hat, was die Erzählung 1. Kön. 21 in einem neuen Licht erscheinen läßt. Die Propheten waren demgegenüber die Sprecher der altisraelitischen Wirtschaftsordnung, und diese war mit der kanaanäischen Rechtsauffassung, die sich auch die Könige in Israel und Juda mehr und mehr zu eigen gemacht haben, unvereinbar. *A. Alt*, Der Anteil des Königtums an der sozialen Entwicklung in den Reichen Israel und Juda, III, S. 348 ff.

39. S. Bd. I, S. 287 f; neuerdings *J. Hempel*, Ich bin der Herr, dein Arzt, ThLZ 1957 Sp. 809 ff.

Eigenschaft, die ihn ausgezeichnet hat, sondern als eine Figur im politisch-religiösen Kräftespiel, deren sich Jahwe in einer bestimmten Stunde bedient hat. Er bezeichnet sich gelegentlich als den, der „Jahwe dienend aufwartet" (1. Kön. 17 1; 18 15); gleichwohl ist es nicht ganz einfach, das Wesen dieses seines Dienstes zu bestimmen, deshalb nämlich, weil ihm die Erzählungen, kaum daß sie ihn in das Geschehen eingeführt haben, die Tat wieder aus den Händen winden und ihn hinter dem unmittelbaren Eingreifen Jahwes zurücktreten lassen. Elia lebt zwar in einer Welt voller Wunder, aber nicht eines wirkt er selber; sehr im Unterschied von Elisa, der aufs unbefangenste als Wundertäter gefeiert wird. Aber war er nicht einzigartig in seinem Eifer für Jahwe? Gewiß, das war er; aber unmöglich kann man sagen, daß der Erzähler ihn um dieser Eigenschaft willen rühme. Ist es nicht bedeutsam, daß Elia nicht nach dem Ereignis auf dem Karmel von seinem Eifern spricht, sondern just in der Stunde, in der er sich am Ende sieht und sich mit all seinem Eifer als gescheitert erkennt (1. Kön. 19 10)? Die Eliaerzählungen sind eben im Grunde doch viel mehr Jahweerzählungen. Er, Jahwe, ist es doch, der die ganzen Geschehnisse gewirkt, er allein war es, der die Antwort gegeben hat auf die große Frage, wer denn nun Gott in Israel sei. Elia kommt immer nur strichweise ins Geschehen, um dann wieder zu verschwinden und seltsam unmotiviert anderwärts wieder aufzutauchen. Seinem Lebensstand nach scheint er anders gewesen zu sein als Elisa: nicht gesellig lebend, sondern durchaus einsam, nicht seßhaft, sondern schweifend. Aber das, was uns als Verschiedenheit in der Lebenshaltung erscheint, könnte doch auch an der Art der Berichterstattung liegen.

Dadurch, daß diese Erzählungen das Wirken Jahwes dem des Propheten vorordnen, haben sie alle, ungeachtet ihrer großen inhaltlichen Verschiedenheiten, in thematischer Hinsicht doch eine große Einheitlichkeit, die den Elisaerzählungen durchaus mangelt. Es ist der unversöhnliche Gegensatz zwischen Jahwe und Baal, der sie alle durchzieht und der, nachdem die beiden Frieden geschlossen zu haben schienen, mit einem Schlag wieder aufbrach und mitten in Israel eine tiefe Kluft aufriß. Für die Spendung des Regens soll nicht mehr Baal, für die Heilung der Krankheit nicht mehr Baalsebub zuständig sein? Für Elia freilich ist nichts problematisch, sondern alles ganz einfach; er führt den Kampf für den allein mächtigen Jahwe gegen den ganz ohnmächtigen Baal. Die Einseitigkeit, mit der er die Auseinandersetzung unter den Gesichtspunkt der Macht stellt, macht es doch fraglich, ob wir bei Elia schon von einem Monotheismus sprechen können. Die große Schärfe seiner Polemik schließt die Möglichkeit nicht aus, daß Elia dem Baal doch eine relative und freilich sehr inferiore göttliche Macht zugebilligt hat. Aber das ist eine nebensächliche Frage, denn für Israel ist Baal so oder so nicht zuständig[40]. Gewiß, den Satz, daß Israel allein Jahwe angehört, diesen uralten Satz hat Elia wie keiner vor ihm durchgefochten; und doch war er es auch, der über dieses Verhältnis Jahwes zu Israel hinaus noch etwas aussagen sollte, das schlechterdings jenseits von allem lag, was Israel bisher von Jahwe erfahren hatte: Jahwe will den Abfall seines Volkes nicht hinnehmen; er wird gegen Israel aufstehen. Drei Vollstrecker seines Gerichts, den Aramäer Hasael, den Usurpator Jehu und den Propheten Elisa hat er bestellt, daß sie Israel zusammenschlagen. Gänzlich werden sie Israel nicht aus der Geschichte austilgen, aber mit mehr als einem Rest wird es Jahwe fürderhin nicht zu tun haben. Die Zahl 7000 will natürlich als eine runde Zahl verstanden sein; im Blick auf das ganze Israel handelt es sich um eine verschwindende Minderheit. Daß Jahwe sein Volk unter Umständen auch strafen kann, das wußte auch der Glaube Israels vor Elia; aber daß er es zerstören und daß er nur einen Rest lassen wolle, das war, wie gesagt, etwas schlechthin Neues für Israel. Und doch war es nur ein Anfang von dem, was die Propheten nach Elia noch auszurichten hatten[41]!

3. Elisa

Der doch wohl ursprünglich in sich geschlossene Block der Elisaerzählungen ist im Zuge der Redaktion des deuteronomistischen Geschichtswerkes noch mehr zerrissen worden als der der Eliaerzählungen[42]. Er beginnt mit der Entrückung Elias und dem Übergang seines Charismas auf Elisa (und um dieses Interesses willen ist 2. Kön. 2

40. Zu der immer wieder gestellten Frage, wie es sich denn mit dem Monotheismus der Propheten verhielt, s. *M. Buber:* „Ob (der Prophet) diesen oder jenen -ismus erreicht hat, mag dahinstehen; aller Anspruch solcher Unterscheidungen wird nichtig, wenn er sich demgegenüber geltend machen will, was hier ist: Ein Mensch, ausgeliefert der Einzigkeit seines Gottes.“ Der Glaube der Propheten (1950), S. 158. Über das Monotheismusproblem s. Bd. I, S. 223 ff.

41. Ein Zeitgenosse Elias war Micha ben Jimla, dessen Unheilsweissagung und die von ihr ausgelösten Konflikte in 1. Kön. 22$_9$ ff. ausführlich erzählt werden.

42. Die Elisaerzählungen finden sich innerhalb 2. Kön. 2$_1$ bis 13$_{21}$.

als eine Elisa- und nicht Eliaerzählung zu verstehen)[43], und er endet mit dem Wunder, das sich noch an dem Leichnam des schon zu Grabe getragenen Propheten ereignet hat. Die Mehrzahl dieser Erzählungen zeigen Elisa im Zusammenhang mit Leuten, die „Prophetenjünger" (בְּנֵי הַנְּבִיאִים) genannt werden und die sich innerhalb der Gesellschaftsordnung Israels in soziologischer Hinsicht als eine sehr interessante Sonderbildung herausheben. Wir treffen sie an einigen Orten im Süden des Reiches Israel an und dürfen wohl annehmen, daß diese ihre Niederlassungen in engem Zusammenhang mit lokalen Heiligtümern standen[44]. Diese Leute scheinen sich geradezu zu einzelnen Kongregationen zusammengeschlossen zu haben mit einer ordensmäßig gebundenen Lebensweise. Jedenfalls ist beiläufig von Lehrvorträgen die Rede, zu denen sie zusammenzukommen pflegten (2. Kön. 4_{38}; 6_{1}). Elisa ist offenbar ihrer aller Meister und trägt den Würdetitel „Vater" (2. Kön. $6_{2, 12, 21}$; vgl. 2_{12}). Da uns diese Erzählungen sehr anschaulich über das ganze Milieu dieser seltsamen Gruppe unterrichten, läßt es sich ohne weiteres feststellen, daß wir es mit einer in sozialer und wirtschaftlicher Hinsicht sehr tief stehenden Bevölkerungsschicht zu tun haben, ja wohl fast mit Deklassierten. Ihr ganzer Lebenszuschnitt in Nahrung und Wohnung ist höchst armselig. Einmal ist von Verschuldung die Rede (2. Kön. 4_{1-7}). Wer weiß, ob nicht vielleicht das Heiligtum auch in seiner Eigenschaft als Asyl für diese Genossenschaften eine Rolle gespielt hat? Man muß allen Ernstes fragen, ob diejenigen, die zu diesen Kreisen stießen, so ganz freiwillig diesen Weg gewählt haben. Vielleicht waren wirtschaftliche Bankrotte die Ursache, daß sie die Tür zur bürgerlichen und bäuerlichen Gesellschaft hinter sich ins Schloß warfen. Möglicherweise hatte dieses Abgleiten aber weniger wirtschaftliche als religiöse Gründe, insofern es sich um Leute handelte, die noch an den patriarchalischen Lebensordnungen des Jahweglaubens (Bodenrecht!) festhielten und die sich innerhalb der mehr feudalen kanaanäischen Wirtschaftsordnung nicht zu halten vermochten? Viel-

43. Der Sinn der Bitte Elisas in 2. Kön. 2_{9} ist nicht ganz deutlich. Wahrscheinlich wünscht er sich den Erstgeburtsteil des Charismas, also nach Dt. 21_{17} den doppelten Anteil an dem Erbe. Die Auffassung, er erbitte sich das Doppelte des Charismas Elias, ist sicher falsch. — Über das Problem einer prophetischen Sukzession s. *H.-J. Kraus,* Die prophetische Verkündigung des Rechts in Israel (1957), S. 25.

44. Die Erzählung 1. Sam. 19_{8} ff. setzt das Vorhandensein einer solchen Prophetengenossenschaft in Rama voraus. Nach 1. Kön. $20_{38, 41}$ scheinen sich die Glieder solcher Genossenschaften durch Tätowierungen kenntlich gemacht zu haben (vgl. Sach. 13_{6}).

leicht gehen wir nicht fehl, wenn wir diese Prophetengenossenschaften nahezu als die letzten Träger eines reinen, unvermischten Jahweglaubens ansehen und wenn wir darum ihre Bedeutung für das Fortleben des Jahweglaubens und namentlich für die besondere Prägung, die der Jahweglaube fortan erhalten sollte, sehr hoch veranschlagen. Hier war letztlich der Ort, von dem jene ungeheure Radikalisierung des Jahweglaubens und seines Gottesrechtes ausging, der wir bei den späteren Propheten begegnen. Hier wurde das Fundament gelegt für jene rätselhafte soziale und wirtschaftliche Unabhängigkeit, für jene Freiheit von irgendwelchen standesbedingten Rücksichten, die die undiskutierte Voraussetzung für das Auftreten der späteren Propheten war und von der diese Späteren wie von einem großen Kapitel zehrten, das von jenen Deklassierten für sie bereitgestellt worden war; denn die Vorstellung davon, was es heißt, nabi zu sein und im Namen Jahwes zu Israel zu sprechen, die wurde schon damals geprägt. Amos und Jesaja brauchten dann nur in sie einzutreten[45].

Auf die Frage nach dem „Amt", also nach dem, was denn nun eigentlich die Aufgabe des Propheten Elisa war, antworten die Erzählungen sehr eindeutig: Er hat Wunder verrichtet. Er hat Eisen schwimmen lassen, er hat eine Quelle saniert, ein feindliches Heer geblendet, einen Aussätzigen geheilt, sogar einen Toten hat er ins Leben zurückgerufen und anderes mehr[46]. Nirgends mehr im Alten Testament sind auf engem Raum so viele Wunder erzählt, nirgends mehr findet sich eine so einfältige Wunderfreudigkeit, ein so helles Ergötzen an den

45. Die überraschenden Funde in den Höhlen nordwestlich des Toten Meeres, die uns nicht nur von einer ordensartigen Niederlassung von Essenern radikalster Observanz aus dem Jahrhundert vor und nach Christi Geburt Kunde gaben, sondern die uns auch durch die sog. „Sektenregel" genauen Einblick in die strengen Ordnungen ihres autoritativ geleiteten Gemeinschaftslebens geben, lassen die Berichte von den Prophetengenossenschaften zur Zeit Elisas in neuem Licht erscheinen; denn das Phänomen stellt sich jetzt soziologisch doch in einen viel größeren Rahmen. Nicht, daß wir diese Prophetengenossenschaften einfach als die Vorläufer jener Essener bezeichnen dürften. Aber dies ist deutlicher geworden, daß es je und dann in Israel solche Gruppen von religiösen Radikalisten gab, und daß es für eine Gruppe von Schismatikern — und das waren jene Essener — nahe lag, in diese, wie gesagt, seit alters bekannte Form des Gemeinschaftslebens abzuwandern, um damit ihren besonderen religiösen Besitzstand zu retten. Vgl. *L. Rost*, Gruppenbildungen im Alten Testament, ThLZ 1955 Sp. 1 ff.

46. Der Leser möge einmal die beiden Erzählungen 1. Kön. 17_{17-23} und 2. Kön. 4_{20-37} vergleichen und sehen, wieviel stärker die Fassung, die das Wunder dem Elisa zuschreibt, das Wunderhafte betont und wieviel eingehender die Schilderung der technischen Einzelheiten der ganzen Prozedur ist.

immer neuen und überraschenden Erweisen des prophetischen Charismas. Das bringt es mit sich, daß Elisa selber viel mehr in den Mittelpunkt rückt, als das bei Elia der Fall war. Er — allerdings nicht im modernen Sinn als „Persönlichkeit", aber doch als Wundermann und als Träger eines wunderschaffenden Charismas — ist geradezu der Gegenstand der Darstellung[47]. Obwohl aber diese Wundererzählungen in der Elisaliteratur einen großen Raum einnehmen, geben sie doch sicher nur ein sehr einseitiges Bild von dem Wirken dieses Propheten; ja, möglicherweise läßt der Ausschnitt gar nicht einmal das Wesentliche davon erkennen, sondern eben nur das, was in der volkstümlichen Überlieferung haften geblieben ist. Einer der Erzählungen ist vielleicht zu entnehmen, daß die Bevölkerung im weiteren Umkreis an Sabbaten oder Neumonden den Gottesmann aufzusuchen pflegte, um ihn zu befragen (2. Kön. 4_{23}). Aber von einer Seite seines Wirkens geben doch einige der Erzählungen selbst bereitwillig Auskunft, nämlich von seinem politischen; und höchstwahrscheinlich lag überhaupt auf dem Gebiet des Politischen der Schwerpunkt der ganzen Existenz Elisas. Waren diese Prophetengenossenschaften auch abgewandert aus dem geordneten Gefüge der Gesellschaft, so bedeutet das gewiß nicht, daß sie sich von dem Interesse an den öffentlichen politischen Angelegenheiten in Israel gelöst und der privaten Kontemplation ergeben hätten. Das Gegenteil wird richtig sein. Solche Gruppen haben im Orient je und je mit besonderer Leidenschaft die Probleme des großen Ganzen auf sich genommen, und von ihnen sind auch gelegentlich sehr weitreichende Anstöße ausgegangen. Der Erzähler traut es dem Elisa zu, daß sein Einfluß sogar in Damaskus bei der Thronbesteigung des Usurpators Hasael im Spiele war (2. Kön. 8_{7-15}). Die Historizität dieser Begebenheit läßt sich begreiflicherweise nicht erhärten; aber auch wenn die Überlieferung legendär ist, so läßt sie ahnen, in was für weitreichende und höchst gewagte Konspirationen diese Propheten sich eingelassen haben. Welcher Art die politischen Fäden waren, die Elisa in Händen hielt, läßt ja noch viel deutlicher die Erzählung von der Salbung Jehus und dem Sturz der herrschenden Dynastie erkennen, denn dieses Ereignis liegt nun wirklich im hellen Licht der Geschichte. Der Anstoß zu diesem grauenhaften Geschehen ist ganz unmittelbar von

47. Neben den eigentlichen Wundertaten hat der Erzähler diesem Propheten auch mancherlei parapsychische Fähigkeiten — Hellsehen, Fernhören — zugeschrieben (2. Kön. 5_{26}; $6_{12, 32}$ f; 8_{10} ff.). *G. Widengren,* Literary and Psychological Aspects of the Hebrew Prophets (1948), S. 97.

Elisa ausgegangen. Er hat diesen Eiferer für den reinen Jahweglauben zum König designiert, und es ist kaum anzunehmen, daß der Prophet es nicht habe absehen können, daß dieser Jehu bei seinem Kampf gegen Baal und die Baalsverehrer durch ein Meer von Blut waten würde (2. Kön. 9—10). Das Königtum des Nordreiches war seiner Grundstruktur nach ein charismatisches, und solche Propheten wie Elisa wußten sich in ihren Designationen oder bei den von ihnen angezettelten Revolutionen als die direkten Organe ihres geschichtslenkenden Gottes[48]. Wir haben es eben auch bei Elisa und ebenso bei Elia, wie bei so vielen Schlüsselfiguren des Jahweglaubens im Alten Testament, nicht mit Männern zu tun, die nur der geistig religiösen Welt, wie wir sie verstehen, lebten, dem Glauben, der Lehre, dem Kultus, allenfalls als Reformatoren von alledem, sondern mit Männern, die Israel dienten. Israel aber hatte auch eine politische Gestalt; es war eine geschichtliche Größe, die nicht nur im Geistigen lebte, sondern auch im politischen Raum, in dem es nicht minder bedroht war und in dem es der Ordnung und des Schutzes bedurfte. Und gerade als Organ des Schutzes und der Erhaltung Israels — des wahren Israel, wie es allein vor Jahwe ein Existenzrecht hatte — hat sich Elisa verstanden, und so ist er auch verstanden worden. Das zeigt das Wort sehr deutlich, das ihm zugerufen wurde und das herkömmlicherweise übersetzt wird „mein Vater, Wagen Israels und seine Reiter"[49]. Tatsächlich zeigt die Legende den Gottesmann gelegentlich mitten in militärischen Unternehmungen, die noch unverkennbar sakrale Art haben, ratend und mit seinen übernatürlichen Erkenntnissen rettend eingreifend (2. Kön. 6_{8-23}). Aber dieses Wort, das den Propheten als Israels eigentliche Schutzwehr bezeichnet, umschließt auch eine sehr radikale Parole, ja fast ein religiöses Programm, das in seinem Gewicht weit über die Bedeutung jenes Augenblicks hinausgreift. Es liegt in ihm eine Erinnerung an die Zeit, da Israel in seinen heiligen Kriegen den Streitwagen der Kanaanäer gegenüberstand, da es diese Kampfmittel nicht besaß und allein auf Jahwe geworfen war. Von jener Zeit nahmen jene Erzählungen ihren Ausgang, die in steigendem Maß dieses Motiv ausgestalteten, daß nämlich Israels Hilfe nicht in Rossen und Wagen, sondern allein

48. *A. Alt* II, S. 121 f.

49. Zum Verständnis von 2. Kön. 13_{14}; 2_{12} s. *v. Rad,* Der Heilige Krieg im alten Israel (1958²), S. 55 f. *K. Galling,* Der Ehrenname Elisas und die Entrückung Elias, ZThK 1956 S. 129 ff. Von Reitern kann, wie Galling gezeigt hat, in dieser Zeit nicht gesprochen werden; genauer übersetzt lautet der Satz: „Streitwagen Israels und seine Gespanne".

bei Jahwe stand[50]. Und diese Erfahrung fand sich nun zu einer Zeit, die es längst verlernt hatte, solche heiligen Kriege zu führen, in dem Auftreten von Männern wie Elisa neu bestätigt! Jahwe war noch mit Israel! Freilich, es mußte vieles anders werden; Israel mußte von schrecklichen Katastrophen gerichtet und in ihnen gesichtet werden, bis es wieder zu einem Volk wurde, an dem Jahwe Wohlgefallen hatte. Diese Perspektive haben dann hundert Jahre später Amos, Hosea, Jesaja und Micha in einer Weise entfaltet, der gegenüber die Zukunftsschau Elias und Elisas noch sehr einfach und fast rudimentär anmutet[51].

Unter den Elisaerzählungen scheinen zwei besonders herauszuragen, nämlich Elisas Begegnung mit Hasael (2. Kön. 8_{7-15}) und Elisas Begegnung mit Naeman (2. Kön. 5). In der ersteren, in der Begegnung des Propheten mit dem künftigen Usurpator, vor allem in dem äußerst verhaltenen Gespräch zwischen Hasael und dem Propheten, drängen sich politische Hochspannung und menschliches Erleiden zu einer Szene von erschütternder Großartigkeit zusammen. In der anderen wird in liebevoller Darstellung eine Seite der prophetischen Wirksamkeit entfaltet, von der wir sonst keinerlei Anschauung bekommen, nämlich der seelsorgerlichen Führung eines einzelnen Menschen.

Schon die Exposition von 2. Kön. 5 läßt auf den Aramäer Naeman ein helles Licht fallen; er ist nicht nur einer der höchsten Würdenträger des Staates, sondern auch ein rechtlicher Mann, und um seinetwillen hat Jahwe den Aramäern seine Hilfe zugewandt. Jahwe sieht also auf die Rechtlichen und segnet ihr Tun in aller Welt. Aber Naeman ist auch aussätzig.

Zunächst kontrastiert der Erzähler die Verborgenheit der Wege Gottes und die Unscheinbarkeit seiner Mittel — eine kleine israelitische Sklavin gibt den ersten Anstoß zur Rettung Naemans — mit den Wegen, die die Menschen in dieser Sache gehen. Der König von Aram arrangiert eine Staatsaktion und fordert den König von Israel in einer diplomatischen Note auf, den Naeman zu heilen. Man wußte eben in Aram nicht, daß göttliche Gnadengaben in Israel ganz ohne Rücksicht auf die Hierarchie der menschlichen Gesellschaftsordnung verliehen wurden. Der israelitische König kann das Ansinnen gar nicht begreifen. Hält er mich denn für einen Gott? Nein, er sucht nur Streit! Die Darstellung der Ereignisse, die zu diesem ersten Scheitern führen (v. 4—7), hat fast etwas von einer Groteske an sich. Aber auch nach der Überwindung dieser Widrigkeiten kommt es keineswegs zur schnellen Lösung; im Gegenteil, als Naeman mit großem Gefolge bei Elisa vorgefahren ist, prallen die Gegensätze schon wieder aufeinander. Elisa zeigt sich gar nicht; und was er durch seinen Burschen dem Naeman sagen läßt, muß den Mann, der einen feierlichen

50. S. *G. v. Rad,* Der Heilige Krieg im alten Israel, S. 14 ff, 33 ff.

51. *W. Reiser* hat die Logien, d. h. die eigentlichen Verkündigungselemente in diesen Prophetenerzählungen, überprüft; er bezeichnet die prophetischen Worte, die je bei der Verrichtung von Wundern gesprochen wurden, etwa bei der Weissagung von dem Mehl im Kad (1. Kön. 17_{14}) oder bei der Ansage der wohlfeilen Zeit (2. Kön. 7_{1}), schon als eschatologische Gottessprüche und als Vorläufer von Weissagungen wie Am. 9_{13} (*W. Reiser,* Eschatologische Gottessprüche in den Elisalegenden, ThZ 1953 S. 321 ff.). Wie weit hier schon von Eschatologie gesprochen werden darf, hängt natürlich davon ab, wie dieser Begriff zu bestimmen ist. S. u. S. 124 f.

Hokuspokus erwartet hat, vollends brüskieren. Aber Elisa will offenbar gerade diese Wundersucht bis auf den Grund enttäuschen; hier soll nicht ein Mythus von einem anderen überboten werden. Deshalb rückt auch der Prophet den Vorgang der Heilung ganz von sich ab und appelliert mit der Aufforderung, sich im Jordan unterzutauchen, an den Gehorsam. Aber die nun erfolgte Heilung Naemans ist merkwürdigerweise nicht die Mitte der Erzählung. Sie hat nämlich zwei Höhepunkte: den bösen Zusammenstoß Naemans mit Elisa und dann am Ende sein gutes Gespräch mit Elisa. Die Heilung selbst liegt spannungsmäßig in der Senke zwischen den beiden Höhepunkten.

Naeman ist vom Jordan zu Elisa zurückgekehrt, und als es ihm nicht gelingt, dem Propheten seine Geschenke aufzunötigen, stellt er noch zwei Fragen an den scheinbar so unerbittlichen Elisa. Erste Frage: Er möchte eine Last Erde von Maultieren nach Damaskus bringen lassen, um dort recht zu Jahwe beten zu können. Viele Ausleger haben gerade wegen dieser Bitte von dem Glauben Naemans gering gedacht; aber der Fehler, den sie eintragen, liegt bei der stillschweigenden philosophischen Prämisse, daß auch Israel die Welt grundsätzlich in Dingliches und Geistiges geschieden habe. Zugegeben, auch der alttestamentliche Leser wird die Bitte um eine Last Erde als etwas Seltsames empfunden haben; auf keinen Fall aber hat er sich über die Unfähigkeit des Naeman, sich ins Geistige zu erheben, gewundert. Es wird ihn bewegt haben, wie hier ein Mann, der dem Gott Israels begegnet ist, von der Sorge spricht, wie er draußen im heidnischen Raum an der Verehrung dieses Gottes festhalten könne; ja er wird (da ja auch für ihn das von Jahwe verliehene Land das Heilsgut schlechthin war) es für ganz in der Ordnung gehalten haben, daß Naeman in seiner Notlage seinem Glauben, wenn auch auf eine ungewöhnliche Weise, so etwas wie einen sakramentalen Halt zu geben versuchte. (In dem theologischen Gespräch zwischen dem biblischen Glauben und dem griechischen Geist, das im Abendland immer neu geführt werden muß, wird gerade jene Maultierlast Erde eine Rolle zu spielen haben.)

Auch Naemans andere Bitte, Elisa möge ihm erlauben, auch fürderhin noch, wenn es sein Amt verlangt, an der Seite seines Königs den Tempel des Gottes Rimmon zu betreten, ist angesichts des ersten Gebotes heikel genug. Naeman übersieht es jetzt schon, daß ihm eine radikale Scheidung vom Heidentum da draußen nicht möglich sein wird. Wird ihn dann Jahwes Gesetz töten? Die Schärfe seines Konfliktes wird erst deutlich, wenn man sich klar macht, daß aus der Frage Naemans noch ein Menschentum spricht, das den modernen Rückzug der Religion in die Innerlichkeit des Herzens, für die dann die äußeren Umstände der Anbetung unerheblich sind, nicht kennt.

Die mit Spannung erwartete Antwort Elisas ist von höchster Kürze und Verhaltenheit, aber von einem großen seelsorgerlichen Wissen eingegeben: „Ziehe hin in Frieden." Wir würden ihren Sinn verfehlen, wenn wir annehmen wollten, Elisa sei der Frage ausgewichen oder er habe gar einer laxen Praxis das Wort geredet. Das Besondere dieses Bescheids ist doch dies, daß er keinerlei Gesetz über Naeman aufrichtet. Wie nahe hätte es gelegen, ihn mit einer Schutzwehr von Geboten auszurüsten. Elisa aber schickt ihn hinaus in seine heidnische Welt und überläßt ihn und seinen Glauben der Führung Jahwes, in dessen Dienst zu bleiben er versprochen hatte. Wie streng hat Elisa den Mann am Anfang angefaßt und wie großzügig entläßt er ihn! Diese Erzählung ist darin bemerkenswert, daß sie Probleme andeutet, die jenseits der Heilung Naemans, ja eigentlich jenseits des Erzählten liegen.

Waren die Dinge bei dem Heiden so gut gelaufen, so weiß der Erzähler zum Schluß von einem traurigen Versagen im engsten Umkreis Elisas zu berichten (v. 20—27). Aber auch hier, gegenüber dem verlogenen und gierigen Gehasi, erscheint die Gestalt des scheidenden Naeman noch einmal im freundlichsten Licht.

C. DIE ÜBERLIEFERUNGEN VON DEN PROPHETEN BIS ZU IHRER SCHRIFTLICHEN AUFZEICHNUNG

Etwa hundert Jahre nach Elia sind Amos, Hosea, Jesaja und Micha aufgetreten. Vergleicht man das Quellenmaterial dieser Propheten mit dem der früheren, so stößt man bei den Propheten des 8. Jahrhunderts auf etwas Neues: Der erzählende Bericht — bei Elia und Elisa der einzige quellenhafte Niederschlag — tritt auffallend zurück; statt dessen steht dominierend im Vordergrund die Sammlung dispositionslos aneinandergereihter Logien. Diese Verschiedenheit der literarischen Tradierung nötigt uns, die äußere literarische Form zu bedenken, in der die Erinnerung an das Wirken und die Botschaft der Propheten schließlich auf uns gekommen ist; denn von einer solchen Erkenntnis hängt nicht zum wenigsten die spätere theologische Beurteilung im strengen Sinne ab.

Auch die prophetische Überlieferung liegt in zum Teil sehr unförmigen Traditionsballungen vor, die — fast ohne inhaltliche Disposition oder zeitliche Gliederung — all der Gesetze zu ermangeln scheinen, die uns aus dem Wachstum abendländischer Literatur bekannt sind[1]. Erst bei Hesekiel begegnen wir der Wohltat einer chronologischen Anordnung. Indessen drängt sich dem Leser in der riesigen Stoffmasse doch sogleich eine Unterscheidung auf, die sehr einfach und doch zugleich von großer theologischer Bedeutung ist, nämlich die von poetischen und prosaischen Abschnitten. Die prophetische Rede ist — Ausnahmen bleiben hier beiseite — im Regelfall poetische, d. h. vom Rhythmus und Parallelismus geprägte Rede. Demgegenüber gehen die Erzählungen von Propheten in Prosa einher. In doppelter Weise sind also die Propheten literarisch oder doch jedenfalls überlieferungsbildend geworden: In Gestalt von Erzählungen und Erzählungssammlungen einerseits und von Sprüchen und Spruchsammlungen andrerseits,

1. Von dem verwirrenden Eindruck, den die literarische Hinterlassenschaft der Propheten auf den Nichteingeweihten macht, sagt Luther: „Sie (die Propheten) haben eine seltsame Weise zu reden, als die keine Ordnung halten, sondern das Hundert ins Tausend werfen, daß man sie nicht fassen noch sich drein schicken mag." WA XIX S. 350.

von Logien und Praxeis. Zweierlei war demnach den Zeitgenossen und Nachfahren dieser Männer bemerkenswert: Einerseits natürlich die Inhalte ihrer Botschaft, andrerseits aber auch die Umstände ihres Auftretens, die Konflikte, in die sie dabei verwickelt wurden, die Wunder, die sie verrichtet haben, und besondere Begegnungen mit besonderen Menschen. Es leuchtet ein, daß in den Fällen, wo wir von einem Propheten sowohl Sprüche wie Erzählungen zur Hand haben, dies beides nicht immer wie die zwei Seiten der gleichen Wirklichkeit zur Deckung gebracht werden kann; denn die Auffassung des Erzählers, der den Propheten im dramatischen Spannungsfelde der Öffentlichkeit sieht, kann eine andere sein als die des Schülerkreises, in dem sich das Interesse auf die Fixierung der aus der geschichtlichen Situation herausgelösten Logien beschränkte. So klafft z. B. das Bild, das wir aus den Jesajaerzählungen (Jes. 36—39) gewinnen, und dasjenige, das uns die Sprüche Jesajas vermitteln, ganz erheblich auseinander. Das erstere ist viel volkstümlicher und läßt den ungeheuren geistigen Umfang der Botschaften, wie sie in den Sprüchen niedergelegt sind, kaum ahnen. Es muß ferner einleuchten, daß von diesen beiden Grundformen prophetischer Literatur die Erzählung die ältere ist. Es bedurfte erst einer gewissen Zeit und einer gewissen Vertrautheit mit dem Phänomen der Prophetie, einer gewissen Erziehung zu einer geistigeren Auffassung, bis man allein die Worte der Propheten sammelte und gelernt hatte, sie von ihrer jeweiligen geschichtlichen Situation zu abstrahieren und für sich zu betrachten.

1. Sicher begann man zuerst damit, daß man von den Propheten erzählte[2]. Sehr altertümlich wirken in dieser Hinsicht die Elisaerzählungen. Aber gerade die eben angestellte Erwägung sollte uns doch warnen, uns den wirklichen Elisa allzu einfach nach diesen volkstümlichen Wundererzählungen vorzustellen. Elisa hat förmliche Lehrvorträge vor Schülern gehalten (2. Kön. 4_{38}; 6_{1}). Hätten wir eine Sammlung seiner Logien oder seiner Lehrvorträge, so wäre unser Bild von ihm möglicherweise ein völlig anderes. Dasselbe wird von Elia gelten. Aber erst seit Amos hat man gelernt, die Sprüche des Propheten gesondert zu nehmen und aufzuzeichnen. Damit verlagerte sich der Schwerpunkt der prophetischen Überlieferung auf die Sammlung und

2. Aber auch die Erzählungen kann man sachgemäß scheiden in Prophetentatgeschichten (z. B. 1. Kön. $17_{1-7, 8-16, 17-24}$) und Prophetenwortgeschichten (z. B. 1. Kön. 21_{17-20}; 2. Kön. 1_{3} f.). O. *Plöger*, Die Prophetengeschichten der Samuel- und Königsbücher (Diss. Greifswald, 1937), S. 38 ff.

Weitergabe der Logien. Gleichwohl führte die weitere Entwicklung keineswegs zu einer Verkümmerung und einem schließlichen Verschwinden der Prophetenerzählungen. Diese Gattung hat ihre Bedeutung behalten, denn Israel ist im Zusammenhang mit seiner geistigeren Erfassung des Phänomens doch nicht dazu übergegangen, die Prophetie vom Ereignishaften abzulösen, um die prophetische Botschaft auf ihren ideellen Wahrheitsgehalt zu reduzieren, wie das so viele Theologien des Alten Testaments vorauszusetzen scheinen; vielmehr hat es nie aufgehört, die Propheten an ihrem jeweiligen Ort in der Geschichte zu sehen, sei es als solche, die geschichtliche Bewegungen ausgelöst haben, sei es als solche, die in geschichtlichen Konflikten zerrieben wurden. Die umfangreichsten Prophetenerzählungen finden sich im Jeremiabuch; sie handeln also von einem verhältnismäßig späten Propheten[3]. Es wird noch davon die Rede sein müssen, welch wichtiges Komplement diese weitausgreifende Jeremiaerzählung neben der Spruchsammlung darstellt. Der moderne Leser muß freilich wissen, daß er mit seinem vorwiegend biographischen Interesse einen Gesichtspunkt an diese Erzählungen heranträgt, der ihnen fremd ist. Schon der Begriff der „Prophetengestalten“, der sich bei uns so gerne einstellt, entfernt sich von dem, was die Quellen darbieten. Wahrscheinlich lag es den Erzählern viel ferner als wir denken, den Propheten als „Gestalt“, d. h. als ein einmaliges menschliches Phänomen von bestimmten geistigen Umrissen darzustellen. Ähnlich verhält es sich mit dem biographischen Interesse. Dem Versuch, „Lebensbilder“ der Propheten nachzuzeichnen, setzen doch die Quellen einen spürbaren Widerstand entgegen. Hätte der Erzähler von Amos $7_{10\,ff.}$ die Absicht gehabt, etwas von dem Lebensgang des Amos mitzuteilen, wie hätte er dann seinen Bericht so schließen können, wie er ihn geschlossen hat, nämlich ohne den Leser darüber zu informieren, ob der Prophet dem Ausweisungsbefehl nun Folge geleistet hat oder nicht. Läse man diesen erzählenden Abschnitt als Bruchstück einer Biographie, so müßte man diesen Abschluß als unbefriedigend beurteilen. Aber dieser Erzähler sieht in Amos nur den Propheten, also einen Amtsträger; und deshalb ging sein Interesse nicht über die Darstellung des Zusammenstoßes des Charismatikers mit dem Oberpriester und über das Drohwort hinaus, das Amos anläßlich dieses Zusammen-

3. Von dem Ereignis der sog. Tempelrede des Jahres 609 enthält die Überlieferung die Prophetenworte (Jer. 7_{1-15}) und unabhängig davon die beschreibende Erzählung (Jer. 26).

stoßes gesprochen hat. Aus den Elia-, Elisa- oder Jesajaerzählungen ließen sich genug ähnliche Beispiele einer solchen biographischen Uninteressiertheit und einer solchen Konzentration auf das berufliche Handeln der Propheten beibringen. Erst bei Jeremia wandelt sich der Aspekt, indem nun wirklich der Mensch Jeremia mit seinem Leidensweg ein selbständiger Gegenstand der Darstellung wird. Das hängt aber mit der Tatsache zusammen, daß mit Jeremia die Prophetie überhaupt in eine Krise trat und sich eine neue Auffassung von dem, was ein Prophet ist, anbahnte. Baruch war vielleicht der erste, der klar erkannt hat, daß das Leiden als ein integrierender Bestandteil des prophetischen Dienstes anzusehen war. Zum Prophetsein gehört noch mehr als die Botschaft des Mundes. Baruch hat eine ganz neue Seite des Prophetenamtes gesehen. Auch der bios des Propheten wird von dem Prophetenamt in Beschlag genommen, und damit wird die steil in Leiden und Gottverlassenheit abfallende Kurve seines Lebens zu einem Zeugnis eigener Art. So wird also doch auch in den Jeremiaerzählungen das Leben des Propheten nicht um seiner selbst willen dargestellt, eben weil es bei Jeremia in den Prophetenberuf mit hineingenommen und ein Stück dieses Berufes selbst geworden war. Aber das sind, wie gesagt, Erkenntnisse, die erst in einer verhältnismäßig späten Phase aufgebrochen sind und von denen später noch die Rede sein muß[4].

2. Den unmittelbarsten Ausdruck ihres Wirkens hat die Prophetie im „Botenspruch" gefunden[5]. Angesichts des uneinheitlichen Charakters, den die Prophetie schon bei ihrem frühesten Auftreten in Israel aufweist, wird es kaum möglich sein, in formgeschichtlicher Hinsicht eine Grundform des Prophetenspruches zu benennen, von der die Prophetie ursprünglich ausgegangen sei[6]. Auch von dem sogenannten

4. S. u. S. 214 ff.

5. *L. Köhler*, Kleine Lichter (1945), S. 11 ff; *J. Lindblom*, Die literarische Gattung der prophetischen Literatur (1924); *J. Hempel*, Die althebräische Literatur und ihr hellenistisch-jüdisches Nachleben (1930—34), S. 56 ff; *H. W. Wolff*, Das Zitat im Prophetenspruch (1937); *C. Westermann*, Grundformen prophetischer Rede (1960).

6. Eine alte Form, vielleicht eine der ältesten, hat sich in den prophetischen Rufen erhalten, die in den Zusammenhang von sakral-kriegerischen Unternehmungen gehören und auf die R. Bach aufmerksam gemacht hat (*R. Bach*, Die Aufforderungen zur Flucht und zum Kampf im alttestamentlichen Prophetenspruch, 1962). Es handelt sich dabei erstens um die stereotype Aufforderung, sich zum Kampf zu rüsten (vgl. 1. Kön. 20$_{13}$ f; Hos. 5$_{8}$; Jes. 13$_{2}$; Jer. 46$_{3}$ f; 49$_{14, 31}$; 50$_{14}$ f, $_{21, 29}$; 51,$_{11, 27}$); zum anderen um die Aufforderungen zur Flucht, die an solche Gruppen gerichtet werden, gegen die man keine feindlichen Absichten hat, die aber in dem militärischen Operationsgebiet wohnen (vgl. 1. Sam. 15$_{6}$ f; Jer. 4$_{6}$ f; 6$_{1}$; 49$_{8, 30}$; 50$_{8}$; 51$_{6}$).

„Botenspruch" wird sich das so nicht behaupten lassen[7]. Aber da er von Elisa bis Maleachi tatsächlich so etwas wie ein Kontinuum innerhalb der alttestamentlichen Prophetie bildet, und da bei der Fülle und Variabilität der von den Propheten verwendeten Gattungen keine andere so konsequent gebraucht wird wie der Botenspruch, muß von ihm hier zuerst die Rede sein. Es war bekanntlich im Altertum ein weit verbreiteter Brauch, daß der mit irgendeiner Meldung entsandte Bote sich seiner Botschaft bei dem Empfänger derart entledigte, daß er im Ichstil seines Auftraggebers sprach, daß er also sein eigenes Ich ganz auslöschte und so sprach, als spräche sein Herr aus ihm den Empfänger selbst an. Beispiele für diese mit „so spricht..." eingeleitete, also ganz weltliche Botenrede finden sich auch im Alten Testament noch[8]. Dies also ist die Form, deren sich die Propheten vor allen anderen bedient haben, um ihre Botschaft auszurichten, und diese Tatsache ist für das prophetische Selbstverständnis wichtig. Sie haben sich als Abgesandte, als Boten Jahwes verstanden. Diesem Botenspruch haben aber die Propheten in der Regel einen Spruch vorangestellt, der die Angeredeten zum Aufmerken bewegen sollte, ja der die von der eigentlichen Botschaft Gemeinten überhaupt erst genauer bezeichnete. Dem göttlichen Drohspruch wurde eine „Scheltrede", dem göttlichen Verheißungsspruch eine „Mahnrede" vorausgestellt[9]. Erst aus dieser zweigliedrigen Aussage setzt sich die Gattung des Prophetenspruches zusammen. Um sie zu verstehen, muß man bedenken, daß die Propheten — erst bei Jeremia ändert sich das — zwischen dem eigentlichen Botenspruch und der ihm voraufgehenden Schelt- und Mahnrede deutlich unterschieden haben. Unmittelbares Gotteswort war nur jener; diese dagegen war hinführendes, vorbereitendes, erläuterndes Menschenwort. Im Sinne der zeitlichen Abfolge war für den Propheten natürlich der Gottesspruch das Primäre; ihn hatte er in einer Eingebung empfangen, um ihn an diejenigen weiterzugeben, die er anging. Das geschah eben dadurch, daß ihm der Prophet eine die Adressaten identifizierende Scheltrede voranstellte. Die innere Verbindung zwischen der Scheltrede und dem Drohwort vollzieht das im

7. Bei der prophetischen Gerichtsankündigung spielen auch Formen des Rechtslebens (Anklage-Strafankündigung) herein. C. *Westermann*, a. a. O. S. 92 ff. Zur Problematik des Botenspruches s. *R. Rendtorff*, Botenformel und Botenspruch, ZAW 1962 S. 165 ff.

8. Z. B. Gen 32_{4} ff; 45_{9}; Nu. 22_{16}; 1. Kön. 2_{30}; 20_{3}; 2. Kön. 18_{29}; Jes. 37_{3}.

9. Statt der eingebürgerten Terminologie „Scheltrede-Drohwort" schlägt Westermann die sachgemäßere Bezeichnung „Anklage-Ankündigung" vor, a. a. O. S. 46 ff.

Prophetenspruch so charakteristische, begründende „darum“ (לָכֵן), das zu dem „so hat Jahwe gesprochen“ hinführt[10].

Aber der Botenspruch ist nur eine, wenn auch besonders häufig gewählte Form prophetischer Verkündigung[11]. Tatsächlich haben die Propheten bedenkenlos zu irgendwelchen Formen gegriffen, um in sie ihre Botschaft zu verkleiden. Keine profane oder sakrale Form war davor gesichert, daß sie nicht einmal von einem Propheten zum Gefäß seines Auftrags gemacht wurde. Diese Männer wollten ja auffallen; ja gelegentlich wollten sie ihre Zuhörer — etwa durch das Aufgreifen einer altgeheiligten sakralen Ausdrucksweise — geradezu vor den Kopf stoßen. So gehen ihre Aussagen gelegentlich im Stil eines priesterlichen Opferbescheides einher (Jes. 1_{16} f; Am. 5_{21} ff.), oder eines kultischen Hymnus oder einer Gerichtsrede[12]. Deuterojesaja hat das priesterliche Heilsorakel auf breiter Basis zur Form seiner Verkündigung umgestaltet. Die bekannten Sätze: „Fürchte dich nicht, ich habe dich erwählt, losgekauft, ich rufe dich beim Namen, du bist mein“, sind der liturgisch-kultischen Rede nachgeahmt, mit der der Priester auf das Klagegebet des einzelnen antwortete (Jes. 41_{10} ff; 43_{1} f; 44_{1} f. u. ö.)[13]. In anderen Fällen wurde die Botschaft in die Form weisheitlicher Lehrrede gekleidet (Jes. 28_{23} ff; Am. 3_{3} ff.) oder in eine volkstümliche Liedform (Jes. 5_{1} ff.). Wie solche übernommenen Gattungen sich dann in den Händen der Propheten verändern, ja sich zu wahrhaft grotesken Gestaltungen zerdehnt haben, das sieht man am besten an der Gattung des Leichenliedes, die von späteren Propheten sogar ins Parodistische verkehrt wurde[14]. In der Ausübung ihres Amtes haben sich die Propheten zu brillanten Stilisten herangebildet, deren Rhetorik beim Hörer die merkwürdigsten Effekte zu erzielen vermag. Hier muß also die Auslegung besonders wachsam sein, denn auf die richtige Bestimmung der Form, vor allem auf die richtige Abgrenzung

10. Vgl. etwa Am. 3_{11}; 4_{12}; $5_{11, 16}$; 6_{7}; 7_{17}; Hos. 2_{8}; Jes. 5_{13}; 10_{16}; Mi. 2_{3}; 3_{12}; Jer. 2_{9}; $5_{6, 14}$ u. ö.

11. Nach *L. Köhler* (a. a. O. S. 13) findet man ihn bei Amos 14mal, bei Jesaja 44mal, bei Jeremia 157mal und bei Hesekiel 125mal.

12. Jes. $1_{2 f, 18-20}$; 3_{13-15}; Hos. 4_{1-4a}; Mi. 1_{2-7}; 6_{1-8}; Jer. 2_{4-9}; Jes. $41_{1-5, 21-29}$; $43_{8-13, 22-28}$; 44_{6-8}; 48_{1-11}; 50_{1-2a}. Besonders merkwürdig sind die Fälle, wo Jahwe als Angeklagter spricht: Mi. 6_{3-5}; Jer. $2_{4-13, 29 f}$; Jes. 50_{1-2a}.

13. *J. Begrich*, Das priesterliche Heilsorakel, ZAW 1934 S. 81 ff.

14. Am. 5_{1} f; Jes. 23_{1} ff; Hes. 19_{1} ff, $_{10}$ ff; parodistische Leichenlieder: Hes. 27_{2} ff; 28_{11} ff; 32_{17} ff; Jes. 14_{4} ff. Vgl. *H. Jahnow*, Das hebräische Leichenlied im Rahmen der Völkerdichtung (1923).

der jeweiligen literarischen Einheit kommt viel an. Ein irrtümlich ihr zugesprochener oder abgesprochener Vers kann ihr ganzes Sinngebäude verändern[15].

Die Frage nach der Form, in die die jeweilige Botschaft gekleidet ist, ist jedoch in einem noch strengeren Sinne wichtig, denn keine Form ist nur etwas Äußerliches, Formales; in der Tiefe der Sache sind Form und Inhalt doch ein untrennbares Ganzes. Die Inhalte waren es doch, die die Wahl der Form bestimmten. Diese überbordenden und schlechthin alles, was Israel bisher von Jahwe wußte, überschreitenden Inhalte konnten ja überhaupt nicht in einer hergebrachten, auch nicht in einer spezifisch prophetischen Form geborgen werden. Es liegt tief in ihrem Inhalt begründet, daß solche Botschaften nur in gewagten und immer nur gewissermaßen in improvisierten ad-hoc-Formulierungen ausgesprochen werden konnten, eben weil die prophetische Botschaft an allen Ecken über die großen sakralen Institutionen Israels (Kultus, Recht, Königtum) hinausstieß. Und ebenso liegt es tief in ihrem Wesen begründet, daß sich die Prophetie — als wäre da gar kein Unterschied! — gleicherweise auch völlig profaner Formen bedienen konnte, denn in ihrer letzten Tendenz führte sie über diese bisherige Scheidung hinaus, indem sie, sofern sie Gericht weissagte, auch das Ende des sakralen Apparats ankündigte und, sofern sie Heil weissagte, mehr und mehr von einem Zustand sprach, in dem Jahwes Ordnung alle Lebensgebiete bestimmen und tragen wird, in dem also der Unterschied zwischen sakral und profan aufgehoben sein wird.

3. Diese Spruch- oder Liedeinheiten sind dann sicher bald in kleinen Überlieferungskomplexen zusammengeschlossen worden[16]. Ob solche „Diwane" (Hempel) noch von dem Propheten selbst angeordnet wurden oder von einem Jüngerkreis, das entzieht sich allermeist unserer Kenntnis. Obwohl wir von diesen Jüngerkreisen, die sich um die Propheten gesammelt haben mögen, nur sehr wenig wissen, tut die neuere Forschung doch recht daran, wenn sie ihnen bei der Sammlung und Überlieferung der prophetischen Botschaften eine entscheidende Funktion zuschreibt. So findet sich in Jes. 5_{8-24} eine Sammlung von Weherufen, die gewiß ebensowenig wie die von Matth. $23_{13\,ff.}$ hinter-

15. In dieser Hinsicht bedürfen die alttestamentlichen Perikopenreihen einer eingreifenden Korrektur.

16. *H. Birkeland,* Zum hebräischen Traditionswesen (Die Komposition der prophetischen Bücher des AT, 1938); *S. Mowinckel,* Prophecy and Tradition (1946); *J. Hempel,* Worte der Profeten (1949), S. 53 ff.

einander gesprochen wurden, sondern nachträglich zusammengestellt sind. Ebenso verhielt es sich mit den Sprüchen über die falschen Propheten (Jer. 23_{9} ff.) oder den „Königssprüchen" (Jer. 21_{11}-23_{8}). Der Zusammenhang Jes. 6_{1}—9_{6} ist unter zeitgeschichtlichem Gesichtspunkt redigiert, denn er enthält, abgesehen von der vorausgestellten Berufungsgeschichte, Sprüche und Begebenheiten aus der Zeit des syrisch-ephraimitischen Krieges. In Hes. 4—5 sind die sogenannten Symbolhandlungen dieses Propheten zusammengestellt[17]. Aber in vielen Fällen können wir durchaus keine Logik in der Aneinanderreihung der Einheiten erkennen; das gilt vor allem da, wo es sich um die Anreicherung zu größeren Komplexen, also schon um die Sammlung von Sammlungen handelt. Einige Überschriften innerhalb der Prophetenbücher sind so ziemlich die einzigen Hilfen, die uns etwas von dem Fortschreiten dieses redaktorischen Prozesses ahnen lassen[18].

In der fast unübersehbaren Fülle der prophetischen Überlieferungen sind es eigentlich nur zwei Abschnitte im Buch des Propheten Jesaja und einer im Jeremiabuch, die einläßlicher über Aufzeichnung und Weitergabe der Botschaft handeln (Jes. 8_{16-18}; 30_{8-17}; Jer. 36). Sie lassen tatsächlich so weittragende Schlüsse über das Wesen der prophetischen Botschaft überhaupt und über die Auffassung, die die Propheten von ihr hatten, zu, daß hier in gebotener Kürze von ihnen die Rede sein muß.

„Zusammenbinden will ich die Bezeugung, versiegeln die Weisung in meinen Jüngern, und will harren auf Jahwe, der sein Antlitz verbirgt vor dem Hause Jakobs, und auf ihn hoffen. Siehe, ich und die Kinder, die mir Jahwe gegeben hat,

17. Auch das „Prinzip" der Stichwortanreihung mag gelegentlich wirksam gewesen sein. Bei Deuterojesaja, wo es *Mowinckel* glaubte nachweisen zu können, ist freilich die theologisch begriffliche Basis der Botschaft viel schmaler als etwa bei Jesaja, Jeremia oder Hesekiel, und im gleichen Maße ist es natürlich leichter, einen Zusammenhang unter den Einheiten zu erkennen (ZAW 1931 S. 87 ff.). Immerhin mag in Jes.1_{9} und $_{10}$ das Stichwort „Sodom", in Jes. 8_{8} und $_{9}$ f. das Stichwort „Immanuel" die Anreihung bestimmt haben. Auf ähnliche Beobachtungen ist die Hoseaexegese gestoßen *(H. W. Wolff,* Dodekapropheton BK, S. 90). Aber diese und andere Fälle sind zu vereinzelt, als daß man von da aus den redaktorischen Prozeß im allgemeinen auflichten könnte.

18. Es kann Fälle gegeben haben, in denen die Weitergabe der prophetischen Hinterlassenschaft zunächst auf dem Weg der mündlichen Überlieferung erfolgte. In anderen setzte die schriftliche Fixierung schon zu Lebzeiten des Propheten ein *(S. Mowinckel,* Prophecy and Tradition (1946), S. 62 ff.). Schon das Palästina des 2. Jahrtausends gehörte einem Kulturkreis an, in dem das Schreiben eine wichtige Funktion des geistigen Lebens und Verkehrs war. *G. Widengren,* Literary and Psychological Aspects of the Hebrew Prophets (1948).

sind Zeichen und Vorbedeutung von Jahwe Zebaoth her, der auf dem Berge Zion wohnt" (Jes. 8_{16-18}).

Innerhalb des Zusammenhanges Jes. 6_1—9_6, in dem von spannungsgeladenen Ereignissen des syrisch-ephraimitischen Krieges die Rede ist, von drohenden, warnenden und verheißenden Sprüchen Jesajas aus dieser Zeit, muß es verwundern, daß und wie der Prophet mit einemmal von sich redet, daß er die Gedanken des Lesers auf sich selbst lenkt und auf einen Kreis von Menschen, der sich um ihn gesammelt hat. Das wird aber ohne weiteres aus der besonderen Lage heraus verständlich, in die der Abschnitt führt, denn „versiegeln" und „zusammenbinden" soll der Prophet seine „Lehre", so wie man von einem Geschehen nachträglich noch ein Protokoll aufnimmt und dann die Urkunde amtlich verschließen läßt. Der Satz bedeutet also nichts anderes, als daß sich Jesaja in dem Augenblick, in dem er ihn niederschrieb, als entamtet betrachtet. Das ist in der Tat das Einzigartige dieses Abschnitts, daß er uns Einblick gibt in die Gedanken und Erwartungen, mit denen sich Jesaja aus seiner ersten öffentlichen Wirksamkeit zurückgezogen hat. Er hat die Botschaft ausgerichtet; nun liegt alles Weitere bei Jahwe, der — dessen ist Jesaja ganz sicher — der Wortoffenbarung seines Boten die Tatoffenbarung folgen lassen wird. Die Botschaft hat im Volk eine tiefe Kluft aufgerissen, sie hat verstockt (Jes. $6_{9\,f.}$), durch sie ist Jahwe selbst seinem Volk zum Fallstrick geworden (Jes. 8_{14}), aber — ungeheure Paradoxie! — gerade auf diesen Gott, der sein Angesicht vor dem Hause Israel verborgen hat, hofft Jesaja[19]! Welche Gelassenheit dem Unglauben gegenüber! Verwunderlich ist vielmehr, daß die Botschaft doch Glauben gewirkt hat, wenn auch nur in einem ganz kleinen Kreis. Und deshalb bleibt dem Propheten auch nach seinem Zurücktreten in die bürgerliche Anonymität eine zeichenhafte Bedeutung, insofern nämlich, als dieser kleine Kreis eine Garantie dafür ist, daß Jahwe auf dem Plane bleibt und seine Absichten in der Geschichte nicht aufgegeben hat. Es ist bedeutsam genug, daß Jesaja diese Absichten Jahwes im letzten doch für heilvoll hält, wie könnte er sonst auf diese Selbstoffenbarung Gottes „hoffen". Obwohl der Prophet in diesem Zusammenhang von dem „Versiegeln" und „Einbündeln" seiner Botschaft nur in schwebenden und bildlichen Ausdrücken redet, ist doch anzunehmen, daß Jesaja im Zusammenhang mit dieser Entamtung seine bisherige Botschaft auch

19. Über die Verstockung Israels s. u. S. 158 ff.

wirklich schriftlich niedergelegt hat, und daß diese Aufzeichnung des Propheten den ältesten Kristallisationspunkt des Jesajabuches bildet[20]. —

„Jetzt geh hinein und schreib es vor ihnen auf eine Tafel und verzeichne es in ein Buch, daß es für einen künftigen Tag zum ‚Zeugen' werde auf ewig, denn ein widerspenstiges Volk sind sie, verleugnende Söhne, die nicht hören wollen auf die Weisung Jahwes... Darum spricht der Heilige Israels also: Weil ihr dies Wort verworfen habt und vertraut auf Verkehrtes und Ränke und euch darauf verlaßt, darum wird euch diese Verschuldung werden wie ein einsturzdrohender Riß, der sich an einer ragenden Mauer ausbaucht, deren Bruch plötzlich, urplötzlich kommt... Denn so hat der Herr Jahwe, der Heilige Israels, gesprochen: Durch Umkehr und Ruhe sollt ihr gerettet werden; im Stillsein und Vertrauen liegt eure Kraft. Aber ihr habt nicht gewollt..." (Jes. 30_{8-15}).

In diesem Abschnitt, der aus der Spätzeit Jesajas stammt, ist der Schritt von der mündlichen Verkündigung zu ihrer Niederschrift, ihr Übergang in eine zweite Form ihrer Existenz, nämlich in die literarische, noch viel deutlicher. Nicht entsandt wird hier der Prophet, er soll nicht hinausgehen, sondern „hineingehen" in sein Haus, und nicht reden soll er, sondern schreiben „für einen künftigen Tag". Die Situation ist offenbar dieselbe, wie sie in Jes. $8_{16\,\text{ff.}}$ vorauszusetzen war. Die Botschaft war ausgerichtet. Wieder war ein Abschnitt im prophetischen Wirken an sein Ende gekommen. Wieder war das Ergebnis ein Mißerfolg. Jesaja hat keinen Glauben wecken können; seine Zeitgenossen waren viel zu sehr mit ihren politischen Plänen beschäftigt, um hören zu können; ja noch mehr: sie haben „nicht gewollt", sie haben sich willentlich gegen Jahwe und sein Angebot entschieden. Der tröstliche Hinweis auf den kleinen Kreis der Jünger fehlt hier; dagegen ist das Wort von der Ablehnung hier viel deutlicher als vordem. Es ist also dunkler geworden um den Propheten. Der Abschnitt lädt viel breiter aus als Jes. $8_{16\,\text{ff}}$, insofern er sowohl die Entscheidung gegen Jahwe wie auch sein Angebot grundsätzlich skizziert. Besonders im Blick auf die von Jesaja ausgerichtete Botschaft ist das wichtig; denn wir haben hier eine der ganz seltenen Stellen, an denen der Prophet selbst die Essenz ihres Inhalts noch einmal in wenige Worte und Begriffe zusammenfaßt. Zur Umkehr zu Jahwe wollte er sie bewegen, zur Geborgenheit in seinem Schutz und zu Vertrauen und „Gelassenheit" (so interpretiert Procksch das נַחַת). Nun, da sie alles ausgeschlagen

20. Die These, daß die Überlieferung von Jesaja letztlich auf zwei Selbstaufzeichnungen des Propheten zurückgeht, eine aus der Frühzeit (Jes. 8_{16}) und eine aus seiner Spätzeit (Jes. 30_{8}), ist schon von *B. Duhm* begründet worden.

haben, wird die Haltlosigkeit ihr Teil sein, was Jesaja in dem Bild von einer sich plötzlich ausbauchenden und dann berstenden Mauer prächtig ausmalt.

Warum aber schreibt der Prophet seine Botschaft als ein „Vermächtnis", wie man gern sagt, nieder? Inwiefern gilt sie „für einen künftigen Tag"? Gewiß ist damit zunächst an die Erfüllung der prophetischen Drohung gedacht. Spätere werden es rückschauend erkennen können, daß der Prophet nicht Leeres geweissagt hat. Aber wahrscheinlich gehen die Gedanken Jesajas bei der Niederschrift doch noch wesentlich weiter. Diese seine Generation hat er abgeschrieben; „plötzlich, urplötzlich" wird sie vom Verderben ereilt (Jes. 30 13). Aber erfüllt sich an ihr das geweissagte Geschick, so war das doch nur der eine Teil der prophetischen Botschaft. Auch ihr heilsverheißender Inhalt, ihre Einladung in die Geborgenheit bei Jahwe, behält seine Kraft. Er fällt nicht hin, wenn eine Generation sich der Einladung verschließt. Jahwe gibt seine Pläne nicht auf; nur greifen sie jetzt in viel größere geschichtliche Fernen hinaus, und deshalb mußte die Botschaft aufgeschrieben werden. Die Stelle ist deswegen so interessant, weil sie zeigt, daß unter Umständen schon der Prophet selbst den Bezug seiner Worte zu ihren ersten Empfängern gelöst und seine Botschaft (in ihrem ganzen bisherigen Wortlaut!) auf fernere Hörer und Leser übertragen hat. Damals, als Jesaja seine Botschaft niederschrieb (möglicherweise nach 701), waren gewiß schon manche seiner Weissagungen von der Geschichte überholt; auf ihren nächsten und vordergründigen Verlauf gesehen mußten jene als überfällig erscheinen. Aber das war kein Grund, sie als erledigt zu betrachten, denn sie behielten ihre Bedeutung über die Stunde hinaus, für die sie zunächst gesprochen waren. Das war aber auch kein Grund, sie inhaltlich zu ändern und für ihre neuen Empfänger umzuformen. So ist ja auch die gesamte ehedem im Nordreich ausgerichtete Botschaft des Hosea später durch eine ganz geringfügige Redaktion — nämlich durch die mehrmalige Einführung des Namens „Juda" — an das Südreich umadressiert worden[21]. Kein Mensch wird annehmen, diese Prophetensprüche hätten nur einen Adressaten gehabt und seien dann, in ihren Buchrollen verschlossen, in Archiven gelegen. Es muß Kreise gegeben haben, denen das Wissen um die fortdauernde Aktualität der prophetischen Botschaften nie abhanden gekommen war, ja die selbst zu ihrem Teil an

21. S. Bd. I, S. 84.

der Aktualisierung gearbeitet haben, denn in vielen Fällen kann man die Arbeit dieser Späteren an allerlei sekundären Zutaten deutlich erkennen. Einen Fall, wo wir diesen Traditionsprozeß etwas deutlicher erkennen können, ist Tritojesajas Verhältnis zu Deuterojesaja. Die Abhängigkeit Tritojesajas ist so auffällig, daß man mit Recht ein unmittelbares Schülerverhältnis vorausgesetzt hat. Aber das Wort Deuterojesajas ist nun von dem Jüngeren in eine erheblich veränderte Situation hineingesprochen, und die Prägungen des Meisters haben demgemäß tiefgreifende Abwandlungen erfahren[22]. — Auch Jeremia steht in der ersten Epoche seines Wirkens in einem deutlichen Schülerverhältnis zu Hosea[23]. Innerhalb des Jeremiabuches hat die Forschung schon lange eine breite Schicht von prosaischen Texten abgegrenzt, die sich in Sprache und theologischer Begrifflichkeit stark der deuteronomisch-deuteronomistischen Überlieferung annähern. Offenbar haben wir es hier mit einer besonderen Gestaltung der jeremianischen Überlieferung von zweiter Hand zu tun, deren Herkunft und Anlaß wir freilich noch nicht übersehen[24].

Der breit ausladende Bericht Baruchs von der Niederschrift der Botschaft Jeremias und von der mehrfachen Verlesung der Rolle geht den beiden oben besprochenen Jesajatexten darin parallel, daß auch er den Weg von der Botschaft zum Buch beschreibt. Darin aber, daß er von den seltsamen Schicksalen dieses Buches erzählt, geht er weit über jene hinaus (Jer. 36). Auch Jeremia hat die Niederschrift auf einen ausdrücklichen Befehl Jahwes zurückgeführt. Von großer Bedeutung ist aber das, was der Bericht über den Zweck dieser Unternehmung erkennen läßt. Es handelt sich nämlich um einen letzten Versuch, Israel zur Umkehr zu bewegen und damit Jahwe die Vergebung zu ermöglichen. Dies ist aber nur die Exposition für die nun

22. *K. Elliger*, Deuterojesaja in seinem Verhältnis zu Tritojesaja (1933); *W. Zimmerli*, Zur Sprache Tritojesajas, Schweizer. Theol. Umschau, Festschrift für L. Köhler (1950), S. 62 ff.

23. *K. Groß*, Die literarische Verwandtschaft Jeremias mit Hosea (1930). Andererseits fällt es angesichts ihrer völlig verschiedenen traditionsgeschichtlichen Verwurzelung schwer, die Prophetie Deuterojesajas mit dem Schülerkreis des Protojesaja in Verbindung zu bringen.

24. Zu dieser von *Mowinckel* als „Quelle C" bezeichneten Überlieferungsschicht vgl. außer den Einleitungen und Kommentaren *S. Herrmann*, Der Gestaltwandel der prophetischen Heilserwartung im Alten Testament (Habilitationsschrift, Leipzig 1959), S. 5 ff. Ist diese „Quelle C" der „Baruchrolle" gleichzusetzen (Jer. 36_{32})? *Th. H. Robinson*, Baruch's Roll, ZAW 1924 S. 209 ff. *O. Eißfeldt*, Einleitung in das AT (1956²), S. 424 ff. Dagegen *W. Rudolph*, Jeremia, HAT 1958² S. XVI f.

anhebende Erzählung von den Schicksalen dieses erstellten Buches. In kunstvoller Steigerung berichtet Baruch von einer dreimaligen Verlesung. Über die erste vor dem Volk anläßlich eines Fastengottesdienstes des Jahres 605 geht die Erzählung verhältnismäßig rasch hinweg. Die zweite in der Kanzlei des Staatsschreibers vor den hohen Staatsbeamten ist schon ausführlicher dargestellt. Die Männer erschrecken, sie verhören den Baruch, und die Rolle selbst wird „behördlich sichergestellt". Durfte Baruch in diesem Kreis persönlich ein ausgesprochenes Wohlwollen erfahren, so mußte die Sache doch dem König gemeldet werden. Der Erzähler hat also mit großem Geschick auf den Höhepunkt seiner Geschichte vorbereitet. Wie wird sich der König verhalten, mit dessen Entscheidung auch das ganze Volk stand oder fiel? Hier geht der Erzähler nun ganz ins einzelne: der König im Winterpalast, am Kohlenbecken sitzend, um ihn seine Minister —, aber letztlich ist es doch nicht der König, sondern die Rolle, die im Mittelpunkt des Interesses steht, wie sie vom König zerschnitten und Stück um Stück ins Feuer geworfen wird. Daraufhin diktiert Jeremia seine Botschaft dem Baruch aufs neue, und läßt diese Rolle noch umfangreicher werden als die erste.

Einzigartig ist diese Erzählung im Alten Testament insofern, als sie weder von einem Menschen handelt noch von einer Führung oder Setzung Jahwes, sondern von einem Buch. Aber in dem, was mit diesem Buch geschah, spiegelt sich das ganze Schicksal seiner Botschaft. Es ist das Jeremiathema von dem großen Scheitern, das hier in einer Abwandlung besonderer Art wiederkehrt. So könnte man hier beinahe auch von einer Passion des prophetischen Buches sprechen. Aber in einem entscheidenden Punkt versagt die Parallele zu der Leidensgeschichte Jeremias: die zerrissene und verbrannte Buchrolle ersteht aufs neue. Jahwes Wort läßt sich nicht vernichten.

Diese drei herangezogenen Texte zeigen uns freilich nur den ersten Schritt in der Traditionsbildung, nämlich den von der mündlichen Botschaft zu ihrer Aufzeichnung, den einige Propheten noch selbst vollzogen haben. Aber damit war der Prozeß der Fixierung der prophetischen Botschaft noch lange nicht zum Stehen gekommen; eher kann man sagen, daß er jetzt erst eigentlich begann. Wir sahen es ja, daß die Botschaft eines Propheten nicht an ihren ersten Empfängern haftete; daß sie mit Israel weiter durch die Zeiten ging, auch wenn sich die geschichtlichen Verhältnisse, auf die sie abgestellt war, inzwischen verändert hatten. Die Grundüberzeugung, die hinter diesem Überlieferungsprozeß stand, war die, daß ein einmal ergangenes Prophetenwort unter keinen Umständen hinfallen kann. Wann es in Erfüllung ging und wie es in Erfüllung ging, das stand bei Jahwe; die Menschen hatten über seiner Weitergabe zu wachen. Besonders merkwürdig ist aber, daß sogar solche Weissagungen, die offensichtlich in der Geschichte an ihr Ziel gekommen waren, deren Erfüllung also am Tage lag, daß auch solche Worte weiterhin als Weissagung über Israel stehen blieben und immer neue Inhalte aus sich zu entlassen imstande waren.

Die sogenannte Nathanweissagung ist ein besonders anschauliches Beispiel für diese rastlose, sich über viele Jahrhunderte hin erstreckende und immer neu deutende Arbeit an der Überlieferung (2. Sam. 7). In den Versen 11 und 16 läßt sich vielleicht die älteste Schicht einer Weissagung erkennen, die sich unmittelbar an David gerichtet hat. Ihr gegenüber ist die Auffassung, die aus den Versen 12 a, 14—16 spricht, jünger; der vorgerückte Zeitpunkt zeigt sich an dem Interesse an der „Nachkommenschaft, die von deinen Lenden kommen wird", wenn David „sich zu seinen Vätern gelegt haben wird"; ihr geht es also um das Verhältnis Jahwes zu den Nachfahren Davids[25]. Die viel spätere deuteronomistische Geschichtstheologie hat nun diese ganze Weissagung mit dem Tempelbau Salomos in Verbindung gebracht (v.13), während Deuterojesaja sie von den Davididen ablöst und auf das Volk Israel als Ganzes überträgt (Jes. 55_{3} f.). Dem noch später schreibenden Chronisten genügt es nicht mehr, daß dieses Heilswort ehedem auf die „Nachkommen" Davids bezogen war; er spricht von „der Nachkommenschaft, die von deinen Söhnen kommen wird" und hat damit die Reichweite der Weissagung noch um eine weitere Stufe verlängert (1. Chron. 17_{11}). So sprach also das uralte Prophetenwort auch noch in seine spätnachexilische Gegenwart hinein.

Dieser produktive Traditionsprozeß läßt sich in den Prophetenbüchern auf Schritt und Tritt beobachten. Ohne Zweifel muß es unsere Prophetenexegese noch mehr lernen, diese langsame Anreicherung der prophetischen Überlieferung unter einem anderen Gesichtspunkt zu betrachten als dem der „Unechtheit" und einer unerfreulichen Entstellung des Ursprünglichen. Ist dieser Prozeß doch vielmehr ein Zei-

25. Wir folgen damit der Analyse von *L. Rost,* Die Überlieferung von der Thronnachfolge Davids (1926), S. 47 ff. Etwas anders neuerdings *M. Noth,* David und Israel in 2. Sam. 7, Mélanges bibliques rédigés en l'honneur de André Robert (1957), S. 122 ff. (Gesammelte Studien, 1960², S. 334 ff.).

chen für die Lebendigkeit, mit der die alte Botschaft weitergegeben und neuen Situationen angepaßt wurde. Diese Anpassung geschah etwa durch Hinzufügung von Drohworten gegen Völker, die inzwischen in den Gesichtskreis Israels getreten waren. So ist z. B. die sehr altertümliche Weissagung Bileams zu guter Letzt sogar noch auf die Griechen bezogen worden (Nu. 24_{24})[26]. In Jesaja 23 ist ein älteres Orakel gegen Sidon durch einige Zusätze nachträglich auf Tyrus bezogen worden. Die messianische Weissagung Jes. $11_{1\,ff.}$ ist später durch den hinzugefügten v. 10 auf die Heidenwelt bezogen worden, und in dieser Umprägung ist sie von Paulus aufgenommen worden (Röm. 15_{12}). Ganz ähnlich ist die messianische Weissagung im Amosbuch in der von der Septuaginta entschränkten Fassung ins Neue Testament eingegangen (Apg. $15_{16\,f}$: אָדָם statt אֱדֹם). Hatte Jesaja in Jes. 9_{11} von Aram und den Philistern gesprochen, so bezieht die Septuaginta das Wort auf Syrien und die Hellenen. Viel bedenklicher scheint uns dieser Vorgang der Anpassung da, wo ein altes Prophetenwort in sein Gegenteil, also wo etwa ein Gerichtswort in ein Heilswort verwandelt wird. Hatte Jesaja den Ägyptern, „dem Volk, hochgewachsen und blank, gefürchtet weit und breit" sein Wehe zugerufen und ihm Vernichtung angedroht (Jes. 18_{1-6}), so geht dieser Spruch jetzt über in die Weissagung, daß „an jenem Tage" Jahwe Gaben dargebracht werden von dem „Volk hochgewachsen und blank, gefürchtet weit und breit" (v. 7). Aber auch diese Umsetzung einer alten Gerichtsbotschaft in ein Heilswort ist nicht ein im Grunde unerlaubtes Plagiat eines Epigonen, der keine eigenen Einfälle hatte. Auch hier waltet eine echte Kontinuität mit dem alten Prophetenwort, freilich auch eine echte Vollmacht, die sich in einer veränderten geschichtlichen Stunde auch zu einer Umprägung der alten Botschaft ermächtigt weiß[27]. Schon die Tatsache, daß sich die Umsetzung alter Prophetenworte so häufig belegen läßt, hätte uns veranlassen können, den Vorgang als etwas Normaleres und theologisch Legitimeres anzusehen[28].

26. *L. M. v. Pákozdy,* Theologische Redaktionsarbeit in der Bileamperikope, BZAW 77 (1958) S. 161 ff.

27. Über die Deutungstraditionen des Textes Jes. 53 s. *H. Hegermann,* Jesaja 53 in Hexapla, Targum und Peschitta (1954).

28. „Mit den Kategorien Echt — Unecht ist diese Sekundärtradition nicht zu fassen. Vielmehr bezeugt sie die unmittelbare Lebendigkeit des Prophetenwortes im Schülerkreise. Dieser sucht die Worte in einem etwas späteren Zeitpunkte neu aus dem Ganzen des durch Ezechiel hörbaren Gotteswortes heraus zu verstehen!" *W. Zimmerli,* Ezechiel BK, S. 111. Über diese Nachgeschichte prophetischer Texte s.

Z.B. in dem Textzusammenhang Jes. 22_{15-25} heben sich deutlich drei Stufen des Wachstums ab. In dem ersten Abschnitt v.15—18 hat sich Jahwes und des Propheten Zorn gegen Schebna, einen der höchsten Beamten des judäischen Staatswesens, entladen. Er wird dereinst nicht in seinem neugehauenen Grab zur Ruhe gebracht werden, sondern Jahwe wird seine Mumie wie einen Ball in ein fremdes Land werfen. Damit hatte der Jesajaspruch geendet. Nun aber fährt der Text fort:

„Ich werde dich aus deinem Amte stoßen und von deinem Posten wegreißen.
Geschehen wird's an jenem Tage, da berufe ich den Eljakim, Sohn des Hilkia, als meinen Diener.
Mit deinem Rock werde ich ihn bekleiden
  und mit deiner Schärpe umgürte ich ihn, und deine Macht übergebe ich ihm,
daß er ein Vater sei für die Bewohner Jerusalems
  und für das Haus Juda.
Ich werde ihm den Schlüssel des Hauses David auf die Schultern legen.
Wenn er öffnet, so wird keiner zuschließen,
  und wenn er zuschließt, wird keiner öffnen.
Als Nagel an einem festen Ort will ich ihn einschlagen
  und zum Ehrenstuhl wird er seinem Vaterhaus" (Jes. 22_{19-23}).

Schon der Stilwechsel — der Spruch geht unvermittelt in die Ichform über — verrät den Neueinsatz; außerdem ist Vers 19a ein schlechter Übergang, denn Schebna ist ja schon verworfen; das Wort von seiner Absetzung kommt zu spät. Hier steht nun der Nachfolger Eljakim und seine Installation im Mittelpunkt des Interesses (der kleine Text ist eine wahre Fundgrube höfischer Zeremonialsprache). Aber von diesem Eljakim ist noch mehr zu sagen, was man freilich am Tage seiner Amtseinsetzung noch nicht wußte, und damit treten wir in die dritte Phase des Schebna-Textes ein:

„Aber es wird sich an ihn hängen das ganze Gewicht seines Vaterhauses, die Sprossen und die Auswüchse, alles Kleingeschirr, alles Beckengeschirr, alles Kruggeschirr. An jenem Tage, spricht Jahwe Zebaoth, wird der Nagel, eingeschlagen an einem festen Ort, nachgeben, er wird abbrechen und fallen, und vernichtet wird die Last, die an ihm ist; denn Jahwe hat's geredet" (Jes. 22_{24-25}).

Diese Weiterung knüpft an das Wort von dem Nagel in Vers 23 an, versteht aber das Bildwort ganz anders. Ein Nagel wird dieser

H. W. Hertzberg, Die Nachgeschichte alttestamentlicher Texte innerhalb des Alten Testaments, BZAW 66 (1936) S. 110ff; *J. Hempel,* Die Mehrdeutigkeit der Geschichte als Problem der prophetischen Theologie, Nachrichten der Akad. d. Wiss. in Göttingen (Phil. hist. Klasse), 1936, S. 24ff; *Douglas Jones,* The Traditio of the Oracles of Isaiah of Jerusalem, ZAW 1955 S. 226ff; *S. Mowinckel,* Prophecy and Tradition (1946); *H. Birkeland,* Zum hebräischen Traditionswesen (1938).

Eljakim schon sein, seine ganze Sippe wird sich nämlich an ihn hängen; und deshalb wird es ihm gehen wie einem Nagel, an dem man allzuviel Töpfe und Küchenkram aufgehängt hat. Er wird nachgeben und der ganze Plunder zerschellt am Boden. Eine köstliche Satire auf die Vetternwirtschaft bei hohen Beamten[29]!

Dieser Traditionsprozeß stellt uns vor ein hermeneutisches Problem, das hier nur kurz angedeutet werden kann. Sind die Prophetenworte derart mit Israel durch die Geschichte gegangen und haben sie auch über ihre erste Verkündigung hinaus ihren Charakter als Botschaft behalten, so muß ihre Interpretation durch die Späteren eine elastische gewesen sein; denn das Wort erreicht die späteren Empfänger nur durch eine „Adaption" seines Gehaltes[30]. Unsere wissenschaftliche Exegese der Prophetenworte setzt alles daran, ihren Gehalt nach dem Selbstverständnis des Propheten zu ermitteln. Ohne davon abzulassen, sollte sie sich vielleicht doch noch deutlicher machen, daß dieses Selbstverständnis des Propheten doch nur eine Möglichkeit seines Verständnisses ist. Durch den Bezug auf spätere Generationen und ihre Situationen entstanden neue Möglichkeiten des Verstehens bis hin zu der letzten Aktualisierung der prophetischen Botschaft im Neuen Testament. Und muß man nicht damit rechnen, daß für eine Weissagung von dem Augenblick an, da sie in die Hände der Tradenten kam, die Zeit, da sie nach ihrem strengen Selbstverständnis aufgenommen werden konnte, schon vorüber war[31]?

29. Zu der interessanten Modifikation eines älteren Tyrusorakels (Hes. 26$_{7}$ ff.) in Hes. 29$_{17}$ ff. durch den Propheten selbst s. *W. Zimmerli,* a. a. O. S. 720.

30. Zu diesem Prozeß der „Adaption" s. *J. L. Seeligmann,* Voraussetzungen der Midraschexegese, Suppl. VT I (1953), S. 150 ff, besonders S. 167 f.

31. S. u. S. 312 ff, 380 ff.

D. BERUFUNG UND OFFENBARUNGSEMPFANG

Durch ihre Berufung, von der noch besonders zu reden sein wird, sahen sich die Propheten in einen Aufgaben- und Pflichtenkreis gestellt, einerseits in strenge Bindungen, andererseits in Freiheiten und Vollmachten, die wir mit dem Begriff „Amt" zu bezeichnen ein Recht haben. Natürlich bedarf dieser sehr allgemeine Begriff von Fall zu Fall der näheren Bestimmung. Es ist ja von vornherein nicht anzunehmen, daß jeder dieser Propheten sein Amt im gleichen Sinne aufgefaßt hat. Hier gab es die mannigfachsten Schattierungen, von denen in den folgenden Erörterungen nur einiges angedeutet werden kann. Es gab ja nicht nur deutliche Wandlungen in der Auffassung der Propheten von ihrem Amt; es gab auch die Möglichkeit, daß ein Prophet selbst mit seinem Amt in Konflikt geriet; es konnte sich aber auch ergeben, daß er mit einer Auffassung in Konflikt geriet, die andere ihm gegenüber vertraten. Die Vorstellung, die Jesaja von seinem Amt hatte, ist keineswegs identisch mit derjenigen, die hinter den Jesajaerzählungen (Jes. 36—39) steht. Die letztere ist eben bestimmt von derjenigen, die der Erzähler hatte. Im Grunde steht hinter jeder prophetischen Überlieferung, auch der unscheinbarsten Erwähnung, eine bestimmte Auffassung von dem, was ein Prophet ist und was seines Amtes ist. Würde sich unsere Auslegung dieser immer neu zu stellenden Frage noch offener halten, so würde die Beweglichkeit, die große Variationsbreite der Vorstellungen vom Propheten noch wesentlich deutlicher werden.

Von klassischer Einfachheit ist die Aussage über das Verhältnis des Propheten zu Gott, wie es sich in dem Verhältnis Ahrons zu Mose in Ex. 4_{16} (J?) (7_{1}) spiegelt: Mose ist der Elohim für Ahron, Ahron ist der Mund für Mose. Der Gott spricht nicht selbst, der Prophet ist sein Mund. Daß man derart auf diese Verhältnisbestimmung wie auf eine Definition zurückgreifen konnte, um ein Verhältnis ganz anderer Art in seiner Eigenart zu beleuchten, läßt erkennen, wie verfestigt und allgemein anerkannt diese „Definition" damals schon gewesen sein muß. Aber neben ihr hatten eben auch ganz andere Auffassungen Raum.

1. Nun ist man neuerdings im Zuge eines neuen Verständnisses des Kultus auf die Frage gestoßen, ob nicht auch die Propheten in einem

viel engeren Verhältnis zu der Institution des Kultus gestanden haben, als man ehedem für möglich hielt, und hat aufgrund von z. T. sehr neuartigen Interpretationen inner- und außeralttestamentlicher Belege die Meinung vertreten, daß die Mehrzahl der im Alten Testament erwähnten Propheten beamtete kultische Sprecher waren und damit zum Kultuspersonal der Heiligtümer gehört haben[1].

Daß die Propheten mit Vorliebe Heiligtümer aufgesucht haben, weil hier die Menge der Wallfahrer zusammenströmte, und auch deshalb, weil ihnen in der religiös erregten Menge, die sie allein dort so massiert antreffen konnten, die Stichworte und Anknüpfungspunkte für ihre Gottessprüche gegeben wurden, hat nie jemand bestritten; aber um dieses Umstandes willen läge kein Grund vor, von „Kultpropheten" zu sprechen. Auch das ist anzunehmen, daß die Kultorte an den Festzeiten je länger je mehr umlagert waren von Schwärmen von Nebiim, die zeitweise auch den Priestern zur Last wurden, so daß sogar besondere Aufsichtsorgane bestellt werden mußten (Jer. 29$_{24}$ ff.). Die Frage ist vielmehr die, ob die Propheten als autorisierte Kultsprecher zu dem Kultuspersonal im engeren Sinne gehört haben. Richtet man diese Frage an die vorklassische Prophetie, so ist es, einfach aufgrund des spärlichen Überlieferungsmaterials, überaus schwer, sie eindeutig zu beantworten. Hinzu kommt, daß wir auch dieses frühe Nabitum meist für einheitlicher halten, als es war. Elisa war offenbar in einem anderen Lebenskreis verwurzelt als Elia; und wie fern stehen beide einem Typus wie Nathan! Die Ekstatiker von 1. Sam. 10$_{10}$ f. kommen von einer Kultstätte, aber daß sie dort selber kultisch geamtet haben, ist schwer vorstellbar, und dasselbe gilt doch auch von den Genossenschaften um Elisa und erst recht von Elia. Elia hat zwar gelegentlich geopfert (1. Kön. 18$_{30}$ ff.); das konnte aber damals jeder Israelit, besagt also nichts. Anders wird das Bild, wenn wir die ziemlich fest verwurzelte Vorstellung heranziehen, daß mindestens eine Hauptfunktion des nabi die der Fürbitte war[2]. Da nun diese Fürbitte, soweit wir sehen, bei öffentlichen Notständen erbeten wurde, da sie „Israel" betraf, so muß man damals in der Tat den Propheten für einen bevollmächtig-

1. Grundlegend wurde *S. Mowinckel,* Psalmenstudien Bd. III (Kultprophetie und prophetische Psalmen, 1923); s. auch *A. R. Johnson,* The Cultic Prophet in Ancient Israel (1944); *A. Haldar,* Associations of Cult Prophets among the Ancient Semites (1945); vgl. dazu aber *H. H. Rowley,* Ritual and the Hebrew Prophets (Journal of Semitic Studies 1956, S. 338 ff.).

2. 1. Sam. 12$_{19, 23}$; 15$_{11}$. Anders aber bei Jesaja und Jeremia: 2. Kön. 19$_{1}$ ff; Jer. 7$_{16}$; 42$_{2}$.

ten Sprecher der Gesamtheit gehalten haben; auch ist es durchaus möglich, daß diese Fürbitte vom nabi gelegentlich im feierlichen Rahmen einer offiziellen Kulthandlung zelebriert wurde. Es könnte auch sein, daß bei solchen Gelegenheiten von ihm Völkerorakel verkündet und Fluchworte gegen bestimmte Feinde ausgerufen wurden. Außerdem haben wir Grund zu der Annahme, daß einer gewissen Art von Propheten bei der Führung der Kriege eine entscheidende Rolle zuerkannt wurde, insofern von ihnen der Befehl zum Angriff ausging (1. Kön. $20_{13\,f,\,22,\,28}$; $22_{6,\,12,\,15}$; 2. Kön. $3_{16\,f}$; 6_9). Auch die offizielle ultimative Warnung der Nachbarn und der Schutzbürger des Volkes, gegen das man zu Felde zog, die Aufforderung, aus dem bedrohten Raum zu fliehen (1. Sam 15_6), war Sache der Propheten[3]. Auch hier sehen wir sie als ermächtigte Sprecher der Gesamtheit, und zwar im Rahmen eines Geschehens, das zu der Zeit wohl noch als sakral-kultisch aufgefaßt wurde.

Diese und andere Wahrnehmungen lassen erkennen, daß das Nabitum des 9. Jahrhunderts noch mannigfach in den Bereich des offiziellen Kultus einbezogen werden konnte. Und doch kann man sich nicht vorstellen, daß seine Funktion eine so geregelte war wie die der Priester. Ihr Beruf war ja auch nicht erblich, sondern er war charismatisch und stand schon deshalb von vornherein auf anderen Voraussetzungen. Ist es nicht auch merkwürdig, daß das Deuteronomium die Einkünfte der Priester und Leviten regelt; von denen der Propheten findet sich nichts dergleichen[4]. Auch die Tatsache, daß man unbefangen von weiblichen Propheten sprach (Ex. 15_{20}; 2. Kön. 22_{14}; Neh. 6_{14}), daß aber die Vorstellung von weiblichen Priestern ganz unvollziehbar war, spricht eher gegen die These. Immerhin hat es solche Tempelnabis noch zur Zeit Jeremias offenbar in großer Zahl gegeben, und es ist auch anzunehmen, daß sie dort auch als Sprecher Jahwes und als Sprecher des Volkes aufgetreten sind. Jedoch die Propheten, die man als „Schriftpropheten" bezeichnet hat, Amos, Jesaja, Micha, Jeremia und die anderen, haben nicht zu ihnen gehört, wie ihre erbitterten Anklagen gegen jene ja auch genugsam erkennen lassen. Sie gehören einem radikalen Flügel zu, der sich immer weiter gegenüber dem offiziellen kultischen Betrieb verselbständigt hat[5]. Der Beweis für diese

3. S. o. S. 44 Anm. 6.
4. O. *Plöger*, Priester und Prophet, ZAW 1951 S. 179, 186.
5. „Insofern wir meinen, daß die Freiheit des prophetischen Amtes prinzipiell festgehalten werden muß, leugnen wir nicht, daß zuzeiten viele Propheten mit dem

Behauptung muß natürlich vor allem aus dem Inhalt ihrer Verkündigung geführt werden und aus deren Gesamtverständnis. Er kann aber ebenso schon von dem formalen Befund aus geführt werden: Diese ihre rhetorischen Prägungen oder Vergleiche von äußerster Gewagtheit, nur gewählt, um anzustoßen und aufzurütteln, dieses Einhergehen der Botschaften oft genug in ganz profanen Gattungen, die nur ad hoc gewählt sind und darnach wieder fallengelassen werden, ja überhaupt diese unglaubliche Variabilität der Form ihrer Verkündigung, dieses Wildern auf dem weiten Feld der Ausdrucksformen, die den damaligen Menschen überhaupt zu Gebote standen, — ein solches Improvisieren ereignet sich nicht im Raum des Kultus, der alles göttliche oder menschliche Sprechen einer typisierenden Konventionierung unterwirft, ganz abgesehen davon, daß in diesem Kultus die Vorstellung von einem Gericht Jahwes am eigenen Volk gewiß nicht beheimatet war[6]. Diese Labilität im Formalen ist nun aber bei den großen Propheten doch nur ein Symptom für einen sehr grundsätzlichen Vorgang im Innersten ihrer Verkündigung, nämlich für ein ganz neues Verständnis von Gott, Volk und Welt, das die Propheten in steigendem Maße über alles bisher Bestehende hinausgeführt hat und von dem anderwärts noch zu reden ist[7]. Vor allem aber sprechen die Berufungsberichte dafür, daß wir es mit Männern zu tun haben, die viel mehr auf sich selbst gestellt waren, als das von denen gesagt werden kann, die im Organismus eines Heiligtums fest beamtet waren.

2. Wie sehr die Berufung eines Propheten für Israel ein Ereignis war, das aus dem Kreis der religiösen Erfahrungen herausfiel und das man eben nicht seit eh und je bei den Trägern der Jahwereligion kannte, das kann man besonders daran sehen, daß im Alten Testament so oft

Tempel verbunden waren ... Wohl aber stellen wir in Abrede, daß die Propheten als solche offizielle Kultdiener gewesen sein sollen. Nicht allein die Gestalt des Elia, die Bemerkung des Amos (7$_{14}$), die Figur der Hulda, der Frau eines Palastbeamten (2. Kö. 22$_{14}$), sondern weiterhin der ganze Tenor der Prophetie des Micha, das Auftreten Haggais (2$_{12}$ f.) und vor allem die bekannte Erzählung von Eldad und Medad in Nu. 11, die Erwartung Joels (2$_{28}$ ff.) und ähnliches zeigen zur Genüge, daß Prophetie und Priesteramt keineswegs unlöslich miteinander verbunden waren.“ *Vriezen*, S. 223 f. Vgl. dazu auch *J. Fichtner* in RGG^3 V Sp. 620 f.

6. So mit Recht *F. Hesse*, Wurzelt die prophetische Gerichtsrede im israelitischen Kult? ZAW 1953 S. 45 ff. Auch die Fälle, in denen Propheten von einer offiziellen Abordnung befragt oder um Fürbitte angegangen wurden (2. Kön. 19$_1$ ff; Jer. 37$_3$), lassen nicht erkennen, daß ihre Bescheide im kultischen Rahmen ergangen sind. Jeremia mußte einmal zehn Tage lang auf den göttlichen Bescheid warten und konnte dann erst die Abordnung zu sich rufen (Jer. 42$_1$ ff.).

7. S. u. S. 121 ff, 309 ff.

von ihm erzählt wird und daß diese Berichte alle aus einer verhältnismäßig umschränkten Epoche der Geschichte Israels stammen, nämlich aus der Königszeit[8]. Bedenkt man ferner, daß man in der orientalischen Antike nicht schrieb, wenn man Lust und Laune hatte, daß vielmehr jede Niederschrift einem bestimmten realen Zweck diente, so rückt das Ereignis einer Berufung allein durch die Tatsache, daß es auch schriftlich niedergelegt wurde, noch in ein besonderes Licht. Das Ereignis der prophetischen Berufung ist zur Geburtsstunde einer neuen literarischen Gattung geworden, eben der Berufungserzählungen. Der Zusammenhang zwischen den Erfahrungen, die der Mensch in seinem religiösen und kultischen Leben machte, und zwischen der Art und Weise seines sprachlichen und schriftlichen Ausdrucks war eben in Israel ein so lebendiger und unmittelbarer, daß sich jede neue Erscheinung von Rang sofort auch auf dem Gebiet des Formalen, nämlich in einer Veränderung oder Neuprägung, aussprach. Wir meinen damit das Novum des prophetischen Berufungsberichtes im Ichstil. Gewiß, der hebräische Mensch hat auch vor dem Auftreten der Propheten vor Gott „Ich" gesagt, — etwa in den Klage- und Dankliedern. Aber das war doch ein anderes Ich als dasjenige, das hier zu Wort kommt. Das, was in den alten kultischen Formen im Ichstil über die Dinge zwischen Gott und dem Menschen gesagt wurde, das konnte und sollte mehr oder minder jeder von sich sagen; es war mehr ein kollektives, inklusives Ich, während das der prophetischen Aufzeichnungen ausgesprochenermaßen ein exklusives Ich ist. Diejenigen, die in diesen Berichten zu uns reden, waren ja Männer, die in einem entscheidenden Sinn aus den religiösen Ordnungen, die die Vielen noch für gültig hielten, herausgerufen waren (und was bedeutete das für einen antik-orientalischen Menschen!) und die deshalb vor der Notwendigkeit standen, sich in ihrer neuen und durchaus analogielosen Situation vor sich und vor den anderen zu rechtfertigen. Der Prophet berichtet von einem Ereignis, das ihn mit einem Auftrag, mit einem Wissen und einer Verantwortung belud, das ihn vor Gott ganz allein auf sich selbst stellte.

8. *F. Giesebrecht,* Die Berufsbegabung der alttestamentlichen Propheten (1897); *H. Gunkel,* Die geheimen Erfahrungen der Propheten (in: Die Schriften des Alten Testaments II, 2, 1923²) S. XVII ff; *J. Hänel,* Das Erkennen Gottes bei den Schriftpropheten (1923); *F. Häussermann,* Wortempfang und Symbol in der alttestamentlichen Prophetie (1932); *A. Heschel,* Die Prophetie (1936); *S. Mowinckel,* Die Erkenntnis Gottes bei den alttestamentlichen Propheten (1941); *J. P. Seierstad,* Die Offenbarungserlebnisse der Propheten Amos, Jesaja und Jeremia (1946); *G. Widengren,* Literary and Psychological Aspects of the Hebrew Prophets (1948).

Und das zwang den Propheten dazu, sich in dieser seiner Sonderstellung gegenüber den Vielen zu legitimieren. Damit wird deutlich, daß die Niederschrift des Berufungsberichtes neben der Berufung selbst ein zweites Ereignis war, das eine andere Abzweckung hatte als das erste. In der Berufung selbst wurde dem Propheten sein Auftrag übermittelt; die Niederschrift dagegen geschah im Hinblick auf eine gewisse Öffentlichkeit, der gegenüber der Prophet sich zu rechtfertigen hatte. Ohne Zweifel gestatten diese Berichte einen wichtigen Einblick in den Bereich des primären prophetischen Erlebens, und zwar unvergleichlich direkter als alle Kultlyrik; — aber gleichwohl muß sich der Ausleger immer der Tatsache bewußt bleiben, daß er in ihnen doch wahrscheinlich nicht einen ganz unmittelbaren und völlig erlebnisechten Niederschlag des Berufungsgeschehens vor sich hat, sondern eben eine Niederschrift, die einem bestimmten Zwecke diente und in der der Vorgang zweifellos schon in einer gewissen Stilisierung wiedergegeben wird. Es ist durchaus denkbar, daß sich die Berufung unter allerlei Umständen ereignete, die zu wissen für uns von höchstem Interesse wäre, die aber in Vollständigkeit aufzuführen gar nicht in der Absicht des Propheten lag[9]. Im Blick auf die oben erörterte Frage nach einer regulären kultischen Beamtung dieser Propheten geben diese Berufungsberichte u. E. ein entschieden negatives Argument. Wäre es denn zu erwarten, daß ein im Kultus beamteter Prophet derart seine Berufung betont? Das Gewicht, das diese Propheten ihrer Berufung beimessen, macht es deutlich genug, wie sehr sie sich von dem religiösen Besitzstand der Menge geschieden und ganz auf sich gestellt wußten.

Das Quellenmaterial für unsere Erörterung ist bekannt genug; es handelt sich zunächst um die prophetischen Ichberichte in Amos 7—9, Jesaja 6, Jeremia 1, Hesekiel 1—3, Jesaja 40_{3-8}, Sacharja 1_7-6_8. Aber auch eine Erzählung wie die von der Berufung des Elisa (1. Kön. $19_{19\,ff.}$) oder die des jungen Samuel zu einer Zeit, da Jahwes Wort „teuer geworden war im Lande“, muß herangezogen werden (1. Sam. $3_{1\,ff.}$), denn, gleichviel was für ein Amt der geschichtliche Samuel innehatte, — der Erzähler hatte die Absicht, die Erweckung eines jungen

9. Das gilt ebenso von der Frage, ob dem Offenbarungsempfang eine meditative Bereitung voraufgegangen ist, wie von der nach der besonderen seelischen Verfassung (Ekstase), in der sich der Prophet während des Offenbarungsempfanges befunden hat. Vor allem aber wüßten wir gerne Genaueres, in welcher Gestalt dem Propheten die einzelnen Offenbarungsinhalte entgegenkamen und wie er sich ihrer vergewisserte.

Menschen zum Propheten zu erzählen (v.20). Dasselbe gilt von der Berufung des Mose in Ex. 3—4, sonderlich in der elohistischen Fassung; denn diese Beauftragung, die göttliche Zusicherung „ich will mit deinem Munde sein“ (Ex. 4_{12}) und dieses Zurückweichen des Mose, — das alles ist doch sichtlich nach dem Modell einer prophetischen Berufung, wie man sie sich damals vorstellte, erzählt. Es ist erstaunlich, wie nuanciert die Vorstellungen ebenso in psychologischer wie in theologischer Hinsicht damals schon — im 9. Jahrhundert? — waren, und wie stark sich schon das Legitimationsproblem in den Vordergrund geschoben hat („wenn sie mir aber nicht glauben?“ Ex. 4_{1}), das bei den Propheten doch eigentlich erst bei Jeremia in ganzer Schärfe aufbrach. Ebenso erstaunlich ist, wie offen auch schon mit der Möglichkeit einer Weigerung des Berufenen gerechnet wird (Ex. $4_{10\,ff.}$). Endlich mag man auch an 1. Kön. 22_{19-22} denken. Die Art und Weise, wie sich Micha ben Jimla das Zustandekommen einer prophetischen Beauftragung dachte — nämlich als das Ergebnis einer Beratung im himmlischen Thronrat — war schwerlich etwas Einmaliges, sondern entsprach wohl allgemeineren Vorstellungen. Gerade diese Belege aus dem 9. Jahrhundert warnen vor einer Unterschätzung dieser Prophetie und vor der Annahme, als hätte das Auftreten des Amos oder Jesaja für Israel etwas ganz Neues gebracht.

Das Ereignis, durch das einer zum nabi berufen wurde, wird sehr verschiedenartig geschildert und hat sich auch, wie deutlich zu sehen ist, keineswegs auf irgendeine konventionierte Art vollzogen. Hinzu kommt, daß sich dieses Ereignis auch beim Propheten, bedingt durch dessen besondere innere Veranlagung, auf sehr verschiedene Weise gespiegelt hat. Trotzdem lassen sich einige Züge benennen, die allen Propheten, wo sie überhaupt von ihrer Berufung sprechen, gemeinsam sind. Ziemlich abseits von ihnen steht allerdings die Berufung Elisas, weil in der Erzählung 1. Kön. $19_{19\,ff.}$ die Beschlagnahme von einem Menschen, von Elia, ausgeht. Elisa wird zur „Nachfolge“ eines Menschen berufen (הָלַךְ אַחֲרֵי), also zunächst zu einer Jüngerschaft. Aber auch die Erzählung von dem Übergang des Charismas von Elia auf Elisa (2. Kön. 2_{15}) steht isoliert; denn die Propheten von Amos an verstehen sich merkwürdigerweise nicht als Geistträger, sondern als Verkündiger des Wortes Jahwes. Der Geistbegriff, der offenbar noch für das Prophetsein Elisas konstitutiv war, tritt aus Gründen, die wir nur vermuten können, fast völlig und, wie es uns scheinen möchte, ziemlich abrupt, in den Hintergrund. Für die Propheten des 9. Jahrhunderts war die Gegenwart des „Geistes Jahwes" schlechterdings konstitutiv. Elisa muß sich den Geistbesitz von Elia erbitten (2. Kön. 2_{9}); erst als sich der Geist auf ihn niedergelassen hat, gilt er als Prophet. Die Konstatierung des Geistbesitzes geht aber betonterweise von der Umgebung des Propheten aus, die ihn damit erst ihrerseits legitimiert (v.15). Eine Betörung kann sich nur ereignen, wenn der „Geist" die Propheten verwirrt. Unter den Propheten entsteht dann die Frage, ob der Geist vom einen auf den anderen „übergegangen" sei (1. Kön. $22_{21\,f.,\,24}$). Ja, der Geist konnte einen Propheten plötzlich aus seiner Umgebung entraffen und ihn irgendwohin entführen (1. Kön. 18_{12}; 2. Kön. 2_{16}). Das fast schlagartige Verschwinden dieser in sich sehr geschlossenen Vorstellung ist nicht nur auffallend, sondern auch in theologischer Hinsicht bedeutsam, insofern der Wegfall dieser objektiven Realität des Geistes, deren Vorhandensein auch von der Umgebung konstatiert werden konnte, den Propheten des Wortes noch mehr auf sich und seine Berufung gestellt hat[10].

Die Berufung der Propheten des 8. und 7. Jahrhunderts geschah, soviel wir sehen, durch eine unmittelbare und ganz persönliche Anrede von Gott her, und diese Anrede schuf für den davon betroffenen Menschen einen ganz neuen Zustand. Er wurde davon ja nicht nur zu einem zeitlich begrenzten Auftrag entboten, sondern mit einem Amt betraut, das vielleicht nicht überall als lebenslänglich gedacht ist, das aber auf alle Fälle diese Menschen mindestens für längere Zeit aus allen bisherigen Verhältnissen heraushob. Prophet sein war ein Zustand, der auch in die äußeren Lebensverhältnisse tief eingriff; wir werden uns später noch daran zu erinnern haben, welche Konsequenzen das hatte, daß von Anfang an nicht nur der Mund, sondern das Leben dieser Menschen von einem besonderen Dienst in Anspruch genommen war. Besonders charakteristisch ist das völlige Fehlen eines Übergangs von dem einen in den anderen Zustand. Das Prophetsein stellt sich ja nicht dar als eine gewaltige Steigerung oder Überhöhung der bis-

10. Auf das Fehlen dieser Geistvorstellung bei der klassischen Prophetie hat vor allem *S. Mowinckel* aufmerksam gemacht, Die Erkenntnis Gottes bei den alttestamentlichen Propheten (1941), S. 16 f. Vgl. auch (von demselben Vf.) The Spirit and the Word in the Preexilic Reforming Prophets, JBL 1934 S. 199 ff. Mowinckel erklärt diese Verschiedenheit aus der Abwehrstellung der „Reformpropheten" den vulgären Nebiim gegenüber, die sich auf den Geist berufen haben. Das ist jedenfalls eine mögliche Erklärung. Den Worten der Propheten selber ist diese Polemik leider nicht mit der zu wünschenden Deutlichkeit zu entnehmen. Vielleicht war die Geistvorstellung ein Charakteristikum der nordisraelitischen Prophetie (vgl. Hos. 9_{7}).

herigen religiösen Existenz. Der bisherige Glaubensstand, aber auch sonstige persönliche Anlagen, — das alles disponiert den Berufenen vor Jahwe in keiner Weise zu seinem neuen Beruf. Mag er eine irenische Natur gewesen sein, so muß er doch schelten und drohen, wenn ihm dabei gleich, wie es dem Jeremia geschah, das Herz zerbrach; und neigte er von Natur aus zur Härte, so mußte er doch wie Hesekiel den Weg des Rettens und Tröstens beschreiten. Der Bruch, der die Propheten von ihrem früheren Leben trennt, ist so tief, daß keine der früheren sozialen Bindungen mehr in die neue Existenz hinüberreicht. „Ein Schafzüchter war ich und ein Sykomorenritzer; aber Jahwe hat mich hinter der Herde weggeholt und zu mir gesagt: Gehe hin, weissage gegen mein Volk Israel" (Am. 7$_{14}$ f.). Das war mehr als ein neuer Beruf; es war ein ganz neuer Lebensstand, auch in soziologischer Hinsicht, insofern der Berufene aus der Gesellschaft und all den sozialen und wirtschaftlichen Sicherungen, die sie ihm bot, heraustrat und in einen Zustand der Unabhängigkeit, will sagen, der sicherungslosen Abhängigkeit von Jahwe hinüberwechselte. „Nicht sitze ich heiter im Kreise der Fröhlichen. Unter dem Druck deiner Hand sitze ich einsam; denn mit Grimm hast du mich erfüllt" (Jer. 15$_{17}$).

In einen solchen Dienst kann ein Mensch von Fleisch und Blut nur gezwungen werden; jedenfalls haben sich die Propheten als gewaltsam Bezwungene verstanden. Zwar sprechen die älteren Propheten über diese persönlichen Widerfahrnisse bei ihrer Berufung nur selten. Erst bei Jeremia löst sich ihre Zunge.

> „Du hast mich betört und ich habe mich betören lassen;
> Du bist mir zu stark geworden und hast mich überwältigt" (Jer. 20$_{7}$).

Was hier in der offenen Empörung ausgesprochen ist, dieses Eingeständnis, genötigt worden zu sein, ohne sich weigern zu können, das hat auch Amos ausgesprochen.

> „Der Löwe hat gebrüllt, — wer fürchtet sich nicht!
> Der Herr Jahwe hat gesprochen, — wer weissagt nicht!" (Am. 3$_{8}$).

Man hat gewiß mit Recht diesen Spruch als ein sogenanntes Diskussionswort bezeichnet, d. h. als die Antwort auf eine Frage, ob denn Amos die Legitimität seines Redens im Namen Jahwes auch nachweisen könne. Amos weist diese Bezweiflung seiner Weissagung zurück; sein Weissagen ist überhaupt nicht Sache einer Überlegung oder eines

Entschlusses gewesen, viel eher eine Selbstverständlichkeit, nicht unähnlich einer unbewußten Reflexhandlung, über die man sich auch nicht erklärt.

3. Die Berufung zum Propheten, die sich, wie gesagt, in einer ganz persönlichen Anrede vollzog, war nun offenbar in der Regel mit einem Ereignis verbunden, das den zukünftigen Boten Gottes auf eine höchst intensive Weise mit dem Willen und den Plänen Jahwes vertraut machte: mit einer Vision. Die prophetische Literatur enthält zwar unter der verhältnismäßig großen Zahl von Visionen keine, die nicht zugleich alsbald in eine Audition überginge und in einer Anrede gipfelte. Gleichwohl ist es doch nicht nebensächlich, daß Gott für das Neue, das er dem Propheten anzeigt, auch das Auge beanspruchte. Dies geschah beileibe nicht, um ihm Erkenntnisse höherer Welten zu vermitteln, sondern um sein Auge zu öffnen für zukünftige Dinge, die nicht nur geistiger Art sind, sondern die sich auch hart im Raum des Gegenständlichen begeben werden. Diese Ausrichtung der Propheten nicht auf innergöttliche Dinge, sondern auf zukünftige Ereignisse, und zwar auf Ereignisse, die sich in der Immanenz, mehr noch, die sich im engsten Lebenskreis Israels begeben werden, kann gegenüber populären Mißverständnissen nicht stark genug betont werden. Aber auch der Theologe muß immer wieder staunen über das Maß von Konzentration auf das geschichtlich Ereignishafte und das völlige Fehlen irgendwelcher „spekulativer" Gelüste selbst bei denjenigen Visionen, in denen Jahwe persönlich sichtbar wurde. So sagt Amos, daß er einmal Jahwe geschaut habe, ein Bleilot an eine Mauer anlegend. Aber auf die Frage Jahwes, was er denn sehe, hat er geantwortet: „ein Bleilot" (Am. 7 7 f.)! So ist Amos auch in seiner fünften Vision, in der er Jahwe auf dem Altar stehen sieht, an der Selbstdarstellung Jahwes im Visionsbild erstaunlich uninteressiert (Am. 9 1), und das gleiche gilt von Jesajas großer Thronvision (Jes. 6). Erst Hesekiel versucht die zu seiner Berufung aus der Transzendenz hereinstürmende „Herrlichkeit Jahwes" näher zu schildern. Aber wie vorsichtig verfährt er dort, wo er das nachzeichnet, was er oberhalb des Thrones wahrgenommen hatte und „was dem Aussehen eines Menschen glich" (Hes. 1 26 ff.)!

Über den Offenbarungsempfang selbst, d. h. über die näheren Umstände, unter denen sich dieses Ereignis im Innern des Propheten abspielte, finden sich in den Quellen nur gelegentliche Angaben, die manche Fragen offen lassen. In dem einen aber stimmen sie alle überein, nämlich daß Gesichte und Auditionen wie von außen her, und zwar unversehens und durchaus unberechenbar, über die Propheten kamen. Nur einmal ist von einer technischen Bereitung zu einem Offenbarungsempfang, und zwar durch einen Saitenspieler, die Rede (2. Kön. 3_{15}). Das war aber Ausnahme; es konnte geschehen, daß die Inspiration den Propheten während der Mahlzeit überfiel (1. Kön. 13_{20}); es konnte aber auch geschehen, daß der Prophet 10 Tage lang auf einen erbetenen Gottesbescheid warten mußte (Jer. 42_{7}). Daß die Propheten bei ihrem Offenbarungsempfang der Meinung waren, eine worthafte Anrede, also ein „alloquium vocis articulatae" gehört zu haben, ist außer Zweifel; vielleicht war der Regelfall der, daß sie zuerst ihren Namen haben rufen hören (1. Sam. $3_{4\,ff.}$). Und auch das läßt sich den Quellen entnehmen, daß solch ein Offenbarungsempfang — mindestens häufig — ein Ereignis war, das den Propheten bis ins Leibliche hinein schwer erschüttert hat. Allerdings sprechen die früheren Propheten von dieser Seite ihres Amtes sehr wenig. Heißt es von einem Propheten, daß Jahwes Hand über ihn gekommen oder auf ihn gefallen sei (1. Kön. 18_{46}; Hes. 8_{1}), oder sagt er gar, daß ihn Jahwes Hand gepackt habe (בְּחֶזְקַת יָד Jes. 8_{11}), so spricht alles dafür, daß sich hinter diesen knappen Bemerkungen Widerfahrnisse verbergen, die den Propheten nicht nur seelisch aufgewühlt, sondern auch körperlich verstört haben. Hesekiel erzählt, daß er nach seiner Berufung sieben Tage in starrer Betäubung, keines Wortes mächtig, auf der Erde gesessen habe (Hes. 3_{15}). Auch Daniel sagt, daß ihm alles Blut aus dem Gesicht gewichen, daß er zu Boden gestürzt sei (Dan. $10_{8\,f.}$), und daß er nach einem solchen Ereignis tagelang krank war (Dan. 8_{27}). Mögen solche Angaben beim Apokalyptiker schon einigermaßen zur herkömmlichen Stilform erstarrt sein; in den älteren Zeiten war derlei noch eine sehr harte Wirklichkeit, die von diesen Männern erlitten werden mußte.

„Wie Stürme vom Südland einherfahrend,
    kommt's von der Wüste, von furchtbarem Lande.
Ein hartes Gesicht ist mir kundgetan:
‚Der Räuber raubt, der Verwüster verwüstet.
    Ziehe heran, Elam, belagere Medien!
Alles Seufzen stille ich.'
Darum sind meine Hüften voll Krampf,
    Wehen haben mich ergriffen wie die Wehen einer Gebärenden.
Verstört bin ich vom Hören, bestürzt vom Sehen,
    Die Sinne taumeln mir, Entsetzen hat mich erfaßt;
Die Dämmerung, sonst mein Begehren,
    hat es mir zum Entsetzen gemacht.

‚Man rüstet den Tisch ' '
Man ißt und trinkt.
Auf, ihr Fürsten, salbet den Schild!'
Denn so hat der Herr zu mir gesprochen:
Geh, stelle auf den Späher;
Was er sieht, soll er melden.
. . . .
Und siehe, da kommen Wagen,
Männer, Gespanne von Rossen.
Und er hob an und sprach: Gefallen, gefallen ist Babel,
alle seine Götterbilder hat man zu Boden geschmettert.
O mein Zerdroschener,
o mein Sohn der Tenne!
Was ich vernommen habe von Jahwe Zebaoth,
dem Gotte Israels, das tat ich euch kund" (Jes. 21$_{1-10}$).

Dieser aus der zweiten Hälfte des 6. Jahrhunderts stammende (also nichtjesajanische) Text läßt besser als irgendein anderer etwas von dem tief erregten und gequälten Zustand des Propheten während des Empfangs eines „harten Gesichts" erkennen. In großer Unruhe schieben sich Bilder vor sein inneres Auge, die aber, kaum notdürftig fixiert, schon wieder abreißen. Dazwischen hinein mengen sich Klagen über unerträgliche Ängste und körperliche Krämpfe, die den Seher überfallen haben (vgl. Hab. 3$_{16}$). Alles löst sich endlich in dem „Schrei der Erlösung" (Procksch) von dem Fall der gottfeindlichen Weltmacht. Das Letzte, das der erschöpfte Mann aufbringt, ist ein Gefühl des Mitleidens mit dem eigenen zerdroschenen Volk, dem „Tennensohn".

Die Frage, wie solche und ähnliche Vorgänge im Innern des Propheten psychologisch näher zu bestimmen sind, hat sich mit den Methoden der neueren Psychologie noch nicht befriedigend erklären lassen. Die Auffassung, daß sie als „ekstatisch" zu beurteilen seien, die seit Hölschers großer Untersuchung fast allgemein akzeptiert wurde, will in neuerer Zeit nicht mehr recht genügen, weil der Begriff der Ekstase sich als noch zu unbestimmt und allgemein erwiesen hat; vor allem ließ die Art, wie er angewandt wurde, den Verdacht aufkommen, daß dem Propheten in diesem Zustand sein Ichbewußtsein geschwunden und daß er durch diesen Schwund zum willenlosen Schauplatz persönlichkeitsjenseitiger Vorgänge geworden sei. Damit wären freilich die Dinge auf den Kopf gestellt; denn da in der Prophetie der Einzelmensch mit seiner Verantwortung und Entscheidungsmöglichkeit in einer in Israel und im ganzen alten Orient noch nicht erlebten Weise in die Mitte rückt, fast möchte man sagen: entdeckt wurde, ist es von vornherein zu erwarten, daß sich dieses Neue gerade beim Ereignis ihres Offenbarungsempfangs bewährt haben wird; und soweit die Texte überhaupt Näheres erkennen lassen, ist das auch durchaus der Fall. Schon die literarische Form des prophetischen Visionsberichtes im Ichstil beweist das. Nur ist mit dieser Feststellung die Annahme eines „außergewöhnlichen Erregungszustandes, währenddessen das normale wache Bewußtsein des Befallenen außer Funktion gesetzt und seine Daseinsbeziehung bis zur Entwirklichung aufgehoben ist", noch keineswegs ausgeschlossen[11]. Könnte nicht dieses normale Bewußtsein in einem solchen Zustand, d. h. im unmittelbaren Gegenüber zu Gott und seinen Geschichtsplänen, zu einer im Alltag nie erreichten Intensität gesteigert worden sein? So ist vor allem der Begriff „Ekstase" noch viel zu formal. J. Lindblom hat dem dadurch abzuhelfen gesucht, daß er die „Konzentrationsekstase" scharf von der „Verschmelzungsekstase" unterschied[12]. Tatsächlich hat nie ein Prophet in irgendeiner Form ein Einswerden mit der Gottheit erlebt. Indessen begegnet Lindbloms Vergleichung des Phänomens mit gewissen Erscheinungen der mittelalterlichen Mystik doch erheblichen Bedenken; denn auch mit ihren sublimsten Erlebnissen blieben diese Mystiker doch immer noch im Bereich der dogmatischen Wahrheiten ihrer Zeit, während die Propheten gerade in ihren Berufungsvisionen über das bisher Geglaubte hinausgeführt werden. Das Material, das eine direkte Auswertung gestattet, ist bei Amos, Jesaja und Jeremia spärlich und auch nicht eindeutig genug. Gleichwohl wird eine unvoreingenommene Überprüfung, allein schon in Anbetracht des gutbezeugten Phänomens beim vorklassischen Nabitum einerseits und in Anbetracht der reichlicheren Belege bei Hesekiel andererseits, zu dem Schluß kommen, daß wohl mehr oder minder alle Propheten solche temporären, abnormalen Bewußtseinszustände und Affektsteigerungen erlebt haben. Mögen diese Dinge bei Hesekiel in einer verschärften Heftigkeit aufgetreten sein, so geht es doch nicht an, ihn in dieser Hinsicht gegenüber den anderen Propheten für einen Sonderfall zu halten.

Haben wir also mit solchen abnormalen Bewußtseinszuständen bei den Propheten zu rechnen, dann ist gewiß die da und dort geäußerte Meinung irrig, daß diese Phänomene für den Theologen ohne beson-

11. Diese Definition ist entnommen dem Aufsatz von *F. Maass,* Zur psychologischen Sonderung der Ekstase (Wissensch. Zeitschr. der K. Marx Universität Leipzig, 1953/54, Gesellschafts- und sprachwissensch. Reihe H. 2/3).

12. *J. Lindblom,* in: Festschrift für Bertholet (1950), S. 323 ff, s. auch ZAW 1939 S. 65 ff.

deren Belang seien. Auch hier wie überall würden wir die zentralen Inhalte des Jahweglaubens verzeichnen, wenn wir sie aus ihren kontingenten geschichtlichen oder personalen Bezügen herauslösen und lediglich als abstrahierte Wahrheiten gelten ließen. Daß Jahwe einen so ungewöhnlichen Raum im Geist des Propheten gewählt, daß er für sein neues Wort an Israel keine der vorhandenen Institutionen gewählt hat, und daß er in diesem auf so ungewöhnliche Weise freigehaltenen psychischen Raume so Ungewöhnliches sich ereignen ließ, das alles muß seine besonderen Zusammenhänge haben und kann wohl kein theologisches Adiaphoron sein. Es ist ja nichts Geringeres, als daß der Prophet in solchen visionär-auditionären Zuständen in sonderlicher Weise von sich selbst, von seinen persönlichen Lust- und Unlustgefühlen abgelöst und in das Pathos Gottes selbst einbezogen wurde, daß nicht nur die Kenntnis von Geschichtsplänen, sondern auch Affekte des göttlichen Herzens auf ihn übertragen wurden: Zorn, Liebe, Sorge, Abscheu und sogar Ratlosigkeit (Hos. 6_{4}; 11_{8}; Jes. 6_{8}). Von all dem, was sich bei Jahwe zutragen mochte, ist etwas in die prophetische Psyche übergegangen und hat sie zum Zerspringen ausgefüllt. Im Gegensatz zu der ἀπάθεια des Stoikers hat Heschel den Propheten als den homo sympathetikos bezeichnet. Diese prophetische Sympathie bedeutet einen hohen Grad von persönlicher Selbstaufgabe, ohne daß es doch wie beim Mystiker zu einer Verschmelzung mit Gott käme. Die Vereinigung mit Gott beschränkt sich auf das Emotionale[13]. Sieht man dieses Phänomen erst einmal in seinem eminenten theologischen Bezug, so wird erst recht fraglich, ob es hierzu einer besonderen psychischen Bereitung von seiten des Propheten bedurfte, ja ob sie überhaupt möglich war. Bei Jeremia und Hesekiel hat diese Einbeziehung in die Affekte Gottes einen äußersten Grad erreicht; das Phänomen als solches ist aber bei den meisten Propheten vorhanden. Ein solcher außergewöhnlicher Offenbarungsempfang kann also nie Selbstzweck gewesen sein; am wenigsten hat er dem Propheten die Erfüllung der Gottesnähe gewährt; er geschieht, um den Propheten für sein Amt zuzurüsten. Andererseits ist der Offenbarungsempfang immer nur eine Angelegenheit je dieses Propheten geblieben; der Prophet wird durch ihn hoch über die anderen hinausgehoben. Er wird der Erkenntnis göttlicher Pläne und er wird göttlicher Affekte teilhaftig; aber er denkt nicht daran, diese seine Existenz vor Gott nun für

13. *A. Heschel*, The Prophets (1962), S. 307 ff, 319.

die anderen für normativ zu halten. Es ist bezeichnend, daß kein Prophet jemals seine Zeitgenossen angeleitet oder aufgefordert hat, sich zu gleicher Unmittelbarkeit der Gotteserfahrung zu erheben. Die Erwartung, daß einmal ganz Israel wie jene vereinzelten Charismatiker werden könnte, wird erst von Joel ausgesprochen (Jo. $3_{1\,ff.}$); der Wunsch ist in einem älteren Text ganz vereinzelt dem Mose in den Mund gelegt (Nu. 11_{29}E).

4. In der neueren Prophetenforschung ist die Frage nach den psychologischen Besonderheiten der prophetischen Offenbarungsempfänge merklich in den Hintergrund getreten. Sie fragt entschiedener nach der besonderen Gestaltung des Visionsberichtes durch den Propheten und nach den Traditionen, von denen er sich auch dabei bestimmt zeigt. Und das mit gutem Recht, denn der Visionsbericht ist schon ein Bestandteil der Verkündigung[14].

Unter den uns in ausgearbeiteter Gestalt im Alten Testament vorliegenden Visionsempfängen gehören die von Micha ben Jimla (1. Kön. $22_{19\,ff.}$), von Jesaja (Jes. 6) und von Hesekiel (Hes. 1—3) in traditionsgeschichtlicher Hinsicht zusammen, denn sie folgen einer ihnen offenbar vorgegebenen Grundvorstellung, nämlich der von der feierlichen Beauftragung durch den inmitten von himmlischen Wesen thronenden Jahwe[15]. Aber in allen dreien ist das „Schema“ auf sehr charakteristische Weise abgewandelt. In 1. Kön. $22_{19\,ff.}$ kommt es zu einer regelrechten Beratung in der Versammlung der himmlischen Notabeln („der eine sagte dies, der andre das“ v. 20), bis dann „der Geist“ hervortritt und mit seinem Vorschlag, die Propheten des Ahab mit einem Lügengeist zu betören, die Zustimmung Jahwes gefunden hat. Er wird daraufhin sofort entsandt. Auch Jesaja sagt, daß er Jahwe im oberen Heiligtum auf seinem Throne sitzend geschaut habe. Im Visuellen reicht sein Bild freilich nicht weit; er kommt bei der Beschreibung des Geschauten nicht über die Säume des zu Füßen Jahwes hinwallenden Gewandes hinaus. Jesaja hat offenbar die Augen nicht zu erheben gewagt; auch hat sich ihm die Szene bald durch Rauch umwölkt. Um so intensiver sind die akustischen Eindrücke: Er hört das Trishagion der Seraphim, dessen Brausen den Palast erbeben

14. *H. Graf Reventlow,* Das Amt des Propheten bei Amos (1962), S. 43 f.

15. *W. Zimmerli,* Ezechiel BK, S. 18 ff. Auf den Zusammenhang von Jes. 6 mit 1. Kön. $22_{19\,ff.}$ hat schon *M. Kaplan* hingewiesen, JBL 1926 S. 251 ff. Vgl. auch *I. Engnell,* The Call of Isaiah (1949), S. 28 ff; *E. Jenni,* Jesajas Berufung in der neueren Forschung, ThZ 1959 S. 321 ff.

läßt. Jesaja wird sich in dieser Unmittelbarkeit zu der höchsten Heiligkeit und in dieser Atmosphäre reinster Anbetung mit Entsetzen seiner eigenen Sündigkeit bewußt; ja, es scheint sich die Sünde seines ganzen Volkes in ihm zu offenbaren. Auf sein Bekenntnis hin hat Jahwe gewinkt — Jesaja hat das natürlich nicht gesehen — und es wird ein Sühnezeremoniell an seinen Lippen vollzogen, womit er erst instand gesetzt wird, in diesem Raum überhaupt zu reden. Als er hört, wie Jahwe in den Raum hinaus fragt, wen er senden könne (wobei der Begriff des „Sendens" merkwürdig absolut gebraucht wird), hat sich Jesaja knapp und ohne Umstände seinem Herrn zur Verfügung gestellt und hat daraufhin gleich den Auftrag empfangen, nämlich den Auftrag, gerade durch seine Verkündigung sein Volk zu verstocken und sein Herz zu verhärten „bis Städte verheert sind und die Felder draußen als Ödland daliegen"; ein heiliger Same aber wird bleiben. Auch in der prophetischen Literatur, in der doch das Außerordentliche nicht Ausnahme, sondern Regel ist, findet sich nur ganz weniges, das an Großartigkeit den Versen vergleichbar wäre, mit denen Jesaja seine Berufung dargestellt hat. Ist es die hinreißende Pracht der äußeren Umstände, ist es die Urgewalt des seelisch Erlebten? Aber so fragen, hieße gerade die klassische Ausgewogenheit des Draußen und Drinnen zerreißen. In der Schilderung des Draußen ist alles Innere gegenwärtig und in dem Inneren das grandiose Draußen. —

Auch Hesekiel schaut den thronenden Jahwe. Bei ihm ist die Schilderung der Vision nur insofern viel komplizierter, als sich bei ihm die Thronvision mit der stoffgeschichtlich ursprünglich ganz selbständigen Vorstellung von dem Herabkommen der „Herrlichkeit Gottes" zu einem komplexen Ganzen verbunden hat[16]. Hier öffnet sich also der Himmel, und Jahwes Thron, getragen von vier himmlischen Wesen, fährt im Sturm zur Erde herab. Die Berufung des Propheten zu seinem Dienst vollzieht sich dann aber ähnlich der Jesajas; nur ist der Eindruck, daß es sich hier um etwas wie einen Staatsakt handelt, noch stärker, denn dem dienend aufwartenden Botschafter wird von dem thronenden König sogar eine Schriftrolle ausgehändigt, die seinen Auftrag enthält. Aber auch darin berührt sich die Berufung Hesekiels mit der Jesajas, daß der Prophet in der Gottesrede, die die Aushändigung der Note begleitet, immer wieder auf die Schwierigkeit, ja Aussichtslosigkeit seines Dienstes hingewiesen wird: Er wird zu einem Volk

16. Über die Moedvorstellung s. Bd. I, S. 248 f.

von harter Stirn und starrem Sinn gesandt. Diese ganze Beauftragung ist um und um von Worten umgeben, die auf das Scheitern des Unternehmens vorbereiten; nur daß Hesekiel die Freiheit der Hörer zur negativen Entscheidung viel stärker betont als Jesaja (Hes. 37, 11). So endigen also diese drei Visionen mit einem Hinweis auf ein ganz negatives Ergebnis; das prophetische Wirken wird keineswegs zur Rettung, sondern zur Beschleunigung der Katastrophe führen. Es muß doch bei diesen Männern eine Kontinuität in der Auffassung von ihrem Beruf gegeben haben, eine Art gemeinsamer Berufserfahrung, die ihrem Wirken von vornherein eine Prägung gab. Aber diese vernichtend negative Perspektive, diese illusionslose Konfrontation mit dem völligen Scheitern ihres Wirkens ist wieder ein Faktor, der uns dazu zwingt, diese Propheten außerhalb des Kultus zu suchen; denn jeder Kultus setzt doch ein Minimum von Funktionieren und von Kontinuität voraus, einen Ablauf, der irgendwie in einen Heilsempfang ausmündet.

Die Berufung Jeremias vollzieht sich zunächst in einem Gespräch, in dem Jahwe gütig und streng den Widerstand des vor der Beauftragung Zurückweichenden bricht. Ihm schließen sich die beiden Visionen von dem Mandelzweig und dem siedenden Topf an, die freilich an die Gewalt der drei eben besprochenen nicht entfernt heranreichen. Der in anderer Hinsicht so ausdrucksmächtige Jeremia läßt hier deutlich ein Erlahmen der Gestaltungskraft spüren. Schon in dem voraufgehenden Gesprächsteil überrascht uns Jeremia durch den Satz, daß Jahwes Hand seinen Mund berührt habe; denn nichts ließ darauf schließen, daß Jeremia in diesem Zusammenhang Jahwe nicht nur gehört, sondern auch geschaut habe. Aber Jeremia vermag die Anwesenheit Jahwes nicht anschaulich zu machen. In den Gesichten selbst schaut Jeremia zwei ruhende Gegenstände, die für sich genommen gar nichts Bemerkenswertes an sich haben. Erst das dazukommende deutende Gotteswort gibt einen Hinweis auf ihren Symbolcharakter: Jahwe wacht über seinem Wort, er läßt es nicht aus den Augen, und von Norden her wird das Unheil über Juda und Jerusalem hereinbrechen. Auch hier ist etwas von dem großartigen Realismus, mit dem sonst ein Vorgang zwischen Jahwe und dem Propheten zur Darstellung kam, verloren gegangen. Jeremias Visionen enthalten überhaupt keinen Vorgang. Sowohl der Mandelzweig wie der siedende Topf sind ruhende Gegenstände; das Geschaute ist hier nicht viel mehr als ein veranschaulichendes, symbolisches Bild, das der Bekräftigung der dem Propheten aufgetragenen Verkündigung dient. Diese Visionen umschließen nicht mehr ein irreversibles, von Jahwe ausgehendes Geschehen; vielmehr ist gegenüber den Visionen von 1. Kön. 22, Jes. 6 und Hes. 1—3 bei Jeremia ein deutlicher Verlust an Geschehen zu konstatieren, denn seine Visionen enthalten mehr eine symbolische Verbildlichung von allgemeineren Erkenntnissen, die die Verkündigung Jeremias fortab bestimmen werden. Andererseits ist doch auch bei der Darstellung der Berufung Jeremias der Rahmen einer offiziellen Amtsübertragung, einer Bestellung zu einem bestimmten Dienst durch einen Höheren noch erkennbar („ich habe dich zum ... bestimmt", „ich verordne dich heute über Völker"). Vielleicht ist die Kontur des äußeren Geschehens nur deshalb so unvollkommen markiert, weil sich der Leser ganz von selber das Fehlende ersetzte[17]?

Deuterojesaja hat seine Berufung in zwei Auditionen empfangen; er hat nicht geschaut und ist auch nicht unmittelbar von Jahwe berufen worden. Aber sein Ohr hat etwas von der Bewegung vernommen, die in die himmlischen Räume gekommen war; er hat die an die Engelwesen gerichteten Rufe gehört, über Täler und Berge hinweg die Wunderstraße zu bauen, um das Kommen Jahwes zu seiner Welttheophanie vorzubereiten (Jes. 40_{3-5}). Während also die erste Audition den Propheten nur etwas wahrnehmen ließ von den Vorbereitungen, die im Himmel schon für Jahwes unmittelbar bevorstehende Erscheinung getroffen wurden, und zwar zu einer Zeit, da auf Erden davon noch nicht das Geringste zu spüren war, wurde er in der zweiten — offenbar von einem Engel — unmittelbar angeredet und hat das Thema für seine Verkündigung empfangen: Inmitten der Vergänglichkeit „alles Fleisches" — einer so von dem Gluthauch Jahwes selbst gewirkten Vergänglichkeit — ist Jahwes Wort allein beständig und verbürgt Bestand (Jes. 40_{6-8})[18].

17. Dem oben erwähnten Verlust an Geschehen bei den Offenbarungsempfängen Jeremias entspricht ein Hervortreten der theologischen Reflexion. Schon die erste Vision von dem „wachenden Zweig" mit ihrem sehr allgemeinen Hinweis auf das göttliche Wort (welches?), über dem Jahwe wacht, ist hinsichtlich dessen, was die Vision an konkretem Geschehen ansagt, ganz vage. Sie veranlaßt den Beschauer, sich mit etwas zu beschäftigen, was man eher als eine theologische Wahrheit bezeichnen könnte. Ähnlich verhält es sich mit der Töpferperikope in Jer. 18. Auch dieser Text ist charakteristisch für die Verlagerung ins Theologisch-Gedankliche, denn was Jeremia beim Töpfer sieht, wird ihm nicht zum Bild für ein bestimmtes irreversibles Geschehen, sondern für etwas potentiell Mögliches. Die Weisung, die Jeremia empfängt, bleibt im Theoretischen stecken.

18. Über die Nachtgesichte Sacharjas s. u. S. 297 ff.

Über die Häufigkeit solcher außergewöhnlicher Offenbarungsempfänge bei den einzelnen Propheten läßt sich wenig sagen. Sicher gibt die Zahl der literarisch in großer Form ausstilisierten Visions- und Auditionsberichte keinen Anhaltspunkt. Solche nachträglichen Ausarbeitungen geschahen bei den Berufungsvisionen, wie wir sahen, in bestimmter Absicht. In anderen Fällen bestand kein Interesse an einer genauen Ausgestaltung des Geschauten; dann hat sich der Prophet nur auf die Mitteilung der Inhalte beschränkt. Es gibt genug solcher Botschaften, die deutlich erkennen lassen, daß sie auf echte visionäre oder auditionäre Vorgänge zurückgehen. Das wird man doch bei der Schilderung des Ansturms der Völkermassen gegen den Zion und ihrer wunderhaften Abwehr Jes. 17_{12} ff. annehmen dürfen. Ebenso wird das bei der Theophanie Jes. 30_{27} f. oder Jes. 63_{1} ff. der Fall sein, aber auch bei Angstgemälden, wie Nah. 2_{2} ff, bei denen das Visuelle so auffallend im Vordergrund steht. Ebenso verhält es sich mit den allen Ereignissen vorauseilenden Kriegsschilderungen Jeremias (Jer. 4—6); sie sind derart durchsetzt mit Hinweisen auf Sinneswahrnehmungen des Propheten, daß an ihrem visionären und auditionären Charakter kein Zweifel aufkommen kann[19].

Eine präzisere Ausscheidung der wirklich ekstatisch visionären Erlebnisse von anderen Formen des Offenbarungsempfanges ist nicht möglich. Sicher hat sich Jahwe auf verschiedene Weise den Propheten mitgeteilt; aber es will nicht gelingen, zu klaren Vorstellungen über die psychische Seite der Vorgänge zu kommen. Jesaja sagt, Jahwe habe sich „in seinen Ohren" geoffenbart (Jes. 5_{9}; 22_{14}); ähnliches liest man bei Hesekiel (Hes. $9_{1,5}$) und anderwärts[20]. Demnach gab es auch Jahweoffenbarung in Gestalt eines reinen Gehörerlebnisses. Jeremia unterscheidet scharf zwischen der Wortoffenbarung und der Traumoffenbarung; die letztere schätzt er gering ein (Jer. 23_{28}). Aber auch das Erlebnis des Wortempfanges hat wohl gelegentlich einen hohen Grad von Heftigkeit erreicht; wie könnte sonst Hesekiel das Rauschen der Flügel der Cherube, das weithin zu hören war, vergleichen mit dem Hall der Stimme Jahwes, „wenn er redet" (Hes. 10_{5})? Andererseits haben wir Grund zu der Annahme, daß die Propheten auch Eingebungen hatten, die sich ohne irgendeine Veränderung ihrer Bewußtseinsverfassung, also ganz im Raume des Geistigen, ereignet haben. Das gilt

19. Besonders charakteristisch ist in dieser Hinsicht der Text Jer. 4_{23-26}; s. u. S. 203.
20. Jahwe „entblößt" oder „weckt" das Ohr 1. Sam. 9_{15}; Jes. 50_{4}.

wahrscheinlich für die große Mehrzahl der Fälle, bei denen der Prophet nur von dem Wort Jahwes spricht, das zu ihm gekommen war. Indessen darf doch auch bei diesen Fällen das Ereignishafte, das der Offenbarungsvorgang für den Propheten hatte, nicht übersehen werden. Es handelt sich nicht einfach um eine geistige Erkenntnis, sondern um das „Geschehen" des Wortes Jahwes (וַיְהִי דְבַר יהוה אֵלַי), und demgemäß hat auch diese ganz unsensationelle Form des Offenbarungsvorganges für den Propheten ein gewisses Fremdheitserlebnis nie verloren.

Merkwürdigerweise berichtet auch Eliphas, der Freund Hiobs, von einem prophetischen Offenbarungsempfang, den er erlebt hat.

„Zu mir stahl sich ein Wort,
 von ihm vernahm mein Ohr ein Flüstern,
in Ängsten, bei nächtlichen Gesichten,
 wenn Tiefschlaf auf die Menschen fällt.
Ein Schreck ergriff mich und ein Beben,
 alle meine Glieder ließ er erzittern;
ein Hauch strich mir übers Gesicht,
 es sträubten sich mir die Haare am Leibe.
Da stand —; aber ich konnte sein Aussehen nicht erkennen;
 eine Gestalt war vor mir, ein leises Raunen hörte ich:
‚Ist wohl ein Sterblicher vor Gott im Recht,
 oder ein Mensch rein vor seinem Schöpfer?'" (Hiob 4 12–17).

Dies ist bei weitem die umfangreichste und detaillierteste Schilderung der äußeren Umstände eines Offenbarungsempfangs, die wir haben. Man kann sie gewiß nicht mit dem Hinweis abtun, daß Eliphas ja gar kein Prophet war. Wie wenig er das war, das zeigt allerdings am besten der „Gottesspruch" in Vers 17, der ja gar keiner ist, sondern gegen alle prophetische Tradition als rhetorische Frage, und das heißt als weisheitliche Sentenz, stilisiert ist. Trotzdem darf man annehmen, daß sich Eliphas in der Darstellung der psychischen Vorgänge auf echt prophetische Überlieferung bezieht. Die Zeit eines solchen Offenbarungsempfangs ist die Nacht; er kündigt sich durch Unruhe und Angstgefühle an; dann kommt der Sinnesapparat nach und nach in Erregung, zuerst der Tastsinn, dann das Schauen und zuletzt das Hören.

Wenn man auch über die Häufigkeit solcher Offenbarungsempfänge, wie gesagt, im einzelnen nur wenig ausmachen kann, so läßt doch ein Überblick über die Prophetie vom 8. bis zum 6. Jahrhundert etwas Wichtiges erkennen. Amos hatte im Grunde einen Auftrag: „Geh und weissage wider mein Volk Israel" (Am. 7 15). Gewiß, dieser Auftrag barg in sich eine große Zahl von Wortoffenbarungen, die sich in der Zeit seines Auftretens überstürzt haben mögen. Aber die Zeit seines Auftretens mag doch wohl eine begrenzte gewesen sein, möglicherweise hat es sich nur um Monate gehandelt; dann ist er wieder — vielleicht aufgrund seiner Ausweisung — in seine Heimat zurückgekehrt und sein Charisma ist von da ab erloschen. Bei Jesaja ist das schon anders, denn seine Prophetie verläuft in mehreren Schüben, die jeweils durch bestimmte politische Verwicklungen bestimmt sind. Aber andererseits läßt die prophetische Überlieferung Jesajas doch deutlich genug erkennen, daß auch Jesaja sein Auftreten jeweils nur als temporär begrenzt ansah und sich darnach als entamtet betrachten konnte[21]. Bei Jeremia aber bedeutet die Berufung eine Beamtung auf Lebenszeit. Es wird noch eingehend davon die Rede sein müssen, wie stark sich die Auffassung vom Dienst eines Propheten gerade bei Jeremia gewandelt hat, wie er mit seinem ganzen Lebensstand in die Sache Jahwes mit seinem Volke hineinverwickelt und in ihr aufgerieben wurde. Hier gab es — mindestens im Prinzip — keine einzelnen Phasen seines Amtes mehr, kein relatives Ende, nachdem ein Auftrag ausgerichtet war. Jeremia war Prophet, weil Jahwe sein ganzes Leben in Beschlag genommen hatte[22]. Was die Offenbarungsempfänge anlangt, so ist freilich erkennbar, daß auch Jeremia gelegentlich doch auch geraume Zeit auf einen Bescheid warten mußte (Jer. 28_{12}; 42_{7}). Wenn nun demgegenüber der Gottesknecht bei Deuterojesaja — und er hat vornehmlich ein munus propheticum — sagt, daß ihm Jahwe „Morgen für Morgen das Ohr öffnet" (Jes. 50_{4}), so geht das zweifellos noch einen entscheidenden Schritt auch über das hinaus, was selbst Jeremia von sich sagen konnte; ja, es bedeutet das Äußerste, was sich innerhalb der alttestamentlichen Prophetie ereignet hat; denn das, was der Ebed sagen will, ist doch dies, daß er in einem habituellen Offenbarungsverkehr, in einem ununterbrochenen Gespräch mit Jahwe steht.

21. S. o. S. 48 f.

22. S. u. S. 212 f, 284 f. Mit diesem Wandel hängt doch wohl auch die Tatsache zusammen, daß sich bei Jeremia eine formale Abscheidung der eigentlichen Jahweworte von den Scheltreden oder anderen Äußerungen des Propheten weit weniger deutlich vornehmen läßt. Bei Jeremia haben nicht nur die Gottessprüche im engeren Sinne des Wortes die Würde göttlicher Offenbarung; die Tendenz geht bei Jeremia dahin, auch die Prophetenworte und seine Dichtungen als Wort Jahwes auszugeben.

E. DIE FREIHEIT DES PROPHETEN

Wer von Berufung, von Visionen oder sonstigen Offenbarungsempfängen spricht, hat genug Anlaß, von jenem rätselhaften Zwang zu reden, der die Propheten oft ganz unerwartet überfallen hat, der sie vorübergehend der freien Betätigung ihrer Sinne beraubt hat und demgegenüber jeder persönliche Widerstand völlig nutzlos war. Besonders bei Jeremia begegnen Aussagen, in denen sich der Prophet sehr realistisch — ja fast dinglich — als das Gefäß eines in ihn hineingegebenen Zorns sieht, den er, selbst wenn er es wollte, nicht ersticken kann.

„Ich aber bin voll des Grimmes Jahwes,
bin ohnmächtig, es zu verhalten.
'Ich' gieße ihn aus auf das Kind in der Gasse,
auf den Kreis der Jünglinge ..." (Jer. 6_{11}; vgl. 15_{17}; 20_{9}).

Die Entdeckung dieser psychisch abnormen Zustände, die Neuheit dieses Aspektes hat aber nicht selten zu einer tiefgreifenden Verzeichnung des Wesens und Amtes der Propheten geführt. Für das Charakteristische hielt man das Zwangshafte ihrer Verkündigung, in der sie starr und fast bewußtlos als Organe der Gottheit fungiert haben. Diese Auffassung, die so einseitig das Unfreie betonte, dasjenige, was sich grundsätzlich jenseits der normalen seelisch-intellektuellen Betätigungen und Erfahrungen ereignete, war nun freilich selbst wieder ein Gegenschlag gegen jenes allzu biedere Bild von den Propheten als Pädagogen ihres Volkes und den großen Entdeckern des Sittlichen und der Innerlichkeit. Aber sie ist trotzdem irreführend. Ihr gegenüber ist es notwendig, von einer Freiheit der Propheten zu sprechen, die theologisch allen Interesses wert ist. Die Propheten haben sie zwar nicht begrifflich verobjektiviert und erst recht nicht zum Gegenstand ihrer Verkündigung gemacht; sie haben sie aber aufs großartigste praktiziert.

Besonders deutlich wird das bei ihrer Berufung. Es sind zwar nur die Berichte von Jesaja und Jeremia, die klar erkennen lassen, in wie hohem Maße bei dem ganzen Berufungsgeschehen die freie Entscheidung des Propheten in Anspruch genommen wurde; doch gibt das kein Recht zu der Annahme, daß es sich bei den anderen Propheten in dieser Hinsicht anders verhalten habe[1]. Die Vermutung allerdings, daß sich bei Jesaja etwas ereignet hat, das alles das hinter sich läßt, was anderen Propheten in dieser Hinsicht möglich war, wird der Ausleger festhalten. Jesaja war visionär und auditionär in den himmlischen Thronrat einbezogen worden. Er war aber nicht, wie es bei Berufungen wohl die Regel war, persönlich angeredet worden, sondern hatte nur Jahwes an die himmlische Versammlung gerichtete Frage, wen man denn entsenden könne, gehört und sich daraufhin zur Verfügung gestellt: „Hier, ich! entsende mich!" (Jes. 6_8). Allein die allgemeine Frage Jahwes hat Jesaja wie ein Blitz getroffen, und er hat, noch ehe in der Versammlung eine Diskussion in Gang kommen konnte (vgl. 1. Kön. 22_{20}), in dem klaren und schnellen Ruf sich als Sendboten zur Verfügung gestellt. Was ist Freiheit, wenn das nicht Freiheit ist? Aber diese Entscheidung war nun doch keine einmalige; sie mußte vielmehr angesichts immer neuer Komplikationen vom Propheten immer wieder vollzogen werden; denn wer von Freiheit spricht, muß auch die Möglichkeit des Versagens in Rechnung setzen. Auch Jesaja war wohl zu Zeiten davon bedroht, denn er bekennt einmal, daß ihn „die Macht der Hand Gottes gezüchtigt habe, nicht den Weg des Volkes zu gehen" (Jes. 8_{11}). Aber noch viel gefährlicher stand Jeremia lebenslang auf jener Grenzscheide zwischen Gehorsam und Ungehorsam. Indessen haben sich bei ihm die Dinge so verschoben, daß es schwer ist, ihn mit Jesaja recht zu vergleichen. Anders als bei Jesaja ist Jeremia von Jahwe ganz persönlich angeredet und berufen worden. Er ist zwar zuerst erschrocken zurückgewichen; aber er ist dann doch den befohlenen Weg gegangen. Wie wenig er sich dabei seiner Freiheit Gott gegenüber begeben hatte, das zeigen am schönsten die sogenannten Konfessionen, in denen er trotz aller Leiden im intimsten Gespräch mit Jahwe bleibt, fragend, bekennend oder klagend. Wohl stand sein Leben mehr als das anderer Propheten unter einem unvorstellbar harten Zwang, — es wäre aber eine zu einfache Entgegensetzung, wenn man darüber die gerade von diesem Propheten

1. Erinnert sei noch einmal (s. o. S. 64) an die Erzählung von der Berufung des Mose (Ex. 4). Sie ist doch sichtlich nach dem Modell einer Prophetenberufung, wie man sie sich damals vorstellte (z. Zt. des Jahwisten u. Elohisten!), gestaltet und läßt der Gegenrede, ja dem Widerspruch erstaunlich viel Raum. Elisa ist durch Elia, also durch einen Menschen, in eine Sukzession berufen worden (1. Kön. 19_{19} ff.); dieser Vorgang scheint eine bestimmte Ordnung vorauszusetzen, wie sie in den Prophetengenossenschaften herkömmlich war, und ist deshalb besonders zu stellen (s. *E. Würthwein*, ZAW 1950 S. 25).

gewahrte und geübte Freiheit Gott gegenüber verkennen wollte. Er hat sie in einem einzigartigen Gehorsam, und doch gelegentlich bis an die Grenze der Lästerung (Jer. 20₇, ₁₄), praktiziert.

Überprüft man den Vorgang der prophetischen Verkündigung selbst, der nach weitverbreiteter Ansicht in besonderem Maße unter dem Zeichen eines unausweichlichen Zwanges stand, so ergibt sich auch hier bei näherem Zusehen keineswegs ein so einfacher Tatbestand. Gewiß, es spricht alles dafür, daß der Prophet den Zustand des eigentlichen Offenbarungsempfangs in äußerster Passivität erlebte; aber er ist in ihm ja nicht verblieben. Es war oben schon von der außerordentlichen Variabilität der äußeren Formen die Rede, in die die Propheten jeweils ihre einzelnen Botschaften gekleidet haben. Jeder dieser Fälle setzt aber eine Wahl des Propheten voraus, und zwar eine sehr verantwortungsvolle; denn diese Formen, in denen ihre Verkündigung einherzugehen hatte, waren eben doch mehr als etwas nur Äußerliches. Es war für die Botschaft nicht gleichgültig, ob sie in die Form eines Leichenliedes, eines priesterlichen Kultentscheids oder eines Weinbergliedes gegossen wurde; der Prophet wird sorgfältig darauf bedacht gewesen sein, die für die Botschaft jeweils angemessenste Form zu finden. Es gibt Fälle, die die Vermutung nahelegen, daß der Prophet in der Ausformung des ihm überkommenen Auftrags sehr frei und eigenmächtig verfahren konnte.

Lehrreich ist in dieser Hinsicht der Text Hes. 24_{15-27}. Jahwe hatte dem Propheten mitgeteilt, daß er dessen Frau, „seiner Augen Lust", sterben lassen werde. Er aber, der Prophet, soll sie nicht beweinen und keine Totenklage veranstalten. Als Hesekiel später wegen dieses Verhaltens vom Volk zur Rede gestellt wurde, formulierte er die eigentliche Botschaft: Das Heiligtum in Jerusalem, „eurer Augen Lust", wird geschändet werden und Söhne und Töchter werden umkommen, ohne daß man ihnen eine Totenklage veranstalten könne. Hier klaffen also der göttliche Auftrag (v. 15—19) und die prophetische Ausführung (v. 20—27) einigermaßen auseinander. Der Prophet hat den Auftrag sehr frei interpretiert. Er hat das Wort von „der Augen Lust" auf den Tempel und das Verbot, eine Totenklage zu veranstalten, auf eine kriegerische Katastrophe bezogen[2].

Ein ähnliches Beispiel prophetischer Eigentätigkeit findet sich in der Verkündigungseinheit Jer. 27. Jeremia erhält die Aufforderung, sich Jochhölzer zu beschaffen und sie sich um den Hals zu legen. Den verborgenen Sinn dieser Zeichenhandlung verkündet der Prophet dreimal, jedesmal einem anderen Adressaten: den Königen einiger Nachbarvölker, dem König Zedekia von Juda und den Priestern von Jerusalem. Jahwe hat fürs nächste die Weltherrschaft dem Babylonier Nebukadnezar übergeben: Fügt euch seiner Oberhoheit und laßt euch nicht von eueren Zukunftsdeutern beirren! Das ist das gemeinsame Thema aller Botschaften. Im einzelnen be-

2. S. *J. Hänel,* Das Erkennen Gottes bei den Schriftpropheten (1923), S. 28.

stehen aber erhebliche Unterschiede, besonders zwischen der Botschaft an die Völker und derjenigen, die Jeremia an die Priester in Jerusalem ausrichtet. Den Völkern gegenüber argumentiert Jeremia mit dem Schöpfungsglauben (v. 5 ff.): Weil Gott die ganze Erde geschaffen hat, kann er die Herrschaft über sie auch frei vergeben. Damit verbindet der Prophet eine Warnung vor der heidnischen Mantik, vor den Wahrsagern, Zeichendeutern und Zauberern. Die Priester in Jerusalem aber redet er auf die Weissagung der falschen Propheten an (v. 9 f.), die behaupten, daß die bei der ersten Deportation geraubten heiligen Gegenstände des Tempels bald wieder zurückgebracht würden. Fürbitter hätten diese Propheten sein sollen, denn nun werden auch die noch übrigen Geräte des Tempels nach Babylon gebracht werden.

Etwas anders verhält es sich bei der in der klassischen Prophetie besonders häufig belegten Form des Botenspruches; denn hier bedingte es die Form selbst, daß der göttliche Auftrag genau und ohne Umgestaltung weiterzugeben war. Aber die Propheten haben den Gottesspruch keineswegs so, wie er war, hinausgerufen. Sie haben ihm, der meist ein Drohwort war, eine Scheltrede vorausgesetzt, die auf den empfangenen Gottesspruch hinleitete, ja die ihn erst mit denen in Verbindung brachte, denen er galt. Nur in seltenen Fällen zielte schon der Gottesspruch auf eine bestimmte Person (etwa den König) oder eine bestimmte Gruppe. Meist war er allgemeineren Inhalts; er hatte etwa die Dezimierung des Heerbanns angesagt (Am. 5 3), oder die Deportation der Oberschicht (Am. 4 2 f.), oder die Verödung des Landes (Jes. 5 8 ff.). Die Adressierung dieser Botschaft ad hominem war dann Sache des Propheten. Seinem Urteil, seiner seelsorgerlichen Wachsamkeit war hier ein weites Feld freigegeben. Ja, genau besehen, hatte er das Wichtigste zu vollziehen; denn was ist ein Gottesspruch ohne Empfänger? So spricht der Prophet das Wort von der Deportation der in Völlerei lebenden Oberschicht zu (Am. 4 1 ff; 6 1 ff.), das von der Verödung des Landes den Bodenspekulanten usw. Diese Mitbeteiligung des Propheten kann in ihrer Bedeutung kaum überschätzt werden, denn erst durch sie erreicht das vom Propheten empfangene Wort sein Ziel und kann sich erfüllen. Die ungeheure Verantwortung liegt darin, daß er es also ist, der Jahwes Willen vollstreckt; Jahwe wird sich dann an die Entscheidung seines Boten binden. Auch über den Maßstab, auf Grund dessen der Prophet die göttliche Botschaft den verschiedenen Gruppen zugesprochen hat, läßt sich einiges sagen. Die Propheten haben ja ihrerseits nicht einfach aus dem sozialen Interesse eines Standes oder gar ihres Standes heraus oder sonstwie als die Gekränkten gesprochen, sondern sie wußten sich an eine ganz bestimmte Ordnung gebunden, die durch ihre Strafworte wiederherzustellen war. Es geht hier also um die Frage nach dem theologischen

Bezugsverhältnis von Scheltrede und Drohwort[3]. Daß ein solches vorhanden ist, zeigt das ebenso häufige wie charakteristische לָכֵן („darum"), das die beiden Glieder, die Scheltrede und den Gottesspruch, logisch miteinander zu verbinden pflegt und mit dessen Hilfe eine Begründung des nun folgenden Drohwortes gegeben wird. Ohne Frage zeigt sich hier beim Propheten in einem begrenzten Sinne ein pädagogisches Interesse. Der Empfänger des Drohworts soll erfahren und begreifen, was ihm widerfährt und warum es ihm widerfährt. Gelegentlich knüpft sich daran sogar noch die Hoffnung, daß er sich zur Umkehr bewegen und retten läßt. Was er aber verstehen soll, ist dies, daß das auf ihn zukommende Geschehen als Strafe sehr genau seiner Versündigung entspricht, daß also in der Geschichte von Jahwe her eine Nemesis waltet, oder besser alttestamentlich ausgedrückt: daß das von dem Menschen in Bewegung gebrachte Böse von Jahwe selbst in einer strengen Entsprechung auf sein Haupt zurückgelenkt wird. So hat schon Elia vorhergesagt, daß die Hunde auch Ahabs Blut an der Stelle lecken werden, an der sie Nabots Blut geleckt haben (1. Kön. 21_{19}); „darum" werden die Weintrinker vor Durst umkommen (Jes. 5_{13}); „darum" werden die, die auf Rossen dahinfliegen wollen, fliehen müssen (Jes. 30_{16}); „darum" werden die Latifundienbesitzer das Land verödet sehen (Jes. 5_{9}; Mi. 3_{12}) oder vom Landbesitz ausgeschlossen sein (Mi. $2_{4\,f.}$) und die falschen Propheten ohne Erleuchtung im Dunkel sitzen (Mi. $3_{6\,f.}$) usw. Hier, bei dem Aufweis dieser Logik des Geschehens, waltet kein theologischer Tiefsinn; es ist eine Logik von unheimlicher Vordergründigkeit. In diesem Teil der prophetischen Rede sind keine geheimen Erfahrungen oder sonst auf übernatürlichem Wege empfangene Erkenntnisse im Spiel. Im Grunde praktiziert hier der Prophet ein ganz elementares Wissen, das ihm, das aber im Grunde jedem, der einige Erfahrung von der Welt und dem Leben hat, vorgegeben ist, nämlich ein Wissen um göttliche Grundordnungen, denen das Leben der Menschen unterworfen ist[4]. Hier ist der Ort, wo sich Prophetie und Weisheit eng und lebendig berühren. Gelegentlich ist die Straffheit jenes logischen Bezugsverhältnisses zwischen Scheltrede und Gottesspruch auch lockerer, besonders da, wo — wie etwa in dem Assyrergedicht Jes. 10_{5-19} — die Scheltrede so riesenhaft auslädt, daß sie gegenüber dem Drohwort das Übergewicht

3. *H. W. Wolff,* Die Begründung der prophetischen Heils- und Unheilssprüche, ZAW 1934 S. 1 ff.

4. Von diesen Ordnungen war in Bd. I, S. 434 f, die Rede.

bekommt und thematisch sich verhältnismäßig verselbständigt hat. Aber ihr Grundthema, die zu Fall kommende Hybris, ist auch hier ein weisheitliches.

„Zum Prüfer in meinem Volke habe ich dich bestellt, daß du erkennst und prüfst ihren Wandel" (Jer. 6 27).

Auch dieses Amt des Prüfers, mit dem sich Jeremia betraut sah und das gewiß auch die Propheten von Amos bis Maleachi auf ihre Weise wahrgenommen haben, erforderte eine angespannte Wachheit in der Beurteilung von Menschen und Zuständen. Hier war mit abnormen psychischen Erregungszuständen ebensowenig zu erreichen wie mit einem starren Handhaben gesetzlicher Normen. Hier waren vielmehr Männer gerufen von äußerster geistiger Beweglichkeit, von unbestechlichem Urteil und einem tiefen Wissen um den Menschen, und nicht zuletzt von großer Vertrautheit mit den religiösen Überlieferungen, mit den heilsgeschichtlichen ebenso wie mit den kultisch-hymnischen (Deuterojesaja). Eine Frucht ihrer scharfen Menschenbeobachtung sind die häufigen Zitate, die die Propheten ihren Sprüchen eingefügt haben und mit denen sie ihre Zuhörer und deren religiöse Denkweise charakterisieren und sie als Schuldige festnageln[5]. Wieviel aufmerksames Herumhorchen und Prüfen liegt hinter diesen kurzen Apostrophierungen! Man darf allerdings nicht erwarten, daß die Propheten auf eine objektive und loyale Wiedergabe bedacht waren. Oft haben sie verallgemeinert oder die Rede oder das Verhalten der Angegriffenen ins Extreme verzerrt, um schon das Ziel des bösen Weges sichtbar zu machen, auf dem sie ihre Hörer sahen[6]. Endlich wäre der Gattung der „Diskussionsreden" zu gedenken, von denen oben schon die Rede war. Ihre Analyse ergäbe noch manchen Gesichtspunkt für diese Seite der prophetischen Sendung, bei der alles auf die Stringenz der theologischen Argumentation ankam; denn hier war der Prophet zunächst in der Defensive. Von seiner geistigen und theologischen Überlegenheit, aber auch von seiner rhetorischen Schlagfertigkeit hing es ab, ob es ihm in dem Spannungsfeld eines unversehens entbrannten Streitgesprächs gelang, zur Offensive überzugehen. Das ist dem Propheten sicher nicht immer gelungen. Jeremia hat einmal in einem solchen Streitgespräch, dem gewiß viele mit Spannung zugehört haben,

5. *H. W. Wolff*, Das Zitat im Prophetenspruch (1937), (Ges. Stud. z. AT [1964], S. 36 ff.).

6. Beispiele einer solchen vergröbernden Darstellung des Redens und Tuns der Gegner: Jes. 5 20; 28 15; Jer. 2 20, 25, 27; Am. 2 12; Zeph. 1 12; s. *H. W. Wolff*, a. a. O. S. 60 ff.

den kürzeren gezogen. Er hat der Heilsweissagung Hananjas, die dieser als letzten Trumpf ausgespielt hatte, nichts entgegnen können und ist seines Weges gegangen (Jer. 28 1–11). Dies alles, und wohl noch manches andere, das hier nicht erwähnt wurde, könnte einen Begriff davon geben, wie das Amt eines Propheten doch zugleich auch im Zeichen einer einzigartigen Freiheit stand, d. h. in einer Freiheit, die Raum ließ zu Entscheidungen von größter Tragweite.

So wichtig die deutlichere Erkenntnis dieser oft unterschätzten Seite des prophetischen Redens und Handelns ist, so kann man doch fragen, ob mit dem, was wir bisher zur Sprache gebracht haben, nicht doch nur Symptome einer Freiheit bezeichnet sind, deren Wurzeln noch wesentlich tiefer liegen und die ihrerseits nur ein Hinweis ist auf etwas Letztes und Grundlegendes, das dem Propheten in seiner Begegnung mit Jahwe und seiner Beauftragung widerfahren ist. Dies theologisch recht zu fassen, ist allerdings nicht leicht und wird sich vielleicht nur ertasten lassen, weil ja die Propheten über diese Dinge bekanntlich nicht reflektiert oder gesprochen haben. Es war oben schon davon die Rede, wie dieses Amt den Propheten von Mal zu Mal totaler in Beschlag nahm, bis es etwa bei Jeremia sein ganzes Humanum derart in sich hineingenommen hatte, daß keinerlei Trennung mehr bestand zwischen dem übertragenen Beruf und der gewissermaßen außerdienstlichen privaten Existenz dieser Männer, mit der wir doch bei einem Propheten wie Amos immerhin noch rechnen müssen. Wo immer aber sich dieses prophetische Amt mit der menschlichen Existenz des Trägers verband — und mindestens partiell war das auch schon bei den älteren Propheten der Fall —, da mußte es sich kraft der Vehemenz, mit der es diese Menschen traf, prägend und formend auswirken. Das würde also bedeuten, daß bei den Propheten charakteristische Züge eines Menschenbildes von großer Eigenart deutlich werden.

Bei aller gebotenen Vorsicht ist es doch erlaubt, schon von einer sich hier und da abzeichnenden Typik zu reden. Wir sehen das Bild eines Menschen, der zum Hören auf Gottes Wort bestimmt ist, der durch den Empfang dieser Anrede sich mancher Freiheiten begab, derart, daß er sich selbst zuzeiten einem übermächtigen Zwang unterworfen sah, der aber doch paradoxerweise gerade durch die Anrede Gottes in eine ganz neue Freiheit gerufen wurde. Hineingezogen in ein ständig wachsendes Gespräch mit Gott war er Mitwisser der Pläne Gottes und von da aus ermächtigt zu einem einzigartigen Gespräch mit den Menschen. Wir sehen freilich nicht das Bild eines in sich harmonischen Menschen, vielmehr eines zwiespältigen und von der zunehmenden Verborgenheit Gottes hart angefochtenen Menschen, der sich aber doch — angesichts des Martyriums Jeremias darf der Ausdruck gewagt werden — in einer rätselhaften Freiheit zum Leiden bewährte. Wir sahen ferner, wie dieses Amt alle geistigen Möglichkeiten dieser Menschen aufs höchste intensivierte bis hin zu ganz verwegenen dichterischen Gestaltungen. Modern, aber nicht unangemessen formuliert, kann man also sagen: Wir sehen das Bild von Menschen, die durch die Anrede Gottes und in der Entscheidung vor Gott zur Persönlichkeit geworden sind. Das aber war in Israel etwas Neues. Aber diese Männer waren ja auch in einer Intensität dem Worte Jahwes ausgesetzt, wie das vorher in Israel noch nicht erlebt wurde. Der moderne Leser muß sich allerdings bei solchen Erwägungen immer wieder von der Illusion befreien, die Alten hätten, wenn sie „Ich" sagten, damit dasselbe gemeint wie wir. Das Ich, dessen sich die Propheten unter der Anrede durch Jahwe bewußt geworden sind, war ein anderes als das der orientalischen Großkönige und erst recht als das des modernen Abendländers, das vom Idealismus und von der Romantik geprägt ist.

Mit diesem Personwerden der Propheten muß doch ein sehr merkwürdiger Tatbestand zusammenhängen, nämlich die Bindung und Unterstellung der Botschaft des Propheten unter seinen Personennamen. Daß eine literarische Hinterlassenschaft unter dem Namen einer Einzelperson ausging, ist sehr auffällig; ja, es muß nach allem, was im alten Orient, aber auch in Israel Brauch war, als etwas ganz Außergewöhnliches gelten. Bei den Bearbeitungen rechtlicher und kultischer Überlieferungen erwarten wir es nicht anders. Auch die oft große geistige Leistung solcher Männer, die wir etwas hilflos „Redaktoren" nennen, bleibt grundsätzlich anonym. Aber bei Werken wie etwa der Geschichte von der Thronnachfolge Davids oder dem des Jahwisten, die geistig so eigenwillig geprägt sind, daß sie für unser Empfinden schon das Stigma einer individuellen Genialität an sich tragen, ist die Anonymität für uns schon verwunderlicher[7]. Sie ist aber im Alten Testament durchweg die Regel. Die Durchbrechung dieser Regel in der prophetischen Überlieferung muß doch von der Tatsache her erklärt werden, daß sich bei diesen Männern in einmaliger Weise eine

7. S. Bd. I, S. 67 f, 324 ff. Die Herausgabe eines Rechenschaftsberichtes eines hohen Beamten (Nehemia) ist natürlich ein anderer Fall.

Botschaft an einen einzelnen gebunden hat, für die nur er allein verantwortlich zeichnen konnte. Dasselbe kann aber vom Jahwisten oder vom Verfasser der Thronnachfolgegeschichte nicht gesagt werden, weil sie bei aller individuellen Genialität, die dabei auch am Werke war, und bei aller Kraft der Vergegenwärtigung doch nicht grundsätzlich aus dem religiösen Besitzstand Israels heraustraten. Das war aber bei den Propheten, sonderlich den vorexilischen, der Fall. Hier hat Gott in einer in Israel bisher nicht erhörten Ausschließlichkeit sich an einen einzelnen gewandt und ihn zum Schauplatz einer einmaligen Offenbarung gemacht. Dieser Mensch war nicht auswechselbar, und dieses ihm anvertraute Wort war auch nicht anderswo zu finden; er war der einzige, der darum wußte und der für die gewissenhafte Ausrichtung der Botschaft verantwortlich war. Das, was hier begann, mußte mit innerer Folgerichtigkeit den Propheten, wenn Jahwe die Stunde dazu kommen ließ, ins Martyrium führen.

Haben wir uns bemüht, das Amt des Propheten von seiner unvergleichlichen Freiheit her zu verstehen, so müssen wir folgerichtig auch die Möglichkeit des Versagens oder des Ungehorsams, die tatsächlich jeden seiner Schritte, jede seiner Entscheidungen bedroht haben wird, bedenken. Ist alle Prophetie, die uns überliefert ist, gehorsame Prophetie? Wenn nicht, nach welcher Seite hin waren die Propheten besonders gefährdet? Als Jeremia sich einmal bei Jahwe über die Leiden und Anfeindungen beklagte, die ihn aufrieben, und über das Ausbleiben der göttlichen Hilfe, hat ihm Jahwe geantwortet:

> „Wenn du umkehrst, darfst du mir wieder dienen.
> Wenn du Edles hervorbringst und nicht Gemeines,
> darfst du wieder mein Mund sein“ (Jer. 15$_{19}$).

Demnach war also die vorausgegangene Klage „Gemeines“ (זוֹלֵל). Hier betrifft das speziell einen Ausbruch der Verzagtheit, ja einen Vorwurf gegen Jahwe, der den Propheten im Stich gelassen hat. Aber die Frage drängt doch unwillkürlich weiter: Beschränkte sich ein solches Versagen auf das gewissermaßen private Verhältnis des Propheten zu Gott? Blieb seine Verkündigung davon grundsätzlich frei? Der moderne Leser wird angesichts dieser Frage vielleicht an gewisse Texte bei den nachexilischen Propheten denken, in denen den Feinden eine schauerliche Fäulnis des Fleisches geweissagt (Sach. 14$_{12}$), in denen aber Israel in Aussicht gestellt wird, daß ihm die Feinde als Knechte und Mägde dienen werden (Jes. 14$_{2}$), ja, daß es die Gottlosen zertreten (Mal. 3$_{21}$) und im Blut seiner Feinde waten und davon trunken werden wird (Sach. 9,15). Können wir in solchen Fällen von Trübungen sprechen, dergestalt, daß hier menschliche Instinkte, Leidenschaften sich der Botschaft bemächtigt haben, so daß sie dann vielleicht mehr Zeugnis des menschlichen Hasses als des göttlichen Zukunftswillens ist? Aber solche Urteile setzen eine Kenntnis über das Zustandekommen solcher Weissagungen voraus, die wir nicht haben, ganz abgesehen davon, daß solche psychologisierenden Auslegungen, die von einer mutmaßlichen seelischen Verfassung des Propheten ausgehen, von vornherein etwas Mißliches haben. Wir müssen vom objektiven Gehalt solcher Weissagungen ausgehen, sie von der Gesamtbotschaft des betreffenden Propheten her zu verstehen suchen und allenfalls ihre Botschaft mit der anderer Propheten vergleichen. Was dies letztere anbelangt, so gibt es immerhin zu denken, daß sich solche Klänge bei Amos, Hosea oder Jesaja nicht finden. Aber gibt es für diesen Unterschied nur eine Erklärung? Vor allem muß sich der Exeget darüber klar werden, welchen Maßstab er an solche Texte anzulegen gedenkt. Daß unser modern-christliches Humanitätsideal bei solchen Texten, die sich zum Teil schon mit der bizarren Vorstellungswelt der Apokalyptik berühren, auszuscheiden hat, sollte selbstverständlich sein. Aber wenn man sich schon solchen kritischen Fragen offen hält — und es ist kein Grund vorhanden, der es verwehren könnte, auch solche Erwägungen anzustellen! —, so ist es in theologischer Hinsicht eigentlich kein gutes Zeichen, wenn sie sich, wie es meist geschieht, auf Anstöße auf dem ethisch-humanen Gebiet beschränken. Das „Gemeine", das Jahwe bei Jeremia getadelt hat, betraf sicher nicht dessen unversöhnliche Gesinnung seinen Verfolgern gegenüber, sondern seine Ungebärdigkeit Gott gegenüber und sein Aufbegehren gegen sein ihm übertragenes Amt. Haben die Propheten, sonderlich die, die wir vielleicht zu unbefangen als „Epigonen" zu bezeichnen pflegen, je in ihrer Stunde ihren Beruf recht wahrgenommen, oder sind sie hinter ihrer Aufgabe zurückgeblieben? Aber was wissen wir von ihrer Aufgabe? Immerhin, nachdem uns die Überlieferungsgeschichte gezeigt hat, in wie starkem Maße die Propheten in ihrer Verkündigung von ganz bestimmten Überlieferungen abhängig sind, denen gegenüber sie bei ihrer Aktualisierung weniger in substantieller Hinsicht als in der Setzung bestimmter Akzente frei waren, ließe sich mit großer Behutsamkeit doch gelegentlich über die Art der Vergegenwärtigung, also über das, was der Prophet dabei herausgestellt und was er dabei zurückgestellt hat, ein Urteil fällen.

F. DIE AUFFASSUNG DER PROPHETEN VON DEM WORT GOTTES

Unsere Untersuchung muß jetzt von dem Gegenstand handeln, der bei allen Propheten gleicherweise im Zentrum steht, nämlich dem „Wort Jahwes". Dieses Wort Jahwes ist zwar Voraussetzung und Inhalt ihrer Botschaft, es ist schlechterdings die Grundlage ihrer ganzen Existenz; aber die Propheten haben es als solches doch nur selten zum Gegenstand einer theologischen Reflexion gemacht. Ihr Umgang mit ihm war ein derart persönlicher und unmittelbarer, d. h. so ausschließlich auf die jeweilige Stunde und den jeweiligen Inhalt abgestellt, daß es ihnen allermeist gar nicht möglich war, sich dieses Wort Jahwes als ein Phänomen von höchst besonderer Art zu verobjektivieren. Sie bedienen uns nur ausnahmsweise mit indirekten Aussagen über das Wesen dieses Jahwewortes; weithin muß der Ausleger auf mehr oder minder indirektem Wege, durch Rückschlüsse aus der Botschaft, sich die Vorstellung rekonstruieren, die die Propheten von diesem Wort Jahwes hatten. Für uns Heutige ist eine kritische Vergegenwärtigung dieser Vorstellung insofern um so notwendiger, als sowohl unsere Vorstellungen vom „Wort Gottes" als auch die von der Funktion des Wortes im allgemeinen nicht ohne weiteres bei den Propheten vorausgesetzt werden dürfen.

In den modernen Sprachen, jedenfalls in denen des Abendlandes, hat das Wort als ein Aggregat von Lauten so gut wie ausschließlich seine Funktion als Bedeutungsträger, d. h. als ein phonetisches Phänomen, mit dessen Hilfe sich der Mensch dem Menschen mitteilen kann, also als ein Vehikel, dessen sich der Geist bedient, um sich auszusprechen. Mit dieser noetischen Funktion des Wortes, also mit einer Auffassung, die im Wort den Träger und Vermittler eines geistigen Sinnes sieht, ist aber die Bedeutung, die die Sprache bei alten Völkern hatte, noch lange nicht erfaßt. Ja, es will scheinen, als sei diese Auffassung des Wortes als eines geistigen Bedeutungsträgers derjenigen geradezu entgegengesetzt, die wir in der mythischen Kulturstufe voraussetzen müssen. Hier ist das Wort viel mehr als nur eine hinweisende Bezeichnung; es gilt überhaupt nicht als ein dem Gegenstand sekundär angeheftetes Etikett. Der Mensch, auf der Stufe der mythischen Frühzeit stehend, apperzipiert die ihn umgebende Welt vielmehr als ein Ganzes. Er scheidet das Geistige nicht vom Dinglichen; beides ruht ihm engstens ineinander, und demgemäß vermag er auch nicht eigentlich zwischen Wort und Sache, zwischen Vorgestelltem und Wirklichem, zu scheiden. Das Charakteristische ist also jene eigentümliche Indifferenz zwischen dem Ideellen und dem Reellen oder zwischen Wort und Sache, die sich wie auf einer Seinsebene zusammendrängen[1]. In jedem Wort ist auch immer auf eine rational nicht näher aufzuhellende Weise etwas von der Sache selbst enthalten. Es ereignet sich also in der Sprache in einem sehr realistischen Sinne eine Verwirklichung der Welt. Im Wort erst gewinnen die Dinge Gestalt und Unterschied. Diese bannende Macht des Wortes war dem antiken Menschen sehr wohl bekannt. Auch in der jahwistischen Paradieseserzählung ist ja das Wort des Menschen den Dingen merkwürdig vorgeordnet. Erst mit den Namen, die der erste Mensch den Tieren beilegt, werden sie für ihn existent und verfügbar (Gen. 2$_{19f.}$)[2]. Im Mythus spricht der Mensch der Frühe nicht nur seine Erkenntnis der Welt aus; die Welt geschieht auch durch ihn; der Mythus muß rezitiert werden, weil nur so die Erhaltung der von allen Seiten bedrohten Ordnungen gewährleistet ist. Von hier ist nur ein Schritt zu dem, was wir „Zauber" nennen, was aber für den Menschen der Frühe eine ganz elementare Form seiner Weltbemächtigung war. Das Unheilswort erreicht kraft seiner Mächtigkeit den Feind; der Ritus des Jagdzaubers oder etwa auch eine bildliche Darstellung vermag das Tier in den Machtbereich des Menschen zu bringen, der es durch Wort, Ritus oder Verbildlichung beschwört. Diese und zahllose Beispiele aus der Religionsgeschichte beruhen auf einer Auffassung von der Sprache, die man die dynamistische nennen könnte, insofern hier dem Wort (oder einem Zeichen oder einer zeichenhaften Handlung) eine Mächtigkeit zugeschrieben wird, die sich nicht auf den Bereich des Noetischen beschränkt, sondern sich auch im Bereich des Räumlichen und Dinglichen auszuwirken vermag[3].

1. *E. Cassirer,* Philosophie der symbolischen Formen, Bd. I (1956²), S. 56, 21; Bd. II (1953²), S. 47 ff.

2. „Nur weil die Schöpfung des Wortes selbst eine Art von Beschwörung ist, in der Seiendes als solches an den Tag tritt, hat der Mensch zu allen Zeiten das dunkle Gefühl, mit (dem Wort) an die Existenz zu rühren." *W. F. Otto,* Die Musen und der göttliche Ursprung des Singens und Sagens (1956), S. 80.

3. Ähnlich O. *Procksch,* ThWBNT IV S. 90. Er unterscheidet im Wort ein dianoetisches Moment, das einen νοῦς enthält, und ein dynamisches Element: der דָּבָר

Auf dieser Stufe der magisch-dynamistischen Weltauffassung ist aber der Mensch der frühen Kulturen nicht verharrt; ja, er hat sie nach dem schematischen Bild, das wir uns von den großen Phasen der menschlichen Kulturgeschichte zu machen pflegen, mehr oder minder grundsätzlich hinter sich gelassen. Aber gerade bei der Sprache und ihren mannigfachen Funktionen, die ihr innerhalb der verschiedenen Kulturen und Religionen zufielen, geht dieses Schema keineswegs auf. Wollten wir die Sache entwicklungsgeschichtlich erklären und sagen, daß sich die Auffassung von den dynamistischen Möglichkeiten der Sprache eben gelegentlich noch viel länger erhalten habe, ja, daß sie selbst zu vorgerückter kultureller Stunde wieder aufbrechen kann, dann würden wir den jeweiligen Phänomenen kaum gerecht; wir messen sie an einem vorgegebenen Bild von der menschlichen Geistesgeschichte und erwecken den Eindruck, als handle es sich überall da, wo die Sprache „noch" als machthaltig verstanden wird, um Rudimente, oder um mehr oder minder unredigierte Reste, die aus einer im Grunde schon überwundenen Kulturstufe in eine ihr fremd gewordene hineinragen. Derlei gibt es natürlich auch; aber man könnte mit gleichem Recht fragen, ob die Sprache in der Zeit der Spätkulturen nicht Funktionen verloren hat, die ehedem zu ihrem Reichtum gehört haben. Es wäre verhängnisvoll, wenn wir die Sprache der Propheten mehr entschuldigen wollten, weil sich in ihr noch „Reste eines magischen Gebrauchs" des Wortes fänden. Übrigens handelt es sich hier keineswegs um eine besondere Eigenart Israels. Es steht fest, daß sich in vielen alten und zum Teil hochstehenden Kulturen die Sprache nicht einfach auf die Bezeichnung der Gegenstände beschränkt hat; sie konnte in gehobenen Situationen kraft einer geheimnisvoll beschwörenden Mächtigkeit eine neue Wirklichkeit oder eine gesteigerte Form des Wirklichen zur Darstellung bringen, d. h. sie wurde selbst schöpferisch; und das ist eine Möglichkeit, die die Sprache auch heute noch nicht verloren hat. Dem machthaltigen Wort begegnet man in den Kulturen des alten Orients auf verschiedenen Lebensgebieten, vorab natürlich im engeren Bereich des Kultus und bei der Zelebrierung von Beschwörung, von Segen und Fluch, ebenso wie in spezifisch theologischen Überlieferungen. Sowohl im alten Ägypten wie im alten Babylonien

ist mit Kraft gefüllt. — „Man wird sich immer vor Augen halten müssen, daß die Bezeichnung d a b a r im Hebräischen viel mehr einen dynamischen und konkreten Sinn hat, als das abendländische Äquivalent ‚Wort'. d a b a r ist eine konkrete, aktuelle und aktive lebendige Sache", *Th. C. Vriezen,* S. 90.

spielte die Vorstellung von dem machthaltigen Wort einer Gottheit, bis hin zu der Vorstellung von diesem Wort als einer physisch-kosmischen Potenz, eine nicht geringe Rolle[4]. Aber auch draußen im Alltag wußte man, daß gewissen Worten eine Macht innewohnen konnte, so z. B. den Namen, die Personen trugen. Der Name war nicht ein beliebig auswechselbares Anhängsel; er enthielt vielmehr etwas von dem Wesen des Trägers, so daß man in dem Namen gelegentlich geradezu etwas wie einen Doppelgänger des betreffenden Menschen sah, der dann seinerseits besonders empfindlich allen abträglichen zauberischen Einwirkungen ausgesetzt war. Ein Unheilsname konnte das Leben seines Trägers bedrohen. Jakob hat einmal eines seiner Kinder dem schicksalsmächtigen Dunkel kühn entrissen, das sich durch einen ihm beigelegten Unheilsnamen schon über Ben Oni („Sohn des Leids") herabzusenken begann, indem er ihm einen glückverheißenden Namen beilegte (Gen. 35$_{18}$).

Aber man mag hier — es handelt sich ja nur um Beispiele — auch an ein sprachliches Phänomen denken, dessen Hintergründigkeit oft verkannt wird, nämlich das der etymologischen Ätiologien und der Wortspiele. Die etymologische Ätiologie war auch in Israel ehedem gewiß alles andere als ein literarisches oder rhetorisches Spiel, sondern ein sehr ernsthaftes Mittel zur Gewinnung wichtiger Erkenntnisse[5]. Der moderne Leser stößt sich daran, daß hierbei die einander koordinierten Wörter keinen logisch-sinnhaften Bezug zueinander erkennen lassen, oder doch nur einen für unsere Begriffe ganz willkürlich gewählten. Aber wer sagt denn, daß man sich bei einem Wort nur an den ihm anhaftenden intelligiblen Sinn halten dürfe? In solchen

4. Reichliches religionsgeschichtliches Vergleichsmaterial bei *J. Hempel*, Die israelitischen Anschauungen von Segen und Fluch im Lichte altorientalischer Parallelen, Zeitschr. d. dtsch. morgenl. Gesellsch. (1925), S. 20 ff. *S. Mowinckel*, Segen und Fluch in Israels Kult und Psalmdichtung, Psalmenstudien V (1924). Über die Vorstellungen von der Mächtigkeit des göttlichen Wortes s. *L. Dürr*, Die Wertung des göttlichen Wortes im Alten Testament und im antiken Orient (1938). O. *Grether*, Name und Wort Gottes im AT (1934), S. 59 ff. Über die assoziative Bedeutung und den Doppelsinn hebräischer Worte s. *J. L. Seeligmann*, Suppl. VT I (1953) S. 157 ff.

5. *M. Warburg*, Zwei Fragen zum Kratylos (2. Voraussetzungen zum Verständnis der griechischen Etymologie), Neue philol. Untersuchungen V (1929), S. 65 ff. Die Zahl solcher „Etymologien" ist im AT verhältnismäßig groß. *J. Fichtner* zählt allein in den geschichtlichen Büchern etwa 60 (Die etymologische Ätiologie in den Namengebungen der geschichtlichen Bücher des AT, VT 1956 S. 272 ff.). Es soll natürlich nicht behauptet werden, daß die hier vertretene Auffassung gleicherweise auf alle Belege anwendbar sei; wahrscheinlich nur auf einen Ausschnitt, denn Israel kannte gewiß auch den mehr rhetorisch-spielerischen Gebrauch der Etymologie.

„Wortspielen" fungiert das Wort noch in einer anderen, viel urtümlicheren Eigenschaft; es vermag in gehobenen Situationen Inhalte zu entlassen und geistige Bezüge herzustellen, die in einer viel tieferen Schicht seines — fast möchte man sagen — magischen Wortleibes angelegt sind und die mit der vordergründigen Bedeutung, dessen Träger es im Alltag ist, scheinbar gar nichts zu tun haben[6]. Der Vorgang ist seltsam genug: Einerseits vollzieht sich bei solchen Etymologien eine gewisse Sinnentleerung des betreffenden Wortes, es scheint mehr als Klangkörper denn als Sinnträger zu fungieren; aber dieser auf seine urtümliche Mächtigkeit reduzierte Klangkörper erfährt zugleich eine mächtige Sinnsteigerung, indem er jetzt förmlich umlagert ist von neuen Assoziationen und neuen Sinnbezügen. Das Wortspiel in der Vision des Amos „ḳajiz — ḳez" spricht auch uns an; aber doch nur deshalb, weil wir die gedankliche Brücke von „Herbst" zu dem Begriff „Ende" zu schlagen vermögen (Am. 8$_{2}$). Es ist aber wahrscheinlich, daß wir das sprachliche Geschehen zwischen diesen beiden Worten sprachphänomenologisch zu modern, d. h. zu spirituell verstehen. Auch bei dem Wort von dem Mandelbaum („wachenden Zweig" שָׁקֵד) und dem Wort von Jahwe, der über seinem Wort „wacht" (שֹׁקֵד Jer. 1$_{11}$ f.), liegt für uns nur die begriffliche Verbindung ziemlich an der Oberfläche. Anders ist das schon bei den improvisierten Wortspielen von Micha 1$_{10-15}$ und Jesaja 10$_{29-31}$; denn hier entlassen die Namen der Ortschaften Assoziationen und Hinweise auf ihr Schicksal, die nur noch an den „äußeren" Klang der Worte anknüpfen. Derlei konnte sich in der Sprache Israels um so leichter ereignen, weil ja der Hebräer auch da, wo er die Sprache in ihrer noetischen Funktion benützt, im allgemeinen viel weniger, als wir oft annehmen, auf die Eindeutigkeit und Präzision seiner Aussage ausgeht. Wenn sich bei den Propheten in einem Satz oder Wort mehrere Bezugsmöglichkeiten eröffnen, so ist das dem Sprecher gerade recht; denn damit gewinnt die Aussage an Fülle[7].

6. Noch *B. Meissner*, Babylonien und Assyrien, Bd. II (1925), S. 353 spricht von der „unglücklichen Liebe aller Semiten für die Etymologie".

7. In diesem Zusammenhang wären aber auch die Unheilsnamen von Hos. 1$_{4}$ ff. und die Umnennungen von Hos. 2$_{25}$ oder von Jer. 20$_{3}$ zu erwähnen. Der Realität des Namens muß die Realität des Geschehens entsprechen. Endlich wäre hier auch das Phänomen der Paronomasie zu nennen; denn mit ihrer Zusammenstellung ähnlich klingender Wörter geht diese Redefigur doch auch primär vom Wortklang aus. Sprachliche Assonanz ist aber nichts Äußerliches; von dem sprachlichen Leib der Aussage geht eine besondere Mächtigkeit aus. Die Präzision der paronomastischen Aus-

Was hier von der Sprache als von einem Klangphänomen mit einer fast beschwörenden Mächtigkeit gesagt wurde, gilt in anderer Weise auch von der griechischen Sprache. Hier ist es ihre Musikalität und der Rhythmus, wodurch sie den Menschen, ganz abgesehen davon, daß sie auch Sinnträger ist, bis ins Körperhafte hinein ergreift (*Th. Georgiades,* Musik und Rhythmus bei den Griechen (1958), S. 42 ff.). Auch in ihr kann sich die Kluft zwischen dem Wort und dem objektiven Einzelding derart verlieren, daß auch der moderne Leser unter dem Eindruck steht, als seien die Objekte mit ihrer ganzen dinglichen Schwere ins Wort eingegangen.

„Die Eigenart des Altgriechischen besteht darin, daß das Wort als eigenständige rhythmisch-musikalische Macht und gleichzeitig als Sprache, als phonetisches Gebilde, als Vorstellungs- und Affektgehalt verwirklicht wird. Das Wort erfüllt nicht nur einen phonetischen Zweck, sondern es ist gleichzeitig etwas anderes, es ist ein um seiner selbst willen gestalteter rationaler Kunststoff. Es ist zwar ‚Sprache' wie die unsere, sofern es der Festlegung von Bedeutungszusammenhängen dient. Durch eine uns kaum mehr faßbare Eigenschaft wird es aber, wie die Musik, auch unmittelbar auf die Sinne bezogen. Es ist Rhythmus, der unabhängig von der sprachlich bedingten Schalleigenschaft dem Wort eine auch in anderem Bereich gegründete Festigkeit verleiht." „Wie mag nun der Grieche seine eigene Sprache empfunden haben? Er muß das Gefühl gehabt haben, daß sie mächtiger sei als er" (a. a. O. S. 43). Das griechische Wort „steht da, als ein mit Händen greifbarer fester Körper. Man wird von den Wörtern eines griechischen Verses gleichsam gesteinigt" (a. a. O. S. 45). Das letztere kann wohl mit gleichem Recht von vielen Texten alttestamentlicher Propheten gesagt werden.

So wußte also auch Israel darum, daß seiner Sprache noch andere Möglichkeiten innewohnten, als diejenigen, die ein alltägliches Gespräch von Ohr zu Ohr erforderte[8]. Es wußte um einen Gebrauch der Sprache, bei dem es gar nicht in erster Linie darauf ankam, von einem verstehenden Ohr gehört zu werden, sondern „nur" darauf, daß die Worte „nur" ausgesprochen, daß sie einfach als eine Wirklichkeit von geheimnisvoller Macht hingestellt wurden. Natürlich blieb das nur eine Möglichkeit unter anderen; aber Israel hat sie auch in einer Zeit nicht preisgegeben, als es die Sprache rhetorisch schon sehr kultiviert, etwa im politisch-diplomatischen Gespräch oder im internationalen Austausch der Gelehrten zu verwenden wußte. Wir werden es nicht anders erwarten, als daß Israel dieses Wissen gerade auf dem Gebiet betätigt hat, auf dem es sich geistig am stärksten in Anspruch genom-

sage verringert sich zugunsten ihrer größeren bedeutungsmäßigen Breite. *G. Boström,* Paronomasi i den äldre hebreiska maschallitteraturen (1928); *I. Gabor,* Der Urrhythmus im Alten Testament, BZAW 52 (1929).

8. *G. Gerleman,* Wort und Realität (Donum natalicum H. S. Nyberg oblatum 1954), S. 155 ff.

„Worte schlagen mehr an als die Nachricht und den Inhalt; sie sind einerseits Geist, aber haben andererseits das Wesenhafte und Zweideutige der Dinge der Natur." *G. Benn,* Probleme der Lyrik (1951), S. 24.

Zum Folgenden vgl. auch O. *Grether,* Name und Wort Gottes (1934), S. 103 ff, 126 ff, 135 ff.

men wußte, auf dem religiös-theologischen. Sowohl in seinen niedersten Äußerungen wie in seinen höchsten, im Zauber ebenso wie in seinen letzten theologischen oder prophetischen Erkenntnissen ist Israel ausgegangen von diesem Wissen um die schöpferische Mächtigkeit des Wortes. Aber unvergleichlich hoch über allem Menschenwort mit all seinen geheimnisvollen Möglichkeiten stand nach der Überzeugung des Theologen und Propheten Israels das Wort Jahwes. Der Mose des Deuteronomiums warnt sein Volk aufs eindringlichste, dies Wort für „leer" (רֵיק Dt. 32_{47}) zu halten, was offenbar die Meinung einschließt, daß diesem Gotteswort gegenüber das Menschenwort mehr oder minder als „leer" anzusehen ist. Auch Deuterojesaja spricht einmal davon, daß das Wort Jahwes nicht „leer", sondern wirksam ist (Jes. 55_{11}). Von der Rolle, die die Vorstellung von Jahwes schöpferischem Wort innerhalb der priesterlichen kosmologischen Traditionen, also vor allem im priesterschriftlichen Schöpfungsbericht spielte, war schon anderwärts die Rede[9]. Dem entspricht die Vorstellung, wie sie von der kultischen Dichtung ausgesprochen wird.

„Durch sein Wort sind die Himmel gemacht,
all ihr Heer durch den Hauch seines Mundes.
Denn er sprach, da ward es;
er gebot, da stand es da" (Ps. $33_{6,9}$).

Daß Jahwe „die Sterne mit Namen ruft", sagt der Hymnus (Ps. 147_{4}) und in Abhängigkeit von ihm auch Deuterojesaja, der bekanntlich die Weltschöpfung Jahwes, und zwar als Schöpfung durchs Wort, als Thema in seine Verkündigung einbezogen hat (Jes. 40_{26}; 48_{13}; 50_{2}). Besonders interessant ist die Erwähnung dieses schöpferischen Gotteswortes in Psalm 147_{15-18}, einer lehrhaft weisheitlichen Dichtung, weil hier in einer wissenschaftlichen Realistik das ergehende Jahwewort mit den ebenfalls vom Himmel kommenden meteorologischen Phänomenen des Schnees, des Reifs, des Eises, des Windes zusammengestellt wird[10]. Daß Israel in dieser Hinsicht auf mannigfache Weise teilhat an Vorstellungen, die auf und ab in den Religionen des alten

9. S. Bd. I, S. 156 ff.

10. Der Dichter ist an dieser Stelle sichtlich von den wissenschaftlichen Onomastiken bestimmt (s. Bd. I, S. 438). Die Einfügung der אִמְרָה, die Gott zur Erde sendet, in diese Reihe von Naturphänomenen entspricht natürlich einem besonderen Anliegen, das gerade in diesem Zusammenhang zur Geltung gebracht werden sollte; die Erwähnung des göttlichen Wortes wirkt ja innerhalb dieser Aufzählung fast wie eine Interpolation.

Orients zu belegen sind, ist längst erkannt[11]. Aber diese Erkenntnis darf uns nicht den Blick dafür trüben, daß Israel in seinen Vorstellungen von der Mächtigkeit des Gotteswortes durchaus seine eigenen Wege gegangen ist und gerade in dieser Hinsicht eine theologische Leistung vollbracht hat, die in ihrer inkomparablen Großartigkeit für sich genommen werden muß. Unnötig zu sagen, daß alle verallgemeinernden entwicklungsgeschichtlichen Klassifizierungen, die von einer „noch" primitiven oder magischen Auffassung von der Sprache handeln, uns durch ihre kulturgeschichtlichen Relativierungen daran hindern, ein Phänomen von so hoher Besonderheit recht zu verstehen. Archaismen gab es in allen Religionen, gewiß auch in Israel; aber es muß doch auffallen, daß Israel gerade nicht nur in einer unkritischen, primitiven Gebundenheit, sondern in Ausübung seiner konzentriertesten Reflexion zu den wesentlichsten Aussagen über die Eigenart des göttlichen Redens gekommen ist, und daß sich diese Aussagen über die „magische" Macht des göttlichen Redens — z. B. bei den Propheten — im Zusammenhang und in nächster Nachbarschaft mit einer sehr fortschrittlichen, ja geradezu revolutionären religiösen Geisteswelt finden. Mit einem Wort: der Grund dafür darf nicht bei allgemeinen religionsgeschichtlichen Erscheinungen, sondern er muß bei der Besonderheit des Gegenstandes gesucht werden, der hier zu Worte kommt.

Die Aussagen der Propheten über Jahwes Wort stehen verhältnismäßig unabhängig neben den priesterlich-theologischen Aussagen. Mit ihnen betritt man offenbar einen in sich selbständigen Vorstellungs- und Traditionskreis. Der Begriff des „Wortes Jahwes" (דְּבַר יהוה) findet sich 241mal im alttestamentlichen Schrifttum; davon bezeichnen allein 221 Belege (92 %) ein prophetisches Gotteswort. Es kann also keinem Zweifel unterliegen, daß diese Wortverbindung in Israel geradezu als ein terminus technicus für die prophetische Wortoffenbarung gebraucht wurde. Besonders charakteristisch ist die Phrase, daß „das Wort Jahwes an ... ergangen war" (וַיְהִי דְבַר יהוה אֶל־ o. ä. 123mal), weil sie die Apperzeption des Gotteswortes als ein Geschehnis, als ein kontingentes Ereignis in der Geschichte bezeichnet, auf das man wartet oder das einen unversehens überfällt, das also in jedem Fall für die Betroffenen eine neue geschichtliche Lage schafft[12]. Bedeutsam ist ja, daß es immer in

11. S. *L. Dürr*, a. a. O. S. 2 ff.

12. *S. Mowinckel* hat die Phrase folgendermaßen umschrieben: „es ward das Wort Jahwes aktive Realität bei NN", Die Erkenntnis Gottes bei d. atl. Propheten (1941), S. 19; *W. Zimmerli* spricht von dem „Wortereignis", Ezechiel BK, S. 89 u. ö.

der festen Determination als „das Wort Jahwes" erscheint und nicht — was bei oberflächlichem Zusehen angesichts der überaus großen Zahl dieser „Wortereignisse" als das Gegebenere erscheinen könnte — in der indeterminierten Form „ein Wort Jahwes"[13]. Aber damit wäre der Vorgang in der Wurzel falsch verstanden, denn so kurz und gerafft es sein mag, so will es doch für den Empfänger und seine Situation das Wort Jahwes sein. Das jeweilig ergangene Wort will nicht mit den anderen Jahweworten zusammengeordnet sein, um dann erst in der Synthese so etwas wie die Botschaft des Propheten zu ergeben; nein, es ist schon für den Betroffenen das ganze Wort Gottes und bedarf nicht der stillschweigenden Ergänzung durch die anderen Worte, die der Prophet sonst noch gesprochen hat. Ein anderes Mal sagt der Prophet zu anderen Menschen das gleiche anders. Im Grunde — so paradox es scheint — sagt der Prophet zu jedem das gleiche; er variiert es nur entsprechend der Verschiedenheit der Verhältnisse des Empfängers. Hier wurzelt die große Schwierigkeit, die der Entfaltung der Botschaft eines Propheten entgegensteht, einer Aufgabe, der wir uns einerseits unmöglich entziehen können und die wir doch nicht so lösen können, daß wir sozusagen die ideelle Quersumme aus der Vielzahl der prophetischen Logien ziehen können[14].

Wollte nun aber einer angesichts des tatsächlich sehr reichhaltigen und vielseitigen Materials meinen, daß ihn die Propheten allseitig über die Phänomenologie des Jahwewortes unterrichten, so würde er sich enttäuscht sehen; ja, er könnte auf den Gedanken kommen, daß er sich mit dieser Frage an keinen Ungeeigneteren wenden konnte,

O. *Grether*, a. a. O. S. 76; *Th. C. Vriezen*, S. 91. So, wie zu dem Priester die Tora, zu dem Weisen die Ratgebung gehört, so gehört zu dem Propheten „das Wort" (Jer. 18$_{18}$).

13. Auf diesen merkwürdigen Tatbestand hat zuerst *L. Köhler* aufmerksam gemacht, S. 90.

14. Diesem Tatbestand, der für jegliche Auslegung natürlich von großer Wichtigkeit ist, begegnen wir genauso in den synoptischen Evangelien. „Die Evangelien erzählen ... Jesu Geschichte in ‚Perikopen', kurzen anekdotischen Szenen, die nicht erst zusammengefügt eine Geschichte ergeben, sondern jede für sich Jesu Gestalt und Geschichte gleichsam im Ganzen enthalten. Keine bedarf einer Erklärung aus Geschehnissen, die vorangehen, keine zielt auf spätere Ereignisse, in denen sich Früheres erst entfaltet. Immer werden wir in dem Lichtkegel dieser und nur dieser Szene festgehalten . . . Diese Art, seine Geschichte zu erzählen, hat ihre genaue Entsprechung auch in der Überlieferung der Worte. Wieder steht auch hier jedes Wort auf sich selbst, erschöpfend in sich nicht erst durch einen Zusammenhang sinnvoll und eines Kommentars bedürftig, den erst ein anderes ihm geben müßte." *G. Bornkamm*, Jesus von Nazareth (1956), S. 22. Vgl. auch u. S. 135 f.

weil der Prophet weniger als jeder andere dem an ihn ergehenden Worte neutral betrachtend gegenübertritt; denn es dringt ja auf ihn ein, er macht es sich ganz zu eigen und läßt es alle seine Affekte ausfüllen. In ihm begegnet dem Propheten Jahwe aufs persönlichste; wie könnte er dabei von ihm wie von einer neutralen Sache reden? Da wäre es wohl besser, wir wendeten uns nicht an die Propheten, sondern an ihre Zuhörer, die dem Phänomen, um das es uns hier geht, distanzierter gegenüberstanden, — wenn uns nur der Eindruck, den dies Wort auf sie gemacht hat, noch erreichbar wäre!

Um so gewichtiger ist das Urteil des Oberpriesters Amazja über die Botschaft des Amos. Er hatte bekanntlich dem König über das Auftreten des Amos in Bethel Bericht erstattet und als ein guter Beamter seinem Bericht auch eine persönliche Stellungnahme beigefügt: „Das Land kann alle seine Worte nicht tragen" (Am. 7_{10}). Das Verbum in dem Satz (כּוּל) wird sonst von dem Fassungsvermögen von Hohlgefäßen gebraucht; der Satz geht also von der Voraussetzung aus, daß das Land – bedeutsam, daß er vom Land und nicht von Israel spricht! – eine gewisse Kapazität hat, die ihre Grenzen hat. Das war also beileibe nicht die Meldung eines beschränkten Funktionärs; sie stammt vielmehr von einem aufmerksamen Beobachter, der ein gutes Gespür für die Macht der Worte des Amos hatte. Man wird Amazja also paradoxerweise eine gewisse Sachnähe zu der Botschaft des Propheten zugestehen müssen: insofern er in ihr eine wirkliche Gefahr für das gegenwärtige Israel und sein bisheriges religiöses und wirtschaftliches Leben sah.

Vor allem bei den älteren Propheten, sagten wir, ist eine Reflexion über das Wesen und die Eigenschaften des von ihnen gesprochenen Wortes von vornherein nicht zu erwarten. Sie vollziehen es in gesteigertem Pathos fast noch wie ein Ritual und sind der Wirkungen, die es ausrichtet, völlig gewiß. Von großer Altertümlichkeit ist das von Elia überlieferte Wort, daß in Israel weder Tau noch Regen fallen solle, „es sei denn auf mein Wort" (1. Kön. 17_{1}). An wen aber wird er dann dieses lösende Wort richten? Gedenkt er es Jahwe zu sagen, wenn die Zeit dafür gekommen sein wird, oder dem Himmel und den Wolken? Unmöglich wäre auch das nicht. Wahrscheinlicher aber erwartet er von Jahwe den Auftrag, dem Regen zu gebieten. Der religionswissenschaftlich geschulte Leser mag sich hier an das urtümliche Selbstbewußtsein des „Machtträgers" und an die magische Wirkungskraft seines Wortes erinnert fühlen. Und doch wäre nicht viel gewonnen, wenn man „noch" bei Elia solche Phänomene entdecken wollte. Mit gleichem Recht könnte man nämlich — jedenfalls was die zur Verfügung stehenden Texte anlangt — bei Elia den Anfang einer Vorstellung von dem Prophetenwort sehen, die fortab fast bis hin zum Erlöschen der Prophetie zu verfolgen ist. Ja noch mehr: Es ist leicht festzustellen, daß die alte Vorstellung zusehends an theologischer Breite gewinnt, um dann bei Jeremia und Deuterojesaja ihre letzte Ausgestaltung zu finden.

An der Spitze der Logien des Amos, und damit doch offenbar mit programmatischer Bedeutung für die ganze Sammlung, steht das Wort von dem „Brüllen" Jahwes, mit dem der Prophet aus jeder kultischen oder sonstigen religiösen Konvention ausbricht (Am. 1_2). Es läßt merkwürdigerweise nichts erkennen von einem Inhalt, von einer bestimmten artikulierten Aussage Jahwes, aber ebensowenig etwas von einem menschlichen Ohr, an das es sich wendet. Es ist nur von dem Phänomen einer Stimme die Rede, von der nur gesagt ist, daß sie ertönt; aber doch von einem Ereignis mit ungeheurer Wirkung: denn diese vom Zion ausgehende Stimme läßt die Weiden der Hirten veröden und sogar den Gipfel des fernen Karmel verdorren[15]. Auch der ungefähr zeitgenössische Jesaja vermag unter anderem einmal so seltsam von dem Wort Jahwes zu sprechen, als handle es sich vielmehr um etwas Dingliches, das allein kraft seiner materiellen Schwere wirkt:

> „Ein Wort hat der Herr wider Jakob gesandt
> und es ist niedergefallen in Israel" (Jes. 9_7).

Sehr absolut, wie von einer allen bekannten Sache, wird hier von dem „Wort" geredet. Noch merkwürdiger ist freilich, daß von einem intelligiblen Inhalt, der von den Menschen zur Kenntnis zu nehmen wäre, gar nichts mitgeteilt wird. Weder von einem prophetischen Mund, der dieses Wort gesprochen hat, noch von einem Ohr, für das es gesprochen wurde, ist die Rede. Da dieses Wort an das Nordreich ergangen ist und da der Vorgang vielleicht schon in der Vergangenheit liegt, ist es gar nicht sicher, daß es von Jesaja selbst gesprochen wurde. Jedenfalls stellt er es so dar, als schildere er ganz objektiv das Niederfallen dieses Wortes und seine Auswirkung in der Geschichte. Denn an dem sonst exegetisch schwierigen Gedicht ist doch das deutlich, daß es in seinen einzelnen Strophen von immer neuen Entladungen dieses Wortes spricht, ohne daß es sich bei seinem Weg durch die Geschichte so bald erschöpft:

15. Das Logion Am. 1_2 muß ganz für sich genommen werden; es hat weder nach rückwärts noch nach vorwärts einen Zusammenhang im Kontext.

Auch die Drohworte, die Seraja in Babylon vorlesen sollte, bedurften keines Zuhörers; sie sollten nur laut ausgerufen werden; das Blatt aber war dann im Euphrat zu versenken (Jer. 51_{59} ff.).

„Bei alledem hat sich sein Zorn nicht gewandt
und seine Hand ist noch ausgestreckt"[16].

Während bei den Propheten des 8. Jahrhunderts solche Aussagen selten sind und nur erkennen lassen, daß sie das Jahwewort unter Umständen einmal in ganz anderer Weise sich auswirken sehen, werden die Belege bei Jeremia häufig und lassen vermuten, daß sich hier in der Grundkonzeption des Propheten etwas gewandelt hat[17]. Schon in der Berufung, durch die Jeremia „wider Völker und Königreiche" entboten wurde, ist alles auf die Machthaltigkeit des Prophetenwortes abgestellt. Wie kann denn ein Einzelner wie Jeremia in bezug auf Völker „ausreißen und niederreißen, bauen und pflanzen" (Jer. 1$_{9f.}$)? Offenbar nur durch das Jahwewort, das er in die Geschichte wirft; denn dieses Wort ist anders als das der verkommenen Berufskollegen; es ist wie Feuer, wie ein Hammer, der Felsen zerschmettert (Jer 5$_{14}$; 23$_{29}$). Noch während Hesekiel seine inspirierte Rede gegen Pelatja gerichtet hat, ist dieser tot niedergefallen (Hes. 11$_{13}$). Darum also, um dieser Macht des Wortes willen, waren diese Männer gehaßt und gefürchtet. Die Macht und Möglichkeit, Unheil zu wirken, hat man ihnen nicht bestritten. Wurde der „Zorn Jahwes", mit dem Jeremia angefüllt war, ausgeschüttet, so bedeutete das Tod und Katastrophen (Jer. 6$_{11}$ f.). Aber für die Propheten war dieses Wort doch nicht nur schrecklich. Bei Jeremia erfahren wir gelegentlich etwas darüber, wie dieses Jahwewort auf den Propheten persönlich gewirkt hat; er sagt einmal, daß es ihm zur Wonne geworden sei und daß er es wie ein Hungriger verzehrt habe. Es ist nicht anzunehmen, daß er davon die Unheilsworte grundsätzlich ausgenommen hat (Jer. 15$_{16}$). Den Satz von dem Verzehren des Gotteswortes sollte man nicht allzu vergeistigt als einen übertreibenden Vergleich verstehen; es ist durchaus damit zu rechnen, daß sich ein Prophet bis ins Leibliche hinein auf den Empfang des Wortes angelegt und sich von ihm gefristet wußte. Bei Hesekiel kehrt die Vorstellung von dem Verzehren der Jahweworte in ganz radikaler Form wieder; er hatte bei seiner Berufung den Auftrag bekommen, die

16. Jes. 9$_{11, 16, 20}$; 10$_4$.

17. Auch die Streuung der so charakteristischen Phrase „es geschah das Wort Jahwes zu ..." gibt zu denken. Sie findet sich – freilich je nur mit ganz wenigen Belegen — fast auf alle älteren Propheten angewandt. Demgegenüber setzt aber schlagartig bei Jeremia (30mal) und bei Hesekiel (50mal) eine Häufung ein (*O. Grether*, a. a. O. S. 76 f.). Das muß wohl mit der neuen Betonung des Ereignischarakters des Jahwewortes, ja geradezu einer aufkommenden „Worttheologie" bei diesen Propheten zusammenhängen.

ihm dargereichte Buchrolle zu verzehren (Hes. 2_8— 3_3). Es wird noch davon zu sprechen sein, wie sich mit diesem Eingehen der Botschaft in Leib und Leben ein entscheidender Wandel im Selbstverständnis dieser späteren Propheten vollzieht. (Man kann fragen, ob dieses Eingehen des Worts in die körperliche Existenz des Propheten nicht schon in die Nähe dessen kommen will, was der Evangelist Johannes von der Fleischwerdung des Logos aussagt.) Schon Amos hatte ja von dem Hunger nach dem Wort Gottes gesprochen, der den Menschen so zusetzen wird, daß sie erschöpft umhertaumeln, um das Wort zu suchen, und ohnmächtig werden (Am. $8_{11\,\text{ff.}}$). Das sieht doch sehr darnach aus, daß die Propheten in einer ganz besonderen Weise den ganzen Lebensstand Israels von dem Wort Jahwes abhängig sahen und daß sie es bis in die vitalen Schichten seines Lebens hinab auf dieses Wort gewiesen wußten. Sicher sind es verallgemeinerte prophetische Vorstellungen, die dann das Deuteronomium aufgegriffen hat, wenn es Mose ausrufen läßt: „Dies Wort ist euer Leben!" (Dt. 32_{47}) und wenn es dem Mannawunder die Lehre entnimmt, daß der Mensch doch nicht allein von irdischer Nahrung lebe, sondern auch „von allem, was aus dem Munde Jahwes ergeht" (Dt. 8_3). Diese Auffassung vom Menschen und seinem totalen Angelegtsein auf das göttliche Wort ist ihrem Ursprung nach prophetisch; aber es scheint auch, daß sie — mindestens in solcher Zuspitzung — erst im 7. Jahrhundert aufgekommen ist; und gewiß waren die Propheten selbst die ersten, die sich in ihrem ganzen Lebensstand von Jahwes Wort abhängig wußten.

Aus der Überlieferung Deuterojesajas läßt sich über das persönliche Verhältnis des Propheten zum Wort nichts entnehmen. Um so gewaltiger lädt er aber aus, um etwas von der Wirksamkeit des Wortes in der Geschichte auszusagen. In seiner Berufung wird von einer himmlischen Stimme das gesamte Wesen des Menschen („alles Fleisch") scharf dem Worte Jahwes kontrastiert. Jenes — der Prophet denkt sicher zuerst und zuletzt an die geschichtliche Selbstdarstellung des Menschen in den Weltreichen — ist ganz hinfällig; der Zorneshauch Gottes wird es völlig zunichte machen. Dieses aber, „das Wort unseres Gottes, besteht in Ewigkeit" (Jes. 40_8). Die Aussage ist von höchster Knappheit; aber es ist deutlich genug, daß der Prophet mit dem „Wort unseres Gottes" die andere Macht zeigen möchte, die jener ersten, der menschlichen Geschichtsmächtigkeit, gegenübersteht. Es ist also nicht das Wort gemeint, das, weil es im inneren Bezirk der Herzen weiterklingt, Bestand haben wird, sondern dasjenige, das Jahwe in die Geschichte hineinspricht und das auf diesem Plan schöpferisch wirksam wird; es wird „aufstehn“ (יָקוּם). Und nur das von diesem Wort Gewirkte wird Bestand haben; einen anderen Halt gibt es für die verzweifelnden Exulanten in Babylon nicht. Mit dieser Botschaft schließt auch das Buch des Propheten.

„Fürwahr, so, wie der Regen und der Schnee vom Himmel herabkommt und nicht dahin zurückkehrt, er habe denn die Erde getränkt, sie fruchtbar gemacht und sie sprossen lassen und Samen dem Sämann und Brot dem Essenden gegeben, — so verhält es sich mit meinem Wort, das von meinem Munde ausgeht. Es kehrt nicht leer zu mir zurück, es habe denn gewirkt, was ich gewollt, und ausgeführt, wozu ich es gesandt habe“ (Jes. 55_{10-11}).

Mit diesen Sätzen hat die Prophetie wohl das Umfassendste ausgesprochen über das Wort Jahwes und seine Auswirkung. Wie in der Berufungsaudition, so tendiert auch hier die Aussage stark nach dem theologisch-Grundsätzlichen hin; die Dimensionen sind bis auf das letzte Denkmögliche und auch bis ins theologisch Grundsätzliche ausgeweitet. Wurde oben das Wort „allem Fleisch“ gegenübergestellt, so bewegt es sich hier von dem Himmel, von Jahwes Mund herab auf die Erde, um dort das ihm Aufgetragene zu wirken (עָשָׂה) und auszuführen (הִצְלִיחַ), um dann schließlich wieder zu Jahwe zurückzukehren[18]. Die Vergleichung des Gotteswortes mit meteorologischen Phänomenen legt nur für die modernen Leser die Assoziation des Naturgesetzlichen nahe; das alte Israel sah in beidem, in der Spendung des Regens wie des Wortes, ein kontingentes Geschehen, das allein von Jahwe ausging (Ps. $147_{15\,ff.}$). So stellt Deuterojesaja das Jahwewort in den größten Rahmen; sein Wirken in der Geschichte ist gewiß der wichtigste Teil, aber es ist doch nur ein Teil seiner weltweiten Bewegung. Es gibt überhaupt kein Heilsgeschehen, das nicht geweissagt ist (Jes. 42_9; 46_{10}; 48_5). Daß aber Jahwe seinem Volke dieses den Ereignissen vorauslaufende Wort mitteilt und zu erkennen gibt, das ist nur eine Konzession an Israels Unglauben:

„Weil ich wußte, daß du hart bist und ein Eisenband dein Nacken
und deine Stirne von Erz,
habe ich es längst dir kund getan; bevor es kam,
ließ ich dich's hören“ (Jes. $48_{4\,f.}$).

18. Die Vorstellung, daß das Wort nach alledem wie in einem Kreislauf wieder zu Jahwe zurückkehrt, ist seltsam und läßt sich sonst nicht belegen. Ist sie nur ad hoc formuliert, um den Vergleich vollständig durchzuführen? Daß der Bildrede von dem chthonisch zeugenden Regen (vgl. das הוֹלִיד in v. 10) eine alte mythologische Vorstellung zugrunde liegt, ist anzunehmen; daß sie dem Propheten noch bewußt war, ist aber sehr unwahrscheinlich.

Fragt man danach, was dieses Jahwewort denn in der Geschichte wirke, so muß man sich an den Inhalt der Botschaft dieses Propheten wenden; Deuterojesaja denkt vor allem an die Rückführung der Gemeinde, den zweiten Exodus mit allen seinen Wundern. Es ist ja von großer programmatischer Bedeutung, daß Prolog und Epilog dieses Buches, die das Verkündigungsganze dieses Propheten umklammern, so grundsätzlich von dem Jahwewort handeln.

Die herangezogenen Belege legen die Annahme nahe, daß bei Deuterojesaja, aber doch auch bereits bei Jeremia und Hesekiel schon eine starke theologische Reflexion am Werk ist, eine „Worttheologie"[19], die sich um eine grundsätzliche Klärung des Phänomens des Wortes Jahwes bemüht, um von ihm aus zu nichts Geringerem als zu einer Zusammenschau des Phänomens der Prophetie selbst zu kommen. In Worten wie Jes. $55_{10\,f.}$ legt also diese Prophetie doch auch zu einem guten Teil das Ergebnis des Nachdenkens über sich selbst vor; denn durch diese Auffassung vom Wort Jahwes rückte die Prophetie selbst in das Zentrum alles Geschehens zwischen Gott und der Welt. In diesem theoretischen Bemühen um das rechte Verständnis dessen, was das Jahwewort ist und wirkt, steht dem Deuterojesaja ein Werk ganz anderer Art nahe, das aber mit ihm nahezu zeitgenössisch gewesen sein muß, das deuteronomistische Geschichtswerk. Wir sahen ja schon, daß es die Geschichte Israels als eine Geschichte des wirksamen Jahwewortes darstellte, indem es die wesentlichen Anstöße zu den Ereignissen von einzelnen Weissagungen ausgehen ließ, um dann jeweils an anderem Ort das Eintreffen der jeweiligen Weissagung besonders zu notieren („das aber war geschehen, um das Wort des Propheten ... aufzurichten"[20]). Daß der Deuteronomist hier ursprünglich prophetische Vorstellungen nun auch an die schon abgelaufene Geschichte anlegt, um sie als eine von Jahwe gestaltete Geschichte zu deuten, ist nicht zu bezweifeln. Er ist es doch, der innerhalb des Alten Testamentes die Vorstellung von dem geschichtsschöpferischen Wort theologisch auf die breiteste

19. Über die „Worttheologie" des Propheten Hesekiel s. *W. Zimmerli,* Ezechiel BK, S. 89.

20. S. Bd. I, S. 355 ff. Für den Aufweis des Funktionierens dieses Wortes in der Geschichte ist dem Deuteronomisten eine festgeprägte theologische Terminologie zur Hand: Das prophetische Wort „fällt nicht hin": Jos. 21_{45}; 23_{14}; 1. Kön. 8_{56}; 2. Kön. 10_{10}; „es wird aufgerichtet" (הֵקִים) 1. Sam. 1_{23}; $15_{11,\,13}$; 2. Sam. 7_{25}; 1. Kön. 2_{4}; 6_{12}; „es trifft ein" (בָּא) Jos. 23_{15}; „es wird erfüllt" (מִלֵּא) 1. Kön. 2_{27}; $8_{15,\,24}$; vgl. dazu auch Hes. $12_{25,\,28}$: „So hat der Herr Jahwe gesprochen: Nicht verziehen mehr alle meine Worte; das Wort, das ich rede, geschieht, spricht der Herr, Jahwe."

Basis gestellt hat, indem er das heilsame oder richtende Jahwewort als den eigentlichen Beweger und Schöpfer der Geschichte Israels erkannt hat. Dieses Jahwewort ist in höchster Bewegung, „es läuft schnell" (Ps. 147_{15}), ja „es hastet" auf die Erfüllung zu; man muß nur warten können (Hab. 2_{3})[21]; denn damit, daß Gottes Gedanken und Pläne ins Wort eines Propheten getreten sind, hat schon ihre Verwirklichung in der Geschichte begonnen.

Im Buch der Weisheit Salomos findet sich eine Aussage über das göttliche Wort von großer dichterischer Kraft, die sich in einer Hinsicht mit den oben erörterten prophetischen Aussagen eng berührt. Es ist von der Nacht die Rede, in der Jahwe die Erstgeburt Ägyptens schlug: „Während tiefes Schweigen alles umfing und die Nacht in ihrem Lauf bis zur Mitte gekommen war, da sprang dein allmächtiges Wort vom Himmel, vom königlichen Thron, ein wilder Krieger mitten in das dem Verderben geweihte Land. Als scharfes Schwert dein unabänderliches Gebot tragend, trat er hin und erfüllte alles mit Tod. Den Himmel berührte er, während er auf der Erde dahinschritt" (Weish. Sal. 18_{14} ff.). Sichtlich ist hier die Linie, in der sich die Aussagen der Propheten über diesen Gegenstand bewegten, verlassen, denn so verselbständigt, wie von einer selbständigen Persönlichkeit, haben die Propheten von Jahwes Wort nicht gesprochen. Sie haben nicht vermocht, dieses Wort, das sie in höchster Bewegung wußten, derart statisch zu fixieren und zu beschreiben. Hier hat die Spekulation und nicht mehr der Glaube das Wort.

Aber die Propheten haben das Kommende nicht nur ins artikulierte Wort gefaßt; sie haben auch allerlei z. T. höchst seltsame Zeichenhandlungen ausgeführt. Ahia von Silo hat seinen Mantel zerteilt (1. Kön. 11_{29} ff.), Jesaja hat eine mit Namen beschriftete Tafel aufgestellt (Jes. 8_{1-4}) und ist „nackt", d. h. im Aufzug eines Deportierten, einhergegangen (Jes. 20_{1} ff.), Jeremia hat einen Topf zerschellt (Jer. 19_{1} ff.), hat ein hölzernes Joch getragen (Jer. 27_{2} ff.), hat einen Acker gekauft (Jer. 32_{6} ff.), und vollends von Hesekiel ist eine Reihe von sehr sonderbaren „Symbolhandlungen" überliefert (Hes. 4—5). Es hat verhältnismäßig lange gedauert, bis die Forschung die besondere Bedeutung dieser prophetischen Zeichen erkannt hat, d. h. bis sich die Überzeugung durchgesetzt hat, daß sie nicht einfach als pädagogische Verbildlichungen der mündlichen Verkündigung zu verstehen sind. Mag im einen oder anderen Fall den Propheten auch die Absicht geleitet haben, Gesagtes oder zu Sagendes zusätzlich noch bildlich zu illustrieren, so steht doch nunmehr fest, daß diese Auffassung der Symbolhandlungen als pädagogischer Veranschaulichungen bei weitem

21. Die Übersetzung des יָפֵחַ mit „keuchen", „hasten" ist allerdings nicht gesichert.

nicht ausreicht[22]. Wie das pathetische Wort, so konnte für die Alten, wie oben schon erwähnt wurde, auch das Zeichen eine Wirklichkeit nicht nur bedeuten, sondern sie geradezu auch verkörpern, und das heißt: schöpferisch bewirken; und wahrscheinlich war für alte Kulturen das Zeichen dazu in einem noch stärkeren Grade ermächtigt als das Wort. Von uns Heutigen ist dieses Verständnis des Zeichens nur schwer nachzuvollziehen, während uns umgekehrt das Wort als eine reale Macht durchaus noch erfahrbar ist; es gibt Situationen, in denen es keineswegs gleichgültig ist, ob ein Wort, selbst wenn alle es denken, ausgesprochen wird oder nicht. Aber feierliches Wort und feierliches Zeichen sind einander, vollends in urtümlicher Kultübung, aufs engste zugeordnet, und dies gewiß nicht nur in dem Sinne, daß das Zeichen dem Worte dient und es nur zusätzlich begleitet; es kann ihm vielmehr — etwa in der Gestalt des sakralen Ritus — ganz selbständig gegenübertreten. So wußte auch Israel um die Wirkungskraft der sakralen Zeichen, nicht nur der Riten im engeren Bereich des Kultus, sondern vieler Praktiken auf dem Gebiete des Rechtslebens (Rechtssymbolik, Schwursymbolik), der sakralen Medizin, bis hin zu der Gebärdensprache des Tanzes[23]. Die Zeichenhandlung an sich war also beileibe kein Privileg der Propheten. Nicht daß sie Zeichenhandlungen ausgeführt haben, war ihren Zeitgenossen verwunderlich, sondern allein das, was sie durch solche Veranstaltungen zum Ausdruck gebracht haben. In den Zeichen handelt ja durch die Vermittlung des Propheten Jahwe selbst an Israel. Das Zeichen war eine schöpferische Präfiguration des Kommenden, dem die Verwirklichung auf dem Fuße folgen mußte. Damit, daß der Prophet das Kommende zeichenhaft im Kleinen in die Geschichte stellt, wird die Verwirklichung des Kommenden in Lauf gesetzt, und so ist das prophetische Zeichen nichts anderes als eine erhöhte Form prophetischen Sprechens. Nur darin ist ein Unterschied, daß beim Zeichen die Frage, ob das Zeichen jeweils von den Zeitgenossen in vollem Umfang zu begreifen war, viel mehr in den Hintergrund tritt. Scheinen die Zeichenhandlungen nicht gelegentlich mehr zu verhüllen als zu offenbaren? Bei den beiden Symbolhandlun-

22. Den entscheidenden Durchbruch zu dem neuen Verständnis verdankt die Forschung dem Aufsatz von *W. Robinson*, Prophetic Symbolism (in OT Essays, 1924, S. 1 ff.). Neuerdings besonders *G. Fohrer*, Die symbolischen Handlungen der Propheten (1953); ders.: Die Gattung der Berichte über Symbolhandlungen der Propheten, ZAW 1952 S. 101 ff.

23. *G. Fohrer*, a. a. O. S. 10 ff.

gen Jesajas geht der Auftrag zur Ausführung des Zeichens der eigentlichen Deutung um Jahre voraus (Jes. 8$_{1 ff}$; 20$_{1 ff.}$)! Will man nicht die extreme Auffassung vertreten, daß selbst dem Propheten der Sinn der aufgetragenen Zeichenhandlung anfänglich verborgen war (der Text scheint sie aber bei den beiden erwähnten Fällen nahezulegen), so war doch dem Volk das Gebaren des Propheten lange Zeit unverständlich. Daran wird nun die Auffassung von der pädagogisch illustrativen Funktion der Zeichen vollends zunichte; denn jene unterstellt doch einen vorgegebenen Sinn, für den der Prophet dann zum Zweck der Verdeutlichung eine Verbildlichung wählt.

Von diesem durch die Religionswissenschaft erst erschlossenen Verständnis der Zeichenhandlungen muß also jede Auslegung ausgehen. Sie wird dann freilich auf die Tatsache stoßen, daß diese Auffassung von der geschichtsschöpferischen Mächtigkeit des Zeichens keineswegs überall in reiner Gestalt vorliegt. Überprüft man das Verhältnis des gesprochenen Wortes zu dem Zeichen, so treten verschiedene Auffassungen von der Funktion des Zeichens zutage, so daß der Exeget in jedem Fall die Frage nach der Bedeutung einer Zeichenhandlung neu stellen muß. War die prophetische Zeichenhandlung ursprünglich einem zukünftigen Geschehen zugekehrt (2. Kön. 13$_{14 ff.}$), so wendet sich bei den klassischen Propheten das Zeichen nun doch zugleich auch an die Zeitgenossen und bekommt damit etwas Zwittriges. Offensichtlich ist die Vorstellung von der geschichtsgestaltenden Macht des Zeichens noch vorhanden; aber daneben enthält das Zeichen auch eine Verkündigung. Kraft seines nun stärker betonten intelligiblen Gehaltes wendet es sich an die jetzt Lebenden, um sie auf das Kommende vorzubereiten. So wird doch das Nacktgehen Jesajas, nach dem Eintreffen der Deutung durch Jahwe, dem Volk als ein „Zeichen", es wird als die Demonstration einer noch bevorstehenden Deportation bezeichnet (Jes. 20$_{3}$). Ganz ähnlich wird auch Hesekiel, der seiner Frau keine Totenklage hält, seinem Volke „zum Zeichen", zum Hinweis auf eine Katastrophe, in der keiner seine Angehörigen rituell beklagen wird (Hes. 24$_{15 ff.}$). Diese Zeichenhandlungen stehen ihrem Bildwerte nach dem Ereignis, auf das sie hinweisen, viel näher; sie weissagen nicht wie Ahias zerteilter Mantel nur das Daß, sondern sie bilden das Künftige geradezu ab (Nacktgehen der Gefangenen, Fehlen des rituellen Begräbnisses) und sind in demselben Maße dem Zuschauer verständlicher.

Aber noch viel tiefer hat sich die Vorstellung vom Zeichen in der Geschichte von dem Jochtragen Jeremias gewandelt; denn dieses Zeichen hat Jeremia zur Warnung aufgerichtet: Nur die Völker, die sich Nebukadnezar unterwerfen, werden der Deportation entgehen (Jer. $27_{1\,ff.}$). Hier ist also die Gestalt der Zukunft noch ganz offen, und die Entscheidung zum Guten oder zum Bösen wird durch die Symbolhandlung den Zuhörern aufgebürdet. Die sakramentale Bedeutung des Zeichens, von der W. Robinson spricht, ist hier im Schwinden[24]. Man kann allerdings fragen, ob diese innere Auflösung der Zeichenvorstellung nicht mehr zu Lasten des Erzählers geht; denn bei Jeremia finden sich anderwärts Zeichenhandlungen ganz im alten Stil (so besonders Jer. $19_{1-2a,\ 10-11a,\ 14-15}$ und Jer. $32_{1\,ff.}$).

24. *W. Robinson,* a. a. O. S. 16.

G. ISRAELS VORSTELLUNGEN VON DER ZEIT UND DER GESCHICHTE UND DIE PROPHETISCHE ESCHATOLOGIE

1. Die Entstehung des hebräischen Geschichtsdenkens

Mit der Frage nach dem spezifisch hebräischen Zeit- und Geschichtsverständnis betreten wir das Gelände, auf dem sich viel für das rechte Verständnis der Propheten entscheidet. Die älteren Ausleger haben hier noch gar kein Problem gesehen und haben naiv ihr abendländisch-christliches Zeitverständnis auch bei Israel vorausgesetzt. Heute beginnt sich die Erkenntnis durchzusetzen, daß Israel das, was wir „Zeit" nennen, anders erlebt hat[1]. Indessen ist damit noch nicht sehr viel gewonnen; denn es fällt uns über die Maßen schwer, aus unserem Zeitverständnis, das wir naiverweise für das allein mögliche halten, herauszutreten und die Besonderheit eines anderen derart zu verstehen, daß wir es auch produktiv rekonstruieren können. Die Vorstellung von der Zeit, in der der Abendländer mehr oder minder naiv lebt, ist linear; die Zeit gleicht einer unendlich langen Strecke, auf die er alle Ereignisse, die vergangenen und die zukünftigen, soweit sie ihm als sicher feststehen, eintragen kann. Diese Zeitstrecke hat eine Mitte: das ist unsere Gegenwart; von ihr aus erstreckt sich nach rückwärts die Vergangenheit, nach vorwärts die Zukunft. Das aber gehört nun zu dem wenigen, das heute sicher feststeht, daß Israel diese Vorstellung von der absoluten Zeit, die allem Geschehen vorgegeben ist und die nur, wie das Formular eines Fragebogens, mit den inhaltlichen Angaben auszufüllen ist, nicht gekannt hat. Die synchronistischen Angaben von den jeweils einander parallel gehenden Regierungszeiten der Könige in Juda und Israel im deuteronomistischen Geschichtswerk setzen zwar schon ein hohes Maß von geistig-wissenschaftlicher Arbeit

1. *C. H. Ratschow,* Anmerkungen zur theologischen Auffassung des Zeitproblems, ZThK 1954 S. 360 ff; *Th. Boman,* Das hebräische Denken im Vergleich mit dem griechischen (1954), S. 109 ff; *G. Pidoux,* A propos de la notion biblique du temps, Revue de Théologie et de Philosophie (1952), S. 120 ff; *J. Marsh,* The Fulness of Time (1952), S. 19 ff, 35 ff; *W. Eichrodt,* Heilserfahrung und Zeitverständnis im AT, ThZ 1956 S. 103 ff.

voraus (sie haben bekanntlich in den synchronistischen Listen der babylonischen und assyrischen Könige eine Parallele, vielleicht ein Vorbild)[2]. Aber den Schritt, den wir als den nächsten und folgerichtigen erwarten, haben diese Chronisten nicht vollzogen: sie haben es nicht unternommen, diese beiden chronologischen Reihen zusammenzunehmen, um sie in die eine Zeitstrecke einzutragen. Jede der beiden Königsreihen behält ihre Zeit. Soll man sagen, man habe aufgrund gewisser Grenzen des damaligen Erkenntnisvermögens zu dieser einfachen Konsequenz nicht hingefunden? Viel wahrscheinlicher ist, daß sie den Alten von ihrem Zeitverständnis aus von Grund auf unvollziehbar war. Der Exeget verbaut sich das Verständnis, wenn er dieses Zeitverständnis nur als einen kulturgeschichtlichen Infantilismus ansieht. Er muß sich vielmehr dafür offen halten, daß Israel das Phänomen der Zeit von einer anderen Seite her wahrgenommen hat.

Hat Israel die Vorstellung der absoluten und sich einlinig erstreckenden Zeit nicht gekannt, so scheint weiter festzustehen, daß es außerstande war, die Zeit von dem jeweiligen Geschehen zu abstrahieren. Es konnte sich eine Zeit ohne ein bestimmtes Geschehen gar nicht denken; es kannte nur „gefüllte Zeit". Für unseren abendländischen Begriff „Zeit" hat das Hebräische überhaupt kein Wort. Sieht man von עוֹלָם ab, das die ferne Vergangenheit oder Zukunft bedeutet, so ist der wichtigste hier in Frage kommende Begriff das Wort עֵת, das aber „Zeit" im Sinne von „Zeitpunkt", „Zeitabschnitt" bedeutet. Es gibt eine Zeit des Gebärens (Mi. 5$_2$), eine Zeit des Vieheintreibens (Gen. 29$_7$), eine Zeit, da die Könige ins Feld ziehen (2. Sam. 11$_1$). Bei einem außergewöhnlichen Vorhaben kann man wohl auch einmal darüber streiten, ob es Zeit sei, es zu unternehmen, so etwa, den Tempel neu zu bauen (Hag. 1$_4$). Zu „seiner" Zeit bringt der Baum Früchte (Ps. 1$_3$), und Gott gibt der Kreatur Speise „zu seiner Zeit" (Ps. 104$_{27}$); d. h. alles Geschehen hat seine bestimmte zeitliche Ordnung; das Geschehen ist nicht ohne seine Zeit, und die Zeit nicht ohne ein Geschehen denkbar[3]. Bei den Vorgängen, die vom Rhythmus der Natur her bestimmt sind, leuchtet das ohne weiteres ein. Die Alten waren aber der Meinung, daß diese zeitliche Ordnung für alle menschlichen

2. *E. F. Weidner,* Die Könige von Assyrien (Neue chronologische Dokumente aus Assur), MVÄG 1921 S. 2 ff.

3. *J. Marsh,* a. a. O. S. 27; *W. Eichrodt,* a. a. O. S. 107. Vgl. auch *W. Robinson,* Inspirations and Relevation in the Old Testament (1950), S. 109 ff. Für Ägypten vgl. *S. Morenz,* Ägyptische Religion (1960), S. 79 ff.

Verrichtungen, ja sogar für die inneren Empfindungen gelte, weil jegliches Anliegen unter dem Himmel „seine" Zeit hat: Geboren werden, sterben, pflanzen, ausreißen, weinen, lachen, klagen, tanzen, suchen, verlieren, zerreißen, nähen, schweigen, reden, lieben, hassen (Pred. 3 1 ff.). Diese tiefsinnige Erkenntnis ist natürlich kein spezifisches Eigentum Kohelets; sie war eine der konstituierenden Erkenntnisse der damaligen Menschen überhaupt, und es bedurfte des Aufgebots einer großen Weisheit, diese den Dingen und Verrichtungen gesetzte Zeit nicht zu verfehlen und um ihren geheimnisvollen Kairos zu wissen. Von diesen Grundvorstellungen aus ist es endlich nicht verwunderlich, daß Israel auch von „Zeiten" sprechen konnte. Dieser Plural — in unserem Munde eigentlich eine rhetorische Hyperbolik — war dort sehr real gemeint. Sagt ein Beter: „meine Zeiten stehen in deinen Händen" (Ps. 31 16), so ist dabei zu bedenken, daß er *die* Zeit überhaupt nicht kennt, sondern daß sich ihm das Menschenleben aus einer Abfolge vieler Zeiten zusammensetzt[4].

Sagten wir, daß unsere Zeitvorstellung linear sei, so wäre das dahin noch zu ergänzen, daß sie weithin sogar eschatologisch ist. Eschatologisch war sie ja im Abendland tausend Jahre hindurch im strengen christlichen Sinne des Wortes. Aber auch nach der Säkularisierung unseres Welt- und Geschichtsbildes ist die Vorstellung von der Zeit in irgendeinem Sinne eschatologisch geblieben, als ginge die Menschheit oder ein Volk auf irgendeine endgültige Erfüllung zu. Auch der Nihilist weiß sich heute in einen Zeitstrom gestellt; ja, das ist gerade sein Leiden, daß er diese auf ihn eindringende Zeit nicht bewältigen kann. Gerade die Verkümmerung der christlichen Vorstellungen und andererseits das Verbleiben einer entleerten eschatologischen Zeitvorstellung machen dem säkularisierten Menschen seine Existenz so problematisch. Dieses Zeitverständnis also muß der Ausleger ganz ausschalten. Es ist übrigens auch nicht griechisch; es ist in dieser Verallgemeinerung überhaupt nicht antik[5].

„Das Gesetz der Zeit, dem das Geschehen nach Herodot gehorcht, ist nicht chiliastisch, nicht hinausdrängend in eine Zukunft, nicht dem Strom vergleichbar, nicht, gleichviel in welchem Sinn, eschatologisch, sondern ‚kyklisch', in sich selbst zurücklaufend, periodisch, jedesmal vom Umschweifen vom Ende wiederum zurück zum

4. Weitere Belege dieser Pluralverwendung: Hes. 12 27; Hi. 24 1.

5. „Daß der Gang der Welt zu irgendeinem Ziel oder Ende führen könne, diese Vorstellung scheint dem Ägypter ursprünglich fremd gewesen zu sein"; *E. Otto*, Altägyptische Zeitvorstellung und Zeitbegriffe (Die Welt als Geschichte, 1954, S. 142).

Anfang biegend. Seine (Herodots) Weisheit ist ... daß es einen Kreislauf der menschlichen Dinge gebe ... Die Anschauung vom zeitlichen Geschehen ... besagt, daß es in, mit und unter der menschlich verständlichen und sichtbaren Kausalverknüpfung eine unsichtbare gibt, die aus Gebärden, Worten, Zeichen, Prophezeiungen versteckt und rätselhaft hervorlugt, bis das jeweilige Ende den Zusammenhang mit seinem jeweiligen Anfang offenbar macht ... Im Kreislauf realisiert sich die Koinzidenz des Unsichtbaren mit dem Sichtbaren ... Es gibt keinen griechischen Historiker, der sein Werk, was uns so nahe liegt, mit einem Ausblick in die Zukunft schlösse ... Historische Welt und Zeit in unserem Sinne ist der Antike unbekannt." (*Karl Reinhardt*, Herodots Persergeschichten, in „Geistige Überlieferung", herausgegeben von *E. Grassi*, Berlin [1940], S. 141 f.[6])

Der Gottesspruch, der die jahwistische Sintflutgeschichte tröstlich beschließt, daß nämlich, solange die Erde steht, nicht aufhören solle Saat und Ernte, Frost und Hitze, Sommer und Winter, Tag und Nacht, ist in mehrfacher Hinsicht für die Zeitvorstellung des älteren Israel charakteristisch (Gen. 8$_{22}$). Er ist erstens extrem uneschatologisch, insofern er von der Zukunft gerade nichts Besonderes erwartet; die Zukunft — aber schon dieser Begriff ist nicht recht passend! — ist das verlängerte Jetzt. Das „solange die Erde steht" ist eine pathetische Versicherung, gleichbedeutend mit „für alle Zeiten", und setzt gewiß nicht das Bewußtsein von einer Grenze voraus, so daß also der Satz im Sinne eines „nur" zu interpretieren wäre. Zum andern ist es bezeichnend, daß der endlose Bestand der Erde nur dadurch verdeutlicht werden kann, daß eine Abfolge von Zeiten, und zwar von Zeiten mit verschiedener Füllung, aneinander gereiht wird. Und drittens läßt der Spruch erkennen, daß diese Abfolge der Zeiten rhythmisch ist, sie ist nicht unberechenbar, sondern sie ist einer Ordnung unterworfen. Diese Ordnung würden wir als eine natürliche bezeichnen, weil sie von dem Lebensrhythmus der Erde und dem der Gestirne bestimmt ist.

Aber das Zeitdenken der Alten und auch das Israels wäre noch unzureichend beschrieben, wenn man die Bedeutung der Feste verschwiege; denn die Feste waren nicht nur die Höhepunkte des Lebens dieser Menschen; sondern durch sie, durch den Rhythmus von Festen und festlosen Zeiten bekam ja ihr eigenes Leben erst seinen Rhythmus in der Zeit. Ja, man könnte vielleicht noch einen Schritt weiter gehen und die kultische Festzeit als die einzige Zeit im vollen Sinn des Wortes bezeichnen, weil doch nur sie im höchsten Sinn des Wortes „ge-

6. Vgl. hierzu die wichtigen Erwägungen über das griechische Zeitdenken im Unterschied von dem biblisch-christlichen bei *K. Löwith*, Weltgeschichte und Heilsgeschehen (1953), S. 11 ff.

füllte Zeit" war; denn die kultischen Feste wurden ja nicht aufgrund einer menschlichen Vereinbarung gefeiert, und vollends gab es in der älteren Zeit kein Nebeneinander von kirchlichem und bürgerlichem Jahr[7]. Wir müssen es uns erst vergegenwärtigen, was sakrale Feste für diejenigen bedeuten mußten, denen die Vorstellung von einer absoluten und linearen Zeit, auf die dann diese Feste bezogen werden müßten, ganz unbekannt war. Nicht die Zeit, sondern die Feste waren absolute Gegebenheiten, und zwar Gegebenheiten von absoluter Heiligkeit. Es gab Tage, von denen man sagen konnte, daß sie Jahwe „gemacht hat" (Ps. 118$_{24}$). Der Sabbat war ein objektiv geheiligter, d. h. ein für Jahwe ausgesonderter Tag, an dem die Gemeinde an dem Ruhen Gottes Teil hatte, wobei sie sich bewußt war, in diese Ruhe wie in einen ontisch realen Bereich einzutreten. Das Laubhüttenfest war eine Freudenzeit, absolut von Jahwe gesetzt. Es war absolut heilige Zeit, in die einzutreten auch den Ärmsten mit einem Hochgefühl erfüllen mußte. Daneben gab es Trauer- und Fastenzeiten, die sakral unter negativen Vorzeichen standen. Eine Fastenzeit nicht zu begehen, war eine Verletzung einer göttlichen Ordnung und nicht nur eines menschlichen Übereinkommens. Gelegentlich konnte wohl auch einmal eine Unsicherheit aufkommen; es konnte in der Gemeinde die Frage entstehen, ob sie nicht eine göttliche Ordnung verfehle und eine Zeit falsch auffasse, indem sie z. B. eine Zeit als Trauerzeit begeht, wo Gott doch schon Heilszeit gesetzt hat (Sach. 7$_{1}$ ff.). Solche Fragen waren keine ritualistischen Quisquilien, sondern betrafen das Fundament des Glaubens dieser Menschen, und der Exeget darf sich hier nicht auf sein vermeintlich besseres philosophisches Zeitverständnis zurückziehen.

Zu dieser überragenden Bedeutung der Kultfeste mag man vergleichen, was *W. F. Otto* von den altgriechischen Kultfesten sagt (Die Gestalt und das Sein [1955], S. 255): „Das Fest bedeutet immer die Wiederkehr einer Weltstunde, mit der das Älteste, Ehrwürdigste und Herrlichste wieder da ist; eine Rückkehr des goldenen Zeitalters, wo die Ahnen so nahe mit den Göttern und Geistern verkehrten. Das ist der Sinn der festlichen Erhabenheit, die, wo immer es wirkliche Feste gibt, von allem anderen Ernst und aller anderen Freude verschieden ist. Daher die feierlichen, ins Großartige strebenden Formen der echten Kulthandlung, deren Stil nicht der Sphäre praktischer Zwecke angehören kann. Er zeugt von einer heiligen Fülle, von

7. Die Einführung des „Frühlingskalenders", d. h. die unter assyrischem Einfluß in der späteren Königszeit erfolgte Verlegung des Jahresbeginnes in das Frühjahr, berührte zwar den Turnus der kultischen Feste nicht, muß aber doch wohl als das Signal einer Auflösung des alten sakralen Zeitverständnisses angesehen werden.

einer entzückten Genialität der Seele, der das Ungemeine, das Uralt-Ewige, das Göttliche zu eigen ist. Der Mensch ist auf eine Höhe getreten; die wiedergekehrte Weltstunde hat ihn hinaufgehoben."

Der Rhythmus der großen Feste Israels war ursprünglich bestimmt von der natürlichen Ordnung des palästinischen Jahres. Israels Festkalender ist ja kanaanäischer Herkunft und ist als solcher der Ausdruck einer bäuerlichen Religion, die die Vorgänge des Säens und Erntens als ein unmittelbares sakrales Geschehen verstand. Aber in Israel hat sich, obwohl es selbst ganz zum bäuerlichen Volk geworden war, der Gehalt dieser Feste offenbar schon bald nach seiner Einwanderung gewandelt. An Mazzot, dem Feste des Beginns der Gerstenernte, gedachte man des Auszugs aus Ägypten (Ex. 23$_{15}$) und am großen Herbst- und Weinlesefest der Wüstenzeit und des Wohnens in Laubhütten (Lev. 23$_{42\,f.}$). Israel hat diese ehedem rein agrarischen Feste „historisiert". Man kann die Bedeutung dieser Umprägungen als Leistungen eines ganz eigenständigen Welt- und Daseinsverständnisses wohl kaum überschätzen[8]. Daß sich Israel nicht primär von dem periodischen Naturgeschehen getragen wußte, sondern von ganz bestimmten geschichtlichen Ereignissen, das war die Äußerung eines Glaubens, der sich seiner totalen Andersartigkeit und seiner Kraft damals wohl noch gar nicht bewußt war. Hat man somit alles Recht, von einer geschichtlichen Fundierung des Jahweglaubens zu sprechen, so ist freilich jeder Gedanke an den modernen Begriff der Historie auszuschalten, der ja bekanntlich betontermaßen die Vorstellung der Relativität und Vergänglichkeit alles Geschehens enthält. Jahwes gemeindegründende Geschichtstaten waren aber absolut. Sie hatten nicht teil an dem Schicksal des sonstigen Geschehens, das unweigerlich in die Vergangenheit zurückglitt; sie waren jeder späteren Generation gegenwärtig, aber nicht nur im Sinne einer lebhaften geistigen Vergegenwärtigung des Vergangenen, nein, die Festgemeinde verwirklichte in Mimus und Ritus erst das Israel im vollen Sinn des Wortes; sie trat selbst in der Tat und in der Wahrheit ein in die geschichtliche Situation, wie sie von dem jeweiligen Fest bestimmt wurde[9]. Wenn Israel das Passa aß, in Reisekleidung, den Stab in Händen, Schuhe an den Füßen und in der

8. Vgl. dazu auch *R. Rendtorff*, Kult, Mythus und Geschichte im alten Israel (in: Sammlung und Sendung, Festschr. f. H. Rendtorff [1958], S. 121 ff.). Zu dem Vorgang der „Historisierung" mythischer Vorstellungen s. *A. Weiser*, Glaube und Geschichte im AT (1931), S. 22 ff. *E. Kutsch*, *RGG*[3] II, Sp. 911 ff.

9. Über den Kult als sakralen Mimus s. S. *Mowinckel*, Psalmenstudien II (1922), S. 19 ff.

Hast des Aufbruchs (Ex. 12 11), so ist klar, daß es sich des Auszugs nicht nur erinnerte, sondern daß es in das Heilsgeschehen des Auszugs selbst eintrat und sich dieses Geschehen ganz aktuell widerfahren ließ. Dasselbe gilt von dem Wohnen in Laubhütten oder von dem Bundesfest in Sichem, wo Israel die Offenbarung der Gebote und den Bundesschluß festlich beging[10]. Davon, daß dieses vehemente Erlebnis der Gleichzeitigkeit der göttlichen Heilstaten in einer vorgeschrittenen Phase der Glaubensgeschichte Israels zu erlahmen begann, soll gleich nachher die Rede sein.

Diese Umprägung der ehemals agrarischen Feste, die von dem von Grund auf geschichtsbestimmten Jahweglauben ausgegangen ist, war aber nur eine Phase, sozusagen der erste Schritt Israels in das Verständnis seiner geschichtlichen Existenz. Es ist ja nicht dabei stehengeblieben, sich auf ein geschichtliches Ereignis zu gründen; es ist vielmehr dazu übergegangen, eine ganze Reihe geschichtlicher Ereignisse zu benennen, die erst in ihrer Vollzahl das Volk Israel ins Dasein gerufen haben. Man ließ dem Auszug aus Ägypten die Väterzeit vorausgehen und stellte die Ereignisse der Einwanderung in Kanaan ans Ende, und aus diesem Aggregat einer ganzen Reihe von Heilstatsachen war eine Geschichtsstrecke entstanden. Der Glaube Israels fing an, sich nicht nur auf ein einzelnes Ereignis zu gründen — und hätte es das Gewicht etwa des Exodusgeschehens, das man im Passafest feierte —, aber auch nicht auf eine Mehrzahl untereinander nicht näher zusam-

10. Über das Bundeserneuerungsfest von Sichem s. Bd. I, S. 31. Dieses für uns Heutige so schwer begreifliche Kulterlebnis wird etwas verständlicher, wenn man bedenkt, daß sich der antike Kultteilnehmer viel weniger als ein Individuum verstand. Er wußte sich völlig als ein Glied am Leibe der Kollektivität und an religiösen Inhalten konnte ihn nur das bewegen und ausfüllen, was der Kultgemeinde als ganzer widerfuhr (s. Bd. I, S. 46, 50 f.).

Eine gute Anschauung davon, wie diese Vergegenwärtigung heilsgeschichtlicher Ereignisse im Kultus aussah, gibt uns der 114. Psalm: Das Exodusereignis und die Wahl des Zion schieben sich zeitlich nahezu ineinander (v. 1 f.). Der Durchzug durch das Schilfmeer (Ex. 14 f.) und der Durchzug durch den Jordan (Jos. 3 f.) — nach pentateuchischer Rechnung 40 Jahre voneinander getrennt — werden in einem Atemzug genannt (v. 3), als handele es sich um ein Geschehnis und nicht um zwei. Und all dies hat nun für den (doch um Jahrhunderte jüngeren) Psalm eine solche Gleichzeitigkeit, daß er in die Dramatik dieser Heilsereignisse hineinreden und -fragen kann (v. 5)! Aber diese Gleichzeitigkeit ist nun wiederum doch nicht so exklusiv, daß in diesem Zusammenhang nicht auch ein Ereignis der Wüstenwanderung, nämlich das Wasserwunder (Nu. 20 11), apostrophiert werden konnte, das doch zeitlich nach dem Durchzug durch das Schilfmeer und vor dem durch den Jordan lag. Derlei kann man nicht im Sinne einer „dichterischen Freiheit", sondern nur aus der Vorstellungswelt des Kultus heraus erklären.

menhängender Ereignisse; sondern er begann eine Reihe sukzessiver Fakten wahrzunehmen. M.a.W.: Israel begann zu begreifen, daß seiner Gegenwart ein Werden, ein nicht unkomplizierter Geschichtsablauf vorausging. Wie war es zu diesem Geschichtsbild gekommen? Wir können nur sagen, daß es einmal eine Zeit gegeben haben muß, in der die einzelnen Geschichtsfakten zunächst unabhängig voneinander und zum Teil auch an ganz verschiedenen Orten kultisch gefeiert wurden. In Bethel war eine Jakobstradition lebendig, in Sichem wurde das Sinai-Bundesfest gefeiert, in Gilgal wahrscheinlich ein Landnahmefest, das sich in mancher Hinsicht mit dem Passa-Exodusfest überschnitt, usw.[11]. Dann aber hat Israel diese (wie gesagt zunächst kultisch isolierten) Überlieferungen zu einer Abfolge von Geschehnissen zusammengeordnet, in der einerseits kein einzelnes Glied fehlen durfte, in der andererseits aber jedes Glied nur noch als ein Teil des Ganzen zu verstehen war; denn dieses Ganze als solches war eben mehr als die Summe seiner Teile. Die Aneinanderreihung der ihrer Tradition nach sehr verschiedenartigen Einzelglieder zu einer so beträchtlichen Geschichtsstrecke geschah unter dem Gesichtspunkt einer alles beherrschenden und verbindenden Finalität der göttlichen Geschichtsführung, nämlich um Israel in das verheißene Land zu bringen (Dt. 6$_{23}$; Lev. 25$_{38}$)[12]. Die ältesten uns bekannten Ergebnisse dieses zweifellos revolutionären Aktes einer solchen Aneinanderreihung der einzelnen im Kultus zelebrierten Heilsfakten zu einer geschichtlichen Abfolge sind jene knappen heilsgeschichtlichen Summarien, von denen anderwärts schon die Rede war[13]. Damit hatte Israel die Konzeption von einer linearen Geschichtsstrecke gewonnen, aber nicht aus einer philosophischen oder mythologischen Deduktion heraus; vielmehr hatte es sich diese Zeitstrecke langsam aufgebaut durch eine Addition der göttlichen Heilstaten, deren man sich da und dort erinnerte. Oder noch angemessener gesagt: es hatte begreifen gelernt, daß Jahwe einen Plan verfolgt hat und daß er mit den Ahnen Israels einen langen Weg gegan-

11. *H.-J. Kraus*, Gilgal, VT 1951 S. 181 ff. Daß Israel, wie neuerdings vielfach behauptet wird, im jährlichen Zyklus auch ein Weltschöpfungsfest gefeiert habe, daß es nicht nur heilsgeschichtliche Ereignisse, sondern auch die Schöpfung im Kultus des Laubhüttenfestes Jahr für Jahr gefeiert habe und die Überwindung des Chaos und die Kosmogonie periodisch neu begangen habe, läßt sich aus den Texten nicht wahrscheinlich machen. Gen. 1 als der Beginn einer irreversiblen Zeitfolge spricht nicht für diese Annahme.

12. *H. W. Wolff*, Ev. Theol. 1960, S. 229 Anm. 17 (Ges. Stud. [1964], S. 301 A. 17).

13. Zu den geschichtlichen Summarien Dt. 26$_{5}$ ff; Jos. 24$_{2}$ ff. s. Bd. I, S. 135 ff.

gen ist, bis auf diesem Weg Israel zu Israel geworden ist. Diese Erkenntnis, daß sich Israel nicht auf einem Ereignis gründete, sondern daß ihm ein langer Weg, d. h. eine Geschichte voraufging, bedeutet einen epochalen Schritt. Nicht das, was wir unter Geschichte zu verstehen pflegen, ist hier zu sehen; sondern Israel hat sich das Bild von einer Geschichte erarbeitet, die sich ausschließlich aus der Abfolge von Fakten aufbaute, die Gott zum Heile Israels markiert hat. Geschichte gab es also für Israel nur, sofern und soweit Gott mit ihm gegangen ist; nur diese und keine andere zeitliche Erstreckung kann so bezeichnet werden. Gott war es, der zwischen der Vielzahl der Begebnisse die Kontinuität und die Zielstrebigkeit in der zeitlichen Abfolge der Ereignisse hergestellt hat.

Diese, wie gesagt, sehr spezielle Vorstellung von seiner Geschichte lag im Prinzip schon in der Richterzeit fest[14]. Israel konnte diese Konzeption ausweiten, es konnte auf dieser theologischen Basis seine Geschichte unter sehr verschiedenen Aspekten sehen und darstellen; aber die Grundkonzeption, daß nämlich nur insoweit von Geschichte gesprochen werden kann, soweit Gott die Zeiten mit seinen Taten, mit seiner Führung füllt, blieb immer dieselbe. Besonders im Sinne einer zeitlichen Ausweitung des alten kanonischen Geschichtsbildes war Israel rastlos tätig. Das elohistische Werk deckte sich noch mit ihm; es reicht von der Väterzeit bis zur Landnahme. Der Jahwist und die Priesterschrift beginnen aber bei der Schöpfung und enden bei der Landnahme. Das deuteronomistische Geschichtswerk beginnt bei Mose, stößt aber in den Geschichtsraum der Königszeit vor und endet mit der Katastrophe von 587[15]. Den weitesten zeitlichen Raum umgreift das chronistische Geschichtswerk, das vom ersten Menschen bis in die nachexilische Zeit herabreicht. Der Wunsch, eine chronologisch lineare Zeitspanne zu überschauen und sie theologisch zu begreifen, war also im Wachsen; die Entwürfe wurden immer größer, was freilich noch lange nicht besagt, daß damit, d. h. durch eine immer konsequentere Erweiterung des dargestellten geschichtlichen Raumes, der Anschluß an unser modernes Geschichtsdenken gewonnen wird; denn die besondere Konzeption seiner Geschichte als einer Gottesgeschichte, als eines unter

14. Vgl. dazu das bei *M. Noth*, Pentateuch, S. 46 f. über Anfang und Ende des „produktiven Stadiums der Pentateuchgeschichte" Gesagte.

15. Die Frage des Einsatzpunktes des dtr Geschichtswerkes ist bekanntlich strittig. *M. Noth* hat vorgeschlagen, den Beginn des Werkes in Dt. 1_3 zu sehen (Überl. Studien, S. 12 ff.).

Gottes Führung zurückgelegten Weges, hat Israel auch in den großen Geschichtsentwürfen nicht aufgegeben. Vor allem muß man sich klar machen, daß von da aus noch kein Weg offen stand, auch das universale Weltgeschehen als Geschichte zu begreifen. Das gelang Israel erst im Buche Daniel, in dem die Apokalyptik zum erstenmal ein universal-eschatologisches Bild von dem gesamten Weltgeschehen entwarf[16]. In Gen. 1 war implizit die Konzeption des Anfangs der Geschichte niedergelegt; denn diese zeitlich subtil gegliederte Schöpfungsgeschichte sieht, wie wir festgestellt haben, in der Schöpfung den Anbruch der Gottesgeschichte.

Diese Konzeption von der Geschichte, die Israel in Jahrhunderten nach ganz verschiedenen Richtungen theologisch ausgestaltet hat, ist eine der größten Leistungen dieses Volkes. (Unter den antiken Völkern haben bekanntlich nur noch die Griechen eine Geschichtsschreibung hervorgebracht, freilich auf ganz anderem Wege.) Für uns aber ist noch die Frage offen, wie sich denn diese in Israel entstandene lineare chronologische Auffassung von der Geschichte zu der Vergegenwärtigung der Heilsgeschichte in den großen Festen verhielt, von der oben die Rede war. Schloß nicht dieses von Israel erstellte chronologische Geschichtsbild eine Vergegenwärtigung des Heilsgeschehens, wie sie im Rahmen des Kultus geschah, im Prinzip aus? Die Vorstellung von der Gleichzeitigkeit, jedenfalls in dem strengen Sinne, derzufolge die Festteilnehmer in das Heilsereignis realiter einzutreten vermochten (also in das Heilsereignis, und nicht in eine lange sukzessive Abfolge!), war damit ja durchbrochen; denn seinem Wesen nach ist der archaische Kultus „antihistorisch"[17]. Gab es dann für Israel zwei Möglichkeiten der Vergegenwärtigung der Geschichte, eine kultische und eine chronologische? In der Tat wird man es sich nur so vorstellen können, daß beide, mindestens eine Zeitlang, nebeneinander ihr Recht behielten[18]. Man wird es füglich bezweifeln dürfen, ob die Teilnehmer an einem der Wallfahrtsfeste in Bethel oder Beerseba davon überhaupt Kenntnis genommen haben, daß gelehrte Kreise in Jerusalem von Mal zu

16. Aber auch die Apokalyptik hat sich den neuen Äon als eine zeitliche Erstreckung von „zahllosen Wochen in Ewigkeit" vorgestellt, Hen. 91_{17}. Allenfalls kann man fragen, ob die Propheten mit Aussagen wie Am. 9_{13}; Jes. 60_{19} f; Sach. 14_{7} nicht tatsächlich auf etwas wie ein Jenseits der Zeit hinweisen wollten; jedenfalls auf ein Aufhören des jetzigen Zeitrhythmus.

17. Vom Antihistorischen des archaischen Kultus spricht *M. Eliade,* Der Mythos der ewigen Wiederkehr (1953), S. 125.

18. So *G. Pidoux,* a. a. O. S. 121 f.

Mal an immer größeren Geschichtsentwürfen gearbeitet haben. Aber auch in Jerusalem wird man nicht aufgehört haben, das Passa in der hergebrachten Weise zu begehen, und zwar zu einer Zeit, da man die Heilsgeschichte schon längst auch chronologisch zu sehen gelernt hatte.

Trotzdem lagen die Dinge schwerlich so einfach, daß sich diese beiden Auffassungen, die wir hier nur sehr schematisch bezeichnen können, so schiedlich friedlich nebeneinander vertrugen. Waren einmal die Heilsfakten aus dem Raum des Kultus entlassen und zur Ausgestaltung einer linearen Geschichtsstrecke freigegeben, so konnte zwar gewiß die alte Form der kultischen Vergegenwärtigung noch lange daneben bestehen. Aber mit jener Auffassung des Heilsgeschehens als einer geschichtlichen Erstreckung, als einer Abfolge vieler göttlicher Taten, war doch ein geistiger Prozeß von so einschneidenden Konsequenzen in Lauf gekommen, daß davon die kultische Form der Vergegenwärtigung auf die Dauer nicht unberührt bleiben konnte. Nun erst war die Geschichte wirklich irreversibel geworden, ganz abgesehen davon, daß diese neue Schau der Geschichte bei ihrer ersten Konzeption gar nicht stehen bleiben konnte. Das Heraustreten aus dem sakralen Raum ließ bei der Ausgestaltung des Geschichtsbildes die rationalen Möglichkeiten des Erkennens zum Einsatz kommen; ein kritisches Denken wurde wach, das gelernt hat, aus der Fülle der Überlieferung auszuwählen, zu komponieren oder auch Stoffe abzustoßen, und das sich vermaß, aus eigener Einsicht in der langen Kette der Geschehnisse besondere Höhepunkte zu markieren, wobei etwa an die Gliederung des Geschichtslaufes durch besondere Bundesschlüsse zu denken wäre[19]. Es ist freilich schwer zu entscheiden, ob dieser Vorstoß in die Dimension der Geschichte von vornherein schon durch eine gewisse Erschöpfung, also durch einen Verlust der Naivität kultischer Vergegenwärtigung, gefördert wurde oder ob er selbst den Anlaß zu diesem Erlahmen dieses kultischen Vermögens gegeben hat. Jedenfalls haben wir Belege, die auf eine Krise in der kultischen Vergegenwärtigung der Heilstaten Jahwes hinweisen. Im Deuteronomium läßt der Prediger durchblicken, daß sich die Generation, die er anredete, des Abstandes wohl bewußt ist, der sie von derjenigen trennt, mit der seinerzeit der Sinaibund geschlossen wurde. Unter diesen Voraussetzungen muß die Gültigkeit des Bundesschlusses, der für frühere Generationen gleichzeitig war, neu begründet werden:

19. S. Bd. I, S. 143 ff.

„Jahwe, unser Gott, hat mit uns am Horeb einen Bund geschlossen; nicht mit unseren Vätern hat Jahwe diesen Bund geschlossen, sondern mit uns, den Lebenden, mit uns allen, die wir heute hier sind" (Dt. 5_{2-3}).

An einer späteren Stelle läuft die Argumentation des deuteronomischen Predigers zwar in anderer Richtung; das Bestreben aber ist dasselbe:

„Ihr steht heute alle vor dem Angesicht Jahwes ... um in den Bund mit Jahwe, deinem Gott, einzutreten ... Aber nicht mit euch allein schließe ich diesen Bund und diesen Flucheid, sondern sowohl mit denen, die jetzt mit uns vor Jahwe, unserm Gott, stehen, als auch mit denen, die heute nicht mit uns hier gegenwärtig sind" (Dt. 29_{9-14}).

Auch an dieser Stelle ist es das Bestreben des Sprechers, jeden Zweifel an der Reichweite, an der Aktualität des alten Sinaibundes für die Gegenwart zu zerstreuen. In solchen Überlegungen spricht sich eine Theologie aus, die sich mit allen Kräften gegen ein Abgleiten des Heilsgeschehens in die Vergangenheit wendet. Israel steht hier zwar noch im Raume des Kultus. Die Neh. 8 geschilderte Szene gibt uns eine Anschauung davon, wie die Leviten nach der Gesetzesverlesung durch Esra der festlich versammelten Menge zusprechen und ihr die Situation erklären; aber das ist nun nicht mehr die alte Form kultischen Begehens: Es bedarf jetzt schon eines Aufwandes rationaler Erwägungen und Argumente, um sich die Gegenwärtigkeit des Heilsgeschehens zu erhalten. Von da her bekommt auch das fortwährende „heute", das die deuteronomische Paränese den Hörern einhämmert, seinen Klang. Des weiteren wäre auch zu bedenken, wie merkwürdig die deuteronomistische Geschichtsschreibung den Übergang von der Josuazeit, also von dem Ende der kanonischen Heilsgeschichte, zu der Richterzeit hin vollzieht. Sie markiert hinter Josua eine tiefe Zäsur (Jos. 21_{43-45}) und läßt darnach eine Generation aufkommen, die weder von Jahwe etwas wußte „noch von dem Werk, das er für Israel getan hatte" (Ri. 2_{10}). Hier ist doch die Problematik, in die ein konsequentes geschichtliches Verständnis des Heilsgeschehens den Glauben führen kann, schon mit erstaunlicher Deutlichkeit gesehen.

Mit alledem hat sich, religionsgeschichtlich betrachtet, Israel von seiner Umwelt radikal geschieden. Waren in Israels kultischem Begehen des Heilsgeschehens, das sich im Rhythmus des Jahres wiederholte, noch gewisse Verbindungslinien zu den Auffassungen benachbarter altorientalischer Religionen erkennbar, so hat es sich durch seine Konzeption einer Heilsgeschichte von der Gemeinschaft dieser Religionen völlig gelöst. Keine dieser Religionen hat die Dimension der

Geschichte so erfaßt wie Israel! Will man sie auf ihren Zeitbegriff hin befragen, so kann man allenfalls von einer „Vorzeit" reden, die aber keine Epoche neben anderen ist, sondern ein Anfang, der für alle weiteren Abläufe bestimmend bleibt[20]. In der „Vorzeit" haben alle Verhältnisse ihre göttliche Ordnung empfangen, und Kultus und Ritus haben die Aufgabe, diese urzeitliche Ordnung immer neu zu verwirklichen; denn vom Kultus gehen die schöpferischen Kräfte aus, die den ewig gefährdeten Weltbestand sichern. Aber dieses die Welt tragende gottheitliche Geschehen sahen die altorientalischen Religionen eben nicht geschichtlich, sondern eher zyklisch. Das Weltbild des alten Orients ist mehr oder minder deutlich geprägt von einem mythischen Kreislaufdenken, also von einem Denkschema, das gerade das sakrale Geschehen vom Rhythmus naturhafter Ordnungen her begriff. Diese umfassende Vorstellungswelt entstammte dem Anschauen der Gestirnwelt und der davon abhängigen naturhaften Rhythmik der Erde. Im Mythus verarbeitete der Mensch der Frühe urtümliche Machterlebnisse, die ihn in seinem Lebensraume beschäftigten, — und auch Ordnungen sind Machterlebnisse! Es ist der Grund der Welt und das sie tragende rhythmische Geschehen, das er in ihnen wahrnimmt und das er gottheitlich anschaut[21]. In den theogonischen Mythen ebenso wie in den Mythen vom göttlichen ἱερὸς γάμος und in denen vom Göttersterben ist es immer diese im Grunde zyklische Naturordnung, der die altorientalischen Völker göttliche Dignität zuerkannt haben und die sie ganz unmittelbar als ein gottheitliches Geschehen wahrnahmen. Dieses sakrale Weltverständnis ist wesentlich geschichtslos; jedenfalls hat in ihm gerade das, was Israel als für seinen Glauben konstituierend ansah, nämlich die Einmaligkeit innergeschichtlicher göttlicher Heilstaten, schlechterdings keinen Raum. Das babylonische Heiligtum in Uruk, dem alttestamentlichen Erech (Gen. 10_{10}), war schon im 3. Jahrtausend ein weitbekannter Kultmittelpunkt; aber die Ausgrabungen der spätesten Schichten aus seleukidischer Zeit ergaben, daß auch damals noch die Verehrung derselben Götter Ea, Schamasch, Marduk, Ischtar ebenso wie in den ältesten Zeiten im Schwange war[22].

20. Zu dem religionsgeschichtlich wichtigen Begriff der „Vorzeit" s. *G. v. d. Leeuw*, Die Bedeutung der Mythen (Festschrift für Bertholet [1950], S. 287 ff.). Dasselbe meint *M. Eliade* mit dem mythischen „Archetyp" und seiner kultischen Wiederholung und Nachahmung (a. a. O. S. 11 ff. u. passim).

21. Über Mythen als Machterlebnisse s. G. *v. d. Leeuw*, Phänomenologie der Religion (1933), S. 517.

22. *J. Bottéro*, La Religion Babylonienne (1952), S. 138.

Die vorwiegend zyklische Prägung der altbabylonischen sakralen Vorstellungen kommt etwa in der jährlichen Zelebrierung des Weltschöpfungsmythus beim babylonischen Akitufest zum Ausdruck, oder in der jährlichen Schicksalsbestimmung, oder in dem Mythus von Ischtars Höllenfahrt, in dem sich, wie immer er im einzelnen zu erklären ist, das Erlebnis des Jahresgeschehens spiegelt, oder in dem Tammuzkult. Von den Israel näher liegenden kanaanäisch-syrischen Kulten der vegetationsschöpferischen Wettergottheiten Hadad, Ramman und Baal gilt das Gesagte wohl in noch höherem Maße. Damit soll natürlich nicht bestritten werden, daß man in diesem Religionskreis nicht auch um ein Hereinwirken der Götter in den geschichtlich politischen Raum gewußt und daß man im Bann des mythischen Denkens die Dimension des Geschichtlichen überhaupt nicht wahrgenommen habe. (In dieser Hinsicht ist lehrreich: *H. Gese,* Geschichtliches Denken im alten Orient und im Alten Testament, ZThK 1958 S. 127 ff.) Aber bei der Art, wie man im alten Orient die göttlichen Ordnungsmächte vornehmlich im Naturhaften und Astralen wahrnahm, mußte ganz von selbst das Zyklische in dem sakralen Ordnungsdenken in den Vordergrund treten. Die heilsamen Mächte der Gottheit wurden auch im Bereich des Gesellschaftlichen erfahren, also in der Begründung und Erhaltung des Staates, wobei sich freilich auch der Staat wiederum mehr von den mythischen Gegebenheiten der Natur und ihres Rhythmus getragen wußte, wie das aus gewissen Stadtkulten etwa in der jährlichen Zelebrierung einer heiligen Hochzeit des Gottes Tammuz deutlich wird. Auch der Jahweglaube hat Jahwe als Ordnungsmacht erfahren; aber der Unterschied liegt doch darin, daß im altorientalischen Religionskreis die Gottheiten ihre Funktion und Verehrung innerhalb dieses antiken Ordnungsdenkens hatten, ja daß sie geradezu die tragenden kosmischen und staatlichen Ordnungen verkörperten, während Jahwe für den Glauben Israels jenseits dieser Ordnungen stand. Er war ihr Schöpfer und ihr Garant; aber man konnte ihn nicht mit ihnen identifizieren.

So stehen wir vor einer auch in religionsgeschichtlicher Hinsicht erregenden Tatsache: Jenem altorientalischen Weltbild, von den uralten Kulten Mesopotamiens erstellt und ausgegangen, dem sich auch die Völker des syrischen Raumes willig unterwarfen, wird von einem kleinen Volk ein völlig anderes Verständnis von dem göttlichen Heilsgeschehen gegenübergestellt. Damit soll nicht gesagt sein, daß Israel jenem gleich den Kampf angesagt, daß es mit Riesenkräften sich ihm entwunden habe. Wir sehen vielmehr, daß es gerade in seinen Anfängen mit großer, unbewußter Sicherheit in seinen eigenen religiösen Vorstellungen ruhte und sich in ihnen festigte. Kampf und Anfechtung folgten erst viel später.

2. Die Eschatologisierung des Geschichtsdenkens durch die Propheten

Gehen wir nun zu den Propheten über, so finden wir auch bei ihnen in mannigfachen Apostrophierungen dieses Geschichtsverständnis; ja, sie haben den geschichtlichen Weg, den Jahwe mit Israel gegangen ist, und vor allem die Verpflichtungen, die Israel daraus erwuchsen, viel ernster genommen als ihre Zeitgenossen, die von diesen Dingen nicht mehr viel zu wissen schienen. Aber darüber hinaus sieht man an den Propheten noch etwas Neues: eine unerhörte Wachsamkeit des Lauschens auf die großen geschichtlichen Bewegungen und Veränderungen ihrer Gegenwart. Ihre gesamte Verkündigung ist charakterisiert durch eine unvergleichliche Beweglichkeit, sich auf neue geschichtliche Phänomene einzustellen, durch eine Biegsamkeit, sich ihnen in ihrer Verkündigung immer neu anzupassen, die gelegentlich bis zum Selbstwiderspruch gehen konnte und die uns jede zusammenhängende Darstellung ihrer Verkündigung so sehr erschwert. Die Bezogenheit der Botschaft der Propheten auf die weltgeschichtlichen Ereignisse ist so eng, daß man sie geradezu im Sinne von Ursache und Wirkung verstehen muß: Amos und Jesaja stehen im Schatten des drohenden Assyrers, Jeremia sieht das Unheil — den Neubabylonier — von Norden kommen, Deuterojesaja ist erfüllt von dem Auftauchen des Persers Kyros, und Haggai und Sacharja nehmen Bezug auf Erschütterungen, die im Jahr 521 das persische Weltreich erbeben ließen. Dieses Korrespondenzverhältnis der Propheten zur Weltgeschichte ist geradezu der Schlüssel zu ihrem rechten Verständnis; denn das von den Propheten wahrgenommene neue Geschichtshandeln Gottes trat für sie ja völlig gleichrangig neben die alten kanonischen Geschichtssetzungen; ja, bei den Propheten wuchs von Mal zu Mal die Erkenntnis, daß dieses neue Geschichtshandeln das alte überbieten und deshalb mehr oder minder ablösen werde. Dies war es ja, was die Propheten auf den Plan rief, daß Jahwe für sein Volk eine ganz neue Stunde anbrechen ließ. Nichts wäre unzutreffender, als wenn man diesen Blick in die Zukunft verwechseln wollte mit irgendeiner Form der geschichtlichen Prognose, die sich aus der säkularen Beurteilung irgendeiner politischen Konstellation als wahrscheinlich ergeben mochte. Was die prophetische Zukunftsschau von jedem politischen Kalkül unterscheidet, ist die unerschütterliche Gewißheit, daß in den kommenden Ereignissen Gott aufs unmittelbarste an Israel handeln wird, also die Tatsache, daß das kommende Geschehen theologisch völlig eindeutig erscheint. Das politische Kalkül geht von der Erfahrung innergeschichtlicher Analogien aus; die Propheten sahen geschichtlichen Ereignissen entgegen, die die Freiheit des Willens Jahwes geplant hatte. Daß auch sie dieses neue Geschichtshandeln Jahwes von einer Analogie her begriffen haben, soll gleich gezeigt werden.

Es hat merkwürdig lange gedauert, bis die Theologie in der Fülle der prophetischen Verkündigung das Charakteristische zu sehen lernte und bis sie sich mit der Auskunft, die Propheten seien das verkörperte Gewissen ihres Volkes gewesen, nicht mehr zufrieden gab. Waren die Propheten mehr als besonders charakteristische Vertreter der Jahwereligion, so liegt der Grund dafür allein in ihrer Hinwendung auf die Zukunft. Das Neue, das sie in gewisser Hinsicht von allen bisherigen Sprechern des Jahweglaubens trennt, ist — der umstrittene Begriff läßt sich nicht vermeiden — das Eschatologische[23]. Darüber ist heute kaum mehr Streit, soweit auch die Wege bei der näheren Definition des Eschatologischen auseinander gehen. Das große Verdienst, das Eschatologische bei den Propheten in vollem Umfang neu gesehen und zugleich zum Gegenstand der wissenschaftlichen Erforschung gemacht zu haben, gebührt H. Greßmann. Er war es freilich auch, der die Forschung auf einen unguten Weg gewiesen hat, indem er die Eschatologie als einen großen zusammenhängenden Vorstellungskomplex glaubte verstehen zu müssen, als einen Fond mannigfaltiger kosmisch-mythologischer Erwartungselemente, aus denen die Propheten geschöpft haben. Von dieser irrigen Meinung ist die Forschung lange nicht losgekommen. So galt es zunächst, die Herkunft dieses Komplexes zu ermitteln. Verdankte er seine Existenz dem Einstrom außerisraelitischer mythischer Vorstellungen von kosmischen Katastrophen (H. Greßmann), war er gar schon in dem alten „Sinaierlebnis" Israels keimhaft verankert (E. Sellin) oder war er aus einer bisher nicht bekannten kultischen Begehung Israels, aus dem Thronbesteigungsfest Jahwes erwachsen (Mowinckel)[24]? Gegenüber einem immer allgemeiner und demgemäß immer blasser werdenden Sprachgebrauch vom Eschatologischen erhoben sich aber warnende Stimmen, die mit Recht forderten, daß der Begriff präzis bleiben müsse und nur auf ein bestimmtes, markantes Phänomen angewendet werden dürfe.

So sind wir auch heute von einer Übereinstimmung über das, was als eschatologisch zu bezeichnen wäre, noch weit entfernt. Nicht wenige Forscher begegnen dem Begriff aus Gründen der begrifflichen Sau-

23. Es ist hier die Rede von der Prophetie seit Amos und Hosea. Ob die des Elia oder Elisa als eschatologisch bezeichnet werden kann, ist fraglich. Die eines Nathan (2. Sam. 7) oder Gad (2. Sam. 24$_{11}$ ff.) war es sicher nicht.

24. *S. Mowinckel,* Psalmenstudien II, Das Thronbesteigungsfest Jahwäs und der Ursprung der Eschatologie (1922); vorher *H. Greßmann,* Der Ursprung der israelitisch-jüdischen Eschatologie (1905); *E. Sellin,* Der alttestamentliche Prophetismus (1912), S. 102 ff.

berkeit mit großer Zurückhaltung, weil er mehr vernebele als kläre. Sie finden sich allenfalls bereit, ihn da gelten zu lassen, wo expressis verbis von einem Ende der Weltzeit, einer Geschichtsvollendung die Rede sei, also von Ereignissen, die außerhalb des Historischen liegen[25]. Das würde bedeuten, daß der Begriff nur auf die allerspätesten prophetischen Texte angewendet werden kann, ja eigentlich erst auf die Apokalyptik und selbst auf sie nicht ganz präzis; denn auch nach der Geschichtsvollendung, der die Apokalyptik allerdings entgegensieht, rechnet sie mit einer Fortdauer von Zeit und Geschichte. Das würde aber bedeuten, daß der Begriff für das Alte Testament überhaupt besser aus dem Spiel bleiben sollte und erst in den christlichen Vorstellungen seinen Platz hat. Er ist also, wenn man ihn so faßt, überall mehr oder minder von außen an das Alte Testament herangetragen und findet dort keine präzise Entsprechung. So kann man es verstehen, daß sich bei seiner Verwendung zur Erklärung prophetischer Weissagungen bei den Auslegern ein Unbehagen einstellt. Nur muß man sich darüber klar sein: der Preis, den man für diese Skepsis zu zahlen hat, ist der, daß das markanteste Phänomen in der Botschaft der Propheten unerklärt und unbenannt bleibt und daß die Forschung sich damit fast wieder an den Punkt zurückbegeben hat, an dem Greßmann angefangen hat. Aber vielleicht muß der Begriff von den Weissagungen der Propheten her anders bestimmt werden?

Das Charakteristikum der prophetischen Botschaft ist ihre Aktualität, ihre Naherwartung. An diesem Tatbestand muß sich die Verwendung des Begriffs des Eschatologischen bewähren. Und hier gerade setzt auch die Kritik an der Zulässigkeit des Begriffs ein; denn man argumentiert gerade mit der Tatsache dieser durchgehenden Naherwartung und bestreitet, daß die Weissagungen der Propheten die Vorstellung eines absoluten Endes der Zeit oder der Geschichte enthalten. Aber damit werden doch die Aussagen der Propheten an einem Zeitbegriff gemessen, den sie gar nicht kannten. Wenn wir, wie oben schon

25. So hat *G. Hölscher* den Begriff ausschließlich auf die Vorstellung eines „Weltendes" einschränken wollen (Die Ursprünge der jüdischen Eschatologie [1925]). Aber auch *S. Mowinckel* hat sich neuerdings klar darüber ausgesprochen, daß wirkliche eschatologische Vorstellungen erst bei der spätesten Prophetie zu finden sind. Bei Deuterojesaja fehle noch die Vorstellung eines definitiven Endes (He that Cometh S. 149). Auch *G. Fohrer* will Weissagungen auf Geschehnisse, die sich „in der Zeit" ereignen, als nichteschatologisch verstehen (Ezechiel S. XXIX, S. 216). Aber wird nicht bei all diesen Definitionen ein Zeitbegriff zum Maßstab genommen, der den Propheten selbst ganz fremd war?

angedeutet wurde, diesen Zeitbegriff bei den Propheten gar nicht als existent voraussetzen dürfen (also die Vorstellung von einer langen Zeitstrecke, an deren — wahrscheinlich sehr fernem — Ende eine Manifestation Gottes erfolgen wird), dann besteht durchaus die Möglichkeit, dem Geschehen, das sie weissagen, den Charakter des Endgültigen zuzuerkennen, auch wenn wir von unsern Denkvoraussetzungen aus dieses Geschehen immer noch als „innergeschichtlich" bezeichnen[26]. Freilich, mit der Vorstellung von etwas Endgültigem würde, allein für sich genommen, das Spezifische der prophetischen Verkündigung noch nicht umschrieben sein; es muß das zum Tragen kommen, was man die „dualistische Konzeption der Geschichte", die Vorstellung von den beiden „Zeitaltern" genannt hat, einschließlich jenes Bruches, vor dem der große Abbau Jahwes und hinter dem das Neue, von Jahwe Gewirkte liegen[27]. Dabei scheint uns allerdings die Unterscheidung zwischen einem innergeschichtlichen und einem endgeschichtlichen Handeln Jahwes von den Texten her nicht gefordert und infolgedessen ist es auch nicht geboten, den Begriff des Eschatologischen nur auf das endgeschichtliche Handeln anzuwenden. Entscheidend ist u. E. vor allem die Feststellung des Bruches, der so tief ist, daß das Neue jenseits davon nicht mehr als die Fortsetzung des Bisherigen verstanden werden kann. Es ist etwas wie eine „Nullpunktsituation", auf die Israel mit all seinem religiösen Besitzstand zurückgeworfen wird[28], ein Vakuum, das die Propheten durch ihre Gerichtspredigt und durch ihr Hinwegfegen aller falschen Sicherheiten erst schaffen, in das sie aber dann das Wort von dem Neuen stellen. Was dieses Neue nun betrifft, so ist es wichtig gewesen, daß man neuerdings wieder die Geschichte zur Definition des Eschatologischen herangezogen und das von den Propheten Geweissagte als eine „Erneuerung des historischen Dramas" bezeichnet hat[29].

Von hier aus ist nur noch ein kleiner Schritt zu einem sachgemäßeren Verständnis der eschatologischen Botschaft der Propheten. Kurz gesagt: es muß den heilsgeschichtlichen Vorstellungen Israels ihr Ort und ihr Recht auch innerhalb des eschatologischen Horizonts zurück-

26. Zu dem Begriff des Endgültigen s. *W. Vollborn,* Innerzeitliche oder endzeitliche Gerichtserwartung? (Diss. Greifswald 1938 S. 1 ff.) Im selben Sinn spricht *J. H. Grönbaek* von dem charakteristischen „Abschlußaspekt" der prophetischen Vorhersagen, Zur Frage der Eschatologie, Svensk exegetisk Årsbok (1959), S. 5 ff.

27. *S. Mowinckel,* He that Cometh (1956), S. 125; *J. Lindblom,* Gibt es eine Eschatologie bei den alttestamentlichen Propheten? Studia theologica (1952), S. 79.

28. *H. W. Wolff,* Dodekapropheton BK, S. 78.

29. *Th. C. Vriezen,* Prophecy and Eschatology, Suppl. VT I (1953) S. 218, 229.

gegeben werden[30]. Die eschatologische Botschaft der Propheten ist nicht von irgendwelchen mythischen oder spezifisch kultischen Vorstellungskomplexen und auch nicht aus einem Enttäuschungserlebnis, sondern allein von der Besonderheit des israelitischen Geschichtsdenkens her zu begreifen, an dem die Propheten aufs intensivste teilhatten, ja das sie durch ihren Hinweis auf ein ganz neues Geschichtshandeln Jahwes um eine ganze Dimension erweitert haben[31]. Auch die Propheten stehen im Geltungsbereich bestimmter Erwählungstraditionen, d. h. eines Geschichtsbildes, in dem sich Israel als von Jahwe berufen und begründet legitimierte. Ja, man kann die Verkündigung einiger Propheten geradezu als ein großes, nicht abreißendes Gespräch mit der überkommenen Erwählungstradition verstehen. Diese Erwählungstradition ist allerdings nicht bei jedem Propheten dieselbe. Während Hosea in der Exodustradition steht, kennt Jesaja nur die Heilssetzungen der David- und der Ziontradition. Bei Jeremia und Hesekiel und vollends bei Deuterojesaja steht wiederum die Exodustradition im Vorder-

30. Zum Folgenden s. *E. Rohland,* Die Bedeutung der Erwählungstraditionen für die Eschatologie der alttestamentlichen Propheten (Diss. Heidelberg, 1956).

Daß den Propheten bei der Darstellung des Neuen da und dort Vorstellungen einfließen, die der älteren Zeit noch nicht geläufig waren und die dem Jahweglauben inzwischen aus anderen Religionskreisen zugewachsen sind, kann nicht verwundern. Auf jeden Fall hat dieser Vorgang bei der Bestimmung des Phänomens des Eschatologischen kein Gewicht. Vgl. *A. Jepsen,* Art. Eschatologie RGG³, Sp. 661.

31. Die psychologische Erklärung des Phänomens der Eschatologie tritt in *Mowinckels* erstem Werk in den Vordergrund. „Die Entstehung der Eschatologie muß psychologisch erklärt werden, sonst ist sie überhaupt nicht erklärt . . . Die Eschatologie ist als eine Flucht in die Zukunft unter dem enttäuschenden Drucke einer neuen, strengen und noch ungewohnten Erfahrung der umgebenden Welt, als die alten Erfahrungen nicht mehr mit voller Echtheit erlebt werden konnten, aufzufassen, als ein Ausweichen vor dem Drucke in die Richtung des geringsten Widerstandes" (Psalmenstudien II, S. 324). Auch *M. Buber* spricht von der Geschichtshoffnung, die sich erst durch die wachsende „Geschichtsenttäuschung" „eschatologisiert" (Königtum Gottes, 1936², S. X, zitiert bei *S. Mowinckel,* He that Cometh S. 152). Mowinckel selbst hat in seinem zweiten Werk das spezifisch alttestamentliche Geschichtsdenken viel stärker betont. „We are justified in saying that Israels unique conception of God as the God of history is the root of eschatology" (a. a. O. S. 153). Nicht, daß der Begriff des Enttäuschungserlebnisses bei dieser Untersuchung grundsätzlich aus dem Spiele zu bleiben hätte. Es wird bei der „Entstehung" der Eschatologie auch Enttäuschung mitgewirkt haben; nur müßte der Gegenstand, an dem die Enttäuschung erwachte, theologisch genauer bestimmt werden, und ebenso müßte diesem Enttäuschungserlebnis innerhalb des Gesamtphänomens der ihm gebührende Ort zugewiesen werden. Halten wir uns an die Aussagen der Propheten, so geht es nicht an, das „Enttäuschungserlebnis" als den eigentlich auslösenden Faktor an die Spitze zu stellen.

grund. Dies aber ist nun sehr merkwürdig: einerseits sehen wir, wie die Propheten diese Erwählungstraditionen mit großer Intensität und Leidenschaft in ihrer Verkündigung aufgreifen, andererseits aber ist ihr Verhältnis zu ihnen doch ein gebrochenes; denn mit dem kommenden Gericht sehen sie die bisherige Existenz Israels besiegelt; die Garantie dieser Erwählungstraditionen ist durch Israels Schuld erloschen. Das einzige, woran sich Israel halten kann, ist ein neues Geschichtshandeln Jahwes, das die Propheten sich schon abzeichnen sehen und auf das sie mit Leidenschaft hinweisen. Was die Botschaft der Propheten von der ganzen bisherigen, heilsgeschichtlich fundierten Theologie Israels unterscheidet, ist also dies, daß sie alles für die Existenz Israels Entscheidende, Leben und Tod, von einem kommenden Gottesgeschehen erwarten. Dieses Neue, dessen Kommen sie weissagen, ist aber in seiner spezifischen Gestaltung nicht von ungefähr; vielmehr wird es sich mehr oder minder in Analogie zu dem bisherigen Heilshandeln Gottes verwirklichen. So weissagt Hosea von einer neuen Landnahme, Jesaja von einem neuen David und einem neuen Zion, Jeremia von einem neuen Bund und Deuterojesaja von einem neuen Exodus. Freilich, über die Tiefe des Bruches zwischen dem Bisherigen und dem Neuen denken die Propheten nicht gleich; es bestehen sogar theologisch erhebliche Unterschiede. Bei Jesaja haben die alten Heilssetzungen doch immerhin noch so viel Gültigkeit, daß Jahwe mit seinen künftigen Taten an sie anknüpfen kann. Das gilt sowohl von dem neuen Zion (Jes. 1_{26}) wie von dem neuen David (Jes. 11_{1}). Bei Jeremia oder Deuterojesaja dagegen ist der Bruch so tief, daß Jahwe die alten Setzungen wiederholen muß; der Bund wird noch einmal geschlossen (Jer. 31_{31} ff.), der Exodus wird noch einmal stattfinden. So hat sich Jesaja nicht ausgedrückt; er hat nicht gesagt, daß Jahwe den Zion von neuem erwählen, den Davidbund von neuem schließen werde. Deuterojesaja dagegen konnte von seiner Schau aus dazu auffordern, der bisherigen Heilsgeschichte überhaupt nicht mehr zu gedenken (Jes. 43_{16} ff.). Auch das hätte Jesaja noch nicht sagen können. Indessen sind solche Unterschiede doch nur relativ; denn daran, daß für Israel nur in den neuen Geschichtstaten das Heil liege, hat auch Jesaja keinen Zweifel gelassen[32].

32. Hier geht es zunächst nur um die Erfassung des Phänomens an sich. Ob es immer in voller Breite von dem jeweiligen Propheten in seiner eigenen Botschaft entfaltet wurde, oder ob es in seinen letzten Konsequenzen erst in der zusätzlichen nachschaffenden Verarbeitung der Traditoren erscheint, ist demgegenüber von se-

Bei dieser Sicht der Dinge muß von einer eschatologischen Botschaft überall dort gesprochen werden, wo von den Propheten der bisherige geschichtliche Heilsgrund negiert wird. Aber darauf sollte man den Begriff dann auch beschränken. Er sollte nicht da in Anwendung kommen, wo Israel sonst in irgendeinem gläubigen Sinne von seiner Zukunft oder etwa der Zukunft einer seiner sakralen Institutionen gesprochen hat. Aber da, wo Israel von seinen Propheten aus dem Heilsbereich der bisherigen Fakten herausgestoßen wurde und wo sich sein Heilsgrund mit einemmal in ein kommendes Gottesgeschehen hinaus verlagerte, da erst wird die prophetische Verkündigung eschatologisch. Diese Auffassung des Eschatologischen unterscheidet sich von dem älteren Verständnis darin, daß sie nicht einen ganzen „Ideenkomplex" bestimmter eschatologischer Erwartungen voraussetzt, von dem sich die Verkündigung der Propheten sollte gespeist haben, und ebenso auch kein eschatologisches „Schema", das ihr vorgegeben war. Das Phänomen des Eschatologischen vereinfacht sich wieder; es reduziert sich auf die gewiß höchst revolutionierende Tatsache, daß die Propheten ein neues Handeln Jahwes auf Israel zukommen sahen, das die alten heilsgeschichtlichen Setzungen mehr und mehr entaktualisierte, weil sich von jetzt ab Leben und Tod für Israel an dem Kommenden entschied. Die Ursache für diese Änderung der Blickrichtung ist doch in erster Linie in der Geschichte selbst zu suchen, die in einer Weise, wie es Israel vorher noch nicht erlebt hatte, neu in Bewegung zu kommen anfing; aber dann gewiß auch in der Erkenntnis, daß dieses Israel der Königszeit sich ja selbst schon längst aus dem alten Verhältnis zu Jahwe gelöst hatte. Wie wenig die Propheten aus einem ihnen vorgegebenen Vorstellungskomplex geschöpft haben (dessen Herkunft dann noch zu ermitteln wäre), wird daran deutlich, daß sie das neue Heilsgeschehen ja ganz in den Formen des alten erwarteten, daß sie also auch bei der Entfaltung des Neuen auf die alten Heilssetzungen Jahwes zurückgegriffen haben. So kann man sehen, wie stark doch die Gebundenheit auch der Propheten an die Heilsgeschichte war; tatsächlich ist sie für die Gestaltung der fernsten Eschata maßgebend. Den Zeitgenossen der Propheten mußte allerdings dieser Ruf, sich auf ein kommendes Gotteshandeln einzustellen und sich in ihm zu bergen, als eine äußerste religiöse Zumutung erscheinen. Ihnen mußte es vorkommen, als würden sie von den Propheten auf einen Bereich

kundärer Bedeutung. So scheint uns z. B. die Frage, ob Jer. 31 31 ff. jeremianisch oder nachjeremianisch sei, im Blick auf den Gesamtvorgang nicht so entscheidend zu sein.

verwiesen, der für ihre religiöse Erkenntnis und Erfahrung ein ἄπειρον war. Für eine Dimension jenseits des Heilsbereiches der kanonischen Geschichtstaten Jahwes mußte ihnen jede Vorstellungsmöglichkeit fehlen; sie konnte ihnen nur höchst unheimlich sein (s. auch unten S. 191 f, 279).

3. Der Tag Jahwes

Einer gesonderten Erörterung bedarf noch die Erwartung des Tages Jahwes, in der man oft geradezu das Kernstück der prophetischen Eschatologie gesehen hat[33]. Liegt hier nicht doch ein einigermaßen feststehender Komplex von eschatologischen Erwartungen vor, die sich an diesen Tag knüpften? Tatsächlich hat es mit der Erwartung des Tages Jahwes eine besondere Bewandtnis, denn wo immer sie in der Prophetie anklingt, gipfeln die Aussagen in dem Hinweis auf ein ganz persönliches Kommen Jahwes selbst. Die Frage der Herkunft dieser Vorstellung ist mit Recht oft gestellt worden; denn könnten wir sie beantworten, so kämen wir dem Verständnis der Sache viel näher.

Die Texte, die expressis verbis von einem Tag Jahwes reden, sind nicht sehr zahlreich[34]. Von den 16 Belegen wirft der Text Am. 5$_{18-20}$, dem man immer eine Schlüsselstellung zugewiesen hat, für eine Verdeutlichung sehr wenig ab; auch das umfangreiche Kehrversgedicht Jes. 2$_{9}$ ff. spricht viel mehr von allgemeinen Folgen und Auswirkungen, die das Kommen Jahwes haben wird, als von dem Phänomen selbst und seinen konkreten Begleitumständen. Immerhin ist von einer Flucht von Menschen die Rede, die dabei ihre wertlos gewordenen Götzenbilder wegwerfen. Methodisch sei vorausgeschickt, daß man sich bei der Auflichtung eines solchen exegetischen Problems nicht auf eine Untersuchung der Belege und ihrer Bedeutung in ihrem nächsten Textzusammenhang beschränken darf. Form- und Überlieferungsgeschichte haben es uns gelehrt, daß Begriffe von solchem Gewicht selten allein auftreten, daß ihnen vielmehr in der Regel ein ganzer Kreis von Vorstellungen mit einer ganz bestimmten immer wiederkehrenden Topik zugeordnet ist, deren Vorkommen sorgfältig zu beachten ist. In dieser Hinsicht muß man also die exegetische Basis breiter nehmen, als sie eine „Begriffsuntersuchung" geben kann; das Ganze der Einheit, in der der Begriff auftaucht, muß mit ihrem konstituierenden Vorstellungskreis einbezogen werden.

33. Die Vorstellung vom Tag Jahwes hat zuerst *H. Greßmann* als einen Problemkreis eigener Art erkannt (Ursprünge der israelitisch-jüdischen Eschatologie [1905], S. 141 ff.). Großen Einfluß hatte *Mowinckels* Identifikation des Tages Jahwes mit dem Thronbesteigungsfest Jahwes (Psalmenstudien, II, 1922), vgl. dazu neuerdings: *S. Mowinckel*, Jahves dag, Norsk Teologisk Tidsskrift (1958) S. 1—56, und *L. Černý*, The Day of Yahweh and some Relevant Problems (1948).

34. Jes. 2$_{12}$; 13$_{6,9}$; 22$_{5}$; 34$_{8}$; Jer. 46$_{10}$; Hes. 7$_{19}$; 13$_{5}$; 30$_{3}$; Jo. 1$_{15}$; 2$_{1,11}$; 3$_{4}$; 4$_{14}$; Am. 5$_{18-20}$; Ob. 15; Zeph. 1$_{7,8,14-18}$; Sach. 14$_{1}$.

Wir beginnen mit dem Babelgedicht Jes. 13, das allgemein für eine anonyme Weissagung aus dem 6. Jahrhundert gehalten wird. An seinem Anfang steht ein Ruf an die Krieger, sich zu dem Aufgebot Jahwes zu versammeln; Signalstangen sollen errichtet werden. Jahwe selbst ruft seine „Geweihten", seine Helden, und sie kommen in solcher Menge, daß ein Getümmel von Völkern entsteht. Dann mustert Jahwe selbst das Heer.

„Jammert, denn nahe ist Jahwes Tag,
wie Gewalt vom Gewaltigen kommt er.
Darum erschlaffen alle Hände . . . alle menschlichen Herzen verzagen . . .
Einer starrt den anderen an . . ." (Jes. 13_{6-8}).

Jahwe kommt persönlich zum Kampf, die Sterne werden sich verdunkeln, die Erde erbebt, furchtbar wird das Morden. Das Gedicht schließt mit einem Hinweis auf das völlig verödete Weltreich. Sein Vorstellungskreis ist in sich geschlossen; es spricht von einem Kriegsgeschehen, das mit der Aushebung der Krieger beginnt und mit einer Schilderung von dem entvölkerten, verwüsteten Land endet. Das Kriegsgeschehen ist ins Riesenhafte ausgeweitet; nicht einzelne Krieger, sondern ganze Völker strömen zu dem Aufgebot zusammen. Gleichwohl geht der Blick einem wirklichen Kriegsgeschehen entlang.

Ganz ähnlich wie Jes. 13 ist das gleichfalls nichtjesajanische Gedicht gegen Edom Jes. 34 aufgebaut und muß hier erwähnt werden, obwohl es den Ausdruck „Tag Jahwes" nicht enthält, stattdessen aber vom „Tag der Vergeltung für Jahwe" (v. 8) spricht. Es beginnt mit der Mitteilung von Jahwes großem Zorn über Edom, geht dann über zu einer Schilderung der Vernichtung Edoms durch Jahwes Schwert und endet wie Jes. 13 mit dem Bild des völlig verödeten, nur noch von Tieren bevölkerten Landes. Auch hier steht die Vorstellung von Jahwes Kampf im Vordergrund. Bezeichnend dafür ist die Aussage, daß Jahwe seine Feinde dem Bann geweiht hat (הֶחֱרִים v. 2). Auch hier treten im Zusammenhang des Kampfes schreckliche Veränderungen am Himmel auf; „der Himmel rollt sich zusammen wie ein Buch, und sein ganzes Heer welkt ab" (v. 4). Von dem Vergleich dieses Kampfes mit einem Schlachtfest (v. 6) muß später noch die Rede sein.

Auch die Weissagung Hesekiels gegen Ägypten Hes. 30_{1} ff. ist eine breitausladende, in sich geschlossene Dichtung. Sie beginnt mit einem Weheruf über den Tag Jahwes: „Nahe ist ein Tag für Jahwe." Er ist ein Tag des Gewölks; das Schwert wird nach Ägypten kommen, die Ägypter mit ihren Verbündeten werden fallen, und darnach wird das Land mit seinen Städten wüste liegen. Wenn auch verkürzt, so geht doch auch Hes. 30_{1-9} deutlich dem Gang der Weissagungen von Jes. 13 und 34 parallel, so daß man fragen kann, ob sie nicht alle drei von einem ihnen vorgegebenen prophetischen Schema abhängig sind.

Dasselbe gilt auch von der großen Dichtung Hes. 7. Daß auch hier der volle Ausdruck „Tag Jahwes" nicht fällt, ist belanglos angesichts der Ausrufe „nahe ist der Tag" (v. 7), „siehe der Tag!" (v. 10), „eingetroffen ist der Tag!" (v. 12). Daß die Weissagung von dem Tag Jahwes handelt, wird fast aus jedem Satz deutlich. Auch hier interessieren uns nur die tragenden Grundvorstellungen: Es kommt das Ende, und zwar über die ganze Erde, insonderheit freilich über Israel. Der Ruf, der diese Dichtungen eröffnet hat, ist hier im Unterschied von den vorausgegangenen Beispielen ungewöhnlich breit ausstilisiert. Erst in v. 14 geht die Weissagung zu der Ausmalung des Kampfes über. Der Feind sollte sich zur Abwehr aufstellen, „aber keiner zieht zu Felde" (v. 14); Schwert und Hunger wüten. „Alle Arme werden schlaff" (v. 17); die Besitztümer der Stadt werden Fremden in die Hände fallen und die Stadt wird entweiht werden. Mit diesen Sätzen ist etwa jenes Ende erreicht, das in den anderen Dichtungen durch das Wort von der Entvölkerung bezeichnet war. Genau in diese Gruppe gehört auch Jer. 46_{3-12}, die Schilderung von „jenem Tag“, „dem Tag der Vergeltung“ an Ägypten.

Bei Joel finden sich wichtige Belege, die das bisher gewonnene Bild bestätigen. Schon dem Beleg Jo. 1_{15} kommt eine entscheidende Bedeutung für das Verständnis des ganzen Kapitels zu[35] — „Nahe ist der Tag Jahwes.“ Alle Zeichen deuten darauf hin, daß Jahwe es selbst ist, der zu einem ungeheuren Kriegszug aufbricht (vgl. Sach. $14_{1,3}$). Daß es sich bei dem Text Jo. 2_{1-11} um eine wirkliche Heuschreckenplage handelt, ist heute wohl allgemein zugestanden. Interessant daran aber sind die Auffassung des Propheten von diesem Ereignis und vor allem die Mittel seiner Darstellung. Es ist klar, daß Joel in der Art, wie er die Not veranschaulicht, von hergebrachten, mehr oder minder konventionellen Vorstellungen abhängig ist; also von Vorstellungen, die er erst sekundär auf die aktuelle Not bezieht. Er setzt die Heuschrecken den zum Kampf anrückenden Heeren des Tages Jahwes gleich, und damit steht ihm die ganze Topik von dem Kriegsgeschehen des Tages Jahwes zur Verfügung.

„Stoßt auf dem Zion ins Horn, schlagt Lärm auf meinem heiligen Berg;
beben werden alle Bewohner des Landes, denn der Tag Jahwes kommt.
Fürwahr, nahe ist er, ein Tag der Finsternis und des Dunkels,
ein Tag des Gewölks und des Düsteren“ (Joel 2_{1-2}).

Ein Heer rückt heran, so mächtig, wie man es noch nie erlebt hat. „Vor ihm erbeben die Völker, es erglühen alle Gesichter“ (v. 6). Vor ihm her bebt die Erde; es erzittert der Himmel. Sonne und Mond verfinstern sich, und die Sterne verlieren ihren Glanz (v. 10). „Groß ist der Tag Jahwes und schrecklich; wer wird ihn bestehen!“ (v. 11). Von hier ab wendet sich das Gedicht dem Bußruf zu und der Aufforderung, zu einem Fastengottesdienst zusammenzukommen; denn Jo. 2_{1-11} ist ja nur ein Teil einer großen liturgischen Komposition. Um so auffälliger ist, wie wenig die aktuelle Veranlassung der Heuschreckenplage, nachdem einmal das Stichwort „Tag Jahwes“ gefallen war, die herkömmliche Darstellung von der Abfolge der Ereignisse zu beeinflussen vermochte. Die traditionelle Abfolge: Kriegsruf, Entmutigung, Erdbeben, Verfinsterung, Jahwes Stimme, hat ja mit einem heranziehenden Heuschreckenschwarm nicht sehr viel gemeinsam.

Die Weissagung Zephanjas vom Tag Jahwes gehört gewiß zum Wichtigsten, was uns an Material für den Vorstellungskreis vom Tag Jahwes zur Verfügung steht (Zeph. 1_{7-18}). In formaler Hinsicht ist der Text insofern kompliziert, als er einen fortwährenden stilistischen Wechsel von neutraler Schilderung der Vorgänge und von Gottessprüchen im Ichstil zeigt. Trotzdem wäre es wohl verfehlt, den Text in eine Vielzahl von kleineren Einheiten aufzuteilen. Er ist doch eine Einheit. Wir haben eine Schilderung vom Tag Jahwes, in die von Fall zu Fall einzelne Logien eingelegt sind. Für uns ist nur das erstere Element von Bedeutung (v. 7, 10—11, 13—18). Die Darstellung scheint mit dem Ruf von der Nähe des Tages Jahwes zu beginnen. Dieser Tag wird als ein Schlachtfest bezeichnet, das Jahwe für seine Geladenen veranstaltet. Auf diese Metapher sind wir schon oben in Jes. 34_{6} gestoßen. Offensichtlich handelt es sich um eine Vorstellung, die ebenfalls zu der Topik des Tages Jahwes gehört[36]. Am deutlichsten ist sie in Jer. 46_{10} erklärt: So, wie bei großen Opferfesten das Blut der Tiere in Strömen fließt, so blutig wird der Kampf Jahwes gegen seine Feinde werden. Daß es sich um ein Kriegsgeschehen handelt,

35. *H. W. Wolff*, Joel, BK XIV, 5, S. 25 f.

36. Ist das Wort זֶבַח in Zeph. 1_{7}; Jes. 34_{6}; Jer. 46_{10}; Hes. 39_{17} nicht im eigentlichen, sondern im bildlichen Sinne gebraucht, so geht es natürlich nicht an, diese Belege als Beweis für den kultischen Charakter des Tages Jahwes heranzuziehen.

zeigt ja auch der Fortgang: In allen Stadtteilen Jerusalems wird Getöse und Jammern zu hören sein (v. 10—11). Dieser Tag ist ein Tag der Drangsal, des Dunkels und der Verfinsterung, ein Tag der Posaune und des Schlachtrufes gegen befestigte Städte. Da wird die Angst über die Menschen kommen; die Panik, die ausbrechen wird, äußert sich darin, daß „sie herumlaufen wie Blinde" (v. 17); sie werden sich nicht retten können, denn im Feuer des Eifers wird die Erde verzehrt. Damit endet die Schilderung, die im großen und ganzen der von Jes. 13; **34**; Hes. 7 und Jo. 2 entspricht.

Das erste Ergebnis dieses Überblickes ist, daß es sich bei dem von den Propheten erwarteten Tag Jahwes eindeutig um ein Kriegsgeschehen handelt. Die breite Verwendung dieser Vorstellung bei den Propheten legt nun, wie gesagt, die Vermutung nahe, daß es sich hier um ein festes eschatologisches Traditionselement handelt. Dem steht aber schon die Tatsache entgegen, daß der Ausdruck „Tag Jahwes" gelegentlich auch auf Ereignisse in der Vergangenheit angewendet werden konnte (Hes. 13_{5}; 34_{12}; vgl. Klagel. 1_{12}; 2_{22}). Angesichts dieses etwas zwiespältigen Befundes muß sich eine methodisch vorgehende Untersuchung zunächst einmal allen fernerliegenden mythologischen Deutungsmöglichkeiten verschließen und sich fragen, ob nicht Israel selbst in seinen alten Überlieferungen die Vorstellung von einem Kommen Jahwes zu einem kriegerischen Einschreiten mit wunderhaften Begleiterscheinungen gekannt hat[37]. Das ist natürlich der Fall. Schon bei der fast stereotypen Verbindung des Tages Jahwes mit einem kriegerischen Eingreifen wird man an die heiligen Kriege erinnert und an die traditionellen Begleiterscheinungen, unter denen sie sich ereignet haben. Hier liegt jedenfalls eine traditionsgeprägte Vorstellung von einem Kommen Jahwes zu einem kriegerischen Geschehen vor, und sie wäre vor allen anderen Deutungsversuchen auf ihre Verwandtschaft mit den prophetischen Aussagen vom Tag Jahwes hin zu befragen. Das liegt um so näher, als das kriegerisch-eschatologische Geschehen zweimal von einem Propheten selbst ganz direkt mit einem der heiligen Kriege der Vergangenheit verglichen wurde (Jes. 9_{4} = Ri. 7; Jes. 28_{21} = 2. Sam. $5_{20, 25}$). Von diesen Kriegen, die Jahwe ehedem geführt hat, wußte man allerlei wunderhafte Begleitumstände zu erzählen (Donner: 1. Sam. 7_{10}; vom Himmel fallende Steine: Jos. 10_{11}; Finsternis: Ex. 14_{20}; Jos. 24_{7}; triefendes Gewölk: Ri. 5_{4} f.). Eine besondere Rolle spielt dabei der Gottesschrecken, eine panikartige Verwirrung und Entmutigung der Feinde, in der ihnen wie in einer Lähmung jede kriegerische Selbstbehauptung abhanden kommt und in der sie sich selbst umbringen[38].

37. Die von *S. Mowinckel* vorgeschlagene Herleitung des Tages Jahwes aus dem kultischen Thronbesteigungsfest scheitert am exegetischen Befund; denn keiner der oben genannten Belege, die explizit vom Tag Jahwes reden, schlägt die Verbindung zu der Jahwe-Königsvorstellung.

38. Ex. 15_{14} f; 23_{27} f; Jos. $2_{9, 24}$; 5_{1}; 7_{5}; 24_{12}. Der Begriff „Tag Jahwes" begegnet zuerst bei Amos; dort aber handelt es sich, wie man oft betont hat, schon um eine bekannte Sache. Da nun der Ruf „nahe ist der Tag Jahwes" besonders fest in dem ganzen Überlieferungskreis verwurzelt ist (vgl. Jes. 13_{6}; Hes. 30_{3}; Ob. 15; Jo. 1_{15}; 2_{1}; 4_{14}; Zeph. $1_{7, 14}$), kann man fragen, ob dies nicht der stereotype Ruf war, mit dem man ehedem die Mannschaft zur Heeresfolge aufgeboten hat, oder ein Ruf, mit dem man einst mit Jahwe in die Schlacht zog.

S. Herrmann macht mich darauf aufmerksam, daß diese „Tagvorstellung" auch im Sprachgebrauch der alten Araber nachlebt, die ihre Kampftage „Tage der Araber" benannten. *W. Caskel*, Ajjam al Arab, Studien zur altarabischen Epik (Islamica 1930 S. 1 ff.).

Nach alledem kann doch kein Zweifel sein, daß es sich im Grunde um einen und denselben Vorstellungskreis handelt, bei den alten Erzählungen von zurückliegenden Kriegstheophanien ebenso wie bei den prophetischen Schilderungen des kommenden Tages Jahwes. Die Einzelelemente dieses Vorstellungskreises mit ihrer konventionellen Topik kehren in den Weissagungen der Propheten Zug um Zug wieder. Es sei dabei nur noch einmal an das Phänomen der sakralen Panik erinnert.

> „Was seh ich? Sie sind erschüttert, sie weichen zurück!
> Ihre Helden zersprengt, fliehend auf und davon . . .
> Nicht kann entfliehen der Schnelle und nicht sich retten der Held"
> (Jer. 46$_5$ f. Übers. nach Rudolph).

Der Vorstellungskreis vom Tag Jahwes an sich ist also keineswegs eschatologisch, sondern war den Propheten mit allen Einzelheiten aus der alten Jahweüberlieferung geläufig. Die Propheten waren aber der Meinung, daß sich Jahwes letzter Aufbruch gegen seine Feinde unter ähnlichen Zeichen ereignen wird wie in den alten Zeiten. Ohne Frage hat sich die Vorstellung von diesem kriegerischen Eingreifen Jahwes in der Schau der Propheten enorm gesteigert, weil es alle Völker, ja selbst die geschöpflichen Ordnungen betreffen wird. Das Ereignis hat sich zu einem Phänomen von kosmischer Bedeutung ausgeweitet. Das Wichtigste und für ihre Hörer Unerträglichste war aber die Erwartung, daß sich der Aufbruch Jahwes gegen Israel selber wenden wird[39]. Unter dem Gewicht dieses Vorstellungskreises, vollends durch die immer neue Aufnahme dieses Themas durch die Propheten hat sich dann auch wohl eine gewisse Stereotypisierung, eine gewisse thematische Abrundung vollzogen, so daß dann etwa für Joel und vollends für Sacharja die Ankündigung von einem Tag Jahwes schon zu einem festen Requisit prophetischer Predigt geworden war, was vordem, wie wir sahen, keineswegs der Fall war. Daß auch die Zeitgenossen des Amos einen solchen Aufbruch Jahwes zu Krieg und Sieg erwartet haben, kann man sich gut vorstellen. Amos gibt zu bedenken, daß dieser Tag ein Dunkel bringen wird, das ihnen selbst verhängnisvoll werden könnte. Daß wir schon bei den Zeitgenossen des Amos eine vollausgebildete „Volkseschatologie" voraussetzen können, ist sehr unwahrscheinlich. In dieser Hinsicht ist die Beweiskraft von Am. 5$_{18}$ weit überschätzt worden.

39. *J. A. Soggin,* Der prophetische Gedanke über den Heiligen Krieg als Gericht gegen Israel, VT 1960, S. 79 ff.

II. HAUPTTEIL

A. AMOS UND HOSEA

1. Vorbemerkung

Nach den allgemeineren theologischen Erwägungen über das Phänomen der Prophetie und ihrer Verkündigung muß nun der Versuch einer Darstellung der Botschaft der einzelnen Propheten unternommen werden. Dabei muß alles darauf ankommen, diese Botschaft nicht auf ihren überzeitlichen Ideengehalt hin zu lesen, vielmehr sie gerade als das bestimmte Wort für eine bestimmte geschichtliche Stunde zu begreifen, das in keiner Weise auswechselbar ist. Das prophetische Wort entstammt ja in einem viel höheren Maße als sonstige Aussagen des Jahweglaubens der Situation eines leidenschaftlichen Gesprächs; aber gerade eines Gesprächs, das sich nicht bemüht, zum allgemein Geglaubten aufzusteigen, sondern das mit allen, auch den fragwürdigsten Mitteln darauf ausgeht, den Partner in seinem Hier und Jetzt festzulegen, um ihm seine besondere Lage vor Gott begreiflich zu machen. Um diesen Partner jeweils in seiner, wie gesagt, nicht auswechselbaren Entscheidungssituation zu fassen, bieten die Propheten alle rhetorischen Mittel auf; sie schrecken auch nicht vor höchst radikalen oder seltsam verzerrenden Formulierungen zurück. Es ist ihnen eben — von gewissen Ausnahmen abgesehen — nicht um eine objektivierende Herausstellung des allgemein Geglaubten zu tun; eher schon könnte man sagen, daß sie ihre Aufgabe darin sehen, kritisch, sehr kritisch zu den Glaubensüberlieferungen Israels zu sprechen. Aber auch dies wäre mißverständlich, weil den Propheten ja nichts ferner lag, als ein theoretisches Bemühen um die Lehre um der Lehre willen. Es ging ihnen nicht um den Glauben, auch nicht um „das Kerygma", sondern darum, bestimmten Menschen, die, ohne es selber zu wissen, in einer besonderen Situation vor Gott standen, eine Botschaft von Jahwe auszurichten. Da nun aber dieser Gesprächspartner der Propheten — er ist nicht einfach „das Volk" — ständig wechselt, so haben wir wohl Anlaß, die beispiellose innere Beweglichkeit und Anpassungsfähigkeit der prophetischen Anrede zu bewundern, die bei einem

Minimum von tragenden „Grundgedanken" doch immer wie aus einer herrlichen Fülle schöpfen konnte. Aber im gleichen Maße will uns die Zuversicht, die Botschaft als ein zusammenhängendes Ganzes zu begreifen, entschwinden. Hier zu resignieren, wäre jedoch falsch; es ist hingegen gut, sich von Anfang an klar zu machen, daß das, was wir das „Kerygma" eines Propheten zu nennen pflegen, eine sehr problematische Größe ist. Weder damit, daß wir die Vielzahl seiner Einzelsprüche auf allgemeine, tragende religiöse Grundgedanken reduzieren, noch damit, daß wir die Einzellogien zu einem synthetischen Ganzen zusammenordnen, bekommen wir das, was man „die Botschaft" nennen könnte, zu Gesicht. Wir erinnern uns der Feststellung, daß jedes Einzellogion „das" (und nicht ein) Wort Jahwes für die angeredeten Menschen umschloß; daß es also, streng genommen, eine „Botschaft", die den Einzelworten übergeordnet war und aus der die Einzelbotschaften jeweils geschöpft waren, gar nicht gibt; wir haben nur die Vielzahl der Einzelworte, in denen jeweils in immer anderer Gestalt „das" Wort Jahwes ergeht[1]. Der jeweilige Hörer bedurfte zum Verständnis der an ihn gerichteten Botschaft sicher nicht der Kenntnis eines größeren Verkündigungsganzen. Aber es gibt innerhalb all der verwirrenden Beweglichkeit der prophetischen Anrede und Argumentation immerhin zwei Konstanten, die dem einzelnen Propheten unverrückbar feststehen. Die eine ist das neue Wort Jahwes für Israel, das Jahwe dem Propheten am Horizont der Weltgeschichte zu lesen gab. Die andere ist die Erwählungstradition, innerhalb derer der Prophet mit seinen Hörern stand. Von ihrem tröstlichen Gehalt hebt sich die Gerichtsbotschaft des Propheten einerseits kritisch ab, andererseits verwandelt sie sich im Wort des Propheten wieder in Weissagung, in der sie sich antitypisch zu neuer Gestalt erhebt. Das „Kerygma" des Propheten hat sich also in dem Spannungsfeld dreier Gegebenheiten ereignet: des neuen eschatologischen Wortes Jahwes für Israel, der überkommenen Erwählungstradition und der persönlichen (schuldverfallenen oder trostbedürftigen) Situation der vom Propheten angeredeten Menschen. Es ist klar, daß diese Vorgegebenheiten nicht bei jedem Propheten alle in gleicher Weise heraustreten; wir werden sie vielmehr sehr verschieden behandelt finden. Bei Amos z. B. tritt die Projektion der Erwählungstradition ins Eschatologische fast ganz zurück.

1. S. o. S. 97. In der Apokalyptik ist das anders; denn bei ihr muß von jeder Einzelheit aus immer mehr oder minder der Gesamtlauf des großen apokalyptischen Dramas im Auge behalten werden, dessen Teil das jeweilig einzelne ist.

2. Amos[2]

Das Thekoa des Amos, zwei Wegstunden südlich von Bethlehem, dürfen wir uns nicht zu weltentlegen vorstellen, denn seit Rehabeam war es Festung und hatte eine Garnison[3]. Auch Amos selbst war vermutlich ein Mann, der einen geachteten Beruf und sein gutes Auskommen hatte. Daß ein Mann der festgefügten bäuerlichen Bevölkerung unter die Propheten kam, war nur auf eine sehr verwunderliche Berufung durch Jahwe zurückzuführen. Das vieldiskutierte Wort, daß er kein Prophet sei (oder war?) und auch keiner Prophetengenossenschaft angehöre (Am. 7_{14}), will den Stand der Nebiim nicht herabsetzen, sondern nur das Seltsame erklären, daß er, der Bauer, dem es doch eigentlich gar nicht zusteht, mit einem Male dazu übergegangen ist, inspiriert zu reden (הִנָּבֵא Am. 7_{15})[4]. Es war das also eine Notmaßnahme Jahwes, daß er auf einen Mann aus dem Bauernstand zurückgreifen mußte. Die Berufung ist eine Tatsache, über die sich jede weitere Diskussion erübrigt. Man wird nicht fehlgehen, wenn man diese Berufung des Bauern Amos zum Propheten mit dem Empfang der fünf Visionen verbindet (Am. 7_{1-9}; 8_{1-3}; 9_{1-4}). Diese Visionen enthalten ja merkwürdigerweise an keiner Stelle einen expliziten Auftrag zur Verkündigung des Wahrgenommenen; aber sie berichten von Mitteilungen, in denen sich Jahwe ganz plötzlich an Amos, und nur an ihn, wendet, und vor allem lassen sie in ihrer Abfolge den inneren Weg erkennen, den Amos im Geist zurücklegen mußte, bis ihm die Erkenntnis von dem Unabwendbaren endlich feststand. Diese Visionen enthalten ein dramatisches Geschehen, das sich in tiefster Einsamkeit zwischen Jahwe und Amos abspielte. Amos hat sich zunächst, weil er es nicht begreifen konnte, Jahwe in den Arm geworfen, und

2. *V. Maag*, Text, Wortschatz und Begriffswelt des Buches Amos (1951); *E. Würthwein*, Amosstudien, ZAW 1950 S. 10 ff; *A. S. Kapelrud*, Central Ideas in Amos (1956); *H. W. Wolff*, Amos' geistige Heimat (1964) (hier noch nicht verwertet). Zur älteren Literatur s. *L. Köhler*, ThR 1932 S. 195 ff.

3. 2. Chron. 11_{6}; s. *Beyer*, ZDPV 1931 S. 113 ff.

4. Es ist strittig, ob Amos sagen wollte: ich war kein Prophet, aber jetzt bin ich einer (so *H. H. Rowley*, Was Amos a Nabi? Eißfeldtfestschrift [1947], S. 191 ff.); oder ob er jeden Bezug zu dem Prophetenstand ablehnen wollte (so *E. Baumann*, ZAW 1952 S. 62). Vgl. zu dem Verständnis von Am. 7_{14} die sorgfältige Studie von *H. Stoebe*, Der Prophet Amos und sein bürgerlicher Beruf (Wort und Dienst, Jahrbuch der theol. Schule Bethel, 1957, S. 160 ff.). Stoebe setzt sich für das präsentische Verständnis der Antwort des Amos ein. Ähnlich *R. Smend*, Das Nein des Amos, Ev. Theol. 1963 S. 416 ff.

zweimal — bei der Heuschrecken- und bei der Feuervision — ist es ihm auch gelungen, das Unheil abzuwehren. Aber der Last der aufgestauten Schuld Israels war seine Fürbitte doch nicht mehr gewachsen. In der dritten, der Bleilotvision, kommt Jahwe mit einem Wort, das er zu der Vision spricht, dem Propheten zuvor, und von da ab beginnt sich Amos zu ergeben. Die Obstkorbvision bringt das Wort: „Gekommen ist das Ende über mein Volk", das Amos stumm anhört; und die letzte Vision, die umfassendste, läßt erkennen, daß Jahwe aus der kommenden Katastrophe (Erdbeben?) keinen, nicht einen einzigen entrinnen lassen wird.

Diese Visionsfolge steht ziemlich isoliert in der prophetischen Literatur. Anders als bei den Visionen Jesajas oder Hesekiels ist für ihre Inhalte keine ältere Überlieferung erkennbar, von der Amos abhängig ist. Aber auch die eigentliche Botschaft des Amos läßt merkwürdigerweise einen engeren Anschluß an die Inhalte der Visionen vermissen, denn die Endkatastrophe der Verbannung Israels, die Amos eindeutig und fast monoton vorhersagt, ist dort gerade nicht angedeutet. Offenbar ist dem Propheten zuerst nur das Daß des Endes und des Gerichtes mitgeteilt worden, während er über das Wie erst unter besonderen Umständen und gewiß nicht ohne eigenes Nachdenken und Beobachten Gewißheit erhielt. Das Wort von dem vom Zion aus brüllenden Jahwe, dessen Stimme weit ins Land hinaus dringt und die Natur draußen verstört (Am. 1_2), redet ja noch weniger zu einem menschlichen Ohr, das eine bestimmte Mitteilung zur Kenntnis zu nehmen hätte und die es weiterzugeben gälte; vielmehr erfahren wir nur von dem Erschallen einer gleichsam noch unartikulierten Stimme göttlichen Zorns. Wir werden also einen beträchtlichen Teil der Botschaft des Amos seiner eigenen Überlegung und Beobachtung der Verhältnisse zuzuschreiben haben. Was er von Jahwe vernommen hatte, das mußte doch alles erst ausgemünzt, es mußte — und zwar immer aufs neue — ad hominem interpretiert werden. Es war oben schon davon die Rede, daß ein solches Wissen einem Menschen, der als einziger damit betraut wurde, eine einzigartige Würdestellung jenseits aller Stufungen der menschlichen Ehrenordnung geben, daß es ihn an einen Ort jenseits aller sozialen oder sakralen Rangunterschiede stellen mußte. Aber noch wichtiger ist der Prozeß intensivster geistiger Verarbeitung, der nach einem solchen Offenbarungsempfang einsetzen mußte. Amos ist in einem Volk umhergegangen, dessen Todesurteil gesprochen war. Von da her sah seine Umgebung mit einem Male anders aus, und jetzt erst wurden Mißstände als unerträgliche offenbar. So sehen wir den Amos vor allem mit der Aufgabe einer schlagenden Motivation des kommenden Unheils beschäftigt und sehen bei diesem Geschäft die Lebendigkeit und die geistige Schärfe dieses Mannes sich brillant betätigen. Sicher haben ihn immer neue Gottessprüche inspiratorisch überfallen, aber auch der Beitrag seines wachen Denkens sollte ja nicht unterschätzt werden.

War Amos Judäer, so muß angenommen werden, daß er von Hause aus in den südlichen Erwählungstraditionen, also in der David- und Ziontradition stand. Leider gibt es keine rechten Anhaltspunkte, um seine eigene Einstellung zu der Auszugstradition, die vor allem im Reiche Israel lebendig war, zu bestimmen. War sie ihm so fremd, daß er sie geradezu für häretisch und illegitim halten mußte[5]? Hat er die Nordisraeliten nur als ein Außenstehender auf ihre Überlieferungen hin angesprochen? Das ist aber angesichts der Eindringlichkeit, ja Wärme des geschichtlichen Rückblicks in Am. 2_{9-11} nicht gerade wahrscheinlich. Vor allem legen die Strenge, mit der er seine Hörer auf diese Überlieferungen festlegt, und die Folgerungen, die er aus ihrer Mißachtung zieht, doch nahe, daß auch er diese heilsgeschichtlichen Vorgegebenheiten sehr ernst genommen hat. Die vorgegebene Erwählung Israels enthält ja geradezu die Begründung für das bevorstehende Gerichtshandeln Jahwes (Am. 3_2). Man kann die Verkündigung des Amos gar nicht verstehen, wenn man nicht sieht, wie sie sich immer wieder mit der Erwählungsvorstellung auseinandersetzt und gerade von hier aus besondere Anstöße bekommen hat.

Aber auch die Veränderungen und Spannungen in dem politischen Raum, in dem Israel lebte, haben Amos in Atem gehalten. Das davidische Großreich hatte keinen Bestand; die Philister sind wieder selbständig geworden, ebenso die Edomiter und die Moabiter; besonders folgenreich war der Abfall von Aram-Damaskus. Zwar genoß das Reich Israel unter Jerobeam II. (786—746) noch eine Zeit des Friedens, ja einer gewissen Stärkung; aber der Assyrer war damals längst am Horizont Palästinas aufgetaucht, und ein Jahr nach Jerobeams Tod bestieg den Thron Assurs der große Tiglat Pileser, dessen Kriegszüge für Israel den Anfang des Endes einleiteten. Auch die wenigen Bezugnahmen auf Politisches reichen völlig hin, uns staunen zu lassen über

5. *S. Herrmann*, Die Ursprünge der prophetischen Heilserwartung im AT (Diss. Leipzig 1957), S. 135 ff; auch *V. Maag* betont den judäischen Standpunkt des Amos, RGG³, I, Sp. 330.

die Wachsamkeit der Geschichtsbeobachtung des Amos. Wie präzis hat er die sogenannte „aramäische Wanderung“ mit der ganz anderen der „Seevölker“ koordiniert (Am. 9_{7})! Beide Schübe haben tatsächlich fast gleichzeitig, also um 1200, die politischen Verhältnisse in Palästina für lange Zeit grundlegend bestimmt. Eine Quelle scharfer Beobachtungen der Vorgänge innerhalb der palästinischen Völkerfamilie ist das große Strophengedicht Amos 1_{3} ff. Über den Wert von kleineren Erfolgen gegen Damaskus, die Einnahme von Lodebar und Karnaim hat er seine eigene Meinung (Am. 6_{13}). Aber sein Blick reichte weiter; er sprach von dem, was nordsyrischen Städten, Kalne und Hamat, widerfuhr; und wenn er geheimnisvoll eine Verbannung „über Damaskus hinaus“ ansagte, so hat er natürlich den Assyrer gemeint (Am. 6_{2}; 5_{27}). Es kann wohl nicht anders gewesen sein, als daß Amos gerade in dieser Hinsicht mit seinem wachsamen politischen Interesse weit über seine Zeitgenossen hinausgeragt hat. Und doch wäre alles mißverstanden, wenn der moderne Leser den Propheten für einen nüchternen Beobachter halten wollte, der voraussah, was in politischer Hinsicht unvermeidlich kommen mußte. Gewiß, es läßt sich die eigentliche Zukunftsweissagung des Amos auf den einfachen Satz reduzieren: Israel wird in einer militärischen Katastrophe unterliegen und in die Verbannung geführt werden[6]. Ebenso sicher hat an diesem Zukunftsbild auch die konkrete Anschauung, wie Assur mit seinen Unterworfenen zu verfahren pflegte, ihren Anteil. Aber was bedeutet Assur für Amos! Daß das Wort im jetzigen Text überhaupt nicht vorkommt, ist kein Zufall[7]. Alles, was Amos zu verkündigen hat, gipfelt doch darin, daß Israel es jetzt mit Jahwe zu tun bekommt, aber nicht mit dem Jahwe der Heiligtümer und Wallfahrten, sondern mit dem Jahwe, wie ihn damals keiner kannte, und der zu neuen Taten an Israel aufbricht. Diese Unmittelbarkeit zu Jahwe, dieses Ich Jahwes, das sich mit den kommenden Ereignissen verbindet, war doch wohl für die Zeitgenossen das, was sie am meisten überraschen und aufregen mußte. „Ich zerschlage das Winterhaus“ (Am. 3_{15}), „ich führe euch in die Verbannung“ (Am. 5_{27}), „ich gehe hindurch durch deine Mitte“ (Am. 5_{17}), „ich stehe auf wider das Haus Jerobeams mit dem Schwert“ (Am. 7_{9}), „ich tilge es aus von der Erdoberfläche“ (Am. 9_{8})! Die Hoffnung, daß Jahwe doch einen Rest übriglassen werde, hat Amos einmal in

6. Militärische Katastrophen: Am. 2_{13} ff; 3_{11}; 5_{3}; 6_{9} f, $_{14}$; 7_{9}; 8_{3}; 9_{10}.
7. In Am. 3_{9} wird das „Asdod“ meist als „Assur“ gelesen.

einer Diskussionsrede souverän bagatellisiert (Am. 3,12; die Überbleibsel beweisen doch den Tod des zerrissenen Tieres, vgl. Ex. 22,12). Nur ganz wenige Male hat Amos so gesprochen, als sei Jahwes Entscheidung noch nicht endgültig gegen Israel gefallen. Immerhin muß es wohl Zeiten, muß es Kreise gegeben haben, in denen selbst Amos einem zaghaften „Vielleicht" Raum gegeben hat (Am. 5,15, 6).

In den Visionen hat Amos nur erfahren, daß Jahwe nicht mehr vergeben wolle. Aber was nicht mehr vergeben werden könne, worin die Verfehlungen Israels bestanden, das zu erkennen und zu benennen hat Jahwe seinem Propheten überlassen. Die Begründungen für das kommende Gericht finden sich nahezu ausschließlich in den Scheltreden, also formgeschichtlich in dem Teil, den der Prophet dem Drohwort vorausgehen läßt und mit dem er den Gottesspruch je an die, die er im besonderen angeht, heranträgt[8]. So kann dem Leser in der Verkündigung des Amos eine Verschiedenheit nicht entgehen: Während die Drohworte, wie schon gesagt, inhaltlich beinahe zu einer gewissen Monotonie neigen, entrollt sich in den Scheltreden eine wahre Fülle von Aspekten, von packenden Augenblicksbildern, von gewöhnlichen oder ungewöhnlichen menschlichen Verhaltensweisen. Jeder dieser Griffe ins volle Menschenleben ist von praller Lebendigkeit und zugleich von unheimlicher Gestrafftheit. Mit einer ordnenden Zusammenfassung kommt man da nicht weit, denn eigentlich steht doch jede Sprucheinheit für sich allein. Indessen bedeutet es keine unzulässige Vereinfachung, wenn man feststellt, daß sich die Anklagen nach zwei Richtungen hin bewegen: nämlich gegen die Nichtachtung des Gottesrechtes und gegen die religiöse Sicherheit.

1. Das Völkergedicht ließ erkennen, wie stark Amos auf die Verletzungen ungeschriebener Ordnungen im Zusammenleben der Völker reagiert hat, und zwar nicht nur auf Verstöße, unter denen Israel zu leiden hatte. Besonders interessant ist in dieser Hinsicht die Gazastrophe, weil es sich da um Verbrechen handelt, die die Philister den Edomitern angetan haben, die also Israel gar nicht berührt haben (Am. 1,6-8). Aber der Jahwe des Amos wacht auch über den Ordnungen des Völkerrechts und ahndet ihre Verletzungen in der Geschichte, wo immer sie geschehen. Unvergleichlich schwerer wiegen freilich die Verfehlungen Israels, denn diesem Volk hat sich Jahwe vor anderen vertraut gemacht (Am. 3,2). Tatsächlich zeigt uns Amos eine

8. S. o. S. 45, 82 f.

in sozialer Hinsicht zerklüftete Gesellschaft: Eine besitzende und demgemäß wirtschaftlich unabhängige Oberschicht lebte auf Kosten der „kleinen Leute“ (דַּל Am. 5_{11}; 8_{6}), und in besonderem Maße traten diese Schäden bei der Rechtsprechung zutage, denn in der Rechtsgemeinde hatten nur die Vollbürger Sitz und Stimme; sie aber waren zugleich als die Grundbesitzer eine Interessengemeinschaft und in der Rechtsgemeinde oft genug Richter in eigener Sache; Unfreie, Fremdlinge, Waisen und Witwen hatten keinen Vertreter ihrer Rechtsansprüche[9]. Bestechung war an der Tagesordnung (Am. $5_{7\,ff.,\,12}$) und im Wirtschaftsleben wurde betrogen (Am. 8_{5b}). Im Religiösen hatte man aber gleichwohl einen großen Eifer. Man unternahm Wallfahrten (Am. $4_{4\,f.}$; 5_{4}) und beging rauschende Kultfeste (Am. $5_{21\,ff.}$)! Darin aber sah Amos eine Herausforderung Jahwes. Was galten vor Jahwe die Opfer derer, die seinen Rechtswillen verachteten[10]?

An keiner Stelle spricht sich Amos darüber aus, in welcher Weise dieser Rechtswille Jahwes Israel bekannt geworden ist. Er erhebt aber die göttlichen Forderungen derart, als könne er ihre Gültigkeit bei seinen Zuhörern ohne weiteres als zugestanden voraussetzen. Nirgends beruft er sich — etwa um ihre Autorität zu stützen — auf irgendeine schriftliche oder mündliche Überlieferung. Trotzdem ist es ganz unwahrscheinlich, daß er sich auf keine andere Autorität stützte als auf „die Evidenz des Moralischen“[11]. Vielmehr lassen sich, wie neuere Untersuchungen gezeigt haben, diese Ordnungen Zug um Zug in der älteren sakralen Rechtsüberlieferung, sonderlich im Bundesbuch belegen[12]. Eine solche Vergleichung der Anklagen des Amos mit der älteren Rechtsüberlieferung läßt nun erkennen, daß Amos seine Zeitgenossen auf den einfachen vordergründigen Wortsinn jener Gebote festlegt. Man kann eigentlich nicht sagen, daß er sie radikalisiere, daß sich ihr Gehalt in seinem Munde unversehens verschärft, zugespitzt habe. Und trotzdem hört sich das jetzt alles ganz anders an. Neu ist das Drohende, das den Bestand ganz Israels in Frage stellt. Die alten Gebote sah man als erfüllbar an, die apodiktischen Sätze galten fast mehr als Bekenntnishandlungen; jedenfalls ist in der älteren Zeit eine Reflexion über die Erfüllung oder die Erfüllbarkeit der Gebote auf keine breitere

9. S. Bd. I, S. 78 f.
10. Zu der Polemik der Propheten gegen den Kultus s. u. S. 427.
11. *J. Wellhausen*, Prolegomena (1899[5]), S. 406.
12. *E. Würthwein*, a. a. O. S. 47; *R. Bach*, Gottesrecht und weltliches Recht in der Verkündigung des Propheten Amos (Festschrift für G. Dehn [1957], S. 23 ff.).

Basis gekommen. Einzelne Übertreter mag es zu allen Zeiten gegeben haben; die hat man gerichtet. Aber dies, daß jetzt mit einemmal nicht einzelne, sondern ganz Israel, jedenfalls seine maßgebenden Gruppen, schrill der gröbsten Übertretungen geziehen wurden, das war etwas völlig Neues[13]. Die Geschichte des Verständnisses der Jahwegebote können wir nicht rekonstruieren; so wissen wir nicht, ob es sich hier bei Amos um einen plötzlichen Durchbruch handelt oder doch um eine Auffassung, die sich von längerer Hand vorbereitet hat. Jedenfalls sehen wir, wie sich bei Amos das, was Israel mit Lobpreis aus Jahwes Händen genommen hatte, weil man in den Geboten einen Erweis der Gemeinschaftstreue Jahwes sah, — wie sich das nun gegen Israel selbst kehrte und wie von diesen prophetischen Anklagen Israel das Recht, sich zu diesen Geboten zu bekennen (man denke an das Ritual der Torliturgien) bestritten wurde.

2. Da sich die Polemik der Propheten, vollends die des Amos, in sehr radikalen Formulierungen ergeht, ist es schwer, aus dieser Quelle — und eine andere haben wir nicht — die geistig-religiöse Lage der damaligen Zeit zu rekonstruieren. Amos zeigt uns das Bild einer gedankenlos und selbstsicher in ihrem Wohlstand dahinlebenden Oberschicht. Bei den Vorwürfen gegen das Wohlleben muß man sich gegenwärtig halten, daß dem Jahweglauben an sich alles Asketische, irgendeine Verdächtigung der materiellen Güter eigentlich sehr ferne lag. Essen und Trinken, sein Herz wohl sein lassen, kurz, jegliche materielle Lebenssteigerung hat man in naiver Dankbarkeit aus Jahwes Hand genommen. Es muß weit gekommen sein, wenn in diesem Bereich Anklagen gegen den materiellen Lebensgenuß erhoben werden mußten. Amos wirft diesen „Sicheren auf dem Berg Samariens“ vor, daß sie nicht „krank sind“ (נֶחְלוּ) an dem „Schaden Josephs“ (שֵׁבֶר Am. 6 6). Wie so viele andere prägnante Formulierungen, so ist auch dieses unvergleichliche Wort nicht näher interpretiert. Der Prophet denkt dabei wohl vor allem an die sozialen Verwüstungen. Jedenfalls ist es etwas sehr Innerliches, das er bei der Oberschicht vermißt; es geht ja nicht um die Verletzung bestimmter Gebote; denn es gab kein Gebot, das dem Liegen auf kunstvollen Betten oder dem Salben mit kostbarem Öl wehrte, so wenig, wie es eines gab, das dazu verpflichtete, an dem Schaden Josephs zu leiden. Es ist also eine Gesamthaltung, auf

13. Elia hat sich wahrscheinlich nur gegen das Königshaus und die von dort protegierten Kultdiener gewendet.

die Amos zielt, ein Mitleben und ein solidarisches Mitleiden mit den Widerfahrnissen des Gottesvolks. Ja, hat nicht Amos in diesem Fall unbewußt sich selbst und sein Leiden an dem Schaden zum Maßstab genommen? Wo immer Amos seine Zeitgenossen betraf, sah er sie in einer grausamen Selbsttäuschung befangen. Sie haben einen „Tag Jahwes" erwartet, einen Aufbruch Jahwes zur Besiegung ihrer Feinde, und sie fürchten sich nicht vor der Nacht, die dieser persönliche Aufbruch Jahwes bringen wird[14]. Sie wissen um die Erwählung Israels durch Jahwe, haben sich dieser Tatsache wohl wie einer Heilsgarantie getröstet; aber sie bedenken nicht, daß sie dadurch um so viel näher ins Licht der göttlichen Heiligkeit gerückt sind (Am. 3 2). Für Menschen, die so sicher geworden sind, mußte selbst das Exodusgeschehen auf die Linie allgemeiner göttlicher Geschichtsführungen herabsinken; für sie mußte die heilsgeschichtliche Besonderheit der göttlichen Erlösungstat schlechthin erlöschen (Am. 9 7). Aber sie haben nichts von ihrer wahren Lage Jahwe gegenüber begriffen! Daß Jahwe in einer langen Geschichte, nämlich einer Geschichte von aufeinanderfolgenden Plagen, Hunger, Durst, Mißernten, kriegerischen Katastrophen und Seuchen fortwährend bei ihnen angeklopft hat, haben sie nicht gemerkt (Am. 4 6 ff.). Nun aber ist die Zeit dieses indirekten Mahnens Jahwes vorbei. Israel muß sich jetzt einer ganz persönlichen Begegnung mit seinem Gott gewärtig halten, wobei Amos doch wohl an das Gericht denkt, in dem dieses Ich Jahwes, von dem oben die Rede war, auf den Plan treten wird.

Am Ende des Buches Amos steht die Weissagung von der künftigen Wiederaufrichtung der baufälligen „Hütte" Davids (Am. 9 11 f.). Ihre Echtheit ist stark angezweifelt und mußte es wohl sein, solange man die Prophetie des Amos als den Niederschlag einer Art von „prophetischer Religion", eines Ringens und einer persönlichen Überzeugung ansah. War sie das, dann konnte man wohl erwarten, daß sie sich von großen Selbstwidersprüchen freihielt. Anders aber sieht die Sache aus, wenn wir in den Propheten Männer sehen, die zu ganz bestimmten sakralen Überlieferungen, wie sie im Volk lebendig waren, das Wort nahmen; ja, wenn wir ihre ganze Verkündigung als ein einziges kritisches oder neu aktualisierendes Gespräch mit diesen alten, ihnen vorgegebenen Überlieferungen ansehen. Nun war aber Amos Judäer.

14. Nicht das ist das Neue, daß Amos von der Finsternis am Tage Jahwes geredet hat, sondern daß er der Meinung war, daß diese Finsternis auch Israel bedrohen werde (s. o. S. 133).

Wäre es da nicht vielmehr auffallend, wenn von den Überlieferungen, die ihm am nächsten waren, gar nichts zu Wort käme? Seiner Ausformung nach ist dieser messianische Spruch ausgesprochen verhalten[15]. Nichts weist auf einen sensationellen geschichtlichen Umbruch, durch den Himmel und Erde erschüttert werden (vgl. Hag. 2 20 ff.). Nur von der Wiederherstellung des zerfallenden Hauses, nur von der Restauration eines Gebäudes wird gesprochen, dessen Fundamente längst gelegt sind. Und das, was daraufhin folgen wird, ist eine Integration des alten davidischen Reiches, das inzwischen schwere Schäden erlitten hat. Aber Jahwe wird das, was er einmal „gebaut" hat, nicht liquidieren; vor allem wird er seinen Rechtsanspruch auf die Völker, „über denen sein Name ausgerufen war", nicht aufgeben.

3. Hosea[16]

Die früher häufig vertretene Meinung, daß wir von den menschlichen Verhältnissen Hoseas mehr wüßten als bei anderen Propheten (Jeremia natürlich ausgenommen), wird hinfällig, wenn wir die viel diskutierte Perikope von der Symbolik seiner Ehe (Hos. 1—3) als eine prophetische Zeichenhandlung verstehen, also als einen Teil seiner Verkündigung, die jeder biographischen Ausdeutung[17] strenge Grenzen setzt. In Wahrheit bedient uns das Buch Hosea in dieser Hinsicht besonders spärlich. Daß Hosea in den katastrophalen letzten Jahren des Nordreiches bis etwa zu der Eroberung Samariens durch die Assyrer (721) im Reiche Israel gelebt und gewirkt hat, ist so ziemlich das einzig Sichere. Von seiner Heimat im engeren geographischen Sinne wissen wir ebensowenig wie von den Orten seines Auftretens oder von möglichen Konflikten oder sonstigen Lebensumständen. Nicht unwahrscheinlich ist die Annahme, daß Hosea der levitischen Bewegung des Nordreichs nahestand, die ebenso wie die prophetische von der allgemeinen Kanaanisierung abgedrängt wurde; in beiden Reformkreisen fanden die alten Jahweüberlieferungen bewahrende Pflege[18]. Was seine Botschaft im Ganzen betrifft, so steht jeder Ausleger zunächst unter dem Eindruck einer weitgehenden Andersartigkeit etwa

15. So, mit Recht, *V. Maag*, a. a. O. S. 248 f.
16. *H. W. Wolff*, Hosea, BK XIV, 1 (1961).
17. So etwa noch *Th. H. Robinson*, HAT I, 14 (1954²) S. 2.
18. *H. W. Wolff*, Hoseas geistige Heimat, ThLZ 1956 Sp. 83 ff.

gegenüber der des Amos oder Jesaja, und er wird diese Wahrnehmung zu präzisieren suchen. Beunruhigend an diesem Befund ist aber das Singuläre des Phänomens. Hosea ist ja der einzige „Schriftprophet“ des Nordreichs, und das heißt, daß uns eigentlich eine Vergleichsmöglichkeit fehlt und daß wir das, was zu dem einmaligen Profil seiner Botschaft gehört, nicht unterscheiden können von dem, was ihm etwa in einem allgemeineren Sinne als prophetischer Stil, als Thematik und prophetische Tradition möglicherweise vorgegeben war; denn daß die Dinge im Nordreich auch für einen Propheten anders lagen als etwa in dem Jerusalem Jesajas und daß sie weithin ihre eigene Problematik hatten, das können wir dem Buch immerhin entnehmen. Genannt seien hier nur zwei fundamentale Vorgegebenheiten spezifischer Art: Die Auflösung des patriarchalischen Jahweglaubens im kanaanäischen Fruchtbarkeitskultus und die besondere staatlich-politische Struktur des Reiches Israel, die auch dem Propheten eine wesentlich andere Form der Teilhabe an den öffentlichen Dingen und ihren Problemen zuwies. Gerade von diesen beiden Faktoren her läßt sich auch Hosea deutlich vernehmen.

Aber auch im Formalen unterscheidet sich die Botschaft Hoseas von der seiner Zeitgenossen Jesaja, Amos oder Micha. An Stelle der kleinen, deutlich begrenzten und leicht voneinander zu trennenden Einheiten stehen bei Hosea größere Gebilde mit einer einigermaßen gemeinsamen Thematik im Vordergrund. Der Botenspruch fehlt zwar nicht, aber der Prozeß der Komposition kleiner Sprüche zu größeren Einheiten scheint hier schon gleich mit der (schriftlichen?) Fixierung des Überlieferungsbestandes Hand in Hand gegangen zu sein[19]. Demgegenüber tritt das Usurpieren fremder Gattungen, das bei Amos oder Jesaja auffällt, bei Hosea fast ganz zurück. Das alles bewirkt, daß uns die Weise seines Redens, aufs Ganze gesehen, viel einheitlicher erscheint. Will man von seiner Diktion auf den Boten selbst zurückschließen, so stellt sich sofort der Eindruck einer äußersten Leidenschaftlichkeit ein. Hoseas Verkündigung ist wohl noch mehr als die eines anderen Propheten von Affekten ganz persönlicher Art her bestimmt, von denen der Liebe, des Zornes, der Enttäuschung, ja des

19. Das dreimalige לָכֵן innerhalb der großen Einheit Hos. 2 4 ff. (v. 8, 11, 16) läßt doch darauf schließen, daß hier ursprünglich kleinere Einheiten planmäßig zu einer größeren Komposition ausgestaltet wurden. Die ursprünglichen Einheiten, die wir auch bei Hosea voraussetzen müssen, lassen sich demgemäß viel weniger deutlich abgrenzen.

Zwiespaltes zwischen zwei gegensätzlichen Empfindungen. Dadurch, daß der Prophet diese Glut der Affekte dem Reden Gottes leiht — oder sagen wir besser: dadurch, daß Jahwe den Propheten in seine Affekte hineingerissen hat —, gewinnt das göttliche Wort bei Hosea etwas Heißes und Brennendes, wie das in solcher Intensität nur für die Botschaft dieses Propheten charakteristisch ist.

Hoseas ganze Verkündigung ist heilsgeschichtlich verwurzelt. Man könnte fast sagen, daß er sich in seiner Argumentation da erst sicher fühlt, wo er sie geschichtlich fundieren kann[20]. Jahwe ist Israels Gott „von Ägypten her" (Hos. 12_{10}; 13_{4}); durch den Propheten Mose hat Jahwe Israel geführt (Hos. 12_{14}). Diese Frühgeschichte Israels war die Zeit, in der ihm Jahwe seine ganze Liebe zuwenden konnte, da er es „zog mit Banden der Huld, mit Seilen der Liebe" (Hos. 11_{4}). Aber was für einen schauerlichen Kontrast zeigt die Gegenwart! Israel hat Jahwe verlassen wie eine untreue Frau, die ihren Liebhabern nachläuft. Hosea hat dieses von Grund auf zerstörte Verhältnis Israels zu Jahwe in seiner eigenen Ehe abbildlich dargestellt und hat die Botschaft von Jahwes Zorn und seiner Abkehr von seinem Volk mit den Symbolnamen der Kinder aus dieser Ehe ausrichten lassen.

Der Text dieser Ehegeschichte gibt dem Exegeten manche Frage auf; schon das Nebeneinander eines Er-Berichtes (Hos. 1) und eines Ich-Berichtes (Hos. 3) ist auffallend; es ist aber doch nicht so zu erklären, daß beide Berichte von demselben Vorgang erzählen. Da die zweite Ehegeschichte unter einem ganz anderen Zeichen steht, nämlich dem der Erziehung der Frau, muß man mit zwei aufeinanderfolgenden Ereignissen rechnen. Dann wird es sich aber auch bei der zweiten Ereignisfolge um dieselbe Frau handeln und nicht um eine andere[21]. Die Auffassung, daß es sich hier um ein wirkliches Geschehen handelt und nicht nur um eine Allegorie (weil Gott etwa den Befehl zu einem so verwerflichen Tun nicht gegeben haben könne!), hat sich heute allgemein durchgesetzt. Im übrigen bezeichnet das אֵשֶׁת זְנוּנִים nicht eine im moralischen Sinn besonders tief gesunkene Frau, sondern eine Frau, die an den kanaanäischen Fruchtbarkeitsriten teilgenommen hat. Sie ist gerade keine Ausnahme, sondern repräsentiert das typische Israel (*H. W. Wolff*, a. a. O. S. 12 ff.). Weniger Übereinstimmung besteht in der Frage, inwieweit die Texte einen Einblick in die persönlichen Lebensverhältnisse und Erfahrungen des Propheten geben. Oft ist die Meinung vertreten worden, daß schwere Erfahrungen in seinem Eheleben, vor allem seine unglückliche Liebe zu der untreuen Frau, den Propheten die Liebe Gottes zu seinem Volk verstehen gelehrt und in ihm nachträglich die Erkenntnis geweckt haben, daß diese Ehe ihm von Gott verordnet gewesen sei (so zuletzt *A. Weiser*, ATD 24). U. E. geben die beiden Kapitel viel zu wenig Anhaltspunkte, an denen eine solche psychologisierende und rationalisierende Interpretation einsetzen könnte. Das Pri-

20. Hos. 1_{4}; 2_{10}; 6_{7}; $9_{9, 10}$; $10_{1, 9, 11 f}$; 11_{1-4}; $12_{4 f, 10, 13 f}$; 13_{4-6}.

21. So *H. W. Wolff*, BK XIV z. St. Dort S. 6 die umfangreiche Literatur zu Hos. 1–3.

märe war nicht ein intimes Erlebnis, sondern der Befehl Jahwes, eine Zeichenhandlung auszuführen. Darüber gibt der Text hinlänglich klare Auskunft; über das aber, was jenseits dieses „dienstlichen" Auftrags und seiner Ausführung liegt und was in den Bereich des Biographischen führen könnte, informiert er uns kaum. Vor allem aber brauchte Hosea, um das Modell für dieses Verhältnis Jahwes zu Israel zu finden, ja gar nicht auf sein Privatleben zu sehen; die Vorstellung von der Ehe einer Gottheit mit einem irdischen Partner, etwa Baals mit der Erde, war ihm und seinen Zeitgenossen in der kanaanäischen Naturreligion ja längst geläufig[22]. Wahrscheinlich war es äußerst kühn, diese Vorstellung einer Religiosität, die mit dem Jahweglauben, wie Hosea ihn verstand, schlechterdings unvereinbar war, auf das Bundesverhältnis Jahwes zu übertragen. Aber gerade durch diese Anwendung auf das Verhältnis zu einem durchaus geschichtlich gesehenen Partner war dem Vorstellungskreis das mythologische Element genommen. Es ist freilich nicht uninteressant, zu sehen, wie der irdische Partner dieses Liebesbundes dadurch fast etwas Undeutliches bekommt, daß Hosea bald vom Land (Hos. 1_{2}; 2_{5}), bald von Israel spricht (Hos. 2_{16}; $3_{1,4}$). In dieser Hinsicht ist der übernommene Stoff offenbar nicht ganz bewältigt. Der Schwerpunkt liegt bei Hosea natürlich auf dem Volk.

Die Zeichenhandlung der Ehe Hoseas ist nur ein Teil der Verkündigung des Propheten; er läßt aber, vollends wenn man den eng daran angelehnten Textzusammenhang (Hos. 2_{4-25}) dazunimmt, thematisch fast alles für Hosea Charakteristische anklingen: die flammende Empörung über den Treubruch Israels, die bevorstehende Bestrafung; aber dann auch in einem schwer zu präzisierenden Jenseits von alledem: die Andeutung eines neuen Heilshandelns, ja eines völligen Neuanfanges mit Israel, von dem Gottes Liebe nicht lassen kann.

Für das Versinken Israels in der kanaanäischen Naturreligion hat Hosea den Begriff des „Hurens", des „Weghurens von Jahwe" geprägt, in dem sich gleicherweise die Vorstellung von der Unlöslichkeit des Jahwebundes wie der Abscheu vor den Fruchtbarkeitsriten und der sakralen Prostitution des Baalskultes ausspricht[23]. Mag der Jahweglaube dieser sexuellen Seite des Naturkultes gegenüber besonders empfindlich reagiert haben, so war sie es doch nicht allein, sondern, wie gesagt, der Treubruch im ganzen, die Verletzung des ersten und auch des zweiten Gebotes, die den Propheten auf den Plan gerufen hat (Hos. $4_{12, 17}$; 8_{4-6}; 13_{2}). Das war es, daß Israel es sich in der Landeskultur wohl sein ließ, daß es aber glaubte, deren Segnungen den Baalen zu verdanken. Israel „weiß es nicht, daß ich (ihr) gab Korn, Most und Öl und sie mit Silber überschüttete und mit Gold" (Hos. 2_{10}). In diesem erstaunlichen Satz erscheint Jahwe als der Spender aller kulturellen Werte. Israel aber hat sowohl den Geber wie die

22. S. Bd. I, S. 35 f.
23. Hos. 1_{2}; 2_{7}; 3_{3}; $4_{10, 12, 13, 14, 15, 18}$; 5_{3}; 9_{1}.

Gaben verkannt; es hat nicht gesehen, daß es durch diese Gaben vor Jahwe in einen status confessionis gestellt wurde; es ist vielmehr einer mythischen Vergötzung der Landeskultur und ihrer numinosen chthonischen Ursprünge verfallen. Wieviel einfacher erscheint demgegenüber der Weg der Rekabiter, die angesichts einer so heillosen Perversion der Segnungen der Kultur das Programm einer radikalen Separierung vertraten und die Vereinbarkeit eines Gehorsams Jahwe gegenüber mit der Nutzung der Kulturgüter rundweg bestritten[24].

Hosea nuanciert deutlich seine Anklagen, die er an die Verantwortlichen richtet. Bei diesem seinem Interesse am Kultischen mußte er bei den Priestern ein besonderes Maß von Versagen feststellen (Hos. 4_6, $_9$; 5_1; 6_9). Ihnen, aber ebenso dem ganzen Volk, fehlt es an der rechten דַּעַת אֱלֹהִים. Leider läßt sich dieser für Hosea so charakteristische Begriff nicht leicht übersetzen[25]. Unser Wort „Gotteserkenntnis" weist zu sehr auf das Theoretische des religiös-philosophischen Erkenntnisproblems. Der Begriff muß aber nach Ausweis der Belege auch etwas viel Spezielleres bedeuten als nur eine allgemeine innere Einstellung Gott gegenüber; er scheint ja geradezu das Wesen des Priesterdienstes zu umschreiben, denn er steht in Hos. 4_6 parallel zu Tora. Er muß also eine bestimmte Form des Wissens von Gott bezeichnen, die Israel zu seinem Schaden verloren hat; deshalb wird man den Begriff vor allem auf die Vertrautheit mit den Geschichtstaten Jahwes zu beziehen haben. Man könnte wohl auch sagen: das Bekenntnis zu Jahwe ist Israel abhanden gekommen[26].

Nur für den modernen Betrachter wenden sich Hoseas Worte zur Politik seiner Zeit einem anderen Lebensbereich zu. Für Hosea aber, der mehr als irgendein Prophet in einem antik-sakralen Ganzheitsdenken lebte, lag das, was Israel im Politischen widerfuhr, auf keiner anderen Ebene. Man muß ja noch bedenken, daß die charismatische Struktur des Königtums im Reiche Israel geradezu auf die tragende Mithilfe der Propheten angewiesen war. In seinem erregten Teilnehmen am Politischen, sonderlich an den Revolutionen am Hof in Samaria, ist Hosea also ein echter Prophet des Nordreiches und setzt die Linie, die in dieser Hinsicht schon bei Elisa sichtbar geworden ist,

24. S. Bd. I, S. 77 f.

25. Zum Folgenden vgl. *H. W. Wolff*, „Wissen um Gott" bei Hosea als Urform von Theologie, Ev. Th. 1952/53 S. 533 ff.

26. Vgl. dazu besonders Hos. 13_4: „Ich, Jahwe, bin dein Gott vom Lande Ägypten her; du hast kein Wissen um Gott, es sei denn durch mich."

fort[27]. Darin allerdings hat sich die Situation gegenüber der Zeit Elisas und Jehus grundlegend geändert, daß Jahwe mit den sich überstürzenden Palastrevolutionen und Königskrönungen dieser letzten Jahre vor dem Fall Samariens nichts mehr zu tun haben will. „Sie machten Könige, doch nicht von mir“ (Hos. 8 4). Während man bei diesen Krönungen in Samarien noch glaubte, Jahwe als Schutzherrn seines Volkes walten zu sehen, erkennt Hosea gerade in diesen politischen Vorgängen, daß Jahwes Gericht über Israel schon im vollen Gange ist. „Ich gebe dir einen König in meinem Zorn und nehme ihn in meinem Grimm“ (Hos. 13 11). Das ist ja überhaupt etwas vom Wesentlichsten in der Schau Hoseas: Während seine Zeitgenossen eifrig die Schäden des Staatswesens zu reparieren und sich durch politische Aktionen gegen Bedrohungen abzuschirmen suchen, sieht Hosea das Unheil viel tiefer sitzen. Es ist Gott selbst, der sich gegen sie gewandt hat; das Volk ist krank an Gott, der ihm wie ein Geschwür im Leibe sitzt.

> „Ich aber bin wie Eiter für Ephraim
> und wie Wurmfraß für das Haus Juda.
> Als aber Ephraim seine Krankheit sah
> und Juda sein Geschwür,
> da ging Ephraim nach Assur und schickte zum Großkönig.
> Doch er kann euch nicht heilen,
> nicht befreien von eurem Geschwür“ (Hos. 5 12 f.).

In der Ansage des Gerichtes selber, dem Israel unausweichlich entgegengeht, bewegt sich Hosea nur in kurzen, allgemeinen Andeutungen. Selten, daß der Vorgang nach seiner politisch-geschichtlichen Seite deutlicher konturiert ist. Einigemale spricht der Prophet von einer von Feinden verursachten Katastrophe (Hos. 8 3; 10 14 f; 11 6; 13 15), gelegentlich von einer bevorstehenden Deportation, wobei neben Assur merkwürdigerweise auch an eine „Rückkehr“ nach Ägypten gedacht wird (Hos. 9 3, 6; 8 13; 11 5). Sehr altertümlich stellt sich Hosea dieses Gericht einerseits von Israel selbst, d. h. von seinen bösen Taten gewirkt vor. Israel hat sich so tief in die Eigenmacht des von ihm ausgelösten Bösen verstrickt, daß es sich nicht mehr daraus befreien kann (Hos. 5 4 f.). „Ihre Taten umstellen sie“; sie sind von dem angerichteten Bösen völlig zerniert, so daß ihnen keine eigene Bewegungsfreiheit mehr bleibt (Hos. 7 2)[28]. Aber diese von Hosea deutlich fest-

27. S. o. S. 37 f.
28. Zu diesem Vorstellungskreis siehe Bd. I, S. 277 ff.

gehaltene Vorstellung von der „schicksalwirkenden Tatsphäre“ bedeutet nicht im mindesten, daß sich an Israel nur eine unpersönliche Gesetzmäßigkeit erfüllt. Im Gegenteil, es ist Jahwe, der jetzt ihrer Taten — sie sind „vor seinem Angesicht“ (Hos. 7$_{2}$) — gedenkt (Hos. 7$_{2}$; 8$_{13}$; 9$_{9}$). Ja, die gewisse Blässe hinsichtlich der konkreten Vorgänge beim Vollzug des Gerichtes erklärt sich von da her, daß die ganze Kraft der prophetischen Aussage darauf gerichtet ist, daß jetzt Jahwe selbst gegen sein Volk aufsteht. Er wird es züchtigen (Hos. 5$_{2}$), er wird ihm zum Löwen (Hos. 5$_{14}$); er fängt es wie ein Jäger (Hos. 7$_{12}$). Gegenüber diesem Ich, das allen Raum der Geschichte von jetzt ab ausfüllen und bestimmen wird, — „ich, ich zerreiße“ (אֲנִי אֲנִי Hos. 5$_{14b}$) — ist das geschichtliche Wie des Vollzugs fast ohne Interesse.

Angesichts von Weissagungen einer so gnadenlosen Finsternis, in der sich Israels Gericht vollenden wird, ist es nicht unbedenklich, zu einer Erörterung der Heilsweissagungen Hoseas überzugehen; denn damit wird der Eindruck erweckt, es habe das kaum erträgliche Dunkel, auf das er immer wieder hinweist, doch nicht den Ernst eines letzten Wortes. Aber wer sagt denn, daß Hosea vor denselben Menschen, denen er das Gericht angekündigt hat, auch vom künftigen Heil gesprochen habe! Genug, Hosea hat — gleichviel vor wem und für wen — ganz ohne Zweifel auch von einem künftigen Heil gesprochen. Mehr noch: er hat um diese Paradoxie selber gewußt; ja er hat gesehen, wie der Kampf zwischen Zorn und Liebe im Herzen Gottes selbst zum Austrag kam. Damit hat er allerdings eine Aussage gewagt, deren Kühnheit in der ganzen Prophetie ohne Beispiel ist:

> „Wie sollte ich dich drangeben, Ephraim, dich preisgeben, Israel?
> Mein Herz kehrt sich um in mir; all mein Erbarmen ist entbrannt;
> ich will meinen glühenden Zorn nicht vollstrecken, will Ephraim
> nicht wieder verderben,
> denn Gott bin ich, nicht Mensch, ein Heiliger in deiner Mitte ...“ (Hos. 11$_{8}$ f.).

Aber Hosea gibt uns noch eine Hilfe zum Verständnis des Nebeneinanders von Gericht und Heil an die Hand, und zwar in dem Erziehungsgedanken, der bei ihm eine größere Rolle spielt als bei irgendeinem Propheten[29]. Jahwes Handeln an Israel hat bei ihm gelegentlich etwas von einer pädagogischen Planmäßigkeit, die vor allem durch Entzug und Eingrenzung die Verirrten wieder zurechtbringen möchte. Damit ist tatsächlich — wenigstens in einigen Textpartien — etwas

29. Hos. 2$_{11}$ ff; 3$_{3-5}$; 11$_{1}$ff.

wie ein rationaler Ausgleich zwischen dem Gerichts- und Heilshandeln Gottes erreicht.

> „Lange Zeit werden die Israeliten bleiben
> ohne König, ohne Amtsträger, ohne Opfer, ohne Malstein,
> ohne Ephod und ohne Teraphim;
> dann werden die Israeliten zurückkehren
> und ihren Gott suchen“ (Hos. 3 4 f.).

Das, was Jahwe seinem Volk entziehen wird, ist so viel und so lebenswichtig, daß man gar nicht sagen kann, in welcher Existenz sich Hosea das Volk Israel in dieser Zwischenzeit vorstellt; es ermangelt ja nicht nur der staatlichen Ordnung, sondern auch des Kultus! Man wird zur Verdeutlichung jene Stelle aus dem großen Gedicht von der Erziehung Israels danebenstellen dürfen, in der sich Jahwes Plan mit Israel in einer fast bestürzenden Intimität preisgibt. Jahwe will nämlich sein Volk, nachdem er ihm den Weg zu den Baalen verlegt hat, „locken“, er will ihm „ins Herz reden“ und es wieder in die Wüste führen (Hos. 2 16). Das bedeutet nichts anderes, als daß Gott es an den Ort zurückführen wird, wo er ehedem mit ihm begonnen hat, sozusagen an die Nullpunktsituation[30]. Hier, in der Wüste, können sich keine Fruchtbarkeitsgötter in das Verhältnis zwischen Gott und seinem Volk eindrängen; hier wird Israel ganz auf Jahwe geworfen sein; Jahwe wird es allein für sich haben, um ihm von da aus noch einmal das Land zu verleihen. Hosea sieht also das neue Heilsgeschehen typologisch in dem alten vorgebildet, wobei freilich alle Störungen und Unvollkommenheiten, von denen die ältere Heilsgeschichte doch auch berichtet hat, von den Wundern des letzten Heilsgeschehens überboten sein werden. Das Akortal — die Stätte des Frevels und der Steinigung Achans — wird „zur Pforte der Hoffnung“ werden (Hos. 2 17; vgl. Jos. 7) und Jahwe wird sich aufs neue mit Israel verloben. Ein letzter Spruch klingt seiner Form nach an einen Zauberspruch an, indem er die freie Zirkulation der von Gott ausgehenden Segenskräfte schildert; in der fest geschlossenen Kette (Gott—Himmel—Erde—Kulturgaben—Israel) ist keine Lücke, in die Baal mit seinen Funktionen eintreten könnte (Hos. 2 23 ff.)! Auch das Heilswort am Ende des Buches bewegt sich in seiner hochantiken, fast mythischen Metaphorik ganz im Naturhaften. Jahwe wird Israel lieben, er wird zur grünenden Zypresse, zum Tau für Israel, und Israel wird blühen

30. *H. W. Wolff*, BK XIV S. 78.

und Wurzel schlagen und sein Duft wird sein wie der des Libanon (Hos. 14 5-8). Es ist merkwürdig, daß derselbe Prophet, der so intensiv heilsgeschichtlich denkt, doch zugleich das Verhältnis Jahwes zu Israel in den Horizont eines fast pflanzlich naturhaften Gedeihens und Blühens hinausverlagern kann, in dem alle Dramatik der Heilsgeschichte wie in einer großen Stille ausmündet.

B. JESAJA UND MICHA

Die Verkündigung Jesajas ist das gewaltigste theologische Phänomen des ganzen Alten Testamentes. So muß jedenfalls der urteilen, dem der von einem einzelnen Menschen umspannte theologische Raum immer noch imponierender erscheint als der mächtigste, aber anonym erstellte Überlieferungsorganismus. Jesajas geistige Lebendigkeit, vor allem die herrliche Breite seiner Vorstellungswelt werden von keinem anderen Propheten erreicht. Auch solche Vorstellungen, die ihm überlieferungsgeschichtlich vorgegeben waren, begegnen bei ihm in der Regel in kühnster Neuprägung. Erst wenn man bedenkt, daß Jesaja ein antiker und kein moderner Mensch war, daß sein ganzer geistiger Haushalt sehr viel mehr traditionsbestimmt war, erst dann tritt die Wandlungsfähigkeit seiner Gedanken in ihr richtiges Maß. Die Biegsamkeit seiner Botschaft bei der Anpassung an jede Veränderung der politischen Situation ist so groß, daß uns allein an dem scharfen Profil seiner Botschaften die jeweilige geschichtliche Situation wie an einem Negativ deutlich werden kann. Um uns von ihm als Menschen eine Vorstellung zu machen, bleibt uns freilich neben einigen ganz dürftigen biographischen Angaben nur noch sein Stil. Aber welch eine Fülle entfaltet sich hier! Die Spannweite geht vom schneidenden Scheltwort bis zu Texten, in denen das Pathos in feierlicher Breite auslädt, von der geballten Knappheit eines Gottesspruches bis zum tönenden, in Worten schwelgenden Hymnus[1]. Charakteristisch für das eine wie das andere ist aber immer das Maß, in dem alles, was Jesaja sagt, gehalten ist; und dieses Maß, dieses Gehaltensein auch in Augenblicken höchster Leidenschaft, bewirkt es wohl, daß sich dem Leser immer wieder aufs neue der Eindruck von etwas menschlich Edlem aufdrängt. Daß Jesaja Jerusalemer, also Städter war, ist, obwohl uns genauere Angaben fehlen, die nächstliegende Annahme. Dort aber wird man ihn in den oberen Ständen zu suchen haben. Seine Freiheit im Umgang mit dem König oder mit hohen Beamten könnte das nur

1. Eine besondere Seite der jesajanischen Rhetorik sind die Vergleiche mit ihren schlagenden Pointen: Jes. 1_{8}; 7_{4}; 18_{4}; $29_{8, 11 f}$; $30_{13, 17}$; 31_{4}.

bestätigen. Er war verheiratet und hatte Kinder, denen er Symbolnamen gab (Jes. 7_3; 8_3). Von seinen persönlichen Verhältnissen wissen wir sonst nichts; dafür, daß er im Bereich des Tempelkultes förmlich beamtet war, gibt es keinerlei Anhaltspunkte, dagegen gewichtige Argumente, die diese Annahme ausschließen.

Während das Reich Israel im 9. Jahrhundert in ständigen Kämpfen mit zum Teil sehr gefährlichen Feinden lag und sich der Aramäer, der Philister, der Moabiter, ja schon der Assyrer zu erwehren hatte (Ahab kämpfte 853 bei Karkar gegen eine assyrische Streitmacht), waren dem Reiche Juda so schwere Bedrohungen erspart. Das blieb auch noch im 8. Jahrhundert so und wandelte sich mit dem Ende der Regierungszeit Ussias, das ungefähr mit der Thronbesteigung des großen Tiglatpileser (745–727) zusammenfiel[2]. In diese Wende fällt bezeichnenderweise die Berufung Jesajas (Jes. 6_1). Sehr bald sollte der Assyrer im nächsten Gesichtskreis Judas auftauchen: Im Jahre 734 ist Tiglatpileser in die palästinische Küstenebene bis zur Grenze Ägyptens vorgestoßen. Im darauffolgenden Jahre sollte Juda mit Gewalt zum Anschluß an eine anti-assyrische Koalition gezwungen werden. In dem daraufhin entbrannten „syrisch-ephraimitischen Krieg" ist es freilich nur bis zu einer Zernierung Jerusalems gekommen; denn die Judäer haben den Assyrer selbst um Hilfe gerufen (2. Kön. 15_{37}; 16_5 ff.). Tiglatpileser hat sich dann auch tatsächlich gegen das Reich Israel gewandt und ihm einen erheblichen Teil seines Territoriums abgenommen (2. Kön. 15_{29}). Im Jahre 732 wurde dann Aram-Damaskus politisch liquidiert, und im Jahre 721, nach der Eroberung Samariens, wurde das ehemalige Israel in das assyrische Provinzialsystem eingegliedert. Damit war Assur der nächste Nachbar Judas geworden; die Grenze des assyrischen Hoheitsgebietes lag wenige Kilometer nördlich von Jerusalem! Von nun an konnten die noch freien Völker Palästinas vollends nicht mehr zur Ruhe kommen. Aus der nicht abreißenden Kette von Versuchen, sich mit Hilfe von Koalitionen und vor allem mit Hilfe von Ägypten gegen den Assyrer zu behaupten, heben sich drei Ereignisse besonders heraus: Um 720 der Aufstand Hamaths und Hanuns von Gaza, der mit den Ägyptern im Bunde stand. Der Sieg der Assyrer bei Raphia machte dem allem ein Ende. Viel enger war das Reich Juda in die Aufstandsbewegung der Jahre 713—711 verflochten, in der Asdod führend war; denn in diesem Fall hatte Juda unter Hiskia sein Vasallenverhältnis zu Assur, in dem es seit 732 stand, gebrochen und sich einer Bewegung, an der auch Edom und Moab beteiligt waren, angeschlossen. Auch dieser Aufstand ist von Assur durch die Entsendung des Tartan (Jes. 20_1) zertreten worden. Leider wissen wir nicht, auf welche Weise es Juda gelang, dem Strafgericht noch einmal zu entgehen. Dagegen sollte die dritte Aufstandsbewegung, die im Zusammenhang mit dem Thronwechsel in Ninive (705) in Askalon aufflammte und der sich Juda wiederum anschloß, zu einer großen Katastrophe für Juda und Jerusalem führen. Zwar ist Sanherib erst im Jahre 701 in Palästina erschienen und hat sich auch zunächst nur in der Küstenebene der Zähmung der Philister zugewandt; als er aber bei Eltheke auch die Ägypter besiegt hatte, war die Macht der Koalition gebrochen, und es kam zu der bekannten Kapitulation Hiskias, die ihn den größten Teil seines Reiches kostete[3].

2. Das Todesjahr des Königs Ussia läßt sich jedoch nicht genau bestimmen; vielleicht fiel es in das Jahr 735 (Jepsen).

3. 2. Kön. 18_{13-16}. Zu den darauf folgenden Gebietsabtrennungen s. *A. Alt*, II, S. 242.

Die Geschichtsereignisse spiegeln sich, wie gesagt, sehr genau in der Verkündigung Jesajas. Das letzte Ereignis, zu dem der Prophet Stellung nahm, war die Katastrophe Jerusalems im Jahre 701 (Jes. 22_{1} ff.; 1_{7-9}). Allerdings hat Jesaja diese seine Zeitgeschichte unter einem völlig anderen Aspekt gesehen, als sie der heutige Historiker sieht. Vielleicht wird diese seine prophetische Sicht deutlicher, wenn wir — was tatsächlich möglich ist — seine Verkündigung nicht nach ihrer geschichtlichen Abfolge darstellen, sondern nach ihrer überlieferungsgeschichtlichen Verwurzelung. Es läßt sich nämlich zeigen, daß die breite, ausladende Fülle der Botschaft Jesajas auf ganz wenigen religiösen Vorstellungen ruht, die ihm von der Tradition, vor allem der jerusalemischen, vorgegeben waren.

Wie Amos, so ist auch Jesaja ein unerbittlicher Wächter und Sprecher des Gottesrechtes. Er setzt die Anklagen gegen jede Form von Rechtsbeugung und gegen die Benachteiligung der Rechtsschwachen auf einer Breite und in einer Intensität fort, die die Annahme rechtfertigen, daß schon den Propheten des 8. Jahrhunderts eine gewisse Tradition, ein Herkommen hinsichtlich der Thematik der prophetischen Anrede vorgegeben gewesen sein muß. Man kann Jesajas Interesse am Gottesrecht gar nicht überschätzen[4]. An ihrer Einstellung zum Gottesrecht entscheidet es sich, ob das Verhältnis einer Gemeinschaft zu Gott in Ordnung ist. Die Rechtspflege ist für Jesaja der ausgezeichnete Ort, an dem es zutage tritt, wie man es mit Gott meint. So gehört das Bild eines Jerusalem mit untadeligen Richtern und das Bild von einem Gesalbten, der ein Garant des Rechtes ist, ins Zentrum der Weissagungen dieses Propheten (Jes. 1_{26}; 11_{3} ff.). Das Gottesrecht wird ihm zum höchsten Heilsgut. Der moderne Leser muß sich bei alledem nur gegenwärtig halten, daß damals die Rechtsprechung von der breiten bürgerlichen Öffentlichkeit getragen und verantwortet werden mußte und nicht die Sache eines dazu ermächtigten Berufsbeamtentums war. Das alles — man denke auch an den Ruf: Gehorsam, nicht Opfer! (Jes. 1_{10-17}) — erinnert, wie schon gesagt, stark an Amos und auch an Micha[5]. Und doch trägt dieses Interesse Jesajas am Gottesrecht einige

4. Dies wird schon ersichtlich an der Verwendung der Begriffe „Gerechtigkeit" und „Recht", die eine zentrale Funktion in der Verkündigung Jesajas haben: צְדָקָה (צֶדֶק) Jes. $1_{21, 26, 27}$; $5_{7, 16, 23}$; 9_{6}; 10_{22}; 28_{17}; מִשְׁפָּט Jes. $1_{17, 21, 27}$; 4_{4}; $5_{7, 16}$; 9_{6}; 10_{2}; 16_{5}; $28_{6, 17}$.

5. Besonders nahe kommen sich Jesaja und Micha in ihrem Kampf gegen die Latifundienwirtschaft der Jerusalemer Herrenschicht, in deren Händen sich der Erbbesitz vieler verarmter Bauern vereinigte (Jes. 5_{8}; Mi. 2_{1-5}). Darin allerdings unter-

Züge, die sich bei Amos nicht finden. Schon die eben herangezogenen Belege von der erneuerten Gottesstadt und von dem Reich des Gesalbten ließen erkennen, daß für Jesaja das Gottesrecht seine eigentliche Bedeutung nicht in sich selbst trägt, sondern erst in größeren und zwar politischen Zusammenhängen bekommt. Aus vielen Aussagen Jesajas spricht ein merkwürdig intensives Staatsdenken, also ein Interesse an den politischen Formen, die der von Jahwe begründeten Gemeinschaft angemessen sind, und auch an den Ämtern, die dafür nötig sind[6]. Dabei denkt Jesaja keineswegs amphiktyonisch; für ihn ist das Jahwevolk zunächst als Polis verfaßt. Als Polis mit allen ihren Ämtern wird Jerusalem eschatologisch erneuert (Jes. 1_{26}) und in der Polis werden sich die Erretteten bergen (Jes. 14_{32}). Alles, was Jesaja über Rettung und Erneuerung Israels zu sagen hat, ruht — wie gleich noch deutlicher zu zeigen ist — auf dieser Polisvorstellung. Als ein Zeugnis dieses wachen Interesses an der Problematik des Staatlichen sei nur noch auf Jes. 3_{1-5} hingewiesen, wo Jesaja fast etwas wie eine Vision von dem Zerbrechen der staatlichen Ordnung erstehen läßt: Mit dem Verschwinden der legitimen Amtsträger, der Richter, der Offiziere und Ältesten, bricht die Anarchie herein. Da steigen Burschen und politische Bankrotteure aus der Hefe des Volkes auf, um Amtsträger zu werden; „der Knabe tritt gegen den Greis auf, der Lump gegen die Respektsperson", und man sucht sich einen, der über „diesen Trümmerhaufen herrschen" soll. In diesen weiteren politischen Zusammenhängen haben also die Anklagen über die Verletzung des Gottesrechtes ihren Platz.

Eine Besonderheit ist bei Jesaja jedoch auffallend, nämlich die Tatsache, daß diese Klagen nicht nur wie bei Amos ad hoc an die jeweiligen Übertreter gerichtet werden, sondern daß sie gelegentlich in einen weiten, heilsgeschichtlichen Zusammenhang gestellt werden. So klagt

scheidet sich Micha von Jesaja, daß er der völligen Auslöschung Jerusalems aus der Geschichte entgegensieht (Mi. 1_5; 3_{12}) und als Landjudäer die Restitution der patriarchalischen bodenrechtlichen Ordnungen von der „Gemeinde Jahwes" erwartet. Zu Mi. 2_{1-5} s. *A. Alt*, III, S. 373 ff. Zur traditionsgeschichtlichen Verwurzelung s. *W. Beyerlin*, Die Kulttraditionen Israels in der Verkündigung des Propheten Micha (1959).

6. Eine Studie über die Verwaltung und Ämter des damaligen Jerusalem würde bei Jesaja wichtiges Material finden: „Richter" Jes. 1_{26}; 3_2; „Vorsteher" (קָצִין) Jes. 1_{10}; 3_6 f; 22_3; „Vögte" (נֹגֵשׂ) Jes. 3_{12}; „Palastvorsteher" (עַל הַבַּיִת) Jes. 22_{15}; „Verwalter" (סֹכֵן) Jes. 22_{15}; „Oberster" (שַׂר) Jes. 1_{23}; 3_3, $_{14}$; „Patron" (אָב) Jes. 9_5; 22_{21}.

Jahwe in Jesaja 1 2 f. über die Aufsage des Gehorsamsverhältnisses (פֶּשַׁע) seines Volkes. Dieser Gottesspruch ist aber als die Klage eines Vaters stilisiert, der nach Dt. 21 18 ff. zum Äußersten schreitet und einen rebellischen Sohn der Justiz übergibt. Mit diesem Spruch ist also ein langer Geschichtsweg — Jahwe deutet die Mühsal der Erziehung an — zu einem völlig negativen Ende gekommen. In Jes. 1 21-26 verläuft der geschichtliche Weg in entgegengesetzter Richtung: nämlich vom Unheil zum Heil; aber auch hier hat die Verletzung der Gebote ihren Ort in einem weitausgreifenden Geschichtsplan Jahwes. Besonders plastisch tritt diese geschichtliche Perspektive, in die die göttliche Enttäuschung über die rechtliche Verwilderung gestellt ist — wieder gleichnishaft verbildlicht — in Jes. 5 1-7 heraus. Wie breit lädt das kleine Lied aus, allein um die vielfältige Mühe deutlich zu machen, die der Mann mit seinem Weinberg hatte: Eine lange Kultivierungsarbeit hat sich als völlig vergeblich erwiesen.

Aber Gott hat vor der Verkündigung dieses Propheten und vor seinem ganzen Wirken eine furchtbare Barriere aufgerichtet: das Wort von der Verstockung. Er hat es den Propheten schon in der Stunde seiner Berufung wissen lassen, daß es seine Aufgabe sein wird, das Herz dieses Volkes zu „verfetten" und seine Ohren stumpf zu machen und seine Augen zu „verkleben", daß sie „mit eigenen Ohren hören und doch nichts verstehen, mit eigenen Augen sehen und doch nichts begreifen" (Jes. 6 9 f.). Wohl, man kann fragen, ob dieses Wort in seiner jetzigen Formulierung nicht schon eine gewisse Erfahrung voraussetzt; ob es nicht erst in einem gewissen Abstand von der Berufung diese äußerste Formulierung empfangen hat, als Jesaja schon ein gewisses Ergebnis seines Wirkens verrechnen konnte. Andererseits ist mit Recht auf die auffallenden Entsprechungen zwischen Jes. 6 und 1. Kön. 22 21 aufmerksam gemacht und geradezu von einem Typus der Sendungserzählung gesprochen worden[7]. Dann war also gerade das Verstockungsmotiv dem Jesaja in der prophetischen Überlieferung schon vorgegeben. So oder so steht das Wort bei Jesaja an so exponierter Stelle, daß wir uns bemühen müssen, ihm seinen rechten Ort im breiteren Zusammenhang des Jahweglaubens anzuweisen. Für viele Ausleger lag die Sache verhältnismäßig einfach. Man berief sich auf die (gewiß unbezweifelbare) Tatsache, daß mit der fortgesetzten Verwerfung des göttlichen Wortes die Fähigkeit, es zu hören und zu verstehen, ver-

7. *W. Zimmerli*, Ezechiel BK, S. 19; *J. Engnell*, The Call of Isaiah (1949), S. 26.

kümmere. „Das bewußte Übergehen der göttlichen Wahrheit, das gewohnheitsmäßige Überhören der göttlichen Warnung, muß jene Abstumpfung gegen Gottes Wirken herbeiführen."[8] Das Nichtwollen wird mit dem Nichtkönnen bestraft. Gegen diese Deutung der Verstockungsvorstellung ist aber Einspruch zu erheben. Sie steht und fällt mit ihrem konditionalen Vordersatz und wird dann zu einer allgemeinen religiösen Wahrheit, die sich in dem weiten Bereich des Religiösen immer wieder bestätigt. Das Geschehen würde dann zu einem rationalen Vorgang, und das hieße hier, daß es als ein psychologischer Vorgang völlig begreiflich wäre. Allenfalls könnte man dann sagen, daß der Prophet mit seiner Verkündigung „eine feste sittliche Ordnung vollzieht"[9]. Aber die Deutung, die im Verstockungsgericht nur eine bestimmte Form des Talionsgesetzes sieht, wird den Aussagen in keiner Weise gerecht; denn die Verstockung ist überall im Alten Testament als ein Handeln Gottes und nicht als eine sich innermenschlich auswirkende Gesetzmäßigkeit dargestellt. Überall, wo Gott den Menschen anredet, findet er ihn als einen entfremdeten vor; auch in seinem erwählten Volk war das nicht anders. Aber hier beginnt doch erst die Frage: Wie kommt es, daß Jahwe einmal erwählt und einmal verstockt? Wie kommt es, daß Jahwe in der Botschaft dieses Propheten plötzlich in eine Verborgenheit hinuntersteigt, wie sie Israel so noch nie erlebt hatte? Um an dem gottentfremdeten Israel den psychologischen Prozeß der religiösen Abstumpfung zum Abschluß zu bringen, dazu bedurfte es wirklich nicht erst der Botschaft eines Jesaja. Wer dem Wort von der Verstockung dadurch beizukommen sucht, daß er es indirekt, d. h. als das sekundäre Ergebnis einer theologischen Re-

8. *Eichrodt*, III, S. 112; ähnlich O. *Procksch*, Theologie des Alten Testaments (1950), S. 616; *H. Schultz*, Alttestamentliche Theologie (1896⁵), S. 465; *J. Seierstad*, Die Offenbarungserlebnisse der Propheten Amos, Jesaja und Jeremia (1946), S. 126.

9. *H. Schultz*, a. a. O. S. 465. *F. Hesse* versteht die Verstockungsvorstellung als das Ergebnis einer Denkschwierigkeit: einerseits beobachtete man in Israel, daß das beharrliche Sündigen den Menschen vielfach blind macht für die „Gotteswirklichkeit". Da aber dem Jahweglauben eine Herleitung so rätselhafter Phänomene aus der Sphäre dämonischer Mächte unmöglich war, so „blieb nur der Ausweg, Jahwe auch mit solchen Dingen in Verbindung zu bringen, die wesensmäßig eigentlich nichts mit ihm zu tun haben konnten" (Das Verstockungsproblem im AT, BZAW 74 [1955] S. 41—43). Aber das gerade ist zu bezweifeln, daß Jahwe mit der Verstockungsvorstellung „wesensmäßig" nichts zu tun habe. Außerdem fehlt für die Erklärung der Verstockungsvorstellung aus einer vorgegebenen theologischen Aporie jeder exegetische Anhaltspunkt, der uns ein Recht gäbe, die betreffenden Aussagen derart von rückwärts zu interpretieren, als habe Israel Jahwe zum Verstockenden gemacht und nicht Jahwe Israel zum Verstockten.

flexion versteht, also etwa als den Ausweg aus einem theologischen Dilemma, oder als eine Erklärung für eine religiös-psychologische Gesetzmäßigkeit, der hat in hermeneutischer Hinsicht von vornherein einen Standort außerhalb des Textes bezogen. Das darf der Exeget aber nur dann, wenn wirklich alle Mittel, den Gegenstand in seinem direkten Sinne zu verstehen, erfolglos waren. Dieser Versuch ist aber gerade bei Jesaja 6_{9} f. weithin gar nicht gemacht worden.

Eine einigermaßen einheitliche, zusammenhängende Vorgeschichte der Verstokkungsvorstellung gibt es nicht. Immerhin liegen doch all die Belege, die von irgendwelchen Betörungen oder Verhärtungen, die Israel seit je von Jahwe ausgehen sah, handeln, irgendwie im Vorfeld des jesajanischen Wortes. Der „böse Geist", der einen Umschlag der Dinge in dem Sichem Abimelechs herbeiführte (Ri. 9_{23}), der böse Geist, der über Saul gekommen war (1. Sam. 16_{14}; 18_{10}; 19_{9}), die Betörung des Kriegsrates Absaloms, infolge derer die Männer den klugen Rat Achitophels verwarfen (2. Sam. 17_{14}), endlich die törichte, aber von Jahwe verhängte Entscheidung Rehabeams (1. Kön. 12_{15}) präludieren die jesajanische Aussage. Sie sind gewiß kein „Ausweg" aus einem theologischen Dilemma, sondern zeigen vielmehr, wie wenig Schwierigkeiten es dem Jahweglauben gemacht hat, auch so dunkle Dinge aus der Hand Jahwes zu nehmen. Aber bei diesen Erwägungen muß man auch als Faktor miteinsetzen, daß die gesamte altorientalische wie griechische Antike viel realistischer von dem Phänomen der Betörung bewegt war, von einer Form des politischen Wahnsinns, der unweigerlich in der Selbstzerstörung endet, und daß man so Ungeheuerliches, so ein Versinken in Wahn und selbstgewirkter Vernichtung gerade nicht mehr menschlich-immanent zu verstehen vermochte, sondern letztlich nur als eine unerforschliche Wirkung der Gottheit. Bei der Verstockung Pharaos liegen die Dinge allerdings etwas anders; denn sie wird von den Erzählern als ein Ereignis in einem weitausgreifenden Geschichtsplan verstanden, den sie einleitet[10]. Dieser in sich ziemlich abgeschlossene Überlieferungskreis könnte aber gerade für das Verständnis der jesajanischen Verstockung um so wichtiger werden, als hier in der Tat etwas wie eine logische Motivierung gegeben wird; freilich keine, die von Menschen nachträglich angestellt wird. Die Verstockung, so wird dem Pharao gesagt, war geschehen, „um dir meine Macht zu zeigen und daß man meinen Namen auf der ganzen Erde verkündigt" (Ex. 9_{16} / J ?)[11].

Nichts soll uns ferner liegen, als so etwas wie eine allgemeine Vorstellung der Verstockung aus den verschiedenen Belegen zu abstrahieren. Es gilt vielmehr, Jesaja zu verstehen; dazu muß man einerseits wissen, daß er, was diese Vorstellung betrifft, Erbe einer Anschauung war, die in Israel, ja in der ganzen Antike eine unbestrittene Basis hatte; daß er aber andererseits etwas Neues und in Israel so noch nicht Erhörtes ausgesprochen hat. Unerhört ist der Radikalismus seiner Sicht, daß Israel an Jahwe selbst zu Fall kommen wird; unerhört ist seine

10. Ex. 4_{21} (J); 9_{12} (P); 10_{1} (J), $_{20}$ (E), $_{27}$ (E).
11. Vgl. auch Ex. 7_{5} (P); 11_{9} (P); 14_{4} (J), $_{17}$ (P).

Konzeption von dem schöpferischen Jahwewort (Jes. 9_7), unerhört ist endlich bei ihm die Weiträumigkeit der göttlichen Geschichtspläne, die Vorstellung von Jahwes „Werk". In diesem theologischen Vorstellungsfeld hat auch das Wort von der Verstockung Israels seinen festen Ort. Ohne die Vorstellung von dem schöpferischen Jahwewort, von der schon ausführlicher die Rede war[12], ist die Aussage einer vom Propheten selbst zu wirkenden Verstockung gewiß nicht zu verstehen; ja es will scheinen, als käme diese althergebrachte Vorstellung in dem Wort von der Verstockung zu ihrer letzten und schärfsten theologischen Konsequenz. Gewiß, die Vorstellung, daß das prophetische Wort allein kraft seiner Mächtigkeit imstande sei, Gerichte und Katastrophen zu wirken, wurde schon vor Jesaja gelegentlich in großer Prägnanz ausgesprochen; aber nun bricht es mit einemmal bei Jesaja hervor, daß dieses Wort nicht nur im äußeren Raum der Geschichte, sondern auch in den Menschen, im heimlichsten Bezirk ihrer eigenen Herzen, das Gericht wirkt: nämlich die Ablehnung des rettenden Rufes Jahwes.

Die Verstockungsaussage in Jes. 6 klingt ganz exklusiv, und so wollte sie auch verstanden werden. Um so wunderbarer hebt sich von diesem trostlosen Hintergrund die Tatsache ab, daß Jesajas Botschaft trotzdem von einem kleinen Kreis aufgenommen worden ist. Wenige Jahre später wird Jesaja das Fazit seines ersten Wirkens dahin bestimmen, daß Jahwe „sein Angesicht vor dem Hause Jakobs verborgen hat" (Jes. 8_{17}), und in seinem letzten Rechenschaftsbericht kommt der Prophet wieder auf diese Tatsache zurück, daß Jerusalem und Juda widerstrebt haben, wobei die Verstockung in diesem Zusammenhange ausgesprochenermaßen als schuldhaft erscheint (Jes. $30_{8\,ff.}$). Als eine „Grenzaussage" sollte man das Wort von der Verstockung deshalb nicht bezeichnen[13]; denn das Rätsel der Verhärtung gegenüber Jahwes Angebot durchzieht Jesajas ganzes Wirken; es ist geradezu die Folie, von der sich Jahwes immer neues Einladen abhebt.

„Starret und staunet! Verblendet euch und erblindet!
'Seid trunken', doch nicht vom Wein, 'taumelt', doch nicht vom Rauschtrank;
denn Jahwe hat auf euch einen Geist tiefen Schlafes ergossen
und hat eure Augen verschlossen und eure Häupter verhüllt . . .
. . . Darum handle ich an diesem Volke noch einmal wunderbar,
wunderbar und wundersam, daß vergeht die Weisheit der Weisen
und der Verstand seiner Verständigen sich verbirgt" (Jes. 29_{9-14}).

12. S. o. S. 98 ff.
13. So *F. Hesse*, a. a. O. S. 72.

„Darum handle ich an diesem Volk", sagt Jahwe; die Verstockung ist also für Jesaja ein sonderliches Geschichtshandeln Jahwes an Israel. Jesaja — das zu zeigen wird im folgenden eine unserer Hauptaufgaben sein — spricht überhaupt nur von einem Handeln, von dem „Werk" seines Gottes! Das erste, was er zu diesem Thema zu sagen hat, ist das Wort von der Verstockung; es wird nicht das letzte sein.

Das heißt aber, daß wir neu lernen müssen, das Wort von der Verstockung heilsgeschichtlich zu sehen. Wer es sich psychologisch oder frömmigkeitsgeschichtlich zurechtlegt, oder wer es sonstwie nur als Strafe versteht, der muß es als das Ende, als den Abschluß eines mehr oder minder gesetzmäßig ablaufenden Prozesses verstehen. Dem widerspricht jedoch der einfache textliche Befund bei Jesaja; denn bei ihm steht die Verstockung wohl paradoxerweise, aber betont am Anfang eines heilsgeschichtlichen Ablaufes. Am Anfang, in seiner Berufung, hat Jesaja dieses Wort empfangen, und in Jes. 8_{17} sagt er höchst paradox, daß er gerade auf diesen verstockenden Gott hoffe; auch da ist also die Verstockung ein Ereignis, von dem aus der Prophet seinen Blick in die Zukunft richtet; und in Jes. $30_{8\,ff.}$ verhält es sich nicht anders. Das Nichthören — es war schon davon die Rede — erledigt das prophetische Wort noch lange nicht. Die Botschaft, der gegenüber sich Jerusalem verhärtet hat, soll aufgezeichnet werden „für einen künftigen Tag". An diesem Tag — so meint es doch Jesaja — wird sich all das erfüllen, was an den Ohren seiner Zeitgenossen spurlos vorübergegangen war. Es weist doch bei Jesaja schlechthin alles in die Zukunft, — auch das Wort von der durch Jahwe selbst gewirkten Verstockung[14].

1. Der Zion

Wir stehen nun vor der Aufgabe, das, was wir eben noch sehr unbestimmt als die Einladung Gottes bezeichnet haben, mit einigen Strichen im Sinne Jesajas näher zu entfalten. Man wird bei der Entfaltung der Botschaft Jesajas von vornherein die Frage nach der sakralen Tradition im Auge behalten müssen, in der Jesaja als Jerusalemer gestanden haben kann, und sich der besonderen Situation in Jerusalem zu erinnern haben, das ja schon durch seine relativ spät erfolgte Einbeziehung in den Kultbereich des Jahweglaubens in überlieferungs-

14. S. o. S. 50 f.

geschichtlicher Hinsicht sein eigenes Leben hatte[15]. Tatsächlich gibt die Botschaft des Propheten auf diese Frage eine sehr bestimmte Antwort. Gewiß hat Jesaja seine Verkündigung in den langen Jahren seines Wirkens je nach der Stunde und dem Personenkreis, dem er sich zu stellen hatte, verschieden gestaltet; aber er hat doch eine Form, ja so etwas wie ein Schema, derart bevorzugt, daß man — will man diesen Propheten verstehen — gut tut, von jener Form auszugehen. Das Schematische im Aufbau der Redeeinheiten tritt nur deshalb für den Leser zurück, weil Jesaja die einzelnen Elemente erstaunlich vielseitig zu variieren wußte. Sehr klar, fast wie in einem Modell, tritt das innere Gefälle dieser Einheiten in Jes. 17$_{12-14}$ heraus: Ein tosendes Völkergewoge wälzt sich gegen den Zion heran; aber Jahwe schilt darein: da fliehen sie fernhin. „Zur Abendzeit, siehe Schrecken! Noch vor dem Morgen ist nichts mehr da." Die Völker, von denen hier gesprochen wird, sind merkwürdigerweise geschichtlich nicht greifbar; sie erscheinen vielmehr als eine formlose, politisch ganz unprofilierte wogende Masse; eine Vorstellung, die gerade durch die Heranziehung von Motiven aus dem Chaosdrachenkampfmythus gefördert wird. Aber auch die Abwehr ist in keiner Weise als ein militärischer Akt erkennbar; sie ereignet sich durchaus wunderhaft und ohne Zuschauer zwischen Abend und Morgen. Nur hinterher kann man staunend die Rettung feststellen. Das Stück läßt sich schwer datieren; die alte Annahme, Jesaja handele von Sanheribs Belagerung, ist längst fallen gelassen; denn von jenem Ereignis hat Jesaja ganz anders gesprochen. Daran, daß Jesaja auf eine bestimmte politische Möglichkeit hin gesprochen hat, ist wohl nicht zu zweifeln; aber die Vermutung legt sich dringend nahe, daß sowohl die Form wie die einzelnen Vorstellungsinhalte bei dieser Spruchеinheit vom Propheten nicht ad hoc geschaffen wurden, sondern daß Jesaja hier von einer Überlieferung abhängig ist. Bei der Frage, um welche Überlieferung es sich da handeln könnte, wäre zunächst an die Gruppe der sogenannten Zionlieder zu denken (Ps. 46; 48; 76), weil sich in ihnen eine spezifisch jerusalemische — und das hieße: eine ganz unamphiktyonische — Tradition ausspricht, die uns

15. Zu der Frage der Einbeziehung Jerusalems in die älteren Jahwetraditionen s. *M. Noth,* Jerusalem und die israelitische Tradition, Ges. St., S. 272 ff. Doch müßte das dort Dargelegte durch den Hinweis auf das Vorhandensein einer spezifischen Ziontradition und ihre Einbeziehung in den Jahweglauben ergänzt werden, s. *E. Rohland,* Die Bedeutung der Erwählungstraditionen Israels für die Eschatologie der alttestamentlichen Propheten (Diss. Heidelberg, 1956), S. 119 ff.

in anderem Zusammenhange schon beschäftigt hat[16]. Alle drei Lieder wissen von einem Angriff von Königen und Heeren auf den Zion zu melden, der von Jahwe geheimnisvoll abgewendet wurde: „Sie sahen's und erstarrten, sie wurden bestürzt und flohen, Zittern erfaßte sie daselbst“ (Ps. $48_{6\,f.}$). Vor dem Zion „zerbrach (Jahwe) des Bogens Blitze, Schild und Schwert und Krieg“, „vor deinem Schelten, Gott Jakobs, lagen sie betäubt mit Wagen und mit Roß“ (Ps. $76_{4,\,7}$). Das Ereignis, auf das diese Dichtungen zurückgehen, läßt sich in der Geschichte des davidischen Jerusalem nicht unterbringen; mythologisch im engeren Sinne ist der Stoff aber auch nicht; vielleicht entstammt er dem vordavidischen Jerusalem? Daß diese Psalmen vorjesajanisch sind, ist wahrscheinlich; sind sie es nicht, so würde das nicht viel ändern; denn die von ihnen dargebotene Überlieferung von jenem vereitelten Anschlag auf Jerusalem ist von ihnen gewiß nicht erdichtet worden, sondern viel älteren Ursprungs. Der Zusammenhang Jesajas aber mit dieser altjerusalemischen Tradition ist mit Händen zu greifen, ganz besonders bei der ebenso pathetischen wie geheimnisvoll schwebenden Darstellung des göttlichen Eingreifens. Das wird noch deutlicher, wenn wir andere jesajanische Texte heranziehen, wobei der Prophet freilich in jedem Einzelfall die alte Überlieferung zu etwas ganz Neuem macht. So ist in Jes. 10_{27b-34}, einem Stück, das vielleicht mit Jes. $17_{12\,ff.}$ aus einer Epoche, nämlich aus der Zeit um 715 stammen könnte, der Ansturm der Feinde gar nicht vage und konturenlos angedeutet; vielmehr geht ihm der Text in alle geographischen Einzelheiten nach, indem er die von ihm betroffenen Ortschaften der Reihe nach nennt, bis der Feind „seine Hand über dem Berg der Tochter Zion schwingt“. Aber nun greift Jahwe „mit Schreckensgewalt“ ein. Die Vernichtung der Feinde geschieht durch ein ganz persönliches Eingreifen Jahwes und nicht etwa in einer Schlacht. Aber auch hier kommt die Rettung in allerletzter Stunde; die judäische Landschaft ist schon überflutet, erst vor dem Zion wird die Feindesmacht zerbrochen werden. Von dieser Gewißheit geht Jesaja auch in der Aufstandsbewegung des Jahres 720 aus, in der er die Gesandten, die gewiß zur Beteiligung an dem Aufstand auffordern wollten, mit dem gelassenen Bescheid abfertigt: „Jahwe hat den Zion gegründet; dort werden sich bergen die Elenden seines Volkes“ (Jes. 14_{28-32}). Sachlich und zeitlich steht diesem Wort die Weissagung nahe, derzufolge Assur in Jahwes eigenem Land

16. S. Bd. I, S. 59 f.

vernichtet werden wird (Jes. 14_{24-27}). Aus der Spätzeit, als der Prophet den Angriff Sanheribs erwartete, haben wir allein drei mehr oder minder vollständige Variationen des ihm vorgegebenen „Schemas" mit allen seinen Einzelteilen. Das große Arielgedicht (Jes. 29_{1-8}) bringt freilich schon am Anfang einen höchst paradoxen Gesichtspunkt: Jahwe wird sich selbst wider den Zion erheben („dann will ich Ariel bedrängen ... ich lagere mich wider dich ringsherum"). Damit sind natürlich alle Akzente verlagert; denn nun bedeutet das Ereignis eine äußerste Demütigung des Zion (v. 4). Aber darauf folgt die gnädige Wende; mit Sturm und Wetter wird Jahwe eingreifen und die Bedränger werden wie die dahinfliegende Spreu und wie Staub werden. Hier ist also Jahwe zuerst in dem Angriff der Feinde auf den Zion aufs persönlichste gegenwärtig, dann aber wendet er sich gegen diese Feinde.

„Und es wird sein, wie wenn ein Hungriger träumt, er esse,
und wenn er erwacht, ist seine Gier ungestillt,
und wie wenn ein Durstiger träumt, er trinke,
und er erwacht mit lechzender Gier, —
so wird es der Menge aller Völker gehen, die wider den Berg Zion
zu Felde liegen" (Jes. 29_8).

In Jes. 30_{27-33} dagegen — einem der gewaltigsten Texte Jesajas — geht es allein um die Abwehr Assurs, zu der Jahwe selbst, lodernd vor Zorn, erscheint, um seine majestätische Stimme erschallen und das Niederfallen seines Armes sehen zu lassen. In Jes. 31_{1-8} endlich wendet sich Jesaja gegen die, die sich angesichts der Bedrohung auf Bündnisse und Rüstungen verlassen. Jahwe ist es doch, der den Zion schützt. Er wird selbst herniedersteigen, „er wird schirmen, erretten, verschonen, entrinnen lassen" (v. 5).

Von Jesajas Botschaft in seiner Frühzeit im syrisch-ephraimitischen Krieg muß etwas ausführlicher die Rede sein; denn in Jes. 7_{1-9} ist zunächst der formgeschichtliche Befund ein ganz anderer. Jes. 7_{1-9} ist zwar eine Prophetenerzählung, die aber ihrerseits nur den plastischen Rahmen bildet für ein eingelegtes prophetisches Mahn- und ein Verheißungswort. Es handelt sich also um eine ziemlich singuläre Kontamination zweier Gattungen. Und hier, in dieser Mahnung, ganz ruhig und ohne Furcht zu bleiben, und in dieser Verheißung, daß nämlich der Ansturm der Verbündeten gegen Jerusalem nichts erreichen wird, kann man doch unschwer die Grundvorstellungen des Schemas wieder erkennen; nur daß hier das Geschehen nicht „neutral" von außen, sondern vom Standort des Zion aus gesehen wird. Während in den bisher herangezogenen Texten das Interesse mehr oder minder ausschließlich auf die äußeren Vorgänge, eben den Ansturm und die Abwehr, konzentriert war, wird hier nun auch die innere Einstellung derer wichtig, in deren unmittelbarem Umkreis sich so Schreckliches und Wunderbares ereignet. Sie werden gefragt, ob sie denn auch all diese Bedrängnisse im „Glauben" überstehen werden; denn nur so können sie überstanden werden (Jes. 7_{9}).

Das Wort vom Glauben scheint bei Jesaja einigermaßen isoliert, und das hieße: traditionslos, aufzuklingen. Aber das Gegenteil ist der Fall; denn Jesaja ist gerade in diesem Fall in besonders deutlichem Maße der Erneuerer einer alten Überlieferung. Man muß nur darauf aufmerksam werden, in welch ausgedehntem Maße Jesaja in Vorstellungen einhergeht, die aus dem alten Überlieferungskreis von Jahwes heiligen Kriegen stammen. So, wie Jahwe ehedem zu diesen seinen Kriegen von fernher erschienen ist (Ri. 5_{4} f.), so wird er „herabkommen zur Heerfahrt auf den Berg Zion"; und so, wie er ehedem ganz allein und ohne alle menschliche Mithilfe die Feinde vernichtet hat, so „wird Assur fallen durch das Schwert eines Nichtmenschen und Nichtirdischen" (Jes. 31_{4} b, $_{8}$). Jahwe wird herbeikommen, seine Stimme erschallen lassen und „unter Sturm, Wetter und Hagelsteinen" den Kampf führen (Jes. 30_{30}); er wird den Zion heimsuchen „mit Donner, Erdbeben und lautem Schall, mit Sturm und Wetter" (Jes. 29_{6}). Genauso, wie er ehedem im Kampf gegen die Kanaanäer hat Steine vom Himmel fallen (Jos. 10_{11}) und wie er im Kampf gegen die Philister mit gewaltigem Getöse gedonnert (1. Sam. 7_{10}) und die Erde hat beben lassen (1. Sam. 14_{15}), so wird es sich auch nach der Weissagung Jesajas bei Jahwes eschatologischem Erscheinen ereignen. In diesen althergebrachten Vorstellungskreis von Jahwes rettender Hilfe gehört nun aber auch die Glaubensforderung hinein. Wie sie in die Erzählung von Gideons Kampf gegen die Midianiter — ohne daß die Vokabel selbst fiele — hereinspielt, ist schon zur Sprache gekommen (Ri. 7). In der Erzählung vom Schilfmeerwunder findet sich — sie liest sich fast wie eine Präfiguration von Jes. 7_{1} ff! — nicht nur die Mahnung, sich in Erwartung der nahen Hilfe „nicht zu fürchten", vielmehr „stille zu sein", sondern auch, gewissermaßen als ihr Fazit, der Satz, daß Israel damals an Jahwe „geglaubt" habe (Ex. 14_{31}). So kann also kein Zweifel sein, daß Jesaja in seiner Zeit die Vorstellung von Jahwes rettenden, aber Glauben fordernden Kriegen mit großer Vehemenz erneuert hat. Man darf nur nicht denken, daß Jesaja dabei unmittelbar auf die Vorstellungen der Richterzeit zurückgeht; er hat vielmehr an Vorstellungen angeknüpft, wie sie sich etwa am Anfang der Königszeit verfestigt hatten. Charakteristisch dafür ist die Auffassung vom heiligen Krieg als einem reinen Wunder; die Rettungstat Jahwes ist völlig autark und duldet keinen menschlichen Synergismus[17].

Genau an diesem Punkt, nämlich in der leidenschaftlichen Ausschaltung jeglicher eigenen Sicherung, setzt Jesajas Eifern ein. Daß er eine große Errettungstat unmittelbar bevorstehen sah, war nur die eine Seite seiner Botschaft. Alles kam dabei darauf an, daß Ahas und

17. Vgl. dazu *v. Rad*, Der Heilige Krieg im alten Israel (1952), S. 42 ff, S. 56 ff.

die Jerusalemer Oberen auch ihrerseits dieser Tat Gottes Raum ließen. Das aber hieß Jesaja „Glauben“: dieses Raumgeben dem Walten Gottes, dieses Abstehen von Selbsthilfe. Die Glaubensforderung wird also bei Jesaja in einem entschieden polemischen, ja negativen Sinne aktualisiert: Nur jetzt nicht durch eigene politisch-militärische Geschäftigkeit Gott den Platz verstellen. Sich „stille zu verhalten“ (הַשְׁקֵט Jes. 7$_{4}$) wäre die einzige der Situation angemessene menschliche Haltung. Dasselbe hat Jesaja noch einmal viele Jahre später, angesichts der Bedrohungen durch die Assyrer, in dem Paradox ausgesprochen, daß „Stillesein“ (נַחַת) jetzt „Stärke“ wäre (Jes. 30$_{15}$). Ohne Zweifel denkt Jesaja bei diesem Stillesein nicht nur an einen inneren Zustand der Seele, sondern an eine Einstellung, die sich in einem ganz bestimmten politischen Verhalten äußern wird[18]. Aber der „Gegenstand“, auf den sich dieser Glaube gründen sollte, war für die Zeitgenossen Jesajas noch nicht vorhanden; er war zukünftig. Das also war das Ungeheure, daß Jesaja ihnen zumutete, ihre Existenz in ein zukünftiges Gotteshandeln hinauszuverlegen. Wenn es ihnen gelänge, sich in der zukünftigen Rettungstat Jahwes zu bergen, dann würden sie gerettet werden. Später, als alles vorüber war, als Jerusalem kapituliert hatte und die Landschaft verwüstet war, da hat Jesaja noch einmal mit den Maßgebenden in der

18. Die Frage, ob vom Standpunkt eines realen politischen Handelns aus diese Forderung des Stilleseins als „utopisch“ zu bezeichnen ist (so seit *E. Toeltsch,* Das Ethos der hebräischen Propheten, Ges. Schriften, Bd. IV [1924] S. 36, besonders *F. Weinrich,* Der religiös-utopische Charakter der „prophetischen Politik“ [1932]) oder ob sie, wie *O. Procksch* in seinem Kommentar versichert (S. 15, 118 u. ö.), auch in realpolitischer Hinsicht klug war, mengt Gesichtspunkte ein, die dem Propheten ganz fern lagen; denn sie prüft seine Weisung von einem neutralen Standpunkt aus auf ihre praktische Realisierbarkeit. Es ist klar, daß die Frage auf diesem Weg von uns, die wir die Koeffizienten des damaligen Kräftespiels gar nicht mehr übersehen, kaum zu entscheiden ist. Für Jesaja war das Stillesein natürlich auch das politisch Klügere, aber nur weil Jahwe es geboten hatte! Sollte *E. Würthwein* mit der Auffassung recht haben, daß Jesaja den Treubruch gegenüber Jahwe nur in dem Hilferuf an Assyrien gesehen, daß er aber nicht daran gedacht habe, jedes militärische Handeln auszuschließen, daß er im Gegenteil gemahnt habe, den Kampf in Ruhe und Furchtlosigkeit aufzunehmen, dann ändert sich nichts Wesentliches, da ja nach allen einschlägigen jesajanischen Texten Jahwe auch so die ganze Last der Abwehr zu tragen verheißen hatte. Aber, da schon die vorjesajanische Überlieferung die Tendenz zeigte, alles menschliche Kämpfen immer mehr auszuschalten, und da Jesaja von einem solchen Kämpfen nie spricht, vielmehr in extremen Aussagen alles von Jahwes Eingreifen erwartet, ist mir diese Auffassung nicht sehr wahrscheinlich *(E. Würthwein,* in: Theologie als Glaubenswagnis, Festschrift für Karl Heim, S. 47 ff.). Vgl. zu dem Problem auch *H.-J. Kraus,* Prophetie und Politik (1952); *K. Elliger,* Prophet und Politik, ZAW 1935 S. 3 ff.

Hauptstadt abgerechnet. In der Frage ihrer militärischen Sicherung haben sie es an nichts fehlen lassen; hinsichtlich der Befestigung und der Wasserversorgung der Stadt ist alles Erdenkliche geschehen:

> „aber ihr blicktet nicht hin auf den, der es tat,
> und auf den, der es von fern her fügte, schauet ihr nicht" (Jes. 22_{11} b).

Der Begriff des „Hinsehens" auf das Geschichtshandeln Jahwes scheint seltsam; aber auch er ist überlieferungsbestimmt; denn schon Mose hat nach der Darstellung des Jahwisten die Israeliten aufgefordert, sich nicht zu fürchten, sich hinzustellen und auf die Hilfe Jahwes „hinzuschauen" (Ex. 14_{13}), und die Erzählung schließt dann auch mit dem Vermerk, daß Israel „die große Hand Jahwes geschaut" habe (v.31). Der Begriff des Hinsehens auf das Handeln Jahwes kehrt — ebenso absolut gebraucht wie der des Glaubens — noch anderwärts bei Jesaja wieder und ist fast ein Synonym für Glauben; jedenfalls beschreibt er ähnlich wie der Begriff des „Stilleseins" eine sehr wesentliche Seite von dem, was Jesaja „Glauben" nennt.

Aber die Vorstellung Jesajas vom Glauben, vom Stillesein und vom Hinschauen auf Jahwe verlangt selbst darnach, in noch weitere prophetische Zusammenhänge eingeordnet zu werden, nämlich in den Vorstellungskreis von Jahwes „Werk" und von seinem „Ratschluß". Jesaja hat einmal die gedankenlosen Schlemmer in der Hauptstadt angegriffen:

> „Aber das Werk Jahwes (פֹּעַל) sehen sie nicht
> und das Tun seiner Hände (מַעֲשֵׂה) schauen sie nicht" (Jes. 5_{12}).

Diese Vorstellung von einem „Werk" Jahwes entstammt schwerlich einer sakralen Tradition; sie scheint wirklich eine freie Prägung Jesajas zu sein. Wenige Verse später, in einem anderen Drohwort, apostrophiert Jesaja die Worte derer, die da sagen:

> „(Jahwe) beschleunige doch sein Werk (מַעֲשֵׂה), daß wir es schauen;
> es nahe, es erfülle sich doch der Plan (עֵצָה) des Heiligen Israels, daß wir ihn erfahren" (Jes. 5_{19}).

Es ist ganz deutlich, daß in dieser spöttischen Rede Termini aus der Verkündigung Jesajas selbst aufgegriffen sind. Hier erscheint neben dem Begriff des Werkes mehr oder minder synonym der des Ratschlusses Jahwes. Auch er ist wohl eine eigene Schöpfung des Propheten. Er ist von Haus aus ganz säkular und bedeutet den in einer Ratsversammlung gefaßten Beschluß. Es liegt nahe, daß dabei an den himmlischen Thronrat gedacht ist, in dem ein politisches Vorhaben durchgesprochen und dann beschlossen wurde (1. Kön. 22$_{19-22}$). Diese Konzeption von einem Plan, den Jahwe in der Geschichte zur Durchführung bringt, ist in der prophetischen Verkündigung des 8. Jahrhunderts etwas Neues. Der moderne Leser tut gut, wenn er alle Vorstellungen von einer allgemeinen Lenkung der Weltgeschichte durch die göttliche Providenz fernhält; denn es handelt sich ja bei diesem „Ratschluß" für Jesaja um eine Veranstaltung zur Rettung des Zion, also um ein Heilswerk. Aber dieses Heilshandeln Jahwes hat Jesaja in die weitestmöglichen geschichtlichen, d. h. in weltgeschichtliche Zusammenhänge gestellt. Hier wurde nichts improvisiert: Jesaja sagt sehr bezeichnend, daß Jahwe sein Werk „von fern her" (מֵרָחוֹק Jes. 22$_{11}$) „gebildet" (יָצַר) habe (vgl. Jes. 37$_{26}$). Dieses Werk Jahwes füllt also den ganzen weltgeschichtlichen Raum aus, soweit er damals überhaupt überschaubar war; und wie mit ihm die großen Weltreiche in Kollision geraten, die sich selbstbewußt in demselben geschichtlichen Raum breit machen, das ist eines der ungeheuren Themen, zu dem Jesaja immer wieder zurückgekehrt ist.

„Geschworen hat Jahwe Zebaoth:
Wie ich's erdachte, so soll es geschehen,
und wie ich's beschloß, so soll es bestehen,
zu zerschmettern Assur in meinem Lande;
auf meinen Bergen werde ich ihn zertreten . . .
dies ist der Ratschluß, beschlossen über die ganze Erde,
dies ist die Hand, ausgereckt über alle Völker.
Denn Jahwe hat's beschlossen, wer kann es zunichte machen?
Seine Hand ist ausgereckt, wer will sie zurückbiegen?" (Jes. 14$_{24-27}$).

In diesem Stück, das aus der Zeit der ersten akuten Bedrohung durch die Assyrer zu stammen scheint, wird es nun vollends deutlich, daß im Mittelpunkt dieses Ratschlusses der Zion stand. Ihn zu schützen muß Assur „auf Jahwes Bergen" scheitern. Aber dieses auf einen kleinen Ort konzentrierte Geschehen umspannt die ganze Erde; „alle Völker" müssen sich ihm beugen; denn Jahwes ausgereckten Arm kann ja niemand zurückbiegen.

Den gleichen Geist atmet der große Assurabschnitt Jes. 10$_{5-19}$, schon in formaler Hinsicht eine der gewaltigsten Dichtungen Jesajas, ungewöhnlich auch durch den barocken Ausbau der Scheltrede, in die der Prophet so viel hineingepackt hat, daß geradezu ein Mißverhältnis zu dem Drohwort (v.16ff.) entstanden ist. Assur hatte einen bestimmten, aber nach der Auffassung Jesajas doch streng begrenzten Auftrag von Jahwe empfangen, nämlich sein Volk schwer zu züchtigen. Aber Assur ist im Begriff, diesen Auftrag zu überschreiten. Noch ist nichts darüber hinaus geschehen; aber allein die Tatsache, daß Assur „im Sinne hat", diesen Auftrag zu überschreiten, daß es zu vernichten „gedenkt", ist Grund genug, es mit dem Gericht zu bedrohen. Der Text läßt wie kaum ein anderer die Art prophetischer Geschichtsschau erkennen. Darüber, wie dem Assyrer dieser Auftrag zugekommen ist, reflektiert Jesaja nicht; die Tatsache selbst steht ihm unbezweifelbar fest. Alles steht und fällt mit der Voraussetzung, daß Jesaja sich anmaßt, den göttlichen Plan zu kennen, der hinter einem aktuellen politischen Ereignis seiner Zeit, hier also dem Übergreifen der Assyrer auf Palästina, steht. Von da her zerlegt sich ihm das Ereignis nach seinem göttlichen und seinem menschlichen Koeffizienten, und er vermag das, was sich an menschlicher Eigenmächtigkeit eingemengt hat, als die schuldhafte menschliche Zutat von dem, was Jahwe seinerseits im Sinne hatte, abzuscheiden. Derart die Geschichte nach ihrem innersten göttlichen Plan zu deuten, das war für die Propheten gewiß alles andere als eine rationale Methode, die sie beliebig handhaben konnten; aber in Augenblicken besonderer geschichtlicher Spannungen haben sie die Vollmacht einer solchen Geschichtsschau aufgrund von Inspirationen, über die sie sich nicht ausgelassen haben, in Anspruch genommen.

In diesem Zusammenhang findet sich auch der Satz, daß Jahwe „sein ganzes Werk auf dem Berge Zion zum Abschluß bringen wird" (v. 12). Leider steht er im Aufbau des Ganzen an unguter Stelle, stammt also möglicherweise aus einem anderen Zusammenhang; aber als jesajanisch darf er doch ohne Bedenken in Anspruch genommen werden. Deutlicher noch als andere Belege zeigt er, wie das, was Jesaja gern das „Werk" Jahwes genannt hat, welches den ganzen geschichtlichen Raum ausfüllt, dem Zion gilt und sich dort auch vollenden wird[19].

19. Nur einmal, so scheint es, hat Jesaja sehr grundsätzlich und theoretisch-didaktisch von Jahwes Geschichtswalten gesprochen, nämlich in Jes. 28_{23-29}, falls das Verständnis dieses Textes als einer Gleichnisrede, die auf eine übersinnliche Ordnung, d. h. eben auf Jahwe und sein Geschichtswalten zielt, im Recht ist. Vielleicht ist es aber doch nicht ganz leicht zu nehmen, daß im Text jeder Hinweis darauf, daß er nicht im eigentlichen Sinne zu verstehen, daß er eine Rätselrede sei, fehlt. In Vergils Georgica findet sich ein Gedicht von den Tätigkeiten des Landmannes in der Folge der Jahreszeiten, einschließlich des Hinweises auf die Gottheit, die den Bauern belehrt hat (v. 35 ff.). Es unterscheidet sich eigentlich nur im äußeren Umfang von Jes. 28_{23} ff. und ist noch nie als Gleichnis verstanden worden.

Nach den bisher erörterten Belegen, sonderlich nach Jesaja $7_{1\,ff}$; $17_{12\,ff}$, mußte es den Anschein haben, daß Jahwe den Zion unter allen Umständen gegen den Assyrer schützen wird. Tatsächlich hat das Jesaja nicht nur einmal ganz deutlich ausgesprochen. Trotzdem hat er dieses Geschehen niemals ganz eindeutig gesehen; am wenigsten vielleicht in seiner Frühzeit, da er von dem Kommen der Assyrer fast ausschließlich ein verheerendes Strafgericht und eine Züchtigung für Juda erwartet hat (Jes. $7_{18,\,20}$). Aber diese dunkle Rückseite des Werkes Jahwes hat der Prophet wohl nie ganz aus den Augen verloren. In der Spätzeit tritt diese Sicht wieder in den Vordergrund; so z. B. in dem Arielgedicht, das, wie wir schon sahen, in Jahwe selbst den Bedränger des Zion sieht. Da wird „Jammer und Wehklagen" sein und Jerusalem „einem Totengeist" gleich werden, dessen tonlose Stimme „tief aus dem Staube her tönen wird". So schwer wird die Demütigung sein, die der Errettung vorhergeht (Jes. $29_{2,\,4}$). Hier gewinnt das Werk Jahwes für den Zion eine merkwürdige theologische Ambivalenz: es richtet und rettet in einem. Noch schärfer hat das Jesaja vor den Oberen Jerusalems ausgesprochen, die geglaubt haben, „Lüge zu ihrer Zuflucht" machen zu können, um sich im „Trug zu bergen". Jesaja warnt sie:

„Denn wie am Berge Perazim wird sich Jahwe erheben,
  wie im Tale von Gibeon wird er wettern,
um seine Tat zu verrichten, — seltsam sein Tun,
  und sein Werk zu wirken, — befremdlich sein Werk!" (Jes. 28_{21}).

Wieder klingt die Vorstellung von dem „Werk Jahwes" auf; aber von allen Belegen ist dieser der seltsamste. Auch er bewegt sich mehr in Andeutungen und läßt vieles offen. Sicher ist nur, daß sich Jahwe zu einem furchtbaren Kampf erheben wird; man spürt den Worten ab, wie den Propheten selbst der Schauder packt vor dem „Barbarisch-Fremden" (B. Duhm) dieser Selbstoffenbarung Jahwes. Noch einmal wird sich Jahwe erheben. Das Kommende steht also in einem typologischen Bezug zu jener Tat, die damals Davids Reich begründete. So wird wohl auch diese Tat im letzten die Errettung der Gottesstadt wirken. Aber was würde das für jene „Spötter" bedeuten? Ihnen gilt nur die Nachtseite dieses entsetzlichen Aufbruchs Jahwes.

Aber wem galt das Heil von Jahwes Werk? Man beantwortet diese Frage gern, indem man auf die jesajanische Vorstellung vom heiligen *Rest* hinweist. Tatsächlich hat sich Jesaja gelegentlich so ausgedrückt. Der Hauptbeleg dafür ist der Symbolname Schearjaschub (Restkehrtum), den er einem seiner Söhne — zweifellos auf

Jahwes Geheiß — beigelegt hat (Jes. 7_{3}). Aber es fällt auf, daß der Begriff in diesem heilseschatologischen Sinne bei Jesaja selten anklingt (Jes. 10_{21} ist nachjesajanisch). Die Restvorstellung gehört an sich, wie wir sahen, der politischen Terminologie an und bezeichnet den Überrest eines Volkes, der einen Vernichtungsfeldzug hat überdauern können[20]. In diesem negativen Sinn findet sie auch bei Jesaja Verwendung, wenn er etwa von dem Rest Arams (Jes. 17_{3}, $_{5}$ f.), Moabs (Jes. 16_{13} f.), Kedars (Jes. 21_{17}) oder der Philister (Jes. 14_{30}) spricht. Ja, selbst in bezug auf das eigene Volk hat er gelegentlich in diesem negativen Sinne von einem kläglichen Rest gesprochen (Jes. 30_{17}; 1_{9}). So kann man also nicht sagen, daß Jesaja das Wort vom Rest zu einem hervorragenden Stichwort seiner Heilsverkündigung gemacht habe. Es ist auch nicht wahrscheinlich, daß er in dieser Hinsicht in einer mehr oder minder fest umrissenen prophetischen Tradition stehe, die er an seinem Teil fortgesetzt und eigenwillig entfaltet habe. Wenn es eine solche „Resttradition" überhaupt gegeben hat, so klingt sie doch nur sehr sporadisch bei Jesaja an. Ohne Frage hat Jesaja einem tiefgreifenden Sichtungsvorgang entgegengesehen, und es ist nichts dagegen einzuwenden, wenn man in dieser Hinsicht terminologisch vereinfachend von einer Restvorstellung spricht. Man mag dann im Immanuelzeichen einen Hinweis auf den Rest sehen, vor allem in dem Jüngerkreis (Jes. 8_{16-18}), oder in den Armen, die auf dem Zion Zuflucht finden werden (Jes. 14_{32}) usw. Aber man sollte sich doch dabei der Tatsache bewußt bleiben, daß Jesaja selbst für das Wunder der Bewahrung einer Minderheit einen so vereinheitlichenden Terminus selten verwendet hat. Viel eher läßt sich das von einer Gruppe nachjesajanischer Texte sagen, in denen der Restbegriff tatsächlich in einer festen Geprägtheit auftaucht (Jes. 4_{3}; 11_{11}, $_{16}$; 10_{20}; 28_{5}).

Wer sich gegenwärtig hält, wie die Botschaft von dem bedrohten, aber endlich doch geretteten Zion die ganze Verkündigung Jesajas von ihren Anfängen an durchzieht, der wird etwas von der von Jahr zu Jahr zunehmenden Spannung nachempfinden, die sich auf den Propheten legen mußte, bis sich die Ereignisse schließlich unter der Regierung Sanheribs bis zum äußersten zugespitzt haben. Der Assyrer, den Jesaja lebenslang nicht aus den Augen verloren hat, ist im Jahre 701 nicht nur in Palästina erschienen; er ist diesmal auch ins judäische Bergland heraufgestiegen und hat Jerusalem eingeschlossen. Aber der König Hiskia hat sich — offenbar nach kurzer Belagerung — ergeben und mußte in eine schwere materielle Tributleistung und eine territoriale Einbuße einwilligen. Er hat jedenfalls nicht im Sinne Jesajas „geglaubt", sondern durch einen Akt der politischen Vernunft die Stadt vor dem Äußersten bewahrt. Den Jubel der Erleichterung bei der eingeschlossenen Bevölkerung kann man sich vorstellen; aber Jesaja hat sich voll Scham und Zorn von dem ausgelassenen Pöbel abgewandt. Die große Stunde, der Jesaja seit Jahren entgegengesehen hat, — Jerusalem hat sie nicht bestanden.

20. S. o. S. 30 f.

„Blickt weg von mir; ich muß bitterlich weinen.
Dringt nicht in mich, um mich zu trösten wegen der Vergewaltigung
der Tochter meines Volkes" (Jes. 22$_4$).

Das ist eine der ganz wenigen Stellen, an denen inmitten der strengen Atmosphäre der prophetischen Botschaften ein starkes und unmittelbar menschliches Gefühl Jesajas sein Recht fordert. Er muß darüber, daß alles so ganz anders gekommen ist, zutiefst erschüttert gewesen sein. Wer dürfte sich auch unterfangen, einen Propheten in seiner Verzweiflung zu trösten!

Es gibt noch einen Text, der, wenn auch nur indirekt, aber doch auf eine ziemlich einzigartige Weise etwas von der inneren Verfassung erkennen läßt, in der sich Jesaja in der Zeit nach der Katastrophe Jerusalems befand, Jes. 1$_{4-9}$. Der Text beginnt mit einer Scheltrede von ungewöhnlicher Schärfe („Volk, schwer von Schuld", „Verbrechergeschlecht, verdorbene Söhne"). Aber dieser in flammendem Zorn gesprochenen Scheltrede folgt nicht, wie doch zu erwarten wäre, das Drohwort. Bei der Schilderung des von Leibesstrafen ganz entstellten Volkskörpers, den man ja eigentlich gar nicht mehr schlagen kann, widerfährt es dem Propheten, daß ihn selber der Jammer packt: „Nichts ist ausgedrückt, nichts ist verbunden, nichts mit Öl aufgeweicht" (v. 6 b), und das hat dem Propheten nicht mehr der Zorn eingegeben, sondern das Mitleid. Er ist durch seinen eigenen Schmerz von seinem Vorsatz, zu schelten und zu drohen, abgetrieben worden. Jesaja endet, indem er (im Metrum des Klageliedes!) die durch den Assyrer verheerte Landschaft beschreibt, in der Jerusalem „wie eine Nachthütte im Gurkenfeld" übrig geblieben ist. Der Abschnitt Jesaja 1$_{4-9}$ gehört chronologisch — im Bereich dessen, was auf uns gekommen ist — möglicherweise zum letzten, was Jesaja gesprochen hat.

Nach alledem scheint das Fazit seines Wirkens ein vernichtend negatives zu sein. Nichts von all seinen großen Worten über den Zion hat sich verwirklicht. Das Volk hat nicht geglaubt und Jahwe hat seine Stadt nicht geschützt. Hat der Prophet das Volk überfordert, hat er — schwere Frage! — in seiner Weissagung von dem sicheren Schutz des Zion Gott selbst vorgegriffen? Die Tatsache der tiefen Enttäuschung Jesajas ist unbestreitbar. Aber andererseits fehlt jede Spur davon, daß der Prophet an Jahwe irre geworden sei. Er ist nur an seinen Zeitgenossen irre geworden. Hier ist einer der wichtigsten Unterschiede zwischen Jesaja und Jeremia, dessen Verhältnis zu Jahwe selbst ein anderes, ein viel kritischeres war. Jesaja scheint sich in den Mißerfolg seines Wirkens ergeben zu haben. Er konnte das, weil ihm das aufgetragene Jahwewort über aller Kritik stand. Hatte es seine Generation verworfen, so mußte es aufgezeichnet werden für eine künftige. Gerade dieser Vorgang der dokumentarischen Aufzeichnung macht deutlich, daß für Jesaja die prophetische Botschaft trotz ihres Mißerfolges noch lange nicht erledigt war[21]. Und hatte Jahwe ihm nicht in der Berufungsstunde gesagt, daß er als Prophet erfolglos bleiben werde? Das Wort vom Rest, das damals fiel, klingt ja auch in Jes. 1_{8} f. an; und an diesen Trost, so wird man immerhin sagen dürfen, hat sich Jesaja auch am Ende seines Wirkens gehalten. Aber die Frage, ob Jesaja selbst sein Wirken als gescheitert ansah, oder ob er Trost gefunden hat, ist — abgesehen davon, daß uns die Mittel fehlen, sie befriedigend zu beantworten — nicht so wichtig. Viel wichtiger ist die Tatsache, daß seine Botschaft aufgezeichnet und weitergegeben wurde, aber noch mehr: Nachfolgende haben die Themen der jesajanischen Botschaft aufgegriffen; sie haben Weissagungen, die ganz im jesajanischen Stil gehalten sind, an die alten jesajanischen Texte angehängt und damit aufs lebendigste die alte Botschaft am Leben erhalten und für spätere Zeiten aktualisiert.

So ist z. B. dem Gerichtswort über die Frauen Jerusalems (Jes. 3_{16} ff.) in Jes. 4_{2} ff. ein Gnadenwort angefügt worden, das über die Stunde der Strafe hinaussieht, die Jesaja im Auge hatte, und das von abgewaschener Schande und vom Heil auf dem Zion spricht. Das Gerichtswort über die Ägypter in Jes. 18_{1-6} endet jetzt mit einem heilseschatologischen Ausblick: Die Ägypter werden dereinst dem Gott Israels auf dem Berge Zion kultische Gaben darbringen. Der „unechte" Zusatz (v. 7) geht zwar phraseologisch im Stil der echten Jesajaweissagung einher, ist aber sicher nachjesajanisch. Das Wort von der „stolzen Krone der Trunkenen Ephraims" (Jes. 28_{1}) klingt wenige Verse später noch einmal an, nun aber ins Heilseschatologische umstilisiert: Jahwe wird selbst zur Krone und zum herrlichen Stirnreif für den Rest seines Volkes werden (v. 5). Auch die messianische Weissagung von Jes. 11_{1-8} ist später dahin erweitert worden, daß auch die Heiden nach dem Sproß aus der Wurzel Isais fragen werden, ja daß er als ein Panier den Völkern sichtbar werden wird. Von diesen und manchen anderen Zusätzen hat die kritische Exegese keine sehr hohe Meinung. Soweit es sich dabei mehr um literarisch-ästhetische Urteile handelt, kann man dem weitgehend zustimmen. Der Unterschied im Formalen, in der Kraft der unmittelbaren Aussage ist nicht selten ganz unverkennbar: Die Diktion wird breiter und blasser, sie häuft die Begriffe, und das geht dann oft genug auf Kosten der Durchsichtigkeit. Gleichwohl sollte man mit den Unterscheidungen des Originalen vom Epigonischen zurückhaltend sein, weil sie den Alten als Maßstab und Wertung ganz unbekannt waren. Vor allem muß man sich klar sein, daß mit solchen Unterscheidungen über die theologische Kompetenz der angefügten Weiterung noch gar nichts ausgesagt ist. Welche Maßstäbe stehen uns denn zur Verfügung, um Recht oder Unrecht solcher nachträglichen Aktualisierungen alter jesajanischer Weissagungen zu bestimmen? Wir sehen nur, daß die Überlieferung von der Botschaft dieses Propheten nicht in Archiven konserviert wurde, sondern daß sie ein lebendiger Organismus blieb, der auch die späteren Generationen ganz unmittelbar ansprach, ja, der imstande war, neue Weissagung aus sich zu entlassen[22].

21. S. o. S. 49 ff.
22. Zu der Botschaft der Propheten als lebendiger Traditionskörper s. o. S. 54 ff.

In das Kapitel von dem Weiterwirken der Botschaft, aber auch ihrer späteren Interpretation gehört endlich der Erzählungszusammenhang von der Bedrohung des Zion durch die Assyrer und deren Abzug (Jes. 36—38). Hier klingen gewichtige Themen der Botschaft dieses Propheten wieder an: Die Frage nach der Rettung (Jes. $36_{14, 18, 20}$; $37_{12, 20}$), Jahwes Eifer (Jes. 37_{32}), der Rest (Jes. 37_{32}) und vor allem die Frage nach dem Vertrauen und der rechten Stütze (Jes. 36_{5-7}; 37_{10}). Aber unverkennbar ist auch der Abstand von Jesaja. Das Ereignis des Abzugs des Assyrers liegt für diesen Erzähler schon in der Vergangenheit. Demgemäß fehlt ihm das spezifisch geschichtliche Interesse an dem politischen Phänomen, das sich auf den Zion hinbewegt. Für den Erzähler ist der Assyrer nicht viel mehr als die Modellfigur des hybriden Feindes Jahwes; er könnte auch Nebukadnezar oder Antiochus heißen. Entsprechend diesem verminderten Interesse an dem heilsgeschichtlich Einmaligen hat die Forderung des Vertrauens im Vergleich mit dem echten Jesaja eine deutliche Verinnerlichung erfahren. Der Glaube ist hier auf dem Wege, zu einer Angelegenheit des gottunmittelbaren, fast geschichtslosen Einzelmenschen zu werden.

2. Der Gesalbte Jahwes

Wäre die Weissagung von der Bedrohung und dem Schutz des Zion das einzige Thema, so wäre die jesajanische Verkündigung ungeachtet der erstaunlichen Variabilität und Beweglichkeit der Grundvorstellung doch von einer beispiellosen inneren Geschlossenheit. Aber daneben findet sich noch ein Thema, das wohl dem äußeren Umfange nach zurücktritt, das sich aber in sehr großräumigen und gewichtigen Texten ausspricht: das messianisch-davidische. Schon in den Tagen Davids hatte ja die Vorstellung, daß Jahwe den Thron Davids in Jerusalem bestätigt und daß er ihm weitreichende Zusagen gemacht hat, Gestalt gewonnen[23]. Man kann fragen, inwieweit diese Gedanken auch in den Glauben der breiten Menge der Landbevölkerung Eingang gefunden haben. Wir sehen ja in dem doch wohl nachjesajanischen Deuteronomium noch den Niederschlag einer Theologie, die „amphiktyonisch", also ausgesprochen unmonarchisch, unmessianisch orientiert war. Wie es in dieser Hinsicht bei der Bauern- und Hirtenbevölkerung des judäischen Südens stand, wissen wir nicht. Aber in der Königs- und Beamtenstadt Jerusalem war jene höfisch-sakral bestimmte Theologie lebendig, und hier hat aller Wahrscheinlichkeit nach auch Jesaja gelebt. Wir kennen diese Theologie vor allem aus den sogenannten Königspsalmen; aber doch wiederum nicht so genau, daß wir aus einem Vergleich der jesajanischen Aussagen mit den Königspsalmen

23. S. Bd. I, S. 52 f, 322 f.

— etwa über die besondere Akzentuierung der Einzelvorstellungen hier und dort — weiterreichende Schlüsse ziehen dürften.

In Jes. 11_{1-8} wird das messianische Thema in drei Unterabschnitte gegliedert. Zunächst ist von der Amtsausrüstung des Gesalbten die Rede (v. 2—3 a). Nicht *ein* Charismata — wie es Israel bisher erlebt hat — nein, eine Vielzahl von Charismata wird ihn bevollmächtigen. Sagt Jesaja, daß dieser Geistbesitz auf dem Gesalbten „ruhen" wird, so will er damit wahrscheinlich die Möglichkeit eines nur temporären Geistbesitzes, wie er ehedem doch die Regel war, ausschließen. Im zweiten Abschnitt sieht man den Gesalbten in Kraft dieses Geistbesitzes seines Amtes walten (v. 3 b—5). Sein vornehmlichstes Amt ist das des Schlichters, wobei seine Fürsorge sonderlich den Rechtsschwachen gilt. Wie die Königspsalmen — vgl. besonders Ps. 72_{12-14} — sieht auch Jesaja den Gesalbten vor allem damit beauftragt, das Gottesrecht auf Erden durchzusetzen. Aber wenn Jesaja betont, daß dem Gesalbten sowohl bei seinem gerichtlichen Ermittlungsverfahren wie bei der Bestrafung der Schuldigen übermenschliche, geradezu göttliche Eigenschaften zu Gebote stehen — Allwissenheit und eine unmittelbar tödliche Wirkung seines Urteilsspruchs —, so könnte es doch sein, daß der Prophet damit die traditionellen Prädikationen der Königstheologie überboten hat. Der dritte Teil (v. 6—8) spricht in Übereinstimmung mit traditionellen Vorstellungen von dem paradiesischen Frieden, der mit der Regierung dieses Gesalbten sogar den Bereich der Natur ordnen und entspannen wird.

Sehen wir hier Jesaja sich im wesentlichen in der traditionellen, höfischen Vorstellungswelt bewegen und sie aktualisieren, so hat er sie doch in einem Punkt verlassen, ja nahezu revolutionär durchbrochen: Er bindet seine Aussagen ja nicht, wie es bisher üblich war, an einen gleichzeitigen und gegenwärtigen Gesalbten auf dem Thron Davids, sondern an einen zukünftigen, der „dem Wurzelstock Isais" entstammen wird. Der Hinweis auf den Vater Davids macht es wahrscheinlich, daß Jesaja nicht einfach nur an einen zukünftigen Gesalbten auf dem Thron Davids denkt, sondern an einen neuen David, mit dessen Kommen Jahwe die Herrlichkeit des ersten davidischen Reiches wiederherstellen wird[24]. Die messianische Weissagung seines Zeitgenossen

24. Von da aus wird es doch erst verständlich, daß Jesaja von dem Wurzelstock Isais redet. Im anderen Falle läge es doch viel näher, vom Stamme Davids zu reden. Die Annahme, daß Jesaja einen neuen David erwartet hat, läßt sich zwar aus Jes. 11_1 nicht sicher erheben; aber da sie von Jeremia (30_9) und Hesekiel (34_{23})

Micha kann wohl kaum in anderem Sinne interpretiert werden; denn wenn dieser Prophet die Ephratiter von Bethlehem anredet, jenen Familienverband, dem David entstammte, und wenn er weissagt, daß von ihm ein „Herrscher in Israel" (מוֹשֵׁל Mi. 5 1) ausgehen werde, so kann das doch auch nur heißen, daß Jahwe sein messianisches Werk noch einmal von vorne beginnt, indem er noch einmal genau da einsetzt, von wo er es einst hat ausgehen lassen, nämlich in Bethlehem. Beide Weissagungen gehen in einem hohen dichterischen Pathos einher; ihre Ausdrucksweise ist fern der Sprache des Alltags, und das erschwert natürlich ihre begriffliche Analyse; aber dies, daß sie beide den Blick auf den geschichtlichen Ort, auf die Familie lenken, von der David ausgegangen ist, kann doch nur bedeuten, daß sie an dieser Stelle das Hervortreten des Neuen erwarten. Nur darin besteht ein Unterschied, daß für Micha dieser Neueinsatz mit einer Liquidierung der alten Königsstadt, mit der völligen Auslöschung Jerusalems aus der Geschichte verbunden ist (Mi. 3 12)[25], während Jesaja, wie wir sahen, eine Erneuerung Jerusalems erwartet. Auf jeden Fall schließen diese Erwartungen ein vernichtendes Urteil über den oder die zeitgenössischen regierenden Davididen ein. Wer so entschieden in dem kommenden Gesalbten das Heil verkörpert sieht, der sagt damit, daß die zeitgenössischen Davididen ihre rettende Funktion, die ihnen die Königspsalmen so emphatisch zugeschrieben haben, verloren haben. Alles, was an ihnen in dieser Hinsicht gefeiert wurde, haben sie abgetreten an den Kommenden. Es ist allerdings merkwürdig, daß wir uns über eine so wichtige Sache nur durch Rückschlüsse Klarheit verschaffen können. Eine Nachricht, daß eine solche messianische Weissagung bei Hofe übel aufgenommen wurde, daß man sie als hochverräterisch betrachtet hätte, was sie doch eigentlich war, gibt es nicht. Es spricht aber alles dafür, daß diese Propheten die zu ihrer Zeit regierenden Davididen mehr und mehr abgeschrieben, ja daß sie die ganze Königsgeschichte seit David für eine Fehlentwicklung gehalten haben. Welchen Sinn hätte sonst ihre Erwartung, daß Jahwe noch einmal einen ganz neuen Anfang machen werde? Haben sich die Propheten über diese Dinge nur im engsten Kreis geäußert? Die literarische Form, in die diese Weissagungen gekleidet sind, spräche dafür;

explizit ausgesprochen wird und da auch der Zeitgenosse Jesajas, Micha, den Blick auf Bethlehem und nicht auf Jerusalem lenkt, liegt es doch sehr nahe, die Vorstellung von einer Wiederkehr Davids auch bei Jesaja vorauszusetzen.

25. *A. Alt*, III, S. 374 f.

denn Verkündigung nach außen für eine breitere Öffentlichkeit scheinen sie nicht gewesen zu sein; nirgends wird in diesen Texten eine angeredete Hörerschaft sichtbar, auch sind sie nicht als Gottesspruch, als Jahweoffenbarung formuliert. Gattungsmäßig sind sie eigentlich ein Unikum. Hatten sie von Anfang an einen mehr esoterischen Charakter?

Man soll aber nicht denken, die Propheten hätten das Kommen eines Gesalbten erst in einer vagen Zukunft erwartet. Bei Jesaja wird es völlig deutlich, daß er der Thronbesteigung dieses Gesalbten in ganz naher Zukunft, d. h. noch im Zusammenhang mit der Assyrernot und ihrer Überwindung, entgegengesehen hat. Der andere große messianische Text Jes. $8_{23\,b}$-9_{6} setzt bei einer zeitgeschichtlich sehr konkreten Situation ein, nämlich bei der Abtrennung weiter Territorien vom Reich Israel durch Tiglatpileser und ihrer Einverleibung in das assyrische Provinzialsystem. Losgerissen vom Gottesvolk, hinausgestoßen in das Dunkel der Geschichtslosigkeit, sind sie „das Volk, das im Dunkel wandelt“; und „das Licht, das über ihm aufglänzt“, ist die Kunde von zwei geschichtswendenden Ereignissen. Jahwe hat das Joch, den Stecken des Fronvogts, und das ist die Macht Assurs, zerbrochen. Wie ein Wunder in den alten heiligen Kriegen ist das geschehen: die Niederzwingung der Feinde selbst liegt ganz im Dunkel; es bedarf nur noch des Aufräumens und des Verbrennens des noch verstreut umherliegenden Kriegsgeräte (v. 2—4). Die andere Kunde, die man dort vernimmt, ist die von der Thronbesteigung des Gesalbten, die nach der Vorstellung des Propheten der Befreiungstat Jahwes unmittelbar folgen wird. Das Kind, das geboren, der Sohn, der gegeben ist, ist ja kein Minderjähriger; es ist der Gesalbte, der nach Ps. 2_{7} im Augenblick seiner „Krönung“ in das Kindschaftsverhältnis zu Jahwe eintritt. Eine höfische Herrschaftsübernahme vollzog sich aber, wie im ganzen alten Orient so auch in Jerusalem, im Schutz strenger Konventionen; so darf der moderne Leser in diesem Text weniger als irgendwo eine Auskunft über die persönlichen Verhältnisse des Gesalbten erwarten. Auch Jesajas Weissagung geht in dem strengen Stil eines objektiven Zeremoniells einher. Was hier interessiert, das sind die Fragen des Amtes und der Ermächtigung des Gesalbten durch Jahwe. Da ist es nun von großer Bedeutung, daß dieser kommende Gesalbte als ein שַׂר und seine Herrschaft als eine מִשְׂרָה bezeichnet wird. Ein שַׂר ist aber nie ein Selbstherrscher, sondern ein von höherer Stelle aus Beauftragter; mag er auch da, wo er residiert, einem

Könige gleichen (Jes. 10₈), mag er in seiner Machtfülle manchen Selbstherrscher übertreffen, so ist doch er selber nur ein Mandatar; er ist, orientalisch ausgedrückt, nicht Sultan, sondern Wesir und bleibt als solcher nach oben hin verantwortlich[26]. Er ist also nicht „König", sondern er untersteht einem König, nämlich Jahwe, auf dessen Thron er als Statthalter berufen wird[27]. In dieser geflissentlichen Vermeidung des Königstitels — auch Micha umgeht das Wort „König" und redet von einem „Herrscher" (מוֹשֵׁל) — liegt wohl auch eine Polemik gegen die Könige in Jerusalem, die sich von Jahwe emanzipiert haben und als Selbstherrscher benehmen. Ist der Gesalbte mit der Statthalterschaft Gottes belehnt, so werden ihm nun auch die Thronnamen zugesprochen. Hier sind uns nicht alle Einzelheiten in gleicher Weise deutlich. Besonders wichtig ist der erste; denn wird der Gesalbte ein „Wunder an Ratgebung" genannt, so bezieht sich das auf die Beratung, die er mit dem Weltkönig pflegt (vgl. 2. Sam. 16₂₃); er steht in ständigem Gespräch mit Jahwe über die Regierung der Welt. Die Stützen seines Thrones sind Recht und Gerechtigkeit, und in seinem Reich „ist des Heils kein Ende".

Während noch die traditionell-kirchliche Auslegung des 19. Jahrhunderts die Immanuelweissagung in Jes. 7₁₀₋₁₇ als die messianische Weissagung schlechthin anzusehen vermochte, hat sich in der neueren Forschung das Verständnis dieses Textes dermaßen kompliziert, daß über die ganz vordergründigen Fragen nach der Bedeutung der Worte und der einzelnen Aussagen noch nicht annähernd eine befriedigende Verständigung erreicht ist[28]. Nachdem der König Ahas es ausgeschlagen hatte, ein Zeichen von Jahwe zu erbitten, verkündet Jesaja, daß Jahwe nun selber ein Zeichen geben werde: Die junge Frau wird schwanger werden, einen Sohn gebären und ihn Immanuel heißen... Es ist klar, daß der Zeichengedanke im Zentrum dieser Aussagen steht; ihn darf der Exeget unter keinen Umständen aus den Augen verlieren. Worin aber ist das Zeichen zu sehen? In dem Kind, in seiner ungewöhnlichen Speise oder in seinem Namen? Am nächsten liegt die Annahme, daß der Name Immanuel, der dem Kinde beigelegt werden wird, das Zeichen ist. Dieser Name, ein prophetischer Symbolname wie Schearjaschub oder die Namen von

26. *W. Caspari*, Echtheit, Hauptbegriff und Gedankengang der messianischen Weissagung Jes. 9₁₋₆ (Beitr. z. Förd. christl. Theol. 1908). Sehr treffend sagt Caspari von dem Bild des Gesalbten, daß es „mehr Amt als Person", „mehr Funktion als Charakter" enthalte; a. a. O. S. 300.

27. Über den Thron der Davididen in Jerusalem als Jahwes Thron s. Bd. I, S. 333.

28. Zu Jes. 7₁₀₋₁₇ vgl. die Diskussion über die wichtigsten neueren Auffassungen von *J. J. Stamm*, La Prophétie d'Emmanuel, Revue de Théologie et de Philosophie, 1944, S. 97 ff; ders.: Neuere Arbeiten zum Immanuel-Problem, ZAW 1956 S. 46 ff; *J. Lindblom*, A Study on the Immanuel Section in Isaiah (1958); *H. W. Wolff*, Frieden ohne Ende (Jes. 7₁₋₁₇ und 9₁₋₆), Bibl. Stud. 35 (1962); *W. Vischer*, Die Immanuelbotschaft im Rahmen des königlichen Zionsfestes (1955).

Hosea 1, deutet auf ein nahes Heil. Merkwürdig ist nur, daß das „darum" (לָכֵן) (v. 14) gewiß auch hier, wie sonst allermeist, in drohendem Sinn zu verstehen ist. Aber der Empfänger dieser Botschaft ist ja Ahas, der sich durch seine Weigerung schon außerhalb des nun anhebenden Heilsgeschehens gestellt hat. Für ihn also wird das, was sich jetzt ereignen wird, Gericht bedeuten. Die politische Bedrohung Jerusalems durch die verbündeten Aramäer und Nordisraeliten, vor denen jetzt alle zittern, wird bald abgewehrt sein (v. 16); aber auf Ahas, sein Königshaus und sein Volk werden schwere Tage der Heimsuchung kommen. So scheint sich Jes. 7_{10} ff, wie man oft betont hat, eng mit Jesaja 8_{1-4} zu berühren. Auch hier ist von einem Kind die Rede, das erst zur Welt kommen muß, das einen Symbolnamen „Raubebald Eilebeute" tragen soll, und von einer Fristangabe (Jes. 8_4), die der von Jes. 7_{16} entspricht. Dann läge es nahe, bei der „jungen Frau" von Jes. 7_{14} an die Frau des Propheten zu denken, und Immanuel wäre wie „Restkehrtum" und „Raubebald Eilebeute" ein Sohn Jesajas. Aber überzeugender ist die Deutung von H. W. Wolff, der auch diese Szene, genau wie die von Jes. 7_{1-9}, ganz aus der Vorstellungswelt des heiligen Krieges heraus erklärt, deren Thematik ja schon in der prophetischen Kriegsansprache von Jes. 7_{4-9} angeschlagen war und die in der Zeichenansage (vgl. Ri. 6_{36} ff.) und in der Ansage der Geburt des Erretters (vgl. Ri. 13_5) ja nur fortgeführt wird. Der Name Immanuel kann nicht von dem Kehrvers des kriegerischen Ps. 46 (v. 8,11) getrennt werden, weist aber ebenso auf die stereotype Topik des heiligen Krieges (Ri. 6_{11}, $_{13}$, $_{16}$; Dt. 20_4 u. ö.)[29]. Große Schwierigkeiten bereitet in jedem Fall die Aussage, daß der Knabe Dickmilch und Honig essen werde, bis er in das erste sittliche Reifealter eingetreten ist. Bedeutet Dickmilch und Honig Mangelspeise, die einzigen Erträgnisse eines von Feinden verheerten Landes (vgl. Jes. 7_{21} f.), oder ist damit im Gegenteil mythische Götterspeise, paradiesische Nahrung bezeichnet? Aber vor allem: Gehört Vers 15 in den ursprünglichen Zusammenhang? Viele halten Vers 15 für eine Interpolation, und tatsächlich ist der logische Anschluß des Verses 16 an Vers 14 ausgezeichnet. Dann wäre erst von dem Interpolator das Schwergewicht der Aussage von dem Namen auf das Kind selbst verschoben. Tatsächlich wird auch in Jes. 8_8 b, aber wiederum sehr wahrscheinlich in einer nachträglichen Zufügung, von Immanuel wie von einer Person, ja, von dem Herrn des Landes gesprochen. Nach alledem wäre also damit zu rechnen, daß in Jes. 7_{10} ff. ein jesajanischer Text, der durch den Symbolnamen Immanuel Heil für die Gläubigen, Unheil für die Ungläubigen geweissagt hat, nachträglich in einem messianischen Sinne interpretiert worden ist. Andere freilich bringen von vornherein ein sehr viel reicheres kultisch-mythologisches Vorstellungsmaterial in Ansatz und versuchen, den Text von daher zu deuten. Wegweisend dafür war R. Kittel: Die Mysterienreligionen und das AT, 1924, noch weiter gingen H. Greßmann, Mowinckel und Hammershaimb[30].

So kann man also sagen, daß die gesamte Verkündigung Jesajas auf zwei Überlieferungen steht, der Zion- und der Davidüberlieferung. Beides sind Erwählungstraditionen, d. h. von ihnen aus haben sich in der Königszeit gewisse Kreise in Israel vor Jahwe legitimiert; auf die göttlichen Setzungen, die diese Überlieferungen verbürgten,

29. *H. W. Wolff*, a. a. O. S. 41 ff.

30. So z. B. *E. Hammershaimb*, The Immanuel-Sign, Studia Theologica (1949), S. 124 ff; vgl. dazu aber die kritische Stellungnahme von *J. J. Stamm* in VT 1954 S. 20 ff.

haben sie ihre ganze Existenz vor Jahwe, ihren Glauben und ihre Zuversicht gegründet. Ihr Kreis mag klein genug gewesen sein. Auch Jesaja lebt in diesen Traditionen; aber er bringt doch etwas entscheidend Neues: Während die Zionslieder sich darauf gründeten, daß Jahwe den Zion erwählt habe, während die Königspsalmen sich darauf gründeten, daß Jahwe David erwählt habe, ist Jesaja ganz der Zukunft zugekehrt: Jahwe wird den Zion retten, Jahwe wird den Gesalbten, den neuen David erstehen lassen. Und hier, in diesem zukünftigen Geschehen, nicht in einem geschichtlichen, liegt das Heil für Jerusalem. An diese zukünftige Errettung gilt es zu glauben; eine andere Rettung gibt es nicht. Es berührt uns im abendländischen Geist Erzogene merkwürdig, wie getrennt, wie nahezu beziehungslos noch bei Jesaja die beiden Überlieferungen nebeneinander hergehen. Aber gerade an diesem Befund kann man etwas Entscheidendes über das Wesen dieser Propheten lernen. Sie hatten ja nicht, wie man sich das lange vorgestellt hat, eine selbständige, sozusagen in sich ruhende, womöglich ganz neuartige Verkündigung, sondern sie haben sich als Sprecher und aktuelle Interpreten alter und altbekannter sakraler Traditionen verstanden. Vielleicht waren sie in ihrer Zeit die Einzigen, die noch ganz ernst auf dem Boden dieser alten Jahweüberlieferungen standen und die um deren bestürzende Aktualität wußten.

C. DAS NEUE IN DER PROPHETIE DES 8. JAHRHUNDERTS[1]

Eine sorgfältige Betrachtung der Besonderheiten der Prophetie des Amos, Hosea, Jesaja und Micha könnte zu dem Ergebnis kommen, daß alles Vergleichen zu einer mißlichen Sache werde, weil in Anbetracht so tiefgreifender Unterschiede die Gefahr, die herausgearbeiteten Verschiedenheiten nachträglich wieder einzuebnen, kaum zu umgehen sei. In der Tat, was haben Hosea und Jesaja miteinander gemein? Der eine, aus der bäuerlichen Welt des Nordreichs kommend, fremd allem, was in seinen Tagen „König" hieß, ist wohl am tiefsten von allen in patriarchalisch-kultischen Vorstellungen befangen, und war sonderlich den Problemen des Sakralen und der Unordnung im kultischen Bereich zugewandt; der andere, ein Städter, in einer Polisüberlieferung aufgewachsen, verfolgt mit kühlem Blick die Bewegungen der Weltgeschichte, jede Veränderung im politischen Raume sich von Jahwe her rational klärend, sich auf den göttlich verbürgten Schutz der Stadt verlassend und einen König der Gerechtigkeit und des Friedens erwartend. Nicht viel anders steht es mit Amos und Micha. Amos scheint sich um die Bedrohung des Jahweglaubens durch die kanaanäische Baalsreligion, das Hauptthema Hoseas, wenig zu kümmern; er kämpft aber auch nicht wie Jesaja gegen die falsche Politik, gegen Rüstung und Bündnisse. Von Micha endlich führt schlechterdings kein Weg zu der Zionshoffnung seines Volks- und Zeitgenossen Jesaja; er erwartete ja die Auslöschung des Zion aus der Geschichte (Mi. 3_{12}). Auch die überraschende Entdeckung eines prophetenartigen Amtes in den Texten aus Mari, eines Amtes, das im Namen der Gottheit sogar den König zu bedrohen imstande war, vermag uns keinen übergreifenden und ordnenden Gesichtspunkt zu geben. Waren für den Mari-„Propheten" besonders charakteristisch die Bindung an den König und das Interesse an politischen und militärischen Staatsaktionen, so wäre damit in Israel nicht nur Jesaja vergleichbar, sondern eine ganze Reihe von Propheten, angefangen bei Ahia von Silo über Micha ben Jimla,

1. *W. Eichrodt*, I[5], S. 225—263; *Th. C. Vriezen*, S. 53—59, 112—116, 310—312.

Elia bis hin zu Jeremia[2]. Amos dagegen läßt sich in diesem Zusammenhang kaum verstehen. Aber bei all diesen großen Verschiedenheiten verbindet die Propheten des 8. Jahrhunderts doch immer noch viel Gemeinsames; denn auf dem Grund ihrer religiösen Vorstellungswelt ruht eine ihnen durchaus gemeinsame Überzeugung, so neuartig, so revolutionär gegenüber aller hergebrachten Gläubigkeit, daß von ihr aus die gewiß erheblichen Unterschiede doch fast als gering und peripher erscheinen. Versuchen wir nun einiges von dem noch einmal zu fassen, was dem aufmerksamen Zeitgenossen an diesen Propheten, gemessen an den religiösen Auffassungen ihrer Zeit, als neu auffallen mußte!

Wir beginnen mit einer sehr einfachen Feststellung: Diese Männer waren Einzelne, um nicht zu sagen Einsame. Durch ihre Berufung lebte in ihnen ein einzigartiges Wissen von Jahwe und seinen Plänen mit Israel. Wir sahen, wie tief sie in den religiösen Überlieferungen ihres Volkes wurzeln, wahrscheinlich viel tiefer als irgendeiner ihrer Zeitgenossen; man könnte ja fast das Ganze ihrer Verkündigung als ein einziges aktualisierendes Gespräch mit der Überlieferung bezeichnen. Aber gerade damit, wie sie diese verstanden und erneuerten, gerade damit sind sie aus dem bisherigen glaubensmäßigen Besitzstand ihres Volkes herausgetreten. Durch seinen Satz von der Herausführung der Philister und Aramäer durch Jahwe hat sich doch Amos ziemlich grundsätzlich von dem Glauben seiner Zeitgenossen geschieden (Am. 9_7). Dieses neue und zum Teil revolutionäre Verständnis der alten Überlieferungen war aber nicht das Ergebnis eines fleißigen Studiums und einer langsam reifenden Überzeugung; vielmehr sind diese Propheten darin einig, daß Jahwe sie erleuchtet und von Erkenntnis zu Erkenntnis geführt habe. Darauf ruht also ihre Vereinzelung: im Hören und im Gehorsam eines nicht auswechselbaren, eines nur an sie gerichteten Wortes und Auftrags Jahwes sind diese Männer zu Einzelnen, zu Persönlichkeiten geworden[3]. Sie konnten auf eine Weise, wie es in Israel bisher noch nicht erhört war, Ich sagen. Aber es ist auch klar geworden, daß sich dieses Ich, dessen sich diese Männer bewußt werden durften, weit von unserem modernen Persönlichkeitsbegriff unterscheidet. Denn dieses Ichwerden stand zunächst unter dem Zeichen manch seltsamen Zwangerlebens, und mindestens eines seiner Charakteristika war — man denke nur an das Stillehalten der jesaja-

2. *S. Herrmann,* Die Ursprünge der prophetischen Heilserwartung im Alten Testament (Diss. Leipzig 1957), S. 65 ff, 73 ff.

3. S. o. S. 85 f. *W. Eichrodt,* I, S. 228.

nischen Glaubensforderung — geradezu eine Passivität im Anschauen und im Zurücktreten vor dem Handeln Gottes[4]. Und doch haben sich dem Propheten dabei Freiheiten über Freiheiten eröffnet. Darüber konnte ein Prophet auch einmal in ein „Jauchzen im Geist" ausbrechen, wie Micha, als er in einem herrlichen Aufschäumen seines Charismas sich seines Andersseins bewußt wurde:

„Ich hingegen bin erfüllt von Kraft, (von Jahwes Geist),
von Recht und Stärke,
Jakob seine Sünde anzuzeigen
und Israel seine Verfehlung" (Mi. 3_8).

Sehr direkt spiegelt sich dieses Ichwerden der Propheten, diese religiöse Vereinzelung zunächst in ihrem Stil, in ihrem Reden von Gott und den göttlichen Dingen wider. Israel hat eine Kultsprache geschaffen, Worte über Gott geformt und konventioniert in Jahrhunderten ehrfürchtigen Sprechens; aber zu Zeiten konnte in Israel von Gott auch so gesprochen werden, wie es diese Propheten liebten: in haarsträubenden Vergleichen, anscheinend ohne jedes Gefühl für Würde und Anstand[5]. Das waren ad-hoc-Inspirationen, provozierende Formulierungen eines Einzelnen, deren Radikalität und äußerste Gewagtheit nur von der Einmaligkeit einer Situation und von der Verfassung der Zuhörer gerechtfertigt wird.

Auch wenn wir noch ungenügender unterrichtet wären über die Vorstellungen des Jahweglaubens, wie sie zur Zeit dieser Propheten an den Kultorten und in der breiten Masse der Bevölkerung noch lebendig waren, so könnten wir doch mit Bestimmtheit sagen: das Neue und Entsetzliche an der Verkündigung der Propheten war die Botschaft, daß Jahwe Israel vor seinen Richterstuhl rufe, ja, daß er ihm das Urteil schon gesprochen habe: „Es ist das Ende gekommen über mein Volk Israel" (Am. 8_2). Man hat neuerdings die Frage aufgeworfen, ob die Propheten nicht auch bei diesen ihren Gerichtsworten an ältere Überlieferungen angeknüpft haben. Hat es im Kultus Begehungen gegeben, in denen Jahwe auch als Ankläger seines Volkes auftrat[6]? Aber einigermaßen Greifbares hat sich bis jetzt noch nicht gezeigt. Und es wäre ja auch damit die Frage, was die Propheten zu dieser ihrer Bot-

4. W. *Eichrodt*, I, S. 239.

5. Jahwe, der Barbier (Jes. 7_{20}), der Eiter im Leib Israels (Hos. 5_{12}), der erfolglose Liebhaber (Jes. 5_1 ff.); s. auch u. S. 399 f.

6. So *E. Würthwein*, Der Ursprung der prophetischen Gerichtsrede, ZThK 1952 S. 1 ff; anders *F. Hesse*, Wurzelt die prophetische Gerichtsrede im israelitischen Kult? ZAW 1953 S. 45 ff.

schaft veranlaßt haben könnte, noch keineswegs voll beantwortet, ganz abgesehen davon, daß die vernichtende Schärfe und Endgültigkeit des prophetischen Gerichtswortes unter gar keinen Umständen im Kultus einen Vorgänger gehabt haben kann; denn es bedeutete ja auch das Ende alles Kultus. Will man diesen, wie gesagt, ganz neuen Ton in der prophetischen Verkündigung recht verstehen, so müßte man nicht zuletzt die sich verändernde politische Situation, das immer deutlicher sich abzeichnende Übergreifen Assurs auf Palästina bedenken. Wenn Amos fast stereotyp die Strafe Jahwes als eine Exilierung andeutet, so spiegelt sich darin die gedankliche Beschäftigung mit dem Assyrer deutlich genug. Aber gewiß handelt es sich nicht nur um einen, sondern um eine Mehrzahl von Anstößen. Genug, diese Propheten haben von dem göttlichen Zorn als einer Tatsache gesprochen und sie haben das ganze Leben ihrer Zeitgenossen, ihr soziales und wirtschaftliches Verhalten, ihr politisches Gebaren und vor allem ihre Kultübung als den eigentlichen Gegenstand dieses göttlichen Zornes bezeichnet. Die beliebte Auskunft, daß es sich hier einfach um das Aufbrechen neuer religiöser Ideen handle, also nur um ein neues Verständnis des Gott-Mensch-Verhältnisses, wird jedenfalls der Tatsache nicht gerecht, daß die Propheten dabei betontermaßen von den alten Jahweüberlieferungen ausgehen. Diese gerade geben ihnen die völlig zureichende Begründung, und mit ihnen argumentieren sie auf und ab gegen ihre Zuhörer. Hinsichtlich der alten Jahweüberlieferung stellen sie sich also mit ihnen auf einen Boden; aber es ist, als läsen sie aus diesen Überlieferungen etwas völlig anderes heraus; denn die Propheten sind der Meinung, daß diese Überlieferungen nicht das Heil Israels begründen, sondern sich vielmehr gegen Israel wenden. So hat es doch Amos paradigmatisch für diese Phase der Prophetie ausgesprochen, daß Israel gerade durch seine Erwählung um so mehr bedroht ist (Am. 3 1 f.)! Hier also ist zuerst in Israel in großer Form „Gesetz" gepredigt worden[7]. Am deutlichsten ist das da, wo die Propheten ihre Zeitgenossen wegen ihres asozialen Verhaltens, wegen ihrer räuberischen wirtschaftlichen Praktiken verklagen. Dabei verstehen sie sich keineswegs als die revolutionären Sprecher einer sozialen Gruppe. Zug um Zug kann man sehen, wie sie dabei Sätze des alten Gottesrechts praktizieren[8]. Aber grundsätzlich ist es natürlich der gleiche Vorgang,

7. S. Bd. I, S. 209; s. u. S. 421 ff.

8. S. o. S. 142 f. *H.-J. Kraus,* Die prophetische Botschaft gegen das soziale Unrecht Israels, Ev. Theol. 1955, S. 295 ff.

wenn Jesaja das Verhalten der Jerusalemer an der Zionsüberlieferung mißt, wenn er in den militärischen Rüstungen oder in den Sicherungen durch Bündnisse ein Versagen dem göttlichen Hilfsangebot gegenüber sieht; oder wenn Hosea von der Heilsgabe des Landes ausgeht, die Israel noch gar nicht begriffen hat, und wenn er von da aus das ganze Unmaß der Treulosigkeit und des Undanks aufdeckt. Daß Jahwe ein Richter der Bösen war, das wußte auch das alte Israel; und ebensowenig war ihm verborgen, daß das Böse des Menschen mehr war als die Zahl seiner einzelnen Taten (Gen. 3). Aber der Eifer der Propheten im Aufdecken der widergöttlichen Grundtendenzen des Menschen, dieses ihr Bestreben, das Verhalten Israels in seiner Ganzheit zu begreifen und das, was bei aller geschichtlichen Bedingtheit dafür als typisch gelten kann, herauszustellen, das war doch — vollends, da es zum Zweck der Begründung des Urteils Jahwes geschah — etwas Neues. So hat doch etwa Hosea in seiner Dichtung von dem Israel, das die Kulturgaben des Landes nicht als Gaben Jahwes verstand, das Ganze, das sich zwischen Gott und seinem Volk ereignet hat, umgriffen und zur Diskussion gestellt; und das war geistig keine geringe Leistung. Dabei sind die Propheten allerdings weniger darauf ausgegangen, dieses Verhalten der Menschen auf dem Weg der Abstraktion in möglichst allgemeine Begriffe zu fassen — wiewohl auch das nicht fehlt —[9]; sie haben vielmehr ihr Ziel auf andere Weise erreicht: Scheinbar schildern sie nur ein ganz bestimmtes Versagen einer bestimmten menschlichen Gruppe in einer bestimmten Situation; in Wirklichkeit aber haben sie doch in wenigen charakteristischen Zügen etwas aufgezeigt, was zugleich für das Verhalten Israels vor Gott im ganzen typisch ist[10]. Daß sie sich wenig in allgemeinen theologischen Begriffen über den Menschen geäußert haben, könnte auch damit zusammenhängen, daß sie ihre Zeitgenossen als das Produkt einer ganz bestimmten Geschichte verstanden haben. Sie haben ihre Hörer nicht für sich allein genommen, isoliert in ihrer Widergöttlichkeit; diejeni-

9. Hier wäre etwa an den für Jesaja so charakteristischen Vorwurf des „Hochmuts" zu denken (גַּבְהוּת אָדָם Jes. $2_{11, 17}$) oder an das für Hosea ebenso charakteristische Wort vom „Hurengeist" (רוּחַ זְנוּנִים Hos. 4_{12}; 5_4) oder auch an das Wort des Amos von dem „Stolz Jakobs" (גָּאוֹן Am. 6_8). Auch der umfassende Begriff der „Umkehr" und die Feststellung, daß Israel nicht umkehrt, gehört hierher. *H. W. Wolff*, Das Thema Umkehr in der alttestamentlichen Prophetie, ZThK 1951 S. 129 ff.

10. Zu dieser typisierenden Tendenz gehören auch die Hoffartsmonologe, die die Propheten ausländischen Königen in den Mund legen: Jes. 10_8 ff; 14_{13} ff; 37_{24}; Hes. 28_2; $29_{3, 9}$; 27_3.

gen, die die Propheten ansprachen, waren ja schon „Nachkommen von Bösewichtern, verdorbene Söhne" (Jes. 1$_{4}$), und das entschuldigte sie nicht, sondern machte den Fall vollends hoffnungslos. Diese geschichtliche Tiefendimension, zu der sich die prophetische Anklage gelegentlich ausweitet, ist ungemein charakteristisch; sie gab den Propheten Gelegenheit zu Rückblicken in die Geschichte des Gottesvolkes von äußerster Eigenwilligkeit. Diese Dichtungen, extrem in Auffassung und Darstellung, beanspruchen natürlich keine Allgemeingültigkeit; im Gegenteil, höchst einseitig auf die Herausarbeitung nur eines Gedankens abgestellt, sind sie gerade in ihrer willkürlichen Gestaltung wunderbare Zeugnisse eines selbständigen geschichtlichen Denkens und Verstehens. So zählt Amos eine lange Reihe katastrophaler göttlicher Eingriffe in die Geschichte auf: Dürre — Hungersnot — Getreidekrankheiten — Seuchen — militärische Katastrophen, die Israel zur Besinnung bringen sollten; aber sie vermochten es nicht zur „Umkehr" zu bewegen (Am. 4$_{6-11}$). Die Reihe liest sich fast wie eine Parodie zur Heilsgeschichte, als wolle Amos der populären Überlieferung einen ganz anderen Aspekt der Geschichte Jahwes mit seinem Volk entgegenhalten und in dieser Interpretation nun wahrlich auch eine Abfolge einschneidender Geschichtstaten! Bei Jesaja klagt Jahwe einmal in der Form des seinen widerspenstigen Sohn verklagenden Vaters (Dt. 21$_{18-21}$), er habe „Söhne großgezogen und hochgebracht" (Jes. 1$_{2}$). Mit diesen wenigen Worten ist ein neuer Horizont göttlichen Geschichtswaltens aufgerissen. Viel breiter und noch kühner in seiner bildhaften Verkleidung lädt in dieser Hinsicht das Weinberglied aus. Hier erscheint Jahwe als der unentwegte Liebhaber, der seinen „Weinberg" — „Weinberg" ist das Deckwort für „Geliebte" — mit größter Hingabe umsorgt (Jes. 5$_{1-7}$). Man wird nicht alle Einzelheiten seiner Bemühung (Umgraben, Entsteinen, Herstellung eines Turmes und einer Kelter) allegorisch ausdeuten dürfen; aber die Aufzählung dessen, was der Freund an den Weinberg gewandt hat, bewirkt eben doch, daß der Hörer einen Eindruck bekommt von der langwierigen, planvollen geschichtlichen Kultivierungsarbeit Jahwes an Israel. Bei Hosea kehrt Jahwe im Bild von dem Vater wieder, der Israel wie ein kleines Kind gegängelt und geliebt hat (Hos. 11$_{1\,ff.}$). Aber nicht diese Darstellungen der Geschichte an sich, so gewagt und einseitig sie waren, sind das Neue. Neu ist die Bilanz, die die Propheten aus der bisherigen Geschichte zogen, nämlich, daß sie ein einziger großer Fehlschlag war und daß sie, wo immer man sie aufschlug, vom Versagen Israels

Zeugnis ablegte. Bei dieser revolutionären Schau haben die Propheten nicht einmal vor der Gestalt des Erzvaters Jakob Halt gemacht (Hos. 12$_{4\,f,\,13}$); ja, sie haben auf diesem Weg nur die ersten Schritte getan; besonders Hesekiel wird, ihrem Beispiel folgend, noch viel breiter ausladende Geschichtsdarstellungen geben (Hes. 20).

Aber Jahwe wird noch einmal an Israel handeln; er ist nicht willens, sich nach diesem Fehlschlag aus der Geschichte zurückzuziehen; im Gegenteil: Ungeheures steht Israel bevor. Und damit stehen wir vor dem, was ohne Frage die Mitte der prophetischen Botschaft ist. Es war schon anderwärts gesagt worden: Eine der größten Leistungen der Prophetie bestand darin, daß sie dem Glauben diejenige Dimension zurückgab, in der sich Jahwe vornehmlich geoffenbart hatte, nämlich die der Geschichte und des politischen Raumes (s. Bd. I S. 108 ff.). Mit seiner vergangenen Geschichte hatte sich Israel wohl immer beschäftigt, aber für die Gegenwart und die Zukunft hatte es Jahwe, seinen Gott, etwa seit David mehr und mehr abgeschrieben; es hatte die Politik und die Gestaltung seiner Zukunft selbst in die Hand genommen. Die Heilsgeschichte war zur Ruhe gekommen; sie war nur mehr ein ehrwürdiger Gegenstand der rückschauenden Betrachtung[11]. Von da aus kann man sich vorstellen, wie bestürzend die weltgeschichtlichen Perspektiven in der Verkündigung der Propheten des 8. Jahrhunderts gewirkt haben. Davon kann freilich nicht die Rede sein, daß sie die alte patriarchalische Auffassung von Jahwes Geschichtswalten erneuert hätten, wie sie etwa aus den Berichten seiner heiligen Kriege im Richterbuch deutlich wird. Die alte, sakrale Geschichtsauffassung war vollends nach dem Aufbruch der Geschichtsschreibung in der salomonischen Aufklärung von einem neuen Geschichtsbild abgelöst worden. Die Geschichte war weltlich geworden. So ist es gewiß einer der interessantesten Gegenstände der prophetischen Theologie, zu sehen, wie die Propheten diesen weltlich-politischen Raum, in dem sich große und kleine Staaten tummelten, mit dem Walten Jahwes in Verbindung gebracht haben. Schon ein Blick auf das eben erwähnte Strophengedicht (Am. 4$_{6\,ff.}$) zeigt, wie die Propheten durchaus in der neuen Weise Geschichte, und zwar konkreteste Jahwegeschichte, zu sehen vermögen; denn diese Katastrophen (Dürre, Hunger, Seuchen) waren — abgesehen von dem Unterschied von Heil und Unheil — in einem anderen Sinne Jahwetaten, nicht wunderhaft, nicht durch ein Ereignis völlig analogieloser

11. S. Bd. I, S. 108 f, 82 f.

Art die Geschehniszusammenhänge zerreißend —, Dürre und Hunger pflegen sich überall einmal zu ereignen. Diese Geschichtstaten Jahwes — so meint man folgern zu müssen — sind also dem Glauben schwerer erkennbar, weil sie tiefer an der Mehrdeutigkeit aller geschichtlichen Phänomene teilhaben. Dies gerade würden aber die Propheten bestritten haben. Das erwähnte Strophengedicht des Amos ist doch angefüllt mit dem wachsenden Verwundern, daß Israel diese Sprache seines Gottes in der Geschichte nicht verstanden hat. Noch viel extremer hat Jesaja von der Eindeutigkeit des Geschichtswaltens Jahwes gesprochen:

> „An jenem Tage wird es geschehn, da wird Jahwe der Fliege von jenseits der Ströme Ägyptens und der Biene vom Lande Assur pfeifen, und sie werden kommen und sich insgesamt niederlassen in Schluchten, in Felsspalten, in Dornbüschen und an allen Tränkplätzen.
> An jenem Tag wird der Herr mit einem jenseits des Euphrats gedungenen, gemieteten Messer das Haupt und die Schamhaare abscheren . . ." (Jes. 7 18–20).

Das sind zwei Sprüche aus der Frühzeit Jesajas, in denen der Prophet das Kommen der Assyrer nach Palästina und das Strafgericht, das sie vollziehen werden, weissagt; und sie können wohl als besonders charakteristische Worte der klassischen Prophetie gelten, weil sie sowohl nach Form wie nach Inhalt jede Art und Weise sprengen, wie man bisher von Jahwe und seinem Geschichtshandeln gesprochen hat. Die bildhafte Einkleidung — Jahwe, der ein Weltreich wie ein Tier herbeipfeift, Jahwe als Barbier, der sich ein Messer, ein Weltreich leiht — spricht von der völligen Geschichtsmächtigkeit Gottes. Sie ist so souverän, daß neben ihr überhaupt keine andere Aktivität in der Geschichte Raum zu haben scheint[12]. Wenn in das Blickfeld eines Nichtpropheten ein Weltreich tritt, so füllt es alles aus, und es entsteht das Problem, wie dessen überwältigendes Machtpotential mit der Allmacht Gottes zu vereinen sei. Ganz anders beim Propheten: Die Reiche am Tigris und am Nil sind gar nichts; sie sind nicht mehr als ein geliehenes Werkzeug in der Hand Jahwes. Sagten wir oben, Israel habe seit dem Beginn der Königszeit gelernt, die Geschichte weltlicher, realisti-

12. Ein kleiner Unterschied besteht aber doch zwischen den beiden Logien: In dem ersten ruft Jahwe, und das Fliegengeschmeiß kommt und macht sich breit. Im zweiten leiht sich Jahwe das Messer und handelt selbst damit. Hier ist auch der letzte „Synergismus" ausgeschieden. In dem Arielgedicht (Jes. 29) ist Jahwe zugleich derjenige, der Jerusalem angreift und demütigt (v. 2—4), und der, der es rettet (v. 5—8).

scher zu sehen, so bedeutet das, wie wir jetzt sehen, doch beileibe nicht, daß sie in demselben Maß auch gottferner geworden wäre. Im Gegenteil: Zeugnisse von einer solchen Gotterfülltheit des gesamten Geschichtsraumes, die die mächtigsten politischen Koeffizienten zur Bedeutungslosigkeit herabdrücken, suchen wir in der älteren geschichtlichen Überlieferung Israels vergeblich („ich, ich zerreiße und gehe, ich schleppe weg, und keiner rettet" Hos. 5_{14}).

Das dürfen wir also als das Charakteristikum prophetischer Geschichtsschau bezeichnen: nicht nur dieses Vermögen, aufs eindeutigste die Pläne und Absichten Jahwes in der Geschichte zu erkennen, sondern auch die in ihr waltenden Kräfte in ganz anderen Proportionen zu sehen. Die großen vordergründigen Phänomene auf der politischen Bühne verstellen den Propheten nicht den Blick auf Gott; im Gegenteil, sie schrumpfen angesichts der alles ausfüllenden Macht Jahwes fast zu einem Nichts zusammen. Das Ich Jahwes ist es, das den Raum der Geschichte bis zum Letzten ausfüllt. Nun ist es aber packend, zu sehen, wie Jesaja mit der Eindeutigkeit seiner eigenen Geschichtsschau in Konflikt geraten ist, — ein Beweis für die völlig undogmatische Beweglichkeit und Offenheit seines Blicks in die Geschichte. Mit dem Näherkommen des Assyrers erwies sich die Deutung Assurs als eines Strafwerkzeuges Jahwes als unzureichend, mindestens als unvollständig. Die vernichtende Art, wie Assur mit den Völkern verfuhr und wie es auch mit Jerusalem und Juda zu verfahren drohte, ergab ein Problem: Wird es nicht auch den Zion überrennen wollen? Aber Jesaja ist dadurch nicht an dem Plan Jahwes irre geworden; die Erklärung fand er vielmehr in der Tatsache, daß der Assyrer seinen geschichtlichen Auftrag überschritten habe. Nur zu züchtigen war ihm aufgetragen, aber nicht zu vernichten (Jes. 10_{5-7}). Diese Wandlung in der Auffassung des Propheten bestätigt noch einmal in besonderer Weise den Anspruch dieser Männer, die Geschichte in bezug auf Gott klar und bis auf den Grund durchsichtig zu sehen. Sie zerlegt sich dem Propheten nach ihrem göttlichen Plan und nach dem Koeffizienten der menschlichen Eigenmächtigkeit[13]. Um diese Klärung hat Jesaja — man sollte das nicht verkennen — auch mit der ganzen Kraft seines Verstandes gerungen. Ein Dokument dieses ausgesprochen rationalen Mühens um die Geschichte ist nach der herkömmlichen Deutung das didaktische Gedicht Jes. 28_{23-29}, in dem Jesaja die komplizierten und sorgfältig

13. S. o. S. 169 f.

bedachten Verfahrensweisen des Landmanns bei der Saat wie bei der Ernte als ein Gleichnis des göttlichen Geschichtswaltens transparent macht. „Wunderbar ist sein Rat und groß seine Weisheit.“[14]

Aber es ist bisher fast schon zu viel von der Geschichte in einem allgemeinen Sinn die Rede gewesen, so daß das Mißverständnis entstehen könnte, als hätten die Propheten unsere Vorstellung von „der“ Geschichte geteilt. Aber dem steht schon die Tatsache entgegen, daß sich die Geschichte, die die Propheten meinen, überall, wo von ihr die Rede ist, in irgendeinem Sinne für Israel begibt. Auch der vielgerühmte Geschichtsuniversalismus Jesajas weiß es nicht anders, als daß Jahwe die Geschichte auf Israel zu bewegt. Aber eine nähere Betrachtung der Heilsweissagungen der Propheten zeigt, daß dieses zukünftige Geschichtshandeln Jahwes an Israel noch eine besondere Eigenart hat. Es handelt sich dabei ja nicht sozusagen um irgendwelche frei gefaßten Pläne Jahwes, sondern nur um die Vollstreckung dessen, was Jahwe schon in alten Überlieferungen Israel verheißen hat. Ob wir an die Weissagung Hoseas denken, daß Israel noch einmal in die Wüste und noch einmal durch das Akortal in sein Land geführt wird (Hos. 2$_{16}$ f.), oder an die Weissagung, daß Jahwe noch einmal Völker gegen den Zion versammeln, daß er ihn aber wieder schützen werde, oder an die Weissagungen von dem kommenden Gesalbten bei Amos, Jesaja und Micha, — überall sieht man, wie traditionsgebunden auch die Zukunftsweissagungen der Propheten sind; und zwar sind sie es in dem Sinne, daß nach der prophetischen Verkündigung die zukünftigen, sagen wir ruhig: die eschatologischen Heilstaten antitypisch den ersten entsprechen werden. Also auch in ihren Zukunftssprüchen fungieren die Propheten weithin als Interpreten alter Jahwetraditionen. Und doch bringen sie damit etwas fundamental Neues, nämlich dies, daß allein die zukünftigen Taten für das Heil Israels entscheidend sein werden. Die alten Überlieferungen sagten aus, daß Jahwe Israel ins Land geführt, daß er den Zion gegründet, den Thron Davids bestätigt hat, und das mußte genügen. So aber konnte kein Prophet mehr glauben; denn zwischen ihm und jenen Setzungen lag ja schon der Feuervorhang schrecklicher Gerichte an Israel, die nach der Meinung dieser Propheten schon angelaufen waren; und diese Gerichtsbotschaft hatte keine Begründung in der alten Jahwetradition. Heil konnte es also für die Propheten nur geben, wenn Jahwe sich zu neuen Taten

14. S. o. S. 170 Anm. 19.

an Israel anschickte. Und in der Tat, dem haben sie mit Gewißheit entgegengesehen, und sie haben die, die noch zu hören vermochten, beschworen, sich nicht auf illusionäre Sicherungen zu gründen (Mi. 3 11), sondern auf das Kommende „hinzusehen“ und sich in der bevorstehenden Heilstat Jahwes zu bergen[15]. Sie waren also die ersten in Israel, die es immer wieder und auf immer breiterer Grundlage ausgesprochen haben, daß das Heil im Schatten des Gerichts kommt. Diese prophetische Weissagung, die in engster Anlehnung an alte Erwählungstraditionen, aber zugleich in einer kühnen Neuinterpretation von einem Neueinsatz des göttlichen Heilshandelns spricht, — sie, aber nur sie —, sollte man eschatologisch nennen[16]. Religiöse Hoffnungen, zuversichtliche Äußerungen über den Bestand der göttlichen Treue gab es allenthalben. Was die Propheten weissagten, war theologisch etwas ganz anderes. Sie gehen aus von dem Nein Jahwes über ihr zeitgenössisches Israel, von seinem Verhältnis zu Jahwe, das von langer Hand heillos zerrüttet war. Aber sie waren gewiß geworden, daß Jahwe jenseits des Gerichtes, durch neue Taten, ein Heil begründen werde; und um die Weissagung dieser Taten geht es diesen Propheten vor allem, nicht einfach um Hoffnung und Zuversicht.

Zusammenfassend wäre also zu sagen, daß die Propheten des 8. Jahrhunderts sowohl hinsichtlich ihrer „Gesetzespredigt“ wie hinsichtlich ihrer Heilsverkündigung das Leben Israels auf ganz neue Fundamente gestellt haben. Erst von ihrer Heilsverkündigung aus kommt ihre Gesetzespredigt ins rechte Licht. Wir haben es oben schon betont, daß die Propheten diesen richtenden Gotteswillen nicht einer besonderen Offenbarung entnommen haben, die der von Jahwes Heilstaten selbständig gegenüberstünde, sondern den alten Heilsüberlieferungen selbst; sie haben ihnen also eine andere Botschaft entnommen und sie anders interpretiert als ihre Zeitgenossen, aber auch als die ältere Zeit überhaupt. Sie sind ihnen zum Gesetz geworden. Aber Vorläufer des Nomismus waren sie nicht; sie haben ihren Zeitgenossen nicht vorgeworfen, daß sie ihr Leben nicht gesetzlich geführt ha-

15. S. o. S. 167 ff.

16. S. o. S. 127 f. und S. 249. Aber auch der Begriff des Prophetischen verlangt dringend nach einer sachgemäßen Eingrenzung. Es ist nicht förderlich, ihn etwa mit *Vriezen* derart auszuweiten, daß man das Prophetische von Mose her im Jahweglauben angelegt sieht (a. a. O. S. 113, 221). Das Besondere des Propheten kommt u. E. erst in Sicht, wenn man seine eigentümliche Einstellung der Überlieferung gegenüber bestimmt (s. u. S. 310 ff.).

ben; vielmehr dies, daß sie als Jahwes Eigentumsvolk fortgesetzt die Gebote übertraten und daß sie dem Angebot des göttlichen Schutzes mißtraut haben. Wie wenig die Propheten auf ein Leben unter dem Joch des Gesetzes hinarbeiten, wird besonders aus den freilich nicht zahlreichen Stellen deutlich, wo sie von ihren Anklagen zu positiven Forderungen übergehen. „Suchet das Gute und nicht das Böse; hasset das Böse, liebet das Gute!" „Fragt nach Jahwe, daß ihr lebet!" (Am. $5_{14\,f,\,6}$) So redet keiner, der das Leben gesetzlich normieren möchte. Das, was Jahwe von Israel will, erscheint dem Propheten als etwas sehr Klares und Einfaches; wie hätte er es sonst mit dem Allerweltsbegriff „des Guten" umschreiben können (vgl. auch Hos. 8_3; Jes. 5_{20}; Mi. 3_2)! Und nun erst Micha: Der Prophet antwortet auf das Unmaß gesetzlich-kultischer Leistungen, die Israel in seiner Angst anbietet: „Es ist dir gesagt, Mensch, was gut ist und was Jahwe bei dir sucht: Rechttun, Güte lieben und demütig wandeln vor deinem Gott" (Mi. 6_8)[17]. Das also ist die Quintessenz der Gebote nach dem Verständnis der Propheten! Hier wird nicht „Ethos" statt Kultus verlangt, als wolle der Prophet die Menschen von der einen Gesetzlichkeit in eine andere führen. Nein, gegenüber den zerstörenden Gewaltleistungen wird hier auf etwas ganz Einfaches gezeigt; ein Weg, der gangbar ist vor Gott, wird gewiesen. Genau dasselbe gilt von dem Wort des Hosea, das sich wie „das Programmwort einer Oppositionsgemeinschaft liest" (H. W. Wolff), daß nämlich bei Jahwe nicht die Leistung der Opfer zähle, sondern „Bundessinn und Wissen um Gott" (Hos. 6_6). Das Gelöbnis, das derselbe Prophet den zu Jahwe Umkehrenden in den Mund legt, ist zwar negativ formuliert, weil es darin einer kultischen Gattung folgt, liegt aber doch grundsätzlich auf der gleichen Linie. Es verspricht nicht die Erfüllung einer gesetzlichen Forderung:

> „Assur soll uns nicht helfen, mit Rossen wollen wir nicht fahren,
> und nicht mehr wollen wir ‚unser Gott' zu dem Werk unserer Hände sagen"
> (Hos. 14_4)[18].

17. Die Bedeutung des הַצְנֵעַ läßt sich nicht ganz sicher festlegen. Der Ausdruck scheint der Sprache der Weisheit zuzugehören (Sir. 16_{25}; 35_3) und nach dem Begriff des „Abgemessenen" hin zu tendieren. Auch *H. J. Stoebe* sucht in seiner Studie „Und demütig sein vor deinem Gott" (Wort und Dienst, Jahrbuch der theol. Schule Bethel 1959, S. 180 ff.) den Begriff vornehmlich in der Weisheitssprache und übersetzt ihn mit „einsichtig, bedachtsam sein".

18. Die negative Formulierung des Bekenntnisses entspricht den beichtspiegelartigen Formulierungen; *v. Rad*, Ges. Stud. (1958), S. 292.

Jesaja spricht von der geläuterten inneren Verfassung des Restes so gut wie gar nicht, so daß es nicht ganz leicht ist, ihn sich vorzustellen. Es sind eben die, vor denen Jahwe sein Angesicht nicht verborgen hat (Jes. 8$_{17}$), die, die geglaubt haben. Einmal nennt er die sich auf dem Zion Bergenden „die Armen seines Volkes“ (Jes. 14$_{32}$).

Aber die Propheten des 8. Jahrhunderts waren nur die ersten auf diesem ganz neuen theologischen Wege. Die späteren werden auf ihm weitergehen und sonderlich zu der Frage des neuen Gehorsams noch mehr zu sagen haben. Sie werden überhaupt die ausgegebenen Themen aufnehmen und sie eigenwillig weiterführen; aber sie werden die prophetische Verkündigung auch mit neuen Themen bereichern, die noch nicht im Blickfeld der Prophetie des 8. Jahrhunderts lagen.

D. DAS ZEITALTER JEREMIAS

1. Der Übergang zur babylonischen Epoche (Nahum, Habakuk, Zephanja)

Das assyrische Weltreich, das so lange Zeit das Reich Juda bedroht hatte, ist 90 Jahre, nachdem Jerusalem vor Sanheribs Truppen kapituliert hatte, endgültig zusammengebrochen. Dieser Zusammenbruch vollzog sich vor dem geschichtlichen Beschauer in großer Schnelligkeit; denn um 664, mit der Unterwerfung Ägyptens, schien das Reich auf dem Gipfel seiner Macht angelangt zu sein. Im Jahre 612 ist Ninive von den Babyloniern, die schon vorher aufgehört hatten, Assurs Vasallen zu sein, den neu auf der politischen Bühne erschienenen Medern und einem skythischen Reitervolk erobert worden. Assur ist freilich nicht, wie es sich Jesaja vorgestellt hatte, vor dem Zion zerschlagen worden; aber es ist seinerseits auch nicht mehr dazugekommen, das Reich Juda seinem Provinzialsystem einzugliedern. Man müßte sich geradezu wundern, wenn dieses weltgeschichtliche Ereignis bei der Prophetie, die so wachen Auges alle Veränderungen im Raum der Geschichte verfolgte, ohne Echo geblieben wäre.

Es war *Nahum*, dem dieses Ereignis die Zunge gelöst hat und der es in Dichtungen von ungewöhnlicher Pracht als ein Gericht Jahwes über die „Stadt des Blutes" (Nah. 3_1) gefeiert hat. Das Büchlein ist ganz auf den Ton der Freude und der Genugtuung gestimmt, darüber, daß Jahwe sich in der Welt als Rächer des Bösen geoffenbart hat. In dem Buch ist das Wort überhaupt nur ein einzigesmal an Juda gerichtet, und zwar durch den „Freudenboten", der dazu auffordert, die Stunde des Festes vor Jahwe wahrzunehmen (Nah. 2_1). Man hat es diesem Propheten nicht selten vorgerechnet, daß er anders als die ihm ungefähr zeitgenössischen Propheten kein Wort über die Sünde des Gottesvolkes selbst gesprochen habe. Das wäre aber nur dann verwunderlich, wenn man die Propheten in corpore als die Sprecher einer Idee, etwa eines ethischen Monotheismus, eines allgemeinen sittlichen Gott-Mensch-Verhältnisses, zu verstehen hätte. Macht man aber damit Ernst, daß sie in ihrer Verkündigung ganz von der Fügung der geschichtlichen Stunde abhängig waren, so entzieht sich Nahums Botschaft dieser Kritik genau so, wie wir die Unterscheidung von kultischen Heils- und Unheilszeiten in die Verantwortung derer zurückverlegen müssen, die die jeweilige Zeit vor Jahwe derart gedeutet haben[1]. Und nun ist gerade Nahum derjenige unter den Propheten, bei dem man sich eine Funktion im Rahmen des Kultus vorstellen könnte. Auch in seiner Botschaft, die doch der Gattung der Völkerorakel mindestens nahesteht, könnte man Nahum in der Tradition derer verstehen, die im Rahmen eines sakralen Zeremoniells Drohworte gegen die Feinde des Gottesvolkes ausstießen[2]. Was das Fehlen von Gerichtsworten für das eigene Volk betrifft, so muß man auch noch bedenken, daß diese prophetische Botschaft mit Wahrscheinlichkeit in die Zeit des Königs Josia und zwar in die Zeit nach dem „Fund" (2. Kön. 22 f.), also des Reformwerkes anzusetzen ist, die vielleicht doch auch für die Propheten unter dem Zeichen einer verheißungsvollen Umkehr stand.

Dem rückschauenden Betrachter zeigt sich freilich, daß diese festliche Stunde schnell vorübergegangen ist. Josia ist 609 von Necho besiegt und getötet worden; damit kam das Reich Juda zunächst unter ägyptische Oberhoheit, über deren politische Auswirkung wir freilich so gut wie nichts wissen. Schon wenige Jahre später, um 605, wurden die Ägypter von Nebukadnezar geschlagen, und durch diesen Sieg wurden die Neubabylonier die Herren auch über Palästina (2. Kön. 24$_7$). Jojakim, der Nachfolger Josias, war aber ein unsicherer Vasall des Großkönigs, und deshalb hatte sein Land manches von den Truppen der Babylonier zu leiden (2. Kön. 24$_1$ f.).

Dies ist nun sehr wahrscheinlich die Zeit, in die das Wirken des Propheten *Habakuk* fällt, also die Zeit zwischen 609 und 597. Der erste Teil seiner Prophetie (Hab. 1$_2$—2$_4$) besteht aus einem fast liturgischen Zwiegespräch zwischen dem Propheten und Jahwe. Zweimal breitet der Prophet eine Klage vor Jahwe aus, zweimal antwortet Jahwe[3]. Die erste Klage spricht von Untat und Vergewaltigung; die

1. S. o. S. 112.

2. In dieser Richtung ist das Nahumbüchlein neuerdings mehrfach gedeutet worden, besonders durch *P. Humbert,* Le problème du livre de Nahoum, Revue d'histoire et de philosophie religieuses 1932, S. 1 ff.

Das Verständnis der Völkerorakel ist durch den Hinweis auf den Zusammenhang von Am. 1$_3$ ff. mit dem Zeremoniell der sakralen Ächtung der Feinde im alten Ägypten gefördert worden. *A. Bentzen,* The Ritual Background of Am. 1$_2$–2$_{16}$, Oudtestam. Studiën (1950), S. 85 ff.

3. Der liturgische Charakter der Einheit von Hab. 1$_2$–2$_4$ ist oft betont worden; aber es handelt sich hier doch wahrscheinlich nur um eine „prophetische" Liturgie,

Tora „erkaltet", und der Gottlose stellt dem Gerechten nach (Hab. 1 2-4). Es ist schwer zu sagen, worauf diese Klage anspielt, ob auf Bedrückung von inneren oder äußeren Feinden. Auf diese Beschwerde ergeht eine höchst merkwürdige Antwort: Verwundert euch! — so sagt Jahwe —: jetzt erwecke ich ein furchtbares Volk, die Chaldäer (Neubabylonier, Hab. 1 5-11). Der Aspekt, den die Gottesrede eröffnet, ist also zunächst ein völlig unerwarteter: Es wird noch viel schlimmer kommen; die Rätsel der göttlichen Geschichtslenkung werden sich steigern[4]. Neuerliche Klage: Wie kann Jahwe so viel Ungerechtigkeit ansehen, ohne einzuschreiten? Der „Gottlose", der den „Gerechten" verschlingt, ist hier sicher eine auswärtige politische Macht. Die Menschen gehen ihm wie Fische ins Netz. Absurd ist bei ihm die Vergötzung seiner Machtmittel („darum opfert er seinem Netz und räuchert seinem Garn" v. 16). Auch darauf antwortet Jahwe mit einem Wort, das aufzuschreiben ist, weil es nicht gleich in Erfüllung gehen wird; ja, mit einem Verzug der Erfüllung soll von Anfang an gerechnet werden; auf alle Fälle „wird der Gerechte seines Glaubens leben" (Hab. 2 1—4). Neuere Ausleger halten es allerdings für wahrscheinlich, daß nicht dieser Satz allein der Inhalt einer mit solcher Umständlichkeit angekündigten und offenbar sehr umfangreichen „Schauung" sein könne, sondern daß dafür auch die in Kapitel 3 geschilderte Theophanie in Frage komme, ein ungeheures Gemälde von dem Aufbruch Jahwes zum Kampf gegen die Völker, insonderheit gegen den Gottlosen (v. 13).

Ungeachtet einiger ungeklärter Fragen zeigt die Prophetie Habakuks doch manche charakteristische Züge. Denjenigen, der von Amos, Jesaja oder Micha herkommt, muß es verwundern, wie sich das Verhältnis des Propheten zu Jahwe gewandelt hat. Die Rollen scheinen vertauscht: die Initiative liegt beim Propheten, denn er ist der Drängende, der Unzufriedene, Jahwe ist der Gefragte. Nun ist allerdings mit der Möglichkeit zu rechnen, daß die Fürbitte und der Empfang von göttlichen Antworten schon seit je zum Beruf einer mehr kultisch

d. h. nicht um eine unmittelbar dem Kultus entstammende Liturgie, sondern um die prophetische Nachahmung einer kultischen Form.

4. Leider läßt sich der letzte Satz dieser Gottesrede, von dem möglicherweise für das Verständnis des Ganzen viel abhängt, nicht sicher übersetzen. *F. Horst* gibt ihn mit leichter Emendation wieder: „es zieht fort, und es büßt, wem eigene Kraft zum Gott ward" (HAT z. St.). Damit wäre dann ein künftiges Gericht über dieses herbeigeholte Volk angedeutet.

beamteten Prophetie gehört haben; aber man kann fragen, ob die Prophetie Habakuks wirklich noch im kultischen Raum unterzubringen ist; sicher aber ist Habakuk in der Art, wie er seine Frage formuliert, in der Art seiner Anfechtung, ein Kind seiner Zeit. Davon, wie die letzte Königszeit ihr Verhältnis zu Jahwe sah und wie sich auch die Propheten den theologischen Problemen dieser ihrer Zeit gestellt haben, muß noch zusammenfassend die Rede sein[5]. Was ist nun aber der Bescheid, den Habakuk auf seine Klage empfangen hat? Er ist zunächst keineswegs tröstlich. (Ist hier nicht eine ursprünglich kultische Form von Jahwe zerbrochen worden?) Jahwe ist im Begriff, die Geschichte noch viel unheimlicher zu gestalten. (Wir werden einer ganz ähnlichen Brüskierung des fragenden Propheten noch einmal bei Jeremia begegnen.) Diejenigen aber, die an Jahwe festhalten, werden gerettet werden. Dieses Wort von der rettenden Kraft des Glaubens (אֱמוּנָה) hört sich an wie ein Nachklang der Prophetie Jesajas, um so mehr, da auch Habakuk geheimnisvoll von dem bevorstehenden „Werk“ Jahwes (פֹּעַל) spricht (Hab. 3 2) und damit auf die Erscheinung Jahwes zum Kampf gegen seine Feinde hinweist, wobei sich allerdings im Unterschied von Jesaja neben die uralten Motive (Erscheinung Jahwes aus dem Süden) auch Motive aus der kanaanäischen Mythologie (Kampf des Baal-Hadad gegen die Chaosmächte) eingemengt haben.

Dieses nahe bevorstehende Kommen Jahwes mit einem universalen Kampf gegen die Völker zum Tag Jahwes ist auch der Hauptinhalt der Verkündigung *Zephanjas,* nur daß bei diesem Propheten das Gericht, das damit zugleich auch über Jerusalem ergeht, und die Bedrohung der sicher Gewordenen viel stärker betont sind (Zeph. 1 10-13)[6]. Aber zur Zeit dieser beiden Propheten lebte ja schon der Mann, dessen Verkündigung allein in thematischer Hinsicht unvergleichlich breiter auslädt und dem es aufgetragen war, in dem Verhältnis zwischen Jahwe und Israel Bereiche zu betreten und theologische Horizonte zu bezeichnen, von denen bisher kein Mensch in Israel etwas wußte.

5. S. u. S. 274 f, 280. Vgl. auch Bd. I, S. 403 ff.
6. Zu der Weissagung Zephanjas von dem Tag Jahwes s. o. S. 131 f.

2. Jeremia

Er ist im Jahre 627/26 zum Propheten berufen worden, und diese Berufung steht bezeichnenderweise wieder in engem Zusammenhang mit Ereignissen im großen politischen Raum, mit einem Unheil, das von Norden her auch Palästina bedrohen sollte (Jer. 1 13 ff.). Es ist nicht sicher, ob damit schon die Neubabylonier gemeint sind, die sich unter Nabopolassar im Jahre 625 Assur gegenüber verselbständigt haben. Tatsächlich waren die Dinge im mesopotamischen Raum durch den Niedergang Assurs und durch das Auftreten der Skythen und der Meder in eine unheimliche Bewegung geraten. Vom ersten Augenblick seiner prophetischen Existenz an ist dieser Feind aus dem Norden für Jeremias Weissagungen bestimmend geworden, und mit all den vielen politischen Nöten, die von den Babyloniern in den folgenden Jahren ausgegangen sind, ist er es geblieben bis zum Verstummen Jeremias. Dies ist der eine Faktor, von dem Jeremias Weissagung abhängig ist. Der andere ist nicht politischer, sondern überlieferungsgeschichtlicher Art. Jeremia entstammte einer Priesterfamilie, die in Anatot lebte. Hier war seine Sippe landsässig (Jer. 32 6 ff.). Lag das Dorf auch nur wenige Kilometer nordöstlich von Jerusalem, so gehörte es doch schon zum Stamme Benjamin. Benjamin aber war Rahel-Jakobssohn. War aber Rahel und nicht Lea Jeremias Ahnmutter (Jer. 31 15), so dürfen wir ohne weiteres voraussetzen, daß in Benjamin ebenso wie in Ephraim die spezifisch israelitischen Überlieferungen vom Exodus und vom Sinaibundesschluß gepflegt wurden, die wir von den judäischen Überlieferungen scheiden müssen. Hat man einmal auf diese traditionsgeschichtlichen Unterschiede zu achten gelernt, so betritt man — etwa von Jesaja herkommend — bei Jeremia eine andere theologische Welt. Die Ziontradition, die für Jesajas ganze Weissagung bestimmend war, fehlt bei Jeremia ganz; dagegen klingt bei ihm bis in die Heilsweissagungen hinein immer wieder die Auszugs-, Bundes- und Landnahmeüberlieferung an. Gewiß, Jerusalem ist dann Jeremias Wirkungsbereich geworden; dort hatte er es auch mit Königen zu tun und er ist dort auch auf die sakrale Davidtradition gestoßen[7]. Er hat sie ernst genommen und auch sie gelegentlich in seiner Weissagung aufgegriffen; aber die unverhältnismäßig schmale Basis, die sie gegenüber dem Übergewicht der israelitischen Überlieferungen bei Jeremia hat,

7. *M. Sekine*, Davidsbund und Sinaibund bei Jeremia, VT 1959 S. 47 ff.

zeigt zur Genüge, daß sie diesem Propheten von Hause aus fremder war. Dazu kommt noch etwas: Der junge Jeremia ist in einer Weise — bis in die Diktion hinein — von Hosea abhängig, die weit über das hinausgeht, was sonst allenfalls in der Thematik unter den Propheten traditionell war, so daß wir mit einer engen Berührung Jeremias mit dem Jüngerkreis Hoseas, wohl auch mit einer unmittelbaren Vertrautheit mit dessen literarischer Hinterlassenschaft zu rechnen haben. Hosea aber stand, wie wir sahen, ausschließlich in der israelitischen Überlieferung.

Hätten wir nur mit diesen beiden Grundvoraussetzungen der jeremianischen Prophetie zu rechnen, so wäre — unter Einrechnung von allerlei persönlichen oder geschichtlichen Umständen besonderer Art — doch im großen und ganzen auch bei Jeremia eine Verkündigung zu erwarten, die grundsätzlich der des Jesaja, Micha oder Amos ähnlich ist. Aber die Dinge liegen bei Jeremia ganz anders. Die differentia specifica kann hier nicht mit einem Satz genannt werden; sie reicht bis ins Innerste der Verkündigung dieses Propheten, sie spricht sich aufs vielfältigste in den einzelnen Texten aus und kann deshalb nur schrittweise näher präzisiert werden. Ein besonderes Mittel, der Eigenart der jeremianischen Prophetie beizukommen, ist auch die Gattungsforschung; und in der Tat, überprüft man seine Verkündigung allein in formaler Hinsicht, so zeigt sich gegenüber den älteren Propheten ein so tiefgreifend veränderter Befund, daß allein von da aus der Rückschluß auf eine Besonderheit in der prophetischen Substanz gerechtfertigt erscheint. Die Gattung der Schelt- und Drohreden, ehedem im Vordergrund stehend, tritt zurück; überhaupt fällt auf, daß Jeremia viel seltener — etwa in der Form des Botenspruches — kurz und sachlich einen göttlichen Bescheid ausrichtet. Ja noch mehr: Die ehedem so deutlich durchgeführte Scheidung von Prophetenrede und eigentlichem Gottesspruch beginnt sich zu verwischen. Jeremia macht einen viel freieren Gebrauch von der in der ersten Person einhergehenden Gottesrede; er läßt Jahwe sich in langen Klagen ergehen, anderwärts erhebt er selbst seine Stimme zu breit ausladenden Klagen. Wo war derlei bei Jesaja oder Amos anzutreffen? Bei Jeremia stoßen wir — vielleicht zum erstenmal — auf das, was wir heute als lyrische Dichtung bezeichnen würden. Nicht zuletzt um dieses Umstandes willen hat seine Verkündigung eine so unvergleichlich persönlichere Note. Mit einem Wort: Alles das, was wir als Ausdrucksformen bei der klassischen Prophetie feststellen konnten, ist bei Jeremia unverkennbar in einer

Auflösung begriffen. Es wäre freilich töricht, wenn man diesen Prozeß nur von seiner negativen, destruktiven Seite sehen wollte, um dann Jeremia, an Jesaja gemessen, als Epigonen zu bezeichnen. Es kommt vielmehr alles darauf an, daß wir den Koeffizienten in der Prophetie Jeremias zu Gesicht bekommen, der hinter diesen tiefgreifenden formalen Wandlungen steht, der so formensprengend wirkte und neuer Formen bedurfte, um sich zureichend auszusprechen[8].

1. Die Verkündigung Jeremias in seiner Frühzeit (Jer. 1—6) läßt sich in den Satz zusammenfassen: Über Israel, das den Jahwekultus verlassen und sich dem Baalskult ergeben hat, kommt aus dem Norden Unheil. Aber nun achte man besonders auf die Gestalt, die Jeremia dieser Botschaft gegeben hat; denn ihr eigentliches Charakteristikum ist mit einer solchen Inhaltsangabe noch keineswegs erfaßt.

Sehr eigentümlich ist gleich die erste große Einheit Jer. 2_{1-13}. Jahwe gedenkt der Zeit der ersten Liebe, er verteidigt sich sogar im Stil einer Angeklagtenrede, indem er an seine Wohltaten bei der Führung durch die Wüste ins verheißene Land appelliert (v. 5—7). Aber seit der Einwanderung hat Israel Jahwe verlassen. Wo aber gibt es das, daß ein Volk seinen Gott vertauscht? Alles läuft auf diese paradoxe Pointe zu: Der Abfall Israels ist schlechterdings widersinnig. Dafür gibt es in der ganzen Welt keinen Präzedenzfall (v. 10 f.). Auch in den nächsten Einheiten (Jer. $2_{14-19, 20-28}$) geht Jeremia davon aus, daß Israel seinen Gott verlassen hat. Dieser Abfall reicht in eine ferne Vergangenheit zurück (מֵעוֹלָם v. 20a). In dem Bild von der Edelrebe, die Jahwe eingepflanzt hat, kommt diese göttliche Perspektive wieder zum Ausdruck: es ist ein weitausgreifender Geschichtsplan, den Israel verdorben hat; es hat sich durch seinen Abfall zum Baal all diesen Bemühungen Jahwes entzogen. Aber wie war das möglich? Vergißt denn eine Jungfrau ihren Schmuck? „Aber mein Volk hat mich vergessen seit unzähligen Tagen" (v. 32). Schon in einer irdischen Ehe ist es einer Frau, die ihren Mann verlassen hat, von dem Gesetz verwehrt, wieder zu ihrem früheren Mann zurückzukehren; wie könnte da Israel seine Trennung von Jahwe rückgängig machen (Jer. 3_{1-5})? Es

8. Eine verhältnismäßig breite Schicht innerhalb der Jeremiaüberlieferung steht im Zeichen einer deuteronomisch-deuteronomistischen Prägung; d. h. sie lehnt sich an die dtr Terminologie an und ist prosaisch gestaltet, was bei der prophetischen Diktion von vornherein die Vermutung einer sekundären Umgestaltung nahelegt. Es handelt sich (nach *Rudolph,* a. a. O. S. XVI) um folgende Texte: Jer. 7_1–8_3; 11_{1-14}; 16_{1-18}; 17_{19-27}; 18_{1-12}; 21_{1-10}; 22_{1-5}; 25_{1-14}; 34_{8-22}; 35; dazu viell. 26—29.

ist eigentlich noch etwas Altertümliches in der Art, wie sich für den jungen Jeremia alles Versagen Israels im Kultischen, am Altar ereignet, und wie er noch in kultischen Kategorien denkt. (So ist z. B. die Logik von Jer. 3_{2} f. noch eine durchaus sakrale: durch den von Jahwe verabscheuten Kult wird das Land entweiht, so daß ihm hinwiederum der Regen entzogen wurde.) Gegenüber der fast alles ausfüllenden Klage über den kultischen Abfall treten die Vorwürfe über die Verletzungen der Rechtsordnungen entschieden in den Hintergrund (Jer. 2_{8} b; 5_{1} f; 6_{6} b; 7_{27} f.). In Jer. 4_{5}-6_{30} sind Weissagungen zusammengestellt, weitausladende Dichtungen, die von einem Feind aus dem Norden sprechen, einem geheimnisvollen Reitervolk, das das gottvergessene und vor Jahwe tief verschuldete Volk heimsuchen wird[9].

Versuchen wir nun bei der Verkündigung Jeremias aus der ersten Phase seines Wirkens den eigentlichen Aussagegehalt zu fassen, so stoßen wir auf einen merkwürdigen Befund; denn die ehedem so scharf umrissene politische Vorhersage, die Gerichtsdrohung, tritt auffallend zurück. In Jer. 2_{1-13} fehlt sie ganz; der Inhalt erschöpft sich in der Klage Jahwes und in Reflexionen über das Unbegreifliche des Abfalls. In Jer. 2_{14-19} ist wenigstens gesagt, daß Juda sich durch seinen Abfall die Züchtigung zuzieht (v. 19), und in Jer. 2_{36} ist davon die Rede, daß Jahwe auch das Vertrauen, das man auf Ägypten setzt, enttäuschen wird. Erst in den Kriegsdichtungen von Jer. 4_{5}—6_{26} ist wirkliche Weissagung im alten prophetischen Stil von einem zum Gericht heraneilenden Volk zu finden (Jer. 4_{5} f, 13; 5_{15-17}); aber sie lassen zugleich das spezifisch Jeremianische besonders deutlich erkennen. Merkwürdigerweise kann man nicht sagen, daß die ausgesprochen drohenden Aussagen der Höhepunkt und der eigentliche Gegenstand dieser Dichtungen seien. Dagegen spricht schon die Tatsache, daß sie gar nicht am Ende stehen als das Ziel, auf das alles hinführt. Sie sind vielmehr eingebettet in Alarmrufe, in Schilderungen von dem Elend der Kriegsnot des Landes, in Klagen, in Aufforderungen zur Bekehrung und in Reflexionen über das Maß der Schuld, mit dem allem sie ein unteil-

9. Man nennt diese Dichtungen auch heute noch gelegentlich „Skythenlieder", obwohl es immer fraglicher geworden ist, ob sie mit dem etwas legendär anmutenden Bericht von dem Einfall der Skythen nach Palästina (zw. 630 und 625), von dem nur Herodot I 105 berichtet, in Verbindung gebracht werden können. Vgl. dazu O. *Eißfeldt*, Das Skythenproblem, HAT I 14 (Die zwölf kleinen Propheten, 1954^2), S. 188 f, und *W. Rudolph*, Jeremia (HAT 1958^2), S. 44 f. An welchen Feind Jeremia gedacht hat, ist damit unsicher geworden. Vielleicht hat er einen raschen Vorstoß der Neubabylonier nach Palästina erwartet.

bares Ganzes bilden. Fragt man also nach dem Aussagegehalt dieser Dichtungen, so sieht man sofort, daß sie weit mehr enthalten als Bescheltung und Ansagen kommenden Gerichts. Die Aussagen sind bei Jeremia nach der Seite des Epischen und sogar des Dramatischen hin mächtig verbreitert. Gewiß haben auch Amos oder Jesaja sowohl in der Scheltrede wie im Drohwort nicht nur angesagt, sondern gelegentlich sehr anschaulich — wenn auch meist nur wie mit kurzen Kohlestrichen — dargestellt. Aber erstens nimmt dieses Darstellerische bei Jeremia einen viel weiteren Raum ein, und dann — das ist noch wichtiger — bewegt es sich theologisch in einer sehr charakteristischen Richtung: Das Pathos, das dominiert, ist das der Klage und des Leidens. In dem Abschnitt Jer. 2_{1-13} kommen Aussagen zu Wort über die göttlichen Empfindungen der Sehnsucht nach dem Verlorenen, des Gefühls widerfahrenen Unrechts und des Erschreckens über den Göttertausch. Die Aussage vom Abfall Israels ergeht also nicht direkt, man bekommt von ihm gewissermaßen mittelbar Kenntnis durch die Klage Gottes, und darin erschöpft sich der Text. Diese Klage ist also keineswegs der Vorspann zu einem Gerichtswort, sondern sie steht ganz für sich. Bei den Kriegsgedichten Kapitel 4_5—6_{26} liegen die Dinge kaum anders, nur ist es hier der Schmerz des Propheten, in dessen Spiegel die Vorgänge sichtbar werden.

> „Mein Inneres, mein Inneres, ich muß mich winden!
> O meines Herzens Wände, es wogt mein Herz; ich kann nicht schweigen.
> Hörnerschall hört meine Seele, Kriegsgetümmel“ (Jer. 4_{19}).

Das ist ein Ausruf, mit dem Jeremia die Schilderung der kommenden Kriegsfurie unterbricht; aber eigentlich handelt es sich gar nicht um eine wirkliche Unterbrechung, denn das Unheilsgeschehen wird auch sonst durch das Medium der erleidenden Seele des Propheten deutlich.

> „Ich schaute die Erde, und siehe: Chaos ...
> Ich schaute die Berge, und siehe, sie bebten ...
> Ich schaute, und siehe, kein Mensch war vorhanden ...
> Ich schaute, und siehe, das Fruchtland war wüste ...“ (Jer. 4_{23-26}).

So ist also auch hier das künftige Geschehen ganz vom Standpunkt eines Menschen dargestellt, der es vorwegnehmend bis an die Grenze seiner Tragkraft erleidet. Wie sachlich und distanziert erscheinen demgegenüber die Ankündigungen der älteren Propheten, selbst da, wo sie im höchsten Affekt sprachen! Bei Jeremia meldet sich ein Gefühl der

Solidarität mit dem bedrohten Volk und auch mit dem bedrohten Land, auf das wir noch weiterhin stoßen werden.

Abschließend sei gesagt, daß Jeremia in dieser ersten Phase seines Wirkens noch weit entfernt davon war, das Verhältnis Jahwes zu Jerusalem und Juda für endgültig gelöst anzusehen. Er sah schweren Prüfungen entgegen; aber so groß die Gefahr auch war, noch hatte Jahwe „seine Seele nicht von Jerusalem losgerissen". Deshalb war es die Aufgabe des Propheten, „Jerusalem zu warnen" (Jer. 6$_{8}$). So findet sich in diesen Texten die Gattung der „Mahnrede" so häufig wie sonst nie wieder. Vom Bösen soll Jerusalem sein Herz waschen, dann wird ihm Rettung werden (Jer. 4$_{14}$). Ein Umbruch tut not, nicht ein Säen unter die Dornen, vielmehr Beschneidung der Herzen (Jer. 4$_{3\,f.}$). Besondere Hoffnungen hat Jeremia — aber das teilte er vielleicht mit der ganzen Josiazeit — an die „Umkehr" des Nordreiches geknüpft (Jer. 3$_{6\,ff.}$).

2. Es spricht vieles dafür, daß Jeremia in der Zeit nach der josianischen Kultreform (621) geschwiegen hat. Man möchte wohl annehmen, daß er in dieser Zeit mindestens eine wohlwollend abwartende Haltung eingenommen hat, was um so mehr anzunehmen ist, als er später gerade von diesem König ungewöhnlich anerkennend gesprochen hat (Jer. 22$_{15\,f.}$). Aber diese zeitliche Lücke in seinem Wirken ist doch nicht eindeutig genug, um daraus besondere Schlüsse über Jeremias Einstellung zur „deuteronomischen" Reform zu ziehen[10]. Nach dem unglücklichen Ende Josias kam Jojakim zur Regierung, der wohl in jeder Beziehung das unerfreuliche Gegenteil seines Vorgängers war. Und sogleich sehen wir Jeremia wieder auf dem Plan. Für ein Volk, das den Dekalog mißachtet — so führt Jeremia in seiner berühmten „Tempelrede" aus —, bietet auch der Tempel keinen Schutz mehr (Jer. 7$_{1-15}$). Jahwe hat es ja schon einmal in der Geschichte demonstriert, daß er einen altangesehenen Kultort liquidieren kann (Silo). Was ist ein Kultort wert, wenn sich dort Menschen bergen wollen, die Jahwes Gebote mißachten! Mit diesem Rigorismus, der vor dem Heiligsten nicht haltmacht und der alles fromme Sicherungsstreben zerschlägt,

10. Etwas anders liegen die Dinge bei der viel verhandelten Frage der Stellung Jeremias zum Deuteronomium. Daß sich Jeremia gegen die Zusammenfassung und „Kodifikation" des altüberlieferten Jahwewillens, wie sie im Deuteronomium auf den Plan trat, entschieden haben könnte, ist unwahrscheinlich. Mit anfänglicher Zustimmung, aber späterer Kritik rechnet *H. H. Rowley*, Studies in O. T. Prophecy (1950), S. 157 ff.

steht Jeremia noch ganz in der Reihe der klassischen Prophetie des 8. Jahrhunderts. Aber während die Logienquelle sich damit begnügt, den Inhalt dieser Rede mitzuteilen, berichtet eine Erzählerquelle von manchen näheren Umständen, vor allem von den gefährlichen Anfeindungen, die infolge dieser Rede über Jeremia kamen und denen er nur durch das Dazwischentreten einer Gruppe von Landjudäern entkommen konnte (Jer. 26_{17}). Wir haben also den einmaligen Fall, daß uns für dasselbe prophetische Ereignis sowohl eine Spruchquelle wie eine Erzählungsquelle zur Verfügung steht. Aber dieses Zusammentreffen ist nun doch kein Zufall; denn dieses Hinübergleiten des Interesses von der Botschaft auf den Boten ist ja für die gesamte Überlieferung von Jeremia charakteristisch. Auch die früheren Propheten werden immer wieder Anfeindungen ausgesetzt gewesen sein. Wahrscheinlich haben sie bei Jeremia eine bedrohlichere Form angenommen, aber das Entscheidende liegt nicht darin allein; entscheidend war der veränderte Aspekt, eine veränderte Auffassung von dem, was einen Propheten ausmacht; und da begann neben der Botschaft in wachsendem Maß auch das Leben des Propheten zu interessieren und die Verwicklungen, in die ihn diese seine Botschaft führen mußte. Man begann zu begreifen, daß dies beides sehr eng zusammengehört. Ein schönes Beispiel dafür ist die Erzählung Jer. 19_1—20_6[11]. Jeremia hatte vor einigen Männern eine irdene Flasche zerbrochen und gesagt, daß genauso Jahwe Stadt und Volk zerbrechen werde. Aber nun fährt die Erzählung fort und berichtet — und zwar nicht durch eine redaktorische, literarische Verklammerung, sondern im ursprünglichen Zusammenhang —, wie Jeremia um dieser Verkündigung willen von dem Oberaufseher Paschur geschlagen und eine Nacht in den Stock gelegt wurde.

War die Tempelrede zwar ihrer Form nach noch Mahnrede, gerichtet an ein Volk, das sich in einer illusionären Sicherung bergen wollte, so läßt sie doch in ihrem Schluß eigentlich nur eine Perspektive offen: die der Verwerfung. Die unmittelbar folgenden Verse verwehren denn auch dem Propheten die Fürbitte, denn Jahwe wird das „Geschlecht seines Grimmes" von sich stoßen (Jer. 7_{29}); selbst wer die Katastrophe überlebt, wird den Tod begehren (Jer. 8_3). Damit hat Jeremia einen Ton angeschlagen, der in seiner ersten Verkündigung in solcher Schärfe noch nicht zu hören war. So endet ja auch die Liturgie bei der großen Dürre ungeachtet aller Bitten um Erbarmen mit einem schauderhaften

11. Die Verse 2 b—9 und 12—13 sind als spätere Auffüllung erkennbar.

Gerichtswort (Jer. 15_{1} ff.). Das Wort von den Krügen sagt, daß Jahwe selbst es sein wird, der das Volk, ja Priester, Propheten und Könige mit Trunkenheit füllen wird, daß sie in Selbstzerstörung enden (Jer. 13_{12-14}). Dabei hat Jeremia an Vorgänge gedacht, wie sie sich bald ereignen sollten, an feindliche Plünderung (Jer. 17_{3}), Vernichtung der Jungmannschaft (Jer. 11_{22}) und Exilierung (Jer. 10_{18}; 13_{8-10}; 17_{4}).

Aber auch die Erkenntnis von der, wie es schien, endgültigen Verwerfung Jerusalems hat Jeremia doch nicht abgehalten, gelegentlich so zu reden, als sei noch Hoffnung, als sei das Volk noch ansprechbar, als gäbe es noch eine Entscheidung, „bevor es dunkel wird, bevor eure Füße sich stoßen an den finsteren Bergen, da ihr auf Licht hofft; er aber macht's zu Finsternis" (Jer. 13_{16}). Auch die Offenbarung, die Jeremia beim Töpfer empfing, als er ihm zusah, wie er mißratene Gefäße wieder zusammenklumpte, um neue daraus zu formen, gehört hierher, denn Jahwes Wort: „Kann ich nicht wie dieser Töpfer mit euch verfahren?" ist ja zunächst nur eine Frage und läßt noch Raum für den Ruf zur Umkehr (Jer. 18_{1} ff.).

Die Großartigkeit dieser Perikope wird durch eine gewisse inhaltliche Unklarheit beeinträchtigt. Seinem ersten Ansatz nach hat es Jeremia mit seinem eigenen Volk zu tun, das durch den Hinweis auf die unheimliche Freiheit Gottes gewarnt werden soll. Dann aber geht die Rede auf einmal ins Generelle über: Hat Jahwe einem Volk Böses zugedacht, und es „kehrt um", so läßt er sich des Unheils gereuen; hat er einem anderen Gutes zugedacht, aber es ist ungehorsam, so wird Jahwe seinen Plan ändern und es bestrafen. Auch dieser Abschnitt will auf die Freiheit Jahwes in seiner Geschichtslenkung hinweisen; aber er tut es, indem er auf eine merkwürdig theoretische Weise fiktive Modellfälle konstruiert, wobei dann wider Willen doch beinahe mehr eine Gesetzlichkeit als eine Freiheit im Walten Jahwes sichtbar wird. Dieses Zwischenstück (v. 7—10), hinter dem die Anrede an Juda noch einmal neu einsetzt, ist doch wohl als eine theologische Weiterung zu beurteilen.

Aber nicht nur dem eigenen Volk hat Jeremia Unheil angedroht; es gibt eine Sammlung von Weissagungen, in denen er einer Reihe von Völkern (den Ägyptern, Philistern, Moabitern, Ammonitern, Edomitern, Aramäern, Arabern, Elamitern und Babyloniern) die Vernichtung prophezeit[12]. In diesen Völkerorakeln werden durchweg kriegerische Katastrophen geschildert, wobei merkwürdigerweise die politische Macht, von der solche vernichtende Wirkungen ausgehen, fast völlig im Dunkeln bleibt[13]. Um so entschiedener sehen diese Orakel

12. Jer. 25_{15-38}; 46—51. Davon sind die Babelorakel (Jer. 50 f.) sicher nachjeremianisch.

13. Nach Jer. 47_{2} kommt der Feind aus dem Norden; nur in 49_{30} ist Nebukadnezar genannt.

Jahwe am Werk; er ist es ganz persönlich; sein Schwert ist es, das gegen diese Völker wüten wird. Da diese Orakel auch sonst Elemente enthalten, die aus der Praxis der alten heiligen Kriege stammen[14], wird die Wahrscheinlichkeit immer größer, daß diese Form der Kriegsorakel zum ältesten prophetischen Traditionsgut gehört. So haben die Kriegspropheten Israels einmal wirklich gesprochen, wenn Israel — oder besser gesagt: Jahwe — gegen seine Feinde zu Felde zog. An der Gattung hat sich mit der Zeit manches verändert, sie hat sich von ihrem Sitz im Leben, von der sakralen Kriegführung Israels gelöst; ihr geschichtlicher Horizont hat sich ins Universale geweitet, denn sie apostrophiert jetzt Völker, mit denen es das alte Israel in seinen Kriegen nie zu tun hatte. Die Völkerorakel Jeremias umschreiben beinahe schon ein Weltgericht. Auch der Vorwurf der Hoffart, des gottlosen Selbstvertrauens (Jer. 46_{7f}; $48_{1f, 7, 14, 42}$; 49_{4}), gehört wohl erst der Vorstellungswelt der Späteren, der Hochprophetie zu, während andere Elemente sich aus der ältesten Überlieferung mit erstaunlicher Zähigkeit erhalten haben. So erklärt sich doch nur von ihr her die Weissagung, daß Jahwe ganz persönlich kämpfen werde und daß die Gedichte nur sehr vage von dem irdischen Vollstrecker dieser Gerichte (Babylon) reden, an den Jeremia doch zweifellos gedacht hat.

So hat also auch Jeremia in die Zukunft hinausgeschaut und auf die Bewegungen am weltpolitischen Horizont geachtet. In der Kühnheit seiner Deutung, in der Sicherheit, mit der er Jahwe aufs unmittelbarste am Werk sah, steht er seinen Vorgängern nicht nach. Aber während wir bei Amos oder Jesaja alles Wesentliche ihrer Verkündigung erfassen, wenn wir uns an ihre Zukunftsaussagen halten, liegen die Dinge bei Jeremia doch anders; denn neben jenen Weissagungen steht eine große Zahl von Texten, die es ausschließlich mit der Gegenwart zu tun haben und die gerade für Jeremia besonders charakteristisch sind.

„‚Aufsteigt' in mir der Kummer,
 mein Herz ist krank in mir.
Da, horch! Hilferufen der Tochter meines Volkes vom weiten Lande:
‚Ist denn Jahwe nicht auf dem Zion,
 ist ihr König nicht in ihr?'
Warum haben sie mich mit ihren Bildern gekränkt,
 mit ihren ausländischen Nichtsen?
Vorüber ist die Ernte,
 der Herbst ist vorbei und uns ist nicht geholfen!

14. Zu den Aufforderungen zum Kampf oder zur Flucht s. o. S. 44 Anm. 6.

Ob des Schlags der Tochter meines Volkes bin ich zerschlagen.
Ich traure, Entsetzen hat mich erfaßt.
Ist denn kein Balsam in Gilead,
ist denn kein Arzt da?
Warum wird nicht Heilung der Tochter meines Volkes?
O daß mein Haupt voll Wassers wäre,
mein Auge ein Tränenquell,
daß ich beweinen könnte Tag und Nacht die Erschlagenen der Tochter meines Volkes!" (Jer. 8_{18-23}).

Gattungsmäßig ist der Text nirgends unterzubringen; es klingt zwar darin ein Volksklagelied an und etwas wie eine Antwort Jahwes (v. 19); aber man vernimmt das nur wie von draußen; der Raum, in den man mit dem ersten Satz versetzt wird und in dem sich alles Wesentliche begibt, ist Jeremias Herz. Es begibt sich die Vergegenwärtigung einer Landeskalamität, es begibt sich das Ausschauen nach einer Rettung, dann das Begreifen des Verlorenseins und schließlich der Wunsch, sich nur noch in Trauer verströmen zu können. Das ist das Geschehen, von dem hier die Rede ist! Inwiefern ist das prophetische Verkündigung? Ein Text wie dieser kommt dem, was wir als freie lyrische Dichtung bezeichnen, doch schon sehr nahe. Damit stoßen wir wieder auf die Tatsache, daß die Aussagen Jeremias in einem viel stärkeren Maße, ja in einer geradezu grundsätzlich neuen Hinsicht, von einem selbständigen dichterischen Impuls bestimmt sind, und damit eben auf die Frage, wie diese auffallend starke Verbreiterung nach der Seite des Dichterischen hin zu beurteilen ist. Es könnte ja auch sein, daß Jeremia in dem Maß, in dem er sich dem Dichterischen hingab, an prophetischer Substanz verloren hat; es könnte aber auch sein, daß sein Wort gerade durch diese Hingabe eine ganz neue Substanz gewonnen hat! Verhältnismäßig einfach hatte es diejenige Auslegung, die sich in dem Lobpreis nicht genug tun konnte, daß in diesen Texten das freie persönliche Individuum zum ersten Male sich entfalte, und die darum Jeremia als den Vater des freien persönlichen Gebetes glaubte bezeichnen zu müssen. Daran ist wohl etwas Richtiges. Es ist aber doch sehr zu fragen, ob diese Feststellung, die auf etwas allgemein Menschliches hinausläuft, dem Besonderen dieser Texte gerecht wird. Bei der Besonderheit des Weges Israels vor Gott im allgemeinen und der Besonderheit des Weges Jeremias im speziellen ist es von vornherein wahrscheinlich, daß die Texte erst von ihren spezifischen Voraussetzungen her auch ihre spezifische Kontur erschließen und ihre Botschaft begreifen lassen.

3. Das wird gleich bei denjenigen Texten viel deutlicher, die zwar auch klagen, die aber nicht im rein Monologischen steckenbleiben, sondern sich zum Gespräch mit Jahwe erheben. Man nennt sie gerne die *Konfessionen Jeremias*. Ihrer Form und ihrem Inhalt nach sind sie freilich voneinander sehr verschieden. Das ihnen Gemeinsame besteht darin, daß sie sich nicht als Gottesrede an die Menschen wenden, sondern ein Niederschlag sind des Gespräches des Herzens mit sich selbst und mit Gott. Was ihre Form und ihren Stil betrifft, so ist schon lange nachgewiesen, daß sich auch diese einsamsten Aussprachen des Propheten — einmal stärker, einmal geringer — an die althergebrachte kultische Gattung der Klagelieder des Einzelnen anlehnen[15]. Es ist deshalb von großem Reiz, zu sehen, wie Jeremia von Fall zu Fall die Konvention der alten kultischen Form mit seinem prophetischen Anliegen durchdrungen und verwandelt hat. Am stärksten bewegt sich das Lied Jer. 11_{18-23} noch auf der herkömmlichen Linie. Es enthält eine Klage über persönliche Anfeindungen und eine Bitte um Schutz von eben dem, dem der Prophet seine Sache anheimgegeben hat. Das konnte eventuell auch ein anderer Verfolgter gebetet haben. Von dem Gebet Jer. 15_{15-18} kann man das aber gewiß nicht mehr sagen. Wohl stoßen wir auch hier auf manche herkömmliche Bitte, aber dann doch auf Formulierungen von unvergleichlicher Innigkeit, wie sie nur aus der spezifisch jeremianischen prophetischen Existenz heraus gesprochen werden konnten.

> „Fanden sich Worte von dir, so verschlang ich sie.
> Dein 'Wort' ward mir zur Wonne und zur Herzensfreude;
> dein Name war ja über mir ausgerufen, Jahwe Gott Zebaoth!
> Nicht sitze ich heiter im Kreise der Frohen,
> von deiner Hand gebeugt sitze ich einsam;
> denn mit Grimm hast du mich erfüllt“ (Jer. 15_{16-17}).

Auf diese Klage folgt eine göttliche Antwort. An sich entsprach das dem liturgischen Ablauf; denn dem Klagegebet antwortete Jahwe durch den Mund des Priesters mit einem „Heilsorakel“[16]. Hier aber ist das ehemals kultische Zeremoniell verändert: Jahwe antwortet mit einem Tadel; ja damit, daß Jahwe — falls Jeremia umkehren werde

15. *W. Baumgartner*, Die Klagegedichte Jeremias (1917). *H. J. Stoebe*, Seelsorge und Mitleiden bei Jeremia, in: Wort und Dienst (Jahrbuch der Theol. Schule Bethel) 1955, S. 116 ff. Es handelt sich um folgende Texte: Jer. 11_{18-23}; 12_{1-6}; $15_{10-12,\ 15-21}$; 17_{12-18}; 18_{18-23}; 20_{7-18}.

16. S. Bd. I, S. 414.

— die großen Zusagen der Berufung erneuert, gibt er zu erkennen, daß Jeremia gegen seinen Prophetenberuf verstoßen hat. Aber wenn er umkehrt, darf er wieder „vor Gott stehen" und ihm „als Mund dienen" (v.19). Auch der Text Jer. 12_{1-5} enthält ein Gespräch des Propheten mit Gott mit Frage und Antwort. Rechten möchte Jeremia mit Gott; aber er gibt im ersten Satz alle Trümpfe aus der Hand, denn Jahwe bleibt ja doch im Recht. Es geht dem Propheten um das Glück der Gottlosen und die fatal geschlossene Kette ihres Reüssierens. Ohne Zweifel trägt hier Jeremia mit an einer Frage, die seine ganze Generation beschäftigt hat. Wie bemißt sich der Anteil des einzelnen an Jahwes Gaben?[17] Aber die Frage hat sich nun doch in seinem persönlichen Fall verschärft; denn hier spricht einer, der viel mehr als andere Jahwe zuliebe die Brücken hinter sich abgebrochen hat und der, in dem Maß, in dem er sich auf Jahwe geworfen hat, gefährdet und vereinsamt leben muß. Auch hier ist die Antwort Gottes streng:

„Wenn du mit Fußgängern läufst, und sie ermüden dich schon,
wie kannst du da mit Rossen wetteifern?
Und fühlst du dich nur im friedlichen Lande sicher,
wie willst du es machen im Dickicht des Jordans?" (Jer. 12_5).

Jahwe schlägt die Frage mit einer Gegenfrage nieder. In dieser Antwort liegt ein Verwundern darüber, daß der Prophet schon an solchen Schwierigkeiten zu scheitern droht, die ja noch nicht entfernt an das rühren, was er müßte tragen können. Es wird ihm bedeutet, daß er noch ganz am Anfang seiner Anfechtungen steht und daß er als Jahweprophet nicht schon über solche Rätsel klagen sollte.

So hat sich Jeremia wohl lebenslang mit Jahwe über sein Amt und seine Anfechtungen besprochen. Er hat besondere Aufträge empfangen, wie etwa in Jer. 6_9 den Auftrag, Nachlese zu halten, d. h. auf die ganz verborgenen Früchte des Guten zu achten; aber er hat seinem Gott darauf geantwortet, daß es zwecklos sei, noch weiter zu suchen. Ein anderes Mal hat ihm Gott aufgetragen, daß er als Prüfer in seinem Volk umhergehen, daß er wie beim Metallguß prüfen solle, ob sich die Schlacken von dem Edelmetall abscheiden lassen; aber wieder hat er geantwortet, daß das unmöglich sei (Jer. 6_{27-30}). Es muß aber auffallen, daß das innere Gefälle dieser dialogischen Texte, aber auch der monologischen, immer auf das Dunkle hinführt, auf das Nichtbewältigte und Unerfüllbare. Nicht in einem dieser Texte bewegt sich

17. S. Bd. I, S. 403 ff.

die Rede in umgekehrter Richtung, also etwa auf den Dank hin, daß Jahwe eine lösende Erkenntnis geschenkt habe oder daß er etwas habe gelingen lassen. Wie weit sind wir hier von dem kraftstrotzenden Rühmen Michas entfernt[18]! Wenn man der Abfolge dieser Texte entlang geht — und die nächste Annahme ist doch die, daß sie biographisch zu verstehen ist —, so steht der Leser vor dem beklemmenden Eindruck, daß das Dunkel wächst und sich von Mal zu Mal tiefer in den Propheten hineinfrißt. Es ist wohl kein Zufall, daß die letzten beiden Texte dieser Art zugleich auch den äußersten Grad der Verzweiflung bezeichnen, in die sich Jeremia hinausgestoßen sah. Die Gebetssprache Israels, sonderlich die der Klagegebete, war im Anreden Gottes nicht gerade ängstlich, sie scheute auch vor ganz verwegenen Formulierungen nicht zurück. Aber hier hat Jeremia den Bereich dieser Aussagen, die sich doch immer noch in einer gewissen kultischen Konvention bewegen, weit hinter sich gelassen.

> „Du hast mich verführt, Jahwe; und ich habe mich verführen lassen.
> Du bist mir zu stark geworden und hast mich überwältigt.
> Nun bin ich zum Gelächter geworden den ganzen Tag;
> jeder spottet meiner ...
> Dachte ich aber: ich will nichts mehr von ihm wissen
> und will nicht mehr in seinem Namen reden,
> da war's in meinem Herzen wie ein brennendes Feuer,
> verhalten in meinen Gebeinen.
> Ich mühte mich, es zu halten, aber ich vermochte es nicht" (Jer. 20$_{7, 9}$).

Das Wort, das wir mit „verführen" wiedergaben, bezeichnet eigentlich das Beschwatzen und Verführen eines Mädchens: „Du hast meine Einfalt ausgenützt" (Rudolph). Sich selbst kann der Prophet dabei eigentlich nicht anklagen; das Kräfteverhältnis war ja zu ungleich. Er gesteht, daß er den Versuch gemacht hat, diesem unerträglichen Dienst zu entlaufen; aber das ihm eingegebene Wort war wie Feuer in seinem Inneren. So mußte er also Prophet bleiben. Aber was ist dabei aus ihm geworden! In Schmach werden seine Tage enden (v.18). So zieht Jeremia schließlich die äußerste Konsequenz und verflucht dieses in jeder Hinsicht verlorene Leben (v. 14 f.). Diese letzten Texte sind ganz monologisch; der Prophet erhält von dem Gott, den er angeredet hat, keine Antwort mehr.

Die Konfessionen gehören ins Zentrum jeder Jeremia-Interpretation. Man muß sie als Dokumente eines sehr markanten und einzig-

18. S. o. S. 184.

artigen Geschehens zwischen Jahwe und seinem Propheten verstehen. Auch in ihrer äußeren Abfolge zeichnet sich ein Weg ab, der Stufe um Stufe in eine immer tiefere Verzweiflung führt[19]. Jeder dieser Texte spricht von einer besonderen Erfahrung; auch sind die Gebiete, auf denen die Erfahrungen eingebracht werden, verschieden; aber darin gehören sie zusammen, daß sie alle auf ein vom Propheten schlechterdings nicht bewältigtes Dunkel hinweisen. Das Dunkel ist so entsetzlich (man könnte auch sagen: es ist in der Geschichte Israels mit seinem Gott etwas so schlechterdings Neues), daß von ihm aus viel mehr als ein einzelnes Menschenleben bedroht ist; es droht damit der ganze Weg Gottes mit Israel wie an einem Abgrund metaphysischer Art zu enden. Denn dies, was hier ausgetragen wurde, war ja nicht nur die Sache des Menschen Jeremia, der hier sozusagen außerdienstlich, als Privatmann, von allgemein menschlichen Erfahrungen spricht. Diese Konfessionen entstammen überall der spezifisch prophetischen Situation Jeremias; sie setzen eine Berufung zu einem ganz besonderen Dienst voraus, ein Verhältnis besonderer Intimität zu Jahwe, und darum haben sie in höchstem Maße paradigmatische Bedeutung für ganz Israel. Das bedeutet gewiß nicht, daß der Ausleger für die menschliche Seite der Sache kein Auge haben dürfte. Diese Dichtungen zeigen eine Intimität des geistigen Umgangs mit Gott, eine Mündigkeit des Sichaussprechens und eine Freiheit im Eingestehen eigenen Versagens oder widerfahrenen göttlichen Tadels, die wohl als eine Manifestation edelsten Menschentums zu gelten haben. Aber hier geht es um die besonderen Umstände dieses Phänomens und um die Frage, an welchem theologischen Ort diese Konfessionen mit ihrem Fazit in dem Ganzen der israelitischen Prophetie stehen. In diesen weiteren Zusammenhang gestellt, fällt zuerst der breite Raum auf, den die Reflexion einnimmt, und zwar eine problematisierende Reflexion. Auch die älteren Propheten haben wir uns nicht als bewußtlose Organe des göttlichen Mitteilungswillens vorzustellen; aber was bei Jeremia geschah, war ein zunehmendes Nicht-mehr-Zurechtkommen. Es war nicht nur dies, daß er über die Erfolglosigkeit seines Wirkens nachdachte. Der Mißerfolg ereignete sich ja nicht nur außerhalb seiner selbst bei den anderen, sondern auch in ihm selbst, insofern er selber nicht mehr mit seinem Amt

19. Das würde natürlich im wesentlichen auch dann gelten, wenn die äußere Reihenfolge der Texte nicht dem Nacheinander des biographisch Erlebten entspräche; denn es ist nicht so entscheidend, in welcher Phase seiner Leidensgeschichte Jeremia solche Erkenntnisse eingebracht hat, sondern daß er sie eingebracht hat.

und seinen Aufträgen einig war, jedenfalls es zum Gegenstand seines Fragens gemacht hat. Bei Jeremia treten Mensch und prophetischer Auftrag auseinander; ja es kommt zu schweren Spannungen, die seinen ganzen Prophetenberuf bedrohen. Durch dieses Auseinandertreten von Mensch und Prophet ist der Prophetenberuf in seiner hergebrachten Form in eine schwere Krise getreten. Als einem Kind seiner Zeit war es Jeremia nicht mehr möglich, sich in den Willen Jahwes zu ergeben; er mußte fragen, mußte verstehen. Seine Empfindsamkeit und Verwundbarkeit, seine Anfälligkeit zur religiösen Problematik hat er gewiß mit vielen seiner Zeitgenossen geteilt. Seelisch war er sicher ungleich differenzierter als Amos oder Micha. So war auch viel Ungebärdigkeit in ihm, ein Aufbäumen gegen Schickungen, die frühere Zeiten, die in ihrem Glauben noch geborgener waren, wahrscheinlich ergebener getragen hätten. Auf der einen Seite war er mit Jahwe verbunden und blieb ihm unterworfen wie nur je ein Prophet; auf der anderen Seite aber mußte er auch dem freien Nachdenken Raum geben; und wie ernst es ihm mit dieser geistigen Position, die ja außerhalb seines eigentlichen Prophetenberufs lag, war, das zeigt eben gerade die Breite seiner theologischen Reflexionen. Unter diesem Gesichtspunkt muß Jeremia zweifellos als ein Spätling in der Reihe der Propheten gelten. Jeremia ist sich dieser geistigen Ahnenkette, in deren Deszendenz er steht, auch durchaus bewußt; er spricht mehrfach von den früheren Propheten[20]. Als er lebte und wirkte, gab es gewiß auch bei den freien Propheten schon so etwas wie eine Tradition. In ihr waren nicht nur die herkömmlichen Gegenstände und Themen der prophetischen Verkündigung enthalten, sondern daneben wohl auch eine mit den Generationen wachsende Last von Erfahrungen und Enttäuschungen. Sicher hat es auch ein nur an diesen Stand gebundenes und nur von ihm weitergegebenes Wissen von den sich immer gleich bleibenden Mißerfolgen gegeben. Daß bei Jeremia, und nicht schon vorher, das irdische Gefäß zu Bruch gekommen ist, liegt zunächst daran, daß Jeremia das Prophetenamt in einer Breite und in einer Tiefe auf sich genommen hat, wie das vor ihm noch keiner tat. Im selben Maße bedurfte er auch immer wieder der göttlichen Bestätigung. Indessen, solche Erwägungen, die sich um die rechte geschichtliche Ein-

20. Z. B. Jer. 7_{25}; 26_{5}; 28_{8}. *H. J. Stoebe* deutet den Satz „fanden sich Worte von dir, so verschlang ich sie" (Jer. 15_{16}) nicht auf den eigenen prophetischen Wortempfang, sondern auf den Umgang Jeremias mit den Gottesworten älterer Propheten (a. a. O. S. 122 f.).

ordnung Jeremias bemühen, lassen, so notwendig sie sind, noch genug des Unerklärten. Wie er, dem sein Amt so problematisch geworden ist, mit diesem ihn zerbrechenden Beruf doch in einem übermenschlich scheinenden Gehorsam seinen Weg hinaus in die Gottverlassenheit zu Ende gegangen ist, das bleibt Jeremias Geheimnis. Keinen Augenblick ist ihm der Gedanke gekommen, daß dieses sein mittlerisches Leiden vor Gott einen Sinn haben könne. Und dies, daß Gott das Leben seines getreuesten Boten in eine so entsetzliche und durchaus unbegriffene Nacht hinausgeführt und aller Wahrscheinlichkeit nach dort hat zerbrechen lassen, das ist Gottes Geheimnis.

4. Es fügt sich merkwürdig, daß sich im Jeremiabuch neben der Reihe der Konfessionen noch eine andere Quelle findet, die ebenfalls dem Ergehen des Propheten entlang geht, die *Barucherzählung* (Jer. 37—45). Aber in demselben Maße, in dem sich die Konfessionen auf die Vorgänge im Innern des Propheten beschränkt haben, geht es der Barucherzählung um die Darstellung der äußeren Umstände dieses Leidensweges[21]. Obwohl sie gelegentlich auch Prophetensprüche enthalten, sind diese Berichte doch nicht wie in vielen anderen Fällen (z. B. Kap. 26—29) nur als deren erzählerische Umrahmung zu verstehen; nein, Gegenstand der Darstellung ist hier das dramatische Geschehen selbst, in dem der Prophet stand und das sich von Mal zu Mal gefährlicher gegen ihn richtete. Von der Gefangennahme Jeremias an geht der Erzähler den Ereignissen entlang; er verfolgt nüchtern die Geschicke von Ort zu Ort, von Gespräch zu Gespräch, und endet bei der Verschleppung des Propheten nach Ägypten. Der Tod Jeremias scheint jenseits dieser Aufzeichnung gelegen zu haben. Wie stark sich dieser Erzähler auf das rein Ereignishafte in Raum und Zeit konzentriert, wird an den eigentümlich resümierenden Sätzen deutlich, mit denen er die Darstellung der verschiedenen Phasen des Geschehens zu beschließen liebt[22]. Derjenige, der die Stationen des Leidensweges Jeremias so genau bezeichnet, hat die Ereignisse offenbar aus nächster Nähe miterlebt; an der Verlässigkeit seiner Darstellung kann also kein Zweifel aufkommen. Was aber läßt sich von der Auffassung des Erzählers

21. *H. Kremers*, Leidensgemeinschaft mit Gott im AT. Ev. Theol. 1953 S. 122 ff; *L. Rost*, Zur Problematik der Baruchbiographie, Meiserfestschrift 1951, S. 241 ff.

22. „So kam Jeremia in die Gewölbe des Zisternenhauses und blieb dort viele Tage" (Jer. 37$_{16}$). „So blieb Jeremia damals im Wachthof" (Jer. 37$_{21}$; 38$_{13}$, $_{28}$). „So kam Jeremia zu Gedalja nach Mizpa und blieb dort bei ihm" (Jer. 40$_{6}$). *Kremers*, a. a. O. S. 131.

sagen? Zu welchem Zweck hat er die Ereignisse schriftlich dargestellt? Was war es denn, das er mit einer so umfangreichen Erzählung dokumentarisch belegen wollte? Tatsächlich hat es der Verfasser nicht versäumt, den Leser über die eigentliche Ursache all der Leiden Jeremias zu unterrichten. Es war bekanntlich Jeremias feste Überzeugung, daß Gott zu dieser Zeit durch Nebukadnezar eine große Umordnung der weltpolitischen Verhältnisse herbeiführen und daß er auch Juda unter die Oberhoheit des babylonischen Großkönigs bringen werde (vgl. Jer. 27$_{5\,f.}$). Demzufolge hat der Prophet in jenen Monaten der äußersten Bedrohung durch die Babylonier nichts anderes vorhersagen können als die sichere Einnahme Jerusalems (Jer. 37$_{8,17}$; 38$_{3}$; vgl. 34$_{2}$), und sein Rat war, sobald als möglich zu kapitulieren (Jer. 38$_{17}$). Diese Überzeugung, die Jeremia auch öffentlich ausgesprochen hat, war also der Grund für die Leiden des Propheten; denn einen Mann mit solchen Überzeugungen glaubten die Nationalisten in Jerusalem nicht ertragen zu können. Die Darstellung der verschiedenen Leidenssituationen ist gelegentlich von grausamer Realistik und wird nirgends durch ein tröstliches Gotteswort, geschweige durch ein Wunder aufgelichtet. Von einer führenden göttlichen Hand weiß der Erzähler nichts zu sagen; kein Rabe speist den hungernden Propheten, kein Engel hält dem Löwen den Rachen zu. In vollkommener Ohnmacht ist der Prophet seinen Feinden preisgegeben; weder mit seinen Worten noch mit seinen Leiden macht er einen Eindruck auf sie. Besonders bedrückend ist das Fehlen eines guten oder sonst irgendwie verheißungsvollen Ausgangs. Für einen antiken Schriftsteller, dem es ein so tiefes Bedürfnis war, die Dinge am Ende doch wieder in ihrer Ordnung zu sehen, war das eine ungewöhnliche Leistung. Jeremias Spur verliert sich im Elend, und zwar ohne jeden dramatischen Effekt. Überhaupt wäre die Annahme, die Erzählung sei zum Ruhm Jeremias und seines Duldens geschrieben, ganz irrig. Für den Darsteller dieser Ereignisse hatte weder das Leid an sich, noch die Art, wie es einer erlitt, irgendeinen positiven Wert, am wenigsten einen heroischen; es ist überhaupt keinerlei Gloriole sichtbar, die um das Haupt des Propheten gewoben würde; im Gegenteil, er erscheint gelegentlich in Situationen, die auch der antike Leser für einigermaßen verfänglich halten konnte (Jer. 38$_{14-27}$)[23].

23. Man vergleiche als das Beispiel einer extrem entgegengesetzten Auffassung die Heroisierung der Märtyrer in 2. Makk. 7.

Wie bei allen unmittelbar erzählerischen Werken Israels ist also auch bei der Leidensgeschichte Jeremias die eigentlich theologische Basis ziemlich schmal. Hier spricht kein Mann, der sich bewußt ist, die Zusammenhänge in ihrer Notwendigkeit zu durchschauen; andererseits fehlt es doch nicht an Anhaltspunkten. Daß bei einem in theologischer Hinsicht wenig gesprächigen Werk dem Schluß eine besondere hermeneutische Bedeutung zukommt, ist von vornherein zu erwarten und ist auch neuerdings mit Recht betont worden. Mit diesem Schluß hat es insofern eine besondere Bewandtnis, als Baruch von einem Gotteswort spricht, das ihm selber in Anbetracht seiner Klagen von Jeremia zugesprochen wurde[24]:

> „Du hast gesagt: ‚Weh mir! Jahwe fügt ja Kummer zu meinem Schmerz; ich bin matt vom Seufzen und kann keine Ruhe finden' ... So hat Jahwe gesprochen: ‚Siehe, was ich gebaut habe, reiße ich ein, und was ich gepflanzt habe, reiße ich aus' ... und du begehrst Großes für dich? Begehre es nicht! Denn siehe, Unheil bringe ich über alles Fleisch, spricht Jahwe, dir aber gebe ich dein Leben zur Beute, wo immer du hingehst" (Jer. 45_{3-5}).

Hier klingt wieder die Vorstellung von der weltgeschichtlichen Umordnung an und von dem Abbau, den sie mit sich bringen wird. Diese Gottesrede wird von einem Unterton der göttlichen Trauer begleitet; sie deutet fast ein Leiden an, das Gott über diesem Werk des Niederreißens des von ihm Gebauten empfindet. In dieser Zeit des Gerichts, in der Gott sein eigenes Werk in der Geschichte abtragen muß, kann der Mensch für sich nicht gute Tage erwarten; es ist kein Wunder, wenn der Prophet und die, die um ihn sind, in dieses Einreißen Gottes auf eine ganz besondere Weise hineingezogen werden. Darum also verfolgt Baruch so gewissenhaft alle Einzelheiten dieses Leidensweges, weil die Katastrophe, in die Jeremia hineingezogen ist, eben doch nicht von ungefähr kommt, sondern weil sich in ihr das göttliche Einreißen vollzieht und weil hier ein Mensch auf eine einzigartige Weise an dem göttlichen Leiden mitgetragen hat[25].

24. *H. Kremers,* a. a. O. S. 132 ff; *A. Weiser,* Das Gotteswort für Baruch, Jer. 45 und die sog. Baruchbiographie, Festschrift für K. Heim 1954, S. 35 ff.

25. Selbst wenn die Anfügung des Textes von Kap. 45 nicht auf eine besondere programmatische Absicht des Baruch zurückzuführen wäre — man könnte ihn ja auch für ein mehr zufälliges Anhängsel halten, da das Ereignis von Jer. 45 immerhin 20 Jahre früher liegt als das unmittelbar vorher Berichtete — selbst dann behielte das Wort seine große Bedeutung für die Barucherzählung, weil es so klar den Ort des Menschen innerhalb der göttlichen Zerstörung des Geschichtswerkes bestimmt: er kann nicht außerhalb davon stehen.

5. Der eben erwähnte Gottesspruch hatte mit dem geheimnisvollen Satz geendet, daß Baruch „sein Leben zur Beute“ erhalten, das heißt, daß er dieses Gericht des Abbruchs überleben werde. Dieses Wort führt uns ganz von selbst zu der Frage nach der Besonderheit der jeremianischen *Heilsweissagung*. In der frühen Phase seines Wirkens war von vornherein keine ausgeprägte Heilsweissagung zu erwarten, weil Jeremia, wie wir schon sahen, damals die Entscheidung für oder gegen Jahwe noch von Israel erwartete. In seiner letzten Phase, in seinem Wirken unter Zedekia, war das ganz anders. Ein Schlag der Babylonier war schon niedergefahren; im Jahre 598 war der junge König Jojachin mit den Beamten und oberen Ständen deportiert worden. Die Frage, was nun geschehen werde, was Jahwe tun werde, war nun auch auf den Lippen derer, die vordem sich kaum noch um Jahwe gekümmert hatten. Daß Jeremia einen vollen Sieg der Babylonier erwartete, sahen wir schon. Aber er stand, wie es scheint, völlig isoliert einer übermächtigen Kriegspartei gegenüber und, was noch weit schwieriger war, einer Gruppe von Propheten, die die religiöse Erregung schürten und die ein baldiges Eingreifen Jahwes zur Ehre seines Volkes und seines geplünderten Tempels weissagten. Die Auseinandersetzung mit seinen eigenen Berufskollegen gehört wohl zum Schwersten, was Jeremia durchzukämpfen hatte (Jer. 23$_{9\,ff}$; 28)[26]. Tatsächlich scheint er sich auf diesem Gebiet durch die Problematik zuweilen nicht ganz durchgefunden zu haben. Man sieht ihn förmlich auf der Suche nach praktischen Kriterien, an denen der falsche Prophet zu erkennen sei. Einmal mißt er den Inhalt seiner Botschaft an der prophetischen Tradition, ein andermal sind ihm die Offenbarungsformen dieser Propheten verdächtig, weil sie sich auf Träume berufen, aber nicht auf ein Wort Jahwes, und deshalb in der Gefahr der Selbsttäuschung stehen. Auch ihr anstößiger Lebenswandel spricht gegen sie. Gerade damit, daß Jeremia kein Kriterium zu benennen wußte, das die Frage grundsätzlich zu lösen vermochte, hat er sich der ganzen Schwere des Problems gestellt; denn ein solches Kriterium formaler oder inhaltlicher Art konnte es ja nicht geben. Eben weil Jahwe kein „Gott aus der Nähe“ war, sondern ein Gott „aus der Ferne“ (Jer. 23$_{23}$), gab es für die Art seiner Offenbarung keinerlei Norm. Andererseits muß es doch verwundern, einen Propheten derart an einem Problem laborieren zu sehen. Hat nicht seine Argumentation bei sei-

26. S. dazu *G. Quell*, Wahre und falsche Propheten (1952).

ner berühmten Begegnung mit Hananja geradezu etwas Tastendes (Jer. 28_{5-9})? Die herrliche Gewißheit und die Eindeutigkeit, in der den klassischen Propheten die Dinge erschienen, waren Jeremia nicht mehr in gleichem Maße gegeben. Für Micha ben Jimla hat sich 200 Jahre früher das Problem des Widereinanders von Prophet und Prophet ganz anders gelöst; er hat nicht bei seinen Gegnern nach Kriterien gesucht; ihm verlagerte sich alles in die Transzendenz, in den Ratschluß Jahwes, der die falschen Propheten selbst hat inspirieren lassen, um Ahab zu betören (1. Kön. 22_{21} ff.). Unter solchem Aspekt konnte er dann viel gelassener als Jeremia die bona fides und das subjektive Sendungsbewußtsein seiner Gegner gelten lassen[27].

So war also dies letzte Jahrzehnt der politischen Selbständigkeit des Reiches Juda eine Epoche prophetischer Hochkonjunktur, in der Jeremia mit seiner Unheilsbotschaft einen schweren Stand hatte; aber vielleicht einen noch schwereren mit seiner Heilsbotschaft, denn sie war ja ganz anderer Art als die seiner prophetischen Kollegen. Ein Dokument aus der Spannung dieser beiden Fronten, und doch wie aus der Ruhe eines ganz sicheren Wissens heraus geschrieben, ist jener Brief, den Jeremia an die Exulanten von 598 nach Babylonien geschrieben hat, mitten hinein in ihre ungläubige Niedergeschlagenheit und ihren ebenso ungläubigen Enthusiasmus.

> „Baut Häuser und wohnt darin, pflanzt Gärten und eßt von ihrem Ertrag! Nehmt euch Frauen und zeugt Söhne und Töchter! Nehmt Frauen für eure Söhne und gebt eure Töchter Männern, daß sie Söhne und Töchter gebären, damit ihr euch dort mehrt und nicht vermindert. Laßt euch das Wohl der Stadt, wohin ich euch weggeführt habe, angelegen sein und betet für sie zu Jahwe, denn ihr Wohl ist auch euer Wohl" (Jer. 29_{5-7}).

27. Auch das Deuteronomium bemüht sich — nicht gerade glücklich — um die Aufstellung objektiver Kriterien, an denen der falsche Prophet zu erkennen sei (Dt. 18_{21} f.). Das Widereinander von Prophet und Prophet, bei dem der eine wie der andere im Namen Jahwes sprach (vgl. Jer. 27_{4} ff; 28_{2}), muß in der letzten Königszeit besonders verwirrend gewesen sein. Soweit es uns die einschlägigen Texte erkennen lassen, war den „wahren" Propheten besonders die Heilsverkündigung ihrer Berufskollegen verdächtig (1. Kön. 22_{11} ff; Mi. 3_{5} ff; Jer. 6_{14}; 14_{13}; 23_{9} ff; 28_{5-9}; Hes. 13_{16}). Daß jene mit ihren Heilszusagen den Interessen des Staatskultes entsprachen, ist wahrscheinlich (*H.-J. Kraus,* Prophetie und Politik, 1952, S. 41 ff, 53 ff.). Aber auch das ist kein sicheres Kriterium. Entsprach nicht ihre Weissagung dem Glauben Jesajas? Das Pseudos kann weder an dem Amt an sich, noch an den Worten an sich, noch an der Fragwürdigkeit des Menschen, der sie aussprach, erkannt werden. Es konnte nur von dem erkannt werden, der die wahre Einsicht in die gegenwärtigen Pläne Jahwes hatte und der von da aus dem anderen die Erleuchtung absprechen mußte. „Wer versucht, ihn (Hananja, den Gegner Jeremias)

Das ist eine einzige Mahnung zur Nüchternheit und ein Schlag gegen den frommen Enthusiasmus. Man war dort offenbar überhaupt nicht imstande, die Lage ernst zu nehmen, und darum mahnt Jeremia, das Nächstliegende zu tun und sich auf eine Dauer einzustellen. Dabei muß sich allerdings die Einstellung der Deportierten Babylon gegenüber ändern. Es ist nicht mehr der Feind; es trägt ja das Gottesvolk in seinem Schoß, und darum gebührt ihm die Fürbitte. Die Stunde hat sich geändert; das Gebet für Babylon ist jetzt ein Gebet für das Gottesvolk; denn dieses Gottesvolk hat noch eine Zukunft vor Gott.

> „Denn ich bin mir wohl bewußt, was für Gedanken ich über euch habe, spricht Jahwe, nämlich Gedanken des Heils und nicht des Unheils, euch zu geben Zukunft und Hoffnung" (Jer. 29$_{11}$).

Möglicherweise war in den beiden Worten „Zukunft und Hoffnung" alles beschlossen, was Jeremia in diesem Zusammenhang von dem Heilswillen Jahwes für Israel zu sagen hatte; denn die Sätze, die von einer Heimführung aus allen Völkern reden (v. 14b), sind vielleicht interpoliert. Deutlicher hat Jeremia anläßlich jener Grundstücksangelegenheit, bei der er zum Kauf eines Ackers aufgefordert wurde, von der Zukunft des Volkes gesprochen, denn im Zusammenhang dieser familiären Angelegenheit ist ihm ein Jahwewort zugekommen. Deshalb hat er, als die Belagerer schon die Wälle an die Stadt heranführten und drinnen schon der Hunger wütete, den Kaufbrief in aller Form urkundlich deponieren lassen zum Zeichen dafür, daß man wieder „Häuser und Äcker und Weinberge kaufen wird in diesem Lande" (Jer. 32$_{15}$). Bei dieser Zukunftsschau hat Jeremia sowohl an die Exulanten von 598 gedacht wie auch an die in Jerusalem Zurückgebliebenen. Aber in dem Gesicht von den beiden Feigenkörben werden die schon Exulierten weit über die Zurückgebliebenen gestellt. Ihnen allein gilt die Verheißung:

> „So hat Jahwe, der Gott Israels, gesprochen: Wie diese guten Feigen, so schaue ich die Weggeführten Judas, die ich von diesem Ort ins Land der Chaldäer verschickt habe, freundlich an und richte mein Auge freundlich auf sie. Ich werde sie heimholen in dieses Land, ich will sie aufbauen und nicht einreißen, ich will sie einpflanzen und nicht ausreißen, und ich werde ihnen ein Herz geben, mich zu erkennen, daß ich Jahwe bin, und sie werden mein Volk sein und ich werde ihr Gott sein, denn sie werden von ganzem Herzen zu mir umkehren" (Jer. 24$_{5-7}$).

um Jeremias willen herabzusetzen, hat den Blick für das Echte verloren und bewegt sich in schematischen Theoremen" (*G. Quell,* a. a. O. S. 66).

Das also ist das eschatologische Heil, das Jahwe seinem Volke zugedacht hat: Die Exulanten von 587, aber auch die von 721 werden wieder zurückkehren. Jerusalem wird wieder aufgebaut werden (Jer. 33_{4} ff.), man wird wieder Äcker und Weinberge kaufen und auch Rekabiter wird es geben, die sich besonders strengen Enthaltungsvorschriften unterwerfen und Jahwe auf eine so seltsame Weise dienen (Jer. 35_{18} f.). Dieses Zukunftsbild ist von einer fast enttäuschenden Nüchternheit. Jeremia weiß nichts von naturhaften Veränderungen zu sagen, die sich in dem Lebensraum des Gottesvolkes ereignen werden, nichts von paradiesischer Fruchtbarkeit; nur dies, daß sich die Lebensbedingungen in dem augenblicklich verheerten Land wieder normalisieren werden und daß das Leben wieder weitergehen wird. Wallfahrten nach Jerusalem werden wieder veranstaltet werden (Jer. 31_{6}), und in den Ortschaften wird wieder das Lachen fröhlicher Menschen zu hören sein (Jer. 30_{18} f; 33_{10} f.). Von Jahwe ist gesagt, daß er seine Augen „zum Guten" auf sie richten wird (Jer. 24_{6}). Damit scheint sich das Zukunftsbild von der neuen Existenz Israels vor Jahwe zu runden, und der Leser könnte den Eindruck haben, daß die Heilszeit, von der Jeremia spricht, in allem Wesentlichen in einer Restituierung der bisherigen Verhältnisse Israels bestehe. Aber das Gegenteil ist der Fall: Der Bruch zwischen dem Alten und dem Neuen ist bei Jeremia tiefer und grundsätzlicher als bei irgendeinem seiner prophetischen Vorgänger: Wir haben nämlich unter diesen Verheißungen den einen Satz noch nicht berücksichtigt, daß Jahwe seinem Volk ein Herz geben werde, ihn zu erkennen (Jer. 24_{7}). Erst dieser Satz führt uns an das Besondere der jeremianischen Heilserwartung heran; denn dasselbe, was Jeremia hier in einen Satz zusammengedrängt hat, das hat er in der Weissagung von dem neuen Bund ausführlich dargelegt.

Jeremia hat die Worte von dem neuen Bund an die Verbannten des ehemaligen Nordreiches gerichtet (Jer. 30_{1-3}); aber er hat damit ein Heilsgeschehen im Auge, das zweifellos ganz Israel, sonderlich den Exulanten von 721 und 598, widerfahren werde[28]. Das Entscheidende, das schlechterdings über alles bisher von Propheten Geweissagte Hinausführende, liegt in der *Weissagung eines neuen Bundes,* den Jahwe mit Israel schließen wolle. Es handelt sich offenbar um etwas ganz

28. Die Datierung des „Trostbüchleins für Ephraim" (Jer. 30 f.) ist strittig. Die Tatsache, daß Jer. 31_{31} ff. sowohl in Jer. 24_{7} als in Jer. 32_{37} ff. unmittelbar anklingt, macht es wahrscheinlich, daß diese Weissagung der Zeit des späteren Wirkens des Propheten zugehört.

anderes, als wenn Jahwe gesagt hätte, daß Tage kommen werden, da er wieder seines Bundes gedenken werde, den er mit Israel geschlossen habe. Nein, der alte Bund ist gebrochen, und Israel ist in den Augen Jeremias zur Zeit überhaupt ohne Bund. Entscheidend aber ist, daß keinerlei Versuch gemacht wird — wie doch etwa im Deuteronomium —, Israel in irgendeinem Sinne wieder auf die alten Fundamente zu stellen. Der neue Bund ist eben ein neuer und wird in einem wesentlichen Punkt über den alten hinausgehen. Aber uns Heutigen springt der große Unterschied der beiden Setzungen keineswegs unmittelbar in die Augen; der Text Jer. 31$_{31\,ff.}$ muß — kein Wunder bei einem so häufig interpretierten Text! — besonders sorgfältig geprüft und auch gegenüber verbreiteten Fehlauslegungen geschützt werden. Der Inhalt des Sinaibundes war die Offenbarung der Tora, das heißt der Erwählung und der Beschlagnahme Israels durch Jahwe und seinen Rechtswillen. Diese Tora wird auch im Zentrum des neuen Bundes stehen, den Jahwe „in jenen Tagen" mit Israel schließen will. Also hinsichtlich des Inhalts der Selbstoffenbarung Jahwes wird sich bei dem neuen Bundesschluß nichts ändern. Jeremia spricht weder davon, daß die Jahweoffenbarung vom Sinai ganz oder teilweise hinfallen werde (und wie könnte auch eine Jahweoffenbarung hinfallen oder zurückgenommen werden!), noch deutet er in irgendeinem Sinn eine inhaltliche Veränderung oder Erweiterung an, die sie im neuen Bund erfahren werde. Dem alten Bund folgt der neue nicht etwa deshalb, weil die geoffenbarten Lebensordnungen sich als unvollkommen erwiesen haben, sondern weil er gebrochen wurde, weil Israel daran versagte. Und hier setzt das Neue ein: Die Übereignung des Gotteswillens an den Menschen wird sich anders vollziehen. Am Sinai hatte Jahwe vom Berg herabgerufen, und schon der elohistische Erzähler berichtet, wie Israel diese Stimme nicht ausgehalten und Mose gebeten hat, an seiner Stelle die Willensoffenbarung Gottes in Empfang zu nehmen (Ex. 20$_{18\,ff.}$). Verstehen wir Jeremia recht, so wird dies das Neue sein, daß nunmehr der ganze Vorgang des göttlichen Anredens und menschlichen Hörens beim neuen Bund in Wegfall kommen wird. Auf diesem Weg, dem des Hörens des göttlichen Willens, ist Israel nicht zum Gehorsam gekommen. Jahwe wird den Vorgang des Anredens und Hörens gleichsam überspringen und seinen Willen gleich in Israels Herz legen. Die Unterscheidung: hier äußerliche Gehorsamsübung, hier innerlicher Herzensgehorsam sollte man möglichst ganz aus dem

Spiele lassen, denn sie trifft den Gegensatz, den Jeremia im Auge hat, kaum. Auch das Deuteronomium drang, wie wir sahen, auf jeder Seite auf einen innerlichen, gewissensmäßigen Gehorsam; doch Jeremia geht gerade in dieser Sache weit über das Deuteronomium hinaus; denn im neuen Bund kommt das, was in das problematische Kapitel der bisherigen menschlichen Gehorsamsleistung gehört, ganz in Wegfall. Wenn der Gotteswille den Menschen nicht mehr von außen trifft und richtet, wenn Gott ihm seinen Willen direkt ins Herz legt, dann ist ihm die Gehorsamsleistung eigentlich überhaupt abgenommen; denn das Gehorsamsproblem entsteht doch erst bei der Begegnung des menschlichen Willens mit einem fremden Willen. Zu dieser Konfrontation kann es aber nicht mehr kommen, denn der Mensch wird in seinem Herzen den Willen Gottes tragen und wird nur noch Gottes Willen wollen. Es sind hier die Umrisse des Bildes von einem neuen Menschen gezeichnet, von einem Menschen, den Gott durch ein Wunder zu einem vollkommenen Gehorsam befähigt. Es ist sehr bezeichnend, daß der vergleichsweise schon späte Jeremia das Heilswerk Jahwes so stark nach der Seite des Anthropologischen hin bestimmt.

„Siehe, es werden Tage kommen, spricht Jahwe, da schließe ich mit dem Hause Israel ‘ ’ einen neuen Bund, nicht wie der Bund war, den ich mit ihren Vätern schloß damals, als ich sie bei der Hand nahm, um sie aus Ägyptenland herauszuführen, den sie gebrochen haben, so daß ich mich an ihnen als Herr erweisen mußte, spricht Jahwe. Vielmehr das soll der Bund sein, den ich mit dem Hause Israel nach diesen Tagen schließen werde, spricht Jahwe: Ich werde meine Weisung in ihr Inneres legen und es ihnen in's Herz schreiben, und so werde ich ihr Gott sein und sie sollen mein Volk sein. Da braucht keiner mehr den anderen, keiner den Bruder zu belehren: ‚Erkennt Jahwe‘, sondern sie werden mich alle erkennen vom Kleinsten bis zum Größten, spricht Jahwe, denn ich werde ihre Schuld vergeben und ihrer Sünde nicht mehr gedenken“ (Jer. 31_{31-34}).

„Siehe, ich werde sie aus allen Ländern, wohin ich sie in meinem Zorn, in meinem Grimm und in großem Groll verstoßen habe, sammeln und werde sie wieder an diesen Ort bringen und sie sicher wohnen lassen. Sie werden mein Volk sein, und ich werde ihr Gott sein, und ich werde ihnen einen Sinn und einen Wandel geben, daß sie mich allezeit fürchten, ihnen und ihren Kindern nach ihnen zum Heil. Und ich stifte ihnen einen immerwährenden Bund, daß ich mich nicht von ihnen abwenden will, ihnen Gutes zu erweisen. Und die Furcht vor mir werde ich ihnen in's Herz legen, daß sie nicht von mir weichen. Und ich werde Freude an ihnen haben, ihnen Gutes zu tun, und werde sie in diesem Lande getreulich einpflanzen von ganzem Herzen und von ganzer Seele“ (Jer. 32_{37-41}).

Diese beiden Textreihen lesen sich fast wie zwei Targume zu einem Text. Jedenfalls stehen sie sich inhaltlich so nahe, daß man sich die Gelegenheit nicht entgehen lassen sollte, durch einen Vergleich die Auslegung von Jer. $31_{31\,\mathrm{ff.}}$ zu befruchten. Beide Texte haben das gleiche Ergebnis im Auge, weichen aber in der Darstellung nicht unerheblich voneinander ab. Über ihr literarisches Verhältnis läßt sich freilich nur wenig sagen. Man wird allerdings behaupten dürfen, daß Jer. 32_{37} ff. nicht einfach eine Kopie oder Dublette von Jer. 31_{31} ff. darstellt; dafür ist der zweite Text in seiner Ausdrucksweise zu selbständig, und gerade an den zentralen Stellen geht er terminologisch seine eigenen Wege. Wer Jer. 32_{37} ff. für nachjeremianisch hält, könnte in dem Text so etwas wie eine paraphrasierende Interpretation sehen, doch ist dafür die Anlehnung wiederum nicht eng genug. Außerdem muß man bedenken, daß auch der Text Jer. 31_{31} ff. kaum die ursprüngliche jeremianische Fassung bietet; denn die Gottessprüche sind auch bei Jeremia in jedem Regelfall poetisch stilisiert. Jer. 31_{31} ff. aber ist Prosa, läßt allerdings an einigen Stellen die ursprünglich poetische parallelistische Fassung noch deutlich erkennen. So liegt die Annahme immer noch am nächsten, daß sich Jeremia zweimal je auf verschiedene Weise über den neuen Bund geäußert hat, daß aber beide Texte uns nur in einer nachträglich überarbeiteten Form vorliegen[29].

Die Zusage, daß Gott den Menschen seinen Willen ins Herz geben werde, ist in Kap. 32_{37} ff. nur wenig verändert: Gott wird ihnen die „Furcht“ vor ihm „ins Herz legen“, wobei nur zu bedenken ist, daß der Ausdruck „Gottesfurcht“ im Alten Testament gleichbedeutend ist mit Gehorsam dem göttlichen Willen gegenüber[30]. Infolge dieser schöpferischen Einpflanzung des Gotteswillens in das menschliche Herz wird also jegliches theologische Lehramt in Wegfall kommen und alles Mahnen und Zurechtbringen überflüssig werden. Dem entspricht in Kap. 32_{39} die Aussage, daß die Menschen in der Furcht Jahwes einerlei Sinn und einerlei Wandel haben würden. Der Wille Gottes ist ja einer, und jeder Mensch wird ihn von seinem Herzen her wissen. So war ja auch in Kap. 24_{7} verheißen, daß Jahwe den Israeliten nach ihrer Rückkehr ein Herz geben werde, ihn zu erkennen. Mit alledem spricht Jeremia auf seine Weise von einer zukünftigen Ausgießung des göttlichen Geistes, denn er meint nichts anderes als ein pneumatisches Wissen und Befolgen des Gotteswillens. Hesekiel wird dann im gleichen Sinne von der Eingebung des Geistes in die ehedem steinernen Herzen reden. Daß bei Jeremia die Vokabel „Geist“ fehlt, ist belanglos angesichts der Konkretheit, mit der er den Vorgang der Übereignung beschrieben hat. (Bei Hesekiel fehlt die Vokabel „Bund“.) Das Wort von der Vergebung der Sünden hat in dem zweiten Text keine Entsprechung.

29. Viel weiter geht *S. Herrmann*, der in seiner eingehenden Analyse den ganzen Text von Jer. 31_{31} ff. zu der deuteronomistischen Bearbeitung rechnet und ihn auch inhaltlich von Jeremia trennt. (Der Gestaltwandel der prophetischen Heilserwartung im Alten Testament, Habilitationsschrift Leipzig 1959.)

30. *L. Köhler*, S. 38.

Es ist ein weiter Weg, dessen Ende Jeremia mit seinen Worten vom neuen Bund zu Gesicht bekam. Mit der Terminologie der Propheten könnte man sagen: Es ist die Endgültigkeit der Umkehr Israels zu seinem Gott[31]. Wären die Propheten erweckliche Prediger gewesen, so wäre zu erwarten, daß das Wort von der Umkehr vor allem in der Gattung der Mahnrede zu finden wäre. Das ist aber keineswegs der Fall; es findet sich vielmehr im Zusammenhang der Gerichtsverkündigung; denn das, was die Propheten von dieser Sache zu sagen haben, ist die Feststellung, daß das gegenwärtige Israel nicht zu Jahwe umkehrt[32], wobei sie mit dem Wort „Umkehr" viel weniger unsere allzu individualistische verinnerlichte „Bekehrung" meinen als vielmehr die Rückkehr des Volkes in die Ungetrübtheit seines ursprünglichen Verhältnisses zu Jahwe. Auch Jeremia nimmt die Klage über die von Israel verweigerte Umkehr auf (Jer. 8_{5}); ja, er versteigt sich gelegentlich zu dem Satz, daß eine Umkehr zu Jahwe gar nicht stattfinden dürfte, weil sie gegen das Gebot verstieße (Jer. 3_{1}); und trotzdem findet sich gerade bei diesem Propheten der Ruf zur Umkehr mit einemmal — und zwar im Mahnwort! — auf breiter Basis[33]. Bei Jesaja (Jes. 7_{3}) und Hosea (Hos. 3_{5}; 14_{2} ff.) war die Umkehr Israels ein Gegenstand der Verheißung; aber gerade deshalb konnte Hosea nun auch Israel zur Umkehr mahnen, es aufrufen, das ihm von Gott Angebotene zu ergreifen (Hos. 14_{2}). So steht also auch darin Jeremia in der Gefolgschaft Hoseas. In demselben Maß, in dem er — und zwar weit über Hosea hinausgehend! — die Umkehr als ein Werk Jahwes an Israel erkannt hat, gewinnt nun aber auch der Ruf zur Umkehr an Raum (Jer. 24_{7}). Soweit besteht also im Grundsätzlich-Theologischen kein wesentlicher Unterschied zwischen Jesaja und Hosea einerseits und Jeremia andererseits, denn hier wie dort hat das Wort von der Umkehr seinen eigentlichen Ort im Heilswort. Aber darin unterscheidet sich der Jüngere von den Vorgängern, daß er die anthropologische Seite des göttlichen Heilswerkes viel stärker betont. Jeremia ist ja auch der Prophet, in dessen Verkündigung immer wieder Reflexionen anklingen über die Möglichkeit oder Unmöglichkeit einer menschlichen Sinnesänderung. Er war ja von Gott zum Prüfer bestellt (Jer.

31. Vgl. zum Folgenden die Studie von *H. W. Wolff*, Das Thema „Umkehr" in der alttestamentlichen Prophetie, ZThK 1951 S. 129 ff.
32. Am. $4_{6, 8, 9, 10, 11}$; Jes. 9_{12}; 30_{15}.
33. Jer. $3_{12, 14, 22}$; 18_{11}; 35_{15}.

6$_{27}$) und wußte, daß das menschliche Herz verschlagen (עָקֹב) und heillos (אָנֻשׁ) ist (Jer. 17$_{9}$). Bei diesem Nachdenken über das Wesen des Menschen ist er zu sehr radikalen Erkenntnissen vorgestoßen. Seine Gedanken kreisen immer wieder um die tiefe Unfreiheit, in der der Mensch der Gefangene seiner eigenen Widergöttlichkeit ist. Es steht ja überhaupt nicht in seiner Macht, seinen Weg zu bestimmen; keinem ist es gegeben, seinen Schritt zu lenken (Jer. 10$_{23}$). Um so weniger wäre von einem Versuch zu erwarten, sich vor Gott selber zu reinigen; jeder bliebe doch in seiner Schuld schmutzig (Jer. 2$_{22}$).

„Kann denn ein Mohr seine Haut ändern
oder ein Panther seine Flecken?
Dann vermögt auch ihr gut zu handeln,
die ihr gewohnt seid, Böses zu tun!" (Jer. 13$_{23}$).

Erst vor dem Hintergrund dieser so vernichtend negativen Urteile über die Möglichkeiten Israels, von sich aus sein Verhältnis zu Gott wieder in Ordnung zu bringen, wird das Wort von dem neuen Bund, aber auch der beschwörende Ruf zur Umkehr verständlich. Jeremia hat es immer deutlicher sehen gelernt, wie es um den Menschen steht, und deshalb hat er ihm nicht gedankenlos zugemutet, einen Weg zu gehen, auf dem er doch wieder scheitern mußte. Seine Rufe zur Umkehr kommen bei ihm je länger je mehr „vom Heilsspruch her"[34]. Sie fordern dazu auf, das zu ergreifen, was Gott an seinem Volk zu wirken verheißen hat. Bei aller gebotenen Scheu, die Botschaft eines Propheten psychologisch aufzuschlüsseln, wird man doch bei Jeremia ein anhaltendes Nachdenken über das anthropologische Problem voraussetzen dürfen, also über die Frage: Was kann sich, was muß sich beim Menschen im Bereich seines Menschseins ereignen, wenn Gott ihn in eine neue Gemeinschaft hinübernehmen soll? Wie kann er denn, wenn Gott ihm seine Huld wieder schenkt, als Mensch vor Gott überhaupt bestehen, ohne daß er wieder an der Widergöttlichkeit seines Inneren zu Fall kommt? Die Antwort, die Jeremia auf diese Frage empfing, war die Verheißung, daß Gott selbst das Herz des Menschen verwandeln und damit den vollkommenen Gehorsam wirken wird. Kein Prophet hat vor ihm das göttliche Heilsgeschehen nach der anthropologischen Seite hin so sorgfältig unterbaut. Indessen steht Jeremia mit dieser besonderen theologischen Problematik doch nicht allein; deshalb müs-

34. *H. W. Wolff*, a. a. O. S. 142.

sen wir später seine Weissagung von dem neuen Bund aus ihrer Isolierung befreien und sie noch in breitere Zusammenhänge stellen[35].

6. Soweit wir bisher auf eine traditionsgeschichtliche Verwurzelung der Prophetie Jeremias gestoßen sind, war der Befund eindeutig: Jeremia steht und lebt in der Exodus-Sinaiüberlieferung, und diese Grundlage seiner Verkündigung ist eine recht breite. Sowohl in seiner Rückschau (Jer. 2) wie in seiner prophetischen Vorausschau (Jer. 31$_{31 \text{ ff.}}$) zeigt er sich an sie gebunden. Aber es ist außer allem Zweifel, daß Jeremia auch die *messianische Davidtradition* aufgenommen hat. In einem gattungsgeschichtlich nicht ganz eindeutigen Zusammenhang mit einer Scheltrede gegen die untauglichen Hirten des Volkes steht die Weissagung:

„Siehe, es kommen Tage, spricht Jahwe, da werde ich dem
  David einen gerechten Sproß erstehen lassen.
Der wird als König regieren und weise handeln,
  er wird im Lande Recht und Gerechtigkeit üben.
In seinen Tagen wird Juda errettet werden
  und Israel in Sicherheit wohnen.
Dies aber wird sein Name sein, mit dem man ihn nennt:
  Jahwe ist unsere Gerechtigkeit" (Jer. 23$_{5-6}$).

Daß sich der Spruch ganz in der für das Königtum seit langem herkömmlichen Begrifflichkeit bewegt, spricht natürlich nicht gegen eine Zurückführung auf Jeremia. Es gehört zur Topik der höfischen Sprache, daß der König als Hirte bezeichnet wird, daß seine Thronnamen von besonderer Bedeutung sind und daß er gerecht und weise regiert. Auch das muß nicht gegen Jeremia sprechen, daß man an dieser Weissagung eine gewisse Blässe wahrnehmen könnte, daß sie jener persönlichen Bewegtheit ermangelt, die fast überall das Charakteristikum der jeremianischen Diktion ist. Die persönliche Durchdringung und Neugestaltung eines alten Überlieferungsstoffes war von Fall zu Fall verschieden, und sicher ging es dem Propheten nicht immer um die eigene Note; es gab Fälle, wo er sich damit begnügen konnte, die Überlieferung in ihrer traditionellen Gestalt aktualisiert zu haben. Merkwürdig ist allerdings, daß Jeremia in Kapitel 23$_{5 \text{ f.}}$ von einem Gesalbten

35. S. o. S. 277 ff. — Dieses eigentümliche prophetische Interesse an dem — man könnte sagen — eschatologischen Menschen, der vor Gott recht ist, steht auch hinter der Weissagung Zeph. 3$_{11-13}$: Gott wird selbst die stolzen Prahler entfernen; „du wirst nicht mehr großtun auf meinem heiligen Berge, denn übrig lassen werde ich in deiner Mitte ein Volk, demütig und niedrig, das Zuflucht sucht beim Namen Jahwes, den Rest Israels".

in der Deszendenz Davids redet, während er in Kapitel 30_{9} von einem wiederkehrenden David spricht. Aber in dem Weissagungskomplex für das verlorene Nordreich (Jer. 30; 31) findet sich ein Wort über den kommenden Gesalbten, in dem wir nun doch auf etwas Besonderes stoßen, das Jeremia zu sagen hatte.

> „Sein Herrscher wird aus ihm hervorgehen;
> ihn will ich mir nahen lassen, daß er vor mich trete;
> denn wer wagte sonst sein Leben daran, mir zu nahen?
> spricht der Herr" (Jer. 30_{21}).

Von den vielen Funktionen und Vollmachten des Gesalbten ist hier nur von einer einzigen die Rede; diese aber erscheint als die entscheidende und zugleich heikelste: Jahwe will ihn sich „nahen lassen". Da uns der Begriff des „Nahens" zunächst als ein Fachausdruck der Priestersprache bekannt ist, könnte hier auf eine sakrale, spezifisch priesterliche Funktion des Gesalbten hingewiesen sein[36]. Geht man aber von den traditionellen messianischen Vorstellungen aus, so liegt die Annahme doch viel näher, daß der Ausdruck hier auf ein spezifisch höfisches Privileg hinweist. Der Gesalbte ist der irdische Vertreter Jahwes; aber in dieser Eigenschaft ist er Throngenosse Jahwes (Ps. 110_{1}) und steht im persönlichsten Gespräch mit ihm. In die Reihe der Zeugnisse, die die Intimität des Umgangs des Gesalbten mit Jahwe betonen und sein Teilhaben an der göttlichen Weltregierung, gehört auch der Satz von dem freien Zugang zu Jahwe. Der Gesalbte, das meint Jeremia, hat bei Jahwe Immediatverkehr; er hat Zugang zu den geheimsten Beratungen des Weltenkönigs[37]. Aber das Besondere dieser Weissagung liegt vor allem in der Reflexion, die sie über die Einzigartigkeit dieses Zugangs zu Gott anstellt. Er kann nämlich wirklich nur dem Einen, dem Gesalbten zugemutet werden. Kein anderer würde sich bereit finden, „sein Herz zu verpfänden". Der Ausdruck entstammt der Rechtssphäre und bezeichnet die Hinterlegung eines Pfandes oder die Leistung einer Bürgschaft. Dann will also der rhetorische Fragesatz, der die Weissagung so merkwürdig unterbricht, zu bedenken geben, daß dieser Zugang zu Jahwe auf seiten des Gesalbten nur

36. So etwa *S. Mowinckel,* He that Cometh, S. 179 f, 238.

37. In diesem spezifisch höfischen Sinne findet sich קָרַב in 2. Sam. 15_{5}. Bezeichnenderweise wird das Verbum auch bei dem Eintritt des „Menschensohnes" in den Thronrat des Himmelskönigs gebraucht (Dan. $7_{13\,b}$). Es ist in diesem Zusammenhang ganz korrekt, daß die Weissagung nicht von dem König, sondern von dem „Herrscher" (משׁל) spricht, denn Jahwe ist der König. Vgl. dazu auch Sach. $3_{7\,b}$.

mit dem Einsatz seines Lebens möglich ist. Worin Jeremia die besondere Gefährdung sieht, ist nicht angedeutet. Die Kommentare denken an den altjahwistischen Satz, daß derjenige sterben muß, der Gott zu schauen bekommt[38]. Es scheint uns höchst bezeichnend, daß sich Jeremia auch bei einer messianischen Vorhersage sonderlich für die innermenschlichen Voraussetzungen des Heilsgeschehens interessiert. Für seine Sicht — und darin erkennen wir Jeremia wieder — ist das das Entscheidende, daß der Gesalbte sein Leben aufs Spiel setzt und damit aufs persönlichste den Zugang zu Gott offen hält. „Wer ist es, der sein Herz verpfändet, mir zu nahen?" Das ist wohl eine der schwersten Fragen, die jemals im alten Israel gestellt wurden, und welches Wissens um Gott und um den Menschen bedurfte es, bis sie überhaupt gestellt werden konnte!

38. Ri. 6_{23} f; 13_{22}; Jes. 6_5. — Die Weissagung endet in v. 22 mit der alten Bundesformel, ein Zeichen, wie Traditionsströme völlig verschiedener Herkunft nunmehr ineinanderzufließen beginnen.

E. HESEKIEL[1]

Der Umstand, daß Jeremia und Hesekiel ungefähr Zeitgenossen waren, hat schon immer zu einem Vergleich ihrer Botschaften herausgefordert. Daß sich diese Männer, obwohl sie beide priesterlichen Familien entstammten, nicht nur ihrem Temperament nach, sondern vor allem in der Art zu denken, zu reden und zu schreiben tiefgehend voneinander unterscheiden, — diese Feststellung ist einem Kind möglich. Den Unterschied aber genau zu bestimmen, d. h. das Spezifische des traditionsgeschichtlichen und prophetischen Standorts Hesekiels gegenüber dem Jeremias zu benennen, hieße das Rätsel lösen, das die Botschaft Hesekiels in besonderem Maße, aber doch auch die Jeremias, umlagert[2]. Hinsichtlich des äußeren Lebensganges Hesekiels haben allerdings eingehende Untersuchungen dargetan, daß die wissenschaftlichen Gründe, die zu einer Bestreitung der exilischen Wirksamkeit des Propheten geführt haben, nicht zureichend sind[3]. Die Abstreifung des exilischen Gewandes der Botschaft und die Annahme einer ausschließlich jerusalemischen Wirksamkeit in der Zeit vor 587 setzen kritische Operationen voraus, die tief in die Substanz der Verkündigung Hesekiels eingreifen. Wir dürfen davon ausgehen, daß er um 598 mit der ersten Deportation nach Babylonien kam, dort im Jahr 593 berufen wurde und von da ab sein Amt bis etwa 571 ausgeübt hat. Daß er die Vorgänge in Jerusalem mit größtem Interesse verfolgt, ja daß er zeitweise intensiver mit denen in der Heimat zu leben scheint als mit seiner babylonischen Umwelt, das hat er mit den Verbannten aller Zeiten gemein. Die bekanntlich sehr übersichtliche Disposition seines Buches (Kap. 1—24 Unheilsworte für Jerusalem und

1. *G. Fohrer,* Die Hauptprobleme des Buches Ezechiel (1952); ders.: Das Symptomatische der Ezechielforschung, ThLZ 1958 S. 241 ff; *C. Kuhl,* Neuere Hesekielliteratur, ThR 1952 S. 1 ff; ders.: Zum Stand der Hesekiel-Forschung, ThR 1956/57 S. 1 ff; *H. H. Rowley,* The Book of Ezechiel in Modern Study (Bulletin of the John Ryland's Library, 1953/54 S. 146 ff.); *W. Zimmerli,* Das Gotteswort des Ezechiel, ZThK 1951 S. 249 ff; ders.: Ezechiel ein Zeuge der Gerechtigkeit Gottes (Das AT als Anrede, 1956, S. 37 ff.).

2. *J. W. Miller,* Das Verhältnis Jeremias' und Hesekiels sprachlich und theologisch untersucht (1955).

3. So *V. Herntrich,* Ezechielprobleme (1932).

Juda; 25—32 Völkerorakel; 33—48 Heilsweissagung für Israel) ist zweifellos erst das Werk einer nicht unkomplizierten Redaktion; jedoch rechnet die Forschung heute wieder mit einem breiten Grundstock authentischer Prophetie, wobei sie sich nicht zuletzt auf die autobiographische Form der prophetischen Hinterlassenschaft und die sorgfältigen Datierungen vieler Sprüche stützt, die, abgesehen von erkennbaren Ausnahmen, vom Propheten selbst stammen müssen.

Wie alle seine Vorgänger, so hat auch Hesekiel die Vorgänge im politischen Raum mit wachem Interesse verfolgt. Assur war von der politischen Bühne abgetreten (Hes. 32$_{22}$ f.). Die beiden Großmächte, in deren Einflußzone Palästina jetzt stand, waren Babylon und Ägypten. Vom ersteren schwer bedroht, sucht Juda beim letzteren Hilfe und erlebt schwere Enttäuschungen (Hes. 17$_{1}$ ff; 30$_{20}$ f.). Dann verfolgt der Prophet den Anmarsch Nebukadnezars (Hes. 21$_{23}$ ff.). Zuerst wird es der Großkönig mit Tyrus zu tun bekommen, über dessen Verhältnisse Hesekiel bestens unterrichtet ist (Hes. 26—28). Dann stößt der Babylonier gegen Juda und Jerusalem vor, dessen Eroberung den Exulanten ein Bote meldet (Hes. 33$_{21}$). Ebenso weiß der Prophet über das feindselige Verhalten der kleineren Nachbarvölker, der Ammoniter (Hes. 25$_{2}$ ff.) und der Edomiter (Hes. 25$_{12}$ ff.), Bescheid. Daß Hesekiel über alle Vorgänge in der Heimat, auch über Einzelheiten, auf dem laufenden ist, darf, wie gesagt, nicht verwundern, denn das ist bei den Exilsgruppen bis heute nicht anders geworden. Der geistige Horizont dieses Mannes war allein in kenntnismäßiger und bildungsmäßiger Hinsicht ungewöhnlich weit. Von seiner Kenntnis der heilsgeschichtlichen und sakralrechtlichen Überlieferungen muß noch ausführlicher die Rede sein; das fiel ja noch in den engeren Kreis seines priesterlichen Berufswissens. Was er aber über die ethnische Sonderstellung des alten Jerusalem in einer hingeworfenen Bemerkung sagt, ist erstaunlich: „Was deine Abstammung betrifft, so war dein Vater ein Amoriter und deine Mutter eine Hethiterin" (Hes. 16$_{3}$), denn mit dieser Doppelheit hat er die geschichtlichen Verhältnisse des vordavidischen Jerusalem (kanaanäische Bevölkerung, „hethitische" Herrenschicht) genau getroffen[4]. Neben solchem geschichtlichem Wissen stoßen wir bei Hesekiel aber auch auf eine damals schwerlich allgemeiner verbreitete Bewandertheit in allerlei Überlieferungsstoffen mythologischer oder mär-

4. Auch über die Folgen der Katastrophen des Jahres 701, die Übereignung judäischen Territoriums an die Philister, weiß Hesekiel Bescheid. Zu Hes. 16$_{26}$ f. s. O. *Eißfeldt*, PJB 1931 S. 58 ff.

chenhafter Art (vom Urmenschen Hes. 28_{11} ff, vom Findelkind Hes. 16_{1} ff, vom Wunderbaum Hes. 31_{1} ff.). Auf alle Fälle lassen die Verwendung dieser Stoffe, ihr Einbau und ihre Verschmelzung mit den ganz heterogenen Elementen seiner Verkündigung auf eine außergewöhnliche geistige Gestaltungskraft schließen. Nimmt man hinzu, daß Hesekiel über technische Einzelheiten des Schiffbaus ebenso unterrichtet ist wie über die exotische Herkunft der dazu nötigen Materialien (Hes. 27_{1} ff.), so steht vor uns das Bild nicht nur eines umfassend gebildeten Mannes, sondern eines geistigen Gestalters von hohem Rang. Denn noch viel mehr, als das schon bei Jeremia der Fall war, drängt bei Hesekiel das prophetische Amt zum schriftstellerischen Ausdruck hin, mindestens zu einer Ausgestaltung der Stoffe in großer Form. Die kleinen Einheiten (Scheltrede, Drohwort), in denen sich noch die klassische Prophetie ausgesprochen hatte, verschwinden bei Hesekiel fast ganz aus dem formgeschichtlichen Gesamtbild. Ergreift er das Wort, so entstehen in der Regel Dichtungen, ja Abhandlungen großen Formats, wie allein schon die von Hesekiel ins Barocke ausstilisierte Gattung der Leichenlieder zeigt[5]. Bei diesen, wie gesagt, oft ins Große tendierenden Darlegungen bevorzugt Hesekiel mehr als irgendein anderer Prophet eine Reduktion der Gegenstände ins Bildhafte oder Typische. Die Bildrede (מָשָׁל) oder die Rätselrede (חִידָה) war wohl seit jeher ein wichtiges Mittel der Propheten, ihre Hörer durch eine gewisse Verhüllung zum Aufmerken zu reizen[6]. Bei den Bildreden Hesekiels jedoch stammt die Verkleidung der Aussage wohl kaum mehr aus der dialogischen Kampfsituation in der Öffentlichkeit; es handelt sich vielmehr um eine kunstvoll gehandhabte literarische Stilform. Hierher gehört die sich mehr dem Gleichnis annähernde Bildrede vom Rebholz (Hes. 15_{1} ff.), die als „Rätselrede" bezeichnete Allegorie von den beiden Adlern und dem Gipfel der Zeder (Hes. 17_{1} ff.), die Allegorie über das von Jahwe erst gefundene und dann später geehelichte Mädchen (Hes. 16), die beiden Klagelieder auf Zedekia (Hes. 19_{1-9} und 19_{10-14} von der Löwin und dem Weinstock), ferner die Bildreden Hes. 21_{2} ff; 24_{3} ff. Eine andere, aber ebenfalls eigentümlich indirekte Art findet sich da, wo Hesekiel irgendwelche Probleme an Modellfällen veranschaulicht und ihrer Lösung entgegenführt. Die Generationenfolge von Hes. 18_{5} ff. ist eine schematische Abstraktion,

5. Hes. 19_{1} ff, $_{10}$ ff; 27_{1} ff; 28_{11} ff; 31_{1} ff; 32_{1} ff. S. o. S. 46 Anm. 14.

6. *K. v. Rabenau*, Die Form des Rätsels im Buche Hesekiel, Wiss. Zeitschr. d. M.-Luther-Universität Halle-Wittenberg 1958 S. 1055 ff.

und die drei Fürbitter Noah, Daniel, Hiob (Hes. 14_{12-23}) sind ebenfalls Gestalten von paradigmatischer Typik. Mit Hilfe solcher Verkleidungen ins Bildliche und mittels solcher Abstraktionen in Richtung aufs Typische hin bewahrt sich Hesekiel eine gewisse Distanz von den Dingen; seine Darlegungen atmen weithin eine didaktische Kühle, die da, wo der Prophet seiner Neigung, die Schilderung nach der Seite des Krassen und Anstößigen hin auszuführen, nachgibt, geradezu eisig wirken kann. Hier ist der Unterschied von Jeremia, der seine Botschaft so stark mit den Empfindungen seines erregten Herzens erfüllt hat, besonders groß. In der Tat muß Hesekiel ein Mensch von völlig entgegengesetzten Temperamenten gewesen sein. Indessen vermittelt gerade die Kälte und Härte, von der alle Ausleger sprechen, einen Eindruck von Größe und Unnahbarkeit. Völlig irrig wäre es freilich, wenn man in Hesekiel den unbeteiligten Richter seiner Zeit und ihrer Mißstände sehen wollte; denn in diesem Manne brannte ein unheimliches Feuer des Eifers, und zwar keineswegs nur für Jahwe, sondern auch für Israel. Aber das Merkwürdige und eigentümlich Fesselnde ist dies, daß Hesekiel neben dem Visionären und Inspiratorischen auch der rationalen Reflexion Raum gibt. Kein Prophet hat ein so starkes Bedürfnis, gewisse Probleme intensiv zu durchdenken und bis in alle Konsequenzen abzuklären; m. e. W.: Hesekiel ist nicht nur Prophet, sondern auch Theologe. Er bedurfte aber auch dieses Doppelamtes, weil er einer anspruchsvollen, ja rebellischen Generation gegenüberstand, die sich nicht mit prophetischen Botschaften begnügte, sondern der gegenüber er Rede und Antwort zu stehen hatte.

1. Der Bericht von seiner Berufung am Flusse Kebar (Hes. 1_4—3_{15}) ist allein schon ein Traditionskörper von barocken Ausmaßen, der sich aus mancherlei traditionellen Stoffen aufbaut, der aber gleichwohl in seiner jetzigen Gestalt als ein Ganzes gelten will. Hesekiel schaut das Heranstürmen der „Herrlichkeit Jahwes" (כְּבוֹד יהוה) und erlebt dann seine Entsendung in einer Art von himmlischem Staatsakt, in welchem ihm die auszurichtende Botschaft wie einem „Botschafter" in einer Rolle überreicht wird. Jedes Einzelelement des jetzigen unteilbaren Ganzen hat eine lange Geschichte hinter sich[7]; nicht zuletzt auch die Eröffnung, daß er in seinem prophetischen Amt tauben Ohren predigen und unter Skorpionen wohnen muß (Hes. 2_6). Auch hier ist Tradition: Die Last der negativen Erfahrungen, die dem Propheten

7. S. o. S. 72 ff.

in der ersten Stunde seines Dienstes aufgebürdet wird, ist weiter angewachsen[8]. Aber Jahwe rüstet ihn zu diesem Weg in den Widerspruch, der alle Menschenkräfte übersteigt, aus; er macht das Angesicht des Propheten härter als Kiesel. Die Unheilsbotschaft aber — aufgezeichnet aus einem im Himmel präexistenten Buch —, die Hesekiel zu essen bekommt, schmeckt ihm süß wie Honig. Das bedeutet wohl, daß er von nun an in dieser Sache ganz auf die Seite Gottes hinübergezogen ist; es besteht ein Einverständnis zwischen dem Propheten und seiner Botschaft; er wird also nicht wie Jeremia dagegen aufbegehren.

Die Rolle, die Hesekiel zu verzehren hatte, war doppelseitig beschriftet mit „Klagen, Seufzen und Wehe“ (Hes. 2_{10}), und so war also auch er, wie alle seine Vorgänger, dazu berufen, „Jakob seinen Frevel und Israel seine Sünde anzuzeigen“ (Mi. 3_{8}). Unsere Aufgabe muß es jetzt sein, die Eigentümlichkeiten seiner Auffassungen von Jakobs Frevel und die Eigentümlichkeiten seiner Argumentation zu erfassen. Ein Ergebnis stellt sich schon nach oberflächlicher Durchmusterung der Texte ein: Wo Hesekiel von Sünden spricht, da handelt es sich vor allem um Verstöße gegen sakrale Ordnungen. Die Klagen über die Verletzung der sozialen, sittlichen Gebote treten auffallend zurück. Die Ursache des nahen Unterganges Israels lag für Hesekiel ganz eindeutig in einem Versagen Israels dem Bereich des Heiligen gegenüber; daß Israel das Heiligtum verunreinigt (Hes. 5_{11}), daß es sich anderen Kulten zugewandt (Hes. 8_{7} ff.) und die Götzen ins Herz geschlossen hatte (Hes. 14_{3} ff.), m. e. W. daß sich Israel „unrein gemacht hat“ vor Jahwe, das ist die Ursache seiner Bestrafung[9]. Die reichlichsten Auskünfte geben natürlich die großen geschichtlichen Rückblicke in Kap. 16; 20 und 23. Sie sind unverkennbar aus der Sicht des Priesters geschrieben. Gewiß, Hesekiel ist vor allem anderen Prophet; aber die Begriffswelt, in der er lebt, die Maßstäbe, die er anlegt, die Kategorien, nach denen sich ihm der Lebensraum Israels vor Jahwe ordnet, sind ausgesprochenermaßen priesterlicher Art. Es ist gewiß auch ein Ausfluß priesterlich-sakralen Denkens, wenn für Hesekiel auch das Land und seine kultische Qualität wichtig ist (Hes. 36_{17}). Der Prophet betrachtet ja das Gottesvolk mit seinem Land derart als eine Einheit,

8. Das Vorbeigehen an der Botschaft des Propheten muß merkwürdige Formen angenommen haben; es scheint auch solche gegeben zu haben, die ihn angehört haben, so wie man einem Sänger mit schöner Stimme zuhört (Hes. 33_{32}).

9. טמא Hes. 20_{30} f, $_{43}$; 23_{7}, $_{13}$, $_{30}$; חלל Hes. 22_{26}; 23_{39}; 36_{22} f. Vgl. auch Bd. I, S. 285 ff.

daß er nicht selten das „Land Israel" oder die „Berge Israels" anredet, als wären sie Israel selbst[10]. Der Maßstab aber, an dem Hesekiel das Verhalten Israels mißt, sind die „Ordnungen" (חֻקֹּת), „Rechtssätze" (מִשְׁפָּטִים), die Jahwe seinem Volk gegeben hat (Hes. 5_6 u. ö.)[11]. Auch Amos hatte, wenn er Israel anklagte, die Verletzung der Gebote im Auge; wie anders aber die Dinge bei Hesekiel liegen, das wird bezeichnenderweise durch auffällige Veränderungen im Formgeschichtlichen signalisiert. Eine genaue Analyse von Hes. 14_{1-11} hat nämlich ergeben, daß die Einheit zwar in der Gestalt einer prophetischen Scheltrede anhebt, daß aber diese prophetische Stilform alsbald aussetzt und die Rede in der unpersönlichen Form sakralrechtlicher Normierungen weiterläuft („Jedermann aus dem Hause Israel, der seinen Götzen nachhängt..." v. 4)[12]. Derselbe Befund beim Drohwort: Nach dem üblichen לָכֵן setzt die Gottesrede in v. 6 im Ichstil ein, geht aber wiederum in die charakteristische Stilform der sakralen Rechtssprache über („Jedermann aus dem Hause Israel und den Schutzbürgern, die in Israel weilen, der sich von mir absondert..." v. 7). Hier handelt es sich nicht nur um irgendeine, von einem Propheten ad hoc herangezogene und gewissermaßen usurpierte fremde Stilform, die dann wieder fallen gelassen wird; dieser merkwürdige formgeschichtliche Befund ist viel mehr als nur ein gelegentliches Spiel mit einer fremden Form; er weist auf einen Unterschied im innersten Wesen dieses Propheten. Nicht nur in der Scheltrede zieht er die alte Sakralordnung heran; noch gravierender ist, daß er auch bei der Strafankündigung ohne weiteres der alten Ordnung und der von ihr angedrohten Strafe das Wort gibt. Er verzichtet darauf, aus seiner prophetischen Schau ein Gericht anzusagen; es ist ihm in diesem Fall genug, die seit je angesetzte Strafformel der Bannung (יִכָּרֵת) — es handelt sich um eine alte sakrale Formel — nach der alten Ordnung zu zitieren. Damit hat sich für die Frage der überlieferungsgeschichtlichen Verankerung, die das Verständnis der Propheten entscheidend fördert, etwas Wichtiges ergeben: Hesekiel wurzelt in der priesterlich-sakralen Überlieferung; ihr entnahm er die Grundkategorien alles sakralen Weltverständnisses, die des Heiligen und des Profanen. Ihr entnahm er aber zugleich einen breiten

10. Hes. 7_2; 21_7 f; 36_6; 6_2 f; 35_{12}; $36_{1, 4, 8}$.

11. Aus Texten wie Hes. 18_5 ff. oder 33_{25} kann man sehen, an welche „Ordnungen" der Prophet denkt.

12. W. *Zimmerli,* Die Eigenart der prophetischen Rede des Ezechiel, ZAW 1954 S. 1 ff.

Grundstock von nie veraltenden Normen, die das Leben regelten, das der Mensch in der Nachbarschaft des Heiligen zu führen hatte. Hesekiel war in seinen Funktionen gewiß kein Priester; was Hesekiel verkündete, ging weit hinaus über das, was ein Priester im Bereich seines Amtes einem Laien zusprechen konnte, und es läßt sich leicht zeigen, wo und inwiefern seine Botschaft die Fundamente dieser priesterlichen Theologie sprengte. Er steht dieser sakralen Überlieferung in einem merkwürdigen Gemisch von Gebundenheit und Freiheit gegenüber, aber doch so, daß sich dieses sakrale Weltverständnis bei diesem Propheten bis in die Weissagungen von dem neuen Israel hin gestaltend auswirkt.

2. Aber dieser priesterlichen Überlieferung verdankt Hesekiel auch sein *Geschichtsbild* von den Anfängen Israels. Auch Hesekiel hat zum Aufweis der Verlorenheit und sündigen Verderbtheit Israels die Geschichte aufgeboten. Dreimal hat er zu solchen Anklagen mit breiter geschichtlicher Unterbauung ausgeholt (Hes. 16; 20; 23). Von besonderem Interesse ist vor allem die Rekapitulation der Geschichte von dem Augenblick der ersten Erwählung an bis zu der Inbesitznahme des verheißenen Landes in Hes. 20, weil der Prophet hier einerseits einem hergebrachten altbekannten und traditionell längst feststehenden Schema der Heilsgeschichte entlanggeht (es scheint aber nicht das einer unserer hexateuchischen Quellenschriften gewesen zu sein), und doch andererseits durch eine höchst eigenwillige Interpretation und Gliederung dem Überlieferten eine völlig neue Tönung gibt. Die Erwählung, also der Beginn dieser Geschichte Israels mit Jahwe, geschah in Ägypten mit der Offenbarung des Jahwenamens und dem ersten Gebot. Aber hier schon stoßen wir gleich auf neue Züge in dem Geschichtsbild. Das Volk hat nämlich schon in Ägypten dieser Jahweoffenbarung den Gehorsam versagt; es hat sich von den dortigen Kulten nicht getrennt, und es hat nicht viel gefehlt, daß Jahwe dieses Volk schon in Ägypten verworfen hätte (v. 5—10)! Nun folgt eine zweite Phase: Jahwe führt Israel in die Wüste und offenbart ihm die Gebote. Aber auch dieser Versuch Jahwes, das Volk an sich zu binden, ist fehlgeschlagen (v. 11—14); es folgt die dritte Phase. Auch der zweiten Generation hat Jahwe seine Gebote eingeprägt, allerdings wieder, ohne Gehorsam zu finden (v. 15—17). In der vierten und letzten Phase gibt Jahwe seinem Volk Gebote, „die nicht gut waren", vor allem das Gebot des Opfers der menschlichen Erstgeburt, durch das sich Israel vor Gott verunreinigen mußte (v. 18—26). Hier endet die Geschichts-

darstellung; Hesekiel hat ja auch ungefähr den Punkt erreicht, den die traditionellen Summarien mit der Landnahme bezeichnen[13]. So wenig wir bei ihren Einzelheiten sicher sagen können, ob sie der Prophet nicht schon in der Überlieferung vorgefunden hat, so kann doch darüber kein Zweifel sein, daß diese Travestie der Heilsgeschichte in eine Kette von göttlichen Mißerfolgen und Strafen ausschließlich das Werk Hesekiels ist. Das, was der Prophet aus der altgeheiligten Überlieferung gemacht hat, ist ungeheuerlich und läßt ein ganz paradoxes Ineinander von Gebundenheit an die Tradition einerseits und verwegenster Freiheit in der Ausdeutung andererseits erkennen. Ihm gliedert sich die Heilsgeschichte in 4 Phasen, von denen jede viertaktig ist (1. Selbstoffenbarung Jahwes, 2. Ungehorsam, 3. Zorn, 4. Verschonung). Man kann leicht erkennen, daß der Prophet mit einem Überlieferungsmaterial arbeitet, welches das, worauf er eigentlich hinauswollte, nicht recht hergibt. Das gilt natürlich vor allem von dem Passus über die „unguten" Gebote, in dem die Freiheit der prophetischen Interpretation etwas Äußerstes gewagt hat[14]. Daß hier dem Überlieferungsstoff ein fremdes Schema gewaltsam aufgepreßt wurde, wird aber besonders auch da deutlich, wo Jahwe jedesmal seinem Zorn Einhalt gebieten muß, „um seinen Namen vor den Völkern nicht zu entweihen" ($20_{9, 14, 22}$). Die drei ersten Phasen dieser Geschichte laufen ja auf den Satz hin, daß Jahwe aus „Mitleid" mit seinem Volk seinem Zorn Einhalt geboten und sich zu einer weiteren Führung Israels entschlossen hat (v. 9, 14, 17). Damit hat der Prophet wieder den Anschluß an die älteren Summarien gefunden, die ja nur die Fakten der Führung aufgezählt haben. Bei der letzten Phase fehlt dieser „Refrain". Diese Phase, die eigentlich bis in die Gegenwart des Propheten reicht, ist also noch offen.

Es kann freilich nicht verborgen bleiben, daß in demselben Maß, in dem sich Hesekiel dieser Geschichte gedanklich bemächtigt, ihr eigentlicher Geschehnischarakter eine gewisse Einbuße erleidet. Der Prophet hat sie schematisiert und in Phasen eingeteilt; aber diese Phasen haben, mit Ausnahme der letzten, geradezu einen

13. S. Bd. I, S. 135 ff.

14. Theologische Interpretationen dieses Gebotes finden sich auch in der priesterlichen Überlieferung (Nu. 3_{12} ff; Nu. 8_{16}). Bei Hesekiel ist diese Deutung eines Gebotes, das man zwar als Jahwegebot kannte, das aber längst nicht mehr wörtlich befolgt wurde, von äußerster Kühnheit. Da aber auch Hesekiel die Sinaigebote als lebenspendende Gebote verstand (20_{11}), läßt sich aus dieser Interpretation eines vereinzelten Gebotes nichts Grundsätzliches über die theologische Bedeutung der Gebote in Israel entnehmen. Hesekiel bezeichnet die Sache ja selbst als eine Ausnahme.

zyklischen Verlauf, denn sie laufen an den Punkt zurück, an dem die vorhergehende schon geendet hat. Die alten Summarien hatten in der Massivität ihrer Geschichtsaufzählung in jeder Phase etwas Progressives; hier aber bekommt das göttliche Handeln den Charakter der Wiederholung. Um so spannender wird dadurch freilich die Frage, wie Jahwe in der letzten Phase, die noch offen ist, handeln wird.

So also versteht Hesekiel die kanonische Gottesgeschichte: als eine Kette von Mißerfolgen Jahwes und als ein fortgesetztes Scheitern Israels an dem göttlichen Willen. Das einzige, was der Sache Bestand und Dauer gab, war eine fortwährende göttliche „Inkonsequenz", nämlich die Rücksicht auf die Ehre seines Namens bei den Völkern. Das aber will Hesekiel durch diesen Exkurs in die Geschichte sagen: Was ist von einem Volk mit solcher Vorgeschichte zu erwarten, das schon seit langem die Geduld seines Gottes bis auf den letzten Rest erschöpft hat! Ja noch mehr: Diese Geschichte Jahwes mit Israel hat eigentlich weissagende Kraft; denn so wie sie eine Geschichte göttlichen Gerichts war, so wird Jahwe sein Volk noch einmal in die „Wüste der Völker" führen, um mit ihm noch einmal ins Gericht zu gehen (v. 20, 35 f.). Aber auch dieses Gericht wird Israel nicht vernichten; es wird ein Läuterungsgericht sein.

Hesekiel hat auch die Geschichte der Königszeit dargestellt. Aber während ihm für die Rekapitulation der „kanonischen" Heilsgeschichte reichliches Material zur Verfügung stand, war das bei dieser Geschichtsperiode nicht der Fall. Mit Annalenexzerpten war ihm nicht gedient; er bedurfte einer Gesamtschau, die auch diese Epoche nicht politisch, sondern als eine Geschichte Jahwes ansah, und die — das deuteronomistische Geschichtswerk ist erst nach Hesekiel entstanden — gab es damals noch nicht. So war also Hesekiel in diesem Fall viel mehr auf sich gestellt und auf das angewiesen, was an Erinnerungen bei ihm und im Bewußtsein seiner Zeit noch lebendig war. Demgemäß stoßen wir auf die uns schon vertraute Tatsache, daß die Darstellung dieser Epoche im Blick auf die realen Fakten sehr viel blasser und geschichtlich viel weniger konturiert ausfällt als die der alten Heilsgeschichte[15]. Der Prophet hat in beiden Fällen die Form der „Allegorie" gewählt, wobei er freilich immer wieder die Bildrede verläßt und unmittelbar von den geschichtlichen Vorgängen spricht. In Kap. 16 stellt er die Geschichte Jerusalems als die Geschichte eines Mädchens dar, das nach der Geburt ausgesetzt war, aber von dem vorübergehenden Jahwe zum Leben berufen wurde und zur Ehe mit ihm heranwuchs, das dann aber

15. S. Bd. I, S. 137.

durch fortgesetzte Untreue den Bund mit Jahwe gebrochen hat. Auch dieses Geschichtsbild ist denkbar düster. Mag man bedenken, daß man sich in dieser Zeit der Unwürdigkeit vor Jahwe besonders bewußt war („du bist das geringste aller Völker“ Dt. 7₇), so geht doch Hesekiel in der schneidenden Schärfe, mit der er die Paradoxie des göttlichen Auswahlaktes darstellt, über alles bisher Erhörte hinaus: Jerusalem-Israel war wie ein verschmähtes Findelkind, dem man die geringste Fürsorge vorenthalten hat; allein Jahwe, der es „in seinem Blute zappeln sah“, hat es zum Leben berufen; er hat es gewaschen, gelabt, gekleidet und geschmückt; aber als es herangewachsen war, verfiel es der Buhlerei. Nun wird Jahwe die Buhlen zusammenrufen; sie werden an der, die einmal die Braut Jahwes war, ein schauerliches Gericht vollstrecken. Noch vernichtender ist das Fazit der anderen Geschichtsallegorie, der von den beiden Schwestern Ohola und Oholiba, d. h. von den beiden Reichen Israels mit ihren Hauptstädten Samarien und Jerusalem (Hes. 23). Obwohl sie sich schon in Ägypten als Dirnen benommen haben, hat sie doch Jahwe zur Ehe genommen; sie haben ihm Kinder geboren, aber von ihrer hurerischen Art nicht gelassen. Am schlimmsten trieb es Oholiba-Jerusalem. Aber nun ist Jahwe auch ihrer überdrüssig, und das Ende ist wie in Kap. 16: Die Buhlen werden kommen und das Strafgericht vollziehen[16].

Diese drei geschichtlichen Rückblicke haben in der Geschichte der Geschichtskonzeptionen Israels ihren besonderen Ort. Sie haben ihn schon deshalb, weil sie der langen Reihe der Geschichtsbilder Israels — wenn man vom chronistischen Geschichtswerk absieht — noch eine letzte und gänzlich neue Auffassung hinzufügen. Wohl war Israels Geschichtsschau zu allen Zeiten unheroisch; Israel hat sich nicht in seiner Geschichte verklärt, sondern die Taten Jahwes gerühmt; aber so radikal wie bei Hesekiel ist in Israel noch nie schlechterdings alles Menschliche unter das Gericht Jahwes gestellt worden. Hier ist es um den Menschen, und zwar um den in die Gemeinschaft mit Jahwe gerufenen Menschen, völlig Nacht geworden. Über das hinaus, was Hesekiel von Israels Untreue, von seiner Stumpfheit der Liebe Gottes gegenüber, von seiner Unfähigkeit zur geringsten Gehorsamsleistung gesagt hat, kann schwerlich noch etwas gesagt werden. Um dies recht zu

16. Hesekiel gebraucht den Ausdruck „huren“ hier und in Kap. 16 in einem doppelten Sinne. Er versteht darunter den kultischen Abfall zu den Naturgottheiten, dann aber gelegentlich auch das politische Schutzbegehren bei den Großmächten.

verstehen, muß man aber den theologischen Ort sehen, an dem diese Botschaft steht. Zweierlei ist dazu zu bedenken: Hesekiel spricht so, um ein Gottesgericht zu begründen, das sich in ganz naher Zukunft ereignen wird. Er spricht aber auch angesichts eines sich jetzt schon vor dem Propheten abzeichnenden Heilsgeschehens, das sich Israel zuwenden wird und für das auf der Seite Israels nicht die geringsten Voraussetzungen vorhanden sind. Schon diese dunklen Texte präludieren in gewissem Sinne die Herrlichkeit eines Heilshandelns Jahwes, das um so herrlicher ist, als ihm jegliche Anknüpfung an irgendein Verdienst Israels fehlt.

So setzt also Hesekiel den alten prophetischen Beruf, die Sünde aufzudecken, durch neue Aspekte fort. Vielleicht mehr noch als seinen Vorgängern geht es ihm um den Aufweis ihrer totalen Herrschaft über den Menschen. Diese Exkurse in die Geschichte wollen doch zeigen, daß es nicht um einzelne Verstöße geht, auch nicht nur um das Versagen einer Generation, sondern um eine tiefe Unfähigkeit zum Gehorsam, ja um einen Widerstand gegen Gott, der schon am ersten Tag, da Israel ins Dasein trat, offenbar wurde. Das macht ja die Monotonie dieser Geschichtsdarstellung aus, daß Hesekiel vom Anfang nichts anderes sagen kann als vom Ende; da ist kein Unterschied, kein Spannungsmoment, der Befund ist in jeder Epoche Israels immer derselbe. Aber nun macht Jahwe dem ein Ende; er nimmt seinen Geschichtsplan zurück. Und wie ernst es Jahwe mit diesem Ende ist, wird in einem für die Heilsgeschichte katastrophalen und zugleich grandiosen Ereignis anschaubar: Der Prophet sieht die „Herrlichkeit Gottes", jene geheimnisvoll in Israel einwohnende Erscheinungsform Jahwes, in aller Form den Tempel verlassen und nach Osten entschweben (Hes. $10_{18\,f}$; $11_{22\,ff.}$).

3. Bei alledem — so könnte man wohl meinen — sei der Beruf Hesekiels bei aller Schwere doch im Grunde einfach gewesen, eben weil es galt, diesem Volk seine Verlorenheit anzuzeigen. Überraschenderweise stoßen wir aber hier auf eine sehr komplizierte Funktion des Propheten; denn gerade Hesekiel ist derjenige unter den Propheten, dem es aufgetragen war, in großer geistiger Beweglichkeit auf die jeweils ganz besondere religiöse Situation seiner Hörer einzugehen. Seine Berufung zum Propheten hatte nämlich gewissermaßen eine Zusatzklausel, kraft deren sein Amt nach einer besonderen Seite hin erweitert wird: er wird zum *Wächter* für das Haus Israel ernannt[17]. Sein Beruf

17. Der Abschnitt von dem Wächteramt des Propheten (Hes. 33_{1-9}) ist erst im Zuge der redaktorischen Ordnung der Stoffe an den von der Berufung angehängt

wird also dahin modifiziert, daß er ein göttliches „Wort“ nicht nur auszurichten hat, sondern nach dem Empfang einer Unheilsbotschaft wie ein Späher auf der Stadtmauer beim Drohen einer Gefahr die Bewohner zu warnen (הִזְהִיר) hat. Indessen hinkt der Wächtervergleich gerade an der entscheidenden Stelle; denn der Beruf des Wächters ist ein einfacher: er warnt vor dem Feind. Beim Propheten ist er insofern komplizierter, ja fast widersprüchlich, als Jahwe, der Israel bedroht, zugleich derjenige ist, der die Bedrohten gewarnt haben will, um sie zu retten! Hier wird also dem Ausrichten der Botschaft noch ein zweiter prophetischer Arbeitsgang vorgeschaltet, eben derjenige, der dem Betroffenen noch die Möglichkeit der „Umkehr“ gibt. Versäumt es der Prophet, den „Gottlosen“ (רָשָׁע) zu warnen, so muß dieser sterben; sein Blut aber wird Jahwe vom Propheten einfordern. Was für Tätigkeiten dieses Amt des „Warnens“ im besonderen umschloß, ist aus Kap. 33$_{1-9}$ (3$_{16b-21}$) nicht unmittelbar zu entnehmen. In der Überlieferung finden sich aber zwei ausgeführte Beispiele dieser ihm besonders aufgetragenen Funktion, die uns deutlich genug erkennen lassen, wie der Prophet dieses Amt aufgefaßt hat.

In Kap. 18 hat er es mit solchen zu tun, die unter dem Unpersönlichen der göttlichen Schickungen leiden und die gegen die alte Kollektivauffassung opponieren, derzufolge die Generationen einen großen Lebensorganismus bilden, der auch vor Gott ein Ganzes ist. Sie bestreiten Gott das Recht, sie um der Sünde ihrer Väter willen zu bestrafen. Der Prophet durchdenkt mit ihnen diese Probleme und kommt den Angefochtenen mit dem Satz entgegen, daß jedes Leben seine Unmittelbarkeit zu Gott habe. Weder kann die Gottlosigkeit des Vaters dem Sohn den Zugang zu Jahwe verstellen, noch der gottlose Sohn die Gerechtigkeit des Vaters nutzen. Ja auch innerhalb eines Einzellebens findet keine Verrechnung statt; Jahwe zieht aus dem Leben des Menschen nicht die Quersumme; dem Gottlosen steht die Umkehr zu Jahwe immer offen, und wenn er umkehrt, so wird ihn alle seine frühere Gottlosigkeit nicht mehr belasten[18]. Auch der andere Text (Hes. 14$_{12\,ff.}$) geht von Glaubensfragen aus, von denen die Menschen (auch im Exil?) angesichts der unvermeidlichen Katastrophe Jerusalems umgetrieben wurden, wobei sich allerdings die Frage in entgegengesetzter Richtung bewegt zu haben scheint: wird es demjenigen, den Jahwe

(Hes. 3$_{16-21}$). Die Betrauung mit dem Wächteramt sollte als ein Teil des Berufungsgeschehens verstanden werden.

18. Von Hes. 18 wurde schon in Bd. I, S. 405 f. gehandelt.

verschont, möglich sein, auch seine Kinder aus dem Zusammenbruch zu retten? Hesekiel antwortet darauf, daß selbst so paradigmatische Gerechte wie Noah, Daniel und Hiob in einer solchermaßen bedrohten Stadt nur ihr eigenes Leben retten könnten. In beiden Fällen entledigt sich Hesekiel seiner Aufgabe, indem er das Problem von allem Persönlichen abstrahiert, es auf eine rein theoretisch-lehrhafte Ebene hebt und an ganz extremen Modellfällen exemplifiziert. Dies entspricht an sich durchaus priesterlicher Denkgewohnheit, wird aber doch keinen darüber hinwegtäuschen, daß diese Darlegungen einen sehr selbständigen Umgang mit den an ihn herangetragenen Problemen voraussetzen und daß Hesekiel im Blick auf ein bevorstehendes Gottesgeschehen diese Fragen einer Lösung zuführt, wie das nur einem Propheten möglich war. Damit aber hat Hesekiel einen ganz neuen Bereich prophetischen Wirkens betreten. Die Propheten der klassischen Epoche haben ihre Botschaften an Israel gerichtet, allenfalls an bestimmte Gruppen im Volk, also an eine breitere Öffentlichkeit, und haben es dem einzelnen selbst überlassen, das, was ihn betraf, herauszuhören. Auch der individuell sehr differenzierte Jeremia hat es genau so gehalten. Erst bei Hesekiel wird das anders. Man kann dies erst von ihm bewußt betretene neue Wirkungsfeld mit dem Wort „Seelsorge" bezeichnen, wenn man bedenkt, daß diesem Wort hinwiederum der neutestamentliche Begriff der Paraklese entspricht[19]. Tatsächlich, mit dem Begriff des Zuspruchs, der warnenden und tröstenden Anrede, ist diese Seite des Amtes Hesekiels ziemlich genau umschrieben; denn diese Erwägungen des Propheten sollen kein theoretisches Bedürfnis befriedigen, sondern wenden sich an den Willen des Menschen und gehen gelegentlich am Ende in einen ganz persönlichen Appell über (Hes. 18$_{30}$f; 33$_{11}$). Die Voraussetzung eines solchen seelsorgerlichen Wirkens war mit jener Verselbständigung des Individuums ganz von selber gegeben, die in der letzten Königszeit besonders aggressive Formen annahm, und von der schon anderwärts die Rede war[20]. Damals erst, als sich nicht nur eine Generation von der ihrer Väter geschieden wußte, sondern als auch die Frage nach dem Anteil des Einzelnen an Jahwe in bisher nicht gekannter Schärfe gestellt wurde, — damals kam das erste Mal die Aufgabe an den Propheten, auch dem Einzelnen nachzugehen, seine Fragen mitdurchzudenken und ihn auf seine persönliche Lage vor Gott anzusprechen. Dabei war es insbeson-

19. Zu παράκλησις s. ThWBNT V S. 790 ff.
20. S. Bd. I, S. 403 ff.

dere Hesekiels Bestreben, den Menschen in seinen verborgenen religiösen Sicherungen und erborgten „Gerechtigkeiten“ aufzuspüren. Bei diesem Bestreben kam ihm der moderne Individualismus gerade recht, weil er ihm dazu half, den Menschen dem lebendigen Gott zu konfrontieren. Was aber sein seelsorgerliches Walten im ganzen trug und ihm Richtung gab, das war das königliche Wort Jahwes: „So wahr ich lebe, ich habe nicht Wohlgefallen am Tode des Gottlosen, sondern an der Umkehr des Gottlosen von seinem Wege, und daß er am Leben bleibe“ (Hes. 33$_{11}$).

Dieses Seelsorgeamt bedeutete für Hesekiel viel mehr als nur eine Ausweitung oder Nuancierung seines prophetischen Berufs. Daß er für den anderen da sein, daß er ihm nachgehen und ihm mit seinem prophetischen Wort zur Verfügung stehen mußte, diese Aufgabe griff ja mit einem tödlichen Ernst nach seinem eigenen Leben, denn Jahwe hatte die Verantwortung für diese Vereinzelten ihm auf die Seele gelegt; er hat ihm gedroht, daß er das Leben jedes Gottlosen, den der Prophet ungewarnt umkommen ließ, von ihm, dem Propheten, fordern werde und hatte damit die Last eines besonderen, ja schon eines leidenden Mittleramtes auf ihn geworfen. Aber das steht nicht als Ausnahme für sich; es ist auch an anderen Stellen zu sehen, wie das Prophetenamt dem Hesekiel an Leib und Leben ging, wie sich der Stoß der ihm aufgetragenen Botschaft zuerst gegen den Propheten selbst richtete und von ihm gelegentlich auf die seltsamste Weise in Symbolhandlungen erlitten werden mußte.

> „Und du Menschensohn, stöhne! Mit bebenden Hüften und mit Betrübnis sollst du vor ihren Augen stöhnen“ (Hes. 21$_{11}$).

Derlei waren keine billigen Schaustellungen. Hier sendet das zukünftige Unheil der Zerstörung Jerusalems seine Strahlen voraus und schlägt Geist und Leib gleichermaßen in einen Bann schweren Leidens. So aber hat es Jahwe gewollt, denn Hesekiel sollte „zum Zeichen für Israel“ werden (12$_{6\,b}$), er sollte also nicht eine Zeichenhandlung außerhalb seiner selbst veranstalten, sondern er sollte in seinem eigenen Lebensstand das Leiden des kommenden Gerichts präfigurieren[21]. Noch tiefer mußte jene andere Zeichenhandlung in den innersten Lebensraum des Propheten eingreifen, die ihn zwang, erst auf der einen Seite eine lange Zeit zu liegen und dann auf der anderen,

21. So auch Hes. 12$_{17}$ ff.

um „die Schuld des Hauses Israel zu tragen" (Hes. 4_{4-8}). Von einem stellvertretenden Tragen der Schuld wird man hier noch nicht sprechen können, denn was an Hesekiel geschieht, ist ja vor allem eine Weissagung, eine drastische Präfiguration von Kommendem. Aber es ist doch sehr bezeichnend, daß sich der Vorgang der Weissagung nicht auf die Mitteilung des Mundes beschränkt, sondern daß Jahwe den Propheten mit seinem Leib und Leben zeichenhaft in das Unheil hineinzieht und ihn in den „Tagen seiner Bedrängnis" als ersten das Kommende erleiden läßt[22]. Es wird an anderer Stelle noch davon die Rede sein müssen, wie nahe der Mittlerdienst Hesekiels dem des Gottesknechtes von Jes. 53 kommt, und wie er doch hinter ihm zurückbleibt[23]. Hesekiel hat selbst einmal, in seiner Auseinandersetzung mit falschen Propheten, sehr klar ausgesprochen, worin er das Eigentliche des prophetischen Dienstes sieht. Er wirft jenen vor, daß sie in der Zeit der großen Bedrohung durch Jahwe „nicht in die Bresche gestiegen" sind und keine „Mauer um das Haus Israel gebaut haben" (Hes. 13_{5}). Das Bild weist auf Krieg, Belagerung und höchste Gefahr des Gottesvolkes. Das ist nach seiner Meinung die Aufgabe des Propheten: sich an vorderster Stelle Jahwe auszusetzen, um mit seinem Leben das Volk zu dekken. Auch mit dieser Auffassung vom Prophetendienst berührt sich Hesekiel mit dem Mittlerdienst des deuterojesajanischen Gottesknechtes.

4. Das schroffe Nebeneinander von *Unheils- und Heilsweissagung* bei der klassischen Prophetie, das bekanntlich mehr als einer Forschergeneration so problematisch erschien, findet sich bei Hesekiel nicht in gleichem Maße, denn er hat auch vor der Katastrophe Jerusalems von der Möglichkeit des Gerettetwerdens gesprochen. Es war vor allem sein theologischer „Individualismus", der seine Verkündigung dadurch viel beweglicher gestaltete, daß er doch auch der menschlichen Entscheidung für oder gegen Jahwe einen weiten Raum der Selbstbestimmung ließ. So scheint sich also der Übergang vom Unheil zum Heil bei diesem Propheten logisch viel klarer zu vollziehen: Die Empfänger des Heils sind diejenigen, die sich zu Jahwe gehalten haben, die „geseufzt und gestöhnt haben über alle Greuel", die in Jerusalem verübt wurden (Hes. 9_{4}), oder allenfalls diejenigen, die noch in letzter Stunde auf den Warnruf des Propheten hin umgekehrt sind. Die Tatsache,

22. W. *Zimmerli,* Ezechiel BK S. 117.
23. S. u. S. 286 ff.

daß Hesekiel das Gericht gelegentlich ausdrücklich als ein Läuterungsgericht versteht (Hes. $20_{37\,f}$; $22_{17\,ff}$; 24_{11}), scheint dem nur entgegenzukommen. Aber so begreiflich für die religiöse Vernunft liegen die Dinge bei Hesekiel nun doch nicht. Man kann im Gegenteil sagen, daß kein anderer Prophet die Kluft zwischen Unheil und Heil so tief aufgerissen und so radikal formuliert hat. Die bewahrende „Herrlichkeit Gottes" hat den Tempel ostentativ verlassen (Hes. $11_{22\,f.}$); Israel ist im wahren Sinne des Wortes gestorben (Hes. $37_{1\,ff.}$). Das sind die theologisch relevanten Ereignisse, die für die Sicht des Propheten zwischen dem Unheil und dem Heil liegen. Angesichts eines solchen Endes kann die Aussicht, daß das Leben Israels in Palästina alsbald wieder seinen Fortgang nehmen wird (und die für den Historiker so wenig Verwunderliches hat!), nur unter die Kategorie des Wunders fallen.

Wo immer Hesekiel von den Zuständen des neuen Israel spricht, rechnet er durchaus mit einer innergeschichtlichen und auch politischen Existenz des Gottesvolkes in seinem angestammten Lande[24]. Seine Glieder werden in der Bürgerliste Israels eingetragen sein und wieder in das Land Israels kommen (Hes. 13_{9}). Jahwe wird dann das Volk vermehren und das Land mit Fruchtbarkeit segnen (Hes. $36_{9,\,29\,f,\,37}$). Wenn in diesem Zusammenhang das ehemals verödete Land mit dem Garten Eden verglichen wird (Hes. 36_{35}), so widerspräche es gewiß den Vorstellungen des Propheten, wenn man an mythisch-„paradiesische" Zustände, an ein Gefilde der Seligen denken wollte. Die Erde wird weiterhin von Bauern bestellt werden (Hes. 36_{34}), und die Städte werden sogar wieder befestigt sein (Hes. 36_{35}). So wichtig und unerläßlich diese äußeren Umstände für das neue Israel sein werden, — das Entscheidende des Heilsgeschehens wird Jahwe im Inneren der Menschen wirken.

> „Ich werde euch aus den Völkern holen und euch aus allen Ländern sammeln und euch in euer Land bringen. Ich werde euch mit reinem Wasser besprengen, daß ihr rein werdet von all euren Verunreinigungen, und von all euren Götzen werde ich euch reinigen. Ich werde euch ein neues Herz geben und einen neuen Geist werde ich in euer Inneres geben. Ich werde das steinerne Herz aus eurem Fleisch entfernen und euch ein fleischernes Herz geben. Meinen Geist werde ich in euer Inneres legen, und schaffen, daß ihr nach meinen Satzungen wandelt und meine Rechte gehorsam beobachtet. Dann werdet ihr in dem Lande, das ich euren Vätern gegeben habe, wohnen und werdet mein Volk sein und ich werde euer Gott sein" (Hes. 36_{24-28}).

24. Der „Verfassungsentwurf" Hes. 40—48 ist vorläufig nicht berücksichtigt. S. u. S. 308 Anm. 32.

Die Interpretation dieses Textes geht am besten von dem letzten der hier zitierten Sätze aus, denn er enthält — ihr, mein Volk, ich, euer Gott — die alte Bundesformel und erhebt es über allen Zweifel, daß Hesekiel von einer Setzung Jahwes redet, die dem alten Bundesschluß analog ist. Daß die Vokabel „Bund" hier fehlt, besagt gar nichts (an anderen Stellen hat Hesekiel das Heilsgeschehen als Bund bezeichnet: Hes. 34_{25}; 37_{26}); denn seinen Inhalten nach erweist sich der Text Zug um Zug als eine enge Parallele zu der Perikope Jeremias vom neuen Bund (Jer. $31_{31\,ff.}$). Das Ziel des Heilshandelns Gottes ist auch hier die Neuschöpfung eines Volkes, das imstande ist, den Geboten vollen Gehorsam zu leisten. Auch hier verbindet sich damit ein reinigendes, vergebendes Abtun der bisherigen Sünde (Jer. $31_{34\,b}$=Hes. 36_{25}); vor allem aber besteht das Heilswerk bei beiden Propheten darin, daß Gott gewissermaßen durch einen Eingriff in das menschliche Herz die Menschen zu dem vollkommenen Gehorsam befähigt. Hier allerdings geht Hesekiel anthropologisch sehr viel mehr ins einzelne: Gott entfernt das verhärtete Herz und gibt dafür ein „neues", ein „fleischernes Herz". Hinzu kommt noch die Verleihung des göttlichen Geistes. So ausgerüstet wird Israel in den göttlichen Ordnungen wandeln können. Die Entsprechungen zu Jer. $31_{31\,ff.}$ sind, wie gesagt, schlagend; man hat den Eindruck, daß Hesekiel die jeremianische Fassung (vor allem auch die von Jer. $32_{37\,ff.}$) irgendwie vor Augen hatte. Die jeremianische Formulierung „ich werde meine Tora in ihr Inneres legen" wirkt allerdings angesichts der theologisch differenzierenden Präzision, mit der Hesekiel den Vorgang der Erneuerung beschreibt, fast allzu unbestimmt. Noch in einem anderen Zug, der allerdings nicht mehr den Vorgang der Erneuerung selbst, sondern schon seine Folgen betrifft, geht Hesekiel über Jeremia hinaus: Wenn dann Israel in diesem von Grund auf verwandelten Zustand zurückschauend seiner bösen Vergangenheit gedenken wird, dann wird es vor sich selber Abscheu empfinden (v. 31).

5. Aber damit ist das Bild Hesekiels von dem neuen Israel noch nicht vollständig nachgezeichnet; denn das Gottesvolk wird auch wieder eine monarchische Spitze haben. Auch die tiefe Entstellung, die das Amt des Königs durch die letzten Träger der Krone erfahren hat, haben dem Propheten die Hoffnung nicht beeinträchtigt, daß Jahwe die dem *Thron Davids* beigelegten Verheißungen noch einmal einlösen wird, „bis der kommt, dem das Recht zusteht" (Hes. 21_{32}). So geheimnisvoll — mehr verschweigend als aussprechend — hat Hesekiel ein-

mal von dem kommenden Gesalbten gesprochen. Ein anderes Mal hat er sich in der Bildrede von dem Reis, das Jahwe auf dem hohen Berg Israel einpflanzen wird, etwas deutlicher ausgesprochen: Dieses Reis (vgl. Jes. 11_{1}) wird zum großen lebenspendenden Baum werden, und Jahwe wird den verdorrten Baum wieder sprossen lassen (Hes. 17_{22-24}). Aber zweimal hat Hesekiel ganz direkt das messianische Thema aufgegriffen. In Hes. 34_{23-24} ist von dem einen Hirten die Rede, den Gott über sein Volk setzen wird, von seinem „Knecht David", und ganz ähnlich spricht der Prophet in Hes. $37_{25\,ff.}$ wiederum von dem Hirten, dem Knecht David, der über die endlich wieder zu einem Volk vereinten Teile „Juda und Joseph" herrschen wird. Es läßt sich freilich nicht verkennen, daß das messianische Thema mit seinem spezifisch traditionellen Vorstellungskreis auch bei Hesekiel nicht so recht zum Zuge kommt. Er ist eigentümlich unfähig, die davidische Überlieferung zu entfalten. Man wartet bei Hesekiel auf die Entfaltung ihrer Topik vergeblich; stattdessen gleitet er in beiden Texten in die Formulierungen der Exodus-Bundestradition über. In Hes. $34_{23\,f.}$ folgt die Sinaibundesformel — ich ihr Gott, sie mein Volk — dem Satz von dem messianischen Kommen des Königs auf dem Fuß; in Hes. 37_{23} geht sie ihm unmittelbar voraus. So könnte man hier fragen, wie denn die Bundesvorstellung, die hier wie dort anklingt, traditionsgeschichtlich zu verstehen sei: als eine Erneuerung des Davidbundes oder des Sinaibundes? Sicher des letzteren! Wir sahen ja, wie wenig bei diesem Propheten die ehemals breite messianisch-davidische Tradition zur Entfaltung kommt. So sind bei Hesekiel Sinai- und Davidtradition, die noch bei Jeremia in allem Wesentlichen voneinander getrennt waren, miteinander verschmolzen; aber die Sinaitradition ist gegenüber der messianischen entschieden im Übergewicht: Unter dem neuen David wird Israel den Geboten gehorsam (Hes. 37_{24}).

Hesekiel hat dieses ganze Heilswerk gelegentlich unter einen theologischen Gesichtspunkt gestellt, der für seine ganze Botschaft höchst charakteristisch ist. Damit, daß Jahwe Israel sammelt und in sein Land zurückbringt, „heiligt sich Jahwe vor den Völkern"[25]. Dieses „Sich-Heiligen" ist also doch viel mehr als nur etwas Innerliches oder nur Geistiges; es ist ein Geschehen, das sich in der breitesten politischen Öffentlichkeit ereignen und das von den Völkern dann auch wahrgenommen wird. Jahwe ist es seiner Ehre schuldig, daß der von allen

25. Hes. 20_{41}; 28_{25}; 36_{23}.

Heiden geschändete Bund wieder zurechtkommt. In dieser Argumentation liegt etwas unverkennbar Rationales. Hesekiel macht das ganze Heilswerk theologisch begreiflich, indem er es äußerst radikal aus der Ehre Jahwes, die vor den Völkern wiederhergestellt werden muß, deduziert.

„Darum sprich zum Hause Israel: So spricht der Herr Jahwe: Nicht um euretwillen handle ich, Haus Israel, sondern um meines heiligen Namens willen, den ihr entweiht habt unter den Völkern, wohin ihr kamt. Ich will meinen großen Namen heiligen, der unter den Völkern entweiht ist, den ihr unter ihnen entweiht habt, und erkennen werden die Völker, daß ich Jahwe bin, — Spruch Jahwes —, wenn ich mich vor ihren Augen an euch heilig erweise" (Hes. 36_{22-23}).

Man wird bei diesen Worten daran denken, daß Jahwe durch Hesekiel viele seiner Weissagungen von kommenden Ereignissen in dem Satz ausmünden läßt: „damit sie erkennen, daß ich Jahwe bin"[26]. Das also ist das letzte Ziel des göttlichen Waltens, daß Jahwe von denen anerkannt und angebetet werde, die ihn bisher noch nicht oder noch nicht richtig erkannt haben.

26. Zu der theologischen Bedeutung dieser bei Hesekiel 86mal vorkommenden Formel s. *W. Zimmerli,* Erkenntnis Gottes nach dem Buch Ezechiel (1954), bes. S. 65 ff.

F. DEUTEROJESAJA

Den Propheten, durch dessen Mund Jahwe in Worten von bisher noch nie gehörter Großartigkeit und zugleich von betörender Lockung gesprochen hat, weiß die Wissenschaft nur mit einem behelfsmäßigen Namen zu benennen; seine Botschaft ist überhaupt erst im Zuge der kritischen Bibelforschung als die eines Propheten von besonderer Art erkannt worden, weil sie anonym ist. Der Botschafter selbst — ein Mann, dem sich unser ganzes wissenschaftliches Interesse zuwenden würde — tritt völlig hinter seiner Botschaft zurück, und zwar so stark, daß wir weder seinen Namen noch den Ort seines Wirkens kennen (man denkt meist an Babylonien), noch sonst irgendetwas von seinen Lebensverhältnissen wissen. Auch bei seinem Stil liegen die Dinge etwas anders als etwa bei Jesaja, wo wir vom Stil glaubten auf den außergewöhnlichen Menschen rückschließen zu dürfen; denn das hohe Pathos, in dem Deuterojesajas Rede einhergeht, die rhetorische Fülle, unter deren Bann jeder Leser geraten muß, lehnt sich stark an die Diktion des Hymnus und anderer kultischer Formen an und hat in dem Maße doch etwas Überpersönliches[1]. Dagegen läßt sich, und das ist wiederum bezeichnend für einen Jahwepropheten, deutlich die neue geschichtliche Stunde erkennen, in die Israel einzutreten im Begriffe war und die zu deuten sich dieser prophetische Mund anschickte: Es ist die Zeit des Aufkommens des Persers Kyros, dessen Siegeszug die ganze damalige Welt erschütterte und der gewiß auch die Deportierten in Babylonien aufhorchen ließ. Kyros hat ja dann auch tatsächlich dem neubabylonischen Reich ein Ende gemacht[2]. Mit diesem Ereignisschub, der nach einer Zeit leidlicher politischer Ruhe den Raum der damaligen Weltgeschichte veränderte, ist die Verkündigung Deuterojesajas aufs engste verzahnt.

1. Grundlegend für die Erfassung der Form der deuterojesajanischen Diktion ist die Arbeit von *L. Köhler*, Deuterojesaja (Jesaja 40—55) stilkritisch untersucht (1923). Für die Abgrenzung der Einheiten und ihre formgeschichtliche Bestimmung ist immer noch *J. Begrich*, Studien zu Deuterojesaja (1938) maßgebend (Theolog. Bücherei Bd. 20, 1963).

2. Ein Ereignis von besonders weittragender Bedeutung war die Niederwerfung des lydischen Reiches (Krösus) um 547/46, in dessen zeitliche Nähe man das Auf-

Aber bevor wir in diese seine Botschaft eintreten, ist es wohl nützlich, daß wir auch hier den theologischen Überlieferungskreis kennenlernen, in dem Deuterojesaja stand und lebte. Es ist ja nun deutlich geworden, daß die Propheten nicht unmittelbar, sozusagen aus dem Stegreif, von den zukünftigen Ereignissen sprachen, sondern daß sie sich bei ihrer Weissagung an bestimmte Überlieferungen, die ihnen vorgegeben waren, gebunden zeigten, daß sie sich also auch bei ihren Worten von der Zukunft merkwürdig dialektisch im Raum alter Zeugnisse des Jahweglaubens bewegen, von ihrer Legitimität borgend und sie doch durch neue Inhalte überhöhend oder gar sprengend, jedenfalls auf breiter Basis damit argumentierend. Die drei für die gesamte Prophetie konstitutiven Erwählungstraditionen (Exodus-, David- und Ziontradition) finden wir alle von Deuterojesaja aufgenommen und in markanten Dichtungen ausgestaltet. Aufs Ganze seiner Zukunftsschau gesehen steht aber ohne Frage die Exodustradition im Vordergrund[3]. Sie steht als das Heilsgeschehen, das Jahwe Israel zugewandt hat, derart im Zentrum, daß sich dieser Prophet auch das kommende Heilsgeschehen nur als einen Exodus vorstellen kann. Davon muß gleich noch mehr die Rede sein. Hat Deuterojesaja die Exodustradition gekannt, so kann es nicht verwundern, daß er gelegentlich auch auf die Erwählung Abrahams (Jes. 41_{8}; 51_{1} ff.) zu sprechen kommt oder die zwielichtige Gestalt Jacobs berührt (Jes. 43_{27}), denn mit den Vätern begann ja jene Heilsgeschichte, die auf den Exodus zuführte. Neben dieser ältesten und wichtigsten aller „Erwählungstraditionen" Israels ist Deuterojesaja auch der Zionstradition verpflichtet; denn der Exodus führt ja auf eine Stadt zu, für die Jahwe sich verbürgt hat, die wieder aufgebaut werden soll (Jes. 44_{26}; 45_{13}; 49_{14} ff; 54_{1} ff, $_{11}$ ff. u. ö.) und in der die Zerstreuten des Gottesvolkes, ja die Weihegaben der Völker zusammenkommen werden (Jes. 49_{22} ff; 45_{14}). Unentwegt kreisen die Gedanken dieses Propheten um den Zion. Unter diesem Wort, also mit einem Städtenamen redet er gerne das Gottesvolk im Ganzen an[4]. In

treten Deuterojesajas schon immer angesetzt hat. Daß seine Verkündigung vor dem Zusammenbruch des neubabylonischen Reiches um 538 lag, wird man als sicher bezeichnen dürfen (*W. B. Stevenson* hat allerdings einige Orakel Deuterojesajas als Echo auf den Fall Babylons verstanden. Successive Phases in the Career of the Babylonian Isaiah, BZAW 66 [1936] S. 89 ff.). Alle spezielleren Datierungen bleiben dagegen hypothetisch.

3. Jes. 43_{16} f, $_{18-21}$; 48_{20} f; 51_{10}; 52_{12}. Von Abraham ist Jes. 41_{8}; 51_{2}, von Jakob 43_{28} die Rede.

4. Jes. 41_{27}; 46_{13}; 49_{14}; $51_{3, 11, 16}$; $52_{1, 7, 8}$.

seinen Weissagungen von einer Völkerwallfahrt zu der heiligen Stadt hat Deuterojesaja, wie sich leicht zeigen läßt, einen Überlieferungsstoff von eigener Art aufgegriffen (Jes. 45$_{14}$ f; 49$_{14-21, 22-23}$; 52$_{1-2}$). Gerade diese Weissagungen gehören einem übergreifenden traditionsgeschichtlichen Zusammenhang zu, denn sie finden sich da und dort in der jüngeren Prophetie. Charakteristisch für sie ist die Vorstellung von dem eschatologischen Kommen der Völker, die in auffallender thematischer Geschlossenheit in der Prophetie weitergegeben wurde. Sie soll deshalb später in einem besonderen Zusammenhang erörtert werden[5]. Sehr seltsam dagegen ist Deuterojesajas Verhältnis zur Davidtradition. Er nennt sie einmal, indem er sie feierlich mit einer traditionellen Bezeichnung als die חַסְדֵי דָוִד, als „die verlässigen Gnadenverheißungen Davids" apostrophiert (Jes. 55$_{3}$ vgl. 2. Chron. 6$_{42}$), aber er versteht darunter keineswegs die Zusagen Jahwes, die Jahwe am Thron Davids und dem Gesalbten Israels verwirklichen wird; er hat den Sinn der alten Verheißung umgedeutet und versteht die Davidverheißung als eine Zusage an das Volk. An ihm, also an ganz Israel werden sich die Zusagen der Davidverheißung verwirklichen: Israel wird zum Fürsten (נָגִיד) der Völker werden (Jes. 55$_{4}$). Mit dieser „Demokratisierung" hat Deuterojesaja der Überlieferung faktisch ihren spezifischen Inhalt genommen. Tatsächlich hatte die messianische Hoffnung in seinem prophetischen Vorstellungskreis keinen Raum. Die kühne Umdeutung der alten Davidtradition ist gewiß ein extremes Beispiel für die Freiheit, die sich die Propheten bei der Interpretation alter Überlieferungen nehmen konnten[6].

Sehr überraschend ist es nun aber, daß man bei Deuterojesaja auf noch eine Überlieferung stößt, und zwar eine, auf die sich bisher noch kein Prophet berufen hat, nämlich auf die von der Weltschöpfung durch Jahwe. Weil Jahwe die Macht hatte, das Chaos zu überwältigen, darum darf man ihn auch in den Bedrängnissen der Geschichte anrufen, seinem Volk zu helfen (Jes. 51$_{9}$ f.); und weil Jahwe die Enden der Erde erschaffen hat, ist auch die Botschaft, die er jetzt an Israel ausrichten läßt, glaubwürdig (Jes. 40$_{27}$ ff.). Nun hat es freilich mit Deuterojesajas Gedanken über die Schöpfung eine besondere Bewandtnis, insofern er die Schöpfung nicht neben dem Geschichtshandeln als ein Werk für sich ansieht; ja er scheint hier gar nicht deutlich zu unter-

5. S. u. S. 306 ff.

6. In Ps. 105$_{15}$ („rührt meine Gesalbten nicht an!") findet sich die gleiche Umdeutung ins Kollektive.

scheiden; die Schöpfung ist ihm das erste der geschichtlichen Wunder Jahwes und ein sonderliches Zeugnis seines Heilswillens. Davon war schon anderwärts die Rede[7]. Den schlagenden Beweis für diese „soteriologische" Auffassung von der Schöpfung liefert Deuterojesaja, indem er einmal von Jahwe, dem Schöpfer der Welt, ein anderes Mal von Jahwe, dem Schöpfer Israels reden kann[8]. „Schöpfer" Israels ist Jahwe in dem Sinn, daß er dies Volk seinem ganzen kreatürlichen Bestand nach ins Dasein gerufen hat; aber doch vor allem, weil er Israel „erwählt" und „losgekauft" hat. Mit dem Wort von der Erschaffung Israels meint der Prophet aber die Geschichtstaten, die die alte Exodustradition dem Gotte Israels zugeschrieben hatte, sonderlich das Schilfmeerwunder. „Schaffen" und „erlösen" (גָּאַל) können bei Deuterojesaja geradezu synonym gebraucht werden[9]. Wenn er sich Jahwe in hymnischen Prädikationen als den Schöpfer und Erlöser Israels vorstellt, so wird damit nicht auf zwei voneinander getrennte Tätigkeiten, sondern auf eine angespielt, nämlich auf die heilsgeschichtliche Loskaufung aus Ägypten (Jes. 44_{24}; 54_{5}). Davon, daß jene Heilstat nie um ihrer selbst willen zur Sprache kommt, sondern nur darum, weil sie der Typus und das Modell einer zukünftigen ist, muß noch die Rede sein. Wir sehen also bei Deuterojesaja eine merkwürdige Vermengung zweier Traditionen, die von Hause aus nichts miteinander zu tun hatten[10]. Der Grund für diese plötzliche Einschaltung der Schöpfungstradition in die prophetische Verkündigung wird in der neuen Lage zu sehen sein, in der sich Israel befand. In der starken Auseinandersetzung mit den Babyloniern und mit der Macht eines so großen Reiches mußte die Berufung auf Jahwe und seine Macht weiter ausholen, als das in den Zeiten nötig war, da Israel noch mehr oder minder mit sich selber allein war. Ist diese Erklärung zutreffend, dann setzt auch sie bei dem Propheten ein ziemliches Maß von Freiheit den Überlieferungen gegenüber voraus. Bei ihm scheint das Verhältnis zu den alten Heilstraditionen ein noch freieres gewesen zu sein. Deuterojesaja konnte auswählen, er konnte verbinden und gelegentlich auch uminterpretieren. Dieses geradezu eklektische Verhältnis zu den alten Heilsüberlieferungen ist wohl auch etwas Neues, und es bekommt eine Bestätigung vom Formgeschichtlichen her. Deu-

7. S. Bd. I, S. 150 f.
8. Jes. $43_{1, 7, 15}$; $44_{2, 21}$.
9. In Jes. 44_{1} f. ist die Erschaffung Israels mit der Erwählung koordiniert.
10. S. *R. Rendtorff*, ZThK 1954 S. 11.

terojesaja hat sich, wie schon lange feststeht, bei seiner Heilsverkündigung mit besonderer Vorliebe der Gattung des priesterlichen Erhörungsorakels bedient, jener kultischen Redeform, vermittels derer dem einzelnen Beter die göttliche Hilfe zugesprochen wurde. Zu ihr gehören jene für Deuterojesaja so charakteristischen Worte „fürchte dich nicht", auch jenes „ich erlöse dich, ich stärke dich, ich helfe dir, ich bin mit dir", oder „du bist mein" (Jes. 41_{10}, $_{13\,f}$; 43_1, $_5$; 44_2 u. ö.)[11], aber gewiß nicht jene Prädikationen Jahwes als des Schöpfers der Welt und Israels, mit denen sie jetzt verbunden sind. Deuterojesaja hat also die Inhalte der alten Traditionen in eine ihnen ursprünglich fremde und beliebig gewählte Form umgegossen. Auch hier ist ein Rückblick auf Jesaja lehrreich, der seine Heilsverkündigung für den Zion auch in der Form der alten Ziontradition ausgesprochen hat.

Aber war Deuterojesaja wirklich ein Prophet in dem besonderen Sinn des Wortes? War dieser Anonymus, den man sich so schwer in der Öffentlichkeit sprechend vorstellen kann, nicht eher ein religiöser Schriftsteller von höchstem Rang, aber doch kein Prophet[12]? Indessen löst sich diese Frage doch schnell, denn die Achse, um die sich seine ganze Verkündigung dreht, ist das Wissen um die Wirklichkeit des schöpferischen Jahwewortes. In der Stunde seiner Berufung wurde er vom Himmel her auf das Wort Jahwes gewiesen, das für immer „besteht". Es ist ihm wichtig, sich in der Nachfolge früherer Propheten verstehen zu können (Jes. 44_{26}; 45_{19}). Was sie vor Zeiten geweissagt haben, beginnt sich jetzt zu erfüllen (Jes. $43_{9\,ff}$; 44_7; 45_{21}), und den Worten, die ihm in den Mund gelegt sind, wird ihre Verwirklichung auf dem Fuße folgen (Jes. $55_{10\,ff.}$). Deuterojesaja sieht ja das ganze Geschehen der Weltgeschichte auf sein Korrespondenzverhältnis mit dem ergangenen prophetischen Wort hin an. Darin erinnert er stark

11. *J. Begrich*, Das priesterliche Heilsorakel, ZAW 1934 S. 81 ff.

12. Die Erklärung der Anonymität der deuterojesajanischen Überlieferung aus der Gefahr der damaligen politischen Situation kann nicht recht befriedigen. Sollte man sich wenige Jahrzehnte nach seinem Auftreten und nach der großen Wende nicht vielmehr seiner erinnert und dann um so pietätvoller seine Botschaft an seinen Namen geknüpft haben? Die Frage, ob Deuterojesaja öffentlich aufgetreten ist oder nur mittelbar als „Schriftsteller" gewirkt hat, ist nicht selten im letzteren Sinne entschieden worden (*J. Begrich*, Studien, S. 93; *O. Eißfeldt*, Einl. in das AT², S. 411). Näher liegt die Annahme, daß die Botschaften Deuterojesajas, besonders seine Heilsorakel, in Volksklagegottesdiensten ihren Ort hatten, die die Exulanten veranstalteten. *H. E. v. Waldow*, Anlaß und Hintergrund der Verkündigung des Deuterojesaja (Dissert. Bonn 1953). Ähnlich auch *C. Westermann*, Das Heilswort bei Deuterojesaja, Ev. Theol. 1964 S. 355 ff.

an die Theologie der mit ihm etwa zeitgenössischen Verfasser des deuteronomistischen Geschichtswerkes[13], nur daß der geschichtstheologische Aspekt bei ihm viel mehr an praktischen Bedürfnissen ausgerichtet ist; er verwendet ihn apologetisch gegen die Sorge, die Götter der Babylonier möchten sich letztlich doch mächtiger als Jahwe erwiesen haben. Tatsächlich stellt Deuterojesaja die Frage, wer denn nun in der Weltgeschichte zu bestimmen hat, mit aller Schärfe, und es ist fast überraschend, wie er sie beantwortet: Der ist Herr in der Weltgeschichte, der das Künftige vorhersagen lassen kann[14]. Das aber können die Götter der Heiden nicht, und darum sind sie „Nichtse". Der Weissagungsbeweis ist die differentia specifica in der Auseinandersetzung Jahwes mit den Götzen. Allerdings, auf dem Plan der Geschichte, auf dem diese ungeheure Auseinandersetzung ausgetragen wird, ist Jahwe auf sein Volk angewiesen, denn Israel ist sein Zeuge. So armselig dieser Zeuge ist (Jes. 42_{19}), — diesen Dienst kann er leisten:

„Alle Völker sind versammelt zumal und zusammengetreten die Nationen.
Wer unter ihnen hat dies verkündet, und läßt uns das Frühere hören?
Sie sollen ihre Zeugen stellen, daß sie Recht bekommen,
  sie mögen es ‚hören lassen', daß ‚wir ' sagen, so ist es.
Ihr seid meine Zeugen, spricht Jahwe, und mein Knecht,
  den ich erwählt habe" (Jes. 43_{9-10}).

Vor allem aber wird sich die Geschichtsmächtigkeit des Jahwewortes bei der Gestaltung der Zukunft des Gottesvolkes erweisen (Jes. $55_{10\,ff.}$). Nein, wer so auf das Wort Gottes schaut, daß ihm in einer fast schon gnostischen Schau dieses Wort Jahwes als das allein Schöpferische auf die eine Seite, aber die Geschichte mit allen Völkern als der Bereich des Vergänglichen auf die andere Seite zu stehen kommt (Jes. 40_{6-8}), wer derart die Geschichte sieht als den Bereich echter, sich verwirklichender Weissagung, als das Kampffeld, in dem das Zeugnis der Diener des wahren Gottes wider das der angemaßten göttlichen Mächte und deren angemaßte Weissagungen (Jes. 44_{25}) steht, wer einfach alles derart auf die Sache des Wortes Gottes gestellt sieht, den dürfen wir getrost als einen Propheten bezeichnen. Daß auch bei Deuterojesaja die theologische Reflexion und die gelegentlich fast umständliche rationale Argumentation einen breiten Raum einnehmen, das entspricht der geistigen Situation seiner Zeit und verbindet ihn mit Jeremia und Hesekiel.

13. S. Bd I, S. 355 ff.
14. Jes. $41_{25\,ff}$; 48_{14}.

1. Das neue Heilsgeschehen

Den Inhalt seiner Botschaft[15] hat Deuterojesaja in seiner ersten Audition in gedrängter Kürze erfahren: Jahwes Kommen steht unmittelbar bevor; aber er wird sich nicht nur Israel offenbaren, diesmal kommt er zu einer letzten Welttheophanie; vor allen Völkern wird sich seine Herrlichkeit (כָּבוֹד) offenbaren. In Israel weiß das erst ein Mensch, aber im Himmel sind die Engelwesen schon in Bewegung; ihnen wird der Auftrag schon zugerufen, die Wunderstraße für dieses Kommen des Königs Jahwe zu bauen (Jes. 40$_{3-5}$). Mit der neuen Bewegung, die Kyros in die Weltgeschichte gebracht hat, kommen Dinge ins Rollen, die schnell zum Ende führen. „Nahe ist mein Heil, meine Hilfe tritt hervor" (Jes. 51$_{5}$; 46$_{13}$). Jahwes Arm ist schon entblößt vor den Augen der Völker (Jes. 52$_{10}$); Wunderbares wird geschehen. Auf den neuen politischen Anstoß der Geschichte, der von Kyros ausgegangen ist, spielt Deuterojesaja verschiedentlich an, zweimal nennt er ihn — entgegen der Gepflogenheit der älteren Propheten — mit Namen[16]. Jahwe selbst ist es, der Israel und darüber hinaus die Weltöffentlichkeit darauf hinweist. Jahwe hat ihn „erweckt" (Jes. 41$_{2, 25}$), er redet ihn in der Form des altorientalischen Hofstils an als den, dessen Hand er ergriffen hat, den er als Freund begleitet, den er bei Namen gerufen und den er lieb gewonnen hat[17]. Ihm hat Jahwe jetzt freie Hand in der Weltgeschichte gegeben; eiserne Riegel wird er zerschlagen und ungeahnte Schätze werden ihm zufallen (Jes. 45$_{2\,f.}$). Bei diesen Worten wird man erinnert an Jeremias Gedanken über die Weltherrschaft, die Jahwe damals dem Nebukadnezar übertragen hatte (Jer. 27$_{5\,ff.}$). Diese Stunde ist vorüber; als Weltherrscher vollstreckt jetzt Kyros Jahwes Willen. Aber der eigentliche Gegenstand auch die-

15. Vgl. dazu *J. Lindblom*, a. a. O. S. 52 ff; *J. Begrich*, a. a. O. S. 92 ff, 112 ff.

16. Daß Jahwe den Kyros „seinen Gesalbten" nennt (Jes. 45$_{1}$), ist gewiß auffällig, aber doch nicht mehr als eine aufrüttelnde, vom Augenblick eingegebene rhetorische Spitze. Wie sollte Deuterojesaja damit mehr gemeint haben können, da Kyros kein Davidide war und der Prophet die Davidverheißung schon an das Volk vergeben hatte (Jes. 55$_{1\,ff.}$). Ein Werkzeug Jahwes war Kyros, und zwar grundsätzlich nicht anders als der Assyrer für Jesaja. So hat ihm Deuterojesaja im Pathos seiner Rede einmal jenen Titel beigelegt, der durch seine Verkündigung herrenlos geworden war. Will man von einem Charisma des Kyros reden, so bleibt seine Betätigung ausschließlich auf den politischen Raum beschränkt.

17. Jes. 45$_{1-3}$; 48$_{14}$. Die Parallelität der höfischen Stilisierung der Aussagen über das Verhältnis des Gottes Marduk zu Kyros auf dem sog. Kyroszylinder ist schon immer aufgefallen, AOT S. 368 ff, ANET S. 315 f.

ser weltweiten Geschichtsplanungen Jahwes ist und bleibt Israel; um seinetwillen wurde Kyros „erweckt", um seinetwillen mußte er mit einem Weltreich ausgestattet werden[18]. Denn er, Kyros, ist es, der Babylon besiegen und die Gefangenen heimkehren lassen wird „ohne Kaufpreis und ohne Bestechung" (Jes. 48_{14}; 45_{13}).

Dies könnte man als das eine Thema der Weissagung Deuterojesajas bezeichnen, jedenfalls als einen einigermaßen geschlossenen Vorstellungskreis von den bevorstehenden geschichtlichen Ereignissen. Aber hier handelt es sich doch nur um die Vorbereitungen, durch die Jahwe die Geschichte auf das Eigentliche zurüstet, und um die der Prophet weiß. Das eigentliche Heilsgeschehen ist der Auszug und die Heimkehr der Verbannten und das Kommen Jahwes selbst, der die Seinen begleiten wird. Hier erst kommt seine Botschaft auf ihre Höhe und hier erst ersteigt seine Diktion den höchsten Grad von Leidenschaft. Die pathetische Bewegtheit, die zitternde Erregung in diesen Texten hat in der ganzen Prophetie kaum ihresgleichen. Einmal ruft er die Exulanten an, nichts Unreines anzurühren, sich auf diesen Auszug rituell vorzubereiten, weil Jahwe selbst diesen Zug begleitet (Jes. 52_{11-12}; 48_{20}); ein anderes Mal ist von den wunderhaften Umständen die Rede, unter denen dieser Zug durch die Wüste geschehen wird.

> „Nicht hungern und nicht dürsten werden sie,
> weder Glutwind noch Sonne werden sie schädigen,
> denn ihr Erbarmer wird sie geleiten
> und an Wasserquellen wird er sie führen" (Jes. 49_{10}).

Die Ausziehenden werden nicht dürsten und nicht hungern (Jes. 48_{21}). Der Weg wird ihnen nicht beschwerlich sein, weil alle Hindernisse eingeebnet werden, so daß sie auf ebener Bahn ziehen werden (Jes. 49_{11}). Statt der Dornen werden Myrten wachsen und das Dunkel wird Jahwe licht machen (Jes. 42_{16}), ja die ganze Natur wird an der Seligkeit dieses Heilsgeschehens teilnehmen; die Berge werden in Jauchzen ausbrechen und die Bäume in die Hände klatschen (Jes. 49_{13}; 55_{12}), wenn die Erlösten Jahwes wiederkehren, „ewige Freude über ihrem Haupte" (Jes. 51_{11}). Ein anderes Mal zeigt uns Deuterojesaja dieselben Ereignisse vom Standort der heiligen Stadt aus, nämlich wie der „Freudenbote" (מְבַשֵּׂר) dem Zug vorauseilt, und wie ihn die Wächter der Stadt sehen und in Jubelchöre ausbrechen.

18. Jes. 45_{4}; *J. Begrich*, a. a. O. S. 69.

„Wie lieblich sind auf den Bergen die Füße des Freudenboten,
der Heil verkündet, gute Botschaft bringt, Rettung verkündet,
der zu Zion spricht: König geworden ist dein Gott!
Horch, deine Späher erheben die Stimme, insgesamt jubeln sie,
denn Auge in Auge sehen sie ihre Lust an der Heimkehr Jahwes.
Brecht aus und jubelt insgesamt, ihr Trümmer Jerusalems,
denn Jahwe hat sich seines Volkes erbarmt, hat erlöst Jerusalem“ (Jes. 52_{7-9}).

Das also ist nach dem Verständnis des Propheten ein *εὐαγγελιζόμενος* (Jes. 52_{7} LXX): einer, der dem Kommen des Herrn vorauseilt und den Anbruch der Königsherrschaft Gottes verkündet! Wieder ein andermal betraut Deuterojesaja Zion selbst mit diesem Amt des Siegesboten. Noch ist ja das Wunderbare gar nicht bekannt; nur auf dem Zion weiß man es; darum hat man dort die Pflicht, die Botschaft von Jahwes Kommen weit ins Land hinaus zu rufen (Jes. 40_{9-11}).

Jedoch die eigentliche Bedeutung des Geschehens wird erst sichtbar, wenn man es im Rahmen der heilsgeschichtlichen Zusammenhänge sieht, in die es Deuterojesaja eingeordnet hat. Es kann ja kein Zweifel darüber aufkommen, daß Deuterojesaja den Exodus der Erlösten aus Babylon als ein heilsgeschichtliches Gegenstück zu dem uralten Auszug Israels aus Ägypten versteht. Ja er betont seinerseits die Parallelität der beiden Geschehnisse: So, wie damals gegen die Ägypter, wird Jahwe als ein Kriegsmann ausziehen (Jes. 42_{13}), und auch bei diesem neuen Exodus wird Jahwe sein Volk wunderbar durch Wasser aus dem Felsen tränken (Jes. 48_{21}). Aber dieser neue Exodus wird zugleich den alten an Wunderbarkeit weit überbieten, denn diesmal werden sie nicht in „Hast“ (חִפָּזוֹן) ausziehen — diese Vorstellung war ein wichtiges Element der alten Überlieferung (Ex. 12_{11}; Dt. 16_{3}) —, sondern Jahwe wird sie persönlich geleiten (Jes. 52_{12}). Man mache sich klar, was damit ausgesagt ist: Mit diesem Hinweis auf den neuen Exodus hat Deuterojesaja das „Urbekenntnis Israels“ angetastet[19]; ja, er bietet alle Möglichkeiten der Überredung auf, um seine Zeitgenossen von dem Blick auf dieses Ereignis, auf dem bisher ihr Glaube ruhte, abzuziehen und ihren Glauben auf das neue und größere Ereignis zu richten. Dann zerfällt also für Deuterojesaja das Heilshandeln Gottes an seinem Volk in zwei Phasen? Tatsächlich hat das der Prophet geradeheraus gesagt, indem er scharf „das Neue“, das, was „hernach eintreffen wird“, von dem „Früheren“ absetzt[20]. Unter dem „Früheren“

19. S. Bd. I, S. 189 f.

20. „Das Frühere“ (קַדְמֹנִיּוֹת) Jes. 43_{18}; „das Anfängliche“ (רִאשֹׁנוֹת) Jes. 41_{22}; 42_{9}; $43_{9,18}$; 46_{9}; 48_{3}; „das Neue“ (חֲדָשׁוֹת) Jes. 42_{9}; 43_{19}; 48_{6}; „das Hernachkommende“

kann schwerlich etwas anderes gemeint sein als diejenige Heilsgeschichte, die mit der Berufung Abrahams und dem Auszug aus Ägypten begann und die mit der Zerstörung Jerusalems endete[21]. Deuterojesaja legt großes Gewicht darauf, daß die Ereignisse dieser Geschichte alle geweissagt waren und dementsprechend eingetroffen sind; denn an diesem Ablauf kann man sehen, wie ernst es Jahwe mit seinem Wort ist, und man kann Zutrauen gewinnen zu der Weissagung des Neuen. Im übrigen sehen wir an dieser Argumentation, daß auch Deuterojesaja an der Vorstellung seiner Zeit — vgl. die des Deuteronomisten — Teil hatte, daß nämlich alle Heilsgeschichte eine von Jahwe geweissagte Geschichte war. Mit dem „Neuen" meint er das Heilshandeln, das sich dem Propheten nach langer heilsgeschichtlicher Pause in der Bewegung der Geschichte ankündigt. Es ist merkwürdig: Einerseits malt Deuterojesaja den Auszug der Exulanten aus Babylon in solchen Farben, daß jeder zugleich an den ersten Exodus aus Ägypten und seine seltsamen Begleitumstände denken muß, andererseits weiß er, daß das, was Jahwe nun offenbaren wird, jenseits jeder Vorstellungsmöglichkeit liegt; keiner soll sich einbilden, er habe solches aufgrund des Früheren gewußt und vorausgesehen (Jes. 48$_{7\,f.}$). Und weil das, wozu sich Jahwe jetzt anschickt, so wunderbar wird und alles Frühere hinter sich lassen wird, darum ist Deuterojesaja der Meinung, daß sich seine Zeitgenossen mit allen Sinnen darauf einstellen und daß sie sich abwenden sollen von dem, was früher ihren Glauben ausgefüllt hat. Einmal hat er das in großer Schroffheit ausgesprochen, in Worten, die gerade für die Frommen etwas von Lästerung enthalten haben mußten:

> „So spricht Jahwe, der im Meer einen Weg machte, in gewaltigen Wogen einen Pfad,
> der ausziehen ließ Wagen und Rosse, Streitmacht und Gewaltige zusammen
> — sie liegen da, stehen nicht auf, sind ausgelöscht, wie ein Docht verglommen! —:
> Gedenket nicht an das Frühere, und des Vergangenen achtet nicht!
> Siehe, ich wirke ein Neues, jetzt sproßt es, merkt ihr es nicht?
> Ja, in der Wüste schaffe ich einen Weg ..." (Jes. 43$_{16-19\,a}$).

אתיות) Jes. 41$_{23}$. Aus der Diskussion über das Problem der Entgegensetzung „des Früheren" und „des Neuen" sei besonders hervorgehoben *Ch. North*, The „Former Things" and the „New Things" in Deutero-Isaiah, Studies in Old Testament Prophecy 1950, S. 111 ff.

21. *E. Rohland*, a. a. O. S. 99 ff. Eine ganz ähnliche Deutung des „Früheren" und insonderheit des „Gedenket nicht mehr!" von Jes. 43$_{18}$ hat schon *A. Bentzen* vertreten: "But Deutero-Isaiah exhorts his people no longer to look back to the Holy Past of their nation, the 'old' history of salvation embodied in the story of the Exodus from Egypt." Studia Theologica Vol. I (1948), S. 185.

Der Text zeigt zunächst, daß Deuterojesaja unter dem Früheren die heilsbegründende Rettungstat am Schilfmeer und den Auszug Israels aus Ägypten versteht. Der Traditionsträger, durch den die Kunde von der Heilstat zu Deuterojesaja gekommen ist, war, wie man aus der Stilisierung von v. 16 f. schließen darf, offensichtlich der kultische Hymnus. Aber von dieser altgeheiligten Jahweüberlieferung soll sich Israel von jetzt an abwenden. Was heißt das anderes als dies: Der Kreis der ersten Geschichte Jahwes mit Israel ist geschlossen. Das Exil war im Sinne der prophetischen Geschichtsbetrachtung ein Ende; es war als das erfüllte Drohwort das Ende eines Weges von einer Weissagung zur Erfüllung. Aber nun beginnt für Deuterojesaja das „Neue", denn seine ersten Ansätze kann man schon sehen. „Das Erste ist vergangen" und hat seine Gültigkeit nur noch als ein Typos des Neuen. So schroff hatte bisher noch kein Prophet den Anbruch des Eschaton markiert und ihn von dem bisherigen Geschichtswalten Jahwes abgerückt. Tatsächlich lag in dieser schroffen Auseinanderhaltung auch eine große Gefahr. Mußte damit das Walten Jahwes für die Zeitgenossen des Propheten nicht völlig auseinanderbrechen, so daß berechtigte Zweifel an der Glaubwürdigkeit der neuen Weissagung aufkommen mußten? War es denn der eine und derselbe Jahwe, der hier wie dort am Werk war, wenn gar keine Kontinuität zwischen dem Alten und dem Neuen bestand? Solche Anfechtungen bestanden aber für Deuterojesaja nicht; denn auch das Neue war ja schon seit langem geweissagt. Darin lag die Legitimität seiner Botschaft; sie war durch die Kontinuität der Weissagung legitimiert[22].

Aber dieser Weissagungsbeweis, den Deuterojesaja mit einem bemerkenswerten Eifer führt, hat keineswegs nur eine innerisraelitische Bedeutung. Von seiner Stringenz hängt, wie wir schon sahen, das theologische Urteil über die Macht oder die Ohnmacht aller heidnischen Götter ab. Es ist ja überhaupt etwas ganz Neues, wie bei diesem Propheten das gesamte Heilshandeln Jahwes immer zugleich auch im Blick auf die Heiden, auf „die Völker" dargestellt wird, d. h. im Blick auf die Auswirkung, die jene Heilstaten an Israel auf die politische Umwelt Israels haben werden. Deuterojesaja ist fest davon überzeugt, daß

22. Jes. 44_7 f; 45_{21}. Es ist nicht leicht zu sagen, woran Deuterojesaja denkt, wenn er von dieser schon vorhandenen Weissagung spricht. Denkt er an ältere Babelorakel wie Jes. 13 oder 14? Oder verstand er, wie vor ihm vielleicht schon Hosea, die alte Heilsgeschichte als Weissagung? Offensichtlich ist er der Meinung, selbst in einer Weissagungstradition zu stehen.

diese Wirkung eine weltweite sein wird. Wenn Jahwe sein Werk an Israel ausgerichtet hat, dann wird sich bei den Völkern eine universale Götzendämmerung ereignen, denn die Heiden werden der Ohnmacht ihrer Götter inne. Sie werden sich schämen (Jes. 41_{11}; 42_{17}; 45_{24}), sie werden zu Jahwe kommen, ja sie werden selbst die Zerstreuten des Gottesvolkes herbeibringen, weil sie von der Größe und Herrlichkeit des Gottes Israels überführt sind (Jes. 45_{24}; $49_{22\,f.}$). „Könige werden es sehen und sich erheben, Fürsten, und sich niederwerfen" (Jes. 49_{7}). Wohl kann Jahwe dann die Völker auch einmal durch Deuterojesaja direkt anrufen, diese jetzt anbrechende Stunde des Heils wahrzunehmen: „Laßt euch erretten, alle Enden der Erde" (Jes. 45_{22}); „auf Jahwe sollen die Gestade hoffen und auf seinen Arm harren" (Jes. 51_{5}). Aber von einem „Missionsgedanken" sollte man nicht sprechen, denn wenn Deuterojesaja Israel als einen „Zeugen" für die Völker bezeichnet (Jes. 43_{10}; 44_{8}; 55_{4}), so denkt er doch nicht daran, daß Israel Boten aussenden solle. Israel wird von dem Propheten mehr als ein Zeichen verstanden, dessen die Völker gewahr werden und auf das sie im Zuge der eschatologischen Ereignisse selber zugehen. Sie werden zu Israel kommen mit dem Bekenntnis: „Nur bei dir ist Gott und nirgends sonst, keine Gottheit außerdem"; „nur bei Jahwe ist Heil und Stärke"; „fürwahr, du bist ein verborgener Gott, du Gott Israels" (Jes. $45_{14\,f.,\,24}$).

Hat man dem Propheten das geglaubt? Diese Frage führt uns noch einer besonderen Seite seines Wirkens näher, seinem Gespräch mit den Kleingläubigen und den müde Gewordenen, denen sich die Wirklichkeit ganz anders darstellte, weil sie sich von Gott verlassen fühlten und nicht glauben konnten, daß Jahwe sich um ihren „Weg" kümmere.

> „Warum sagst du, Jakob, sprichst du, Israel:
> verborgen ist mein Weg vor Jahwe und meinem Gott entgeht mein Recht" (Jes. 40_{27}).
> „Fürchte dich nicht, denn ich bin mit dir, blicke nicht ängstlich, denn ich bin dein Gott" (Jes. 41_{10}).
> „Aber du, Zion, sprichst: Jahwe hat mich verlassen, mein Herr meiner vergessen. Vergißt denn ein Weib ihren Säugling, ohne sich zu erbarmen des Sohnes ihres Leibes?
> Und wenn diese vergäßen, so vergesse ich dich nicht; siehe, auf die Hände habe ich dich gezeichnet ..." (Jes. $49_{14-16\,a}$).
> „Einen kleinen Augenblick habe ich dich verlassen,
> aber mit großem Erbarmen will ich dich sammeln.
> Denn Berge werden weichen und Hügel wanken.
> Meine Gnade wird nicht von dir weichen
> und der Bund meines Heils wird nicht wanken" (Jes. $54_{7,\,10}$).

So hat Jahwe noch durch keines Propheten Mund gesprochen. Noch nie hat er sich in seinen Worten so tief zu seinem Volk herabgeneigt, hat sich so alles Schrecklichen entäußert, um keinen der Verzagten zu verscheuchen. In diesem Dialog läßt der Prophet alle Mittel der Überredung spielen; einmal wendet er sich an den Verstand, ein anderes Mal an das Gefühl, er argumentiert, er beweist; und in dem Locken und Werben um das in übergroßem Leiden hart gewordene Herz Israels findet Deuterojesaja Formulierungen, in denen er in einer fast erschreckenden Weise das Herz seines Gottes preisgibt. Er bagatellisiert fast den göttlichen Zorn über Israel und das ergangene Gericht. Israel hat schon zu viel gebüßt (Jes. 40_{2}); oder: es war ja nur ein kleiner Augenblick, der nun vorüber ist (Jes. 54_{7}). Wohl hat Jahwe geschwiegen, während die Feinde über sein Volk triumphierten. Aber wie mußte er an sich halten und seinen Schmerz verbergen (Jes. 42_{14})! Keiner soll denken, Jahwe habe im Zorn sein Volk endgültig verstoßen; „wo ist der Scheidebrief"? Es gibt ihn nicht (Jes. 50_{1})! Und fragt man, warum denn Jahwe immer noch an diesem Volk festhält, so lautet die Antwort: „Weil du teuer bist in meinen Augen, wertgeachtet, und ich dich lieb habe" (Jes. 43_{4}). Und fragt man weiter, woher es kommt, daß die Anklagen, die bei den vorexilischen Propheten so sehr im Vordergrund stehen, bei Deuterojesaja zurücktreten, und warum denn gerade bei diesem Propheten die Botschaft von Jahwes unbesieglicher Liebe so überwältigend hervorbricht, so liegt das daran, daß Jahwe seinem Volk vergeben hat. Diese Vergebung versteht der Prophet als ein Ereignis, und zwar als ein gänzlich unerwartetes, von dem zu sprechen ihm in dieser besonderen Stunde der Geschichte aufgetragen war.

2. Der neue Gottesknecht

Wenn wir von den Gottesknechtliedern gesondert handeln, so hängt das vielleicht mit einer Grenze unseres Verständnisses zusammen[23]. Wohl sehen wir sowohl hinsichtlich der Diktion wie auch hinsichtlich der theologischen Themen hier und dort viel Gemeinsames; denn daran, daß auch diese Lieder von Deuterojesaja stammen, sollte man nicht zweifeln. Aber es will uns noch nicht gelingen, diese Lieder so ohne weiteres dem prophetischen Vorstellungskreis, wie er oben nachgezeich-

23. Für die umfangreiche Literatur darf auf die Zusammenstellung von *W. Zimmerli*, ThWBNT V S. 653 f. verwiesen werden.

net wurde, einzuordnen. Sie stehen für uns bei aller Verbundenheit doch auch wieder in einer gewissen Isolierung in der Verkündigung dieses Propheten und sind auch von besonderen Rätseln beschattet. Nicht wenige Fragen, die zum Verständnis wichtig sind, lassen sich nicht mehr beantworten; mindestens sollte der Ausleger zugeben, daß da und dort mehrere Antworten möglich sind.

„Siehe, mein Knecht, den ich festhalte, mein Erwählter, an dem ich Gefallen habe.
Meinen Geist habe ich auf ihn gelegt, er wird die Wahrheit zu den Völkern hinausbringen.
Er schreit nicht, nicht erhebt er, nicht läßt er draußen seine Stimme hören.
Das geknickte Rohr wird er nicht zerbrechen und den glimmenden Docht nicht verlöschen.
Getreu trägt er hinaus das Recht, nicht erlischt er, nicht ‘zerbricht’ er,
bis er die Wahrheit auf Erden gegründet hat; und auf seine Lehre harren die Gestade“ (Jes. 42_{1-4}).

Dieses erste Lied ist durchweg als Gottesrede stilisiert. Jahwe stellt seinen Knecht vor, und zwar in einer Form, die dem höfischen Lebenskreis entlehnt zu sein scheint. So könnte ein Großkönig in feierlicher Stunde einen seiner Vasallenkönige oder einen Statthalter seinen Großen präsentiert und die Aufgaben und Vollmachten des neuen Amtsträgers rechtsgültig bestimmt haben[24]. Auf die Präsentation selbst folgt ein Wort über die Ausrüstung, die der Amtsträger zur Bewältigung seiner großen Aufgaben mitbekommen hat, d. h. sein Charisma; dann wird die Aufgabe selbst umrissen: Er soll die „Wahrheit“ zu den Völkern hinaustragen, die ja schon auf seine Lehre warten. Schließlich wird noch etwas über die Art seines Wirkens mitgeteilt: Es hat nichts Gewaltsames, sondern etwas Schonendes, Rettendes. Ziemlich entscheidend für das Verständnis dieses Abschnittes ist die Deutung des dreimaligen מִשְׁפָּט Man könnte es als „Urteilsspruch“ verstehen, also als das Begnadigungsurteil, das der Knecht den Völkern zu bringen hat[25]. Näher scheint aber doch die Auffassung zu liegen, die in מִשְׁפָּט sehr allgemein die von Gott erlassene Kult- und Lebensordnung sieht, man könnte geradezu sagen: die rechte Religion[26].

„Hört auf mich, ihr Gestade, merkt auf, ihr Nationen von ferne!
Jahwe hat mich von Mutterleib berufen, von Mutterschoß an meinen Namen genannt.
Er hat meinen Mund zum scharfen Schwert gemacht, im Schatten seiner Hand hat er mich verborgen;
Er hat mich zum spitzen Pfeil gemacht, in seinem Köcher mich versteckt;
und er sprach zu mir: Mein Knecht bist du ‘ ’, an dem ich mich verherrlichen werde.
Ich aber dachte: vergeblich habe ich mich gemüht, fruchtlos und nichtig meine Kraft verschwendet.
Doch mein Recht ist bei Jahwe, mein Lohn bei meinem Gott.

24. Man wird an einen Akt denken dürfen wie den der Präsentation des Regierungsnachfolgers Salomo durch David 1. Chron. 28_1 ff.

25. So *J. Begrich*, a. a. O. S. 161 ff; *W. Zimmerli*, a. a. O. S. 667 f.

26. So ist z. B. in 2. Kön. 17_{27}; Jes. 58_2 von dem מִשְׁפָּט Gottes die Rede; vgl. Jer. 5_4; 8_7. Unser Wort „Wahrheit“ käme dem näher als „Recht“.

Aber jetzt spricht Jahwe, der mich von Mutterleibe an sich zum Knecht geschaffen hat,
Jakob ihm wiederzubringen, daß Israel nicht hingerafft werde.
So bin ich wert geachtet in Jahwes Augen, und mein Gott ist meine Stärke.
Er sprach: Zu wenig ist's, daß du mein Knecht bist, herzustellen die Stämme Jakobs
und die Bewahrten Israels wiederzubringen, —
ich mache dich zum Licht der Völker, daß mein Heil gehe bis ans Ende der Erde" (Jes. 49_{1-6}).

Hier spricht der Knecht selbst. Der von ihm zum Zuhören aufgerufene Partner ist das Universum der Völker. Er spricht ganz im Stil eines prophetischen Selbstberichtes zunächst von seiner Berufung. Wie den Jeremia, so hat Gott auch ihn schon vor seiner Geburt berufen und ihm, noch bevor er von seinem Dienste Gebrauch gemacht hat (als er noch im Köcher Gottes verborgen war), seinen Plan, sich an ihm zu verherrlichen, mitgeteilt[27]. Auf die Klage des Knechts, daß sein Wirken ja doch ein vergebliches sei — sie erinnert mit der darauffolgenden göttlichen Antwort stark an die formale Struktur der Konfessionen Jeremias —, hat Jahwe seinen Auftrag wiederholt, und zwar in einer spezifizierten Form: Der Knecht hat einerseits eine Aufgabe an Israel: die Bewahrten heimzubringen und die Stämme Jakobs wieder aufzurichten. Aber hinter diesem noch gar nicht ausgeführten Auftrag erscheint schon der zweite, nämlich ein Licht zu sein für die Heiden und Jahwes Heil bis an die Enden der Erde zu vermitteln. Diese beiden Aufträge haben ursächlich keinen sichtbaren inneren Zusammenhang, ja sie liegen weit auseinander. Das Wort von der Aufrichtung der Stämme scheint auf eine Restitution des alten Stämmebundes und nicht auf eine staatliche Form des neuen Israel hinzuweisen.

„Der Herr Jahwe hat mir gegeben die Zunge eines Jüngers,
daß ich verstehe, den Müden zu 'weiden';
der Herr hat mir das Ohr geöffnet, das Wort zu 'wissen'.
Morgen für Morgen weckte er mir das Ohr, zu hören wie ein Jünger,
und ich war nicht widerspenstig und wich nicht zurück.
Meinen Rücken bot ich denen, die mich schlugen, meine Backe denen, die mich rauften.
Nicht habe ich mein Angesicht geborgen vor Schande und Speichel.
Aber der Herr Jahwe hilft mir, darum werde ich nicht zuschanden,
darum mache ich mein Gesicht wie Kiesel und weiß, daß ich nicht zuschanden werde.
Nahe ist, der mich rechtfertigt; wer will mich verklagen?
Er nahe sich zu mir!
Wer hat einen Anspruch gegen mich? Der stelle sich mir!
Siehe, der Herr Jahwe hilft mir; wer ist, der mich verdammt?
Siehe, sie alle zerfallen wie ein Kleid; die Motte frißt sie.
(Wer unter euch Jahwe fürchtet, der höre auf die Stimme seines Knechtes.
Wer im Finstern wandelt, keinen Schimmer hat, der traue auf den Namen Jahwes und stütze sich auf seinen Gott.
Doch ihr alle, die ihr Feuer anfachet, Brandpfeile 'entflammt',
geht in die Glut eures Feuers, in die Brandpfeile, die ihr entzündet!)"
(Jes. 50_{4-11a}).

27. Das „Israel" in v. 3 wird mit der Mehrzahl der Exegeten auch von uns für eine nachträgliche Interpolation gehalten. Vgl. den Exkurs bei *S. Mowinckel,* He that Cometh, S. 462 f.

Auch dieses Lied erinnert wieder formal und inhaltlich an jeremianische Konfessionen und wird seinem Wesen nach am besten als „prophetischer Vertrauenspsalm" bestimmt[28]. Das Verhältnis des Gottesknechtes zu Jahwe ist ganz das eines Propheten: Er hat eine gehorsame Zunge, die sich sonderlich in der Tröstung der Müden betätigt, und er hat ein Ohr, das unablässig bereit ist zum Offenbarungsempfang. Dieser Offenbarungsempfang unterscheidet sich hinsichtlich seiner bruchlosen Kontinuität von allem, was früheren Offenbarungsempfängern widerfuhr: der Gottesknecht steht in einem ständigen Gespräch mit Jahwe. Sein Dienst hat ihn freilich in schwere Leiden geführt; aber die Gewißheit, in Jahwe geborgen zu sein, ist ihm nicht abhanden gekommen. Sie hat ihn gestärkt, auszuhalten und seiner Rechtfertigung entgegenzusehen. Die stark forensische Sprache muß nicht auf eine besondere gerichtliche Situation hindeuten; sie gehört zur Topik dieser Vertrauensäußerungen (vgl. Hi. 13$_{18}$ f.). Die Zugehörigkeit von v. 10 f. zu dem Vorausgehenden ist problematisch; denn jetzt spricht plötzlich ein anderer, also doch wohl der Prophet (oder Jahwe selbst?) von dem Knecht. Aber angesichts der Aussagen über das Leiden und den Glauben des Knechts möchte man auf diese Verse nicht verzichten. Sie enthalten dann eine Mahnung, ja geradezu eine Drohung, die an die gerichtet ist, die den Knecht übersehen oder womöglich gar ihm selber Leiden bereitet haben.

„Siehe, meinem Knecht wird es gelingen,
er steigt auf und wird aufs höchste erhoben;
wie viele über 'ihn' sich entsetzten,
so entstellt, unmenschlich war sein Aussehen, seine Gestalt nicht wie die von Menschen,
so wird er viele Völker entsühnen,
Könige werden vor ihm ihren Mund verschließen.
Denn was ihnen nie erzählt, das werden sie sehen,
was sie nie gehört, werden sie verstehen.

Wer glaubt der Kunde, die uns ward?
Und Jahwes Arm, wem ist er offenbart?!
Er wuchs auf vor 'uns' wie ein Sproß
und wie ein Wurzelschoß aus trocknem Land.
Keine Gestalt hatte er, keine Hoheit,
wir sahen ihn, doch keine Erscheinung, daß wir ihn liebten.
Verachtet war er, verlassen von Menschen,
ein Mann der Schmerzen, mit Krankheit vertraut.
Wie einer, vor dem man das Gesicht verbirgt
— verachtet war er —, wir zählten ihn gar nicht.
Aber unsere Krankheiten, er hat sie getragen,
und unsere Schmerzen hat er aufgeladen,
und wir rechneten ihn als einen Geschlagenen,
von Gott getroffen und geplagt.
Doch ist er von unseren Verbrechen durchbohrt,
von unseren Missetaten geschlagen.
Strafe zu unserm Heil liegt auf ihm,
und durch seine Strieme ward uns Heilung zuteil.
Wir alle irrten wie Schafe umher,
jeder von uns sah auf seinen Weg.
Aber Jahwe ließ ihn treffen unser aller Schuld.

28. *K. Elliger*, Deuterojesaja (1933), S. 34.

Gepeinigt duldete er demütig
und öffnete nicht seinen Mund;
wie ein Lamm, das zum Schlachten geführt wird,
und wie ein Schaf, das vor seinen Scherern verstummt '
Aus Haft und Gericht ward er weggenommen,
und sein Geschick[29], wer denkt noch daran?
Denn abgeschnitten ward er vom Land der Lebendigen,
wegen 'unsrer Vergehungen' ward er 'zu Tode getroffen'.
Und man gab ihm bei Frevlern sein Grab
und bei 'Übeltätern' seine Stätte,
obwohl er Gewalttat nicht übte
und kein Trug in seinem Munde war.
Aber Jahwes Plan war es, ihn zu zerschlagen (mit Krankheit).

Wenn 'er' sein Leben als Schuldopfer einsetzt,
soll er Nachwuchs sehen, lange Tage leben.
Und Jahwes Plan wird in seiner Hand gelingen.
Nach der Mühsal seines Lebens 'wird er ihn Licht sehen lassen',
'ihn sättigen' mit seiner Erkenntnis.

Gerecht macht mein Knecht '   ' die Vielen
und ihre Schuld lädt er auf.
Darum will ich ihm die Vielen zuteilen,
und Gewaltige kann er als Beute austeilen,
dafür, daß er ausgoß in den Tod sein Leben
und den Übertretern zugezählt wurde,
während er doch die Sünde der Vielen getragen hat
und für die Verbrecher eintrat" (Jes. 52_{13}–53_{12}).

In Anbetracht dessen, daß dieser Text in der Abfolge Gottesrede (Jes. 52_{13-15}) — Chor (Jes. 53_{2-10}) — Gottesrede (Jes. 53_{11-12}) disponiert ist, kann man ihn eine prophetische Liturgie nennen; nur muß man sich bewußt bleiben, daß sowohl einzelne Formelemente — etwa die Präsentation des Knechtes vor allen Königen der Welt —, aber erst recht die spezifischen Inhalte des „Leichenliedes" alles das weit hinter sich lassen, was in einer gottesdienstlichen Begehung Raum hatte. Die eröffnende Gottesrede lenkt den Blick auf die Zukunft des Knechtes, auf seine Erhöhung; sie konfrontiert ihn der gesamten Völkerwelt; und zwar visiert diese Gottesrede gerade den Augenblick an, da die Völker innewerden, welche Bewandtnis es mit diesem verachteten und unmenschlich Entstellten hat. Mit höchstem Erstaunen nehmen sie etwas zur Kenntnis, „was ihnen nie erzählt war". Dieser Anfang des großen Textes ist deswegen so seltsam, weil er beim Ende des ganzen Geschehens einsetzt, bei der Verherrlichung und der Anerkennung der Weltbedeutung des Knechtes. Aber damit spricht sich etwas vom Wichtigsten des ganzen Liedes aus, nämlich daß es sich bei dem Gottesknecht um ein Geschehen handelt, das grundsätzlich nur von seinem Ende her zu verstehen ist. Erst von da aus kann das, was vorausgegangen ist, im rechten Lichte gesehen werden.

Demgemäß schildert das nun folgende Chorlied das Geschehen, in dessen Mittelpunkt der Knecht stand, im Sinne einer Rückschau; es spricht also Erkenntnisse aus, die erst an jenem eschatologischen Ort aufgebrochen sein können. Wer die Sprecher des Chorliedes sind, ist strittig. Geht man vom Kontext aus, so muß man doch zuerst

29. Zur Übersetzung von דורו mit „Geschick" *s. G. R. Driver*, JThSt (1935) S. 403.

an die ehemals heidnische Völkerwelt denken; andere meinen, das Lied, das einem Totenlied ähnelt, könne doch nur von Israel gesprochen sein[30]. Einem Leichenlied gemäß ergeht sich der Chor in der Schilderung des Gewesenen. In schärfstem Kontrast zu der in solchen Liedern herkömmlichen Rühmung des Toten wird aber die Armseligkeit und das Verächtliche und nicht der Ruhm im Leben des Knechtes hervorgehoben. Der Chor klagt sich seiner Blindheit an; das, was sich in Wirklichkeit vor seinen Augen vollzogen hat, war er unfähig zu begreifen: Der Knecht hat für andere gelitten; der, dem man die Gemeinschaft versagt hatte, war der wirklich Solidarische. Der Chor wird nicht müde, in immer neuen Aussagen die eine Tatsache zu umkreisen, daß der Knecht eine Stellvertretung übernommen hat, daß er ergeben und widerstandslos, also in vollem Bewußtsein, diesen Mittlerdienst bis zum Tod übernommen hat und daß er damit einem Plan Jahwes gehorsam war[31]. Auch über die Tiefe seines Leidens spart das Lied nicht an Aussagen; aber etwas Bestimmtes läßt sich darüber deswegen nicht aussagen, weil hier nach der Art der Klagepsalmen vielerlei Leiden auf den Knecht gehäuft sind: seine äußere Erscheinung, seine Herkunft, Mißachtung, Krankheit (alt ist die Deutung, daß er aussätzig war[32]), Leibesstrafen; er war gefangen, verunstaltet, durchbohrt (v. 5 a), zerschlagen und wurde entehrend begraben. Das Chorlied bemüht sich also, das Leiden des Knechtes als ein totales zu schildern. Aber es weiß auch, daß Jahwes Plan mit ihm nicht scheitert, daß der Knecht — offenbar jenseits des Todes — Leben und „Nachwuchs" haben wird (10 b)[33].

Die abschließende Gottesrede führt zur Beschreibung des Heilswerkes des Gottesknechts noch einen gewichtigen Begriff ein: Er „macht die Vielen gerecht", d. h. er führt sie in das rechte Verhältnis zu Gott zurück, und zwar dadurch, daß er ihre „Schuld wegschleppt". So ist also das Vokabular auch für die rettende Funktion des Knechtes ziemlich vielseitig: Er „reinigt" (הִזָּה), er trägt die Krankheiten (נָשָׂא), schleppt die Schmerzen (סָבַל), die Strafe liegt auf ihm (מוּסָר עָלָיו), seine Strieme heilt (רָפָא), er setzt sein Leben als Ersatz ein (שִׂים אָשָׁם), er macht gerecht (הִצְדִּיק), er goß sein Leben aus (הֶעֱרָה), er trat ein für andere (הִפְגִּיעַ).

30. Die Entscheidung hängt z. T. auch von dem Verständnis von v. 1 b ab. Die Frage „über wem ist Gottes Arm offenbar?" ist wohl auf den Knecht zu beziehen (also im Sinne von „über was für einem"). Eine andere Deutung bezieht das Offenbarwerden auf eine Gruppe von Menschen, der wiederum eine andere Gruppe, welcher sich Jahwe nicht geoffenbart hat, gegenübersteht. Aber die Vorstellung von einer sich dem Knecht verschließenden Gruppe klingt sonst nirgends in dem Text an, während sich alles um das „qualis" des Knechtes dreht.

31. In die Variation des Stellvertretungsthemas gehört auch der Satz, daß der Knecht sein Leben „als Schuldopfer" (אָשָׁם v. 10) gegeben hat. Sollte damit speziell auf den kultischen Opferbrauch angespielt sein, so käme der Aussage eine besondere theologische Bedeutung zu; denn der Hinweis auf die Überbietung des Opferkultus durch das Opfer des Knechtes wäre ja im AT ohne Beispiel und widerspricht vielleicht auch Deuterojesaja selbst (Jes. 43_{22} f.). Vielleicht liegt es doch näher, das אָשָׁם in einem allgemeineren rechtlichen Sinne als „Ersatzleistung", „Pfand", zu verstehen (1. Sam. 6_{3}).

32. Über die sehr alte Deutung, daß der Gottesknecht aussätzig war, s. *J. Jeremias*, ThWBNT V S. 688 ff. Die Vulgata übersetzt „quasi leprosus".

33. Viermal spricht das Lied von den „Vielen" (Jes. 52_{15}; $53_{11, 12\,a, 12\,b}$, die dem Knecht gegenüberstehen und denen zugute er gelitten hat. Der Ausdruck ist im inklusiven Sinne von „alle" (also nicht exklusiv: viele, aber nicht alle) zu verstehen. *J. Jeremias*, ThWBNT VI S. 536 ff.

Jede Interpretation dieser „Lieder" muß sich von vornherein der Grenze bewußt bleiben, die ihr durch die Diktion solcher Texte gesetzt ist, denn sie ist überaus bilderreich; der Leser wird sich oft gar nicht bewußt, daß sich ihr Verfasser weithin der metaphorischen Redeform bedient. Aber auch da, wo er sie verläßt und zur direkten Aussage übergeht, wird er nicht präziser, denn er häuft die Ausdrücke derart, daß seine Aussagen zwar an Kraft und Pathos gewinnen, aber dann doch ohne begriffliche Schärfe in einer gewissen Schwebe verharren[34]. Ähnliches gilt für die zur Anwendung kommenden Formen. Gewiß, der Verfasser greift bestimmte Gattungen auf und steigert sie durch seine Inhalte zu großer Form; aber er verfährt dabei durchaus eklektizistisch, so daß der exegetischen Auswertung auch dieser Formen fühlbare Grenzen gesetzt sind. Mehr oder minder sind sie alle „desintegriert", d. h. ihrem eigentlichen Sitz im Leben entfremdet und durch die besonderen Inhalte, zu deren Träger sie hier geworden sind, gesprengt. Diese Feststellung enthält aber schon einen Hinweis für das Gesamtverständnis: So — in einer nach allen Seiten ins Extreme ausbrechenden Diktion — spricht man nicht von einer dem hellen Licht der Gegenwart oder gar der nahen Vergangenheit zugehörigen Person. Wäre der Knecht ein zeitgenössischer Prophet, also etwa Deuterojesaja selbst, so bedürfte es nicht der Rückgriffe auf traditionell höfische Formen; und wäre er ein König der Vergangenheit, so gilt dasselbe von der ausgiebigen Verwendung prophetischer Formen. Dieses Transzendieren alles menschlich Gegebenen und Bekannten ist eine Eigenschaft der weissagenden Rede.

Da das Prädikat „Knecht Jahwes" zu vieldeutig ist, so geht der Weg zu einem umfassenden Verständnis der Lieder nur über die Frage, welches Amt denn dem Knecht hier zuerkannt wird[35]. Daß er Träger

34. Über die metaphorische Redeform Deuterojesajas hat *J. Lindblom* ausführlich gehandelt, a. a. O. S. 75 ff.

35. Als Knechte Jahwes werden im AT bezeichnet: die Erzväter, Mose, David, Propheten, Hiob. Die Auffassung, daß Deuterojesaja an Kyros eine Enttäuschung erlebt und daraufhin den Ebedtitel auf einen ganz anderen, eben den Gottesknecht übertragen habe, scheitert schon an der Allgemeinheit dieses Titels. Hat Jahwe nicht viele Knechte? Aber diese psychologische Deutung überschreitet vor allem unsere exegetische Kompetenz. Wir sind außerstande, von einem Propheten, von dessen Humanum wir schlechterdings nichts wissen, so delikate psychologische Tatbestände zu erheben. Diese Deutung kann etwas Richtiges treffen; es kann sich aber auch ganz anders verhalten haben. *J. Hempel,* Vom irrenden Glauben, Z. f. s. Th. 1929/30. Auch *J. Begrich* setzt, wenn auch in anderer Hinsicht, bei Deuterojesaja ein Enttäuschungserlebnis voraus, a. a. O. S. 112 ff.

eines bestimmten, wenn auch noch so neuartig verstandenen Amtes ist, und nicht als eine Phantasiegestalt jenseits all der bekannten und herkömmlichen munera steht, darf von vornherein angenommen werden. Dann aber kommen nur zwei Möglichkeiten in Frage: entweder hat der Knecht eine königliche oder eine prophetische Funktion. Die Entscheidung kann u. E. nur im letzteren Sinne fallen[36]. Gewiß, es finden sich einige Aussagen, die wir als typische Königsprädikationen ansprechen müssen (wenn auch nicht so viele, wie manche meinen); aber wenn wir sie als gelegentliche Ausweitungen des herkömmlichen Prophetenbildes hinnehmen, sind sie ausreichend erklärt[37]. Die Grundfunktion des Königs, die herrscherliche, fehlt; die Grundfunktion, die das Prophetenbild damals konstituierte, die des Verkündigens und des Leidens, ist das Thema der Lieder. Kann denn das Amt, das dem Knecht in dem „Präsentationsorakel" Jes. 42$_{1}$ ff. zugesprochen wird, anders denn als ein prophetisches verstanden werden? Im zweiten Lied weist der Knecht als erstes auf seinen Mund, den Jahwe zum Schwert gemacht hat (Jes. 49$_{2}$), und im dritten versteht er sich — wiederum als erstes — als gehorsamen Sprecher und Offenbarungsempfänger (Jes. 50$_{4}$). Dafür, daß sich schon im 7. Jahrhundert das Prophetenbild nach der Seite des leidenden Mittlers gewandelt hat, haben wir genug Belege[38]. Wo aber sind solche für einen leidenden König?

Mit dieser Auffassung vom Amt des Knechtes ist nun freilich die andere Frage noch nicht entschieden, nämlich die, ob der Knecht als ein Individuum vorgestellt, oder ob nicht vielmehr das Volk Israel im ganzen in seinem weltgeschichtlichen Auftrag symbolisiert sei. Diese Deutung ist uralt; ja sie ist, wie die Interpolation von Jes. 49$_{3}$ und die Übersetzung von Jes. 42$_{1}$ in der LXX zeigen, die älteste Interpretation, die wir kennen[39]. Sie kann für sich geltend machen, daß Deuterojesaja die Bezeichnung „Knecht Jahwes" außerhalb dieser Lieder tat-

36. Diese Deutung vertritt sehr eindrucksvoll *S. Mowinckel*, He that Cometh (1956), S. 187 ff, 213 ff, 218 f. Ebenso auch *W. Zimmerli*, a. a. O. S. 666; anders *O. Kaiser*, Der königliche Knecht (1959).

37. Hierzu gehört vor allem die Präsentation durch Jahwe (Jes. 42$_{1}$ ff.), die Freilassung der Gefangenen (Jes. 42$_{7}$) und die Erhöhung des Knechtes vor den Königen, die den Mund verschließen (Jes. 52$_{13}$ f.). Eine bildliche Darstellung dieses besonderen höfischen Zeremoniells: Archiv für Orientforschung 1937/39, S. 21, Abb. 23 u. 24.

38. S. u. S. 284 ff.

39. Diese Kollektivdeutung war aber im Altertum keineswegs allein herrschend. Im palästinischen Judentum ist die individuell-messianische Deutung zu belegen, *J. Jeremias*, ThWBNT V S. 683 ff.

sächlich dem Volk Israel beilegt[40], ja daß überhaupt manches, was Deuterojesaja von Israel aussagt, in den Liedern auf den Knecht angewandt wird[41]. Und doch führt diese „kollektive Deutung" in unüberwindliche Schwierigkeiten. Der alte Einwand, daß der Knecht ja nach Jes. 49_{6} an Israel eine Aufgabe habe, besteht nach wie vor zu Recht. Außerdem hat die Übertragung einer so individuellen Gattung wie die der prophetischen Konfession (Jes. $49_{1\,ff}$; $50_{4\,ff.}$) auf eine Kollektivität etwas Gezwungenes. Vor allem aber ist es unmöglich, das kleingläubige, unwillige Israel bei Deuterojesaja mit dem willigen und ganz ergebenen glaubensstarken Knecht der Lieder zu identifizieren. Am wenigsten war das Leiden Israels nach der Auffassung Deuterojesajas ein so schuldloses (Jes. 40_{2}; 43_{24}; 50_{1}), wie es im letzten Lied von dem des Gottesknechtes ausgesagt wird. Trotzdem hat gerade die neuere Forschung gezeigt, daß auch mit einer extrem individuellen Auffassung nicht alles aufgeht, weil tatsächlich in einigen Punkten die Grenzen fließend sind. Man kann schon sagen, daß sich Israels Existenz vor Jahwe im Gottesknecht zu exemplarischer Gestalt verdichtet. Es bestehen also theologische Querverbindungen zwischen dem Knecht einerseits und Israel andererseits; von beiden sagt Jahwe, daß er sie erwählt habe (Jes. 42_{1}; 41_{8}), daß er sie festhalte (תָּמַךְ Jes. 42_{1}; 41_{10}), von Mutterleib an berufen habe (Jes. 49_{1}; 48_{12}). So sehr diese Gemeinsamkeiten bei der Auslegung bedacht werden sollen, — zu einer Verwischung und Verschleierung dürfen sie nicht führen: Der Knecht dieser Lieder ist eine mit einem universalen prophetischen Auftrag betraute Person. Aber welcher Zeit gehört sie an? Die Deutungen, die mit ihren zum Teil abschreckend zügellosen Phantasien auf irgendwelche Gestalten der Vergangenheit rieten, dürfen wohl als abgetan gelten; aber auch die längere Zeit beliebte Auffassung, der Knecht sei kein anderer als Deuterojesaja selbst, läßt zu viele Fragen offen, vor allem in bezug auf das letzte Lied. Diese biographische Deutung scheitert an einem besonders wichtigen Zug, über den die Auslegung allzulang hinweggegangen ist, weil sie die Lieder in einen für sie viel zu engen Rahmen gestellt hat: Die Aussagen der Lieder transzendieren doch auf Schritt und Tritt das Biographische ebenso wie alles im geschichtlichen oder gegenwärtigen Raum Mögliche. Das Bild von dem Gottesknecht, von seinem Auftrag an Israel und an der Welt und von

40. Jes. 41_{8}; 42_{19}; $44_{1,\,2,\,21}$; 45_{4}; 48_{20}.

41. S. *H. H. Rowley*, The Servant of the Lord (1952), S. 7 f, 49 f.

seinem sühnenden Leiden ist Weissagung und gehört, wie alles, was Deuterojesaja weissagt, in den Bereich der äußersten Wunder, die sich Jahwe vorbehalten hat.

Damit soll nicht bestritten sein, daß auch ein gerütteltes Maß von persönlichen Erfahrungen, die Deuterojesaja in seinem eigenen prophetischen Dienste gesammelt hat, in das Bild von dem Gottesknecht eingegangen ist; aber darum ist der Gottesknecht noch lange nicht mit Deuterojesaja gleichzusetzen. Ähnliches läßt sich von dem Leiden Jeremias und seinen Aussprachen mit Gott sagen; auch sie haben das Bild von dem Gottesknecht mitbauen helfen; und doch ist der Gottesknecht nicht Jeremia. Aber einem Traditionsstrom müssen wir nun doch eine besondere Bedeutung für die Entstehung dieser Lieder zuerkennen, nämlich dem von Mose, sonderlich wie er im Deuteronomium Gestalt gewonnen hat. Auch dieser Mose wird als Gottesknecht bezeichnet[42], ja er gilt im Deuteronomium als das Urbild eines Propheten; auch seine Aufgabe war es, den Stämmen Jakobs ihren endgültigen Lebensbereich zuzuweisen (Nu. 32_{33}; Jos. $13_{8,\,15\,ff}$; $14_{1\,f.}$). Auch er waltet mittlerisch zwischen Jahwe und Israel, er hat gelitten und hat seine Klage zu Jahwe emporsteigen lassen und ist schließlich stellvertretend für die Sünde des Volkes gestorben[43]. „Die Strafe lag auf ihm"; sind das nicht Züge, die alle beim Gottesknecht wiederkehren? Und nun bedenke man weiter, daß der Gottesknecht beauftragt ist, die Stämme Jakobs aufzurichten und die Bewahrten heimzubringen. Hier klingt die Botschaft von dem neuen Exodus an, bekanntlich eines der Hauptthemen Deuterojesajas. Fordert sie nicht geradezu die antitypische Weissagung von einem prophetischen Mittler, der in demselben Maß größer sein wird als Mose, als der neue Exodus den ersten überbieten wird? Von einem „zweiten Mose", von einem Moses redivivus

42. Mose wird im AT vierzigmal als Gottesknecht bezeichnet. Von diesen Belegen sind 11 nachdeuteronomisch (sie finden sich fast alle im chronistischen Geschichtswerk und stehen damit in Abhängigkeit von der deuteronomischen Phraseologie), nur 5 Belege sind vordeuteronomisch (Ex. 4_{10}; 14_{31}; Nu. $12_{7,\,8}$; 11_{11}). Die weit überwiegende Zahl der Belege fällt also auf das Deuteronomium und das dtr Geschichtswerk. Das kann für die Deutung der beinahe gleichzeitigen Texte vom deuterojesajanischen Gottesknecht nicht gleichgültig sein.

43. Dt. $3_{23\,ff}$; 4_{21}; $9_{9,\,18\,ff,\,25\,ff}$. S. Bd. I, S. 306 ff. Die Entsprechungen zwischen diesem Mosebild mit den Gottesknechtliedern hat man schon lange gesehen; besonders betont ist sie bei *J. Fischer,* Isaias 40—50 und die Perikopen vom Gottesknecht (1916), S. 191, 193; neuerdings besonders *A. Bentzen,* Messias, Moses redivivus, Menschensohn (1948), S. 49, 64. Vgl. auch *H.-J. Kraus,* Gottesdienst in Israel (1954), S. 116.

sollte man freilich nicht sprechen, aber doch von einem Propheten „wie Mose". Es besteht u. E. eine große Wahrscheinlichkeit, daß auch Deuterojesaja wie das Deuteronomium in einer Überlieferung stand, derzufolge man einen Propheten wie Mose erwartete[44]. Daß Deuterojesaja aus dem Deuteronomium geschöpft habe, soll nicht behauptet werden; wahrscheinlicher ist, daß beide aus einer ihnen vorgegebenen Tradition von Mose, von seinem Mittleramt und von dem kommenden Propheten geschöpft haben. Deuterojesaja hat freilich diese Überlieferung unvergleichlich reicher ausgestaltet. Das ungeheure Neue, das er — hinausgehend über alle bisherige Prophetie — brachte, war doch der geschichtsuniversale Horizont seiner Weissagung; und dieser neuen Dimension hat Deuterojesaja auch die ihm gewiß schon überkommene Überlieferung von dem kommenden Propheten angepaßt. Im Gegensatz zum Deuteronomium steht bei ihm die Weltbedeutung des prophetischen Mittlers im Vordergrund[45]. Besteht die Deutung des Gottesknechtes auf „einen Propheten wie Mose" zu Recht, dann würde sich auch die Lücke zwischen diesen Liedern und der übrigen Botschaft Deuterojesajas schließen, die man als so beunruhigend empfindet.

44. Es wird mir immer zweifelhafter, ob es richtig ist, die berühmte Stelle Dt. 18$_{18}$ im distributiven Sinne zu verstehen („je und je einen Propheten"). Vielleicht enthält sie doch die Verheißung eines neuen Mose. Aber auch wenn das herkömmliche Verständnis die Meinung des Satzes recht wiedergäbe, liegt es immer noch nahe, die Gottesknechtslieder mit dieser Erwartung in Verbindung zu bringen. Wie die Zusage der Dauer einer Institution aussieht, kann man an Jer. 33$_{17}$ sehen!

45. Abschließende Erwägungen über die Weissagung des Gottesknechtes s. u. S. 282 ff.

G. DAS NEUE IN DER PROPHETIE DER BABYLONISCHEN UND FRÜHPERSISCHEN ZEIT

1. Die Frage nach dem, was den drei großen Propheten der neubabylonischen und frühpersischen Epoche gemeinsam ist, wird schon vom zeitlichen Ablauf nahe gelegt. Hesekiel war ein jüngerer Zeitgenosse Jeremias; die beiden müssen sich gekannt haben, und als Hesekiels Weissagung erlosch (nach 571), kann Deuterojesaja schon gelebt haben. Vor allem aber verbindet sie dies, daß sie in der Epoche lebten, in der die chronische Krise, die sich seit dem Erwachen des Interesses der mesopotamischen Reiche für Palästina angebahnt hatte, in ihre spannendste akute Form übergegangen war. Daß sich Ereignisse von weltgeschichtlichem Format vorbereiteten, konnte um 600 in Jerusalem keinem verborgen bleiben; aber wer wußte, was Jahwe damit plante? Ja, war es denn so sicher, daß hier Jahwe noch die Führung in Händen hatte, wo mancherlei Zweifel die Sinnhaftigkeit des Geschichtswaltens Jahwes und wohl auch seine Macht in Frage gestellt hatten? Zephanja kennt Leute, die sagen, daß Jahwe „weder Gutes noch Böses tue" (Zeph. 1 12); sie waren wohl keine Gottesleugner, aber mit aktuellen Gottestaten rechneten sie nicht mehr; und als die Katastrophe hereingebrochen und auch die Oberschicht des Südreiches nach Babylonien abgeführt war, da war die Frage nach Jahwes Verhältnis zu seinem Volk vollends problematisch geworden. Ja, für viele schien sie damals schon im negativen Sinn beantwortet zu sein (vgl. Jer. 44 15 ff.). Insofern gehört also auch Deuterojesaja in die Epoche dieser akuten Krise, als er in einer Zeit, da andere Antworten für die Menschen damals wahrhaftig näher lagen, mit der Botschaft von Jahwes brennendem Interesse an Jerusalem hervortrat und mit der Weissagung, daß eben jetzt Jahwe ein Weltreich aufbieten werde, um sich zu seinem Volk zu bekennen und sich selbst in der Geschichte zu verherrlichen.

Andererseits muß man bei der Frage nach dem Gemeinsamen bedenken, daß die drei Propheten einer Zeit angehören, in der die Lösung der Menschen von den religiösen Bindungen noch sehr viel weiter vorgeschritten war. Dieser Prozeß ist auch an den Propheten dieser Zeit nicht spurlos vorübergegangen. Damit soll nicht gesagt sein, daß ihre prophetische Leidenschaft infolge der religiösen Aushöhlung ihrer Zeit schwächer geworden ist; aber doch dies, daß sich auch in ihrem Verhältnis zu den Glaubensüberlieferungen etwas gewandelt hat. Es war schon anderwärts davon die Rede, wie stark gerade in jener letzten Königszeit das Individuum sich aus der Kollektivität herausgelöst und nach seinem Recht gefragt hat[1]. So sind auch die Propheten dieser Epoche viel mehr Einzelne; sie sind in einem viel höheren Maße religiöse und schriftstellerische Individualitäten als noch Amos und selbst Jesaja es waren. M. e. W.: Das spezifisch Menschliche mit all seiner Problematik fordert nun einen viel größeren Raum. Demgemäß ist auch das Verhältnis dieser Propheten zu den sakralen Überlieferungen lockerer und mehr eklektizistisch. Wie eigenwillig konnten Hesekiel oder Deuterojesaja mit der altgeheiligten Überlieferung umgehen (vgl. Hes. 20; Jes. 55_{1} ff.)! Jeremia gilt allgemein als der in seiner individuellen Isolierung am weitesten Vorgeschrittene, so daß ihm gegenüber Hesekiel wiederum als viel traditionsgebundener erscheinen möchte. Und doch zeigt gerade Hesekiel in seiner so reichlichen Heranziehung sakraler Traditionselemente nicht nur den Wandel der Zeit im allgemeinen. Die Vermutung liegt nahe, daß Hesekiel dieser seiner Zeit sogar vorausgeeilt ist in der „modernen" Art seiner Interpretation und in der Betätigung seiner penetranten und ganz unarchaischen Rationalität, mit der er sich der Stoffe bemächtigt. Gerade bei Hesekiel ist es mit Händen zu greifen, daß er einer ganz anderen geistigen Welt angehört als die von ihm so vehement aktualisierten Überlieferungen selbst. Also erst von diesem Aspekt einer weit vorgeschrittenen Individualisierung der Propheten kann die Frage nach dem Gemeinsamen sachgemäß beantwortet werden.

Neu ist bei diesen Propheten — um bei einer äußeren Wahrnehmung zu beginnen —, daß ihre Verkündigung in formaler Hinsicht auf einer ungleich breiteren Basis steht als die der älteren Propheten. Das Bild von der prophetischen Überlieferung ist viel bunter geworden. Neben den herkömmlichen Gattungen (Botenspruch oder Völkerorakel) stoßen wir bei den Propheten unserer Epoche auf breit ausladende allegorische Dichtungen (Hes. 16; 23), auf einen theologischen Traktat (Hes. 18), auf einen Seelsorgebrief (Jer. 29), auf Zwiegespräche des Propheten mit Gott, auch auf umfangreiche monologische Klagen usw. Zweierlei

1. S. Bd. I, S. 403 ff. — Neben dem skeptischen Wort der Jerusalemer: „Es stimmt nicht mit dem Verfahren Jahwes" (Hes. $18_{25, 29}$; vgl. Bd. I, S. 404) steht doch das in Hes. 12_{22} zitierte: „Nichts ist's mit allen (prophetischen) Gesichten."

ist daran charakteristisch: Das prophetische Ich tritt jedenfalls bei Jeremia und Hesekiel mit einemmal ungleich stärker in den Vordergrund; das Buch Hesekiel ist ja fast als ein einziger großer prophetischer Selbstbericht stilisiert. Diese Männer sind tatsächlich in einem viel höheren Maße Individualitäten, sie sind isolierter und in ihrer geistig-theologischen Lebendigkeit mehr als ihre Vorgänger auf sich gestellt[2]. In demselben Maß waren sie auch in der Wahl des Ausdrucks, in der Formgebung ihrer Botschaften, aber auch in ihrem ganzen Verkehr mit Jahwe freier. Nichts ist dafür charakteristischer als die Tatsache, daß sie sich gelegentlich auch mit Beschwerden und Vorwürfen gegen Jahwe wenden konnten (Habakuk, Jeremia). Mit dieser individuellen Beweglichkeit hängt nun ohne Frage das andere eng zusammen, daß sich auch ihr Verhältnis zum Du, zu ihrem hörenden Gegenüber, gewandelt hat, denn es ist viel intensiver geworden. Ihre Botschaft geht viel mehr auf die religiöse Situation der Zuhörer ein, ja sie geht ihnen geradezu nach; d. h. also, daß diese Propheten viel mehr in einem inneren Gespräch mit ihnen stehen. Sie haben ja weithin mit kritischen, wenn nicht geradezu mit skeptischen Hörern zu tun und müssen, wenn sie überhaupt zu Gehör kommen wollen, sich darauf einstellen. Demgemäß ist also ihr Bemühen noch mehr darauf gerichtet, von ihren Zeitgenossen auch wirklich verstanden zu werden. Sie suchen Mißverständnisse auszuräumen, sie entfalten eine große Leidenschaft im Überreden und sind auf die Stringenz ihrer Argumente bedacht. Höhepunkte erreicht diese Bemühung etwa in den Diskussionsworten Deuterojesajas oder in seinem theologisch breit fundierten Weissagungsbeweis (Jes. $41_{26\,f}$; $43_{9\,f}$; 48_{14}). Damit ist gesagt, daß die Verkündigung dieser Propheten sehr stark von der theologischen Reflexion ihr Gepräge empfing. Es ist gewiß kein Zufall, daß sich erst bei den Propheten dieser Epoche ein Bemühen erkennen läßt, das Phänomen des Wortes Jahwes nach der Seite des Grundsätzlichen hin zu bestimmen und deutlich zu machen. Man merkt, wie sie sich nicht nur mit den einzelnen Worten beschäftigen, die sie jeweils auszurichten haben, sondern mit dem Phänomen der Jahweoffenbarung im allgemeinen. Je-

2. Die unmittelbare Folge dieser Individualisierung der Prophetie war die Häufung der Kollisionen mit solchen, die die Lage ganz anders ansahen und die wir „falsche Propheten" nennen. In demselben Maß, in dem diese Vereinzelung fortschritt, mußten sich die Kollisionen unter den Propheten steigern. Erst in dieser Epoche trat das latente Problem der Autorität des prophetischen Wortes in seine letzte Schärfe.

remia nennt „das“ Wort Jahwes, im Zusammenhang einer durchaus theoretischen Erwägung über den Wert der Offenbarungsformen, einen Hammer, der Felsen zertrümmert, und konfrontiert es mit der weniger gewichtigen Traumoffenbarung (Jer. 23$_{28}$ f.). Eine unverkennbar theoretisch-theologische Note haben auch die Aussagen Deuterojesajas über das Wort Jahwes. Die Art, wie ihm die Erfahrungswelt auseinanderfällt in zwei Bereiche, hat fast etwas Schematisches: Auf der einen Seite steht die Welt des „Fleisches“ mit der Hinfälligkeit ihrer Abläufe; auf der anderen steht das Wort Jahwes, das allein schöpferisch ist und Heil wirkt (Jes. 40$_{6-8}$; 55$_{10}$ f.). Im Zuge dieser nicht mehr zu überbietenden Schätzung des Jahwewortes wuchs natürlich das Selbstbewußtsein dieser Propheten: Sie, als die Träger und Sprecher dieses Wortes, haben geradezu eine Schlüsselstellung zwischen Jahwe und seiner Weltlenkung.

2. Ein zentraler Gegenstand ihrer Reflexion war die „Gerechtigkeit“ Gottes, d. h. die Frage nach der Verwirklichung der Bundestreue Jahwes; eine Frage, die eben nicht nur den Zeitgenossen zur schweren Anfechtung geworden war, sondern die auch die Propheten nicht mehr so beantworten konnten, wie sie vom älteren Israel beantwortet worden war. Bei Habakuk waren es die übermächtigen politischen Gewalten, deren Willkür und Anmaßung Zweifel darüber aufkommen ließen, ob Jahwe seinem Volk noch gnädig war. Jeremia und Hesekiel sahen dasselbe Problem von einer anderen Seite: Wie verwirklicht sich Jahwes Heilswillen am Einzelnen? Liefert sein Walten nicht den Beweis, daß er den Einzelnen nicht beachtet und sich weder um das Maß seiner Verschuldung noch um seine Hingabe und seinen Gehorsam kümmert? Hat dieses Walten Jahwes für den Glauben eine Logik? Niemand wird sich darüber wundern, daß die Antworten der Propheten auf dieses schwere Zeitproblem nicht nach einem Rezept erfolgen; es waren ja auch die Fragen von Fall zu Fall verschieden formuliert. Auf den Vorwurf, daß Jahwe in pauschalen Gerichten die Generationen vereinerleie, antwortet Hesekiel mit der schroffen Gegenthese, daß jeder Einzelne unmittelbar zu Gott sei und daß Jahwe mit höchstem Interesse dem Einzelnen und seinen Entscheidungen zugewandt sei, weil er ihn am Leben erhalten will (Hes. 18). Mit diesen Sätzen hat Hesekiel das alte Kollektivdenken hinter sich gelassen. Wie modern, wie revolutionär gibt sich hier der Prophet, der zugleich so stark in sakralen Ordnungen denkt! Auch Jeremia ist der Rede von der Schuld der Väter begegnet, die die Nachkommen zu tragen hätten, und auch

er hat ihr eine radikal individuelle Auffassung entgegengestellt (Jer. 31 29 f.). Anders war der Bescheid, den Habakuk und Jeremia auf die Warumfrage erhalten haben. Während sich Hesekiel nicht gescheut hat, da, wo es sich um die verantwortliche Entscheidung des Einzelnen handelte, von einer klaren Logik des göttlichen Waltens zu sprechen, ist der Bescheid auf die Frage nach dem Warum so großer und so unbegreiflicher Leiden bei Habakuk und bei Jeremia merkwürdig verschlüsselt, ja dunkel, so daß man den Eindruck hat, als zöge sich Jahwe vor der andringenden Frage eher noch tiefer in seine Verborgenheit zurück. Jedenfalls darin gleichen sich die beiden Bescheide, daß sie auf die Warumfrage keine Antwort geben, sondern einen Horizont von noch größeren Leiden und Anfechtungen sichtbar machen. Jeremia muß sich sagen lassen, daß er ja noch ganz am Anfang steht und daß ihn Jahwe nicht brauchen kann, wenn er schon „im sicheren Lande" verzagt (Jer. 12 5). Während sich dieser Gottesspruch darauf beschränkt, den Blick des Angefochtenen auf größere Probleme und Leiden zu richten, ist der, den Habakuk empfing, tröstlicher, weil er von der Verheißung spricht, die dem Durchhalten der Treue (אֱמוּנָה) des Gerechten gilt (Hab. 2 4).

Aber noch in anderer Hinsicht war den Menschen dieser Zeit das Verhältnis Jahwes zu Israel fraglich geworden. Nicht nur Jahwes צְדָקָה war ihnen zum Problem geworden; es muß damals Kreise gegeben haben, die, je länger je mehr, überhaupt daran zweifelten, ob das von Jahwe angebotene Bundesverhältnis von Israel, also vom menschlichen Partner, durchgehalten werden könne, denen also das, was wir Heilsgewißheit nennen, durch den Zweifel an der Möglichkeit der menschlichen צְדָקָה erschüttert wurde. Damit kommen wir zu den Anfechtungen, auf die Jeremia mit seiner Botschaft von dem neuen Bund und Hesekiel mit der von den neuen Herzen geantwortet haben. Aber hier soll es nun zunächst mehr um die großen theologischen Zusammenhänge gehen, in die sie gehören. Jeremia und Hesekiel waren nämlich in dieser Sache keineswegs einsame Rufer in der Wüste. Im Gegenteil, es läßt sich unschwer zeigen, wie aufgepflügt das religiöse Denken — mindestens gewisser Kreise — in jenen Jahren war und wie es sich konzentriert zu haben scheint auf die Frage nach dem Bund, nach seiner Glaubwürdigkeit und seiner Tragkraft. Hier wäre zunächst das Deuteronomium zu nennen und die Kreise, die ihm seine letzte aktuelle Gestalt gegeben haben; denn dieses Deuteronomium ist ja der Entwurf einer weitausladenden Bundestheologie, und zwar einer Theologie, deren einziges Bestreben darauf gerichtet ist, ihre Gültigkeit eben für diese Zeit, für hier und jetzt, glaubhaft zu machen. Sie schlägt einen ungeheuren Bogen von Mose und dem Sinaiereignis bis in ihre eigene Zeit und ruft diesem späten Geschlecht zu: Jetzt ist die angenehme Zeit, jetzt ist der Tag des Heils! Vor allem wären hier noch einmal die beiden Stellen Dt. 5$_{2\,f}$; 29$_{4\,ff.}$ zu erwähnen, die schon anderwärts herangezogen werden mußten, weil sie deutlicher als alles andere das Bemühen zeigen, die „Gleichzeitigkeit" des Sinaibundes der damaligen Zeit glaubhaft zu machen. Wohl vernehmen wir in der Emphase des deuteronomischen Heilsangebotes auch einen Unterton der Sorge, es könnte Israel diesen Ruf, der tatsächlich etwas Ultimatives hat (Dt. 30$_{15\,ff.}$), überhören; aber es lebt in ihm doch die Zuversicht, daß Israel, wenn es auf die Stimme Moses hört und wenn es den Geboten gehorsam ist, „Leben" haben wird.

3. Einige Jahrzehnte nach der großen Stunde des Deuteronomiums unter dem König Josia ist die deuteronomistische Geschichtsschreibung entstanden. Diese gewaltige geschichtstheologische Konzeption beschäftigt sich zwar nicht in sonderlicher Weise mit dem Bundesproblem, aber sie rechnet mit faszinierender theologischer Präzision vor, daß Israel mit seinen Königen allein an Jahwe und seinen Geboten gescheitert ist. Nirgends ist diese niederschmetternde Erkenntnis so gültig ausgesprochen wie in dem Wort, das dem Josua anläßlich des Landtags zu Sichem in den Mund gelegt ist und mit dem er die Bereitschaftserklärung Israels, Jahwe zu dienen, wie mit einem Hammer niederschlägt:

> „Ihr könnt ja Jahwe gar nicht verehren, denn er ist ein heiliger und ein eifriger Gott" (Jos. 24$_{19}$).

Dieses Wort — es steht ja im Hexateuch völlig vereinzelt ! — muß aber ebenso wie das Fazit der deuteronomistischen Geschichtsschreibung mit den Erkenntnissen der Propheten, sonderlich denen Jeremias und Hesekiels, in irgendeinem Zusammenhang stehen; es liegt ja bereits auf der Linie des Jeremiawortes von dem Mohren, der seine Haut nicht wandeln kann (Jer. 13$_{23}$), und auch des Menschenverständnisses Hesekiels. So wie Hesekiel hatte ja noch niemand in Israel die Unfähigkeit des Menschen, mit Gott zu leben und ihm zu gehören, erkannt. Die Art, wie er die Heilsgeschichte als eine Kette von völlig mißglückten Versuchen Gottes darstellt (Hes. 20), grenzt ans Blasphemische und berührt sich ebenfalls mit dem Wort Jos. 24$_{19}$.

Aus alledem wird deutlich, daß sich in dieser Zeit und besonders bei den Propheten dieser Zeit in der Erkenntnis des Willens Jahwes etwas tiefgreifend Neues ereignet hatte. Die gegenüber den älteren Propheten veränderte Lage wird schon daran erkennbar, daß sich Jeremia und Hesekiel diesen Willen (und zwar das an Israel gerichtete Willensganze) begrifflich verobjektivieren, indem sie summarisch von der Tora Jahwes oder von „den" Satzungen reden[3]. In dem Maße nun, in dem sie nicht mehr nur einzelne Übertretungen an Hand einzelner Gebote richten, sondern Israel an dem Willensganzen Jahwes messen, in demselben Maße haben sie die totale Unfähigkeit Israels zum Gehorsam erkannt. Für diese Propheten lag das schwerste Problem auf dem Gebiet des Anthropologischen: Wie können dieses „Haus der Widerspenstigkeit", diese Menschen „starren Gesichts und harten Herzens" (Hes. $2_{3f.}$), die sich so wenig wandeln können wie ein Mohr seine Farbe (Jer. 13_{23}), wie können sie Jahwes Volk sein? Hier also sind Jahwes Gebote zum richtenden und vernichtenden Gesetz geworden. Man kann diesen Umschlag an einem prophetischen Text erkennen, der ungefähr aus dieser Zeit stammen könnte. Er gibt sich in der Form einer Torliturgie, d. h. jenes Frage- und Antwortzeremoniells, das beim Eintritt in den Bezirk des Heiligtums begangen wurde[4]. Aber die herkömmliche Frage lautet jetzt ganz anders: Sie ist fast zur rhetorischen Frage geworden, die sich „die Sünder" selbst beantworten:

> „Wer kann weilen bei dem fressenden Feuer?
> Wer kann weilen bei den ewigen Gluten?" (Jes. 33_{14}).

Was ehedem liturgisches Zeremoniell war, das ist zum unlösbaren Problem geworden[5]!

Um die Antwort zu verstehen, die die Propheten auf dieses schwerste Problem ihrer Zeit gegeben haben, müssen wir uns noch einmal die Auffassung von Jahwes Bund mit Israel vergegenwärtigen, wie sie in großer Klarheit und Eindringlichkeit vom Deuteronomium vorgelegt wird: Das von Mose angeredete Israel war doch faktisch das Israel der späten Königszeit. Es war das Israel Josias, das nach der Fiktion

3. Charakteristisch für diese summarische Heranziehung „der" Tora sind etwa Jer. 6_{19}; 8_{8}; 9_{12}; 16_{11}; 31_{33}; 32_{23}; Hes. 5_{6}; $11_{12, 20}$; $18_{5\,ff}$; $20_{5\,ff}$; 36_{27}. Bei einigen dieser Belege ist allerdings die deuteronomistische Prägung der prophetischen Worte in Rechnung zu setzen.

4. S. Bd. I, S. 389 f.

5. Auf ein anderes Beispiel dieser prophetischen Radikalisierung hat W. *Zimmerli* hingewiesen, ZAW 1954 S. 24 f.

des Deuteronomiums eben vom Bundesschluß mit Jahwe herkam und das der Erfüllung der großen Zusagen Jahwes noch entgegensah; dieses Israel war noch gar nicht zur Ruhe gekommen, d. h. die Einlösung des großen Heilsversprechens Jahwes stand noch aus[6]. Vergleicht man diese theologische Grundkonzeption des Deuteronomiums mit der Weissagung Jeremias vom neuen Bund, so muß einerseits auffallen, wie nahe ihr das Deuteronomium kommt. Auch das Deuteronomium blickt hinaus in die Zukunft, auf einen Zustand, in dem Israel, den Geboten gehorsam, im verheißenen Lande leben wird. Besonders hinsichtlich der Wunderlosigkeit der äußeren Lebensbedingungen dieses zukünftigen Israels decken sich die Vorstellungen des Deuteronomiums und Jeremias völlig. Israel wird nach dem Deuteronomium als ein wirkliches Volk die natürlichen und geschichtlichen Segnungen Jahwes genießen (מְנוּחָה, בְּרָכָה). Nach Jeremia wird Jerusalem wieder aufgebaut; man wird wieder kaufen und verkaufen, man wird wieder Wallfahrten veranstalten, und in den Ortschaften wird man wieder das Lachen fröhlicher Menschen hören (Jer. 24$_{5}$ ff; 33$_{4}$ ff; 30$_{18}$ f.); das entspricht Zug um Zug dem Bild des Deuteronomiums bis hin zu der deuteronomischen Aufforderung, fröhlich zu sein (Dt. 12$_{7, 12, 18}$; 14$_{26}$; 16$_{11}$ u. ö.). Nur in einem Punkt besteht ein Unterschied; darin nämlich, daß Jeremia von einem neuen Bund spricht, während das Deuteronomium an dem alten Bund festhält, indem es dessen Gültigkeit bis an die Grenze des theologisch Möglichen hin auf die Gegenwart der späten Königszeit ausdehnt. Dieser Unterschied trifft nun freilich das Entscheidende der prophetischen Botschaft; denn bei Jeremia gründet sich alle Zuversicht auf die Erwartung einer neuen Heilstat, mit der Jahwe den Sinaibund überbieten, während das Deuteronomium darauf hofft, daß Jahwe die Verheißungen des alten Bundes verwirklichen werde. Dieser Unterschied ist merkwürdig, denn er geht sehr tief. Er muß damit zusammenhängen, daß dem Deuteronomium, wie wir sahen, der Gehorsam Israels noch gar nicht zum Problem geworden ist[7], während die Weissagungen Jeremias und Hesekiels gerade von der Erkenntnis der totalen Unfähigkeit Israels zum Gehorsam ausgehen.

Wir sahen nun freilich, daß dieses von Jeremia erwartete Neue nicht den ganzen Sinaibund nach allen seinen Inhalten veralten läßt. Jeremia hat nicht erwartet, daß Jahwe sein Verhältnis zu Israel auf

6. S. Bd. I, S. 244.
7. S. Bd. I, S. 243.

eine schlechterdings neue Basis stellen werde. Das Neue ist etwas Partielles, denn an dem Angebot des göttlichen Partners an Israel, Jahwes Volk und den Geboten gehorsam zu sein, hat sich bei Jeremia nichts geändert, und in dieser Hinsicht erwartet er, wie gesagt, nicht mehr und nicht weniger als das Deuteronomium von seiner Aktualisierung des Sinaibundes. Das Neue wird sich allein im Bereich des Anthropologischen ereignen, nämlich in einer Wandlung des menschlichen Herzens. Hesekiel ist in seiner Perikope von der inneren Erneuerung Israels schwerlich unmittelbar von Jeremia abhängig; seine Begrifflichkeit wäre wohl nicht so eigenständig, wenn sie direkt aus Jer. 31$_{31 \text{ ff.}}$ entnommen wäre. Um so wichtiger ist es, daß er mit dem Ziel seiner Aussagen in Hes. 36$_{25 \text{ ff.}}$ ziemlich genau mit Jeremia zusammentrifft, nur daß er den Vorgang der anthropologischen Erneuerung noch wesentlich präziser und eingehender beschreibt. Jahwes erneuerndes Werk am Menschen zerlegt sich ihm — darin geht er über Jeremia hinaus — in eine ganze Folge von einzelnen Akten: Die Verheißung einer Reinigung Israels von allen seinen Sünden, die bei Jeremia erst am Ende und nur in Gestalt eines Nebensatzes anklingt, eröffnet die Reihe der göttlichen Taten. Dann wird Jahwe das steinerne Herz entfernen und Israel ein fleischernes Herz eingeben, und endlich — was das meiste — wird er ihm seinen Geist eingeben und dadurch Israel in den Stand setzen, die göttlichen Gebote zu halten[8]. Übrigens spricht auch Deuterojesaja von einem neuen Bund, den Jahwe mit Israel schließen wird. Die futurische Aussage in Jes. 55$_3$ läßt deutlich erkennen, daß es sich nicht um die Aktualisierung eines schon bestehenden Bundes handelt. Hier ist es der Davidbund, der in seiner neuen Form dem ganzen Volk gelten und dieses Volk verherrlichen wird (Jes. 55$_{3 \text{ ff.}}$). Geht Deuterojesaja gegenüber Jeremia und Hesekiel auch einen eigenen Weg, so sieht man doch, wie sehr in dieser ganzen Zeit das Bundesproblem die Menschen beschäftigt hat und wie sich von ihm auch die Propheten zur Stellungnahme aufgerufen sahen.

Jedoch das bestürzend Neue, das die Botschaft Jeremias, Hesekiels und Deuterojesajas für ihre Zeitgenossen haben mußte, ist damit immer noch nicht in seiner revolutionierenden Tragweite umschrieben. Das Adjektiv „neu" in Jer. 31$_{31}$ enthält ja ein negatives Urteil über die Heilsordnungen, auf die sich Israel bisher gründete, so schroff, wie es bisher, soweit wir sehen, noch nie ausgesprochen wurde; denn es wurde

8. Zur Auslegung von Hes. 36$_{26 \text{ ff.}}$ s. o. S. 244 f.

von ihm die Gültigkeit des Heilsgrundes, auf den sich das damalige Israel berief, auf der ganzen Linie bestritten. Diese Propheten haben die Blickrichtung des Glaubens — man möchte sagen um 180 Grad — verändert. Die Heilskraft der alten Ordnungen ist erloschen; Heil kann Israel nur in neuen zukünftigen Heilssetzungen Jahwes finden. Indessen, diese Botschaft von dem Ende des bisherigen und diese Hinwendung auf ein zukünftiges Jahwehandeln war an sich nicht neu; sie findet sich auch bei den Propheten des 8. Jahrhunderts[9]. Aber bei den Propheten unserer Epoche ist die Kluft zwischen dem Alten und dem Neuen viel tiefer geworden; der Neueinsatz des zukünftigen Heilsgeschehens ist markanter, ja geradezu mit polemischer Schärfe abgesetzt von dem Ende des bisherigen; man denke nur an Sätze wie: „nicht wie der Bund war, den ich mit den Vätern schloß" (Jer. 31_{32}), oder an das: „gedenket nicht des Früheren!" (Jes. 43_{18}) oder an den Hinweis auf eine Zeit, in der das Bekenntnis: „so wahr Jahwe Israel aus Ägypten geführt hat", abgetan sein wird (Jer. 23_{7}). In diesen Zusammenhang fügt sich auch das Wort über die Lade bei Jeremia aufs beste ein (Jer. $3_{16\,f.}$). Man hat damals offenbar erwogen, eine neue Lade anzufertigen. Aber Jeremia weist das schroff zurück, denn vor seinem Auge steht eine Zeit, da „man nicht mehr sagen wird: Die Lade des Bundes Jahwes"; man wird ihrer nicht mehr gedenken oder gar sie neu anfertigen; denn nicht die Lade, sondern Jerusalem wird man „Thron Jahwes" nennen. Bedenkt man, daß die Lade seit Jahrhunderten die sakrale Mitte der Gottesdienste Israels war, so wird wieder die heilsgeschichtliche Kluft sichtbar, die zwischen dem Vergangenen und dem Kommenden liegt. Darin, aber auch in der Phrase von dem „nicht mehr gedenken" berührt sich das Wort mit dem von Jes. 43_{18}. Auch von Jerusalem heißt es, daß Jahwe es „noch einmal erwählen wird" (Sach. 1_{17}). Hierher gehört endlich wohl auch die (nichtjesajanische) Weissagung Jes. 11_{11}, derzufolge Jahwe „ein zweites Mal" zu einer „Erlösung" seines Volkes (wie damals aus Ägypten) seine Hand erheben wird. Wer unter ihren Zuhörern konnte den Propheten bei solchen Aussagen, die blasphemisch das Heiligste bestritten, noch folgen? Aber die, die so sprachen, waren in einem Eifer Jahwe ergeben und sprachen in einem Ernst und einer Glut von Jahwe, wie niemand sonst in ihrer Zeit.

Es muß das eine jener Zeiten gewesen sein, in der eine ganze Generation von einem merkwürdig einheitlichen Geschichtsgefühl beherrscht war: Wir stehen an einem Ende. Etwas Großes ist unwiederbring-

9. S. o. S. 191 f.

lich abgelaufen. Ist das nun ein endgültiges Ende? Kann es überhaupt einen Neuanfang geben?

Die Propheten geben diesem Gefühl zunächst recht. Auch sie reden von einem tiefen Bruch in dem Geschichtshandeln Gottes mit Israel, von einem Bruch, in dessen Tiefe der Tod des Gottesvolkes lag (Hes. 37). Der theologische Ort, den sie ihren Zuhörern und Zeitgenossen angewiesen haben, war gerade jene Todeszone, in der sie von dem Heil der alten Setzungen nicht mehr erreicht wurden und in der ihnen nichts anderes blieb, als ihre ganze Existenz hinauszuwerfen in das zukünftige Heilshandeln, das sich eben am Horizont der Geschichte zu offenbaren begann. Sie dazu zu bewegen, mit allen Mitteln der Lockung, der Tröstung oder auch der theologischen Argumentation ihren Kleinglauben und ihre Skepsis zu überwinden, das war doch die Aufgabe, zu der sich etwa Deuterojesaja aufgerufen sah. Keiner unter den Propheten dieser Epoche hat so pauschal, so geschichtstheoretisch die Kluft zwischen dem Alten und dem Neuen, also dem Kommenden aufgerissen wie er (Jes. 41$_{22}$; 42$_{9}$; 43$_{9, 18f}$; 44$_{6-8}$; 45$_{21}$; 46$_{9-11}$; 48$_{3-6}$). Und doch spürt jeder hinter dieser scheinbar unüberbrückbaren Kontrastierung einerseits des „Früheren" andererseits des „Neuen" (das schon wie junges Grün „sproßt"! Jes. 42$_{9}$; 43$_{19}$) die schwere Frage nach der Kontinuität der Geschichte Gottes mit Israel, die doch mit dem Gottesgericht über Juda und Jerusalem im Jahre 587 ihr Ende erreicht zu haben schien. Letztlich ging es doch um die Frage, ob sich die Zeitgenossen dieses Propheten überhaupt noch als das Israel verstehen konnten, das einmal von Gott ins Leben gerufen war. Gottes Geschichte mit seinem Volk lief doch nicht automatisch weiter, nachdem sie einmal begonnen hatte. Tatsächlich scheint Deuterojesaja die Frage nach der Kontinuität der Gottesgeschichte auf den ersten Blick eben durch seine schroffe Entgegensetzung von dem „Früheren" und dem „Neuen" zu verneinen. Aber schon die Tatsache, daß er dauernd mit dem „Früheren" argumentiert, daß er der Aussage der früheren Geschichte bedarf, weil auch sie geweissagt und eingetroffen war, zeigt doch, daß er die Frage nach der Kontinuität nicht einfach verneint. Es wäre also falsch, bei Deuterojesaja und den anderen Propheten dieser Epoche, von einem völligen Abbruch der Heilsgeschichte, von einem Auseinanderfallen in zwei beziehungslose Teile zu sprechen; denn das Neue wird sich nach der Weissagung dieser Propheten ganz nach dem Modell des Alten ereignen, als ein neuer Exodus, ein neuer Bund, ein neuer David usw. Das Alte wiederholt sich also;

es ist im Neuen gegenwärtig in der rätselhaften Dialektik von gültig und abgetan. Den Propheten liegt offenbar sehr viel an dieser typologischen Entsprechung, denn sie arbeiten diese allenthalben bei ihren Weissagungen heraus, wobei sie freilich mit Beflissenheit dem Moment der Steigerung, des Überbietenden Raum geben. Der neue Bund wird besser sein, der neue Exodus sich herrlicher ereignen als der erste, und der eschatologische Gottesknecht wird tiefer, aber darum auch wirksamer leiden, als Mose gelitten hat.

4. Merkwürdig verhält es sich bei den Propheten dieser Epoche mit der Davidsverheißung, also mit dem messianischen Vorstellungskreis. Auch bei ihnen erscheint er noch reinlich gesondert von der Verkündigung, die auf anderen Überlieferungen ruht. Das fällt uns auf, denn wer käme etwa bei der breit ausladenden Zukunftsschau von Hes. $36_{16\,ff.}$ auf den Gedanken, daß derselbe Prophet noch einen ganz anderen Aspekt in die Zukunft zu eröffnen weiß, nämlich den einer messianischen (Hes. 17_{22-24}; $34_{23\,f}$; $37_{24\,f.}$)? Trotz ihrer erstaunlichen Freiheit in der Aktualisierung der alten Überlieferung, einer Freiheit, die weit über das hinausgeht, was noch den Propheten des 8. Jahrhunderts möglich war, laufen auch bei ihnen noch die Traditionsströme der Exodus-Landnahme- und der Davidüberlieferung getrennt nebeneinander her. Das Bedürfnis, sie zu einer Schau zu verbinden, das uns so nahezuliegen scheint, haben sie nicht verspürt.

Aber mit der messianischen Hoffnung in dieser Epoche der Prophetie hat es noch eine besondere Bewandtnis, denn diese Propheten sahen das davidische Königtum in seiner damaligen Erscheinungsform schon von der geschichtlichen Bühne verschwinden. Den nächsten Rechtsnachfolger der Davididen, Gedalja, hat Jeremia noch erlebt (Jer. 40 f.). Der aber war vom babylonischen Großkönig eingesetzt. Dessen Weltherrschaft war aber nach Jeremia keineswegs eine angemaßte. Vielmehr hatte Jahwe selbst die Weltherrschaft an Nebukadnezar delegiert, und auch die Judäer mußten sich ihr unterstellen (Jer. 27_6). Mit der eigenstaatlichen Souveränität Judas und seines Königs war es nun vorbei. Man versteht, daß damit die messianische Erwartung in eine schwere Krise treten mußte. Wie war denn die Weltherrschaft des Babyloniers oder des Kyros (2. Chron. 36_{23}) mit derjenigen zu vereinen, die seit alters den Davididen zugesprochen wurde (Bd. I, S. 331 ff.)? Wenn Jahwe die Weltherrschaft — und zwar, wie es in Jer. 27_7 ausdrücklich heißt — auf Zeit einem Weltreich anvertraut, bis auch dessen Rolle ausgespielt ist, so war damit neben die messianische eine völlig neue

Geschichtskonzeption getreten. Hier haftet das Interesse viel weniger an einzelnen Herrschergestalten als an den Weltreichen und deren Abfolge. Man weiß, daß diese Geschichtskonzeption später in der Apokalyptik zu größter Form entfaltet wurde (vgl. Dan. 2; 7). Die einfachste Konsequenz hat wohl Deuterojesaja gezogen, denn er hat die messianische Überlieferung dadurch völlig uminterpretiert, daß er die Zusagen des Davidbundes auf das Volk übertrug[10]. Anders verfuhren Jeremia und Hesekiel. Um ihre messianische Verkündigung zu verstehen, muß man wissen, daß es in der Zeit zwischen 597 und 587 zu einer Unklarheit in der Frage der Legitimität des Herrschers kam[11]. War der verbannte Jojachin oder war Zedekia der legitime König? Sowohl Jeremia wie Hesekiel wenden sich gegen alle Hoffnungen, die sich noch an vorhandene Möglichkeiten knüpfen mochten[12]. Beide rechnen mit dem völligen Ende der bisherigen Daviddynastie. So ist also auch hier der Bruch viel tiefer geworden, als ihn noch Jesaja vorausgesehen hatte, denn der Zusammenbruch des Davidhauses ist zunächst ein endgültiger. Das Leichenlied, das Hesekiel über die Davididen singt (Hes. 19), sagt deutlich, daß das Bestehende im Tod untergehen wird. Angesichts dieser Tatsache will es bedacht sein, daß Jeremia und besonders Hesekiel trotzdem von einer messianischen Zukunft gesprochen haben. Bedenkt man das Endgültige des Todesaspektes, auf dem Hesekiel so unerbittlich besteht, und bedenkt man die Dauer, die Jeremia der jetzigen Weltordnung zuerkennt (Jer. 25_{11}; 29_{10}), so wird man hier — wieder im Unterschied von der Prophetie des 8. Jahrhunderts — nicht mehr von einer Naherwartung, sondern eher von einer messianischen Fernerwartung sprechen müssen.

5. Zum Verständnis der Verkündigung Deuterojesajas vom Gottesknecht muß in dieser Zusammenfassung noch einiges nachgetragen werden[13]. Es läßt sich nämlich zu der Entstehung des ins Übermenschliche tendierenden Bildes von dem leidenden Gottesknecht immerhin einiges wenige sagen; denn es steht doch nicht so isoliert in der prophetischen Botschaft, wie es zunächst scheinen möchte. Wir gehen dabei

10. S. o. S. 250.

11. Vgl. hierzu *A. Malamat*, Jeremiah and the Last Kings of Judah, Palestine Exploration Quarterly 1951 S. 81 ff; *M. Noth*, Die Katastrophe von Jerusalem im Jahre 587 v. Chr. und ihre Bedeutung für Israel, Ges. Studien² S. 346; *K. Baltzer*, Das Ende des Staates Juda und die Messiasfrage, in: Studien zur Theologie der alttestam. Überlieferungen (1961), S. 33 ff.

12. Vgl. dazu etwa Jer. 22_{24-30}.

13. Zur Auslegung der Gottesknechtlieder s. o. S. 260 ff.

von unserer Feststellung aus, daß das Amt dieses Gottesknechtes offensichtlich ein prophetisches ist. Er ist Verkündiger des göttlichen Willens und mit einem mittlerischen Dienst betraut, den man ebenfalls nur als prophetisch bezeichnen kann. So wenig wir von Deuterojesaja wissen, so wird man doch sagen dürfen, daß die Darstellung von dem Amt des Gottesknechtes in besonderem Maße in seine Zuständigkeit fallen mußte; denn es war ja sein eigenes Amt, das er in größter Form darzustellen hatte; es waren ja seine Erfahrungen und Leiden, aus denen heraus er das ungeheure Bild dessen zu gestalten hatte, der größer war als er[14]. Die Zeiten waren ja vorbei, da das Prophetsein etwas so Indiskutables und Selbstverständliches war, da man weissagte, weil Jahwe geredet hatte[15]. In der Zeit, der Jeremia, Hesekiel und Deuterojesaja angehörten, war das prophetische Amt selbst ein Gegenstand der theologischen Reflexion geworden. Konnten wir oben sagen, die Verkündigung der Propheten des 8. Jahrhunderts sei in gewissem Sinne als ein kontinuierliches Gespräch mit der Überlieferung zu verstehen[16], so gilt das gewiß auch noch für die Propheten der babylonischen und frühpersischen Epoche, nur mit dem Unterschied, daß dieser Überlieferung inzwischen noch ein neuer Gegenstand zugewachsen war: ein Stock von Erfahrungen, aber auch von Problemen, der sich von Generation zu Generation als wachsende Last an das Amt und die Träger des Amtes geheftet hatte. Es wird sich hier um eine Tradition eigener Art gehandelt haben, die sich eigentlich unter ungünstigen Verhältnissen gebildet hat; denn die Propheten, von denen hier die Rede ist, sind nach unserer festen Überzeugung als ein freier Stand anzusehen und nicht als formell beamtete Männer. Aber daß es in der letzten Königszeit eine solche Tradition vom prophetischen Amt gegeben hat, die ihrerseits dann auch wieder die Propheten dieser Epoche geformt haben wird, dafür ist der beste Beweis das Vorhandensein eines einigermaßen geschlossenen — ja beinahe schon typisierten — Bildes vom Propheten, das in verschiedenen zeitgenössischen Fassungen begegnet.

Etwas vom Wichtigsten, das sich bei den Propheten unserer Epoche ereignet hatte, war der Einbruch des prophetischen Amtes in den per-

14. Als ein Beispiel für den entgegengesetzten Fall, daß ein Prophet auf Grund des Fehlens bestimmter Voraussetzungen an der Ausgestaltung eines traditionellen Stoffes versagte, könnte man Jer. 23$_5$ f. nennen. Es ist Jeremia nicht gelungen, die messianische Überlieferung in einer seiner Prophetie gemäßen Weise zu beleben. S. o. S. 199 f, 227 f.

15. Zu Am. 3$_7$ f. s. o. S. 66 f.

16. S. o. S. 183 ff.

sönlich-innerlichen Bereich des Propheten. Auch hier wird man sich hüten, den Unterschied von der älteren Prophetie ins Grundsätzliche zu übertreiben. Auch Elia und Amos werden die Widerstände und Kränkungen, die sie erfuhren, bis ins Persönliche hinein erlitten haben. Und trotzdem hat jeder Leser bei Jeremia das Gefühl, es sei an einer entscheidenden Stelle ein Damm gebrochen. Das hat sich schon im Formalen angekündigt, nämlich in der Ausweitung seiner Botschaft zu lyrischen Dichtungen, in denen sich doch etwas einigermaßen Neues ereignet: Der Prophet eröffnet in diesen Dichtungen eine Dimension des Schmerzes, und zwar eines doppelten Leidens: des Leidens der von dem Gericht Betroffenen, aber zugleich auch des Kummers Gottes über sein Volk. Und dann — das ist erst das Entscheidende — tritt Jeremia selbst ein in dieses doppelte Leiden; es liegt auf ihm, und er spricht es aus als seine ganz persönliche Qual. Hier liegt der Unterschied etwa gegenüber Amos, bei dem wir doch mit aller gebotenen Zurückhaltung annehmen dürfen, daß seine seelisch-persönliche Substanz intakter geblieben ist. Jeremia hat den Standort gewechselt und ist in seinem Mitleiden auf die Seite der Gerichteten getreten. Und nun haben uns ja die Konfessionen Jeremias im besonderen gezeigt, wie ihm darüber sein Prophetenamt zerbrach, wie die Trümmer dieses durchaus erfolglosen Amtes von ihm abfielen, und wie er nur noch als ein von allen Seiten verwundbarer Mensch Schritt um Schritt der entsetzlichen Nacht der Gottverlassenheit näher geführt wurde[17]. Baruch hat dann die Geschichte dieses Leidens und Scheiterns objektiv beschrieben; und diese seine Schrift hat doch wohl vor allem den Zweck, jedem Zweifel an der Prophetie Jeremias zu begegnen: Diese Kette sich steigernder Leiden und zunehmender Erfolglosigkeit ist kein Beweis gegen sie; im Gegenteil, gerade weil Jeremia ein rechter Prophet Jahwes war, darum mußte sein Weg so enden; gerade dieses Scheitern und Zerbrechen ist das Siegel der Echtheit. Man darf wohl fragen, ob Baruch in dieser Leidensgeschichte in einem fast modernen Sinne wirklich nur das beschrieben hat, was er an Jeremia wahrnahm, oder ob nicht auch er schon von einer bestimmten Auffassung vom leidenden Propheten bestimmt war, die sich ihm bei Jeremia bestätigte. So oder so spricht sich auch bei ihm eine tief veränderte Auffassung vom Amt des Propheten aus.

Aber wir stoßen auf sie auch bei Hesekiel. Schon seine Bestellung zum verantwortlichen Wächter hat zur Folge, daß er sein Amt mit

17. Ausführlicher darüber s. o. S. 209 ff.

dem Einsatz seines eigenen Lebens führen muß (Hes. 33_{1} ff.); und einmal hat er sogar den seltsamen Befehl von Jahwe empfangen, lange Tage hindurch auf der einen Seite liegend die Schuld des Hauses Israel und dann auf der anderen Seite die des Hauses Juda zu tragen (Hes. 4_{4-8}). Symbolhandlungen haben die Propheten seit je ausgeführt; aber hier geht es doch um mehr als nur um die Demonstration einer großen Schuld; es geht um die Aufbürdung dieser Schuld auf einen dafür Zuständigen. Also auch hier greift das dem Propheten auferlegte Amt tief in die persönliche Sphäre und wird ihm zum Leiden, und zwar hier ausgesprochenermaßen zum stellvertretenden Leiden[18]. Der Unterschied ist bedeutsam: Bei den älteren Symbolhandlungen geschah das Zeichen außerhalb des Humanum des betreffenden Propheten (Hörner tragen, Krüge zerbrechen usw., s. o. S. 104 ff.). Jetzt wird der Prophet selber zum Zeichen (Hes. 12_{6}), und zwar darin, daß er vor allen anderen und beispielhaft von Gott selbst in das Erleiden des Gerichts hineingezogen wird (vgl. auch Hes. 21_{11}, s. o. S. 242 f.). Auf diese stark gewandelte Auffassung von dem, was einem Propheten obliegt, stoßen wir auch in dem Urteil, das Hesekiel über die falschen Propheten fällt. Er wirft ihnen vor, daß sie keine Mauer um Israel gebaut haben und daß sie vor der Bedrohung durch Jahwe nicht in die Bresche getreten sind (Hes. 13_{5}), d. h. also, daß sie Israel hätten schützen, daß sie sich hätten vor Israel stellen sollen. Ohne Frage denkt Hesekiel an die unterlassene Fürbitte, aber vielleicht auch an irgendeine andere Form interzessorischen Handelns[19]. Einen weiteren Schritt führt uns eine Stelle in Ps. 106_{23}, die von Mose rühmt, daß er in die Bresche getreten sei (עָמַד בַּפֶּרֶץ), als Jahwe das Volk wegen der Sünde des Bilderdienstes vernichten wollte und sich nur durch die Fürbitte Moses davon abhalten ließ (Ex. 32_{9} ff.). Gewiß, die Fürbitte gehörte seit alten Zeiten zu den besonderen Funktionen des Propheten[20]. Aber wie mußte sich dieser Dienst wandeln, wenn er von einem Propheten ausgeübt wurde, der sein eigenes Leben in die Bresche zwischen Gott

18. „In des Propheten Tragen geschieht zugleich ein offensichtliches Mittragen. Sein eigenes Leben ist hereingerissen in den עָוֹן (Schuld-Strafe) des Volkes. Er sammelt in seinem zeichenhaften Gebundensein die Schuld Israels als Last auf sein eigenes Leben. Es ist kaum zu verkennen, daß hier Gedanken im Ansatz vorhanden sind, die sich dann in Jes. 53, wohl ebenfalls an einer prophetischen Gestalt ..., voll entfalten ... Auch die Ez-Tradition scheint ihren Beitrag zur Ausgestaltung des Bildes von dem die Schuld der Vielen tragenden Knecht Jahwes geleistet zu haben." *W. Zimmerli*, Ezechiel BK, S. 117.

19. *F. Hesse*, Die Fürbitte im Alten Testament (Diss. Erlangen 1949), S. 56 f.

20. S. o. S. 59 f.

und Israel zu werfen bereit war! So aber verstand die spätere Prophetie, von der hier die Rede ist, das prophetische Amt. Bei Jeremia haben seine Leiden noch keinen besonderen Bezug zu seinem Fürbitteramt. Jeremia weiß ja keine Erklärung für seine Leiden, und der Gedanke, daß sie etwas Stellvertretendes haben könnten oder daß sie ihm geradezu zum Heile Israels von Jahwe auferlegt seien, ist ihm offenbar nie gekommen. Aber es gibt ein Bild von einem leidenden Fürbitter, das mit Jeremia ungefähr zeitgenössisch sein muß, und zwar ist es ein Bild von Dimensionen, die schon ins Übermenschliche gehen, das Mosebild des Deuteronomiums: Mose stellt sich fürbittend vor Israel; er spricht von der Angst (יָגֹרְתִּי Dt. 9_{19}) vor dem Zorn Jahwes, die ihn zur Fürbitte für das Volk und für Ahron getrieben habe, und teilt das Gebet, das er damals gesprochen habe, im Wortlaut mit. Aber er hat auch für sich selbst gefleht, denn Jahwe hat seinen Zorn über Israel auf ihn geworfen („er zürnte mir um euretwillen") und hat ihm um Israels willen eine furchtbare Strafe auferlegt: Er sollte selber das verheißene Land nicht betreten, sondern vorher sterben. Seine flehentlichen Bitten, dies von ihm abwenden zu wollen, hat Jahwe schroff zum Schweigen gebracht; er mußte sich in diesen harten Ratschluß ergeben (Dt. 3_{23-28}; 4_{21-27}). An der ausführlichen Breite, mit der dies alles einschließlich der geführten Reden und Gegenreden dargestellt ist, kann man schon sehen, wie groß das Interesse damals an dieser Seite des prophetischen Amtes war. Hier ist ja mehr als nur die Notiz einer geleisteten Fürbitte; das Deuteronomium will seine Leser rühren mit dem Bild eines Mannes, der in großer Angst den Zorn aufgefangen hat und der stellvertretend den Tod außerhalb des verheißenen Landes erleiden wird. Und nehmen wir nun noch die von Mose ausgesprochene Erwartung hinzu, daß Israel gerade einen solchen Propheten auch in Zukunft zu erwarten habe (Dt. 18_{18}), so stehen wir unmittelbar vor der Weissagung Deuterojesajas von dem leidenden Gottesknecht, denn ihm wird es Gott selbst vor aller Welt bestätigen, „daß er die Sünden der Vielen getragen hat und (fürbittend) eingetreten ist für die Empörer" (Jes. 53_{12}). Damit soll nun nicht behauptet werden, daß Deuterojesaja unmittelbar von dem Prophetenbild des Deuteronomiums ausgegangen sei und darauf weitergebaut habe; aber doch dies, daß er in Vorstellungen vom Wesen des prophetischen Amtes wurzelt, die damals in bestimmten Kreisen theologisch schon sehr ausgeprägt vorlagen. Jes. 53 steht nicht so singulär und beziehungslos in der Botschaft der Propheten, wie man oft gedacht hat; im Gegenteil, was hier gesagt ist, hat sich von langer Hand vorbereitet. Wollte man seine theologische Vorgeschichte schematisch bezeichnen, so könnte man von zwei Voraussetzungen reden: Die eine ist das interzessorische Amt, mit dem sich die Propheten seit je betraut wußten. Die andere ist jener Einbruch des Amtes in das Humanum des Propheten, von dem hier die Rede war. Sieht man Jes. 53 so in seiner Abhängigkeit von bestimmten Vorgegebenheiten, dann tritt auch seine Einzigartigkeit erst richtig ins Licht. Fünf Punkte seien genannt, die gegenüber den damals offenbar umlaufenden Vorstellungen das Besondere der Weissagung von Jes. 53 bezeichnen: 1. Die Aussagen über die Tiefe und den Umfang dieses prophetischen Leidens transzendieren alles bisher Gesagte. 2. Besonders aber gehen die Gottesknechtslieder über alles Bisherige hinaus in dem, was sie von der Leidenswilligkeit des Knechtes aussagen und von der paradoxen Gewißheit seiner Geborgenheit in Gott. 3. Jes. 53 stößt weissagend schon in einen Raum jenseits der Leiden vor, in dem sich die Verherrlichung des Knechtes vor aller Welt ereignet. 4. Jes. 53 bringt auch schon die Worte der Erkenntnis und des Bekenntnisses derer, für die der Knecht, ohne daß sie es wußten, gelitten hat. 5. Die Gottesknechtslieder sprechen von einer Bedeutung des Knechts, die weit über Israel hinausgeht; sie konfrontieren ihn mit dem Universum der Völker: Die Könige werden vor diesem Gottesknecht den Mund verschließen (Jes. 52_{15}).

H. DIE PROPHETEN DER SPÄTEREN PERSISCHEN PERIODE UND DIE WEISSAGUNGEN VON DEM NEUEN JERUSALEM

1. Tritojesaja, Haggai, Sacharja, Maleachi, Jona

Deuterojesaja hatte von der nahen Heimführung der Exulanten durch Jahwe selbst gesprochen, aber kein Dokument meldet uns etwas über das Ereignis der Heimkehr selbst. Es hat stattgefunden; aber wir wissen nicht, wie, nicht einmal, wann. Es gibt Gründe, die es wahrscheinlich machen, daß die Heimwanderung erst unter Kambyses und nicht aufgrund des Kyrosedikts erfolgt ist. Aber die Tatsache, daß sich das Ereignis dieser Generation und den folgenden nicht besonders eingeprägt hat, ist auffallend. Die Heimkehr hatte sich offenbar nicht unter so wunderhaften Begleiterscheinungen verwirklicht, ja sie ist von den Beteiligten selbst keineswegs als ein Heilsgeschehen aufgefaßt worden; wie hätte sie sonst ohne jegliche Rühmung wie ein Ereignis ohne besondere Bedeutung sogleich in Vergessenheit versinken können! Offenbar hat man sie nicht als die Erfüllung einer großen prophetischen Weissagung gefeiert. Die Verheißungen Deuterojesajas standen also noch unerfüllt über Israel. Aber die Situation Israels hatte sich gewandelt: Die große Not der Deportation hatte den kleineren Nöten des Wiedereinlebens und des Aufbaus Platz gemacht. Jahwe hatte aber auch für diese Zeit Propheten erstehen lassen, die die Botschaft von seinem Kommen weitertrugen. Die theologischen Urteile über diese Propheten der späteren persischen Periode sind herkömmlicherweise zurückhaltend, wenn nicht geradezu negativ. Nun kann darüber gewiß kein Streit aufkommen: Mit Botschaften von so unvergleichlicher Fülle und Breite wie denen eines Jeremia, Hesekiel oder Deuterojesaja — deren jede fast einen theologisch-prophetischen Kosmos darstellt — lassen sich Tritojesaja, Joel, Haggai, Sacharja und Maleachi nicht vergleichen. Trotzdem sollte man mit so summarischen Urteilen wie „Epigonentum“ sparsamer umgehen. Abgesehen davon, daß damit ein Begriff von geistiger Originalität absolut gesetzt wird, der unisraelitisch und vor allem unprophetisch ist, kann es doch nur um die Frage gehen, ob diese Propheten dieser ihrer Zeit mit ihrer Botschaft recht gedient haben oder ob sie — nach allem, was wir von Israels Prophetie glauben verstanden zu haben — an ihrer Aufgabe versagt haben. Keiner kann sich der Größe eines Jeremia oder Hesekiel entziehen; aber er wird den Begriff der Größe deswegen noch lange nicht zu einem theologischen Normbegriff erheben und an ihm die späteren Propheten messen[1]. Die letzten Jahre vor der Zerstörung Jerusalems waren durch die Unabwendbarkeit der nahen Katastrophe nicht ohne Größe, und ebenso hatte die Situation der Exulanten in Babylon durch die Eindeutigkeit ihrer Not Größe. Die Zeit nach der Rückkehr war weder eindeutig noch groß. Ihr aber, mit all ihren Problemen, hatten sich diese Propheten zu stellen, und nur an ihr konnten sie sich bewähren.

Die offenbar in keiner Weise eindeutige Situation in der jerusalemischen Gemeinde des ausgehenden 6. Jahrhunderts spiegelt sich in den Botschaften, die für uns unter den Namen *Tritojesajas* gestellt sind, wider (Jes. 56—66)[2]. Die Berufung spricht zwar ganz eindeutig von einem Trostamt, mit dem dieser Prophet betraut war, einem Amt von stark seelsorgerlicher Prägung, nämlich „zu verbinden, die gebrochenen Herzens sind, auszurufen die Freilassung für die Gefangenen" (Jes. 61_1). Aber er hatte es als Prophet doch auch mit schweren Mißständen zu tun, mit nahezu katastrophalen sozialrechtlichen Verhältnissen (Jes. $57_{1\,ff.}$) und mit einer versagenden Regierung (Jes. $56_{9\,ff.}$). Hier dringt er in einer Schärfe auf Recht und Gerechtigkeit, die den

1. Niemand kann nachweisen, „daß etwa Mal'aki ein schlechterer Prophet war als die anderen, obschon er neben ihnen eindeutig als ein kleinerer Geist erscheint und seine Themen neben denen der Großen verblassen. Diese Berufenen, ob klein, ob groß, waren alle ein jeder für seinen Kreis und seine Stunde der richtige Mann und haben sich in ihrem Dienste verzehrt." (*G. Quell*, Wahre und falsche Propheten (1952), S. 12.

2. Die Frage nach der Herkunft der letzten 11 Kapitel des Jesajabuches wird nicht einheitlich beantwortet. Die These Elligers, daß sie auf eine Prophetenpersönlichkeit des ausgehenden 6. Jahrhunderts zurückgehen, also einheitlichen Ursprungs sind, hat manchen Widerspruch erfahren (*K. Elliger*, Die Einheit des Tritojesaja, 1928; Der Prophet Tritojesaja, ZAW 1931 S. 112 ff.). Tatsächlich beschränkt sich der unverkennbare deuterojesajanische Einfluß auf wenige einzelne Teile (Jes. 60; 61; 62), während andere ihn ganz vermissen lassen. So muß man mit der Möglichkeit rechnen, daß hier kein ganz einheitliches Überlieferungsgut (das einer Schule?) zusammengekommen ist. Aber auch dann ist es immer noch das Wahrscheinlichste, die Texte aus der Zeit vor oder nach Haggai-Sacharja heraus zu verstehen. (Nur bei Jes. 57_{7-13} könnte man eine wesentlich frühere Entstehungszeit — sogar vor 587? — erwägen, vgl. *O. Eißfeldt*, Einl. in das Alte Testament [1956²], S. 417; ähnlich *A. Bentzen*, Introduction II [1949], S. 109 f.) Die von uns der Einfachheit halber beibehaltene Bezeichnung „Tritojesaja" läßt also die Verfasserfrage offen.

Anklagen der vorexilischen Propheten kaum nachsteht. Das gilt vor allem für seine prophetische Kritik am leeren kultischen Betrieb, demgegenüber vor Jahwe eine soziale Barmherzigkeit viel wohlgefälliger sei (Jes. 58$_{1}$ ff.). Aber anders als die vorexilischen Propheten hat es Tritojesaja nicht mit einem äußerlich hoffärtigen, sondern viel eher kleingläubig gewordenen Volk zu tun. So diskutiert er mit ihm über die Frage, ob denn Jahwes Arm zu kurz sei (Jes. 59$_{1}$); er argumentiert theologisch, indem er die Verzögerung des Heils von der sich häufenden Schuld der Gemeinde her begreiflich macht: „Darum erreicht uns die Gerechtigkeit (Jahwes) nicht" (Jes. 59$_{9}$). Ja, Jahwe selbst verwahrt sich durch den Mund des Propheten: er ließ sich erfragen und finden von denen, die ihn nicht gesucht haben; er hat seine Hand allezeit nach seinem Volke ausgestreckt. Aber über die, die diese Hand immer noch zurückstoßen, wird ein schreckliches Gericht ergehen (Jes. 65$_{1}$ ff.). So reißt auch Tritojesaja wie die alten Propheten eine Kluft auf, wo bisher keiner eine Kluft sah, und scheidet Israel von Israel. Leider wissen wir von den damaligen kultischen Verhältnissen zu wenig, um über die, die Jahwe „beleidigen" (Jes. 65$_{3}$), Genaueres aussagen zu können, denn um schwere kultische Greuel muß es sich gehandelt haben. Ihnen stehen Jahwes Knechte gegenüber, denen der Prophet in begeisterten Worten Jahwes Heil zuspricht. In dieser seiner Heilsverkündigung nimmt er nicht nur zentrale Themen der Botschaft Deuterojesajas auf, sondern er zeigt sich auch von dessen Diktion und ihrem Pathos so bestimmt, daß man daraus mit Recht auf eine Art engen Schüler- oder Jüngerverhältnisses geschlossen hat[3]. So klingt das „bahnet!", „ebnet den Weg!" auch bei Tritojesaja wieder an (Jes. 57$_{14}$; 62$_{10}$), ebenso das Wort von dem Staunen der Mutter Zion über ihren Kinderreichtum (Jes. 66$_{7}$ f. = 49$_{21}$). Aber nirgends ist die Tradition in so großer Form wieder aufgenommen wie in dem überschwenglichen Text von den Wächtern auf den Mauern Zions, von der von Jahwe wieder angenommenen Gottesstadt und der Ankunft der ersten Festpilger (Jes. 62). Und doch ist es unschwer zu erkennen, wie die übernommene deuterojesajanische Phraseologie in diesem Zusammenhang auf eine Situation bezogen ist, die sich äußerlich und innerlich nicht unerheblich gewandelt hat[4]. Bei Deuterojesaja war

3. So vor allem *K. Elliger*, Deuterojesaja in s. Verhältnis zu Tritojesaja (1933).
4. Eine Zusammenstellung des von Tritojesaja übernommenen und aktualisierten prophetischen Traditionsstoffes und eine Erörterung der dabei unterlaufenen in-

der Zion das letzte Ende der Weissagung, das Ziel der eschatologischen Heimführung; hier aber ist der Zion der Ausgangspunkt der prophetischen Gedanken, und zwar der unerlöste Zion, der immer noch wartende, der Jahwe in den Ohren liegen muß, der ihm keine Ruhe lassen darf, die immer noch ausstehende Verherrlichung der Gottesstadt zu verwirklichen. So hat Deuterojesaja nicht gesprochen. Hinter der Botschaft Tritojesajas erkennt man die prekäre Situation, die durch ein inzwischen überfällig gewordenes göttliches Versprechen gekennzeichnet ist. Aber Tritojesaja nimmt das Wort von dem nahen Kommen Jahwes zu seiner Stadt unbeirrt auf. Ja, seine Botschaft gipfelt geradezu in dem Bemühen, das zwar verzögerte Kommen Jahwes zur Verklärung seiner Stadt seinen Zeitgenossen als ein ganz unbezweifelbares und weltenwendendes Ereignis warnend vor Augen zu stellen[5].

Auch die Prophetie *Haggais* und Sacharjas gipfelt in der Verkündigung des nahen Kommens Jahwes und der unmittelbar bevorstehenden Aufrichtung seines Reiches; aber die Botschaft — große Verlegenheit vieler Ausleger! — ist aufs engste verknüpft mit dem Wiederaufbau des von den Babyloniern zerstörten Tempels in Jerusalem, dergestalt, daß für diese Propheten der Wiederaufbau des Tempels geradezu als die notwendige Voraussetzung des Kommens Jahwes und seines Reiches gilt. Es ist richtig: mit einem Jesaja oder Jeremia kann eine solche Vorstellung nicht in Verbindung gebracht werden. Aber der Grund dafür ist schwerlich der, daß jene Propheten so viel „geistiger" waren als Haggai und Sacharja; denn auch die vorexilischen Propheten haben hinsichtlich des eschatologischen Heils und seiner Verwirklichung erstaunlich realistische Vorstellungen gehabt. Der Unterschied erklärt sich zunächst einfach aus der völlig verschiedenen inneren Verfassung derer, zu denen die Propheten gesandt waren. Damals lautete die Alternative: Bündnisse oder Vertrauen auf Jahwe, oder es war die Frage nach dem gerechten Gericht im Tor zum status confessionis geworden; an ihr entschied es sich, ob Israel Jahwe noch angehörte oder nicht. Jetzt, angesichts einer in „resignierter Sicherheit" dahinlebenden und nur auf ein wirtschaftliches Vegetieren bedachten Bevölkerung war die Frage des Tempelbaus zum status confessionis geworden. Der Tempel

haltlichen Verschiebungen s. *W. Zimmerli,* Zur Sprache Tritojesajas, Schweizer. theol. Umschau 1950, S. 110 ff.

5. Jes. 56_{1}; $58_{8, 10}$ f; $62_{1-3, 11}$ u. ö.

war doch der Ort, an dem Jahwe zu Israel sprach, an dem er ihm seine Sünde vergab und an dem er für Israel gegenwärtig war. In der Einstellung zum Tempel entschied sich also die Einstellung für oder gegen Jahwe. Die Leute aber waren an diesem Ort ziemlich desinteressiert; sie schoben angesichts der wirtschaftlichen Misere den Bau des Tempels noch hinaus, weil dafür „jetzt nicht die Zeit" sei (Hag. 1₂). Haggai stellt diese Rangordnung der Pflichten auf den Kopf: Israel ist nicht mehr Israel, wenn es nicht am ersten nach dem Reiche Gottes trachtet; das andere, der Segen Jahwes, werde ihm dann auch zufallen (Hag. 1₂₋₁₁; 2₁₄₋₁₉). Damit hat er im Grunde nichts anderes gesagt und verlangt als Jesaja mit seiner Glaubensforderung im syrisch-ephraimitischen Krieg. Haggai konnte das freilich nur sagen, weil er der Überzeugung war, daß das eschatologische Israel eine sakrale Mitte und nur von dieser Mitte her seinen Bestand haben werde. Es ist sehr fraglich, ob Jesaja dem widersprochen hätte. Liegt es nicht näher, eben darin die Echtheit der Prophetie Haggais zu sehen, daß er gerade in der Kärglichkeit der Verhältnisse Jahwe ein Neues anbahnen sah und seine Zeitgenossen beschwor, sich dem, was Jahwe inmitten Israels werden ließ, zu öffnen und zur Verfügung zu halten, daß er also gegen allen Augenschein die Zeit als eine Heilszeit deutete? Hätte er anders gedacht, so hätte er der grassierenden Verzagtheit Recht gegeben und der Annahme, daß Jahwe mit so armseligen Verhältnissen natürlich nichts zu tun haben könne. Als der Tempelbau endlich in Angriff genommen war und als sich an den Umrissen schon der Umfang des Gebäudes abschätzen ließ, da hat Haggai die Alten angesprochen und ihnen selbst das Wort aus dem Mund genommen, das sie sich wahrscheinlich selbst nicht einzugestehen wagten: „Ist es nicht, als sei es wie nichts in euren Augen" (Hag. 2₃)? Diese Szene mit dem Wort von der Unansehnlichkeit des göttlichen Anfangs, das nichts verschleiert, hat prophetische Größe. Haggai hat damit, daß er Israel neu an den Tempel band, nicht Israels Welt verengt; er hat sie vielmehr, wie mit Recht gesagt worden ist, geweitet, indem er seinen Zeitgenossen ein Bekenntnis zu dem eschatologischen Werk Jahwes abrang[6].

Aber ein heikles Problem war noch offen: Wie weit, wie eng war der Kreis der künftigen Kultteilnehmer dieses Tempels zu fassen und demgemäß ihre Beteiligung am Wiederaufbau zu bestimmen? War es nicht mindestens diskutabel, daß er, wie das alle heidnischen Tempel

6. *M. Schmidt*, Prophet und Tempel (1948), S. 197.

taten, seine Tore weit offen hielt für alle diejenigen, die sich zu dem hier veranstalteten Gottesdienst hingezogen fühlten? Der Wiederaufbau war ja von der persischen Obrigkeit angeordnet und ebenso waren die Mittel dazu von ihr bewilligt worden[7]. Die für Jerusalem zuständige Provinzialbehörde hatte aber damals ihren Sitz noch in Samarien. So ist es, nachdem der Bau in Gang gekommen war, nicht verwunderlich, daß man sich in den offiziellen Kreisen in Samaria dafür interessierte, daß man sich — und sei es nur, um die Hand im Spiel zu behalten — daran zu beteiligen wünschte. Es ist auch durchaus möglich, daß dieser Wunsch schon aus wirtschaftlichen Gründen auch in der jerusalemischen Gemeinde selbst Unterstützung fand[8]. Haggai beantwortet in der Form einer prophetischen Gleichnishandlung diese schwebende Frage mit einem schroffen Nein[9]. Der Tempel wird vorläufig nur für und von Israel gebaut; nicht jeder, der im Rahmen dieses Kultus Gaben darbringt, wird Jahwe „wohlgefällig" sein. Diese Entscheidung klingt für moderne Ohren hart; vielen wäre wohler, wenn der Prophet im entgegengesetzten Sinne entschieden hätte. Aber es sollte doch nicht schwer sein, zu sehen, daß Haggai nur dem ersten und zweiten Gebot des Dekalogs treu blieb und auf einer Scheidung bestanden hat, wie sie zu ihrer Zeit auch Elia oder das Deuteronomium erkämpft haben. Der Jahweglaube war eben keine Religion, der man sich nach Belieben anschließen konnte, womöglich noch unter Beibehaltung anderer kultischer Bindungen, sondern er führte sich auf einen göttlichen Auswahlakt zurück und blieb an eine ganz bestimmte völkische Größe gebunden. So wird man vielmehr gerade darin die Bedeutung Haggais zu sehen haben, daß er in einer Zeit, in der diese Abgrenzung nach außen, um die sich ehedem die besten Kräfte in Israel gemüht hatten, unsicher geworden war, einem Elia vergleichbar eben an jenem Punkte ein Entweder—Oder sah, wo es andere nicht mehr sahen. Wieder muß man sagen: Hätte er anders entschieden, dann hätte er den ganzen Kampf Jesajas gegen die Bündnispolitik, in dem dieser Prophet das Verhältnis Jahwes zu dem Zion aus allen politischen Praktiken und ihren Maßstäben ausgeklammert wissen wollte, revo-

7. S. Bd. I, S. 98 f.

8. *K. Elliger*, Das Buch der zwölf kleinen Propheten II (ATD), S. 94.

9. Die Frage, wer mit „diesen Leuten da" Hag. 2 14 gemeint ist, wird von den meisten Auslegern dahin beantwortet, daß diese vom Tempelbau Zurückgewiesenen mit der nichtisraelitischen Oberschicht in Samaria zu identifizieren sind. Vgl. dazu auch Esr. 5 1–6, 15 und die neueren Kommentare.

ziert[10]. Weder bei Jesaja noch bei Haggai ging es um eine geistig religiöse Entscheidung, sondern vielmehr um die Freihaltung eines ganz bestimmten geschichtlichen Ortes für das Heilshandeln Jahwes.

Denn gerade Haggai hat der Zeit entgegengesehen — und merkwürdigerweise hielt er sie sogar für ganz nahe —, in der alle Völker in den Jahwekult eingekehrt sein und Jahwe ihre Kostbarkeiten bringen werden (Hag. 2₆-₉). Für die Zeit dieser universalen Entschränkung des Jahwekultes sollte der Tempel gebaut werden; sie ist die messianische Zeit. Eine furchtbare Erschütterung des Himmels und der Erde wird ihr vorangehen; da werden sich die Völker selbst zerfleischen und Jahwe wird das Kriegsgerät vernichten — ein „Tag Jahwes"[11] —; dann aber wird der Gesalbte als der Siegelring Jahwes, d. h. als der Vollstrecker der Beschlüsse Jahwes, sein Amt antreten. Haggai hat aber mit dieser Weissagung nicht vage an irgendeinen Gesalbten gedacht; er hat vielmehr klar und eindeutig den Davididen Serubabel, den Enkel des unglücklichen Königs Jojachin, als den zukünftigen Gesalbten bezeichnet.

Man pflegt an dieser Stelle darauf hinzuweisen, daß sich Haggai damit, daß er einen bestimmten lebenden Davididen mit Namen als Gesalbten designiert habe, von den vorexilischen Propheten unterscheide, und gibt mehr oder minder deutlich der Frage Raum, ob Haggai sich nicht gerade damit als Schwärmer erwiesen habe. Nun läßt sich, da uns nahezu alle näheren Umstände unbekannt sind, leicht ein suggestives Bild entwerfen von einer großen Freiheitsbewegung, die im Zusammenhang mit den großen Erschütterungen, von denen damals das Perserreich heimgesucht wurde, auch auf Judäa übergriff und in Haggai ihren Sprecher gefunden habe, wobei dann nur noch zweifelhaft bleibt, ob sich Serubabel ihr zur Verfügung gestellt oder entzogen habe[12]. Aber abgesehen davon, daß das Büchlein Haggai ganz und gar nicht den Eindruck erweckt, als sei dieser Prophet von einer Volksbewegung getragen gewesen: für alle derartigen Rekonstruktionen reichen die Quellen einfach nicht aus; wir können uns nur mit der Tatsache auseinandersetzen, daß Haggai Serubabel für den kommenden Gesalbten gehalten hat, daß es aber zu einer Thronbesteigung Serubabels nie gekommen ist. Wollte man nun dem ein Werturteil gegen seine Weissagung entnehmen, so sehe man zu, wie man von diesem Spruch etwa Deuterojesaja mit seiner Weissagung von der wunderhaften Heimführung der Exulanten ausnehmen kann. Vor allem aber bedenke man die Situation der Königspsalmen. Haben etwa die, die diese Psalmen gedichtet haben, denjenigen, den sie zu besingen hatten, jeweils nicht für den Gesalbten Jahwes gehalten? Und wo sind die ersten Adressaten auf dem Thron Davids geblieben, als man diese Dichtungen in der nachexilischen Zeit mit wachsendem messianischem Interesse las und tradierte[13]? Bliebe also nur der Unterschied, daß Haggai an einen Thron dachte, den es zu seiner

10. *H. W. Wolff*, Haggai (Bibl. Studien 1951), S. 41.
11. S. o. S. 129 ff.
12. *G. Hölscher* vermutet das letztere, Die Profeten (1914), S. 342.
13. Vgl. etwa 1. Chron. 16₇ ff; 2. Chron. 6₄₁ f.

Zeit nicht mehr gab. Aber ist die Tatsache, daß Haggai an eine bestimmte geschichtliche Gestalt gedacht hat, so entscheidend? In irgendeiner Weise muß doch auch Jesaja sich den von ihm für eine nahe Zukunft geweissagten Gesalbten geschichtlich vorgestellt haben. Dann aber ist auch ein Gesalbter wie der des Haggai nur ein Platzhalter für den, in dem alle alttestamentlichen Weissagungen Ja und Amen sind. Wie wollen wir übrigens feststellen, ob eine Weissagung schwärmerisch oder nüchtern war? Und könnte es nicht sogar sein, daß eine Weissagung, die zu ihrer Zeit vielleicht wirklich als schwärmerisch gelten mußte, dann doch in den großen prophetischen Traditionskomplex aufgenommen wurde, weil sie nach dem Hinfallen ihres ersten Zieles nun gemeinsam mit den anderen Weissagungen auf ein ferneres Gotteshandeln hindeutete?

Der Prophet *Sacharja* steht in seiner Botschaft derjenigen, die Haggai ausgerichtet hat, sehr nahe. Auch seine Verkündigung steht in engem Wechselbezug zu dem wiedererstehenden Tempel und zu dem Davididen Serubabel, dem auch Sacharja im Blick auf das nahe eschatologische Heilsgeschehen ein messianisches Amt in Aussicht stellt. Sacharja ist erst einige Monate nach Haggai im Jahre 520 aufgetreten; den Daten des Buches zufolge hat er 2 Jahre länger als Haggai geweissagt. Zur Zeit seiner ersten Botschaft war also der Bau des Tempels schon in Gang. Es ist mit Recht aufgefallen, daß Sacharja nicht, wie man es sich so leicht vorstellen könnte, die Aufforderungen Haggais, diesem Werk die Treue zu halten und nicht zu erlahmen, fortsetzt. Sacharja spricht keineswegs als Mahner und Treiber; vielmehr stehen in bezug auf die Vollendung des Tempels in seinen Worten durchaus die Indikative im Vordergrund: Die Widerstände, die sich zu Bergen aufzutürmen scheinen, werden sich ebnen und „die Hände Serubabels werden dies Haus vollenden" (Sach. 4_{6-10}). Ein Gegensatz zu Haggai besteht allerdings nicht, denn auch Haggai sah trotz seiner Mahnungen Jahwe selbst als den eigentlichen Initiator des zu unternehmenden Werkes an, nämlich Jahwes Geist, der die Gemeinde zu dem Bau ermächtigt und stärkt (Hag. 1_{14}; 2_{5}); und Sacharja hat in einem Wort von polemischer Schärfe jeden Gedanken an einen Einsatz menschlich-politischer Machtmittel zum Schutz des neuen Jerusalem abgewiesen:

> „Nicht durch Macht und nicht durch Gewalt, sondern durch meinen Geist, spricht Jahwe Zebaoth" (Sach. 4_{6}).

Das war die Parole, unter der Israel ehedem seine heiligen Kriege geführt hatte; sie sollte auch für die Verwirklichung des letzten Heilsgeschehens gelten[14].

14. *v. Rad*, Der Heilige Krieg im alten Israel (1951), S. 66.

Der Inhalt der Botschaft auch dieses Propheten ist die Ankündigung des unmittelbar bevorstehenden Kommens Jahwes (Sach. 2 14; 8 3). Bezeichnend für Sacharja wie auch für Haggai ist das Bemühen, ihre Zeitgenossen zu einem rechten Verstehen der Zeichen ihrer Zeit anzuleiten. Diese Zeit war unheilvoll gewesen und ist wohl auch in Anbetracht des völlig zerstörten Tempels kultisch geradezu als Fastenzeit begangen worden. Jahwes Segen war ferne, und die Arbeiten mißrieten (Hag. 1 5 f.). Aber von jetzt an — und diese scharfe Fixierung des Jetzt ist für die Realistik des heilsgeschichtlichen Denkens dieser Propheten charakteristisch (Hag. 2 15, 18; Sach. 8 11) — ist Heilszeit. Diese beiden Propheten sehen sich also genau an dem Punkt des Umschlags der großen Wende stehen. Tritojesaja steht fast noch ganz im Dunkel; man denke an das ergreifende Klagegebet Jes. 63 7—64 11, aber auch an Jes. 59 9-15. Die heilsgeschichtliche Stunde, aus der heraus Haggai und Sacharja reden, steht unter anderen Zeichen: die Nacht ist vorgerückt, der Tag nahe herbeigekommen. Mit dem Bau des Tempels ist die Heilszeit angebrochen; die Zeit des Unsegens ist zu Ende, der Segen — ganz materiell verstanden als das Prosperieren des bäuerlichen Lebens — wird sich sofort einstellen (Hag. 2 15-19), ja er hat sich schon eingestellt (Sach. 8 10-12). Es ist wichtig, daß sich für diese Propheten die große Wende zum letzten Heilsgeschehen mit einem sakral besonders qualifizierten Ereignis im geschichtlichen Raum anbahnt. Weder das Kyrosedikt noch die bloße Rückkehr der Exulanten waren Ereignisse von besonderer heilsgeschichtlicher Dignität.

Sahen wir eben, daß Sacharja dem baldigen Kommen Jahwes zu seiner entehrten Stadt entgegengesehen habe, so läßt der Zyklus seiner *Nachtgesichte* viele Einzelheiten der eschatologischen Neuordnung erkennen, die diesem Kommen vorhergeht.

Die äußere Weltlage — das zeigt das erste Nachtgesicht (Sach. 1 7–15) — läßt allerdings von dem Kommen Jahwes und seines Reiches noch nichts erkennen. Die himmlischen Boten, die aufmerksam die Erde durchstreift haben, können am Himmelstor nur die entmutigende Meldung erstatten, daß sie die Erde in Frieden und die Völker in Sicherheit dahinlebend gefunden haben. Aber der würde irren, der daraus den Schluß ziehen wollte, daß von Jahwe nichts mehr zu erhoffen sei. Er glüht ja im Eifer für seine Stadt, und sein nahes Heil ist schon bis in alle Einzelheiten hinein vorbereitet. Das weiß man nur auf der Erde noch nicht; man wird es aber bald erfahren. Denn — zweites Gesicht (Sach. 2 1–4) — die Mächte, die die Jahwe widerstrebenden Weltreiche zerschlagen werden, sind schon bestellt. Das dritte Gesicht (Sach. 2 5–9) ist von dramatischer Bewegtheit: Der Prophet sieht „einen Mann mit einer Meßschnur in der Hand" die Szene betreten, im Begriff, das neue Jerusalem auszumessen, und zwar offensichtlich, um den Mauerbau vorzubereiten. Aber er wird von einem Engelwesen erregt zurückgerufen. Denn die neue Gottesstadt soll selbst unbewehrt sein, allein von der Feuermauer der göttlichen Herrlichkeit geschützt. Zweifellos spiegeln sich in dieser Vision gewisse Pläne der Rückwanderer betreffs eines Wiederaufbaues der niedergerissenen Mauern. Sacharja ist ihnen entgegengetreten. Die Geschichte ist freilich auch über diesen prophetischen Einspruch hinweggegangen, denn die Mauer ist später, vor allem auf Betreiben Nehemias, dann doch errichtet worden (Esra 4_{6} ff; Neh. 3). Das vierte Nachtgesicht (Sach. 3_{1-7}) läßt die Umrisse einer himmlischen Gerichtsverhandlung erkennen, die der Engel Jahwes leitet und in der der Verkläger (שָׂטָן) gegen den Hohenpriester Josua aufgetreten ist. Die Schuld, deren er angeklagt ist, wird zwar nicht genannt, aber die Tatsache, daß er in Trauerkleidung erschienen ist, läßt darauf schließen, daß er zu Recht verklagt ist; doch liegt es näher, Josua hier als den Repräsentanten der vor Jahwe schuldigen Gemeinde zu verstehen, als an eine persönliche Verfehlung Josuas zu denken. Auch hier ereignet sich ein Zwischenfall: der Engel Jahwes schlägt die Anklage nicht ohne Schärfe gegen den Verkläger nieder. Josua wird neu investiert; es werden ihm die Tempelgerichtsbarkeit und das Opferwesen in den Vorhöfen anvertraut, ja er erhält sogar freien Zutritt zum Kreis der Himmlischen. (Wie real und wie nahe steht die göttliche Welt den Menschen; wenn Jahwe dazu ermächtigt, ist es nur ein Schritt!) Im Gegensatz zu diesem Gesicht bekommt Sacharja im fünften (Sach. $4_{1-6a, 10b-11, 13-14}$) ein völlig regungsloses Bild zu schauen. Ein Leuchter mit 49 Flammen ist von zwei Ölbäumen flankiert: Das sind „die beiden Ölgeweihten" — Josua und Serubabel —, „die vor dem Herrn der ganzen Erde stehen". Sacharja sieht also — und das ist einzigartig in der Prophetie — das neue Israel dyarchisch verfaßt; neben dem Träger des königlichen wird gleichrangig der Träger des priesterlichen Amtes stehen. Nachdem — sechste Vision (Sach. 5_{1-4}) — Diebe und Meineidige aus der Gemeinde ausgeschieden sind, ja, das Böse selbst — siebente Vision (Sach. 5_{5-11}) — entfernt ist, kehrt die achte (Sach. 6_{1-8}) zu dem Bild der ersten zurück. Es ist inzwischen Morgen geworden; die Himmelswagen stehen zur Ausfahrt in die Welt bereit. Von den Aufträgen, die sie mitbekommen haben, verlautet nur, daß die nach Norden fahrenden im Nordland, und damit ist gewiß Babylon gemeint, Jahwes Geist „niederzulegen" haben, offenbar, um die dortige Diaspora zur Heimkehr in das messianische Reich zu bewegen.

Sacharja ist aufgewacht, nachdem sich im Laufe einer einzigen Nacht diese Bilder vor seinen Geist gestellt hatten. Was war damit geschehen? Er hat erfahren, daß zu einer Zeit, da sich in der Weltgeschichte noch nichts rührte und die Völker noch selbstsicher dahinlebten, das ganze Gottesreich im Himmel schon vorbereitet war. Er hat vernommen, daß Jahwe für Jerusalem eifert, daß von ihm schon zu seinem Kommen alle Vorkehrungen getroffen sind; die tragenden Ämter sind gestiftet und alle Komplikationen und Widerstände sind in der Vorsehung schon überwunden. Sehr merkwürdig ist ja die scharfe Trennung der himmlischen Welt von der irdischen. In der oberen Welt sind die eschatologischen Heilsordnungen und die eschatologischen Ämter schon präfigurativ vorhanden. Ja, es sind sogar die Ereignisse, die dem Kommen des Gottesreichs vorausgehen müssen — z. B. die Entfernung des Bösen — in der Sicht der oberen Welt schon abgeschlossen, so daß sie dem irdischen Geschehen vorausgelaufen sind. So haben weder Jesaja noch Jeremia das eschatologische Geschehen betrachtet. Wohl wußte Israel von einer oberen Welt Jahwes und seines himmlischen Hofstaates; aber neu ist die Betonung des urbildlichen Vorhandenseins der endzeitlichen Dinge im Himmel. Bei Hesekiel schon bahnte sich der Wandel an; er empfing seine Botschaft in Gestalt eines himmlischen Buches (Hes. 2_{8} ff.). Deuterojesaja hört, wie die Prozessionsstraße für Jahwes Heimkehr nach Jerusalem in der oberen Welt schon vorbereitet wird (Jes. 40_{3} ff.) und kommt damit Sacharja schon ganz nahe. Es scheint, daß Israel in dieser späten Zeit gewissen gemeinorientalischen Vorstellungen breiteren Raum gegeben hat, denn für das sakral-mythische Weltbild der Babylonier galt die feste Ordnung, daß alles Irdische, sonderlich, sofern es sakrale Dignität hatte, in der oberen Welt seine urbildliche Entsprechung habe[15]. So war ja auch nach priesterlicher Auffassung die Stiftshütte nach einem himmlischen Modell gearbeitet worden (תַּבְנִית Ex. $25_{9,40}$). In der Apokalyptik haben diese uralten Vorstellungen noch einmal eine ganz neue Ausprägung gefunden.

Das Büchlein des anonymen Propheten, das unter dem Namen *Maleachi* steht, enthält nur 5 Reden. Wir hören einen Mann, der ausschließlich gegen innergemeindliche Mißstände angeht, gegen Priester, die es in rituellen Dingen an Sorgfalt fehlen lassen, gegen Ehescheidungen und vor allem gegen müde, religiöse Skepsis, wobei es sich um die Zeit zu handeln scheint, die dem Aufschwung unter Haggai und Sacharja und dem Abschluß des Tempelbaus gefolgt ist. Merkwürdig ist, daß die Botschaft dieses Propheten nahezu keine Anhaltspunkte enthält, sie traditionsgeschichtlich zu fixieren. Vielleicht liegt es an der dialogartigen Polemik, daß er weniger als irgendein anderer Prophet zu einer breiteren Entfaltung eschatologischer Vorstellungen kommt. Nur in zwei seiner Reden kommt er auf das eschatologische Gotteshandeln zu sprechen (Mal. 2_{17}—3_{5}; 3_{13-21}): Jahwe wird unversehens kommen, sein Tag wird für die Gottlosen Gericht bringen; den Gottesfürchtigen aber wird „die Sonne des Heils" aufstrahlen. Singulär ist die Vorstellung, daß Jahwe seinem letzten Kommen einen Boten vorausgehen lassen wird (Mal. 3_{1}). Die Frage, ob dabei an einen himmlischen oder einen menschlichen Boten gedacht ist — oder hält der Prophet sich selbst für diesen Boten? —, ist strittig. In einem dem Büchlein angefügten Nachtrag wird unmittelbar vor dem furchtbaren Tag Jahwes die Wiederkehr des seinerzeit in den Himmel entrückten Elia

15. S. u. S. 388 f.

erwartet, daß er die Herzen der Väter und die Herzen der Söhne einander zuwende (Mal. 3₂₃ f.).

Vielleicht mehr als ein anderes Buch des Alten Testaments erfordert das *Büchlein Jona* ein besonderes Verständnis für die literarisch-formale Gestalt, in die seine Botschaft gekleidet ist[16]. Jedenfalls von der Zeit an, da man begann, sich von dem Aufenthalt eines Menschen im Leib eines Fisches beunruhigen zu lassen — sei es, daß man daran Anstoß nahm, sei es, daß man sich für die Tatsächlichkeit des Vorgangs ereiferte —, seitdem sich dieser Nebenumstand in den Vordergrund geschoben hatte, war die Kraft einer einfachen Aussage von diesem Buch genommen. Erst die neuere Bibelforschung, die so vielem im Alten Testament die Gestalt zurückgeben konnte, die es einmal hatte, als es noch nicht ein biblischer Text war, hat hier eine Verkrampfung gelöst und das Buch so sehen gelehrt, wie es seinem ganzen Wesen nach gesehen sein wollte, als eine stark vom Didaktischen her bestimmte Erzählung, die man eben anders lesen muß als einen geschichtlichen Bericht. Sie handelt von einem Gottesmann, der — vom Standpunkt des Erzählers aus — in schon fast sagenhaft fernen Zeiten gelebt hat, nämlich zur Zeit Jerobeams II. (2. Kön. 14₂₅), und der den Befehl empfangen hatte, nach Ninive, der Hauptstadt der Assyrer, zu gehen und „wider sie zu predigen".

Er hat den Weg dorthin aber nicht angetreten, sondern sich sogleich auf die Flucht vor Jahwe begeben. Auf der Fahrt nach dem äußersten Westen überfiel ein furchtbarer Sturm das Schifflein. Die Schiffsleute versuchten mit allen Mitteln der Not zu begegnen; Jona aber lag unten im Schiff und schlief. Er konnte sich aber der Situation, wie er wohl wollte, nicht entziehen, und als es sich herausgestellt hatte, was es für eine Bewandtnis mit diesem Passagier hatte, haben ihn die Schiffsleute ins Meer geworfen, — auf seinen eigenen Vorschlag hin, weil er lieber sterben als auf Jahwes Pläne eingehen wollte. Ein großer Fisch aber verschlang Jona und warf ihn da ans Land, wo Jona sich eingeschifft hatte. Dem erneuten Befehl Jahwes, nach Ninive zu gehen, konnte er nun nicht mehr ausweichen. Er hat sich dann auch in Ninive seiner Botschaft von dem nahen Untergang Ninives entledigt und sich dann zur Beobachtung dessen, was sich nun ereignen werde, außerhalb der Stadt niedergelassen. Er kam aber dort nicht auf seine Rechnung, denn in der Stadt war auf die Botschaft des fremden Propheten hin eine Bußbewegung in Gang gekommen: der König stand von seinem Thron auf, legte seinen Ornat ab, ein königlicher Erlaß wurde ausgefertigt, durch den eine allgemeine Landesbuße angeordnet wurde, an der sich sogar die Haustiere beteiligen sollten. Jona aber erkannte, daß Gottes Gedanken mit Ninive andere geworden waren und daß er ihr zu vergeben bereit war.

16. Nur an einer Stelle scheint der Text ernstlicher gestört: der Vers 5 in Kap. 4 steht an falscher Stelle; man wird ihn hinter Kap. 3₄ zu setzen haben. Das Danklied in Kap. 2₃₋₁₀ ist dem Text erst nachträglich eingefügt. Zur Auslegung dieser Pro-

„Das verdroß Jona aber sehr und er wurde zornig, betete zu Jahwe und sprach: Ach, Jahwe, das ist es doch, was ich mir dachte, als ich noch in meinem Lande war. Darum wollte ich auch zuvorkommen und nach Tarsis fliehen, denn ich wußte ja, daß du ein gnädiger und barmherziger Gott bist, langmütig und reich an Huld ..." (Jon. 4,1–2).

Hier wird also erst der eigentliche Grund seines Ungehorsams deutlich; er hat es vorausgesehen, daß Gott doch Gnade walten lassen werde, und so schleudert er ihm die Gnadenworte, zu denen sich Israel seit je im Gottesdienst bekannt hatte, ins Gesicht. Den Wunsch, ihn jetzt in seinem Zorn sterben zu lassen, hat ihm Gott aber nicht erfüllt; er ließ vielmehr an dem Ort, da der unzufriedene Gottesmann lagerte, eine breitblättrige Staude aufwachsen, in deren Schatten sich der Unmut Jonas schnell in ein Wohlgefühl wandelte. Aber dann beorderte der Lenker aller Kreaturen ein Würmlein, das die Staude anfraß, daß sie verdorrte. Als nun gar der im Orient gefürchtete Ostwind aufkam und die Sonne zu stechen begann, war der Prophet mit seiner Kraft und Fassung schon wieder am Ende, ward zornig und begehrte zu sterben. Mit der Antwort, die Gott seinem ungebärdigen Boten gab, schließt das Buch. Sie führt den Leser aus all dem Lächerlichen und Unbegreiflichen heraus, heraus aus aller menschlichen Zwielichtigkeit unmittelbar an das Herz Gottes:

„Dir ist es leid um die Rizinusstaude, um die du dich nicht gemüht und die du nicht großgezogen hast, die über Nacht kam und über Nacht verging. Und mir sollte es nicht leid sein um die große Stadt Ninive, in der mehr als hundertzwanzigtausend Menschen wohnen, die nicht rechts und links unterscheiden können, und dazu viele Tiere?" (Jon, 4,10–11).

Der Stoff dieses Buches ist sehr kunstvoll disponiert, denn er zerlegt sich in zwei Teile, die sich genau entsprechen: Jona im Schiff und Jona vor Ninive. In beiden Fällen heben sich die Heiden aufs vorteilhafteste von dem Propheten ab. Sie waren es, die während des Sturmes die Initiative ergriffen und bei Jona die Unordnung gewittert haben; und wie erfreulich sind bei ihnen die Dinge in Ninive gelaufen! Sie sind einfach und durchsichtig vor Gott; Jona ist problematisch und psychologisch kompliziert. Am unheimlichsten wird er da, wo er die Dinge seines Glaubens in bekenntnisartigen, kultischen Formulierungen ausspricht. So einerseits bei jenem Religionsgespräch in der Kajüte des Schiffs („ich bin ein Hebräer und fürchte Jahwe, den Gott des Himmels ..." Jon. 1,9), andererseits in dem Gespräch mit Gott über die Vergebung. Am Ende des ersten Abschnittes steht das Opfer, das die Schiffsleute Jahwe darbringen. Damit, daß sie in den Glauben des Gottes Israels eingekehrt sind, war schon einer der Wege Gottes zu seinem Ziel gekommen. Aber das war ja nur ein Vorspiel zu dem, was sich nachher in der Rettung Ninives im großen wiederholen sollte. So

phetengeschichte s. *E. Haller*, Die Erzählung von dem Propheten Jona (Theol. Existenz heute Nr. 65, 1958).

gehört die Erzählung von Jona also der uns wohlbekannten Gattung der Prophetenerzählungen an; nur ist sie mehr als die älteren Prophetengeschichten geradezu zur Lehrerzählung geworden. Überhaupt scheint sie die letzte und seltsamste Blüte an dem alten und fast schon erstorbenen literarischen Stamm zu sein. Wie ist hier erzählt! Mit einer Anmut und Leichtigkeit, wie wir das in der prophetischen Literatur sonst nicht mehr finden. Und doch geht es um ernste Dinge, um eine Stadt, deren Tage vor Gott gezählt sind, um böse Menschen und vor allem um einen an seinem Amte frevelnden Propheten. Nun war freilich auch in den alten Prophetenerzählungen der Prophet selbst nie der „Held" der Erzählung, sondern vielmehr Jahwe, der sich an ihm verherrlichte. Darin hat sich eigentlich gar nicht so viel geändert; nur daß Gott sich hier nicht an seinem Boten, sondern angesichts des völligen Versagens seines Botens verherrlicht. Der lächerliche, starrsinnige Jona, der den Heiden das Erbarmen Gottes mißgönnt, den aber die Freude über den Schatten der Rizinusstaude ausfüllt und der, als er sie verdorren sieht, sterben will, — kann Gottes Heilsgedanken nicht hindern; sie kommen unter allen Umständen an ihr Ziel. Ja, das ist wohl das besondere Rätsel des Buches: Jona ist in all seinem Ungehorsam eben doch eine Figur, der sich Gott souverän bedient hat; durch ihn sind die Seeleute auf Jahwe aufmerksam geworden und durch ihn sind die Niniviten zur Buße gekommen. So fehlt hier also jede Entrüstung oder Klage über das Versagen des Gottesmannes. Im Blick auf das sieghafte Werk Gottes konnte auch von einem solchen Versagen so untragisch, so heiter erzählt werden.

Bei der Deutung sind Mutmaßungen über zeitgeschichtliche Anlässe möglichst beiseite zu lassen. Von einer „universalistischen" Opposition gegen die „partikularistischen" Maßnahmen Esras-Nehemias wissen wir nichts, und in dem Büchlein finden sich dafür schlechterdings keine Anknüpfungspunkte; ganz abgesehen davon, daß Polemik und Tendenz anders auszusehen pflegen. Im übrigen kann man dem Universalismus des Buches nicht unterstellen, daß er Bund und Erwählung endgültig entschränkt sehen wollte. Er redet zu solchen, die um Bund und Gemeinde wissen; sie gerade redet er auf die große Versuchung an, aus ihrer besonderen Existenz vor Gott Ansprüche herzuleiten, die Jahwes Freiheit in seinen Plänen mit anderen Völkern antasten. Daß die Erzählung eine solche Mißgunst des Glaubens paradigmatisch gerade in einem Propheten verkörpert sieht, ist für uns nicht ohne weiteres einzusehen; denn die großen Propheten haben doch ihren Zeitgenossen die Augen dafür öffnen wollen, daß Jahwes Pläne die ganze Völkerwelt umspannten. Das eigentlich Böse an Jona ist doch — bei aller Rechtgläubigkeit — sein Abseitsstehen. So war es im Schiff, so war es vor Ninive: wo es um Tod und Leben ging, befand er sich an einem höchst unheimlichen Ort außerhalb. Gewiß wäre es falsch, aus der Erzählung so etwas wie ein Gesamturteil über die Prophetie in Israel herauslesen zu wollen. Wie wäre sie damit verkannt! Aber in diesem Vermögen, sich selbst vor Gott bis ins letzte in Frage zu stellen, ist noch einmal etwas vom Besten ihres Geistes in dem Büchlein aufgestanden. Merkwürdig aber bleibt es, daß eine der letzten Äußerungen der Prophetie Israels ein Wort von so vernichtender Selbstkritik ist; denn wie sie in diesem Buch alle Ehre von sich ablegt, wie sie den Blick von sich selbst ablenkt, um dem die Ehre zu geben, dem sie allein gebührt, darin wird etwas von dem „Abnehmenmüssen" offenbar, von dem der Letzte in der Reihe dieser Boten gesprochen hat (Joh. 3_{30}).

2. Die Weissagungen von dem neuen Jerusalem[17]

Der Gegenstand der Heilsweissagungen von Haggai und Sacharja war die eschatologische Erneuerung des Tempels und der Gottesstadt. Seiner äußeren Gestalt nach erscheint also das eschatologische Israel bei Sacharja eigentlich nur noch als Polis verfaßt, und darin spiegelt sich zweifellos die geschichtliche Situation dieser Zeit: denn alles, was damals in Israel lebendig war und Gestalt gewann, sei es an Verzagen oder an Hoffnung, ereignete sich in Jerusalem. Wollten die Propheten überhaupt aktuell und ad hominem sprechen, so mußten sie ihre Zeitgenossen schon auf diesen verengten Bereich hin anreden und ihnen zurufen, daß dieser Bereich für Jahwe eben doch nicht zu eng sei, um in ihm das eschatologische Heilsgeschehen zu beginnen.

Damit wird es auch zusammenhängen, daß Deuterojesaja so oft von Jerusalem oder dem Zion redet, aber doch sichtlich das Volk meint[18]. Kein Wunder also, daß von der Zeit an, da „Israel" auf einen so engen politischen Raum reduziert war, die Ziontradition zu neuem Leben er-

17. *A. Causse*, Le Mythe de la nouvelle Jérusalem du Deutéro-Esaie à la IIIe Sibylle. Revue d'Histoire et de Philosophie religieuse 1938, S. 377 ff; *K. L. Schmidt*, Jerusalem als Urbild und Abbild, Eranos-Jahrbuch (1950), S. 207 ff; *G. Fohrer*, ThWBNT VII S. 311 ff.

18. Jes. $40_{2.9}$; 49_{14}; $51_{3,16}$ u. ö.

wachte. Diese Ziontradition war ja als eine sakrale Ortsüberlieferung vom Jahweglauben resorbiert worden, sie war also ursprünglich eine „Erwählungstradition“ neben anderen[19]. Es bedeutete schon eine deutliche Systematisierung und eine Einebnung ihrer Besonderheit, wenn die Erwählungsvorstellung auch terminologisch auf Jerusalem übertragen und außerdem die Ziontradition eng mit der Davidtradition kombiniert wurde. Das wurde erst vom Deuteronomisten vollzogen, nämlich in der Zusage, daß Jahwe Gnade walten lassen wollte „um Davids willen und um Jerusalems willen, das ich erwählt habe“ (1. Kön. 11 13, 32). Zu einer Fusion der beiden Traditionen ist es aber nicht gekommen; Davids- und Ziontradition laufen noch lange getrennt nebeneinander her, denn zur Ziontradition gehört unablöslich die Vorstellung von Jahwes Königtum[20]. Diese Ziontradition kam also in der nachexilischen Zeit zu einer unerwarteten Entfaltung. Eigentlich alle der diesem Überlieferungskreis zugehörigen Einzelvorstellungen gehörten ihm von Anfang an zu; der hohe Gottesberg[21], die Wohnung Gottes[22], das Gotteskönigtum, die Wasserströme[23], ja auch die erst in der Apokalyptik belegbare Vorstellung von der Präexistenz der Gottesstadt im Himmel geht auf eine sehr alte mythologische Vorstellung zurück[24]. Im einzelnen lassen sich in der Verkündigung der nachexilischen Propheten von der Herrlichkeit des Zion zwei verschiedene Vorstellungskomplexe unterscheiden.

1. Die Kunde von einem Ansturm feindlicher Völker, der am Zion gescheitert ist, scheint zu den ältesten Traditionen des vorexilischen Jerusalem zu gehören; ja es liegen Anzeichen vor, daß diese Tradition aus dem vordavidischen Jerusalem stammt[25]. Davon, wie sich diese Tradition mit einemmal bei Jesaja aufs breiteste ausfächert, wie sie gleich dem Thema einer Fuge von diesem Propheten in immer neuen Variationen aktualisiert wird, war schon die Rede[26]. In solcher Fülle hat kein Prophet mehr diesen Vorstellungskreis ausgebreitet. Ihr gegenüber wirkt Micha (4 11-13) durch die Knappheit seiner Darstellung

19. S. Bd. I, S. 59 ff. und s. o. S. 162 ff. Eine Verbindung von Exodus- und Ziontradition ist im Meerlied Ex. 15 17 f. vollzogen.
20. Z. B. Mi. 4 7; Zeph. 3 15; Ob. 21; Sach. 14 9.
21. Ps. 48 3; Jes. 2 2; Hes. 17 22; 40 2; Sach. 14 10.
22. Ps. 46 5 f; 76 3; Joel 4 21; Jes. 8 18 u. ö.
23. Ps. 46 5; Hes. 47 1 ff; Jes. 33 21; Joel 4 18; Sach. 14 8.
24. Syr. Baruch 4 2-6; s. u. S. 388.
25. Über Ps. 46; 48; 76 und die Ziontradition s. Bd. I, S. 59 ff.
26. S. o. S. 163 ff.

eigentlich altertümlich. Vor allem auch dadurch, daß hier der Zion selbst zum Kampf gegen die Feinde aufgefordert wird; ein Zug, der in den späteren Abwandlungen des Themas fehlt. Die im Sinne des äußeren Umfangs am breitesten, weithin ins Bizarre ausladende Darstellung von dem eschatologischen Völkeransturm ist die Weissagung von dem Kommen Gogs und Magogs und ihrer Vernichtung „auf den Bergen Israels" (Hes. 38 f.). Von der Schlacht selbst vermag das sonst auf viele Einzelheiten eingehende Gedicht (ganz ähnlich wie Jesaja) fast nichts zu sagen, um so mehr von der Beseitigung der Leichen und dem Sammeln des verstreuten Kriegsgerätes, mit dem Israel 7 Jahre lang beschäftigt sein wird. Interessant ist, daß sich diese Prophezeiung ausdrücklich auf ältere Weissagungen beruft (Hes. 38_{17}); sie sieht sich selbst in einer älteren prophetischen Tradition stehend. Auch in dem Text Jo. 4_{9-17} begegnen wir — vgl. Hes. 38_4; 39_2 — der schon von Jesaja ausgesprochenen Vorstellung, daß die heranrückenden Völker gar nicht aus freier Initiative kommen, sondern von Jahwe gerufen sind. Auch hier handelt es sich um einen Tag Jahwes mit Erdbeben und Verfinsterungen (v. 14)[27]. Im Tale Josaphat wird Jahwe die Völker richten; der Zion wird bewahrt bleiben. Am Ende dieser Abwandlungen des Themas vom Völkerkampf vor dem Zion stehen Sach. 12 und 14: Die konstituierenden Elemente dieses Vorstellungskreises sind vollzählig beisammen: Jahwe bringt die Völker zusammen, Kampf und Bewahrung des Zion. Eigenartig ist die Vorstellung, daß nach dieser Weissagung der Feind sogar in die heilige Stadt eindringen und grausam in ihr wüten wird; auch hinsichtlich der Bestrafung der Feinde schwelgt der Text im Grausigen (Sach. 14_{12}). Eigenartig an diesem Text ist aber auch die Verflechtung mit Motiven, die aus ganz anderen eschatologischen Vorstellungen stammen: Diejenigen von der Völkerwelt, die dies alles überstehen, werden künftighin zum Zion wallfahrten und Jahwe verehren. Die äußeren Verhältnisse werden sich wunderhaft verändern; das ganze Land wird zur Ebene, nur Jerusalem wird auf dem Berge liegen, eine Lebensquelle wird von Jerusalem ausgehen; in der Stadt aber wird kein Wechsel von Licht und Finsternis, es wird ewiger Tag sein. Diese Ausstaffierung des überkommenen Vorstellungskreises mit allerlei anderen Erwartungsmotiven ist ein Zeichen für die

27. In traditionsgeschichtlicher Hinsicht liegt hier also die Verschmelzung von zwei einander ursprünglich fremden Überlieferungskreisen vor, dem von dem Ansturm der Völker gegen die Gottesstadt und dem vom Tage Jahwes. Sie liegt übrigens auch Ob. 15 ff. vor.

späte Abfassung dieses Textes. Aber in Anbetracht gewisser Risse in der Darstellung muß man wohl auch mit nachträglichen Interpolationen rechnen.

2. Der andere Vorstellungskreis, der sich an die eschatologische Gottesstadt knüpft und der ebenfalls von den Propheten mehrfach aufgenommen und mannigfach abgewandelt wird, ist der von der Völkerwallfahrt zu der Stadt auf dem Berge. Darin, daß er ein friedliches Geschehen schildert, daß er vom Heil und nicht vom Gericht über die Völker handelt, unterscheidet er sich von dem erstgenannten. Nach der ältesten Fassung, die wir kennen, nämlich der von Jes. 2₂₋₄, steht am Anfang des eschatologischen Geschehens eine wunderhafte Veränderung der räumlichen Verhältnisse: Der Berg des Hauses Jahwes wird zuletzt aufragen und über alle Hügel seiner Umgebung hoch erhaben sein, so daß er allen Völkern sichtbar ist. Die aber werden sich sogleich auf den Weg machen und von allen Seiten auf ihn zuströmen, weil sie es in der Heillosigkeit ihres Zusammenlebens nicht mehr aushalten. So pilgern sie zu Jahwe, „denn vom Zion geht Lehre aus". So, wie die Pilgerscharen Israels Jahr für Jahr zum Zion wallfahrteten, wo ihnen am Höhepunkt des Festes der Rechtswille Jahwes verkündet wurde, so erwartet die Weissagung, daß die Völker „am Ende der Tage" sich zu einer endzeitlichen Schlichtung aller Streitfälle und zu einem Empfang der heilsamen Lebensordnungen Jahwes auf dem Zion einfinden werden und daß sie dann — wieder heimgekehrt — alles Kriegsgerät in friedliche Werkzeuge umschmieden werden. Wären wir nur auf diesen Text angewiesen, so bliebe es uns verborgen, daß Jesaja einem ihm offenbar schon vorliegenden und wesentlich reichhaltigeren Vorstellungskreis nur einzelne Züge entnommen hat.

Auch bei Deuterojesaja finden sich von Fall zu Fall nur Aktualisierungen von Teilen des ganzen Vorstellungskreises; doch ist es immerhin für das Gewicht und die Selbständigkeit des Gegenstandes bezeichnend, daß der Prophet sich bei diesen Weissagungen nicht auf gelegentliche Anspielungen beschränkt, sondern daß er jeweils mit ihm immer eine ganze Einheit ausfüllt. Interessant ist es nun, zu sehen, wie er den traditionellen Stoff in seine Gegenwart hineingestellt hat. In Jes. 49_{14-21} hat er ihn zu einem Trostwort für das verzagte Jerusalem abgewandelt. Die, die rings im Umkreis herbeiströmen, sind ihre eigenen Kinder! In der darauffolgenden Einheit (Jes. 49_{22-23}) holt der Prophet das traditionelle Motiv nach: er weissagt das Kommen der Völker. Aber diesmal ist es Jahwe selbst, der den Völkern das Zeichen zum Kommen gibt. Aber schon wieder hat Deuterojesaja etwas von seinem Eigenen dem Stoff eingeflochten: Die Völker werden kommen und die Söhne und Töchter Zions auf ihren Armen herzutragen. „Könige werden deine Wärter sein!" Auch in Jes. 45 14-15 sind es die fremden Völker, die mit ihren Kostbarkeiten herbeikommen. Aber das Besondere dieses Textes — einzigartig unter allen Abwandlungen dieses Stoffes — ist das Bekenntnis, das Deuterojesaja den Völkern, die in die Verehrung des Gottes Israels einkehren, in den Mund legt:

„Nur bei dir ist Gott und nirgends sonst, keinerlei Gottheit" (Jes. 45 14).

Die vollste Ausgestaltung dieses Überlieferungsstoffes findet sich bei „Tritojesaja" (Jes. 60) und darum ist dieser Text zur rechten Bestimmung der ihm ähnlichen so wichtig. Ähnlich dem Beginn von Jes. 2 steht auch hier am Beginn ein Wort von einer Verklärung der Gottesstadt, von einem „Lichtwerden", wodurch sie aus ihrer bisherigen Unansehnlichkeit heraustritt und damit die Völkerwallfahrt auslöst[28]. Hier hat es sich der Dichter nicht entgehen lassen, dieses Kommen der Völker prächtig darzustellen: Von Westen, auf dem Meer, sieht man die Segelschiffe wie Taubenschwärme herbeieilen, von Osten die Kamelkarawanen Midians und anderer arabischer Stämme. Sie bringen Schafe zum Opfer, Gold und Weihrauch für den Tempel, ja sie bringen die Zerstreuten des Gottesvolkes. Dann werden Rechtsbruch und soziale Bedrückung ein Ende haben. Frieden wird die Obrigkeit und Gerechtigkeit die Regierung in der Gottesstadt sein; die Tage ihrer Trauer werden ein Ende haben[29]. — Am kürzesten spricht Haggai von dieser Völkerwallfahrt (Hag. 2 6 ff.): Jahwe wird die Völker erschüttern, dann werden sie sich aufmachen und alle ihre Kostbarkeiten nach dem Zion bringen, denn „mein ist das Silber, mein ist das Gold", spricht Jahwe. Haggai hat aus dem ganzen Vorstellungskreis eigentlich nur einen Zug herausgegriffen, nämlich die feierliche Übereignung der Kostbarkeiten aller Völker an Jahwe. Er allein hat einen Rechtsanspruch auf all die Werte, die jetzt bei den Völkern verstreut liegen; erst im Eschaton wird ihm Genüge getan, und die Kostbarkeiten — bisher gleichsam interimistisch verwendet — werden mit der Fertigstellung des Tempels in das alleinige Besitzrecht Jahwes zurückkehren.

28. Diese Aufforderung, „lichtzuwerden", hat schon in Jes. 52 1 einen Vorgänger: „Werde wach, werde wach, kleide dich in Kraft, Zion, kleide dich in deine Prachtgewänder, Jerusalem."

29. Vgl. dazu auch Jes. 56 7; 66 18, 23.

Andererseits hat aber auch Jesaja nur ein Detail aus dem Vorstellungskomplex herausgegriffen. Bei ihm konzentriert sich das Interesse nicht auf die kultische Seite des Vorgangs, die Einkehr der Völker in die Verehrung Jahwes und die Überbringung der Weihgaben, sondern auf den Empfang der Rechtsordnungen Jahwes, auf Grund derer allein der endzeitliche Friede in der Völkerwelt bestehen kann. In den Überlieferungskreis von der Völkerwallfahrt gehört wohl auch die Erwartung eines Festmahls, das Jahwe den Völkern auf dem Zion bereiten wird, und die Erwartung, daß Jahwe „auf diesem Berge" die Hülle, die über allen Völkern liegt, ja sogar den Tod vernichten wird (Jes. 25_{6-8})[30].

So erweist sich diese Erwartung der Völkerwallfahrt als eine sehr bewegliche Überlieferung, die von den Propheten jeweils in ganz verschiedener Weise aktualisiert werden konnte. Tritosacharja scheint sie mit der von dem Völkerkampf verbunden zu haben[31]. Auch er weiß von dem Aufragen der heiligen Stadt über das zur Ebene gewordene Land und von der Wallfahrt der Völker, „die übrig geblieben sind", um Jahwe anzubeten, und von der vollkommenen Heiligkeit der Gottesstadt (Sach. $14_{10, 11, 16, 20}$)[32]. Das Thema von der eschatologischen Völkerwallfahrt nach dem Zion klingt in der apokryphen Literatur noch mannigfach an, so z. B. Tobit $13_{9\,ff}$; $14_{5\,ff}$; Hen. 90_{28-33}; Sib. $3_{702-731}$. In der Apokalyptik kam schließlich die altmythologische Vorstellung von der himmlischen Präexistenz der Gottesstadt wieder auf und die Erwartung ihrer Herabkunft auf die Erde (Apok. 21_2; Äth. Hen. 90_{29}; 4. Esr. 7_{26}; 10_{54}; 13_{36}).

30. Vgl. dazu auch Jer. 3_{17}; Sach. 8_{22}.

31. Ähnlich Zeph. 3_{8} ff.

32. In diesen Zusammenhang gehört auch die Vision von dem neuen Tempel und der neuen Gottesstadt Hes. 40—48. In traditionsgeschichtlicher Hinsicht kann man sie neben Sach. 14_{10} stellen, wo doch auch von der hochragenden Stadt (vgl. Hes. 40_2) und ihren Toren die Rede ist. Auch das Traditionselement von der Tempelquelle findet sich in Sach. 14_8 und Hes. 47. Der Unterschied besteht allerdings darin, daß Hes. 40 ff. die Beschreibung der Baulichkeiten und der Institutionen des neuen Tempels zu seinem fast ausschließlichen Thema gemacht hat und demgemäß dabei in der Schilderung viel breiter auslädt. Eine genaue Analyse dieses in sich keineswegs einheitlichen Traditionskörpers, der auch schwerlich noch dem Propheten Hesekiel zugeschrieben werden kann, bei *H. Gese*, Der Verfassungsentwurf des Ezechiel (1957).

Nachwort

Mit Maleachi und der Weissagung Tritosacharjas — um von kleineren Einheiten nicht zu reden — ist die Prophetie in Israel verstummt. Wenn auch besonders bei Maleachi der Eindruck eines gewissen Erlahmens schwer abzuweisen ist, so verbirgt sich doch hinter diesem Verstummen manche Frage. War es das Zeichen eines wirklichen Erlöschens der eschatologischen Erwartungen, also eines Endes der Kette der prophetischen Überlieferungsträger? Der dem physiologischen Bereich entnommene Begriff der Erschöpfung will dem ganzen Phänomen nicht recht angemessen erscheinen. Eher schon könnte man geltend machen, daß in der Zeit nach Alexander dem Großen keine Ereignisse weltgeschichtlichen Formats, in deren Schatten je und je die Propheten aufzustehen pflegten, Palästina mehr berührt haben. Aber man muß vor allem auch die innere religiöse Struktur der nachexilischen Gemeinde bedenken[33]. Haggai und Sacharja haben die Wiederaufrichtung des Tempels noch ganz im Horizont eines großen eschatologischen Geschehens gesehen. Diese Sicht mußte sich unter dem Gewicht der (von Exulanten nach Jerusalem gebrachten?) Priesterschrift und ihrer uneschatologischen Kulttheologie verlieren. Die Konsolidierung der nachexilischen Kultgemeinde, mit der sich die Restitutionshoffnungen vieler Rückkehrer erfüllt zu haben schienen, war wohl, je länger je mehr, verbunden mit einer immer konsequenteren Verdrängung der eschatologischen Vorstellungen. Nicht daß diese damals keine Träger mehr gehabt hätten; aber die eschatologische Erwartung wurde von der führenden jerusalemischen Priesteraristokratie mehr und mehr an den Rand gedrängt und schließlich zur Separation gezwungen. Es fällt in der Tat schwer, sich den Verfasser etwa von Sach. 14 mit dem vielleicht zeitgenössischen Verfasser des chronistischen Geschichtswerkes in einem Glauben und einem Kultus verbunden vorzustellen. Möglicherweise ist in dieser Zeit die prophetisch-eschatologische Erwartung für immer aus der Theokratie ausgewandert. Die letztere mündete dann aus in dem Dienst eines heilsgeschichtslosen, zur absoluten Größe gewordenen Gesetzes[34].

Aber wir müssen uns an dieser Stelle noch einer kurzen theologischen Erwägung zuwenden. Schon zu Beginn beschäftigte uns die Frage, wie

33. Zum Folgenden vgl. O. *Plöger*, Theokratie und Eschatologie (1959), S. 41—68, 135 ff.

34. S. Bd. I, S. 103 ff.

denn nun eigentlich das Neue zu bezeichnen sei, das mit der Prophetie innerhalb Israels in Erscheinung trat[35]. In der älteren Prophetenexegese waren es vor allem zwei Grundgedanken, die immer wieder formuliert wurden: In der Verkündigung der Propheten hat sich zum erstenmal der sittliche Monotheismus Bahn gebrochen. Man sah in Amos fast „die Verkörperung des Sittengesetzes", in Jesaja den Verkünder „der moralischen Weltordnung"[36]. Das andere war das Sichtbarwerden der geistigen und gottunmittelbaren religiösen Persönlichkeit[37]. Diese ganze Betrachtungsweise, die wohl allzu schnell auf grundsätzliche religiös-philosophische Wahrheiten hin durchstoßen wollte, haben wir verlassen, denn das Besondere der Prophetie kommt weder von der Besonderheit ihrer seelischen Erlebnisse und Widerfahrnisse aus, noch von ihren für sich genommenen religiösen Ideen aus in Sicht. Wahrscheinlich müssen die von der älteren Forschung anvisierten Fragen eines Tages, wenn auch unter anderen theologischen Voraussetzungen, wieder aufgenommen werden. Uns ging es vor allem darum, die Propheten der Heilsgeschichte wieder zurückzugeben und auf die Aspekte zu achten, die sich von da aus ergeben. Wir gingen von einer Tatsache aus, die als exegetischer Befund einfach feststeht, daß nämlich die Propheten selbst, jeder in einer ganz bestimmten, aber für seine Botschaft entscheidenden Weise in der Geschichte Gottes mit Israel Stellung bezogen haben und daß ihr ganzes Reden nur von diesem ihrem Standort her zu verstehen ist. Sie wissen sich in einen Geschichtszusammenhang mit weiten Perspektiven nach rückwärts und nach vorwärts gestellt. Innerhalb dieses Geschichtszusammenhanges aber steht jeder Prophet sozusagen an dem Schnittpunkt, da die schon fast zum Stehen gekommene Gottesgeschichte mit einem Mal dramatisch wieder in Bewegung kommt. Der Ort, von dem aus sie ihre Stimme erheben, ist ein Ort der höchsten Krisis, ja fast ein Ort des Todes, insofern die Menschen dieser Krisenzeit von der Heilskraft der alten Setzun-

35. S. o. S. 15.

36. „In Amos haben wir, sozusagen, die Verkörperung des Sittengesetzes. Gott ist ein Gott der Gerechtigkeit, die Religion ein sittliches Verhältnis des Menschen zu Gott ..." *C. H. Cornill*, Der israelitische Prophetismus (1909), S. 42. „Vor den Philosophen Griechenlands haben die israelitischen Profeten das Gesetz der die Welt einheitlich beherrschenden moralischen Kausalität entdeckt", *G. Hölscher*, Die Profeten (1914), S. 188.

37. „Im Profetentum, das sich vom Opferkulte und der Kultmantik mehr und mehr loslöste, trat der Laie ohne priesterliche Vermittlung in direkte Verbindung zur Gottheit. Indem sich so individuelle religiöse Bedürfnisse meldeten, wurde der Anfang zur persönlichen Religion gesetzt." *G. Hölscher*, a. a. O. S. 87.

gen nicht mehr erreicht werden und ihnen Leben nur in der Hinkehr auf das Kommende verheißen war. Gemeinsam war allen Propheten dieses Bewußtsein, geschichtlich genau an dem Ort einer für die Existenz des Gottesvolkes entscheidenden Wende zu stehen. Von da her ist ihr leidenschaftlicher Abbau des Alten, vor allem aller falschen Sicherheiten vor Gott zu begreifen, aber ebenso auch ihr Wort von dem Anbruch ganz neuer, erschreckender und heilvoller Gottestaten. Gemeinsam war ihnen aber auch die Gewißheit, daß das von ihnen erwartete Neue in dem Alten schon präfiguriert war und daß in dem Neuen das Alte in vollkommener Gestalt gegenwärtig sein werde. So scheint für sie das Alte geradezu eine weissagende Bedeutung gehabt zu haben, mindestens insofern, als sie gewiß waren, daß Jahwe das von ihm Begonnene und Begründete nicht liquidieren, sondern daß er daran anknüpfen werde, um es herrlicher zur Vollendung zu bringen. M. e. W.: Gemeinsam war ihnen das gebannte Hinsehen auf das Neue und damit eine Bestreitung der Heilskräftigkeit der alten Setzungen Jahwes, die allerdings in voller Konsequenz erst bei den Propheten Jeremia, Hesekiel und Deuterojesaja zum Ausdruck kam. Leben und Tod Israels hingen für sie allein von der Begegnung mit dem kommenden Herrn ab. Der philosophisch geschultere Abendländer mag bei alledem bedenken, daß dieses Aufgreifen und Aktualisieren alter Traditionen viel mehr war als nur ein wirksames rhetorisches Mittel. Diese Projektionen der alten Überlieferungen in die Zukunft waren für die Propheten die einzige Möglichkeit, von einer Zukunft Gottes reale Aussagen zu machen.

Diese Seite der alttestamentlichen Prophetie — nach unserer Überzeugung ihr wichtigstes Spezifikum — neu in die Mitte zu rücken, schien die monographische Behandlung der Propheten und ihrer Botschaften immer noch am dienlichsten zu sein, womit nicht gesagt sein soll, daß nur diese Möglichkeit der Darstellung in Frage käme. Allerdings wird sich jede „systematische" Darstellung in Anbetracht des ausgesprochen charismatischen Charakters fast aller prophetischen Äußerungen vor die größten Schwierigkeiten gestellt sehen. Auch dürfte eine solche Behandlung keinesfalls zu einer Verwischung jenes heilsgeschichtlichen Standortes, von dem eben die Rede war, führen. Denn die Botschaft der Propheten ist in ihrer mehr als dreihundertjährigen Geschichte auf eine sehr verschiedene Weise entfaltet worden. Jede der Botschaften war ja genau an eine bestimmte Zeit gerichtet und enthielt ein Angebot, das so, wie es der Prophet damals weitergab, nie wiedergekehrt ist. Die Stunde Nebukadnezars war hinsichtlich dessen, was vor Gott nötig und geboten war, eine ganz andere als die Stunde Sanheribs. Deshalb durfte sich zur Zeit Jeremias, ja eigentlich schon nach der Katastrophe von 701 keiner mehr in dem Sinne auf den Schutz des Zion berufen, wie ihn Jesaja geweissagt hatte. Die Jerusalemer haben damals die Stunde nicht wahrgenommen; die Geschichte ist über den Zion hinweggerollt[38]. Deuterojesajas Weissagung von der Heimführung durch Jahwe galt so nur den Exulanten in Babylon. Schon Tritojesaja konnte sie nur in einer erheblich veränderten Gestalt wiederaufnehmen, weil die geschichtliche Situation eine andere geworden war. Jede prophetische Botschaft war also streng an die geschichtliche Stunde gebunden, in der sie erging, und keine läßt sich nach dieser ihrer Stunde genau in ihrem ursprünglichen Sinne wiederholen. Hier setzt die produktive Interpretation ein.

Aber einer Frage darf in dieser Rückschau nicht ausgewichen werden, nämlich der Frage nach der Erfüllung aller dieser Weissagungen. Gewiß, die Propheten haben nicht immer von zukünftigen Dingen gesprochen. Aber oft haben sie es getan und nicht selten haben sie sehr profilierte Ereignisse im politischen Raum vorausgesagt[39]. Bedenkt man den rhetorischen Aufwand, die Leidenschaft ihrer Hinweise, so hätte man sie wenig ernst genommen, wenn man diese Seite der Sache als unerheblich ansehen wollte. Aber auch da, wo die Voraussagen weniger genau ausfielen, handelte es sich doch auch noch um einschneidende Vorgänge im politischen Raum, denen die Propheten in höchster Konzentration entgegensahen.

Nun muß sich freilich der Ausleger der Schwierigkeiten bewußt bleiben, die sich ihm hier entgegenstellen. Wie gedenkt er denn die Tatsächlichkeit einer Erfüllung festzustellen? Was kann er von sich aus als Erfüllung bezeichnen? Wohl, es gibt eine Handvoll von Fällen, bei denen von Erfüllung einer prophetischen Drohung gesprochen werden kann, bei denen jedenfalls ein Ereignis genannt werden kann, das der Vorhersage einigermaßen entsprechen könnte[40]. Einigermaßen! Denn jeder Kundige weiß, wie sich die Ereignisse bei großer zeitlicher Entfernung vereinfachen und wie viele Aspekte des jeweiligen Ereignisses, die der jeweiligen Gegenwart offen standen, dem Historiker verborgen

38. S. o. S. 172 f. Vgl. Bd. I, S. 79.
39. Vgl. dazu *E. Jenni*, Die politischen Voraussagen der Propheten (1956).
40. Jenni nennt Jes. 7_{7}; Jer. 22_{10-12}, $_{24-30}$; 28_{15-17} 25_{11-12}. Nicht erfüllt sind: Jes. 20_{1-6}; Jer. 22_{18} f; 36_{29-31}; 44_{29-30}; 43_{8-13}; Hes. 29_{17-20}. Jenni, a. a. O. S. 112.

sind. Wer kennt den Verstehenshorizont der damaligen Hörer? Wie hat sich ihm eine Weissagung eingepaßt, worauf hat sie den Blick der Hörer gelenkt, d.h. in welchem Grad haben sie sie wörtlich genommen[41]? Das Mißliche ist also, daß wir eine Frage verhandeln, ohne die Hauptbeteiligten, die von den Propheten Angesprochenen, hören zu können. Es gab freilich eine Zeit, in der die Frage der Erfüllung wirklich diskutabel wurde; das war die Jeremias. Ja, über die wenigen Belege hinaus, die sich hier anbieten (Jer. $28_{7\,ff}$; Dt. $18_{21\,f.}$), kann man wohl sagen, daß Jeremias ganzes Prophetenleben weithin unter der Anfechtung stand, daß ihm Jahwe als „Trugbach" erschien, als „ein Wasser, auf das kein Verlaß ist" (Jer. 15_{18}). Hesekiel mußte sich der unverhohlenen Skepsis seiner Zeitgenossen erwehren, die ihm den Satz entgegenhielten: „In die Länge ziehen sich die Tage, und nichts ist's mit allen Gesichten" (Hes. 12_{22}). Hier sah sich also nicht nur der Hörer, sondern der Prophet selbst mit dem Problem der Nichterfüllung konfrontiert. Von da ab scheint das Problem im Bewußtsein geblieben zu sein, und dementsprechend sehen wir die späteren Propheten mit mehr oder weniger Erfolg gegen Resignation und Skepsis ankämpfen. Der große, von Deuterojesaja mit ungeheurem Aufwand geweissagte Exodus hat jedenfalls unter Jahwes persönlicher Führung und mit all den wunderhaften Begleiterscheinungen nicht stattgefunden. Das gleiche gilt von der großen Völkerwallfahrt nach dem Zion, von der vielleicht schon Jesaja gesprochen hatte. Selbst wenn sich, wie behauptet wurde, erfüllte und nichterfüllte Weissagungen etwa die Waage halten[42], so bleibt hier doch ein ernstes Problem, das zu bagatellisieren gerade die Ernsthaftigkeit der prophetischen Prädiktionen verbietet. Hier kann nur eine kurze Erwägung angestellt werden darüber, wie Israel mit dem Problem der Verzögerung fertig geworden ist.

Das Prekäre an der Fragestellung Erfüllung—Nichterfüllung, so sagten wir, liegt darin, daß wir das Problem ja nur von unserer Sicht aus, so wie sie von der Geschichtswissenschaft aus angeboten wird, angehen können. Das heißt aber, daß wir das jeweilige geschichtliche Ereignis, das wir allenfalls als Erfüllung einer prophetischen Weissagung

41. Wollte die unheimlich genaue Schilderung des Anmarschweges der Assyrer Jes. 10_{27-32} wörtlich genommen sein? Oder ist die Botschaft von den damaligen Hörern von vornherein als eine Form von prophetischer Dichtung verstanden worden? H. Donner versucht, den Spruch als den Niederschlag einer wirklich stattgefundenen Invasion zu verstehen. Israel unter den Völkern (1964), S. 30 ff.

42. *Jenni,* a. a. O. S. 112.

bezeichnen können, nur in einer äußersten Isolierung zur Hand haben, völlig herausgehoben aus allen Bezügen, die im religiösen Verstehenshorizont der Zeitgenossen lagen. Damit droht aber die Frage nach der Erfüllung zu einem simplen Rechenexempel zu werden, das aufgeht oder nicht aufgeht. Daß wir damit sowohl am Geist des prophetischen Wortes, aber auch an den Verstehensmöglichkeiten der Hörer vorbeigingen, ist klar. Ein Geschichtsfaktum, das man abstrakt und isoliert nur in seiner Eigenschaft als eingetroffene Vorhersage glaubt anerkennen zu können, — hätte das überhaupt noch die Würde einer von Jahwe gewirkten Erfüllung? Die prophetischen Vorhersagen waren doch nur ein Teil von dem, was Israel täglich von Jahwe her widerfuhr. Weder sie noch die allenfalls zu konstatierenden Erfüllungen standen allein auf sich selber; sie bedurften vielmehr, um das sein zu können, was zu sein sie beanspruchten, eines größeren Rahmens, in dem allein und von dem aus allein sie begriffen werden konnten; und das war der Jahweglaube. Dieses Vorgegebene — im einzelnen schwerlich näher zu verrechnen — war ein allgemeines Wissen, eine allgemeine Erfahrung von Jahwe und seinem Walten, also auch ein Wissen um die einzig mögliche Einstellung des Menschen zu Jahwe. Kurz gesagt: es stand fest, daß alles, was von Jahwe her auf Israel zukam, des Glaubens bedurfte und nicht des nachrechnenden Verstandes. (Und hier ist die Grenze unseres historischen Verstehens!) Wenn die von Israel auch wahrgenommene Verzögerung von Erfüllungen (ebensowenig wie die „Parusieverzögerung" in der frühen Christengemeinde!) in keine Grundlagenkrise ausartete, so lag das einfach daran, daß Israel immer noch genug von Jahwe wußte, daß er der Herr und nicht der Knecht seiner Worte war, und daß es darum auch letztlich nie allein um die verabsolutierte Frage der Erfüllung gehen konnte, sondern um Jahwe selbst und sein Herrsein. Das war doch der Sinn der sogen. „Erkenntnisformel", in der so häufig, besonders bei Hesekiel, prophetische Vorhersagen ausklingen: „... damit sie erkennen, daß ich Jahwe bin."[43] Deutlicher kann es nicht gesagt werden, daß der göttliche Taterweis in der Geschichte keinen Selbstzweck, sondern eine dienende Rolle hat; er führt hin zur Anerkenntnis und Anbetung Jahwes. (Damit sind wir am Ende unseres langen Weges wieder zu dem Satz zurückgekehrt, den wir oben schon auf der ersten Seite aussprachen, daß nämlich die prophetische Botschaft tief in den Erfahrungen wurzelte, die schon das

43. *W. Zimmerli*, Erkenntnis Gottes nach dem Buche Ezechiel (1954), S. 9 ff.

ältere Israel mit Jahwe gemacht hatte, und daß sie ohne diese Vorgegebenheit weder von den Zeitgenossen noch von uns verstanden werden kann.)

Bedenkt man so die Charakteristika des Jahweglaubens, so erscheint es doch weniger überraschend, daß Israel mit der Tatsache einer Nichterfüllung, einer Verzögerung der Erfüllung doch leichter fertig geworden ist als wir denken. Wir sehen auch nicht, daß ein Prophet durch derlei ernstlich beschämt worden ist. Anzeichen von Ummodelungen älterer Weissagungen, von Anpassungen an veränderte Verhältnisse haben wir in Fülle. Aber nirgends scheint sich damit der Eindruck des Peinlichen oder Beschämenden verbunden zu haben. Peinlich und beschämend war es, beim Offenbarungsempfang von Jahwe im Stich gelassen zu werden (Mi. 3_7), peinlich und lächerlich war es, wenn sich ein Prophet unfähig erwies, einer plötzlichen Sinnesänderung Jahwes Raum zu geben (Jona 4).

Indessen, man sollte das Problem nicht auf die unerfüllten Vorhersagen beschränken. Es ist ja viel umfassender; denn auch die erfüllten Prädiktionen wurden den nachfolgenden Generationen als prophetisches Wort weitergegeben. Auch sie hörten nicht auf, in die Zukunft zu weisen. War das weniger verwunderlich, daß eine prophetische Botschaft — einstmals präzis an eine bestimmte Gegenwart gerichtet — mit einem Mal aus diesem engen Bezug gelöst wurde und dann, ohne daß es einer besonderen Erklärung bedurfte und ohne daß des Früheren überhaupt noch gedacht wurde, zu einer ganz anderen Zeit zu reden begann? *Im Grunde rühren wir hier an das Rätsel des Weges, den Jahwe mit Israel durch die Geschichte gegangen ist, — einerseits an den äußersten Ernst, mit dem sich Jahwe an die Geschichte und an die jeweilige Gegenwart band, und andererseits an jene seltsame Leichtigkeit, mit der er sich daraus wieder zurückzog, um auf neue Weise eine andere Gegenwart zu beanspruchen.* Dieser Umschlag einer prophetischen Weissagung, die einstmals einer bestimmten politischen Gegenwart genau eingepaßt war und die sich mit einem Mal an eine ganz andere Zeit richtet, ist im Alten Testament oft zu beobachten. Nirgends aber ist die Metamorphose, die sich damit in den Texten vollziehen mußte, grundstürzender als in dem Verstehenshorizont des neutestamentlichen Heilsgeschehens, in den die alten Texte zuletzt noch gerückt werden sollten. Davon muß im dritten Hauptteil dieses Buches noch ausführlicher die Rede sein.

I. DANIEL UND DIE APOKALYPTIK

1. Apokalyptik und Weisheit

Auch nach dem Verstummen der Prophetie hat Israel nicht aufgehört, erwartungsvoll in die Zukunft zu schauen und von den immer noch ausstehenden endzeitlichen Erfüllungen zu reden. Einige Gegenstände der prophetischen Verkündigung sind zum festen Bestand der religiösen Hoffnung der Späteren geworden, so etwa die Hoffnung auf ein neues Jerusalem (Tob. 13 f.) oder die auf das Kommen eines Gesalbten (Ps. Sal. 17). Aber abgesehen davon, daß die Thematik dieser schon etwas standardisierten Hoffnung einigermaßen monoton geworden ist und nicht entfernt mehr an die Fülle und die Beweglichkeit der prophetischen Zukunftsschau heranreicht, so handelt es sich hier doch auch um eine andere Form von Eschatologie als bei den Propheten. Der Ort, an dem der Horizont eines ganz neuen Heilshandelns Gottes aufbricht, ist nicht mehr der einer äußersten Krise zwischen Jahwe und Israel (s. o. S. 309 f.); nein, diese Hoffnung öffnet ihr freundliches Tor nach einer Zeit, in der Israel sein Leben im Gehorsam der Gebote zugebracht hat. Die Gegenstände einer eschatologischen Hoffnung, die sich von der Verkündigung der Propheten noch erhalten haben, sind nunmehr in den Vorstellungskreis einer konservativen Gesetzesfrömmigkeit einbezogen worden. Man könnte hier von einer Art Fernerwartung sprechen, also einem dem Alten Testament sonst eigentlich fremden Phänomen. Erstaunlicherweise hat sich die religiöse Hoffnung Israels aber doch noch einmal und zwar unter ganz anderen Voraussetzungen und in Konzeptionen von einer bisher noch nicht erreichten universalen Weite ausgesprochen, in der Apokalyptik[1].

Wer den Begriff Apokalyptik verwendet, sollte sich der Tatsache bewußt bleiben, daß es bisher noch nicht gelungen ist, ihn auf eine befriedigende Weise zu definieren; und das hat auch, wie sich später zei-

1. Einschlägige Literatur s. bei *H. Ringgren*, Apokalyptik, RGG³ Bd. I Sp. 466; *A. Oepke*, ThWBNT VI S. 827 f; *S. B. Frost*, Old Testament Apocalyptic (1952). Dazu O. *Plöger*, Theokratie und Eschatologie (1959); *D. Rößler*, Gesetz und Geschichte. Eine Untersuchung zur Theologie der jüdischen Apokalyptik und der pharisäischen Orthodoxie (1960); *Ph. Vielhauer* in Hennecke-Schneemelcher, Neutestamentliche Apokryphen II (1964), S. 408 ff.

gen wird, seine guten Gründe. Am sichersten ist es, wenn man sich auf das beschränkt, was wissenschaftlich greifbar ist, nämlich auf ein bestimmtes literarisches Phänomen innerhalb des Spätjudentums, also auf jene Gruppe pseudepigraphischer „Apokalypsen" von Daniel bis zur syrischen Baruchapokalypse. Diese Einschränkung des Begriffes zur Bezeichnung nur eines literarischen Phänomens kann jedoch nicht recht befriedigen. Denn ein so markantes und in vieler Hinsicht überraschendes literarisches Phänomen muß doch auch seine Träger, seinen Sitz im Leben und seine Vorgeschichte gehabt haben. Tatsächlich wird der Begriff Apokalyptik wie nach stillschweigender Übereinkunft in einem viel weiteren Sinne, nämlich zur Bezeichnung eines theologisch-weltanschaulichen Phänomens verwendet. Man behilft sich dann, indem man ihre allgemeinen Charakteristika zusammenstellt[2]. Über die Träger, die Kreise, in denen diese Vorstellungen gepflegt wurden, hat sich bisher nichts Sicheres ermitteln lassen.

Eine erste Hilfe zur Orts- und Wesensbestimmung der Apokalyptik bietet sich an, wenn wir die Titel der Apokalyptiker überprüfen, denn aus den Bezeichnungen, die sie sich beilegen, kann man Hinweise auf die traditionsgeschichtlichen Hintergründe der Apokalyptik entnehmen. Daß Daniel zum höfischen Weisen herangebildet (Dan. 1_{3} ff.) und dann auch als ein Weiser verstanden wird (Dan. 2_{48}), wenn auch gegenüber seinen heidnischen Berufskollegen als ein Weiser besonderer Art, ist klar. Aber auch Henoch wird als „Schreiber", als „Schreiber der Gerechtigkeit" bezeichnet (Äth. Hen. 12_{3} f; 15_{1}; 92_{1}), also als ein Gelehrter, dessen Weisheit die Weisheit aller Menschen übersteigt (Äth. Hen. 37_{4}); und Esra endlich wird „Schreiber der Wissenschaft des Höchsten" genannt (4. Esr. 14_{50}). Und waren sie nicht Wissenschaftler im strengen Sinn des Wortes, ebenso beschäftigt mit astronomischen und kosmologischen Problemen wie mit der Frage nach den Ordnungen der Geschichte? Demgemäß ist ihr Wissen durchaus ein Bücherwissen. Auf Schritt und Tritt wird der Leser auf Bücher verwiesen, in denen dieses weitschichtige Wissen niedergelegt ist[3]. Ja mehr noch: Die fortwährend wiederholte Behauptung, daß dieses Wissen auf alte Bücher

2. *W. Baumgartner* hat die Merkmale der Apokalyptik folgendermaßen bestimmt: „Pseudonymität, eschatologische Ungeduld und genaue endzeitliche Berechnung, Umfang und Phantastik der Geschichte, weltgeschichtlicher und kosmischer Horizont, Zahlensymbolik und Geheimsprache, Engellehre und Jenseitshoffnung" (ThR 1939 S. 136). Ähnlich *P. Volz*, Die Eschatologie der jüdischen Gemeinde (1934), S. 6 ff.

3. So etwa Äth. Hen. 14_{1}; 33_{4}; 72_{1}; 81_{1};82_{1}; 93_{1}; 108_{1}; 4. Esr. $14_{24, 44}$; Ass. Mos. 1_{16}f. u. ö.

zurückgeht, sichert seine Legitimität. Eines der wichtigsten dieser Bücher — Hen. 37-71 — bezeichnet sich als „Weisheitsreden" (37₂), die ihrerseits aus zwei Unterteilen bestehen, die im hebräischen oder aramäischen Urtext sicher je mit מָשָׁל überschrieben waren. Die herkömmliche Übersetzung „Bilderreden" ist nicht glücklich. מָשָׁל ist doch ein alter terminus technicus der weisheitlichen Unterweisung. Die Übersetzung „Lehrreden" wäre treffender. So ergibt schon diese erste Durchmusterung ein ziemlich eindeutiges Bild: Die Apokalyptik scheint vornehmlich in den Überlieferungen der Weisheit zu wurzeln. Wäre — wie man immer wieder gesagt hat — die Apokalyptik die Fortsetzung der Prophetie (man hat sie geradezu als das Kind der Prophetie bezeichnet), so wäre es abgesehen von allem anderen sehr auffällig, daß sie traditionsgeschichtlich keineswegs an die großen Namen der Prophetie anknüpft, sondern an die Ahnherren der Weisheit, an Daniel, Henoch, Esra und andere. Am Ende des Danielbuches findet sich etwas wie eine Apotheose der Weisheitslehrer (Dan. 12₃). Aber es gibt noch gewichtigere Gründe, die es verwehren, die Wurzeln der Apokalyptik bei den Propheten zu suchen.

Das Pathos, das die apokalyptischen Bücher bis in all ihre Verästelungen hinein beherrscht, ist das der Erkenntnis. Dieser Erkenntniswille bewegt sich einerseits, wie jeder weiß, auf dem weiten Feld der Universalgeschichte.

„Gott schuf die Völker in der Welt und uns; er sah von Anfang bis zum Ende der Welt sie, wie auch uns voraus; nichts war von ihm bis in das Kleinste übersehen; er sah ja alles schon voraus, bestimmte alles schon vorher ... Der Herr sah alles, was in dieser Welt geschieht, vorher und also tritt es ein" (Ass. Mos. 12₄ f.).

Hier ist die alles tragende Voraussetzung dieses Forschungszweiges genannt; es ist die Tatsache, daß Gott von Anfang an für alle Menschen und Völker ihre Zeiten und ihre Widerfahrnisse vorherbestimmt hat, und der Glaube an die unverbrüchliche Gültigkeit dieser Determination. Aber dieser Erkenntniswille richtet sich — und davon ist in der Forschung merkwürdigerweise viel weniger die Rede — auch auf den Bereich, den wir Natur nennen. Hier ist nun die Verwandtschaft der Apokalyptik mit der Weisheit wieder mit Händen zu greifen. Weisheit war in Israel und im Alten Orient seit je das Wissen des Menschen von der ihn umgebenden Welt, von der Beschaffenheit und den Ordnungen seines Lebensraumes, also:

„Anfang, Ende und Mitte der Zeiten, den Wechsel der Sonnenwenden und den Wandel der Zeiten, den Kreislauf der Jahre und die Stellung der Gestirne, die Natur der Lebewesen und die Wesensart der wilden Tiere, die Gewalt der Geister und die Gedanken der Menschen, die Unterschiede der Pflanzen und die Kräfte der Wurzeln" (Weish. Sal. 7_{18-20}).

Hier ist der Kreis dieser antik-orientalischen Naturwissenschaft ziemlich vollständig umschritten. Er umfaßt die Fächer der Astronomie, der Zoologie, der Dämonologie, der Psychologie, der Botanik und der Pharmazie[4]. Was hier von der Weisheit im hellenistischen Alexandrien gesagt wird, gilt genauso von dem Erkenntniswillen der palästinischen Apokalyptik, weil es im Grunde schon von der altisraelitischen, also der salomonischen Weisheit galt[5]. Auch Henoch fordert zum Studium der Gestirne oder der Bäume auf (Äth. Hen. 2—5). Er belehrt über die Winde, die Topographie des Himmels und der Unterwelt (Äth. Hen. 17—36) und vor allem über die astronomischen Ordnungen (Äth. Hen. 72—82).

So rundet sich also in der Apokalyptik durch die Einbeziehung der Universalgeschichte und des eschatologischen Aspektes das enzyklopädische Bemühen der Weisheit zu einer geradezu hybrid anmutenden universalen Gnosis. Hier wird wirklich „eine vollständige Lehre der Weisheit" geboten (Äth. Hen. 92_1), die mit ihrem Erkenntniswillen bis zu den Stufen des Thrones Gottes vorstößt[6], denn Apokalyptik ist Entschleierung der letzten Weltgeheimnisse, ist פֵּשֶׁר, d. h. „Deutung"; das Wort wird Sir. 38_{14} im medizinischen Sinne gebraucht, also eine Diagnose der ganzen Welt kurz vor ihrem Ende.

Wie steht es nun mit der Ermächtigung zu einer solchen Entschlüsselung der Welt? Bei Aussagen von solchem Gewicht stellt sich die Frage nach der Legitimation des Sprechers ganz von selbst. Aber man wird sagen müssen, daß sich die Apokalyptiker auf ihre Weise nach allen Seiten abgeschirmt haben. Sie teilen die Überzeugung der älteren Weisheit, daß die Ordnung der Welt dem forschenden Verstand nicht verfügbar ist, daß sie sich vielmehr seiner Logik immer wieder entzieht[7]. Aber Gott kann je und dann einen Menschen durch besondere Erleuchtungen in die Geheimnisse seiner Weltregierung einweihen. Schon in alten Zeiten wußte man, daß besondere Weisheit auf ein göttliches Charisma zurückgeht[8]. So argumentiert auch die Apokalyp-

4. *J. Fichtner,* Die Weisheit Salomos (1938), S. 31.
5. Bd. I, S. 442 ff.
6. Äth. Hen. 46 f; 71; Slav. Hen. 21 ff.
7. *H. Gese,* Lehre und Wirklichkeit in der alten Weisheit (1958), S. 38 ff.
8. Bd. I, S. 455 f.

tik, indem sie ihre Sprecher als Charismatiker oder sonst vom Geist Berührte verstehen lehrt[9]. Außerdem weiß sie darum, daß Gott in Träumen und Visionen, vor allem auch durch wunderhafte Entrückungen in ferne kosmische Räume, einzelne Menschen in die Geheimnisse der Welt und der Geschichte einweihen kann. Gewiß hat die Ausbreitung eines so weitschichtigen und detaillierten Wissensstoffes im Rahmen von Traumgesichten etwas literarisch Schematisches. Auch war die Vorstellung von einer Reise des Apokalyptikers in die Himmel oder in die Unterwelt als traditionelles Schema hervorragend geeignet, um alle die Wissensstoffe darin aufzuhängen[10]. Aber war die rationale Sinnesart der Apokalyptiker in geistesgeschichtlicher Hinsicht geradezu ein Antipode zu jeder Form echten mythischen Denkens, so darf doch die theologisch legitimierende Funktion dieser mythischen Umrahmungen nicht unterschätzt werden. Tatsächlich geht die Apokalyptik in ihrer Zurückführung aller Entschleierung auf eine unmittelbare Erleuchtung, ja geradezu auf eine göttliche Beauftragung weit über die Ansprüche der älteren Weisheit hinaus. Aber das liegt an dem Gewicht ihrer Aussagen. Das Vordringen dieser Gnosis in Bereiche, die die ältere Weisheit noch nicht zu betreten gewagt hatte, erforderte eine viel stärkere charismatische Autorisierung. („Ich weiß alles aus des Herrn Mund; das andere sahen meine Augen", Slav. Hen. 40_1). Freilich, dem Eindruck kann sich der heutige Leser kaum verschließen, — diese Apokalyptiker scheinen der ungeheuren Einsichten, deren sie sich rühmen, doch nicht recht froh geworden zu sein. Nicht mit Unrecht ist schon immer von der düsteren, pessimistischen Grundstimmung gesprochen worden, die diese Literatur durchzieht. Aber dieses Hin- und Herpendeln zwischen einem Schwelgen in kosmischen Entschleierungen und Resignation ist wohl tief in dem Wesen dieser späten Weisheit begründet, nämlich darin, daß hier in einer sehr grundsätzlichen Weise die Sinnfrage vom Menschen aus gestellt und beantwortet wird.

Angesichts ihres gespannten Interesses an den Eschata mußte es wohl naheliegen, die Apokalyptik ihrer Herkunft nach von der Prophetie her zu verstehen[11]. Aber das ist nicht möglich. Daß sie sich selber nicht als Prophetie versteht, daß sie gelegentlich von deren Ende spricht

9. Dan. 2_{21}; 4_5 f, $_{15}$.

10. Äth. Hen. 17—36; 70 f; Test. Lev. 2—5; Griech. Baruch 2—16.

11. So O. *Procksch*, Theologie des AT (1950), S. 404; *H. H. Rowley*, The Relevance of Apocalyptic (1947²), S. 13; *H. Ringgren*, RGG³ I Sp. 464. Auch die umsichtigen Erwägungen Plögers zum Aufkommen der Apokalyptik kommen im Effekt auf eine Trennung zwischen Apokalyptik und Prophetie hinaus, a. a. o. S. 37 ff.

(„die Propheten haben sich schlafen gelegt", Syr. Bar. 85_3), soll nicht überbewertet werden. Entscheidend ist die Unvereinbarkeit ihres Geschichtsverständnisses mit dem der Propheten. Von der spezifisch heilsgeschichtlichen Verankerung der prophetischen Botschaft, d. h. von ihrer Verankerung in bestimmten Erwählungstraditionen, führt kein Weg zu dem Geschichtsbild der Apokalyptik, ebensowenig wie zu ihrer Vorstellung, daß die Eschata seit Urbeginn festliegen. In dem Geschichtsaspekt der beiden großen Traumvisionen in Daniel, in der von dem Monarchienbild und in der Viertierevision ist von Israels Geschichte überhaupt nicht die Rede. Hier ist Gott mit den Weltreichen allein; auch der Menschensohn kommt ja nicht aus Israel, sondern „mit den Wolken des Himmels". Hier ist also das gesamte Heilsgeschehen eschatologisch-zukünftig. In anderen Visionen ist allerdings die Geschichte Israels in extenso dargestellt[12]. Aber ist das die Weise, in der das ältere Israel und sonderlich seine Propheten sich für sie zu interessieren pflegten? Die Geschichte war für Israel der Ort, an dem es Jahwe erfuhr und von dem aus allein es sich als Israel verstehen konnte. Jede Generation mußte dieses Verständnis seiner selbst im Glauben nachvollziehen. Noch der Chronist hat in diesem Sinne von den Heilssetzungen z. Zt. Davids aus sein Werk entworfen. Und nun stelle man dem die theologisch eigentümlich entleerten Darstellungen der Geschichte Israels gegenüber, wie sie da und dort in der apokalyptischen Literatur auftreten! Dieses Geschichtsbild scheint jedes Bekenntnischarakters zu ermangeln. Es weiß nichts mehr von jenen heilsbegründenden Taten Gottes, von denen aus ehedem ein Geschichtsbild entworfen wurde. Die Propheten hatten bei ihren Voraussagen ihren Standpunkt ganz offen je in ihrer geschichtlichen Gegenwart genommen; von da aus entrollten sich ihnen die geschichtlichen Perspektiven nach rückwärts und nach vorwärts. Der Apokalyptiker dagegen verschleiert seinen eigenen geschichtlichen Ort[13]. Man kann ihn aus allerlei Anzeichen wissenschaftlich meist ziemlich genau ermitteln; aber seiner eigenen Intention nach bietet er eine Schau der Geschichte, bei der gerade alles darauf ankommt, daß die weltgeschichtlichen Abläufe von Anfang an festliegen. So drängt sich die Frage auf, ob eine solche Konzeption nicht das Signal eines großen Geschichtsverlustes ist, ob hinter

12. So z. B. in der Stiervision Äth. Henoch 85—90, in der Zehnwochenapokalypse Äth. Hen. 93; 91_{12-17}; in der Assumptio Mosis 2—10 oder in der Wolkenvision Syr. Baruch 53—71.

13. *H. H. Rowley*, a. a. O. S. 36.

dieser gnostisierenden Auffassung von den errechenbaren Abläufen nicht ein im Grunde geschichtsloses Denken steht, weil hier ja die Erfahrung des geschichtlich Kontingenten kaum mehr zu Worte kommt. Jedenfalls müßte die Frage nach dem existentiellen Bezug zur Geschichte, soll es sich nicht um Gnosis oder Spekulation handeln, sehr dringlich an die Apokalyptik gerichtet werden. Sie ist gerade an die Konzeption von der Einheit der Weltgeschichte zu richten, die schon in Daniels Monarchienbild (Dan. 2$_{31}$ ff.), ebenso in der Viertierevision (Dan. 7$_{2}$ ff.) vorliegt. Die Weltreiche haben einen Ursprung, ein Wesen und ein Ziel und es entfaltet sich in ihnen das, was von Anfang an in ihnen angelegt war. Die in symbolischen Bildern veranschaulichte Bewegung der Weltgeschichte zeigt ein Anwachsen des Bösen. Diese Geschichtsschau ist also äußerst pessimistisch. Es muß in der Weltgeschichte ein negatives Ziel erreicht, nämlich das Maß des Frevels erfüllt sein (Dan. 8$_{23}$). Die Weltgeschichte führt einem „Abgrund“, einem „großen Untergang“ entgegen (Äth. Hen. 83$_{7}$). Dieses anwachsende Böse liegt offenbar im Wesen des Menschen und der von ihm erstellten Reiche begründet, wenn es sich auch je auf verschiedene Weise manifestiert.

Ist der heilsgeschichtliche Ansatz der älteren Geschichtsbetrachtung in der Apokalyptik preisgegeben — das Heilsgeschehen konzentriert sich, wie wir sahen, auf die Eschata —, so war damit die Geschichte freilich noch nicht aus der Verfügung Gottes entlassen. Im Gegenteil: das war ja der Trost des Apokalyptikers, daß sie ganz der Verfügung Gottes untersteht. Was ihn nun im besonderen interessiert, ist die Frage nach der göttlichen Ordnung der geschichtlichen Abläufe. Wie wir sahen, fand er die Antwort in der Erkenntnis eines strengen Geschichtsdeterminismus. Seiner Überzeugung nach geschieht nichts Neues: von Uranfang an „hat der Heilige für alle Dinge Tage bestimmt“ (Äth. Hen. 92$_{2}$; vgl. Jubil. 32$_{21}$). Wie anders reden die Propheten von Jahwes Lenkung der Geschichte! Von Mal zu Mal offenbart sich ihnen Neues und Unerwartetes; ganz abgesehen davon, daß hinter ihrer Verkündigung überhaupt nicht die vom Menschen gestellte Frage nach der Sinnhaftigkeit und Verstehbarkeit der geschichtlichen Abläufe steht. Es ist ein „fremdes Werk“, zu dem sich Jahwe anschickt. Jesajas Bild von Assur war deshalb so beweglich, weil Jahwes Pläne beweglich waren. Israel konnte „umkehren“, Jahwe konnte sich des Unheils „gereuen lassen“. Nach Jeremia entschied sich Jahwe einmal zum Aufbauen eines Volkes, ein andermal zum Niederreißen; — „siehe, wie Ton des Töpfers, so seid ihr in meiner Hand“ (Jer. 18$_{5}$ ff.). Und nun stelle man dem die Meinung des Apokalyptikers gegenüber:

„(Gott) hat die Stunden mit dem Maß gemessen und hat nach der Zahl die Zeiten gezählt. Er stört sie nicht und weckt sie nicht auf, bis das angesagte Maß erfüllt ist" (4. Esr. 4₃₇).

So wird man sagen müssen, daß in der Apokalyptik aufgrund von ganz anderen theologischen Voraussetzungen eine Konzeption von dem göttlichen Geschichtswalten auf den Plan getreten ist, die sich von der der Propheten grundsätzlich unterscheidet. Darüber, ob diese Geschichtskonzeption als eine notwendige Gegenaussage und als ein Durchbruch zu neuen theologischen Horizonten zu verstehen sei, oder als eine beeinträchtigende Überfremdung des Jahweglaubens, ist die Diskussion noch lange nicht abgeschlossen[14].

Mit alledem kann natürlich nicht jeder Bezug der Apokalyptik zu dem Erbe der Propheten in Abrede gestellt werden. Ein solcher Bezug war ja schon damit gegeben, daß sich die Apokalyptiker neben vielen anderen Wissensgebieten auch mit den Schriften der Propheten befaßt und sich auf ihre Weise angelegentlich um die Lösung bestimmter exegetischer Probleme bemüht haben. Eine so angestrengte Beschäftigung konnte nicht ohne Rückwirkung bleiben. So sehen wir, wie sich die Apokalyptik in steigendem Maße prophetischer Stilformen (Visionsbericht, Gottesrede usw.) bemächtigt. Die Vorhersage des Zukünftigen war aber an sich kein Monopol der Propheten; am wenigsten sehen wir sie mit der Kunst der Traumdeutung beschäftigt, die ja im ganzen Orient seit alters ein Vorrecht der Weisen war und die in der Apokalyptik in großer Form praktiziert wird. Andererseits steht es fest, daß sich die Apokalyptiker in ihren Visionsberichten auch an prophetische Formen anlehnen. Am stärksten ist diese Übernahme prophetischer Formen in der Syr. Baruchapokalypse.

2. Traditionsgeschichtliche Probleme der Apokalyptik

Obwohl der Apokalyptiker, wie wir sahen, seinen eigenen Standort in der Geschichte verschleiert und sich Mund und Namen eines Prominenten der fernen Vergangenheit leiht, läßt sich die Zeit der Apokalyptik aus einer Reihe verräterischer Angaben ziemlich sicher bestimmen; es ist die Zeit von 200 v. Chr. bis 100 n. Chr. Nun ist freilich die traditionsgeschichtliche Frage, der wir bei der Beurteilung vieler Bücher des Alten Testaments manche neue Einsicht verdanken, an diese Literatur noch kaum gerichtet worden. Wer von den geschichtsbestimmten Traditionen herkommt, die uns in diesem Werk bisher so stark beschäftigt haben, sieht sich vor ein großes Rätsel gestellt, denn er sieht sich einer theologischen Literatur gegenüber, in der kaum eine

14. Unter den kritischen Stimmen ragen hervor *M. Buber*, Kampf um Israel (1933), S. 59 ff; *R. Bultmann*, Geschichte und Eschatologie (1958), S. 55 ff. Ganz anders *D. Rößler*, a. a. O. S. 55 ff.

Spur davon noch erkennbar ist, die also bei ihren vielgestaltigen Aussagen über Gott, Welt und Mensch auch ohne diese Fundamentierung auskommt. Man ist versucht, geradezu von einem Abbruch zu reden. Aber es könnte sich doch auch so verhalten, daß sich in der Apokalyptik Lehrstoffe gesammelt haben, die auch in Israel schon seit längerem eine Pflege gefunden haben und deren Weitergabe der im engeren Sinne theologischen Arbeit parallel lief.

Das Äth. Henochbuch ist allein schon eine ganze Bibliothek wissenschaftlicher Schriften. Man hat bisher das Buch etwa um 150 v. Chr. angesetzt. Aber was bedeutet ein Jahrhundert im Alter dieser wissenschaftlichen Stoffe! Diese Datierung trifft also nur für die letzte Aktualisierung der geschichtlichen Schemata (Zehnwochenapokalypse 93; 91_{12-17}; Tiervision 85—90) zu, denn beispielsweise die kosmologischen, astronomischen Stoffe entziehen sich ohnedies weithin einer Datierung. Die Annahme, daß diese ganze erdrückende Gelehrsamkeit erst in jenem 2. Jahrhundert vor Christi Geburt ins Dasein getreten sei, wäre absurd. Es will scheinen, als habe man diese ganze Literatur allzu einseitig unter dem Gesichtspunkt ihrer letzten eschatologisch-apokalyptischen Zuspitzung, also zu wenig unter einem traditionsgeschichtlichen Aspekt gelesen. Wo ist denn in den langatmigen, kosmologischen Partien die apokalyptische Naherwartung und das apokalyptische Trostamt? Die Danielforschung hat es uns doch gelehrt, was für ein langes und kompliziertes Wachstum hinter den apokalyptischen Stoffen liegt, die weit in die vorapokalyptische Zeit zurückreichen. Die Legenden Dan. 1; 3—6 enthalten gar nichts Apokalyptisches und lassen sich in den späteren apokalyptischen Horizont nicht ohne hermeneutische Schwierigkeit einbeziehen. Auch Dan. 9 geht nicht über eine künstliche Geschichtsprognose aufgrund eines alten Textes hinaus. Was also ist in der apokalyptischen Literatur wirklich apokalyptisch, und was ist darin wenig oder gar nicht verändertes älteres Traditionsgut? Die Einzeichnung des Neuen und Jüngsten in den alten Traditionskörper ist doch wohl auch hier wie überall nur partiell erfolgt ohne eine Neugestaltung des Ganzen.

Der Erzähler der Geschichte von Esther bezeichnet die Weisen bei Hofe als solche, „die die Zeiten verstehen" (יֹדְעֵי הָעִתִּים Esther 1_{13}). Da es sich in dem dortigen Zusammenhang gerade nicht um eine Frage „der Zeiten" handelt, wird der Ausdruck als eine allgemeine Bezeichnung ihres Amtes zu verstehen sein. Tatsächlich war das Verstehen der Zeiten, das Deuten der Orakel und Zeichen, die Entschlüsselung der Königsträume in der gesamten altorientalischen Geistesgeschichte das wichtigste Amt der Weisen[15]. Die schon mehrfach gestreifte Vorstellung von der göttlichen Determination der Zeiten, auf der alles Denken der Apokalyptik ruht, ist eine Grunderkenntnis altorientalischer Weisheit[16]. Auch in der alttestamentlichen Weisheit stoßen wir auf sie, etwa in dem Satz, daß alle menschlichen Tätigkeiten „ihre Zeit" haben, und daß es Sache des Weisen ist, um diese ihre Bestimmtheit zu wissen (Pred. 3_{1} ff; Sir. 4_{20}; 20_{6} f; 27_{12}). „Von Anfang an" hat Gott Gutes und Böses bestimmt (Sir. 39_{25}). Macht man sich von der Suggestion von der Apokalyptik als eines ganz neuen religiösen Phänomens frei, so rückt die Funktion der Apokalyptiker und die jener die Zeiten verstehenden Weisen des Alten Orients nahe zusammen. Bei einem genaueren Vergleich der Traumdeutungen Daniels mit denen Josephs (Gen. 41_{25} ff.) dürften die Gemeinsamkeiten stärker ins Gewicht fallen als die Verschiedenheiten, trotz des zeitlichen Abstandes von mindestens 800 Jahren. Hier wie dort haben wir es mit einem Traumbild zu tun, das sich nicht selber, höchstens nur andeutungsweise, interpretiert. Der Deutungsvorgang geschieht hier wie dort durch einen ganz rationalen Auswechselungsprozeß (die Kühe und Ähren bedeuten Jahre, die Teile des Standbildes Weltreiche). Diese Methode der Deutung findet sich allenthalben in der apokalyptischen Literatur. Mit dem stereotypen „daß du gesehen hast ... das bedeutet ..." geht der Deuter dem Gesicht entlang, indem er Zug um Zug das Chiffrierte (Wolken, Adler, Wasser) durch die richtigen Sinnwerte ersetzt[17]. In anderen Fällen fehlt die Deutung; aber auch dafür findet sich ein Beispiel in der Josephsgeschichte (Gen. 37_{6} ff.). Was endlich den Inhalt der Deutung betrifft, so will bedacht sein, daß schon in der Josephsgeschichte der charismatische Deuter eine schematische Periodisierung der Geschichte in eine Heils- und Unheilszeit vorlegt. Umgreift hier die Deutung noch einen Geschichtsraum von bescheideneren Dimensionen, so fehlt es ja nicht an Periodisierungen von universalem Ausmaß, die aber immer noch außerhalb des spezifisch Apokalyptischen liegen[18]; das gilt sicher

15. Die Traumdeutung wurde schon von den alten Ägyptern als „eine empirische Wissenschaft" betrachtet, *A. Volten*, Demotische Traumdeutung (1942), S. 51. Eine andere Form antiker Wissenschaft wird in den Fragmenten alter Onomastika sichtbar. Zu Äth. Hen. 6_{7} („Donnerengel", „Rauchengel", „Wolkenengel", „Regenengel") s. *G. Kuhn*, ZAW 1921 S. 241 ff; vgl. Äth. Hen. 60_{17} ff. Über die Onomastika s. Bd. I, S. 438.

16. *S. Morenz*, Ägyptische Religion (1960), S. 69 ff.

17. Dan. 2_{42}f, $_{45}$; 7_{17} ff; 4. Esr. 10_{40} ff; 12_{10} ff; 13_{25} ff; Syr. Bar. 39_{1}; 56_{3} ff.

18. Das Schema von der Abfolge großer Weltreiche, das Dan. 2 zugrunde liegt, muß schon im 6. Jahrhundert vorhanden gewesen sein. *M. Noth*, Ges. Stud. (1960^{2}), S. 257 ff.

auch von der Vorstellung von dem Abrollen einer Fluchzeit vor dem Anbruch der Segenszeit, auf die wir außerhalb Israels in mancherlei Fassungen stoßen und die ein wichtiges Element weisheitlicher Zukunftsschau gewesen sein muß. Zweifellos liegt die Periodisierung der Geschichte in der apokalyptischen Literatur in einer äußersten Ausweitung und Verfeinerung vor. Die Sache selbst aber ist keineswegs apokalyptisch.

Bei dem reichen Schatz kosmologischen Wissens liegt es auf der Hand, daß diese Stoffe zu dem spezifisch apokalyptischen Vorstellungsgut überhaupt kein näheres Verhältnis haben. Aber von einem Bestandteil in den Schriften der Apokalyptik muß noch die Rede sein, von ihrem paränetischen Einschlag. Das ist ja außer Zweifel, daß diese Schriften letztlich mit einer ganz praktischen Absicht an ihre Leser herantreten: Sie wollen trösten und durch den Hinweis auf die Nähe der Wende zum Ausharren ermahnen[19]. Aber auch dieses in mannigfacher Gestalt hervortretende paränetische Element ist kein spezifisch apokalyptisches Charakteristikum. Die Weisheit war in Israel niemals ein rein theoretisches Erkenntnisstreben; seit je war sie angewandtes Wissen, das dem Menschen bei seiner Selbsterhaltung in den Schwierigkeiten des Lebens behilflich sein wollte. So hat ja auch schon Joseph seiner Deutung sogleich praktische Ratschläge folgen lassen (Gen. 41_{33} ff.). Mag die Weisheit in späteren Phasen ihrer Entwicklung den Menschen mehr und mehr auch auf seine inneren, also letztlich theologischen Anfechtungen hin angesprochen haben, so bedeutet das doch keine grundsätzliche Verschiebung, denn so oder so geht es in der Weisheit um das Bestreben, ihre Erkenntnisse praktisch auf die jeweilige Situation des Menschen anzuwenden. So darf es nicht verwundern, wenn man noch die Apokalyptik mit der Bewältigung des Theodizeeproblems ganz unter den Voraussetzungen der Weisheit beschäftigt sieht. Nirgends als in der Weisheit wurde ja die Frage nach dem Sinn der Welt so konsequent vom Menschen aus gestellt. Darum mußte sie von Anfang an auf das Theodizeeproblem stoßen und wurde aus diesem Fragenkreis bis zuletzt nicht entlassen (Äth. Hen. 103; 4. Esra passim). Die lange Vorgeschichte dieses Problems in Hiob, Kohelet, Spr. 30 usw. ist bekannt genug.

Im Horizont dieses Problemkreises findet sich im 4. Esra und in der Syr. Baruchapokalypse eine merkwürdige Abfolge von Fragen und

19. Paränetische Abschnitte finden sich Äth. Hen. 91_{1-11}; 94—104; 4. Esr. 14_{13} f; Syr. Bar. 77 ff.

Antworten. Frage: Warum hat Gott die Menschengeschlechter nicht auf einmal geschaffen? Antwort: Auch der Mutterschoß gebiert nur nach und nach (4. Esr. 5_{43} ff.). Frage: Warum werden unter den vielen Menschen nur wenige des Heils teilhaftig? Antwort: Die Erde bringt Gold, Silber, Eisen, Blei, Ton hervor. Das Kostbare ist viel seltener (4. Esr. 7_{45} ff; ähnl. 8_{1-3}; 8_{35} ff.). Frage: Warum ist die Welt, die doch unsertwegen geschaffen ist, nicht unser Besitz? Antwort: Die Weite des Meeres erreicht man nur nach dem Passieren einer Enge; eine Stadt nur durch ein enges Tor (4. Esr. 6_{55} ff; 7_{1-9}). Frage: In welcher Leibesgestalt wird der Mensch die Äonenwende erleben? Antwort: In unveränderter Gestalt (Syr. Bar. 49 f; vgl. aber 1. Kor. 15_{35} ff.). In formaler Hinsicht läßt sich hier wohl eine Stilform der Weisheitsbelehrung erkennen. Auf solche Weise, also mit Hilfe von Schülerfragen und Lehrerantworten, scheint in den Schulen Weisheit gelernt worden zu sein. Was nun die Argumentation selbst anlangt, so fällt die Selbstverständlichkeit auf, mit der eine theologische Frage durch den Hinweis auf ein natürliches Geschehen oder einen natürlichen Tatbestand beantwortet wird[20]. Der Belehrende geht also von der Voraussetzung einer allgemeinen Analogie aus zwischen dem göttlichen Heilshandeln einerseits und den natürlichen Ordnungen andererseits. Dieser theologische Rückverweis auf die Ordnungen der Schöpfung ist uns aber wiederum als eine Eigenart weisheitlicher Theologie aufgefallen[21].

Es wäre aber ganz falsch, wenn man daraus schließen wollte, hier handele es sich um Erkenntnisse, die für jeden Sehenden auf der Hand liegen. Im Gegenteil, es bedarf ja des Aufgebots von Engelmittlern und Engelführern, die dem fragenden Menschen diese Horizonte eröffnen. Die von Gott abgefallenen Menschen sind ja von der Erkenntnis der wahren Ordnung der Welt ausgeschlossen: sie vergötzen die Welt (Äth. Hen. 80_7). Außerdem gibt es auch illegitime Offenbarungen — etwa durch gefallene Engel —, denen die Menschen ausgeliefert sind: also trübe Quellen des Wissens und die Möglichkeit eines verderblichen Gebrauchs dieses Wissens zu Zauberei, Beschwörung und allerlei okkulten Praktiken (Äth. Hen. 8_{1-4})[22]. In Anbetracht der schweren Gefährdung des Menschen gerade auf dem Gebiet des Wissens geht es auch dieser Weisheit noch darum, durch rechtes Wissen die rechte Einstellung zur Welt zu lehren. So bleibt sie auch in dieser späten Ausge-

20. Vgl. dazu auch 4. Esr. 4_5; 9_{34}.
21. Bd. I, S. 430, 460. Zu Jes. 28_{23-29} s. o. S. 170 Anm. 19.
22. Zu den illegitimen Offenbarungen vgl. *E. Sjöberg*, Der Menschensohn im äthiopischen Henochbuch (1946), S. 111 ff.

staltung doch noch dem alten Satz treu, daß alle Weisheit, sofern sie überhaupt diesen Namen verdient, sich auf dem Grund der Gottesfurcht aufbaut (Spr. 1 7). Nur von hier aus ließe sich dieses unheimlich weit ausfächernde Erkenntnisstreben theologisch legitimieren.

Nach alledem kann wohl behauptet werden, daß die apokalyptischen Schriften sowohl hinsichtlich ihrer Stoffe wie hinsichtlich ihrer Fragestellungen wie hinsichtlich ihrer Argumentation in den Überlieferungen der Weisheit wurzeln. (Die Aufgabe, vor die uns der traditionsgeschichtliche Aspekt bei der Frage nach dem Wesen des Prophetischen stellte, wiederholt sich hier[23].) Die Frage nach dem spezifisch Apokalyptischen muß angesichts der Tatsache, daß ihre Stoffe und Methoden auf eine lange Überlieferungsgeschichte rückschließen lassen, daß sie dem Leser ja nur in ihrer allerletzten Aktualisierung präsentiert werden, neu beantwortet werden. Die allgemeinen Charakteristika, die man bisher zusammengestellt hat, um das Wesen der Apokalyptik zu umreißen, bedürfen einer Revision, weil alle diese Bestimmungen zu sehr von der Voraussetzung der inneren Einheitlichkeit der Apokalyptik ausgehen. Spezifisch apokalyptisch ist weder das Esoterische, noch die Periodisierung der Geschichte, noch die Vorstellung von der Transzendenz der Heilsgüter, noch die Auslegung kanonischer Schriften, noch die Pseudonymität, noch die Auslegung von Traumgesichten, noch die Berichte von Himmelsreisen, noch der Geschichtsbericht im Weissagungsstil[24]. Alles spitzt sich jetzt auf die Frage der letzten Aktualisierung der älteren Stoffe und Methoden zu. Hier müßte das Apokalyptische am ersten zu fassen sein. Lassen sich Ge-

23. S. o. S. 15, 309 ff.

24. Die ägyptischen Weissagungstexte, besonders die sogen. Demotische Chronik könnten unter diesem Gesichtspunkt doch noch für das Verständnis des Alten Testaments bedeutsam werden, allerdings nicht, wie man bisher dachte, zum Verständnis der Prophetie (*H. Greßmann*, Der Messias [1929], S. 417 ff.), sondern zum Verständnis der Weisheit. „Selbst der Terminus prophetische Literatur will mir irreführend erscheinen. Denn die da weissagen, sind nicht Propheten. Sie reden nicht aus einem Ergriffensein. Sie berufen sich auch nicht auf irgendwie geartete göttliche Offenbarung. Sie sind nicht einmal notwendig Priester, sie sind nur W e i s e (Sperrung v. mir), die über ein geheimes Wissen verfügen, das ihnen die Fähigkeit gibt, zu zaubern und eben auch in die Zukunft zu sehen.“ *H. Bonnet*, Reallexikon der ägypt. Religionsgeschichte (1952), S. 608.

In der Demotischen Chronik, aber auch schon in dem Orakel für Ameni (AOT S. 46 ff.), in dem Orakel des Töpfers (AOT S. 49 f.) und des Lammes (AOT S. 48 f.) findet sich — mindestens in Ansätzen — eine Geschichtsdarstellung in Futurform; in der Demotischen Chronik sogar ein vaticinium ex eventu, das dann in echte Weissagung übergeht (vgl. dazu Dan. 2; 7; 11). Die Berührungen des Orakels des Töpfers, das man geradezu als eine kleine Apokalypse bezeichnet hat, mit der Apo-

sichtspunkte besonderer Art erkennen, unter deren Einwirkung das ältere Überlieferungsgut neu in Bewegung gekommen ist?

Um hier weiterzukommen, wird man sich zuerst den spezifisch eschatologischen Aspekten zuzuwenden haben, denn wie eng die Verwurzelung der apokalyptischen Schriften in der Weisheit auch scheinen mag, mit eschatologischen Stoffen sahen wir die Weisheit bisher nicht beschäftigt. Bei der Beschäftigung mit „den alten Weissagungen", die zum Geschäft der Weisen gehörte, mag man an Exegesen denken, wie sie in Dan. $9_{24\,ff.}$ vorgelegt werden (Sir. 39_1). Zwischen den Darstellungen der Geschichte Israels in der apokalyptischen Literatur (s. o. S. 320 Anm. 12) und derjenigen in Sir. 44 ff. bestehen wichtige Gemeinsamkeiten (z. B. in dem auf kausale Verknüpfung verzichtenden Aufzählungsstil). Ja sogar über den Übergang der Weltherrschaft von einem Volk auf das andere reflektiert schon Sirach (10_8). Aber mit ihrem Ausblick auf das Ende der Geschichte, auf ein Weltgericht und eine Erlösung bringt die apokalyptische Geschichtsschau doch etwas Neues. Dieser Ausblick auf eine Geschichtsvollendung mit allen ihren Begleiterscheinungen („Wehen des Messias", Kommen des „Menschensohns") ist wohl das sicherste Spezifikum des Apokalyptischen. — Aber die Annahme bereitet u. E. keine unüberwindlichen Schwierigkeiten, daß sich die ohnehin nach dem Enzyklopädischen hin tendierende Weisheit in einer bestimmten, wahrscheinlich späten Phase auch der Beschäftigung mit den letzten Dingen geöffnet hat und daß dabei auch die Verarbeitung fremder, vor allem iranischer Wissensstoffe eine Rolle spielte. Doch sollte man vielleicht diese Tatsache nicht überschätzen, denn die Beschäftigung mit den Wissensstoffen fremder Völker war der israelitischen Weisheit schon seit den Tagen Salomos eigen. Wie sollte das bei der intensiven Symbiose im Raum des persischen Großreiches anders gewesen sein! Hier stieß Israel — im Unterschied von früheren Begegnungen mit dem Bildungsgut anderer Völker — auf kosmologische Vorstellungen mit ausgesprochen eschatologischer Prägung, und die Tatsache der Übernahme bestimmter parsistischer Vorstellungen durch Israel steht außer Frage. Auch die iranische Apokalyptik ist Enthüllung des Weltverlaufs von der Schöpfung bis zu ihrer Erneuerung, auch hier wird die Zeit periodisiert, auch hier ist von einer consummatio

kalyptik sind schon lange aufgefallen (*Bousset — Greßmann*, Die Religion des Judentums [1926], S. 486, A. 1). Zu den ägyptischen Texten vgl. *S. Herrmann*, Prophetie in Israel und Ägypten, Suppl. VT IX (1962), wobei freilich die trotz großer Vorsicht zur israelitischen Prophetie hin gezogenen Linien noch problematisch bleiben.

mundi (Feuerstrom!), von einer Auferstehung der Toten und einer Verklärung der Welt die Rede[25].

Die Frage nach der Eschatologisierung der Weisheit ist deshalb so wichtig, weil doch gewiß erst von da ab das Spezifische der apokalyptischen Geschichtsschau auf den Plan treten konnte, nämlich die Vorstellung von der Einheit der Geschichte[26]. Denn die Vorstellung von einem Geschichtsganzen konnte doch erst von der Konzeption eines die Geschichte beschließenden Eschaton aus entstehen, weil von da aus erst von einer Zielrichtung der gesamten Geschichte gesprochen werden konnte. Es ist aber noch sehr die Frage, ob dieser eschatologische Horizont erst in ganz später Zeit, also in der Zeit der „Apokalyptik" und womöglich ziemlich abrupt in die ältere Weisheit eindrang.

Diese Frage kann erst aufgrund von form- und traditionsgeschichtlichen Einzeluntersuchungen beantwortet werden, die vorläufig noch fehlen. Das fast schlagartige Auftreten dieser Literatur zu einer bestimmten Zeit könnte für ein ganz spätes Eindringen des eschatologischen Horizontes sprechen. Aber was wissen wir von der literarischen Produktion des 3. und 4. Jahrhunderts v. Chr.? Ist nicht sogar mit der Möglichkeit, ja Wahrscheinlichkeit zu rechnen, daß schon die Priesterschrift erheblich mehr von Henoch gewußt hat als in dem Satz Gen. 5_{24} ausgesprochen ist? Die Priesterschrift geht ja auch in ihrer schematischen Periodisierung des Geschichtsbildes weit über die älteren Pentateuchquellen hinaus, vor allem auch, indem sie mit einem komplizierten Apparat von Jahresangaben arbeitet. Wenn sie sich mit der Erwartung einer eschatologischen Weltvollendung auch nicht explizit befaßt hat, so hat sie diesen Aspekt aufgrund von Nu. 14_{21} doch offenbar gekannt. Das Wort von der göttlichen Herrlichkeit, die einmal die ganze Erde ausfüllen wird, ist gerade deshalb so interessant, weil es so wenig zu den spezifisch priesterschriftlichen Anliegen zu passen scheint, aber eben doch an eine theologische Vorstellung rührt, die mit den Inhalten der Quelle P offenbar nicht unvereinbar war. Von einer eschatologischen Neuschöpfung von Himmel und Erde hat auch schon Tritojesaja am Ende des 6. Jahrhunderts gesprochen (Jes. 65_{17}; 66_{22}). Auch diese Vorstellung steht der spezifisch apokalyptischen Eschatologie viel näher als der geschichtsimmanenten Zukunftsschau, wie sie noch für Jeremia und selbst noch für Deuterojesaja charakteristisch war (vgl.

25. *G. Widengren*, Stand und Aufgaben der iranischen Religionsgeschichte, Numen (1954), bes. S. 39 ff.
26. *D. Rößler*, a. a. O. S. 68.

Äth. Hen. 91$_{16}$; 4. Esr. 7$_{75}$ u. ö.). Was nun die Periodisierung von Geschichtsabschnitten anlangt, so ist sie, sofern sie sich auf die Vorhersage von begrenzten Heils- oder Unheilszeiten beschränkt, natürlich noch nicht als eschatologisch zu bezeichnen. Aber ist denn der breit ausgestaltete Äonendualismus, den wir für so spezifisch apokalyptisch halten, im Prinzip etwas anderes als die Periodisierung von Unheils- und Heilszeiten, die die Weisheit seit je praktiziert hat? Glaubt man die Apokalyptik von den Traditionen der Weisheit her verstehen zu müssen, so wäre das wohl nur dahin einzugrenzen, daß sich in ihr bei all ihrer Stoffülle die Weisheit doch nicht in extenso fortsetzt, sondern nur einige ihrer Sektoren, also vor allem die alte Traumdeutungswissenschaft und die Wissenschaft von den Orakeln und den „Zeichen". Die späte rabbinische Theorie, daß die Propheten in späterer Zeit von den Weisen abgelöst wurden, wäre dann keineswegs aus der Luft gegriffen[27].

Dies aber scheint festzustehen, daß unser Begriff „Apokalyptik" dringend einer kritischen Überprüfung bedarf, weil seine summarische Verwendung zur Definition sowohl eines literarischen Phänomens wie eines theologischen Phänomens problematisch geworden ist[28]. Vielleicht könnte uns eine solche Überprüfung auch in der leidigen Frage nach dem Ursprung der Gnosis einen Schritt weiterführen.

3. Daniel[29]

Nach alledem wird, wenn wir jetzt zu Daniel im besonderen übergehen, niemand eine Weissagung erwarten, die wie die der Propheten von bestimmten Erwählungstraditionen ausgeht. Tatsächlich scheinen Väter- oder Exodus- oder Zionstradition der Vorstellungswelt Daniels

27. *R. Meyer*, ThWBNT VI S. 819, 821.

28. Entgegen immer wieder auftauchenden Behauptungen muß betont werden, daß die Apokalyptik in literarischer Hinsicht keine besondere „Gattung" repräsentiert. Sie ist im Gegenteil in formgeschichtlicher Hinsicht ein mixtum compositum, das überlieferungsgeschichtlich auf eine sehr komplizierte Vorgeschichte schließen läßt. Für die Gesamtform ihrer Bücher läßt sich eine gewisse Bevorzugung der Gattung der „Vermächtnisrede", des „Testaments" beobachten. Die aber ist ihrerseits wiederum nicht spezifisch apokalyptisch.

29. *W. Baumgartner*, Ein Vierteljahrhundert Danielforschung, ThR 1939 S. 59 ff, 125 ff, 201 ff; ders.: Zu den vier Reichen von Dan. 2, ThZ 1945 S. 17 ff; *K. Koch*, Spätisraelitisches Geschichtsdenken am Beispiel des Buches Daniel, Historische Zeitschrift, August 1961 S. 1 ff.

völlig fremd zu sein[30]. Die Hymnentexte, die gelegentlich in die Textzusammenhänge eingestreut sind (Dan. 2$_{20-23}$; 3$_{33}$; 4$_{31-34}$; 6$_{27-28}$) unterscheiden sich merkwürdig von den älteren Hymnen, deren Hauptthemen bekanntlich Jahwes Wundertaten bei der Schöpfung und bei der Heilsgeschichte waren[31]. Hier aber ist der religiöse Horizont der Beter auffallend entgeschichtlicht: Es wird die Größe seiner Macht gepriesen, die Könige ein- und absetzen, die retten und befreien kann; auch seine Weisheit wird gepriesen, die Menschen erleuchten kann, und die Unzerstörbarkeit seines Reiches. Das heißt natürlich nicht, daß sich Israel in jener Zeit von der heilsgeschichtlichen Überlieferung völlig gelöst hätte. Im Festhalten an den überlieferten Geboten liegt auch nach Daniel Israels Heil; in der Hinderung daran seine größte Bedrohung. Aber auch diese Gebote sind jetzt merkwürdig absolut gesetzt und von ihren heilsgeschichtlichen Bezügen gelöst. Sie haben ihren klaren und ein für alle Male feststehenden Sinn; der Gotteswille ist also nicht mehr, wie es doch früher weithin der Fall war, für die jeweilige Stunde neu zu verstehen[32].

Die Daniellegenden (Kap. 1—6), in denen man den relativ ältesten Überlieferungsstoff des Buches zu sehen hat, machen diese Gebundenheit Israels an die Gebote mit allen Konfliktsmöglichkeiten, die daraus entstehen können, sehr anschaulich. Obwohl diese Erzählungen die Glieder des Gottesvolkes regelmäßig in auffallender Vereinzelung, ja Vereinsamung ihrer Umgebung gegenüber zeigen, sind sie doch, was die Möglichkeit einer Symbiose in einem heidnischen Weltreich betrifft, voller Zuversicht. Sie lassen ihren Helden aufs unbefangenste auf der steilen Laufbahn eines Berufsbeamtentums konkurrieren und reüssieren; Daniel nimmt ebenso teil an den Bildungsmöglichkeiten dieses Staates (Kap. 1) wie an den Ehren, die Nebukadnezar zu vergeben hat (Dan. 2$_{48}$f; 6$_{29}$). Keine Rede kann davon sein, daß der Nebukadnezar oder Darius dieser Erzählungen ein Modell des schrecklichen Antiochus IV. sei, des Veranlassers des „Greuels der Verwüstung". In der zuversichtlichen Loyalität, die Daniel und seine Freunde einem Nebukadnezar erweisen, spiegeln sich viel ruhigere Zeiten, als es die Zeit der makkabäischen Erhebung war. Es ist die Judenschaft der persischen Diaspora, zu der die offensichtlich stark didaktisch ausge-

30. Nur in dem Gebet Dan. 9$_{4}$ff. wird auf Moses Tora und auf den Exodus angespielt. Aber dieser Text ist als sekundärer Einschub anzusehen und ist ja auch keine Weissagung.
31. S. Bd. I, S. 368, 371 f.
32. S. dazu schon Bd. I, S. 212 ff.

richteten Legenden ursprünglich gesprochen haben. Das Wort, das sie dieser ihrer Zeit ausgerichtet haben, ist die Mahnung, gerade innerhalb dieser engen Symbiose mit Verehrern anderer Götter den Gottesgeboten vollen Gehorsam zu leisten. Es ist aber auch eine Mahnung zur Wachsamkeit, um sich gegebenenfalls für sehr schwere Konflikte gerüstet zu zeigen; denn aus dem Schoß dieser Reiche — und zwar aus der Tiefe ihrer Kulte — kann unvermittelt ein Haß gegen die Glieder des Gottesvolkes und gegen die Art seiner Gottesverehrung aufsteigen. Drei von den sechs Erzählungen (Dan. 1; 3; 6) konstruieren Konfliktsfälle, in denen die Gläubigen verloren wären, wenn Gott selbst sie nicht über alle Gefährdungen hinübergetragen hätte. Denn — und dies ist die andere Seite der Botschaft dieser Legenden — die Verstreuten Israels sollen wissen, daß sie dann nicht allein sind; sie sind nicht, wie es wohl scheinen möchte, dem Übergewicht der Machtmittel eines Weltreiches ausgeliefert. Wo sie im Gehorsam verharren, ist die göttliche Hilfe ganz nahe (Dan. 3; 6). Hier weitet sich der theologische Horizont: denn hinter dem Problem der Bedrohung und der Bewahrung der Wenigen wird die Hand des Gottes sichtbar, der die Weltgeschichte lenkt, der seiner nicht spotten läßt (Dan. 5) und der auch die Weltherrscher absetzen und wieder einsetzen kann (Dan. 4). Es war wohl notwendig, dieses denen zu sagen, die so intensiv in den Lebenskreis eines heidnischen Weltreiches einbezogen waren. In der Gewißheit der Treue Gottes ruht also die Zuversicht dieser Legenden. Sie wissen nicht nur zu ermahnen, sondern auch zu trösten.

Es erscheint paradox, daß gerade diese hinsichtlich der Symbiose mit dem Heidentum so ausgesprochen zuversichtlichen Erzählungen doch andererseits unverhüllt von den letzten Konsequenzen des Gehorsams reden, vom Martyrium. Die Anwendung dieses Begriffes auf vorchristliche Martyrien ist bestritten worden, weil nur da von Martyrium gesprochen werden könne, wo das Leiden ausgesprochenermaßen an dem Gedanken des Zeugnisses (und nicht an der Treue gegenüber dem Gesetz) orientiert sei, und vor allem nur da, wo sich der Märtyrer dessen bewußt ist, daß sich in ihm „ein Stück von Gottes letztem Reden mit der Menschheit vollzieht", wo sich also der Märtyrer in das eschatologische Christusgeschehen hineingestellt weiß (*H. v. Campenhausen*, Die Idee des Martyriums, 1936, S. 3, bes. S. 106 f.). Diese Wesensbestimmung des christlichen Martyriums ist sicher richtig und muß im Auge behalten werden, denn sie weist auf die Züge im christlichen Martyrium hin, die erst durch die Erscheinung Christi und sein Leiden bestimmend geworden sind. Auf der anderen Seite rücken das Leiden Jeremias, des Gottesknechtes, aber doch auch die Konflikte von Dan. 3 und 6 nahe an das christliche Geschehen heran; denn auch in Israel wurde es in steigendem Maße offenbar und geradezu als etwas Folgerichtiges erkennbar, daß gerade die, die Jahwe am treuesten anhingen, ins Leiden geführt wurden[33]. Und diese paradoxe Situation ist von den Betroffenen nun eben nicht als Zeichen des Endes ihres Gottesverhältnisses angesehen und verweigert worden. Vielmehr haben sie sie angenommen. In diesem Zusammenhang ist es doch wichtig, daß die drei Männer sich keineswegs auf das Wunder verlassen, sondern Gott auch die Freiheit einräumen, seine Bekenner umkommen zu lassen (Dan. 3$_{18}$). Auch kann man nicht sagen, daß in Dan. 3 der Gedanke des Zeugnisses von untergeordneter Bedeutung sei; denn durch ihren Gehorsam den Geboten gegenüber bezeugen diese Männer den Gott Israels, und sie sprechen das auch aus. Noch unmittelbarer und in sich folgerichtiger freilich ist der Zusammenhang von Zeugnis und Leiden bei Jeremia; und er, nicht die drei Männer, ist der paradigmatische alttestamentliche Märtyrer.

Das eigentliche Thema der späteren Apokalypsen, die Geschichtsvollendung, wird von den Danielerzählungen nur präludiert. Das Problem der Weltreiche, ihrer übergroßen Macht, ihres Verschwindens und das Auftauchen neuer Reiche, die an ihre Stelle treten, klingt schon deutlich an; aber der Horizont ist doch noch ein innergeschichtlicher. Erst in den Traumvisionen von Dan. 2 und 7 führt uns der Apokalyptiker an den äußersten Rand, wo sich die Geschichte mit der Transzendenz berührt; ja sein Blick schweift darüber hinaus in die Welt des Transzendenten selbst[34]. In dem Gesicht von dem Monarchienbild scheinen sehr alte Vorstellungen von einer Abfolge von Weltzeitaltern (wie sie u. a. bei Hesiod aufgenommen sind) mit solchen von der Abfolge von vier politischen Reichen (wie sie noch bei römischen Schriftstellern zu belegen sind) zusammengeflossen zu sein. Dabei ist es leicht, zu sehen, daß der Bezug auf Antiochus Epiphanes nur durch eine Strekkung des Viermetalle-Schemas erreicht wurde; denn in seiner mutmaßlich ältesten Gestalt bezog sich das Bild von den vier Reichen wahrscheinlich auf das Alexanderreich. Die Ausrichtung des Vierreichebildes auf Antiochus IV. und auf die große Notzeit ist — vollends in dem Deuteabschnitt (Dan. 2$_{36-45}$) — selbst wieder nicht einheitlich, weil der Text zu immer weiteren Ausdeutungen verlockte. Auf die Hauptsache gesehen ist er freilich ganz eindeutig: mit dem schrecklichen Ausläufer des vierten Reiches wird die Weltgeschichte ihr Ende finden. Der Stein, der sich „nicht von Menschenhand" lösen und das Reich zertrümmern und der selbst zum großen Berge werden wird, ist ein Bild für das alles ausfüllende Gottesreich. Ähnlich verhält es sich mit der Viertierevision; auch in ihr ist offensichtlich ein älterer Stoff nicht ohne Umständlichkeit auf die durch Antiochus IV. über Israel gebrachte Religionsnot bezogen worden[35]. In dieser Vision wandelt sich freilich die Szene:

34. Zum Folgenden vgl. *M. Noth*, Das Geschichtsverständnis der alttestamentlichen Apokalyptik, Ges. St. S. 248 ff.

35. Die vier Tiere vergegenständlichen wie auch die vier Paradiesströme in Gen. 2$_{10}$ ff. oder die vier Hörner Sach. 2$_1$ die Welt im ganzen. In Dan. 7$_3$ scheint

Man sieht einen himmlischen Thronsaal und in allem, was sich nun auf dieser Ebene begibt, geht die Vision weit über den Aussagegehalt der Vision von dem Monarchienbild hinaus. War im ersten Teil der Tiervision gerade noch sichtbar, daß etwas an den Reichen geschah — bezeichnend dafür sind die unbestimmten Passiva „es wurden ausgerauft", „es wurde aufgerichtet" (v. 4), „es wurde gegeben" (v. 6) —, so wird in der Thronvision der Bereich sichtbar, von dem aus die Verfügung über die Reiche ausgeht[36]. Es ist der Thronsaal Jahwes, in dem Gericht gehalten wird und in dem dann feierlich die letzte Übergabe der Weltherrschaft an den „Menschen" vollzogen wird. So weit wir auch im Bereich dieser apokalyptischen Vorstellungen von der spezifisch messianisch-davidischen Hoffnung entfernt sind — der prophetische Gesalbte kommt aus Davids Stamm und aus Bethlehem (Mi. 5_1) und nicht vom Himmel herab —, so kann doch kein Zweifel sein, daß bei dem Menschensohn von Dan. 7_{13} zunächst an eine messianische Gestalt im weiteren Sinne des Wortes gedacht ist. Die Frage nach der Herkunft dieser Vorstellung ist immer noch ungeklärt. So viel aber kann man sagen, daß die Vision von einer aus der himmlischen Welt kommenden Einzelgestalt redet, die von Gott ermächtigt wird, „Macht, Ehre und Königtum" über alle Völker der Welt zu übernehmen[37]. Im Deuteabschnitt (Dan. 7_{17-27}) wird auffälligerweise die, wie gesagt, ursprünglich sicher individuell verstandene Gestalt des „Menschen" kollektiv interpretiert: er verkörpert „die Heiligen des Höchsten". Die bisher kaum diskutierte Meinung, daß eben mit diesen Heiligen des Höchsten das Volk Israel gemeint sei, ist neuerdings erschüttert; es liegt sowohl im Blick auf den alttestamentlichen Sprachgebrauch sowie im Blick auf außerkanonische Texte näher, an himmlische Wesen zu denken, also an die Vorstellung, daß am Ende der Zeiten die Welt-

sogar noch eine Auffassung durch, derzufolge die vier Tiere gleichzeitig dem Meer entstiegen sind. Das entspräche dann ganz dem Bild von den vier Hörnern bei Sacharja.

36. Über diese charakteristischen Passiva s. *M. Noth,* Th. St. Kr. 1926, S. 144 ff.

37. Unter den zahllosen Versuchen, die Herkunft der Menschensohnvorstellung zu bestimmen, scheint mir der von O. *Procksch* besondere Beachtung zu verdienen, demzufolge die Vorstellung von dem mit den Wolken des Himmels kommenden Menschen mit derjenigen von dem Kommen der „Herrlichkeit Jahwes", sonderlich wie sie in Hes. 1_{26} ausgestaltet ist, zusammenhängt. Auch Hesekiel sieht ja „etwas wie einen Menschen" vom Himmel herabkommen. Übrigens ist das Kommen des göttlichen kabod mit der Wolke schon für die Darstellung der Priesterschrift charakteristisch. O. *Procksch,* Christentum und Wissenschaft 1927, S. 427 ff; ders.: Theologie des AT, S. 416 f.

herrschaft in die Hände der Engel gelegt werden wird[38]. Wie dem auch sei, dieses Traumgesicht umgreift inhaltlich einen größeren Raum als irgendeine prophetische Vision, denn es umspannt das Geschehen von der Schöpfung bis zum Kommen des Gottesreiches. Die Weltreiche entsteigen der Dimension des Chaotischen; ihr Wesen und Treiben erscheint in ganz bizarren Konturen. Abgesehen von dem Auswuchs des vierten Tieres sind sie mehr passiv als aktiv, und über allen, auch über dem Wüten des „Horns", waltet Jahwe in unendlicher Überlegenheit. Ein Gerichtsspruch genügt, es zu entmächtigen und zu vernichten. Der „Mensch" aber kommt nicht aus dem Bereich des Ungestalteten, sondern aus der oberen göttlichen Welt. Dies alles ist wie aus einer Zuschauerstellung heraus dargestellt; die Vision will nicht vom geschichtlichen Ort des Visionärs aus entworfen sein, der Visionär steht nicht innerhalb des geschauten Geschehens, sondern außerhalb und läßt das gesamte Weltgeschehen wie einen Film an seinem betrachtenden Geist vorüberziehen.

Schon die Viertierevision hat in ihrer letzten Zuspitzung auf Antiochus Epiphanes in v. 25 b geheimnisvoll eine Frist genannt, bis zu der die Not währen wird. Dieses Anliegen, die Dauer der Notzeit und den Beginn der Wende zum Heil zeitlich zu fixieren, tritt aber erst in dem stoffgeschichtlich jüngsten Teil des Buches Daniel, nämlich in Dan. 8—12, in den Vordergrund. Daß die verschiedenen Berechnungen, die in diesen Kapiteln vorgelegt werden, nicht ganz miteinander in Einklang stehen, sollte nicht verwundern; denn die Weisheitslehrer haben damals auf diese und jene Weise ihre komplizierten Berechnungen ausgeführt. Ein besonderes Anliegen war die Bestimmung der Endzeit aufgrund der Auslegung älterer prophetischer Texte, für die die Exegese der von Jeremia geweissagten 70 Jahre (Jer. 25_{12}; 29_{10}) gewiß nur ein Beispiel unter vielen ist, das uns verrät, wie man damals die prophetischen Bücher las. Im Zuge dieser Interpretation altangesehener Texte hat sich diesen Apokalyptikern in hermeneutischer Hinsicht eine ganz neue Möglichkeit des Verstehens eröffnet, nämlich die eines zweiten Schriftsinnes, oder doch jedenfalls die einer Umdeutung des ursprünglichen Sinnes einer in sich ganz klaren Aussage. Die 70 Jahre werden als „70 Jahrwochen" interpretiert, also als eine Spanne von 490 Jahren. Das ist wohl der erste Beleg jener Schriftexegese, die für das Judentum wie das junge Christentum von so großer Bedeutung

38. *M. Noth*, Die Heiligen des Höchsten, Ges. St. S. 274 ff. Nur ein Beleg — Dan. 7_{21} — will sich, wie Noth selbst zugibt, dieser Deutung nicht fügen.

werden sollte. Es ist durchaus anzunehmen, daß auch die $3^{1}/_{2}$ Zeiten, die für die Errechnung des Endes eine so große Rolle spielen (Dan. 7_{25}; 12_{7}), ebenfalls irgendeiner alten Tradition entnommen sind; die Quelle, die Daniel in diesem Fall heranzieht, ist freilich noch nicht gefunden. Es sind ja auch an anderen Stellen die Zukunftsaussagen nichts anderes als Exegesen alter Schriftworte. So tritt in Dan. 9_{26} bei der Weissagung vom Ende des Antiochus Epiphanes der Begriff שֶׁטֶף auf; er ist gewiß nicht zufällig gewählt, sondern geht auf Jes. 10_{22} zurück; denn schon der nächste Vers (Jes. 10_{23}) ist in demselben Zusammenhang herangezogen, nur daß der „festbeschlossene Garaus" (כָּלָה וְנֶחֱרָצָה) jetzt auf den Seleuzidenkönig bezogen ist (Dan. 9_{27}), und die „Gerüchte", die ihn schrecken und zu seiner letzten Unternehmung aufbrechen lassen (שְׁמוּעוֹת), sind Jes. 37_{7} entnommen[39]. Die kritische Forschung hat in Dan. 11 immer auf den Übergang von v. 39 zu v. 40 hingewiesen, jene Bruchstelle, wo das vaticinium post eventum in echte Weissagung übergehe. Damit wird aber die Meinung des Apokalyptikers verschleiert, denn für ihn ist alles Weissagung. Die (für ihn schon) abgelaufene Geschichte ist ebenso wie das Zukünftige aus den alten prophetischen Schriften als ein ganzer, von Gott geweissagter Geschichtsablauf offenbar geworden. Zweifellos bedurfte es einer feinen exegetischen Kunst, solchermaßen die alten Prophetenbücher zu deuten; denn die Ausleger gingen von der Voraussetzung aus, daß diese Prophetenbücher sozusagen nur eine Anfangsoffenbarung enthielten, die noch der eigentlichen Schlüsseloffenbarung des exegesierenden Apokalyptikers bedurfte[40].

Bei einem derart determinierten Geschichtsablauf kann der Entscheidung der Menschen nur eine untergeordnete Bedeutung zukommen; sie sind ja nur bedingt die Träger des Geschehens, und deshalb entbehrt die Darstellung auch der wirklichen geschichtlichen Spannung. Der Bedroher muß „sein Maß voll machen" (Dan. 8_{23}), und den Bedrohten ist es aufgegeben, zu warten auf „das Ende des Zornes" (Dan. 11_{36}). Hier allerdings weiß die Darstellung zu scheiden zwischen den Abtrünnigen, die „am Bunde freveln", und denen, „die ihren Gott kennen" (Dan. 11_{32}). Auf der Seite derer, die aushalten, haben die Weisen (מַשְׂכִּילִים) eine führende Rolle; sie „helfen vielen zur Einsicht" (Dan. 11_{33}), „sie führen sie zur Gerechtigkeit" (Dan. 12_{3}); ja selbst ihr

39. Man fragt sich, ob man die Darstellung in Dan. 11 nicht geradezu als einen Jesajapescher bezeichnen kann. So auch *J. L. Seeligmann*, Suppl. VT I S. 171.

40. *K. Elliger*, Studien zum Habakuk-Kommentar vom Toten Meer (1953), S. 156 f.

Tod hat eine läuternde und reinigende Wirkung, so daß man an die sühnende Funktion des Gottesknechtes (Jes. 53 11) erinnert wird. Kein Zweifel, der Apokalyptiker steht auf der Seite derer, die die Notzeit mehr leidend als dagegen ankämpfend bestehen, und darin ist er ja nur seiner Grundüberzeugung treu: Es kommt, was kommen muß. Den Makkabäern und ihrem Aktivismus steht er fern; ihr großer Anhang ist ihm geradezu verdächtig. Es ist nicht ohne Größe, wie er eine ganze Folge ihrer erstaunlichen Siege nur als etwas verhältnismäßig Bedeutungslose in seine Geschichtsdarstellung einbezieht, nur als „eine kleine Hilfe", die die Bedrängten in dieser Zeit erfahren (Dan. 11 34). Sein Blick ist unbeirrbar auf das göttliche Ziel der Geschichte gerichtet, und das hat ihn davor bewahrt, diesen Aufbruch großen menschlichen Mutes zu glorifizieren.

III. HAUPTTEIL

A. DIE VERGEGENWÄRTIGUNG DES ALTEN TESTAMENTS IM NEUEN

1. Diese Schriften des alten Israel, sowohl diejenigen, die von seiner schon abgelaufenen, wie auch die, die von seiner noch zukünftigen Geschichte mit Gott handeln, sind von Jesus Christus und jedenfalls von seinen Aposteln und von seiner jungen Gemeinde als ein Buch der Weissagung auf ihn hin gelesen worden, auf den Heiland Israels und der Welt. Wie war das möglich, da das Alte Testament diesen Jesus Christus an keiner Stelle nennt und ihn so, wie die Evangelien und apostolischen Briefe von ihm reden, auch nicht kennt? Wohl, das Alte Testament läßt sich nicht anders lesen als das Buch einer ständig wachsenden Erwartung. Das älteste Substrat dieses immensen Erwartungskomplexes war die Landverheißung, die an die vormosaischen Väter ergangen war. Aber merkwürdigerweise war keine Erfüllung in der Geschichte imstande, diese Erwartung zu befriedigen und zur Ruhe zu bringen. Man hat die Erfüllung in der Geschichte — die Landnahme unter Josua — dargestellt und sogar umständlich mit Dokumenten belegt; aber man hat offenbar nicht daran gedacht, diese göttliche Zusage damit als endgültig erfüllt anzusehen. In einer so vorgerückten Zeit — etwa 600 Jahre nach Josua — spricht im Deuteronomium ein Israel, das grundsätzlich noch vor der Erfüllung dieser Landverheißung zu stehen glaubt und das eine dem Worte Jahwes wirklich angemessene Verwirklichung erst von der Zukunft erwartet. Inzwischen waren neue Heilssetzungen Jahwes erfolgt: Der Zion war „gegründet", David war „erwählt". Diese Setzungen wurden wohl zunächst vom Hymnus in Gestalt von präteritalen Aussagen gefeiert; aber auf einmal haben sie die Weissagungen von einem neuen Heilshandeln Gottes an Israel aus sich entlassen. Wir sahen das ja an den messianischen Weissagungen der Propheten und an ihren Weissagungen von

der neuen Gottesstadt. So ist die Geschichte des Jahweglaubens charakterisiert durch immer neue Zäsuren, durch immer neue Einbrüche von göttlichen Setzungen, durch Neubeginne, die in traditionsgeschichtlicher Hinsicht neue Perioden einleiten. Aber kaum, nachdem sich Israel darauf eingerichtet hat, wird es durch den Hinweis auf neue Taten aufgeschreckt und aus Vorstellungen, in denen es sich gerade eingelebt hatte, wieder herausgeführt. Das rückt noch einmal die völlige Andersartigkeit Israels gegenüber den religiösen Vorstellungen des Alten Orients ins Bewußtsein. Während man in Ägypten oder Babylonien nach allen Störungen, an denen es auch nicht gefehlt hat, kein anderes Heil kannte, als daß die Dinge wieder zu jenen uralten sakralen Ordnungen zurückkehrten, die im Mythus und im Turnus der Feste ihren Ausdruck fanden, insistiert Israel immer auf dem Einmaligen. So hat derjenige, der die großen Zusammenhänge überschaut, wirklich den Eindruck von etwas Ruhelosem, von einer großen Wanderschaft des Volkes, und im Blick auf seine fortgesetzten Aufbrüche in immer neue religiöse Vorstellungen den von einer Fremdlingschaft Israels in der Zeit. Ohne Frage wird dieser Eindruck des Irreversiblen von Israels Wanderschaft durch das Bild, das es in seiner literarischen Hinterlassenschaft von sich selbst gezeichnet hat, noch gesteigert. Es wird in Israels kultischem Leben doch wohl mehr Bleibendes und periodisch Wiederkehrendes, also auch „Zyklisches" gegeben haben, als das aus seinem literarischen Nachlaß deutlich wird[1]. Aber gerade in dieser Konzentration auf das Einmalige der jeweiligen Neueinsätze spricht sich der Jahweglaube in gesteigerter Form aus. Jahwes Bund mit den Erzvätern, die Offenbarung seines Namens, das Passahgeschehen, das Schilfmeerwunder, der Bundesschluß am Sinai, die Erwählung Sauls, die Gründung des Zion, der Bund mit David, der Einzug Jahwes mit seiner Lade in den Tempel, — das sind doch alles Aufbrüche Israels in eine neue Form seiner Existenz, und sie enthielten alle schon im Ansatz weittragende göttliche Zusagen. Einige aber wurden, wie wir sahen, von der Weissagung der Propheten als die Urbilder ungeheurer Weissagungen in die Zukunft hinaus projiziert. So mußte die Erwartung Israels immer weiter ausfächern. Es ist erstaunlich, zu sehen, wie Israel keine Zusage zu Boden fallen und damit die Zusagen Jahwes ins Ungemessene wachsen ließ, wie es ohne

1. Hinter Texten wie Ex. 12 (Stiftung des Passa), 2. Sam. 6, Ps. 24 7–10 oder Ps. 132 (Einbringung der Lade in den Tempel) stehen Kultbräuche, die im Zyklus der Feste wiederholt wurden.

jede Sorge um eine Grenze der göttlichen Erfüllungsmöglichkeiten alles bisher Unerfüllte weitergab, um es dem Debet seines Gottes zuzuschlagen. Aber auch die Werke, die wirklich keinerlei eschatologische Erwartungen enthalten, wie etwa das deuteronomistische Geschichtswerk oder das Buch Hiob, haben doch auch etwas rätselhaft über sich Hinausweisendes. War denn der unendliche Aufwand an Heilssetzungen in der Königsgeschichte, dieser Aufwand an Führungen und Strafen damit gerechtfertigt, daß am letzten Ende ein armer König seine Gefangenenkleider ausziehen und sich als Vasallenkönig an den Tisch des babylonischen Königs setzen durfte (2. Kön. $25_{27\,ff.}$)? War denn das Ungeheure, das zwischen Hiob und Gott zum Austrag kommen wollte, damit erledigt, daß der Empörer von Gott zum Schweigen gebracht wurde und daß ein alter Mann Kinder und Herden wiedererstattet bekam? Über dieses eigentümliche Mißverhältnis solcher Abschlüsse zu dem, was im Vorausgegangenen thematisch aufgerührt wurde, wird später noch zu reden sein. Nein, das Alte Testament kann nicht anders denn als das Buch einer ins Ungeheure anwachsenden Erwartung gelesen werden. Allein um dieses Umstandes willen muß dem Alten Testament im Rahmen der allgemeinen Religionsgeschichte eine Sonderstellung eingeräumt werden. Die Frage, ob es deshalb auch als das Buch der Weissagung auf Jesus Christus gelesen werden muß, ist aber damit noch nicht beantwortet. Die Wissenschaft, die das Alte Testament historisch und kritisch liest und die dazu anleitet, es als einen Komplex religiöser Dokumente für sich zu nehmen und es aus sich selbst und aus seiner religiösen Umwelt heraus zu interpretieren, gibt auf diese Frage keine sichere Antwort. Im Gegenteil, von ihr aus erscheint die Möglichkeit, daß das Alte Testament mit all seiner Erwartung „einfach ins Leere hinausweist", durchaus als diskutabel[2]. Von diesem Standort aus wird man kaum über die Feststellung hinauskommen, daß es sich bei der religiösen Hinterlassenschaft Israels um ein besonderes Rätsel der freilich auch sonst an Rätseln nicht armen Religionsgeschichte handelt. Aber das ist nun die Frage: ob sich diese religionswissenschaftliche Abstraktion des Alten Testaments als eines Gegenstandes, der ohne das Neue Testament zureichend erklärt werden könne, vom Standpunkt des christlichen Glaubens nicht als eine Fiktion erweist.

Angesichts der verwirrenden Stellungnahmen und der so widersprüchlichen theologischen Bestimmungen des Verhältnisses des Alten Testa-

2. *K. Barth,* Kirchl. Dogmatik I, 2 S. 98.

ments zum Neuen mag es nützlich sein, wenn hier schon vorwegnehmend darauf hingewiesen wird, daß in den noch folgenden Abschnitten die Diskussion eigentlich nur unter einem Gesichtspunkt aufgenommen wird, nämlich demjenigen, der uns bisher schon bei der Entfaltung der inneralttestamentlichen Überlieferungen geleitet hat, also dem überlieferungsgeschichtlichen. Die noch folgenden Abschnitte haben eigentlich nichts anderes im Sinn als diesen uns bisher bekannt gewordenen Prozeß noch einen Schritt weiter zu verfolgen, indem wir die Aufnahme des Alten Testaments im Neuen als einen Vorgang zu begreifen suchen, der vom und im Alten Testament schon vorbereitet wurde und dessen „Gesetzlichkeit" sich bei dieser letzten Neuinterpretation gewissermaßen wiederholt. Überflüssig also zu betonen, daß von keinem geheimnisvollen hermeneutischen Kunstgriff die Rede sein wird; als ob es eines solchen überhaupt bedürfte, um das Verhältnis der jungen Christusgemeinde zum Alten Testament zu verstehen! Unser Weg geht also zunächst nicht vom Neuen Testament aus und von seinen vielgestaltigen Bezugnahmen auf das Alte Testament. Dieser Weg vom Neuen Testament aus ist oft begangen worden und behält methodisch sein Recht. Er hat freilich auch allzuoft zu sehr starren Konfrontierungen geführt, die der großen hermeneutischen Beweglichkeit in dem Verhältnis beider Testamente zueinander nicht gerecht wurden. Hier soll der Versuch unternommen werden, den Weg vom Alten zum Neuen Testament nach vorwärts wenigstens nach einer charakteristischen Seite hin anzudeuten. Dabei soll es uns vorläufig mehr um die formale Seite des Vorgangs gehen, wobei wir zunächst unser Interesse noch einmal kurz auf inneralttestamentliche Vorgänge konzentrieren.

2. Es war schon davon die Rede, daß dem Jahweglauben in kultischer Hinsicht eine Phase vorausging, die wir die Religion der Vätergötter nennen, und daß die Traditionen dieser Kulte — jedenfalls wesentliche — von dem späteren Jahweglauben aufgenommen wurden. Diese Einbeziehung hat aber nicht zu einer Vereinerleiung, zu einer Verschmelzung geführt; vielmehr hat sich die Erinnerung daran, daß mit der Offenbarung des Jahwenamens etwas Neues einsetzte, noch lange erhalten (Ex. 3_{1}ff; Ex. 6_{3}). Diese vormosaische Gottesverehrung enthält zwar Züge, die in überraschender Weise den späteren Jahweglauben vorzubereiten scheinen (die Gottheit ermangelt der im alten Orient so häufigen lokalen Gebundenheit; um so intensiver ist ihre persönliche Verbundenheit mit einem menschlichen Verband und ihr

Eingehen auf dessen geschichtliche Schicksale[3]). Andererseits bestehen aber auch tiefgreifende Unterschiede. Jahwe war ja der Gott der zwölf Stämme und der Gott ganz anderer Offenbarungen; der Vätergott war ja nur der eines kleinen nomadischen Verbandes. Aber nun wurden die Vätergottüberlieferungen vom Jahweglauben übernommen; der Jahweglaube erkannte in der Landverheißung an die Väter die Stimme seines Gottes. Jahwe trat jetzt in die uralten Überlieferungen ein; er war es, der mit Abraham, Isaak und Jakob gewaltet hat. Damit leuchteten die alten Vätererzählungen auf einmal in einem ganz neuen Lichte auf; denn was für einen Unterschied mußte es bedeuten, wenn an die Stelle des „Starken Jakobs" Jahwe trat! In hermeneutischer Hinsicht bedeutete das eine völlige Neuinterpretation der alten Überlieferung. An einem Punkte kann man das besonders deutlich sehen: Die alte Landverheißung wurde vom Jahweglauben in die Fluchtlinie einer anderen und viel ferneren Erfüllung gerückt, nämlich der Landnahme unter Josua. Der Aufenthalt der Väter im Lande Kanaan erschien nun als etwas Vorläufiges, als die Epoche, da die Väter „im Lande ihrer Fremdlingschaft" der eigentlichen Erfüllung noch gewartet haben[4]. Ohne daß wir viele Einzelheiten zu benennen vermöchten, kann man doch sagen, daß mit dieser Einbeziehung in den Jahweglauben sicher auch eine Abstoßung gewisser Elemente der alten Gottesverehrung verbunden war. Der Jahweglaube wäre ja nicht geblieben, was er war, wenn er nicht stillschweigend das mit ihm Unvereinbare zurückgelassen hätte. Wir müssen also hier schon eine Art Ausleseprozeß in Rechnung setzen, vermittels dessen das eine durchgegeben, das andere zurückgelassen wurde, und der sich später noch wiederholen sollte.

Sehr viel deutlicher begegnet uns ein vergleichbarer Vorgang im Verhältnis der Propheten zu den altgeheiligten Erwählungstraditionen des Jahwekultes. Hier liegen die Dinge im hellen Licht der Dokumente und können bis in Einzelheiten hinein aufgedeckt werden. Es braucht hier nicht wiederholt zu werden, daß sich im Verhältnis der Propheten zu den heilsbegründenden Erwählungstraditionen der Väter-, der Sinai- und Exodus-, der Zion- und Davidtradition ein tiefgehender Bruch ereignet hat. Sie sahen dasselbe Israel, das sich doch weithin noch von Jahwe geschützt und gesegnet glaubte, unter dem totalen göttlichen Gericht stehen. Sie haben aber nicht als Reformer dazu aufgerufen, dem in diesen Überlieferungen offenbar gewordenen Heilswillen Jah-

3. S. Bd. I, S. 21 f.
4. S. Bd. I, S. 182 f.

wes besseren Gehorsam zu leisten. Das Entscheidende war doch dies, daß sie ihren Zeitgenossen die Berufung auf das dort angebotene Heil geradezu verwehrt und nur einen sehr schmalen Weg zu einem Heil gesehen haben, das Jahwe überhaupt erst schaffen wird. Andererseits lag es ihnen fern, die alten Jahweoffenbarungen zu „abrogieren"; wir hatten genug Anlaß, festzustellen, daß sie sie ihrerseits viel ernster genommen haben als ihre Zeitgenossen. Aber gleichwohl — und darum geht es hier — reden sie von ihnen wie von einem theologischen Ort aus, der schon jenseits davon liegt; denn die Propheten sind erfüllt von dem neuen Gottesgeschehen, dessen Anbruch sie erkannt haben. Daß sie aber überhaupt diese alten Überlieferungen in ihre Verkündigung einbezogen, das hat seinen Grund darin, daß sie ihnen etwas wie einen Weissagungscharakter zuerkannt haben. Sie haben einen neuen David, einen neuen Exodus, einen neuen Bund, eine neue Gottesstadt erwartet; es hatte also das Alte für das Neue eine typisch vorausweisende Bedeutung bekommen. Aber ohne Zweifel sind die Propheten bei dieser typologischen Auswertung der alten Traditionselemente sehr frei verfahren. Auch hier haben sie das eine herangezogen, das andere übergangen. Da sich die Weissagung der Propheten von den „neuen Dingen" viel mehr in positiven Aussagen bewegt, tritt naturgemäß das, was von den Propheten übergangen wird, weil es von dem neuen Heilsgeschehen überholt wird, viel weniger in Erscheinung. Augenscheinlich bestand weniger Anlaß, von dem zu reden, was „abgetan" sein wird, als von demjenigen, das sich entsprechend dem urbildlich Dargestellten abbildlich erfüllen wird. Aber einige Male haben sich die Propheten doch zum Zweck der Verdeutlichung zu einer Konfrontation des Neuen mit dem Alten herbeigelassen, bei der dann auch das „nicht mehr" polemisch anvisiert ist. Nirgends geschieht das deutlicher als in der Perikope von dem neuen Bund Jer. $31_{31\,ff}$, die uns deshalb von paradigmatischer Bedeutung für die Weissagung der Propheten ist, d. h. für das rätselhafte Ineinander von Gebundenheit an die alte Heilsüberlieferung und ihre radikale Überbietung. Daß der neue Bund hinsichtlich des Israel geoffenbarten Gotteswillens keine Änderung bringen werde, läßt sich den Worten Jeremias ohne weiteres entnehmen. So könnte es auf den ersten Blick fast scheinen, als sei das Neue nur etwas Partielles, nämlich eine Modifikation in dem Vorgang der Übereignung dieses Gotteswillens an Israel: Gott wird ihn nicht nur ausrufen, sondern ihn seinem Volk einpflanzen. Aber dieses scheinbar Partielle stellt nun doch das Ganze auf eine neue Grundlage. Geht

Jer. 31 31 ff. auch hinsichtlich seiner deutlicheren Scheidung des Neuen vom Alten über viele andere prophetische Weissagungen hinaus, in denen sich implizit das gleiche ereignet, so kommt es natürlich auch in diesem Text nicht zu einer wirklich erschöpfenden Konfrontierung des Neuen mit dem Alten; es geht Jeremia nicht um eine auch nur einigermaßen vollständige Bezeichnung dessen, was alles abgetan sein wird, und dessen, was gültig bleiben wird, sondern doch nur um eine fast schlagwortartige Andeutung dessen, was er seinen Zeitgenossen auf ihre Probleme hin zu sagen hatte[5]. Dies führt aber zu einer Feststellung, die in diesem Zusammenhang sehr wichtig ist: Diese gesamte Vergegenwärtigung alter Überlieferungen in den Weissagungen der Propheten, diese Anknüpfung an das Alte, dieses Durchtragen des Alten bis ins Neue hinein und andererseits das damit ebenso verbundene meist stillschweigende Übergehen dessen, was wirklich alt und in den Augen der Propheten abgetan war, kann nur als ein von Grund auf charismatischer Vorgang verstanden werden, genauer gesagt: als ein charismatisch-eklektischer Vorgang. So offenkundig es ist, daß sich die Propheten bei ihren Weissagungen von den alten Traditionen haben bestimmen lassen, so kann doch nicht davon die Rede sein, daß sie sich bei dieser Vergegenwärtigung des Alten irgendeiner Methode bedient hätten. Das Maß ihrer Gebundenheit wie ihrer Freiheit bestimmt sich allein aus der Eingebung des Augenblicks, und es ist demgemäß in jedem Einzelfall verschieden. Einmal fällt bei der prophetischen Weissagung mehr die Gebundenheit an das Alte, einmal mehr die Freiheit der Umdeutung ins Auge. Wollte man versuchen, bei der einzelnen Weissagung ihr Verhältnis zum Alten präzis zu formulieren, wollte man also versuchen, die Verhaftung an das Alte und das Hinausgehen über das Alte hermeneutisch sauber voneinander zu scheiden, so würde sich eine solche Weissagung als ein höchst kompliziertes Gebilde darstellen; ja es wäre zu fragen, ob der Exeget von diesem hermeneutischen Geschäft nicht besser abstehen sollte, weil das Ineinander von

5. S. o. S. 220 ff. und 279 ff.
Der Text Jer. 31 31 ff. wird oft von den Auslegern zu „dogmatisch" verstanden, als ginge es in ihm um die Ausbreitung eines großen, sozusagen breitflächigen theologischen Zusammenhangs. Dazu mag die lehrhafte „deuteronomistische" Diktion Anlaß gegeben haben. Aber in der Gegenüberstellung der Bünde ist alles nur auf einen Punkt zugespitzt, die Übereignung des Gotteswillens. Auch Jer. 31 31 ff. hat ganz die Art jener okkasionellen prophetischen ad-hoc-Aktualisierungen. Die Verschiedenheit der Bünde wäre wahrscheinlich ebensogut von einem anderen für das Neue charakteristischen Punkt aus zu beleuchten gewesen.

Altem und Neuem tatsächlich ganz unauflöslich ist. Der Prophet jedenfalls hat sich, soweit wir sehen, darüber keine Rechenschaft abgelegt: Altes und Neues zusammen sind in seinem Munde zu etwas ganz Gegenwärtigem und in sich Geschlossenem geworden. Hat Deuterojesaja die Prädikationen der Davidverheißung auf Israel übertragen, so hört der Exeget wohl in verschiedenen Einzelheiten — etwa darin, daß Jahwe Israel zum נָגִיד machen wolle — noch die Elemente des Alten, dessen sich der Prophet bei seiner Vergegenwärtigung der göttlichen Zusage bedient hat, heraus; er muß sich aber zugleich sagen, daß die alten Elemente völlig in dem Neuen aufgegangen und mit ihm verschmolzen sind[6]. Ein anderes Beispiel äußerster Freiheit in der Vergegenwärtigung des Alten fanden wir in der Rekapitulation der Heilsgeschichte in Hes. 20[7]. So, so völlig neuartig, konnte man im 6. Jahrhundert die altgeheiligten Überlieferungen vom Exodus und den Ereignissen der Wüstenzeit interpretieren!

Ein Text, an dem man die hermeneutischen Umschläge, die sich aus dieser Weitergabe der alten Überlieferungen von Mal zu Mal ergaben, gut exemplifizieren kann, ist die Perikope vom Jakobskampf Gen. 32$_{23}$ ff. Gunkel vor allem verdanken wir die Erkenntnisse von dem hohen Alter des Sagenstoffes, der weit in die Frühgeschichte Kanaans, jedenfalls weit in die vorisraelitische und vorjahwistische Zeit zurückreicht. Er ist aber dann vom Jahweglauben resorbiert worden. Wo soll nun eine Deutung einsetzen? Der Versuch einer wissenschaftlichen Rekonstruktion der Sage nach ihrer mutmaßlich frühesten Gestalt behält sein Recht. Trotzdem hat es jetzt nicht mehr viel Sinn, von dem lauernden „Flußdämon“ zu reden, nachdem der Erzählungsstoff in den Jahweglauben einbezogen ist und keinen Zweifel darüber läßt, daß Jahwe der Gott ist, der an Jakob gehandelt hat. Aber wie hat Jahwe an Jakob gehandelt? Hat er ihm aufgelauert und hat er sich nach Dämonenart vor dem Anbruch der Morgenröte gefürchtet? Mit dem Augenblick, da Jahwe in die Geschichte trat — Jahwe, der Schöpfer der Welt, der Jahwe der Abrahamerzählungen, der später der Jahwe des Mose werden wird —, ist doch ein ganz neues Sinngebäude der Erzählung erstanden, und die Auslegung muß sozusagen von vorne beginnen. Es muß freilich gesagt werden, daß wir heute viel besser Bescheid zu wissen scheinen über den Gehalt der vorjahwistischen Sage als über denjenigen, der sich aus der Beschlagnahme des Stoffes durch Jahwe ergibt (*v. Rad,* Das erste Buch Mose [ATD] S. 27, 31 ff.). Einer aufmerksamen Auslegung, die sich um das Verständnis der Erzählung aus der Atmosphäre des Jahweglaubens her bemüht, wird es freilich nicht entgehen, daß nunmehr einige Elemente, die der alten Sage wichtig waren, ganz von selber in den Hintergrund treten und andere in neuem Licht erscheinen, so z. B. der Kampf mit Gott oder das Wort Jakobs: „ich lasse dich nicht“. In welcher Sicht sich die Erzählung den Propheten darstellte, davon können uns nur die allzu kurz hingeworfenen Bemerkungen bei Hosea (Hos. 12$_{4}$ f.) einen Begriff geben. Immerhin reichen sie aus, uns zu zeigen, daß der Prophet etwas aus dem Geschehen herauslas — die betrügerische Zudringlichkeit Jakobs —, was in dem jahwistischen Selbstverständnis von Gen. 32$_{23}$ ff. noch nicht zutage trat. Der

6. Zu Jes. 55$_{3}$ f. s. o. S. 54, 250.

7. Zu Hes. 20 s. o. S. 235 f.

Christ aber — damit greifen wir allerdings den nachfolgenden Erwägungen vor — wird die Erzählung ins Licht Jesu Christi rücken, und die Auslegung wird noch einmal von vorne zu beginnen haben.

Wir sind noch weit davon entfernt, das Wesen der theologischen Aussagen Israels in solcher Form phänomenologisch genauer bestimmen zu können. Sie sind ja für uns sonderlich im Blick auf ihre „Sprache" interessant; denn hier wird nicht der Versuch unternommen, die neue Erkenntnis jeweils neu auszusprechen. Das Neue bedient sich der überlieferten Gestalt und vermag sich doch in ihr — oft nur mit Hilfe geringfügig erscheinender Veränderungen, vor allem aber mit Hilfe des Kontextes, also eines allgemein veränderten Gesamtverständnisses — es vermag sich also in der eigentlich schon antiquierten Form erstaunlich frei zu bewegen. Wie viele radikale Konsequenzen, die man immer wieder aus der Tatsache der „Übernahme" kultfremder Überlieferungen durch Israel gezogen hat, ließen sich unter diesem Gesichtspunkt auf das rechte Maß einschränken, das der Bedeutung des Vorgangs tatsächlich zukommt! Mit der Feststellung einer „Übernahme" ist an sich noch wenig gegeben; die Frage aber, ob sich der Jahweglaube in einer ursprünglich kanaanäischen Form aussprechen konnte oder ob er sich in ihr notwendig verfälschen mußte, ist äußerst schwer zu beantworten.

Diese Erwägungen bezwecken nicht, eine heilsgeschichtliche Stufenordnung zu rekonstruieren. Ja, es wäre sogar zu fragen, ob dieses Hineinnehmen des Alten in das Neue und diese Form seiner Vergegenwärtigung die Vorstellung von einer Heilsgeschichte nicht geradezu einschränken. Die großen Geschichtsentwürfe im Alten Testament sind ja nicht geschrieben, um organisch aneinandergereiht zu werden zum Zweck der Herstellung einer bruchlosen geschichtlichen Tradition. Sie umgreifen selbst jeweils nur eine Phase der Geschichte Israels; vor allem aber stellen sie diese Phase jeweils unter ganz verschiedenen theologischen Aspekten dar. Infolge dieses ihres Teilaspektes haftet ihnen immer etwas Fragmentarisches an; und darum bedurfte es auch einer immer neuen Vergegenwärtigung, die den Erfordernissen der neuen Situation entsprach. Die Frage an diesem Punkt unserer Untersuchung ist die, ob es nicht möglich ist, das Problem der Heranziehung von Alttestamentlichem im Neuen Testament von unseren Erkenntnissen her etwas aufzulockern, denn es will scheinen, als operierten wir heute in der Konfrontation von Altem und Neuem Testament mit viel zu starren Größen. Und dabei ist doch anzunehmen, daß die Freiheit der Apostel und Evangelisten hinsichtlich der Aufnahme, der Umprägung oder der Abstoßung des Alttestamentlichen nicht hinter der zurückgeblieben sei, die schon Hesekiel für sich in Anspruch genommen hat. Von ihnen gilt doch in noch erhöhtem Maße, daß sie in ihrem Zeugnis schon an einem Ort jenseits der alttestamentlichen Überlieferung stehen, und trotzdem sehen wir sie in ihrem Verhältnis zum Alten Testament — in ihrem Einbeziehen oder Umprägen oder Abstoßen — einen ganz ähnlichen Umbruch vollziehen, wie wir ihn schon inneralttestamentlich festgestellt haben. Wir haben oben gesagt, daß die Propheten nicht aus dem Stegreif heraus sprechen, daß sie sich an ganz bestimmte Überlieferungen gebunden zeigen, daß sie sich merkwürdig dialektisch im Raum alter Zeugnisse des Jahweglaubens bewegen, daß sie von deren Legitimität borgen und sie doch durch neue Inhalte überhöhen oder gar sprengen, daß sie zwar eklektisch verfahren, aber doch auf breiter Basis damit argumentieren, — ist damit nicht auch das Verhältnis der Apostel und Evangelisten zum Alten Testament umschrieben[8]? Nun wurde also noch einmal ein neuer Name über der alten Überlieferung Israels ausgerufen: der Christus-Kyrios beanspruchte die alten Texte für sich wie einer, der ein altes Erbe antritt. Charakteristisches Zeichen für diese Beschlagnahme ist die Übertragung von Jahwe-Kyriosaussagen der griechischen Übersetzung auf den neuen Kyrios, derzufolge die alten Sätze mit einemmal in neue theologische Bezüge traten[9]. Wer aber wollte in solchen Texten hermeneutisch abgrenzen, was von dem alten Sinn durchgehalten wurde und was an Neuem dazukam? Es ist der Prozeß der „Adaption", von dem oben schon die Rede war und dem sich der Exeget in viel größerer Beweglichkeit offen halten sollte[10]. Weil das Alte Testament nicht von einem einheitlichen „Gottesgedanken" beherrscht ist, sondern, wie wir uns zu zeigen bemüht haben, die Abfolge immer neuer Offenbarungen und göttlicher Setzungen und deren immer neue Aktualisierung widerspiegelt, war dieser Prozeß der Adaption älterer Überlieferungen an das Neue eigentlich der legitimste Weg, auf dem Israel die Kontinuität seiner Geschichte mit Gott wahren konnte und es vermied, daß diese Geschichte in eine Reihe beziehungsloser Akte zerfiel.

Man kann gegen dies alles einwenden, daß die Übernahme von Alttestamentlichem in das Neue Testament insofern kein vergleichbarer Vorgang sei, als es sich hier um eine schriftlich fixierte Überlieferung, ja um eine „heilige Schrift" gehandelt habe, dort aber um eine mündliche Tradition, die von vornherein viel beweglicher war und der Umgestaltung viel weniger Widerstand entgegensetzen konnte. Das ist natürlich richtig. In diesem Sinne war die alttestamentliche Überlieferung für die Apostel nicht mehr beweglich; sie war zur heiligen

8. S. o. S. 249.
9. Mk. 1₃; Apg. 2₂₁; Röm. 10₁₃; Hebr. 1₁₀; 1. Petr. 2₃; 3₁₅ u. ö.
10. S. o. S. 57.

Schrift geworden, und das bedingte in mancher Hinsicht eine veränderte Form des Umgangs mit ihr, denn die Interpretation mußte sich jetzt an „Texten" bewähren. Aber dieser Unterschied ist doch kein grundsätzlicher, sondern betrifft mehr das Formale, insofern der hermeneutisch-interpretatorische Vorgang einer Schrift gegenüber natürlich ganz bestimmte Notwendigkeiten („Schriftbeweis" usw.) mit sich bringen mußte. Ja, wenn man diesen Unterschied ganz offen in Rechnung stellt, dann kommt die erstaunliche Freiheit in dem Umgang mit dem Alten nur noch stärker zur Geltung; denn eine solche Freiheit zu betätigen, war in dem Maße schwerer, als das Alte schon als geheiligte Schrift vorlag.

3. Das Neue Testament — auf einen sehr elementaren Eindruck reduziert — ist bis in seine spätesten Schriften hinein durchzogen von dem Pathos des Staunens über den Anbruch von etwas schlechterdings Neuem, von dem überwältigenden Bewußtsein, an einen Anfang gestellt zu sein, von dem aus ganz neue Horizonte des göttlichen Heilshandelns sichtbar geworden sind: Das Gottesreich ist da[11]. Von dem neuen Ereignis aus — der Verkündigung Jesu, seinem Sterben und Auferstehen — ergab sich ein Verständnis des Alten Testaments, das sich von dem des schriftgelehrten Judentums, aber auch dem der Qumransekte, grundsätzlich unterschied. Man las es nicht mehr allein unter dem allbeherrschenden Aspekt des Gesetzes, sondern unter einem heilsgeschichtlichen Aspekt, d. h. man las im Alten Testament eine der Erscheinung Christi vorlaufende Gottesoffenbarung, die voller Hinweis war auf das Kommen des Herrn; und damit war das Tor zu einer ganz neuen Deutung des Alten Testaments durchschritten[12]. Überall spricht sich im Neuen Testament das Hochgefühl aus, in eine neue Gotteszeit gestellt zu sein; gelegentlich ist sie als die der „Erfüllung" bezeichnet (Gal. 4_{4}; Luk. 4_{21}; Matth. 11_{4-6}). Alles im Alten Testament wird nun auf Christus bezogen. Selbst Mose — und darin ist die junge Gemeinde besonders revolutionär dem Judentum gegenüber — gilt nicht nur als der Vermittler des Gesetzes; auch er hat schon als Prophet den kommenden Herrn geweissagt (Luk. 24_{27}; Joh. 1_{45}; 5_{46}; Apg. 26_{22})[13].

11. *W. G. Kümmel,* Verheißung und Erfüllung (1953), S. 102 ff, 104, 145 f.

12. Nicht daß die Reflexion über das Gesetz aufgehört hätte; aber gerade für das Gesetzesverständnis wurde der neue heilsgeschichtliche Aspekt maßgebend.

13. Auf diesen Unterschied in dem Moseverständnis hat *M. Wittenberg* hingewiesen, Heilige Überlieferung (1958), S. 5 ff.

Das heilsgeschichtlich Neue der Epiphanie Christi, durch die Israels Verhältnis zu Gott, aber auch das aller Heiden auf eine ganz neue Basis gestellt wurde, wird im Neuen Testament begreiflicherweise zunächst gegenüber dem Alten in vielfältiger Antithetik herausgearbeitet. Der Kleinste im Reiche Gottes ist größer als der Größte im Kreis derer, die auf dieses Reich gewartet haben (Matth. 11_{11}). Das, was sich jetzt ereignet hat, haben die Propheten zu schauen begehrt und haben's nicht gesehen (Matth. 13_{17}). Von dieser Antithese, also von dem, was schlechterdings neu war gegenüber allem, was Israel bisher von Gott erfahren hat, ist das Neue Testament ausgegangen, und davon wird eine christliche Interpretation des Alten Testaments fortan auszugehen haben. Aber nun weiß jeder Leser, daß sich das Verhältnis des Neuen zu dem Alten keineswegs in der negativ abgrenzenden Antithese erschöpft. Der Erdenweg Jesu Christi, sein Predigen, sein Leiden, Sterben und Auferstehen wird in den Evangelien bis in viele Einzelheiten hinein als die Erfüllung alttestamentlicher Weissagungen verstanden. Eine besondere Form des Verständnisses des Alten Testaments als einer Weissagung auf Christus ist die im Neuen Testament verschiedentlich angewandte typologische Deutung, deren Anliegen es ist, ein Entsprechungsverhältnis zwischen je einem alttestamentlichen und einem neutestamentlichen Ereignis festzustellen, wobei in der Regel das Moment der Steigerung von Wichtigkeit ist. „Hier ist mehr denn Salomo" (Matth. 12_{42}). Auch hier ist also zugleich eine gewisse Distanzierung vom Alten Testament im Spiel, insofern die Weissagung etwas anderes ist als die Erfüllung, der Typus weniger als das Gegenbild, auf das er verweist. Aber tatsächlich bemühen sich doch Schriftbeweis und typologische Deutung in gleicher Weise um den Aufweis einer Kontinuität zwischen dem, was Israel ehedem von Jahwe widerfuhr, und dem, was sich „am Letzten in diesen Tagen" durch die Erscheinung Christi ereignet hatte; ja sie gehen von der Voraussetzung aus, daß alles, was Israel von Jahwe widerfuhr, auf Jesus Christus hin angelegt war und daß die altüberlieferten Texte erst für den Christusgläubigen in ihre letzte und höchste Aktualität treten: „Es ist für uns aufgeschrieben" (1. Kor. 10_{11}); die alttestamentlichen Propheten „dienen euch" (1. Petr. 1_{12}), es ist uns zur Lehre geschrieben (Röm. 15_4; 1. Kor. 9_{10}).

Die Zeugen des Neuen Testaments praktizieren in der Heranziehung des Alttestamentlichen eine äußerste Freiheit. In ihrer Vergegenwärtigung verfügen sie über viele Möglichkeiten, die von dem Aufweis der Kontinuität und der Betonung der Einheit der Botschaft bis zu ganz schroffen Gegenüberstellungen hin führen, wobei vor allem an Paulus und seine Konfrontation von Gesetz und Glaube oder an die Ausführungen des Hebräerbriefes über die „Unvollkommenheit" der kultischen Institutionen Israels zu denken wäre. Andererseits ist gerade der Hebräerbrief einer der stärksten Zeugen dafür, daß die alte Heilsgeschichte voller Hinweis und Weissagung auf das neutestamentliche Christusgeschehen ist. Aber auch Paulus denkt heilsgeschichtlich-typologisch; er sieht in dem Glauben Abrahams eine Präfiguration des Christusglaubens und kann gelegentlich das Wasserwunder aus der Zeit der Wüstenwanderung auf Christus selbst zurückführen (1. Kor. 10$_4$). Indessen haben solche Aussagen überall etwas Okkasionelles; sie sind vom Augenblick eingegeben und in vielen Fällen nicht von einer großen übergreifenden Thematik her bestimmt, sondern werden von dem jeweiligen Aussagezusammenhang, in dem sich der Schreibende gerade befindet und von dem aus sich ihm Bezüge zum Alten Testament eröffnen, in die Diskussion geworfen. Vielfach sind es ad-hoc-Assoziationen, die sich ihm aufdrängen und denen er nachgibt. Für viele solcher vom Augenblick eingegebener Anspielungen an Alttestamentliches ist der Begriff „Schriftbeweis" viel zu gewichtig[14]. Andererseits sind es gerade diese ad-hoc-Anspielungen, die dem Ausleger Schwierigkeiten bereiten, weil sie ihm oft ganz willkürlich erscheinen und an dem Sinn der jeweilig herangezogenen alttestamentlichen Stelle vorübergehen. Unumwunden ist zuzugeben, daß vieles von der Schriftdeutung, wie sie von neutestamentlichen Schriften praktiziert wird, zeitbedingt ist und von uns nicht mehr nachvollzogen werden kann. Aber nun verhält es sich doch nicht so, daß der junge Christusglaube etwa nur durch eine verwegene Exegese etwas an sich heranziehen konnte, was ihm im Grunde sehr ferne stand. Es gab sehr viel mehr Kontinuität zwischen dem Alten und dem Neuen, als sie in den Zitaten und Anspielungen ausgesprochen wird. Der „Schriftbeweis" ist nicht die einzige Brücke zwischen den Testamenten; denn dieser ganzen Praxis des Zitierens war doch das Wissen um einen breiten Grundstock des Gemeinsamen vorgegeben[15]. Dieses den beiden

14. Zu dem neutestamentlichen Schriftbeweis s. *E. Fuchs*, Hermeneutik (1954), S. 201 ff; aber auch die Kritik an dem Begriff bei *H. Diem*, Dogmatik II (1955), S. 135 ff. (vorher Ev. Theol. 1954 S. 439 ff.).

15. „Das Postulat des neutestamentlichen Schriftbeweises ist dieses: Jesu Dasein war im ganzen wie im Einzelnen von dem her ‚gestaltet', was Gott an Israel tun

Testamenten Gemeinsame kommt allenfalls in den breiter ausladenden Erörterungen des Paulus oder des Hebräerbriefes etwas zum Vorschein; aber grundsätzlich theologisch, also abgesehen von den aktuellen Erfordernissen des jeweiligen Gesprächs mit den Adressaten, hat auch Paulus seine Ansichten nicht vorgetragen. So hätten wir also — mindestens theoretisch — zu unterscheiden: einerseits die je von der besonderen Situation des Gespräches bestimmte Heranziehung des Alten Testaments, auf die wir auf und ab im Neuen Testament stoßen. Hier dient alles dem jeweils in Rede stehenden theologischen Gegenstand; bei diesen Bezugnahmen auf das Alte, die oft genug die intendierte Sache einseitig und zugespitzt herausstellen, ist alles aufs Spezielle, auf das je in diesem Zusammenhang Besondere abgestellt, und diese Vergegenwärtigung des Alten ist ohne Frage ein charismatischer Vorgang[16]. Die großen Verschiedenheiten in der aktuellen Heranziehung des Alten Testaments und die, wie man gesagt hat, geringe Rolle, die die hermeneutische Methodenfrage im Neuen Testament spielt, das alles hängt doch mit dieser charismatischen Art der Vergegenwärtigung zusammen[17]. Letztlich war es der auferstandene Herr selber, der den Seinen die Schrift „öffnete" (Luk. 24$_{32, 45}$).

Aber dieser ad-hoc-Aktualisierung muß ein allgemeines Verständnis von dem Verhältnis des Alten zum Neuen vorgegeben gewesen sein, aus dem heraus jene erst von Fall zu Fall zu schöpfen vermochte. Literarisch tritt es im Neuen Testament nur indirekt in Erscheinung; aber es muß als vorhanden vorausgesetzt werden, denn am Rande der Dar-

wollte und was er nun realisiert ... Darum ist Gottes Handeln an und durch Jesus auch nur zu ‚verstehen', wenn man ihn vom alttestamentlichen Wort aus interpretiert. Dieses Postulat des Schriftbeweises hat nicht nur den Charakter des Existentials für den Israeliten der damaligen Zeit. Der Schriftbeweis macht den Anspruch, ein ‚kategoriales Objektives' an Jesus auszusagen. Das alttestamentliche Gotteshandeln tritt nicht nur bestätigend als Vergewisserung zu dem Jesusgeschehen, also in kognitiver Bedeutsamkeit, sondern das alttestamentliche Gotteshandeln hat kausative, axiomatische Bedeutung für Jesus, gehört also konstitutiv zu diesem Geschehen selbst." *C. H. Ratschow*, Der angefochtene Glaube (1957), S. 70.

16. „Sieht man näher zu, in welcher Weise (die neutestamentliche Gemeinde das AT als heilige Schrift übernommen hat), so stellt sich heraus, sie hat es nicht in der palästinischen Weise der Materialisierung des heiligen Buchstabens und auch nicht in der alexandrinischen Weise der Spiritualisierung des heiligen Buchstabens getan, sondern sie hat in pneumatischem Realismus aus der heilsgeschichtlichen Kontinuität zwischen dem Erfüllungsgeschehen der Gegenwart und dem Verheißungsgeschehen der Schriftaussagen mit unbekümmerter Freiheit von Fall zu Fall, je nach dem vorliegenden Bedürfnis, die Folgerungen gezogen." *O. Schmitz*, Das Alte Testament im Neuen Testament, in: Wort und Geist, Festgabe für Karl Heim (1934), S. 67.

17. *G. Ebeling*, Evangelische Evangelienauslegung (1942), S. 102 ff.

legungen wird es immer wieder sichtbar. Davon, daß Christus „nach der Schrift" auferstanden ist, hat Paulus doch offenbar bestimmtere Vorstellungen gehabt; er hat sie aber nicht ausgebreitet (1. Kor. 15_4). Das gleiche gilt von der in den Evangelien häufiger ausgesprochenen Überzeugung, daß Christus leiden „mußte"[18]. Was für ein Verständnis des Alten Testaments steht hinter dieser Vorstellung? Oder man denke an die Übertragung der (Jahwe-)Kyriosaussagen der griechischen Übersetzung auf den neutestamentlichen Kyrios. Sie tritt im Neuen Testament immer nur gelegentlich auf und wird nirgends theologisch begründet, setzt aber doch ein allgemeineres Übereinkommen voraus. Könnten wir dieses den Evangelisten und Aposteln, wie gesagt, jeweils vorgegebene Verständnis des Alten Testamentes fassen, so würden sich bei den einzelnen neutestamentlichen Schriftstellern wohl auch noch erhebliche Unterschiede in der Auffassung zeigen, aber das Bild wäre gewiß nicht so zwiespältig, wie es dem erscheinen muß, der sich nur an die zuweilen sehr zugespitzten praktisch-exegetischen Argumentationen hält. Mag diese exegetische Argumentation vielfach unserem Schriftverständnis widersprechen, so bleibt sie nun doch darin wegweisend, daß für den Christusgläubigen allein das auf Christus bezogene Alte Testament Bedeutung hat und nur das, was das Alte Testament im Lichte Christi auszusagen vermag.

Das Gefälle der Geschichte Israels mit Gott drängt, wie wir sahen, ungestüm nach vorne, und dieses Phänomen einer immer gewaltiger aufgestauten Erwartung tritt nun doch im Neuen Testament in ein neues Licht; denn in ihm kommt es nach den vielen vorausgegangenen heilsgeschichtlichen Aufbrüchen zu seinem letzten hermeneutischen Umschlag und zu seiner endgültigen Deutung. Sieht man aber den Vorgang der christlichen Aufnahme und Fortführung der alttestamentlichen Traditionen von dieser Seite und begreift, daß sich hier ein die ganze alttestamentliche Heilsgeschichte bestimmendes „Gesetz" noch einmal und abschließend realisiert, so kann man noch weniger in der Heranziehung und Argumentation mit Alttestamentlichem eine mißbräuchliche Umdeutung des Überkommenen sehen. Es handelt sich vielmehr für das urchristliche Verständnis um eine ebenso legitime Metamorphose des Überkommenen im Lichte einer neuen Heilssetzung, wie sie sich schon innerhalb des Alten Testaments mehrfach ereignet hat. Die Legitimität dieser Umdeutung des Alten Testaments im Neuen

18. Mk. 8_{31}; Luk. 17_{25}; 22_{37}; $24_{7,26}$; Apg. 17_3. Zu diesem δεῖ s. *W. Grundmann*, ThWBNT II, S. 21 ff.

läßt sich neutral nicht beweisen; aber die Tatsache, daß sie so weitgehend glücken und überzeugen konnte, ja daß das Alte Testament in der christlichen Deutung eine derart neue Leuchtkraft und Anwendungsmöglichkeit gewinnen konnte, war für die Urgemeinde Grund genug, im Alten Testament ihr eigenes Buch zu erkennen. Auf die Tatsache, daß gerade an den großen heilsgeschichtlichen Umbrüchen mit dem Begriff des Selbstverständnisses nicht durchzukommen ist, sind wir schon früher gestoßen. Die Überlieferungsgeschichte hat uns gezeigt, wie alte Stoffe mit einemmal auf eine neue Basis und in neue theologische Horizonte gestellt werden konnten, und es ist die Frage, ob sich nicht auch mit und in den alttestamentlichen Überlieferungen, die in das Licht Jesu Christi gerückt werden, in hermeneutischer Hinsicht eine, wie gesagt, ganz legitime Metamorphose vollzieht. Man wende nicht ein, daß ja dann das Alte und ursprünglich Gemeinte seinem Sinn nach verlassen sei und daß man demgemäß gar nicht mehr von einer Heranziehung des Alten reden könne, daß es sich vielmehr dann nur noch um ein Gespräch des Neuen mit sich selbst handele. Das ist schon deshalb falsch, weil eine saubere Trennung von Inhalt und Form unmöglich ist. Eine ihres angestammten Inhalts wirklich entleerte und ganz vom Neuen Testament her erfüllte alttestamentliche Form kann es nicht geben. Die Frage kehrt sich vielmehr um und stellt sich so: Wie war es denn möglich, daß sich die alttestamentlichen Überlieferungen, daß sich all die Erzählungen, Gebete und Weissagungen, derart vom Neuen Testament aus in Beschlag nehmen ließen? Das wäre nicht möglich gewesen, wenn die Schrift des Alten Testaments nicht auch von sich aus der Deutung auf Christus hin offenstand und ihr in hermeneutischer Hinsicht entgegenkam. Und dabei ist es, wie gesagt, noch eine offene Frage, ob der christliche Ausleger es ausschließlich nur mit dem alttestamentlichen Selbstverständnis zu tun haben darf. Die Apostel scheinen auf dem Standpunkt zu stehen, daß die alttestamentlichen Texte erst im Lichte der Erfüllung in ihre höchste Aktualität eintreten. Auch in der Qumransekte war man der Meinung, daß der alttestamentliche Prophet seine Weissagungen nur unvollkommen verstehen konnte, weil ihm „die Vollendung der Endzeit" noch nicht geoffenbart war (Hab. Komm. VII, 1 f.), und in dieser Hinsicht dürfte sie sich von der neutestamentlichen Auffassung nicht wesentlich unterscheiden.

Ein Blick auf das Magnificat und das Benedictus (Luk. $1_{46-55, 68-79}$) kann den hermeneutischen Vorgang der Einbeziehung alttestamentlicher Aussagen in den

Christusglauben verdeutlichen. Auf den ersten Blick sieht man, daß sie völlig in der Phraseologie der alttestamentlichen Hymnik einhergehen. Da ist die Rede von Gott, dem Heiland (מוֹשִׁיעַ), der Großtaten tut (גְּדֹלוֹת), von seiner Treue (חֶסֶד) und seinem Widerstand gegen die Gewaltigen (v. 52). Er hat sein Volk heimgesucht (פָּקַד) und losgekauft (גָּאַל v. 68) und seines Bundes gedacht (v. 72). Sogar der Topos von der Errettung von „Feinden" stellt sich wieder ein (v. 71, 74). Aber nun bedenke man: Mit dieser Terminologie, die doch wirklich nicht neutral, sondern theologisch aufs schwerste vorbelastet ist, wird nun die Erscheinung Jesu Christi gefeiert. Was heißt nun in dieser neuen Sicht „Loskaufung", „Sättigung der Hungrigen" (v. 53), „Horn des Heils" (v. 69), „Errettung von den Feinden"? Was heißt da Selbstverständnis? Welcher Unterschied besteht zwischen diesen beiden und den Hymnen im Psalter? Nun aber sind dieselben Sätze, die sich auf und ab in alttestamentlichen Hymnen finden, auf ein ganz neues Heilsgeschehen bezogen. Sie verlieren damit nicht den Inhalt ihrer Aussage; es bleibt dabei: Gott kauft los, bewahrt seine Treue, sättigt die Seinen usw.; und doch hat sich etwas gewandelt, indem dieselbe Aussage theologisch in ganz neue Horizonte gestellt wurde, in denen sich z. B. die Vorstellung von der Errettung des Menschen vor „Feinden" erheblich gewandelt hat; sie kann nun nur noch im übertragenen Sinne verstanden werden.

Noch ein zweites Beispiel mag den Vorgang verdeutlichen. Es ist längst festgestellt, daß der „Heilandsruf" in Matth. 11 28–30 in einer Form und in einer Begrifflichkeit einhergeht, die ursprünglich die der einladenden Weisheit war. Auch sie hat die Menschen zu sich gerufen, sie aufgefordert, ihr Joch auf sich zu nehmen, und ihnen Ruhe verheißen (Sir. 51 23–27; 6 24–30). Wie ist dieser Befund zu deuten? Ohne Frage handelt es sich bei dieser ungewöhnlichen Diktion um mehr als nur um eine beiläufige und unverbindliche rhetorische Anleihe. Die Tatsache, daß sich dieser Ruf solchermaßen in ein alttestamentliches Gewand gekleidet hat, ist theologisch von größtem Gewicht. Jesus tritt mit seiner Vollmacht in den Raum dieser alttestamentlichen Aussage hinein und nimmt Form und Inhalt dieses letzten alttestamentlichen Heilsangebotes für sich in Anspruch. (Zu dem Heilsangebot der alttestamentlichen Weisheit s. Bd. I, S. 456 f.) So ergibt sich in hermeneutischer Hinsicht auch hier ein nicht unkomplizierter Tatbestand. Allzu einfach wäre es, wenn man sagen wollte, die Form sei alttestamentlich, der Inhalt neutestamentlich. Ein beträchtlicher Teil des Aussagenkomplexes dieses Jesuswortes — weit hinausgehend über das rein Formale — war vorgegeben; die Einladung, die Vorstellung vom Joch und von der Ruhe, die gefunden werden kann. Aber dies alles ist nun allein dadurch, daß es von Jesus gesagt und auf ihn bezogen wird, über sich hinausgehoben. Dadurch, daß Jesus sein Joch als „sanft" bezeichnet, aber vor allem dadurch, daß er den Blick auf sein Verhältnis zum Vater lenkt und daß er als der Erbarmer spricht, eröffnen sich um den alten Ruf ganz neue Perspektiven. Jesus spricht als der, der das Alte Testament „erfüllt".

Bei beiden Beispielen — sie ließen sich leicht vermehren — handelt es sich nicht um eigentliche Zitierungen, sondern um eine noch unmittelbarere Form der Aufnahme von Alttestamentlichem; denn das Zitat aus dem alten Buch dient zwar dem Aufweis einer Kontinuität, aber es vermittelt doch zugleich auch die Vorstellung von einem gewissen, mindestens zeitlichen Abstand. In dieser Form hat das Alte Testament im Neuen noch ein gewisses Eigenleben. Dieser Abstand ist aber z. B. in Matth. 11 durch einen Akt der Identifikation aufgehoben. Im einen wie im anderen Falle ist dieses Hereinnehmen von alttestamentlichen Aussagen in den Aussagebereich des Christusglaubens ein Vorgang von sehr weitreichenden hermeneutischen Konsequenzen. Im Falle des Magnificat und des Benedictus handelte es sich um hymnische Aussagen des Alten Testaments, und mit ihnen sprechen wir ja bis heute in der Liturgie unserer Gottesdienste unseren Glauben an Christus und unseren Lobpreis aus. Aber der Vorgang ist, wenn es sich um die Heranziehung von alttestamentlichen Erzählungen oder Weissagungen handelt, doch wohl kein grundsätzlich anderer. Wir stehen somit vor der Tatsache, daß der neue Glaube des Alten Testaments schlechterdings bedurfte, um sich auszusprechen. Da liegt nun freilich die Frage nahe genug, ob diese Hilfsstellung des Alten Testaments nicht vielleicht nur eine zeitbedingte war und ob sie nach der Zeit der Loslösung des Christusglaubens von Israel hätte entfallen können. Die Antwort auf dieses schwerste Problem, das uns das Vorhandensein des Alten Testaments stellt, kann von zwei Seiten aus gegeben werden. Man könnte und müßte das Neue Testament daraufhin befragen, ob die Heranziehung und Einbeziehung des Alten Testaments nicht vielleicht mehr war als nur eine Anknüpfung, die sich aus der Situation des Übergangs und der Auseinandersetzung erklären läßt. Dies zu beantworten, ist Sache einer neutestamentlichen Theologie. Die Antwort kann und muß aber auch aus dem Alten Testament selbst gegeben werden; denn auch von ihm aus muß es sich zeigen, daß es neben dem Neuen als das Fundament des Christusglaubens anzusehen ist. Diesen zweiten Weg zu beschreiten, soll in den noch folgenden Abschnitten versucht werden[19].

19. Mit Recht ist die Forderung erhoben worden, daß eine Theologie des Alten Testaments sich nicht auf eine Phänomenologie des Glaubens Israels beschränken darf. *N. W. Porteous,* Scottish Journal of Theology 1954, S. 159. Unter den Heutigen hat vor allem *F. Baumgärtel* immer wieder die Notwendigkeit einer grundsätzlichen theologischen Stellungnahme betont.

B. DAS ALTTESTAMENTLICHE VERSTÄNDNIS VON DER WELT UND VOM MENSCHEN UND DER CHRISTUSGLAUBE

Nach den Erwägungen des vorausgegangenen Abschnittes kann die Frage nach dem christlichen Verständnis des Alten Testamentes nicht so gelöst werden, daß man die konstituierenden Merkmale einer für sich genommenen Religion des alten Israel mit denen einer für sich genommenen Religion der Christusgemeinde vergleicht und das Gemeinsame vom Trennenden absondert. Das Alte Testament war für die erste Christenheit ja nicht das Dokument einer Religion, sondern es war Heilige Schrift, und deshalb kann nur das die Frage sein, ob die Texte des Alten Testaments im Lichte der Christusoffenbarung neu zu reden beginnen. Die Frage richtet sich dann, genaugenommen, nicht mehr auf das, was die alten Texte dem vorneutestamentlichen Israel gesagt haben, sondern darauf, ob und inwieweit sie auch nach der Erscheinung Jesu Christi ihre „kerygmatische" Aktualität behalten; ja mehr noch: das eben müßte sich erweisen, daß diese Schriften jetzt erst, nämlich durch die Erscheinung Jesu Christi, in ihrer eigentlichen Aktualität, in ihrem Hinweischarakter auf Christus, der ihnen von Anfang an eigen war, offenbar werden. Nur in diesem letzteren Falle wären wir berechtigt, von einem aus dem Alten Testament an uns ergehenden Wort Gottes zu reden.

Die Kirchen haben bis heute in ihren Bekenntnissen das Alte Testament dem Neuen als das Buch einer Offenbarung Gottes gleichgestellt; weder hinsichtlich der Inspiration noch hinsichtlich seiner Eigenschaft als der schlechthinnigen Norm, an der alle Lehre zu messen sei, wird zwischen dem Alten und dem Neuen Testament unterschieden[1]. Die Art und Weise, in der die Kirche im Lauf ihrer Geschichte dieses Verständnis des Alten Testamentes als eines Wortes Gottes praktiziert hat, ist allerdings sehr verschieden. Es fehlt nicht an Methoden der Schrifterklärung, die wir heute als unannehmbar bezeichnen müssen.

1. So koordiniert z. B. die Formula Concordiae (Sol. Decl.) die prophetischen den apostolischen Schriften „ut limpidissimos purissimosque Israelis fontes".

Ja, es kann — überblickt man die gesamte Auslegungsgeschichte des Alten Testaments in der Kirche — die Vermutung aufkommen, es sei die Kirche über das Verhältnis der beiden Testamente zueinander in theologisch begrifflicher Hinsicht kaum je zu einer befriedigenden Klärung gekommen. Jedenfalls scheint ihr nie mehr das Alte Testament derart offen gestanden zu haben wie in der Zeit des werdenden Neuen Testaments, da Evangelisten und Apostel, wo immer sie wollten, in das alte Buch hineingreifen konnten und überall aktuelle Zeugnisse für ihre theologischen, christologischen und ekklesiologischen Argumentationen fanden. Was nun das Unbefriedigende und weithin Gezwungene in der späteren Auslegung des Alten Testaments betrifft, so muß man freilich bedenken, daß die theoretisch-theologische Reflexion über das Alte Testament doch nur eine Seite in seiner Wirksamkeit auf die Kirche darstellt und keineswegs immer die überzeugendste. Das Bild würde sich verändern, wenn man die Predigt oder die Dichtung einer Zeit heranzöge und vor allem die Spiegelung des Alten Testaments in der bildenden Kunst.

Zeigt das Neue Testament eine Freiheit und Breite und Lebendigkeit der Auslegung des Alten Testaments, zu der die Kirche, wie gesagt, kaum je wieder hingefunden hat, so erschöpfen sich doch auch in ihm keineswegs alle Möglichkeiten eines Bezuges des Alten Testaments auf Jesus Christus und seine Gemeinde. Die alttestamentlich-theologischen Themen, die Paulus — wahrscheinlich ohne Anspruch auf Vollständigkeit — in Röm. 9_{4-5} aufzählt: „Sohnschaft", „Herrlichkeit Gottes", „Bundesschließungen", „Gesetzgebung", „Gottesdienst", „Verheißungen", „Erzväter", „Messias" —, diese Reihe läßt erkennen, welche Inhalte des Alten Testaments der Apostel theologisch hätte entfalten können, wenn sich ihm besondere Anlässe dazu geboten hätten, sich vom Standpunkt seines Christusglaubens aus darüber lehrmäßig zu äußern. Das aus dem Alten Testament ergehende Wort Gottes an die Christusgemeinde ist also im Neuen Testament keineswegs umfassend umschrieben; auch haben die Bezugnahmen des Neuen Testaments auf das Alte, wie schon gesagt, etwas Okkasionelles. Zu anderen Zeiten hat das Alte Testament anders gesprochen, und deshalb muß jede Zeit sich über ihr Verständnis des Alten Testaments Rechenschaft ablegen. Gewiß wird sie dabei immer sorgsam darauf zu achten haben, wie ihre Väter die Stimme des Alten Testaments gehört haben; sie wird daran ihr eigenes Verständnis immer aufs neue überprüfen müssen. Aber niemals darf sie sich von ihnen das Risiko des eigenen verantwortlichen Hörens abnehmen lassen. Die heutige alttestamentliche Wissenschaft sieht sich bekanntlich durch eine besondere Kluft von den älteren theologischen Auffassungen vom Alten Testament getrennt. Die Fülle der über sie hereingebrochenen neuen geschichtlichen, archäologischen, literarischen, religionsgeschichtlichen Erkenntnisse und Fragen hat etwa seit der Mitte des letzten Jahrhunderts fast zu einem Abbruch des eigentlichen theologischen Gesprächs mit dem Neuen Testament geführt. Damit ist die besondere Schwierigkeit bezeichnet, die unsere Deutung heute belastet. Es kann wohl nicht ausbleiben, daß ihr gelegentlich etwas Tastendes anhaftet und daß sie sich auch entschließen muß, da Probleme offen zu lassen, wo die Gegenstände theologisch noch nicht genügend abgeklärt sind, — auch da, wo frühere Zeiten ihrer Sache sehr sicher waren[2]. Andererseits könnte die Situation eines Neueinsatzes, in der wir etwa seit dem zweiten Viertel dieses Jahrhunderts stehen, es könnte gerade dieser Abstand von älteren theologischen Auffassungen auch seine besondere Verheißung haben[3].

Bei unserem Versuch, die Bedeutung des Alten Testaments für die Christen zu bestimmen — er kann hier freilich nur beispielhaft und nicht an der ganzen Fülle des Alten Testaments durchgeführt werden — gehen wir von einem Satz aus, der noch im Vorfeld des Umstrittenen liegt: Der Ort, an dem Gott sein Persongeheimnis offenbart, ist die Geschichte[4]. Das gilt gewiß gleicherweise für die Auffassungen des Alten wie des Neuen Testaments. Dieser Satz klingt freilich zunächst sehr allgemein; erst eine nähere Erklärung kann ihn in seiner hohen Sonderheit erkennbar werden lassen. Dabei muß allerdings der Begriff „Geschichte", der sich überdies in dem Sinne, wie er heute meist gebraucht wird, mit dem alttestamentlichen Befund gar nicht deckt, noch einmal ausgeweitet werden: Wir fragen deshalb zunächst nach den *Besonderheiten des alttestamentlichen Weltverständnisses,* wobei wir uns von vornherein darüber im klaren sind, daß dieses Weltver-

2. Auch hier gilt das Wort *D. Bonhoeffers,* daß wir wieder „auf die Anfänge des Verstehens zurückgeworfen sind" (Widerstand und Ergebung, 1951, S. 206).

3. Nur mit dem Hinweis auf die Gefährlichkeit gewisser theologischer Gedankengänge sollte man nicht so viel argumentieren. Gefährlich ist jeder Umgang mit dem Alten Testament, nur mit dem Unterschied, daß die Gefährlichkeit der von einer Mehrheit gebilligten Meinungen erst ihren Kindern und Enkeln deutlich wird.

4. Die Formulierung stammt von *W. Zimmerli,* Erkenntnis Gottes nach dem Buche Ezechiel (1954), S. 71.

ständnis Israels von Grund auf von seinem ganz besonderen Glauben her bestimmt ist[5].

1. Es ist schon davon die Rede gewesen, daß die griechische Vorstellung von der Welt als einem Kosmos, d. h. als einem in sich ruhenden Ordnungsorganismus, dem alten Israel fremd war[6]. Ihre Einheit hat die Welt nicht in sich, schon gar nicht in einem „Prinzip", sondern nur in ihrem Bezug auf Gott, in ihrer Herkunft aus seinem Schöpferwillen, in ihrer fortwährenden Fristung und in dem Ziel, das Gott ihr setzt. Sie hat ihre Einheit in ihrer Eigenschaft als Geschöpf und Hoheitsbereich Gottes, denn sie gehört Gott (Ps. 24$_{1}$ f.). Spricht das Alte Testament von Schöpfung, so sieht es die Welt als ein Gegenüber Gottes; als einen Bereich, der seine eigene Herrlichkeit hat, von der Hymnus und Weisheit nicht genug reden können, aber doch als geschaffen, d. h. vollkommen mühelos vom Schöpferwort ins Dasein gerufen. Die Welthaftigkeit der Schöpfung hat Israel besonders gegenüber allen emanatistischen Vorstellungen durchgehalten, d. h. gegenüber der Auffassung der Naturreligionen, die die Welt viel mehr als eine Selbstdarstellung Gottes verstehen[7]. Eine besonders polemische Form bekam diese Weltauffassung Israels im Bilderverbot[8]. Israel hat die Vorstellung, daß die Welt ein Ort vielfältiger unmittelbarer Gottesoffenbarungen sei, bestritten. Von jener Grundvoraussetzung alles Bilderdienstes, nämlich dem Glauben, daß das Göttliche in allerlei irdischen Gestaltungen und kultischen Symbolen sich offenbare und seine Kräfte mitteile, wußte es sich weit geschieden.

Die Aussagen von Gott als dem Schöpfer scheinen, namentlich in der Genesis, mehr für sich abseits zu stehen; aber sie hängen doch mit dem eigentümlichen Weltverständnis Israels, das sich in den geschichtlichen und prophetischen Büchern ausspricht, eng zusammen. Das liegt schon deshalb nahe, weil Israel ja nicht so tief, wie wir es gewohnt sind, zwischen „Natur" und „Geschichte" geschieden hat. Wir werden zwar

5. „Welt (κόσμος) ist hier (im NT), im Unterschied vom griechischen Kosmosbegriff, ein geschichtlicher Begriff, d. h. er ist orientiert am Leben der geschichtlichen Menschen. Welt bedeutet zunächst den Inbegriff der für das menschliche Leben vorgegebenen Bedingungen und Möglichkeiten; und insofern heißt die Welt die Schöpfung Gottes." *R. Bultmann*, ZThK 1958 S. 197 f. (S. auch u. S. 373).

6. S. Bd. I, S. 165, 439 f.

7. Von dieser Vorstellung ist die spezifisch israelitische, derzufolge von der Welt als Schöpfung ein Zeugnis für Gott, ihren Schöpfer, ausgeht, scharf zu trennen. Ps. 19$_{2}$; Ps. 145$_{10}$.

8. S. Bd. I, S. 230 f.

nicht sagen können, daß der Schöpfungsglaube allen Zeugnissen des Alten Testaments stillschweigend vorgeordnet war; aber doch dies, daß die Kapitel von Jahwe als dem Schöpfer letztlich keine andere Vorstellung von der Welt aussprechen, als etwa die Götzenpolemik der Propheten oder die alttestamentliche Geschichtsschreibung. Das Weltverständnis Israels fand sich eben ganz verschiedenen Aufgaben gegenübergestellt und mußte sich demgemäß auch auf verschiedene Weise aussprechen. Die Entgötterung der Welt, die Israel in dem Kapitel von der Weltschöpfung (Gen. 1_1—2_{4a}) mehr theoretisch und programmatisch vollzogen hat, war ja mit der schriftlichen Niederlegung der betreffenden Abschnitte nicht abgeschlossen. Das, was man gern den „Schöpfungsgedanken" nennt, war doch keine philosophische Erkenntnis, die sich durch ihre Evidenz bei jedem Denkenden von selbst durchsetzte; es war vielmehr die Aussage eines Glaubens, der sich immer neuen Versuchungen gegenüber zu bewähren hatte. Hier aber hatte der Kultus in Israel schon längst den Boden bereitet, sonderlich durch die Ausrufung der Gebote. Denn das erste und zweite Gebot des Dekalogs — vielleicht klingt das paradox! — sind auch der Schlüssel zu dem Weltverständnis Israels. Israel hat den Kampf gegen die Götter und gegen die Bilder aufgenommen und mit einer vehementen Intoleranz geführt und sich damit sein Wissen um den lebendigen Gott erhalten. Aber davon lebte auch sein Weltverständnis, denn es war ihm verwehrt, die Welt mythisch zu verstehen. Vor ihm baute sich die Welt nicht auf als ein von mannigfachen gottheitlichen Mächten getragener Bereich sakraler Ordnungen. Jenes rätselhafte schöpferische Vermögen des antiken Menschen, die Erfahrungen von urtümlichen Mächtigkeiten in seiner natürlichen Umwelt zu verobjektivieren und gottheitlich anzuschauen — auch Ordnungen sind Mächte! —, fand in Israel keine Pflege. Der Weg zur Erkenntnis einer göttlichen Weltordnung war in den mythischen Religionen ein kürzerer. Israel hat die Sinndeutung der Welt, wie sie sich vom Naturmythus her vollzog, abgelehnt und deshalb etwa die Vergöttlichung der Zeugungskraft und ihre sakrale Verobjektivierung im Bild des Stiers bekämpft; das gleiche gilt von der Vergöttlichung der siderischen Phänomene usw. Der Mythus ist ja seinem Wesen nach ein Denken in Symbolen und Bildern; Israel aber hat mit äußerster Entschiedenheit all den mythischen Verbildlichungen, die ihm von seiner religiösen Umwelt her angeboten wurden, das Entscheidende bestritten, nämlich ihre Offenbarungsmächtigkeit. Das aber ist das Ungeheure an Israel, dieses Wissen um die Bilderwand, die die Menschen zwischen sich und Gott aufrichten. Allein von hier aus, von diesem Wissen um Götzendienst und Mythus, ist die Einsamkeit Israels in der Gesellschaft der Religionen zu verstehen. Damit befand es sich gewiß nicht in der überlegenen Situation des Besserwissers. Es hatte lange Zeit hindurch genug damit zu tun, sich selbst der Versuchung des Götzen- und Bilderdienstes zu entwinden. Noch die Propheten sehen wir damit beschäftigt, ihrem Volk das Götzenbild von dem nationalen Schutzgott und naturhaften Segenspender zu zerschlagen, weil sie wußten, daß Israel verloren war, wenn es den „Nichtsen“ vertraute[9]. Aber als dieser Kampf entschieden war, da ist Israel doch auch gelegentlich in ein heiliges Gelächter ausgebrochen über diesen Eifer der Götzenbildnerei und den Tanz der Völker vor ihren selbstgefertigten Götzen (Jes. 44$_{9}$ ff; Jer. 10$_{1}$ ff.).

Wer versucht, das Weltverständnis Israels zu beschreiben, der muß sich der großen Schwierigkeit bewußt bleiben, dieses Weltverständnis von unserem heutigen Standort aus nachzuvollziehen. Wo immer wir von „Natur“ oder „Geschichte“ reden — und wie könnten wir das vermeiden? —, da haben wir schon das, was Israel meinte, durch eine heterogene Begrifflichkeit verstellt[10]. Denn das, was Israel als Welt erfuhr, das war ihm gerade nicht in einer Begrifflichkeit von solcher Absolutheit, wie wir sie gebrauchen, geronnen. Wie mag, so müssen wir uns ernsthaft fragen, die Welt, in der sich Israel vorfand, erfahren worden sein, wenn die Möglichkeit entfiel, sie mit den Formeln „Natur“ und „Geschichte“ zu beschwören? Es fehlte jene Vertrautheit, die aus der Kenntnis ihrer Gesetze kommt, es fehlte in Israel aber auch an Äußerungen dessen, was der Mythenforscher als „Entsetzen vor der Natur“ kennt[11]. Es war ein Bereich, den Israel nur im Blick auf den, der ihn geschaffen hatte und durchwaltete, bestehen konnte. Ganz falsch aber wäre es, wollte man annehmen, daß für Israel dieses sein Weltverständnis in allen Zeiten mehr oder minder vollständig

9. Im AT werden die Gottheiten anderer Völker häufig als „Nichtse“ (אֱלִילִים) bezeichnet, Lev. 19$_{4}$; 26$_{1}$; Jes. 2$_{8, 18, 20}$; 10$_{10}$ f; 19$_{1, 3}$; Ps. 96$_{5}$; 97$_{7}$ u. ö.

10. „Die Vorstellung der an sich seienden unendlichen Natur ... ist der Mythus der neuzeitlichen Wissenschaft. Die Wissenschaft begann damit, den Mythus des Mittelalters zu zerstören; jetzt zwingt ihre eigene Konsequenz zu der Einsicht, daß sie einen anderen Mythus an ihre Stelle gesetzt hatte.“ *C. F. v. Weizsäcker*, Geschichte der Natur (1948), S. 53. Dieser moderne Begriff von der Natur bedeutet also geradezu das Widerspiel dessen, was Israel meinte, wenn es von der Welt als einer von Gott durchwalteten Schöpfung sprach. Mit dem modernen Begriff „Geschichte“ verhält es sich ebenso.

11. *E. Grassi*, Kunst und Mythus (1957), S. 39 ff.

vorhanden war. In seinen geschichtlichen Darstellungen gibt uns das Alte Testament Anlaß zu der Vermutung, daß sich Israel in der Breite seiner Bevölkerung nie der ganzen Welthaftigkeit der Schöpfung bewußt geworden ist; ja daß es oft nur Einzelne waren, Geschichtsschreiber und Propheten, die gegen die Anfechtungen des Bilderdienstes oder der Kulte fremder Gottheiten aufgetreten sind. Aber auch sie sehen wir von Fall zu Fall jeweils nur einen Bereich der Welt freilegen. Das heißt also, daß Israel sich das, was Welt war, immer neu zu erklären hatte und daß schwerlich eine Generation der Welt in ihrer ganzen Welthaftigkeit völlig ansichtig geworden ist. In dieser Sache war Israel in ständiger Bewegung, und man kann eine ganze Reihe von Vorstößen, von Schüben eines jeweils neuen Weltverständnisses feststellen.

Hier wären in erster Linie die verschiedenen geschichtstheologischen Ansätze zu einem Verständnis der Welt als des Bereiches von Jahwes geschichtlichem Walten zu nennen. Davon, wie die Priesterschrift die Weltschöpfung dicht an den Einsatz der Heilsgeschichte herangerückt hat, war schon die Rede. Mit der Weltschöpfung (Sechstageschema!) wird der Horizont der Geschichte eröffnet. Erst im Blick auf die Weltschöpfung konnte das Heilsgeschehen innerhalb Israels in seinen ihm angemessenen theologischen Rahmen gebracht werden, weil die Schöpfung zur Ätiologie Israels gehört[12]. Auch davon war die Rede, wie dieses in Israel anhebende Heilsgeschehen durch die Zwischenschaltung der Völkertafel jeglichen mythologischen Charakters entkleidet wurde. Die biblische Urgeschichte, die zunächst im Universum der Völker ausmündet, stellt Israel schöpfungsmäßig den Völkern gleich und schließt jeden mythologisch-urgeschichtlichen Primat Israels aus. Was ihm von Gott widerfahren wird, das wird sich im Bereich der Geschichte, ja nach Genesis 10 in dem Bereich einer säkularen Weltgeschichte ereignen[13]. Die priesterschriftliche Urgeschichte begnügt sich mit der Fixierung einiger streng theologischer Sätze. Es ist anzunehmen, daß sie dabei Erkenntnisse und Erfahrungen theologisch verrechnet, die Israel im Raum einer langen Geschichte seines Glaubens und Erkennens eingebracht hat. Jedenfalls hat sich schon Jahrhunderte vor der letzten Ausgestaltung der Priesterschrift ein geradezu stürmischer Vorstoß ins Weltliche ereignet, nämlich in den Geschichtswerken, die wir der Epoche des salomonischen Humanismus zuschrei-

12. S. Bd. I, S. 152.
13. S. Bd. I, S. 174 ff.

ben[14]. Wie sich hier ein Gelände von penetranter geschichtlicher Säkularität auftut, vor allem aber, wie hier der Mensch selbst in seiner säkularen Menschlichkeit offenbar wird, das hat schon den Charakter einer letzten Erkenntnis, über die auch der christliche Glaube nicht hinausdrängt.

In unverkennbarem geistesgeschichtlichem Zusammenhang mit dieser neuen Geschichtsschau steht ein anderer Vorstoß zum Weltverständnis, nämlich derjenige der Erfahrungsweisheit. Ihr ging es ja nicht nur um die sorgfältige Ermittlung von Ordnungen, die im menschlichen Lebensbereich wirksam sind, sondern auch um die Erkenntnis der außermenschlichen Natur. Sonderlich war sie bemüht, der Geheimnisse an den Rändern des menschlichen Lebensbereiches mächtig zu werden (Zahlensprüche)[15]. Auf Beispiele dieses nüchtern beobachtenden Blikkes stoßen wir auf und ab im Alten Testament. Wahrhaftig, in den Lehren dieser Weisheit ist die Welt welthaft und ganz unmythisch gesehen bis hin zu dem Versuch, auch ihrer Geheimnisse rational-wissenschaftlich Herr zu werden. Aber dieser rationale Weltaspekt hat sich in Israel nie verabsolutiert; er blieb irgendwie umklammert vom Glauben, und man blieb sich seiner Grenzen Gott und seinem Walten gegenüber stets bewußt. Gleichsam am Ende dieses Bemühens um eine Auflichtung der Weltgeheimnisse steht in Hi. 28 das resignierte Bekenntnis, daß alle Beherrschung der Welt den Menschen dem göttlichen Weltgeheimnis keinen Schritt näher geführt habe[16].

Wieder ein ganz anderer Vorstoß ins Weltliche von ebenso weitreichenden Konsequenzen ist von den Propheten ausgegangen, denn sie haben den Horizont der Weltgeschichte in einer Tiefe und Weite aufgerissen, von der Israel vorher keine Vorstellung hatte. Aber damit, daß die Propheten die Völkerwelt in ihrer ganzen unsakralen Welthaftigkeit sehen lehrten, haben sie dieses Stück Welt keineswegs aus dem Hoheitsbereich Gottes entlassen. Im Gegenteil, gerade die Propheten verkündigen eine immer umfassendere Beschlagnahme der Völkerwelt durch Gott. So wäre also zu sagen: In dem Maß, in dem die Propheten die Völkerwelt Gott unterstellt und allein ihm angehörig sahen, in demselben Maße wurde sie ihnen zur Welt; denn nun gehörten die Völker nicht mehr dem kultischen Bannkreis ihrer Götter

14. Näheres zum Geschichts- und Menschenbild dieser Werke s. Bd. I, S. 62 ff., 320 ff.

15. S. Bd. I, S. 437 f.

16. S. Bd. I, S. 460 f.

zu, wie das bekanntlich noch der Vorstellung des alten Israel entsprach (vgl. etwa 1. Sam. 26$_{19}$; 2. Kön. 3$_{27}$)[17]. Es entspricht einer tiefen Logik des alttestamentlichen Glaubens, daß der Geschichtsuniversalismus des Deuterojesaja mit der Proklamation von der Entthronung der Götter der Völker und der Nichtigkeit ihrer Kulte Hand in Hand geht. Welch eine Auflichtung des Glaubens und welch eine radikale Entmythologisierung der Völkerwelt mußte vorausgegangen sein, bis das „Nebukadnezar, mein Knecht" und das „Kyros, mein Gesalbter" aus dem Munde Gottes überhaupt verstanden werden konnte (Jer. 27$_{6}$; Jes. 45$_{1}$)[18]!

Noch ein Beispiel einer solchen Verweltlichung — wieder handelt es sich um einen ziemlich gewalttätigen Vorgang — sei gestreift, weil es uns einen Schritt weiter führt: die kultischen Bestimmungen des

17. Man soll nicht glauben, daß diese Schau den Propheten mühelos in den Schoß gefallen sei. Da und dort läßt es sich zeigen, wie ihnen bei dieser theologischen Ausweitung ursprünglich kultische Vorstellungen behilflich waren. So haben sie z. B. bestimmte Selbstoffenbarungen Jahwes, die für Israel bisher nur an gewisse kultische Begehungen gebunden waren, auf die Dimension der Geschichte übertragen. Dem, was das AT den „Eifer Jahwes" nennt, ist das alte Israel, soweit wir sehen, ausschließlich im Raum des Kultus und zwar in der Form von Jahwes Abscheu vor der Verehrung fremder Götter durch Israel begegnet (s. Bd. I, S. 216 ff.). Demgegenüber muß es etwas Revolutionäres gewesen sein, wenn Jesaja hinter der Verwirklichung der geschichtlichen Pläne Jahwes dessen „Eifer" wirksam sah (Jes. 9$_{6}$ b), oder wenn Zephanja die eschatologische Bestrafung des ungehorsamen Volkes, ja sogar die der Völker von dem Eifer Jahwes erwartet (Zeph. 1$_{18}$; 3$_{8}$). Nach der Weissagung Hesekiels wird sich Jahwe in der Besiegung Gogs „heiligen" und vor den Völkern für seinen heiligen Namen eifern (Hes. 39$_{16, 23, 25}$). Auch das Büchlein Haggai zeigt einen solchen für das prophetische Denken typischen Vorgang: Der Prophet entnimmt der Stellungnahme der Priester und der rituellen Bewertung eines kultischen Tatbestandes die Normen zur Bewältigung eines aktuellen politischen Problems (Hag. 2$_{12}$ ff.). Ähnlich verhält es sich in Jer. 3$_{1}$, wo sich das Irreparable des Abfalls Israels für Jeremia aus einer Ordnung des alten sakralen Eherechts ergibt. Sonderlich bei ihrem geistigen Vorstoß hinaus in das Universale der Geschichte machten die Propheten Gebrauch von Vorstellungen und Normen, die ehedem allein im Raum des Kultus beheimatet waren. Indem sie sie weit über ihren alten Gehalt hinaus ausgeweitet haben, konnten sie sich ihrer bedienen — gewissermaßen als eines ersten begrifflichen Werkzeugs —, um das ihnen neu in Sicht gekommene Walten Jahwes in der Weltgeschichte auszusprechen.

18. Diese Schau war in geistesgeschichtlicher Hinsicht von unabsehbaren Konsequenzen, denn sie hat das gesamte abendländische Geschichtsdenken mitbestimmt. Es wäre aber falsch, anzunehmen, daß sie in Israel nur als die Frucht einer ständigen Polemik gegen die mythische Vorstellung zu verstehen sei. Wohl ist Israel von Fall zu Fall in schwere Auseinandersetzungen dieser Art verwickelt worden; aber bei einem nicht kleinen Sektor seiner literarischen Hinterlassenschaft ist keinerlei polemische Tendenz spürbar. Diese Texte sind dann um so eindrücklichere Zeugnisse für jene eigentümliche Unfähigkeit Israels, produktiv mythisch zu denken.

Deuteronomiums, denen zufolge die Landbevölkerung schlagartig ihrer kleinen Heiligtümer beraubt wurde. Man hat oft auf die Härte dieser Maßnahme hingewiesen, durch die viel altes kultisches Brauchtum abgewürgt und durch die das Leben der bäuerlichen Bevölkerung, das sich bisher im Schatten mancher sakraler Institutionen bewegt hatte, auf einmal in die Dimension des Weltlichen hinaus entlassen wurde. Man kann nicht sagen, daß das Deuteronomium um das Problematische dieser Umstellung nicht gewußt hätte, denn ein großer Teil seines Bemühens geht darauf aus, den Menschen gerade draußen in ihrem weltlicher gewordenen Leben ordnend und führend an die Hand zu gehen. Das Einschneidende dieser Verweltlichung des ganzen Lebensraumes Israels tritt im Deuteronomium nur deshalb nicht so schroff zutage, weil es dazwischen auch immer wieder von dem Kultort und von dem, was dort zu geschehen hat, spricht. Aber in dieser Sache besteht zwischen dem Deuteronomium und den Vorstößen ins Welthafte, die sich anderwärts in Israel ereignet haben, doch wohl kein grundsätzlicher Unterschied, denn für Israel ist die Welt nie vollständig und restlos zur Welt geworden. Wir sehen zwar Schübe, die je an ihrem Ort bis zum Äußersten vorstoßen und mit großer Konsequenz das Welthafte des Lebensraumes Israels aufdecken; aber wir würden sie falsch verstehen, wenn wir übersehen wollten, daß doch auch ihre radikalsten Sprecher mindestens stillschweigend einen Ort voraussetzen, an dem sich mehr als nur Welthaftes ereignet, d. h. daß wir auch bei ihnen das Wissen um den Kultus als einen wichtigen Faktor ihrer Theologie in Rechnung setzen müssen. Ja, man wird sich diesen in religionsphänomenologischer Hinsicht so rätselhaften Mut zum Weltlichen und ihre Gelassenheit im Weltlichen gerade von da her zu erklären haben, daß sie den Kultus sozusagen im Rücken hatten. Nein, sein Lebensraum ist für Israel nie völlig und restlos zur Welt geworden; es wußte zu allen Zeiten darum, daß Jahwe einen Ort ausgegrenzt hatte, an dem Heiliges geschah, ja, an dem Jahwe aufs allerpersönlichste gegenwärtig war und von dem aus das Welthafte wie ein Draußen erschien[19].

19. *K. Elliger,* Sinn und Ursprung der priesterlichen Geschichtserzählung, ZThK 1952 S. 127.

Es wäre denkbar, daß die restaurative Kulttheologie der Priesterschrift geradezu in Abwehr stand gegen den Einbruch der Welt in den Kultus. Es geht ihr ja nur um den Kultort, den Kultus, das Kultpersonal und um das im „Lager" rings um diesen Ort versammelte Israel; das Bemühen der Priesterschrift gipfelt darin, die Voraussetzungen zu schaffen, daß Heiligkeit in Israel Raum habe (s. dazu *K. Koch,* Die Eigenart der priesterschriftlichen Sinaigesetzgebung, ZThK 1958 S. 41). Der

Besonders interessant ist es nun, zu sehen, wie Israel diese Orte, an denen sich in seiner Mitte Heiliges ereignete, verstanden hat. Nicht als die mythische Mitte seiner Welt, als einen Omphalos, auf den hin, als den kosmisch-mythologischen Mittelpunkt, sich die Welt von uralters her bezogen weiß. Hesekiel spricht zwar einmal so von Jerusalem, als sei es der Nabel der Welt (Hes. 5_5); diese Omphalosvorstellung (hebr. טַבּוּר) geht gewiß letztlich auf kanaanäische Vorstellungen zurück und sie mag auch noch öfter von Israel aufgegriffen worden sein (vgl. Ri. 9_{37})[20]. Aber das ändert nichts an der Tatsache, daß Israels Vorstellungen vom Kultort gerade nicht ausgingen von einer absoluten, sozusagen naturhaft vorgegebenen Heiligkeit des Ortes. Wie hätte sich das mit seinen Vorstellungen von Jahwe verbinden können! Gewiß, eines Temenos, eines kleinen von der Welt ausgegrenzten Bezirkes, in dem ganz andere Ordnungen als draußen galten (Asyl!), bedurfte es auch in Israel. Betrachtet man aber das Charakteristische der priesterschriftlichen Stiftshütte — die Quelle P gibt uns den besten Einblick in Israels Kulttheologie —, so fällt doch auf, eines wie geringen äußeren Aufwandes es bedurfte, bis das Heiligtum erstellt war. Es wurde ja immer nur auf Abbruch errichtet. Da war nichts von einer absoluten Heiligkeit des Ortes; alles hing ab von dem Bleiben oder Wandern der göttlichen Wolke[21]. Es war ein Heiligtum, das sich gewissermaßen selbst immer wieder aufhob, bis Gott einen neuen Ort für den kultischen Verkehr mit seinem Volke bestimmt hatte. Auf ganz andere Weise ist das Deuteronomium mit dem Problem des Verhältnisses Jahwes zum Kultort fertiggeworden. Es rechnet mit der Seßhaftigkeit Israels und demgemäß auch mit einem festliegenden Ort des Kultus; aber es bezeichnet ihn als den Ort, „da Jahwe seinen Namen hinlegen wird". Nicht eine naturhaft-mythologische Heiligkeit, sondern ein geschichtlicher Auswahlakt macht diesen Ort zum Kultort; dabei ist die Formel von dem hingelegten Namen Gottes besonders interessant. Zweifellos ist die Vorstellung von der kultischen Bedeutung des göttlichen Namens an sich uralt. Im Deuteronomium aber wird sie theologisch mit besonderem Bedacht ver-

Prophet Hosea läßt es besonders deutlich erkennen, wie dieser Mut zum Weltlichen zuinnerst theologisch begründet war. Jahwe war es doch, der Israel gab „Korn, Most und Öl und sie mit Silber überschüttete und mit Gold" (Hos. 2_{10}). Über den Gegensatz zu der rigoristisch kulturfeindlichen Einstellung der Rekabiter s. Bd. I, S. 77 f.

20. Zu der Omphalosvorstellung s. W. *Caspari*, ṭabur ZDMG 1933, S. 49 ff.

21. Nu. 9_{15} ff; 10_{11} ff; vgl. Bd. I, S. 291, 247 ff.

wendet, denn sie wehrt einer direkten Ineinssetzung von dem Kultort mit Jahwe selbst, der im Himmel thront, und verbürgt doch das Heil seiner gnädigen Gegenwart, denn in seinem Namen ist Jahwe selbst geheimnisvoll präsent. —

Es gibt noch viel des Nachdenklichen im Alten Testament zu lesen über Jahwe und sein Verhältnis zum Kultort. Es muß ja überhaupt verwundern, wie unausgeglichen sich die verschiedensten Vorstellungen von Jahwes „Wohnstätten" innerhalb Israels behauptet haben[22]. War es der Sinai, von dem her er jeweils erschien (Ri. 5_{4}; Hab. 3_{3}), war es die Lade, mit der er in den Kampf zog, war es der Zion (Am. 1_{2}; Jes. 8_{18}), war es der Himmel, da er wohnte? Die Erklärung, diese Vielfalt der Vorstellungen sei nur das Ergebnis der so diskursiv verlaufenen Kultusgeschichte, wird nicht ausreichen. Gerade die eigentümliche Beweglichkeit und Offenheit dieser Vorstellungen muß der Einsicht, die Israel von Jahwes Nähe und Gegenwart hatte, und Israels mangelndem Bedürfnis, diese Vorstellungen dogmatisch und statisch zu normieren und zu harmonisieren, entsprochen haben. Aber wenn Israel aufhörte, der Besonderheit von Jahwes Einwohnung gerecht zu werden, wenn es den Kultort mißbrauchte, dann liquidierte Jahwe diesen Ort und überließ ihn dem Chaos der profanen Geschichtsmächte (Jer. 7_{12}; Mi. 3_{11} f.).

Einer Eigenart des alttestamentlichen Weltverständnisses muß schließlich noch gedacht werden: Die immer sichtbarer werdende universale Bedrohung des von Gott erwählten Bezirkes und damit seines ganzen heilsgeschichtlichen Werkes durch die Völkerwelt ließ in der Prophetie die Weissagung von der gänzlichen Zerschlagung dieser Völkerwelt immer gigantischere Formen annehmen. Es ist also — und damit fügen wir noch ein Charakteristikum des alttestamentlichen Weltverständnisses an — letztlich eine vor Jahwe vergehende Welt, von der sich Israel umgeben wußte. Gewiß, diese Vorstellung hat Israel nicht zu allen Zeiten beherrscht; sie tritt erst in der Prophetie und in konsequenter Durchführung sogar erst in der späteren Prophetie in den Vordergrund[23]. Immerhin lehrt ja auch die Priesterschrift diese Welt als eine Welt verstehen, deren Bestand gleichsam nur von der Notordnung des Noahbundes von Gott gehalten wird, nachdem in der Sintflutkatastrophe das göttliche Urteil über sie schon gesprochen ist

22. Vgl. dazu das allerdings in vieler Hinsicht veraltete Werk von G. *Westphal*, Jahwes Wohnstätten nach den Anschauungen der alten Hebräer (1908).

23. Jer 25_{15} ff; 46—51; Joel 4_{1} ff; Hag. 2_{21} f; Sach. 2_{1-4}.

(Gen. 9₈₋₁₇)[24]; und auch die Priesterschrift weiß darum, daß einmal „die ganze Erde der Herrlichkeit Jahwes voll werden wird" (Nu. 14₂₁). Der Glaube Israels war freilich weniger kosmologisch als geschichtlich orientiert, deshalb steht in der Prophetie die Weissagung von dem Untergang der geschichtlichen Welt, also der Völkerwelt, im Vordergrund. Aber diese Weissagung rührt doch gelegentlich, etwa in dem Wort von dem neuen Himmel und der neuen Erde (Jes. 65₁₇) oder in manchen Perspektiven der Apokalyptik an das Ende des ganzen bisherigen kreatürlichen Bestandes von Himmel und Erde überhaupt (Jes. 24₁₇₋₂₃). Im übrigen ist die Scheidung von geschichtlicher und natürlicher Welt gar nicht alttestamentlich; auch in ihren Worten von der Katastrophe, der die Völker entgegengehen, hat die Prophetie auf ihre Weise von einem Weltende gesprochen.

2. Im Vorausgegangenen sind die wichtigsten Vorstöße Israels zu einem völlig eigenständigen Weltverständnis genannt worden. Bei näherem Zusehen ließen sich gewiß auch andere Ansätze danebenstellen[25]. Da es sich um eine Mehrzahl solcher Aspekte handelt, die auch offenkundig gegeneinander nicht voll zur Deckung gebracht werden können, so wird man sagen können, daß auch Israel der vollen Welthaftigkeit der Schöpfung nie im ganzen ansichtig geworden ist. Wahrscheinlich verhält es sich bei seinem *Bild vom Menschen* ähnlich[26]. Sagten wir, daß Israels Vorstellungen von der Welt letztlich nur von der Besonderheit seines Gottesglaubens her zu begreifen sind, so gilt das gewiß von den Vorstellungen vom Menschen in noch erhöhtem Maße. Vor allem muß man sich bewußt bleiben, daß Israel von „dem" Menschen sehr selten geredet hat. Immer sieht es den Menschen in seinem Gegenüber zu Gott, sei es in Zukehr oder in Abkehr von ihm; es sieht ihn nie in einer geschichtslosen Verabsolutierung, sondern immer in eine Geschichte mit Gott gestellt; d. h. der Mensch, von dem das Alte Testament redet, ist allermeist gar nicht „der Mensch"; er gehört vielmehr Israel an (oder seinen Feinden), und was ihm widerfährt, ist

24. S. Bd. I, S. 170.

25. In eine tiefe Krise seines Weltverständnisses wurde Israel durch das Zerbrechen der Vorstellung von der schicksalwirkenden Tatsphäre geführt (s. dazu Bd. I, S. 278 ff, 396 ff.). Paradigmatisch kommt diese Krise in den Monologen Hiobs zum Ausbruch.

26. Außer den betreffenden Abschnitten in den atl Theologien vgl. dazu *W. Eichrodt*, Das Menschenverständnis des AT (1944); *K. Galling*, Das Bild vom Menschen in biblischer Sicht (Mainzer Universitäts-Reden, Heft 3, 1947); *W. Zimmerli*, Das Menschenbild des Alten Testaments (Theol. Existenz heute, NF 14, 1949).

keineswegs nur allgemein Menschliches. Aber das bedeutet freilich nicht, daß Israel des Phänomens des Menschen gar nicht recht ansichtig geworden wäre. Das Gegenteil ist der Fall, denn es hat ja in der der Heilsgeschichte vorausgehenden Urgeschichte (Gen. 1—11) eine wahre Fülle anthropologischer Erkenntnisse ausgesprochen. Es war also ein ungewöhnlich weiter Horizont anthropologischer Erkenntnisse, der sich dem Jahweglauben aufgetan hatte. Wir können sie hier nicht im einzelnen wiederholen. Es ist bekanntlich das Bild von dem Menschen „im Widerspruch"; seiner Herkunft nach aus der oberen Welt stammend, hat er sich unbegreiflicherweise aus der Geborgenheit seines Gehorsamsverhältnisses gelöst[27]. Störungen schwerster Art sind in sein Leben bis in seinen psychischen und somatischen Lebensstand eingebrochen, Störungen, die schließlich bis zu der Zerschlagung der schöpfungsmäßigen Einheit der Menschheit geführt haben[28]. Und das ist nun der Mensch, den Gott in Israel als seinen Partner vorgefunden hat; er trägt die gleichen geschöpflichen Züge und ist von den gleichen Störungen gezeichnet. Die alttestamentlichen Geschichtsdarstellungen zeigen ihrem jeweils verschiedenen theologischen Duktus entsprechend diesen sich auslebenden Menschen in allen Spielarten seiner Möglichkeiten. Da, wo es um die Darstellung seines Verhältnisses zu Gott geht, ist das Bild verhältnismäßig einheitlich. Der Mensch ist allenthalben bereit zum Widerstand und zum Abfall von Gott, er bedarf fortgesetzt der Vergebung und der tragenden Hand Gottes. Nur selten, und dann gewissermaßen mehr gegen seine eigene Natur, vermag er die besonderen Möglichkeiten des ihm angebotenen Heilsverhältnisses — Glauben, Gehorsam, Ergebung — zu realisieren. Da aber, wo sich die Erzähler dem Verhältnis des Menschen zum Menschen zuwenden — und wir sahen, daß sich ihnen zu einer bestimmten Zeit gerade in dieser Hinsicht ein ganz neuer Horizont auftat —, da schillert das Menschenbild in allen Farben[29]. Hohes und Tiefes, Plattes und Vorgänge von großer psychologischer Kompliziertheit kommen in einem unvergleichlichen Realismus zur Darstellung. Diese Weltlichkeit des Menschen und die grausame Weltlichkeit der Mächte, der dieser Mensch sich preisgegeben sieht, ist nun freilich kein Zeichen einer

27. Gegenüber Gen. 3 entwickelt Sir. 24 eine ganz andere Vorstellung von der Ursünde der Menschen: die Menschheit hat der vom Himmel herabkommenden Weisheit keine Wohnstatt gegeben.
28. S. Bd. I, S. 167 ff.
29. S. Bd. I, S. 67 f.

Schau, die sich, wie man schon behauptet hat, der eigentlich religiösen Gesichtspunkte ganz begeben hat[30]; sie ist vielmehr ein theologisches Datum von höchster Bedeutung. Diese Schau des Menschen ist Israel doch nicht als eine zufällige und von seinem Glauben mehr oder minder unabhängige Frucht zugefallen. Sie müßte ja dann wohl auch in dem kulturell-religiösen Raum, in dem Israel lebte und von dem es sich bekanntlich vielerlei angeeignet hat, sonst noch zu finden sein. Aber das ist nun durchaus nicht der Fall; ein Blick in die Israel benachbarten Kulturen und Religionen belehrt uns, daß sich in Israel eine schlechterdings einzigartige Entmythologisierung des Menschen vollzogen hat. Die mythologische Sphäre der Geister- und der magischen Zaubermächte ist von ihm abgefallen. Damit ist er ärmer geworden, allem Lebenswidrigen hilfloser preisgegeben als der „mythische" Mensch, der allem Feindlichen mit Zauber und Beschwörung zu begegnen wußte. Vor allem war für ihn die Sphäre des Geschlechtlichen entmythologisiert; ihm war die Möglichkeit verschlossen, in das Mysterium des ἱερὸς γάμος einzutreten, um im Zentrum seines vitalen Lebens Anteil zu haben an einem mythisch-gottheitlichen Geschehen. Auch sein Königtum war kein mythisch-kosmisches Urdatum wie bei einigen Völkern seiner Umwelt. Israels Könige waren Menschen, die nur in noch höherem Maße als die gewöhnlichen Sterblichen den weltlichen Mächten der Geschichte preisgegeben waren; sie waren fehlsam und besonders strenger Kritik unterworfen.

3. Nur ein Bereich sei noch genannt, dem der Jahweglaube mit besonderem Eifer jede mythische Dignität abgesprochen hat; es ist der des Todes. Was das Sterben selbst betraf, so galt es dem Jahweglauben als ein Geschehen, das aufs unmittelbarste von Gott selbst ausging (Dt. 32_{39}; 1. Sam. 2_6; Ps. 88_7). Der Tote aber war damit aus der Lebensgemeinschaft mit Jahwe ausgeschieden und repräsentierte den äußersten Grad von Unreinheit. In Ps. 88 fanden wir eine theologisch nahezu erschöpfende Definition des Totseins: Fern von Lobpreis und fern aller Verkündigung, vor allem aber fern von Jahwe war der Tote. Da es nun Israel andererseits aufs strengste verwehrt war, den Toten außerhalb der Möglichkeiten des Jahwekultes, also auf dem Weg einer zusätzlichen privaten Kultübung, eine numinöse Mächtig-

30. So hat z. B. *E. Meyer* die Geschichte von der Thronnachfolge Davids als eine durch und durch profane Darstellung beurteilt (Geschichte des Altertums II, 2 [1931], S. 286).

keit zuzuerkennen, so war ein in theologischer Hinsicht höchst seltsames Vakuum entstanden. Keineswegs ein Bereich, vor dem die entmythologisierende Tendenz des Jahweglaubens haltmachen mußte! Man muß vielmehr staunen darüber, wie restlos dieser auch für Israel geheimnisvolle Bereich jedes sakralen Charakters entkleidet wurde. Aber in diesem Falle ging die Entmythologisierung nicht, wie wir es bei dem Verständnis von Welt, Mensch und Geschichte sahen, Hand in Hand mit einer um so totaleren Beschlagnahme durch Jahwe. Das Totenreich blieb ein undefinierbares Drittes zwischen Jahwe und seiner Schöpfung. Für den Glauben war es, von vereinzelten Anfragen abgesehen (z. B. Hi. 14$_{13-22}$), kein Gegenstand wirklichen Interesses. Nur die Phantasie der Dichter hat sich zuweilen damit beschäftigt (Jes. 14$_{9\,ff}$; Hes. 32$_{20\,ff.}$)[31]. Vielleicht liegt in diesem theologischen Vakuum, um dessen Freihaltung von jeglicher Füllung durch sakrale Vorstellungen Israel geradezu geeifert hat (s. Bd. I, S. 289 f.), eines der größten theologischen Rätsel des Alten Testaments? Erst an seinem äußersten Rand werden Weissagungen laut, daß Gott den Seinen eine Auferstehung vom Tode bereiten werde (Jes. 26$_{19}$; Dan. 12$_{2}$).

4. Wie aber verhält sich nun dieser weite Kreis höchst markanter alttestamentlicher Vorstellungen von der Welt, vom Menschen und vom Tod zu der neutestamentlichen Botschaft von Jesus Christus? Diese Botschaft sagt, daß in Christus der Logos „Fleisch" geworden (Joh. 1$_{14}$), daß er aus einem Weibe geboren ist (Gal. 4$_{4}$); sie stellt die Erscheinung Christi in einen geschichtlichen Zusammenhang mit Israel (Matth. 1$_{1\,ff.}$), ja in den Zusammenhang der Weltgeschichte (Luk. 2$_{1}$; 3$_{1}$); sie entfaltet das Heilsgeschehen als eine Folge von geschichtlichen Ereignissen und spricht von erfüllter Zeit, erfülltem Wort und von den „großen Taten Gottes" (Apg. 2$_{11}$), die von der Geburt Jesu über das galiläische Wirken bis zur Kreuzigung und schließlich bis zur Auferstehung und Himmelfahrt hinführen. Wieder also sehen wir Menschen aufs intensivste damit beschäftigt — nicht: eine neue Lehre zu entfalten, sondern: — zunächst eine geschichtliche Ereignisfolge zu beschreiben, durch die das Verhältnis Israels zu seinem Gott, ja das aller Menschen auf eine ganz neue Grundlage gestellt wurde. Eine innere Gemeinsamkeit zwischen dieser Botschaft einerseits und dem, was wir eben über das Alte Testament sagten, besteht also sicher darin,

31. „Das Vorstellungsgut von den Schatten hat glaubensmäßig für das AT kein Gewicht", W. *Zimmerli*, a. a. O. S. 17.

daß auch die neutestamentliche Botschaft in der Art, wie sie vom Menschen und seinen Möglichkeiten, vom „Fleisch", aber auch wie sie von der Welt und vom geschichtlich-säkularen Raum als dem Erscheinungsbereich Gottes redet, keine grundsätzlich anderen Vorstellungen einführt als diejenigen, die schon im alten Israel geläufig waren[32]. Wir haben uns mit der Tatsache auseinanderzusetzen, daß das Alte Testament auf alle Fälle eine vorbereitende Bedeutung hat, und diesen Begriff der „Vorbereitung", der sich bei der Erörterung des Verhältnisses des Alten Testaments zum Neuen immer wieder einstellt und der wohl auch nicht zu entbehren ist, nach Möglichkeit näher zu bestimmen.

Da geht es nun allerdings nicht an, dieses eigentümlich unmythische alttestamentliche Verständnis von der Welt und vom Menschen für ein weltanschaulich-religiös neutrales Phänomen zu halten, das etwa wie palästinische Kultur, Landschaft und Klima dem neutestamentlichen Heilsgeschehen vorgegeben war, und von dem man höchstens im Sinne einer allgemeinen providentiellen Fügung sagen könnte, daß es dem neutestamentlichen Christusgeschehen merkwürdigerweise derart entgegenkam, daß jenes an ihm anknüpfen und sich in ihm, wie in einem vorbereiteten geistigen Raum, erst entfalten konnte. Einer solchen Erklärung widerspräche das Alte ebenso wie das Neue Testament. Das Alte Testament: denn ihm zufolge ist dieses Welt- und Menschenverständnis gerade nicht ein zufälliges kulturgeschichtlich weltanschauliches Akzidens Israels. Es war vielmehr eine Schau, die sich immer nur im Schatten eines besonderen Heilsgeschehens eröffnet hat und die vom Glauben Israels immer neu zu fixieren und oft nicht ohne Anstrengung gegenüber den Anfechtungen einer mythisch bestimm-

32. „Es ist klar, daß das urchristliche Verständnis des Menschen dem der griechischen Tradition radikal entgegengesetzt ist: der Mensch versteht sich nicht als einen Fall des allgemeinen Menschseins, das seinerseits wiederum ein Fall des kosmischen Seins überhaupt ist; er flüchtet sich nicht aus der Problematik der je eigenen Existenz in die Anschauung des kosmischen Gesetzes, der kosmischen Harmonie." „. . . fern liegt die griechisch-dualistische Anthropologie mit ihrer Anschauung der Spannung von Geist und Sinnlichkeit und mit ihrer darauf beruhenden Auffassung der Lebensführung . . . Das eigentliche Wesen des Menschen ist nicht der Logos, die Vernunft, der Geist. Richtet man an das Urchristentum die Frage, worin es denn liege, so kann die Antwort nur lauten: im Willen. Jedenfalls: Menschsein, Leben als menschliches Leben, ist immer verstanden als ein Aus-sein-auf, als ein Trachten-nach, als ein Wollen." *R. Bultmann,* Das Urchristentum im Rahmen der antiken Religionen (1949), S. 200. Über das ungriechische Weltverständnis des NT s. o. S. 360 Anm. 5.

ten Umwelt durchzuhalten war. Entscheidend ist aber folgendes: Ist das neutestamentliche Heilsgeschehen das schlechterdings Analogielose, wofür es der christliche Glaube hält, also fremd, ja anstößig für alle Vorstellungen, die sich die Religionen sonst über Gott, Welt und Mensch gemacht haben, was heißt dann Anknüpfung? Spricht man aber von einer vorbereitenden Funktion des Alten Testaments, so denkt man an wesentlich mehr als nur an Anknüpfung. Welcher Art aber kann dasjenige gewesen sein, das die Erscheinung Christi auf Erden vorbereitet hat? Selbst wenn man nicht mehr als die Bereitstellung einer angemessenen Begrifflichkeit in Rechnung setzen wollte, mit deren Hilfe allein die Erscheinung Christi im Fleisch recht verstanden werden konnte und nicht sogleich zu heillosen mythischen Mißverständnissen führen mußte, selbst dann wäre eine theologisch sehr weitreichende Behauptung aufgestellt, und es wäre eigentlich hier schon nicht mehr abzusehen, wo diese Vorbereitung des neutestamentlichen Heilsereignisses im Alten Testament eine Grenze hat. Wir können sie ja nicht einfach auf die Begrifflichkeit des Schöpfungsglaubens beschränken; hier greift eines ins andere. Denn das ist ja das Phänomen, das der theologischen Aufhellung bedarf: daß das Alte Testament dem Christusglauben nicht nur einzelne Begriffe zur Verfügung stellt, sondern ganze Aussagenketten (vornehmlich kultischer und prophetischer Art), ganze „Texte", in denen jener sich zureichend aussprechen konnte und bis zur Stunde noch ausspricht, und daß diese alttestamentlichen Texte und Aussagen doch auch nicht nur völlig isoliert für sich auf das Neue bezogen sein wollen, sondern daß sie ihrerseits auf inneralttestamentliche Zusammenhänge, und zwar Zusammenhänge von unabsehbarer Reichweite, zurückverweisen, die damit implizit ja auch von dem Neuen her angesprochen sind. Denn so atomistisch war die Weise des „Zitierens" im Neuen Testament nun doch nicht, daß die Heranziehung einer alttestamentlichen Aussage nur eben für sie und keinen Schritt weiter einen Bezug herstellte. Wie aber war dies Ansprechen des Alten vom Neuen her möglich? Die Frage verschärft sich in dem Maße, in dem man das Neue als etwas radikal Neues zu sehen geneigt ist, worin uns bekanntlich die Zeugen des neuen Christusglaubens ihrerseits nur bestärken. Dem aber scheint die, wie wir sahen, überaus freimütige Anknüpfung der neutestamentlichen Zeugen an das Alttestamentliche entgegenzustehen.

Was diese Anknüpfung anlangt und das Problem ihrer Möglichkeit, so können unsere Erwägungen nicht bei den eigentlichen Zitationen, auch nicht bei den mehr oder minder okkasionellen literarischen Anspielungen und sonstigen Bezugnahmen stehenbleiben, weil sie, wie wir schon sahen, keine zureichende Basis für die Bestimmung des Verhältnisses der beiden Testamente zueinander geben. Sollte man die Frage nach dem, was Neues und Altes Testament verbindet, nicht vielmehr unter dem Gesichtspunkt ihrer *Sprache* zu beantworten suchen; wobei „Sprache" in dem weiteren Sinne des Wortes zu nehmen wäre, d. h. als jenes menschliche Vermögen, die Wirklichkeiten des Lebens zu benennen und zu bezeichnen? In diesem Benennen und Bezeichnen ereignet sich bekanntlich schon ein Akt urtümlichen Erkennens, ja sogar eines Nachschaffens. Alles Aussprechen erfahrener Lebenswirklichkeiten setzt ja schon eine bestimmte Erkenntnis von ihnen voraus. Sprache, so verstanden, ist immer ein geistiges Ganzes, weil ihr eine bestimmte Erkenntnis der von ihr angesprochenen Wirklichkeit entspricht. Hier ist kein Phänomen isoliert; eines hängt am anderen. Nach innen eignet ihr eine ungeheure prägende Kraft; denn sie schreibt dem Einzelnen, indem sie sich ihm anbietet, eine bestimmte Erkenntnis und eine bestimmte Artikulation der Wirklichkeit vor; nur selten gelingt es einem Einzelnen, diesen Sprachbann zu brechen und die überkommene Sprache seiner neuen Erkenntnis zu unterwerfen. Es gibt ja nicht nur eine Sprache. Den ganz verschiedenen Apperzeptionen der Lebenswirklichkeit entspricht die Verschiedenheit der Sprachen. Zwischen der mythisch-spekulativen Sprache der ägyptischen Priester und der Herodots war eine wirkliche Verständigung unmöglich; seine Frage nach der Geschichte Ägyptens benannte etwas, das in der Sprache und Erkenntnis der Ägypter nicht vorhanden war[33].

Die religiöse Sprache Israels entspricht einer Wirklichkeit, die nach allen Seiten hin offen war nach Gott hin; und deshalb kann man sagen: mit der Wirklichkeit, die sich Gott durch seine geschichtliche Selbstoffenbarung geöffnet hat, hat er sich auch die Sprache des alten Israel geöffnet. Sachgemäß ist diese Sprache, weil sie die durch Gottes

33. Herodot hatte die ägyptischen Priester nach der *Geschichte* ihres Landes gefragt, worauf sie ihm eine Zeitspanne von mehr als 11 000 Jahren angaben. „Und in dieser Zeit, sagten sie, wäre die Sonne viermal nicht an ihrer gewöhnlichen Stelle aufgegangen, und wo sie jetzt untergeht, da wäre sie zweimal aufgegangen, und wo sie jetzt aufgeht, da wäre sie zweimal untergegangen. Und das hätte in Ägypten gar keine Veränderung hervorgebracht, weder in den Früchten des Landes, noch in des Flusses Überschwemmung, noch in den Krankheiten, noch in den Todesfällen." *Herodot II, 142,* nach der Übersetzung von O. Güthling (Reclam).

Reden geschaffenen Wirklichkeiten sachgemäß zu benennen weiß. Denn das ist doch das Besondere, daß Israel im Gespräch mit seinem Gott gelernt hat, seine Welt und seine Geschichte, d. h. seine Welt als Geschichte zu erkennen und zu benennen. Hier ist jenes höchst spezifische sprachlich-begriffliche Werkzeug entstanden, eine spezifische Form des Benennens, die genau der Besonderheit der Begegnung Israels mit seinem Gott entsprach (man denke etwa an die „Gebetssprache" der Psalmen). Und nun ist es einfach eine Tatsache, daß die urchristliche Gemeinde in der Sprache des Alten Testaments fortzufahren, an sie anzuknüpfen und sich dieses sprachlichen Werkzeugs zu bedienen vermochte. Das ist ein theologisches Phänomen von großer Bedeutung. Wir sehen nichts von starken Spannungen oder gar Aporien der Aussage. Und wären sie nicht angesichts des Neuen zu erwarten gewesen, — größer und hoffnungsloser, als sie zwischen Herodot und den Ägyptern aufgebrochen waren? Aber der Leser ist vielmehr über die bruchlose Kontinuität überrascht, über die Bruchlosigkeit des Überganges; denn mindestens in seinen Anfängen war es ohne weiteres möglich, das Neue in der Sprache des Alten auszusprechen. Gewiß, man wird der Tatsache, daß die Sprache des Neuen Testamentes die griechische und nicht die hebräische ist, auf alle Fälle eine große Bedeutung zuerkennen. Trotzdem, ja gerade in Anbetracht dieser Verschiedenheit drängt sich die Wahrnehmung auf, daß die Sprache des Alten wie die des Neuen Testaments in einem höheren Sinne doch eine einheitliche ist.

Hinter dieser sehr summarischen These steht freilich ein sehr komplizierter Tatbestand; denn es treten im Neuen Testament gewichtige Begriffe und Vorstellungen auf, die im Alten keinerlei Entsprechungen haben und die auch aus einem dem Alten Testament fremden Sprach- und Denkbereich stammen. Aber diese Begriffe müssen sich nun eben doch in nächster Nachbarschaft von einem Übergewicht genuin alttestamentlicher Begriffe halten und verstehen lassen (sofern es sich nicht um Begriffe handelt, die in einen Bereich zurückgeholt wurden, dem sie einmal entstammten). Infolge dieser Zusammenordnung sind weder die alten noch die neuen unverändert geblieben; sie hat ihnen mannigfache innere Veränderungen und Erweiterungen eingetragen. M. e. W.: die Sprache ist nicht auf ihrer alttestamentlich-spätjüdischen Stufe stehengeblieben; sie ist gewachsen, wobei ihr der Übertritt in den griechischen Sprachraum ganz neue Möglichkeiten des Sagens, auch neue Möglichkeiten des Fragens eröffnete; nicht zu reden von den neuen Gefahrenzonen, in die die Sprache damit auch eingetreten ist. Jede Sprache, wenn sie nicht gestorben ist und nur als „tote" Sprache weiterlebt, verändert sich unablässig. Und im Neuen Testament haben wir es sogar mit einer unerhört lebendig gewordenen Sprache zu tun. Das also spräche noch nicht gegen unsere These von ihrer „Einheit". Am nächsten der Sprache des Alten Testaments steht wohl Jesu eigene Verkündigung. Aber zu dieser Sprache tritt eine der Gnosis entnommene Begrifflichkeit doch nicht als etwas Fremdes, sondern als etwas ihr Angepaßtes hinzu[34]. Denn die hellenistisch-gnostischen Begriffe sind unversehens ihrem angestammten mythisch-spekulativen Bereich entfremdet und einem Vorstellungsbereich von Gott, Welt und Mensch zugeordnet worden, der seine entscheidende Prägung von Israel erhalten hat. Nur in diesem Vorstellungraum konnte das ἐφάπαξ von Röm. 6_{10} bis zu Hebr. 7_{27}; 9_{12} ausgesprochen und auch wirklich durchgehalten werden. Zu ihrer vollen Auswirkung kam aber die griechische Gestalt der Christusbotschaft doch wohl erst in der nachneutestamentlichen Zeit; in ihr setzt dann freilich auch eine steigende Entfernung von der spezifisch alttestamentlichen Sprache und Begrifflichkeit ein. Um so mehr besteht ein Recht, in dem hier angedeuteten Sinne von einer Einheitlichkeit der Sprache beider Testamente zu reden.

Damit ist aber sehr viel ausgesagt; denn dem Wort eignet eine eminente hermeneutische Funktion, indem es der gemeinten Sache zugleich ihren weltanschaulichen Ort zuweist. Das Wort — jedenfalls das der antiken Sprache, von der modernen ist hier nicht die Rede — steht ja nicht für sich als eine allenfalls auch auswechselbare Etikettierung. Es lebt vielmehr in seinem Sprach- und Vorstellungsbereich als in einem lebendigen Organismus und hat in ihm seinen unentbehrlichen Ort. Mit tausend Fäden ist es dem Sprachorganismus, dem es zugehört, eingewoben. Mit dem einen Wort klingen immer schon andere Worte an, die in seiner Nachbarschaft liegen. Es kann ja niemals ganz für sich genommen werden, sondern zieht, wenn man es anfaßt, fast den ganzen Sprachbereich, dem es zugehört, hinterher. Spricht das Neue Testament von „Erwählung", „Erfüllung", von „Taten Gottes", seinem „Zorn", seiner „Gerechtigkeit", vom „Glauben", ja selbst wenn es von ἀλήθεια oder vom λόγος spricht, so ist damit an alttestamentliche Begrifflichkeit angeknüpft; mindestens ist von diesen Begriffen jenes unmythologische Weltverständnis, von dem wir sprachen, nicht ablösbar. Schon damit ist aber dem Alten Testament eine vorbereitende Funktion von größter Tragweite zugeschrieben; denn diese Begrifflichkeit war, wie wir schon sagten, gehalten und immer neu gestaltet von einem Glauben, zu dem Israel erst durch die Selbstoffenbarung seines Gottes ermächtigt war. Dann ist aber nicht in den Begriffen oder in der Sprache, sondern in dieser Selbstoffenbarung des Gottes Israels der eigentliche Anknüpfungspunkt des Neuen Testaments an das Alte zu sehen; in ihr hat sich die „Vorbereitung" auf

34. Vgl. etwa die Begriffe wie κόσμος, στοιχεῖα, ἀφθαρσία, εἰκών, ψυχικός, πνευματικός. Aber so hat ja auch Israel in seiner langen Geschichte schon längst seinerseits fremdes Sprach- und Begriffsgut der Sprach-Welt seines Glaubens eingegliedert und sie dadurch bereichert. Vgl. hierzu *C. H. Ratschow*, Der angefochtene Glaube (1957), S. 71.

Jesus Christus ereignet. Es ist etwas in ihr geschehen, was der neutestamentlichen Christusoffenbarung nicht als ein alienum gegenübersteht und was sich nicht nur auf einem neutralen weltanschaulichen Vorfeld begeben hat. Diese Vorbereitung ist von dem innersten Kreis der geschichtlichen Offenbarung von Jahwes Persongeheimnis ausgegangen, und alle klärende Bemühung um das Verhältnis der Testamente zueinander läuft mit Notwendigkeit auf diesen einen Punkt zurück: auf die Frage nach ihrer Gottesoffenbarung. Und was dies betrifft, so konnte Jesus seine Hörer ohne besondere Erklärungen und Vorbereitung auf Gott, auf ihren Gott hin ansprechen[35]. Nur vor diesem Gott war der Mensch Mensch und die Welt Welt. Würde aber das nicht bedeuten, daß alle die Zeugnisse, von denen wir oben sprachen, die die Welt und den Menschen unmythisch als Schöpfung vor Gott verstehen lehren, letztlich auf das Kommen Jesu Christi hin zu lesen und von diesem Ereignis her zu verstehen sind? Sie sprechen ja, wie wir sahen, ihrerseits schon Erkenntnisse aus, die nur im Zug eines besonderen Heilsgeschehens eingebracht werden konnten. Dieses Heilsgeschehen läuft dem neutestamentlichen voraus, kommt aber doch erst in der Erscheinung Jesu Christi zu seinem eigentlichen Ziel. Das, was im Neuen Testament als „sein Eigentum" bezeichnet ist (Joh. 1$_{11}$), in das er kam, kündigt sich schon im Alten Testament deutlich erkennbar an.

Der Umstand, daß uns heute für diese vorbereitende Funktion der alttestamentlichen Heilsgeschichte eine saubere und akzeptierte Begrifflichkeit noch fehlt, kann uns nicht davon abhalten, die Sache selbst wahrzunehmen. Die große Aufgabe, die heute vor uns liegt, besteht darin, die noetisch-heuristische Bedeutung, die die alttestamentlichen Zeugnisse für das Verständnis des neutestamentlichen Heilsgeschehens haben, neu zu bestimmen. Vielleicht liegen auch in den theologisch so subtilen Aussagen von den Besonderheiten der göttlichen Einwohnung in Israel, die wir oben gestreift haben, noch unausgeschöpfte heuristische Möglichkeiten des Christusverständnisses. Zweifellos unterscheidet sich die Selbstoffenbarung Gottes in Jesus Christus von der alttestamentlichen dadurch, daß in ihr alle Vermittlung durch Dinglich-Sakrales endgültig hingefallen ist. Gott ist ganz persönlich — als Mensch — zum Partner der Menschen geworden, unmittelbarer und persönlicher als je in einer kultischen Offenbarung. Das Staunen eines alten Erzäh-

35. *C. H. Ratschow*, a. a. O. S. 71.

lers, daß Gott zu einem Menschen geredet habe „von Angesicht zu Angesicht, wie einer mit seinem Freunde redet“ (Ex. 33 11), findet also, genaugenommen, erst im Neuen Testament seinen rechten Gegenstand; denn erst im neutestamentlichen Heilsereignis geschah diese Anrede ganz persönlich und ohne jedes kultische Medium. Andererseits stehen wir aber vor der Tatsache, daß die Aussagen von der Selbstoffenbarung Gottes in Israel und von seiner kultischen Einwohnung sich weithin auch auf Christus anwenden lassen, ja daß sie in ihrer Plerophorie oft sogar die alttestamentliche kultische Wirklichkeit zu transzendieren scheinen. Deshalb wäre die Frage neu in Angriff zu nehmen, ob nicht schon in den alttestamentlichen Aussagen, etwa von der Erscheinung der heilsam verhüllten „Herrlichkeit Gottes“ (s. Bd. I, S. 252 f.) oder von dem Wohnen des göttlichen „Namens“, der sich Jahwe gegenüber fast verselbständigt hat (s. Bd. I, S. 197 f.) oder in den theologischen Charakteristika der Zeltvorstellung (vgl. dazu den Gebrauch von *σκηνοῦν* in Joh. 1 14), — es wäre zu fragen, ob sich nicht hier schon allenthalben Christologisches ankündigt. Aber die Frage nach der Bedeutung der spezifisch geschichtlichen Widerfahrnisse Israels, auf die wir damit gestoßen sind, bedarf noch einer besonderen Erörterung.

C. DAS ALTTESTAMENTLICHE HEILSGESCHEHEN IM LICHTE DER NEUTESTAMENTLICHEN ERFÜLLUNG

Die in unserer Kapiteleinteilung vorgenommene Trennung der Vorstellungen Israels von der Welt und vom Menschen einerseits und von seinen spezifisch heilsgeschichtlichen Vorstellungen andererseits ist nur eine behelfsmäßige und kann sich kaum auf Trennungslinien berufen, die Israel selbst in dieser Hinsicht gezogen hätte. Am ersten ließe sich noch dem kosmologischen Vorstellungskreis thematisch eine relative Selbständigkeit zuerkennen; denn Israel war tatsächlich in der Lage, gelegentlich — man denke etwa an Ps. 104 — von der Welt als Schöpfung zu reden, ohne des heilsgeschichtlichen Waltens Jahwes im besonderen zu gedenken. Aber abgesehen davon, daß es sich da fast um Ausnahmen handelt, bedeutet diese relative Selbständigkeit gewisser Vorstellungskreise noch lange nicht, daß jene einer anderen Wurzel entstammten als eben dem Glauben an Jahwe, den Gott Israels. Wie wenig da mit Trennungen oder gar mit der Annahme von einer „Übernahme" fremder Vorstellungen durchzukommen ist, zeigte sich schon an dem imponierenden Phänomen der religiösen Sprache Israels, die etwas Geschlossenes ist und nicht zuläßt, ihre Begrifflichkeit anders zu verstehen als von der Mitte der Existenz Israels aus, von der alles Erkennen und Benennen ausging. Diese Sprache, die Gott, die Welt, Mensch und Tod benannte, war geprägt und lebte unmittelbar von einem Glauben, der von ganz bestimmten Gottesoffenbarungen in der Geschichte ständig neue Anstöße erhielt und der auch von da ständig neuen Wandlungen unterworfen wurde. Von diesen spezifisch heilsgeschichtlichen Aussagen des Glaubens Israels soll nun im besonderen noch die Rede sein, nicht zuletzt im Blick auf die Frage, wie sie sich zu den entsprechenden Aussagen des Neuen Testaments verhalten.

1. Das Alte Testament ist ein Geschichtsbuch; es spricht von der Geschichte Gottes mit Israel, mit den Völkern und der Welt, von der Erschaffung der Welt bis hin zu den Eschata, also bis zur Übergabe der Weltherrschaft an den Menschensohn (Dan. 7₁₃f.). Als Heilsge-

schichte kann man diese Geschichte deshalb bezeichnen, weil in ihrer Darstellung schon die Schöpfung als ein göttliches Heilswerk verstanden wird und weil nach der Weissagung der Propheten über viele Gerichte hinweg doch der Heilswille Gottes zu seinem Ziel kommen wird. Diese Heilsgeschichte nimmt ihren Anfang in Israel; charakteristisch für sie ist das Offenbarwerden einer in Auswahlakten und Bundesschlüssen allem Menschenwillen weit vorauslaufenden Aktivität Gottes. Diese Selbstoffenbarung Gottes „geschieht" also, und zwar geschieht sie in göttlichen Worten und Taten, die demgemäß von Fall zu Fall als Ereignisse besonderer Art geschichtlich fixiert werden. Nur so, also auf eine extrem unspekulative Weise, hat sich Gotteserkenntnis in Israel ereignet. Die Frage aber, wie sich im besonderen diese Gotteserkenntnis in Israel ereignet hat, wird vom Alten Testament merkwürdig zwiespältig beantwortet. Zwei Aussagenreihen scheinen einander zunächst beziehungslos gegenüber zu stehen: Gott hat sich durch seine Worte und Gott hat sich durch seine Taten geoffenbart. Von den vielerlei Formen, in die sich die Wortoffenbarung in Israel kleiden konnte, ist viel geschrieben worden; sie reichen von dem kultisch vermittelten Orakel bis hin zu dem alloquium vocis articulatae, das den Propheten widerfahren ist. Diese prophetische Erfahrung hat dann in einer breit fundierten Worttheologie ihre Krönung gefunden (s. o. S. 100 ff, 274). Schwieriger scheint es, die Frage zu beantworten, wie sich denn die Gotteserkenntnis an den Taten ereignet hat. Aber das Alte Testament ist der Meinung, daß sich Jahwe je und je in seinen Taten „verherrlicht" habe, d. h. daß die Doxa seines Waltens völlig eindeutig sichtbar geworden sei, daß also das Geschehen als ein „Zeichen", ja geradezu als ein Wunder wahrgenommen werden konnte. Hier — allerdings immer nur punktuell — ist ein Geschehen ganz unmittelbar zur Anrede an Israel geworden, derart, daß Israel in ihm Gottes geschichtlichen Willen erkennen konnte.

Indessen lohnt es sich, bei dieser Doppelheit der Vorstellungen von Jahwes Zukehr zu Israel etwas zu verweilen, denn sie ist ein Charakteristikum der alttestamentlichen Gottesoffenbarung. Die Geschichte wird zum Wort und das Wort wird zur Geschichte. Aber der Ausleger wird sich hüten, das Spannungsverhältnis, das damit gegeben ist, vorzeitig aufzulösen. Es gibt Texte, die das Verhältnis Jahwes zu Israel so darstellen, als stünde es ganz allein auf Jahwes Taten; man denke etwa an das Credo in Dt. $26_{5\,ff}$, das die Zeit von den Vätern bis zur Landnahme Israels durchläuft und sich dabei ausschließlich auf die Aufzählung der Geschichtstaten Jahwes beschränkt[1]. Demgegenüber ist es im allgemeinen ein Merkmal von relativ jüngeren Darstellungen, daß in ihnen das von Jahwe gewirkte Geschehen insofern gewissermaßen schon interpretiert ist, als es vom Erzähler ganz unmittelbar auf ein von Jahwe gesprochenes Wort zurückgeführt wird. So hat z. B. nach der Auffassung des Jahwisten ein vorgängiges Jahwewort der ganzen Vätergeschichte Anstoß und Ziel gegeben (Gen. 12_{1-3}). Das spätere Israel kennt Jahwe als den, der reden, ja der gefragt sein will (Jes. 45_{11}); nichts tut er, ohne vorher seine Propheten ins Vertrauen gezogen zu haben (Am. 3_{7}). Und hat er einmal geschwiegen, so mußte er sich, nach einem sehr kühnen Wort Deuterojesajas, äußerste Gewalt antun (Jes. 42_{14}). Israel weiß sich als das einzige Volk, das nicht auf Omina und Wahrsagerei angewiesen ist (Dt. $18_{9\,ff.}$); in Israel gibt es keine Beschwörung und Wahrsagung; „zu seiner Zeit wird ihm gesagt, was Gott tut" (Nu. 23_{23}). Hinter diesen und anderen Sätzen steht nicht nur ein starkes religiöses Selbstbewußtsein, sondern auch eine ziemlich fest geprägte Vorstellung von einem Verhältnis Israels zu Jahwe, das mit dem Reden Jahwes steht und fällt, und zwar einem Reden, durch das Israel nicht nur Jahwe erkennt, sondern durch das es auch immer neu zu einer Erkenntnis seiner selbst und seiner Lage vor Gott geführt wird. Aber man stößt in der alttestamentlichen Überlieferung wie ja auch in der neutestamentlich-synoptischen Jesusüberlieferung doch auch immer wieder auf Darstellungen, die man als „vortheologisch" bezeichnen könnte, wobei mit dem Begriff des Theologischen ganz einfach jenes Bestreben gemeint ist, die Phänomene in größere Zusammenhänge einzuordnen. Eine saubere Umgrenzung dieser Texte ist, das liegt in der Natur der Sache, nicht wohl möglich; es ist ja auch zu bedenken, daß diese Texte alle nachträglich in größere Zusammenhänge gestellt sind, von denen dann rückwirkend ein erhellendes Licht auf sie fällt. Trotzdem ist es nicht müßig, auf diese besondere Schicht der Überlieferung zu achten, die den Ereignissen so nahe steht oder die sonstwie eine so ursprüngliche erzählerische Art hat, daß sie vollauf damit beschäftigt ist, sich dem Ereignis selbst in seiner ganzen Kontingenz offen zu halten. Diese Darstellungen sind von einer Hingabe an das jeweilige Geschehnis mit allen seinen Einzelheiten beherrscht, die keinen Raum zur Deutung oder theologischen Reflexion läßt. Jeder wird sich in der Vätergeschichte

1. Diese bekenntnishaften „Urelemente" sind bei *M. Noth*, Pentateuch, S. 48 ff. gesammelt und geprüft.

(Jakob-Labanerzählungen!), im Richterbuch oder in den Saul-Daviderzählungen solcher Berichte erinnern. Natürlich setzt jedes Erzählen irgendein Verstehen des erzählten Vorgangs voraus, und insofern enthält schon das Deboralied, das wahrscheinlich von einem dem Ereignis ganz Nahestehenden stammt (Ri. 5), schon eine Deutung des großen Ereignisses. Aber es ist doch ein Unterschied, ob der Erzähler ausgefüllt ist von einem fast beschwerlichen „Schreiten durch den Vorgang"[2] oder ob er uns anleitet, anhand allgemeiner theologischer Gedanken das Ereignis zu begreifen und in größere Zusammenhänge einzuordnen. In diesem Fall geht es ihm darum, ein Geschehnis innerhalb eines weiteren theologischen Horizontes begreiflich zu machen, in jenem geht es ihm darum, das Geschehnis in seiner Einmaligkeit zu fassen. Und diese Darstellungen sind es, die vor allen anderen dem Alten Testament im Ganzen seine große geschichtliche Schwere geben; denn aus ihnen tritt uns das Gegenüber echter, rätselvoller Geschichte, die gedanklich noch gar nicht bewältigt ist, am unmittelbarsten entgegen.

Aber diese Überlegungen über die Art und Weise, wie Israel mit den Geschehnissen seiner Geschichte fertig wurde, führen weiter. Wohl steht diesen vortheologischen Darstellungen eine Mehrzahl von solchen gegenüber, die die Geschehnisse deuten und die sie dem verstehenden Glauben zu öffnen suchen. Aber auch die „vortheologischen" Darstellungen sind neuen Interpretationen unterzogen worden. Eine sehr alte vorliterarische Fixierung einer Begebenheit aus der Vätergeschichte ist nach einer Zeit mündlicher Tradition in die Geistigkeit des Jahwisten aufgenommen worden, kehrt in wiederum anderer Tönung beim Elohisten wieder und ist vielleicht zuletzt in die theologische Strenge der Priesterschrift einbezogen worden. Eine Begebenheit der Richterzeit erscheint in dem viel jüngeren Rahmen der deuteronomistischen Geschichtsschau mit einem Mal in verändertem Licht, und die Königsgeschichte des Deuteronomisten — selbst schon der Niederschlag eines reifen geschichtstheologischen Bemühens — ist im chronistischen Geschichtswerk teils unverändert und teils unter sehr eigenwilligen Gesichtspunkten dargestellt. So sehen wir die geschichtlichen Stoffe des Alten Testaments von Hand zu Hand, von Generation zu Generation gehen. Zweifellos war an einem späteren Zeitpunkt in der Geschichte mehr zu sehen als vordem, größere Zusammenhänge, Grundsätzlicheres über den Weg Gottes mit Israel wurde erkennbar. Aber auch mit der

2. Siehe *M. Buber*, Der Glaube der Propheten (1950), S. 20.

anderen Möglichkeit, nämlich einer Verkümmerung des Verständnisses, müssen wir rechnen. So oder so, — war die Deutung etwa des letzten hexateuchischen Redaktors oder die des Deuteronomisten oder des Chronisten die letztgültige? Im Neuen Testament wird, ausgehend von einem ganz neuen Ereignis, die Deutung der alttestamentlichen Gottesgeschichte noch einmal aufgenommen. Die Frage nach dem Sinn dieses Geschichtsverlaufes wird im Lichte Jesu Christi noch einmal in einer großen Überschau und Grundsätzlichkeit aufgerollt, und zwar unter der Voraussetzung, daß dieser Geschichtsverlauf bisher noch gar nicht seinem eigentlichen Gehalt nach verstanden sei; denn er ist voller Hinweis auf das neutestamentliche Heilsgeschehen und ist von Anfang an „für uns" aufgeschrieben (Röm. 15_4).

Dieses Phänomen einer so vielfältigen Deutung des einmal Geschehenen schon innerhalb des Alten Testamentes nötigt uns, eine Eigenart des alttestamentlichen Geschichtsdenkens genauer zu fixieren; denn nicht jede beliebige Geschichtsdarstellung würde eine solche wiederholte Interpretation ohne Schaden ertragen. Bei Thukydides würde man gewiß seine Schau der Dinge der der Späteren vorziehen. Aber alle alttestamentliche Geschichtsdarstellung ist schon von sich aus in irgendeiner Form nach einer Zukunft hin offen. Die „radikale Offenheit für die Zukunft" hat man mit Recht als das Charakteristische des alt- wie des neutestamentlichen Existenzverständnisses bezeichnet[3]; wobei Zukunft immer eine Zukunft ist, die Gott aus seinen Händen entlassen wird. Das tritt in reinster Gestalt natürlich in der Verkündigung der Propheten ans Licht. Aber verhält es sich bei den Geschichtsdarstellungen grundsätzlich anders? Schon von der Weltschöpfung war in der Genesis, wie wir sahen, die Rede auf eine geschichtliche Zukunft, nämlich auf das Heilsgeschehen in Israel hin. Die Geschichten von den Erzvätern sind bei allem Realismus in der Vergegenwärtigung ihrer Widerfahrnisse auf eine Zukunft hin erzählt, nämlich die der Volkwerdung und Landnahme Israels. Die Josephsgeschichte war ursprünglich sicher eine selbständige weisheitliche Erzählung. Wie darin eine göttliche Führung aufgezeigt wird, das war schon eine große Sache. Aber durch ihre Verklammerung mit der Erzväterverheißung, die ihr ursprünglich fremd war (Gen. 50_{24}), wurde sie in den viel weiteren Horizont einer heilsgeschichtlichen Zukunft gestellt. Von vielen Mosegeschichten wie denen von der Wüstenwanderung gilt das gleiche.

3. *R. Bultmann*, Das Urchristentum im Rahmen der antiken Religionen (1949), S. 204 f.

Mit der Landnahme scheint ein temporärer Ruhepunkt erreicht zu sein; aber in den Richtergeschichten sieht man die Geschichte aufs neue von Gott in Bewegung gesetzt. Diese Offenheit in eine Zukunft ist gewiß nicht überall von gleicher Art; einmal ist sie deutlicher, einmal verborgener; aber vorhanden ist sie wohl überall, denn bei Darstellungen, die ganz in ihrer Gegenwart aufgehen, ergibt sich der Blick über sie hinaus durch den größeren literarischen Zusammenhang, dem sie eingepaßt sind und von dem aus sie nunmehr verstanden werden sollen.

Damit ist aber etwas Wichtiges festgestellt: Mit der immer neuen Deutung, der, wie wir schon sahen, die alten Jahwegeschichten ausgesetzt waren, geschah ihnen nichts Fremdes. Sie waren vielmehr von vornherein darauf angelegt. Ihre eigentümliche Offenheit auf eine Zukunft hin forderte solche Neuinterpretationen von seiten der Späteren geradezu heraus; und für die Späteren war dieses Deuten und Ergreifen des Überkommenen einfach eine Lebensnotwendigkeit, denn ihr eigenes Verhältnis zu dem Gott Israels wurde ihnen in dem Maße klarer, in dem sie sich in der Fluchtlinie der Gottesgeschichte ihrer Väter begreifen konnten, ja mehr noch: in dem sie in dieselbe Gottesgeschichte einzutreten vermochten. So galt also dieses „für uns aufgeschrieben" auch schon für die vielen wechselvollen Stadien der vorchristlichen Interpretation und Aneignung des Alten, die freilich angesichts der Interpretation des Alten Testaments im Neuen unter dem Zeichen einer großen Vorläufigkeit steht.

2. Es gab in der protestantischen Theologie eine Strömung, die sich in der Lage sah, dieses Ausmünden der alttestamentlichen Heilsgeschichte im Neuen Testament theologisch sehr einleuchtend zu erklären. Sie sah in der Aufeinanderfolge der beiden Testamente einen göttlichen Heilsplan beschrieben, eine „Ökonomie", deren Folgerichtigkeit sich bis in alle Einzelheiten hinein nachweisen ließ. Man war sich freilich dabei der Tatsache nicht genügend bewußt, in welch hohem Maße bei dieser Einheitsschau zeitgenössische Philosopheme behilflich waren[4]. Heute steht die biblische Theologie, belehrt von einer viel detaillierter arbeitenden Kultusgeschichte und traditionsgeschichtlicher Forschung, viel eher unter dem entgegengesetzten Eindruck, nämlich dem der stärksten Diskontinuität der Israel widerfahrenen Gottesoffenbarungen. Wir sehen, wie durch göttliche Initiative sakrale Institutionen

4. Wir denken an eine theologische Ausdeutung des AT, wie sie vor anderen von *J. A. Bengel*, *J. T. Beck*, *J. Chr. K. v. Hofmann* vorgelegt wurde. Vgl. dazu *G. Weth*, Die Heilsgeschichte (1931).

begründet werden und durch göttliches Wort wieder zerbrechen, um neuen Institutionen Raum zu geben, wir sehen Berufungen sich ereignen und alsbald die Verwerfung des Berufenen darauf folgen; wir sehen, wie im Anschluß an große Heilsereignisse fromme Überlieferungen wachsen und wie sie dann wieder von Propheten bestritten, ja geradezu verhöhnt werden, und es will uns nicht gelingen, in dem allen eine „organische Heilsentwicklung" zu sehen, derzufolge alle Teile zusammenhängen sollten, ja derzufolge schon im Anfang das Ende „mitgesetzt" war. Was wir sehen, ist zunächst nur dies, daß es diesem Volk nicht bestimmt war, in einer Offenbarung seines Gottes zur Ruhe zu kommen.

Damit hängt es zusammen, daß die Frage nach einer inneren Einheit des Alten Testaments von ihm selbst aus schwer zu beantworten ist; denn das Alte Testament hat keine Mitte wie das Neue Testament. Die Zeit, da man die geistig-prophetische Religion von Mose an als die verborgene Achse des Alten Testaments bezeichnen konnte, ist vorbei; der Maßstab war von außen herangetragen und erwies sich auch als ganz ungeeignet zum Erfassen der alttestamentlichen Inhalte. Würde man aber sagen, Jahwe sei die Mitte des Alten Testamentes, so würde das nicht ausreichen; denn wir sahen dieses Israel ja kaum je in seinem Gott wirklich ruhend, sondern vielmehr gerade von diesem Gott durch immer neue Verheißungen auf immer neue Erfüllungen hin durch die Geschichte nach vorwärts getrieben werden. Ja selbst die innergeschichtlichen Erfüllungen, an denen es ja auch nicht gefehlt hat, haben sich unversehens in neue Verheißungen gewandelt, wie man das etwa an der Stiftung des Königtums und der an sie anknüpfenden messianischen Weissagung sehen kann. Wie könnte man da von einer Mitte innerhalb des Alten Testaments reden, an der sich Israel gleichsam wie an dem ihm gegebenen Maß immer neu hätte orientieren können! Diesem inneralttestamentlichen Befund entspricht nun auch die Auffassung des Neuen Testaments, die sich dort in vielerlei Gestalt ausspricht, daß nämlich diese Geschichte Gottes mit Israel ihr eigentliches Ziel in der Erscheinung Jesu Christi habe. Es soll die Aufgabe dieses Abschnittes sein, die Frage nach dem Verhältnis des alttestamentlichen Heilsgeschehens zu dem des Neuen Testaments gerade von unserer heutigen Kenntnis der Eigenart der alttestamentlichen Überlieferungen aus ein Stück weiter vorzutreiben.

Eine noch so sorgfältige Vergleichung der konstituierenden theologischen Grundbegriffe hier und dort würde immer Gefahr laufen, die Begriffe und Vorstellungen von den Geschehnissen, in denen sie verankert sind, zu abstrahieren. Wir beginnen deshalb mit der Frage nach einer „Strukturanalogie", die zwischen dem Heilsgeschehen hier und dort sichtbar wird[5]. Sie besteht zunächst in dem eigentümlichen Ineinander von Wort und Ereignisoffenbarung, das so charakteristisch ist für beide Testamente, also in jener Unterschiedenheit von jeder Form mythologischer Spekulation, von der oben schon die Rede war. Die historisch-politische Exaktheit, mit der die Propheten gewisse Offenbarungsempfänge zeitgeschichtlich fixieren und damit ihren Charakter als realer geschichtlicher Ereignisse betonen, ist ein religionsgeschichtliches Unikum. Schon Sätze wie „im Todesjahr des Königs Ussia, Ahas..." (Jes. 6_1; 14_{28}), oder „im Jahre, da der Tartan gegen Asdod zog..." (Jes. 20_1), präludieren das christliche „passus sub Pontio Pilato". Eine Analogie zwischen dem Alten und Neuen Testament besteht aber vor allem in der immer härteren Konfrontation des Menschen mit einem sich tief und tiefer verbergenden Gott, dem gegenüber der Mensch allein auf das Wagnis des Glaubens gestellt wird. Davon muß unten noch einiges ausgeführt werden. Das heißt aber, daß die Entsprechungen doch weit hinausgehen über die mehr formale Feststellung einer allgemeinen Strukturanalogie des Heilsgeschehens hier und dort. Im Schatten des an Israel ergehenden Wortes Gottes ereignen sich auf Schritt und Tritt Dinge — Verheißungen, Berufungen, Verwerfungen, Gerichte und Führungen, Tröstungen und Anfechtungen —, die in der religiös-kultischen Umgebung Israels schlechterdings ohne Analogie sind, die aber eine Entsprechung im neutestamentlichen Heilsgeschehen haben. Die Evangelisten und Apostel des Neuen Testaments haben um diese eigentümlich vorausweisenden Analogien im Alten Testament gewußt und haben — in verschiedener Weise — von Fall zu Fall gerne auf sie zurückgewiesen, um das Spezifische des Christusgeschehens oder des Christenstandes zu verdeutlichen. Eine solche Freizügigkeit der Heranziehung des Alten Testaments muß eigentlich verwundern angesichts der vom Neuen Testament sonst so stark betonten Einzigartigkeit des Christusgeschehens. Sie erklärt sich nur aus der für die Evangelisten und Apostel feststehenden Tatsache, daß der Gott Israels kein anderer ist als derjenige, der, als die Zeit erfüllt war, seinen Sohn gesandt hat (Gal. 4_4). Von da her stand es ihnen fest, daß das dem Volk Israel Geoffenbarte zusammengehörte mit dem neu-

5. *C. H. Ratschow,* Der angefochtene Glaube (1957), S. 72, 78 f.

testamentlichen Christusgeschehen. Ein wichtiges Mittel, dieses Entsprechungsverhältnis theologisch zu erfassen und in Verkündigung und Paränese auszuwerten, war das typologische Verständnis des Alten Testaments[6].

Das typologische Denken an sich ist alles andere als eine verwunderliche Form spezifisch theologischer Argumentation; sondern es ist dem allgemein menschlichen Bemühen zuzuordnen, das die Phänomene von bestimmten Analogien her zu begreifen sucht, also einem Bemühen, dem sich die Philosophen ebenso wie die Dichter aller Zeiten hingegeben haben. Schillers Lied von der Glocke ist bekanntlich typologisch aufgebaut: Da ist die Welt des Handwerklichen, die der ungeistigen, von einem strengen Gesetz geregelten Verrichtungen. Aber sie ist schon voller Hinweis, jedenfalls fortwährend bezogen auf ein Höheres, auf eine letzte Ordnung im Geistigen, die man aber doch schon auch allenthalben innerhalb der bedeutungsschweren handwerklichen Verrichtungen sich abzeichnen sieht. Steht hinter diesem Analogiedenken die Philosophie des deutschen Idealismus, so ordnet sich die Welt im sakralen Denken des alten Orients in ganz anderer Weise, nämlich durch ein mythologisch verstandenes Entsprechungsverhältnis von himmlischer und irdischer Welt. Es „gilt die Anschauung, daß nach dem Gesetz der Entsprechung des Makrokosmos und Mikrokosmos die Vorbilder aller Länder, Flüsse und Städte am Himmel in gewissen Sternbildern existieren, während diese irdischen nur Abbilder davon seien“[7]. Besonders wichtig ist natürlich diese Vorstellung für die Bewertung der sakralen Einrichtungen: die Tempel sind nur die Abbilder ihrer himmlischen Urbilder. Dem Jahweglauben waren diese Vorstellungen zwar nicht unbekannt; sie mögen ihm aus dem kanaanäischen Raum zugeflossen sein. Aber er scheint zu ihnen kein lebendiges Verhältnis gefunden zu haben; es läßt sich nicht erkennen, daß er sie ergriffen oder gar seinen Voraussetzungen gemäß ausgestaltet hätte. So haben die wenigen Bezugnahmen auf dieses mythisch-spekulative Analogiedenken in Israel etwas Vereinzeltes. Bedeutsam ist immerhin in Ex. 25$_{9, 40}$ der Hinweis auf das himmlische Modell (תַּבְנִית) der Stiftshütte, das Mose zu sehen bekommen hatte und dem das irdische Heiligtum entsprechen sollte. In Israel ist aber, aufs ganze gesehen, in der Verkündigung seiner Propheten eine ganz andere Form theologischen Analogiedenkens zu breiter Entfaltung gekommen: nicht eine mythisch-spekulative, sondern eine geschichtlich-eschatologische Typologie! Davon, wie die Entsprechung von Urbildlichem und Abbildlichem von den Propheten in den Raum des Zeitlichen projiziert, d. h. im Sinne eines geschichtlichen Nacheinander verstanden wurde (urbildlicher und eschatologischer Exodus, urbildlicher und eschatologischer David, Zion, Bundesschluß), war schon vielfach die Rede[8]. Im Neuen Testament ist

6. *L. Goppelt*, Typos (Die typologische Deutung des AT im Neuen), 1939; *R. Bultmann*, Ursprung und Sinn der Typologie als hermeneutischer Methode, ThLZ 1950 Sp. 205 ff; ders., Das Problem der Hermeneutik, ZThK 1950 S. 47 ff; *E. Fuchs*, Hermeneutik (1954), S. 192 ff.

7. *B. Meissner*, Babylonien und Assyrien I (1920), S. 110; vgl. dazu bei *M. Eliade*, Der Mythus der ewigen Wiederkehr (1953), den Abschnitt: Himmlische Archetypen von Ländern, Tempeln und Städten, S. 16 ff.

8. S. o. S. 126 f, 281.

Die Annahme, daß dieses typologische Denken mit der altorientalischen Periodenlehre in Verbindung zu bringen sei (so *R. Bultmann*, a. a. O. S. 205), ist unwahrscheinlich. Der lineare Weg vom Typus zum Antitypus hat an sich noch nichts Zy-

dieses typologische Denken, das auch dem Spätjudentum nicht ganz fremd war, noch einmal zu einer neuen Entfaltung gekommen. Nicht nur bei Paulus und im Hebräerbrief, auch in den synoptischen Evangelien wird das neutestamentliche Heilsgeschehen häufig als das abbildliche Gegenstück zu den alttestamentlichen Geschehnissen oder Institutionen angesehen. So wird z. B. in der Darstellung von Jesu Heilswirken nicht selten auf Vorbildliches im Alten Testament verwiesen[9]. Das geschieht keineswegs immer durch ein formelles Zitieren alttestamentlicher Texte. Oft sind es nur verhältnismäßig unscheinbare Hinweise auf irgendwelche Begleitumstände, vermittels derer der Bezug des neutestamentlichen Geschehens auf alttestamentliche Vorbilder für den Wissenden deutlich wird („Und er gab ihn seiner Mutter", Luk. $7_{15\,b}$ = 1. Kön. 17_{23}). Die Art und Weise, in der die neutestamentlichen Erzählungen an alttestamentlichen Texten entlang gehen, ist im einzelnen sehr verschieden; in besonderer Weise ist bekanntlich die Leidensgeschichte geradezu getragen von solchen Rückbezügen auf alttestamentlich Geweissagtes. (Die synoptische Leidensgeschichte läßt Jesus von Schritt zu Schritt völliger eintreten in die alttestamentliche Vorstellung von dem leidenden Gerechten.) Gegenüber diesem typologischen Verständnis des Alten Testaments tritt die allegorische Deutung fast ganz zurück[10].

Das Ende der in frühnachapostolischer Zeit aufgekommenen und später dann durch Augustin im Abendland weithin herrschend gewordenen allegorischen Exegese des Alten Testaments hatte die Reformation mit ihrer Rückkehr zum historischen Schriftsinn gebracht[11]. Jetzt begann man, die allegorische Schriftauslegung von der typologischen zu unterscheiden, und die letztere kam im 17. Jahrhundert — mehr noch bei den Reformierten als bei den Lutheranern — zu neuer Blüte (Cocceius). Ihr Absterben ist ein interessanter geistesgeschichtlicher Vorgang. Der Schaden lag wohl weniger in ihrer Verwilderung, d. h. in dem spielerischen Aufweis von höchst gekünstelten „Typen". Derlei hätte sich korrigieren lassen, wenn die theologischen Fundamente noch intakt gewesen wären. Aber die profane Altertums- und Geschichtswissenschaft hatte die alte Vorstellung von der Heilsgeschichte auszuhöhlen begonnen. Die Typologie begann sich unversehens von Grund auf zu wandeln. Sie verlor immer mehr ihren alten Bezug zu den Geschichtsfakten und wandte sich — etwa bei Michaelis — „den Wahrheiten der Religion" zu, die man im Alten Testament „sinnbildlich verewigt" sah[12]. So wurde also die Typologie zu einer allgemeinen Lehre von den Symbolen und Bildern, und man versteht, daß Herder zu „dem feinsten Studium der Bibel", nämlich der Symbolik, begeistert aufrufen konnte[13].

klisches, um so weniger, da der Antitypus den Typus überbietet und damit in einem gewissen Sinne aufhebt; er ist keine Wiederholung, sondern steht nur in einem Verhältnis der Entsprechung dem Urbildlichen gegenüber. Dieses typologische Denken ist dem zyklischen Denken polar entgegengesetzt. Bei den Propheten liegt doch das Gewicht eindeutig auf dem endgültigen und definitiv Letzten alles Handelns Jahwes.

9. Mk. 1_{12} f. (Gen. 2 f; Ex. 34_{28}); Mk. 15_{16-20} (Jes. 50_{6}); Matth. 27_{34} ff. (Ps. 22); Joh. 1_{51} (Gen. 28_{12}); Joh. 6_{9} ff. (2. Kön. 4_{42}) usw.

10. Nach *L. Goppelt* (RGG[3] s. v. Allegorie) liegt sie in Reingestalt nur in 1. Kor. 9_{9} vor. Gal. 3_{16} und 1. Kor. 5_{6-8}; 10_{4} sind allegorische Auslegungen im Rahmen typologischer Deutungen.

11. *H. Bornkamm*, Luther und das Alte Testament (1948), S. 74 ff; *H. J. Sick*, Melanchthon als Ausleger des Alten Testaments (1959), S. 19 ff.

12. *J. D. Michaelis*, Entwurf der typischen Gottesgelahrtheit (1763).

13. *J. G. Herder*, Briefe das Studium der Theologie betreffend (39. Brief): „Ein rechter, weiser, schöner Gebrauch wird (die ganze Symbolik der Schrift) wieder zu

Jetzt müht man sich also gar nicht mehr um die besonderen Phänomene der Heilsgeschichte, sondern um die allgemein-menschliche Evidenz der biblischen Symbolsprache. Aber auch die, die an der traditionellen Vorstellung von einer Heilsgeschichte festhielten, legten großen Wert auf die Tatsache, daß ja auch bei jeglichem Wachstum die organische Stufenfolge vom Gesetz der Typik bestimmt sei[14]. Diese Anleihe bei der allgemeinen Philosophie war verhängnisvoll für diese letzte Phase der typologischen Auslegung des Alten Testamentes; denn nachdem sich die „organische Anschauung der Geschichte" als eine philosophische Fiktion erwiesen hatte, war ihr vollends das Fundament entzogen (zumal schon Semler 100 Jahre vor Delitzsch gemeint hatte, daß die Theologie, wenn sie sich von der typologischen Auslegung abwende, nichts entbehre). Damit war dann der Weg frei zu jener spirituellen Ausdeutung des Alten Testaments, die im 19. Jahrhundert fast ausschließlich das Feld beherrschen sollte.

Die typologische Auslegung, so wie sie von der Zeit der Reformation bis hin zu F. Delitzsch von der evangelischen Bibelauslegung praktiziert wurde, läßt sich nicht mehr erneuern. Es sind zu viele ihrer Voraussetzungen, nicht zuletzt die heimlich tragenden geschichtsphilosophischen Voraussetzungen, hingefallen, und die Kluft zwischen ihr und uns ist so groß geworden, daß von einer Auseinandersetzung mit ihr wohl nicht viel Förderung für uns zu erwarten wäre. Nun ist aber neuerdings die Forschung ganz unabhängig von dieser alten und schon fast vergessenen exegetischen Tradition wieder neu auf das typologische Denken im Alten wie im Neuen Testament aufmerksam geworden, denn es hat sich als eine der wesentlichsten Voraussetzungen für die Entstehung der prophetischen Weissagung neu zur Diskussion gestellt. Aber abgesehen davon ist es auch charakteristisch für die Auseinandersetzung des jungen Christusglaubens mit seinem alttestamentlichen Erbe. So legt sich schon von da aus die Frage nahe, ob denn unsere theologische Bewertung des Alten Testamentes und unsere Bestimmung des Verhältnisses der beiden Testamente zueinander von diesem Tatbestand absehen kann, der doch wie jeder andere exegetische Tatbestand bei der Suche nach einem Gesamtverständnis mit heranzuziehen ist. Aber noch mehr: In unserem ganzen Verständnis der alttesta-

Ehren bringen und in ihrer naturvollen, bleibenden, angenehmen und ans Herz redenden Sprache ins Licht stellen."

14. So konnte noch *F. Delitzsch* sagen: „Wie das Naturleben eine Stufenfolge darstellt, in welcher die niedere Daseinsstufe präformativ auf die nächstfolgende höhere und mittelbar auf die höchste hinausweist, so daß z. B. in der Kugelgestalt des Tropfens das Streben nach dem Organismus wie im einfachsten flüchtigen Umriß sich ankündigt: so ist auch der Fortgang der Geschichte und vorzugsweise der Heilsgeschichte ein typischer, und nicht allein im Großen und Ganzen, sondern auch aufs überraschendste in einzelnen Zügen ist Davids Leben ein vaticinium reale auf das Leben dessen, welchen die Prophetie als den . . . wiedererstandenen David . . . nennt." Die Psalmen (1883), S. 57.

mentlichen Überlieferungen hat sich etwas ereignet, was für die theologische Deutung des Alten Testaments im ganzen weitreichende Konsequenzen haben müßte. Es hat sich doch gezeigt, daß sich fast die ganze Literatur des Alten Testaments in Gestalt von größeren oder kleineren Traditionsballungen an einige wenige göttliche Heilssetzungen geheftet hat, daß Israel also unablässig an der Vergegenwärtigung der Heilstaten und Heilssetzungen seines Gottes gearbeitet hat. Eine „Religion des Volkes Israel“, d. h. einen in sich zusammenhängenden gedanklichen Komplex aller Vorstellungen des Gott-Mensch-Verhältnisses, angefangen bei der Schöpfung über Sünde, Erlösung bis hin zu der Eschatologie, hat es ja nie gegeben. Das Alte Testament selbst hat also jener Betrachtungsweise, die vornehmlich nach der religiösen Gedankenwelt, nach den Frömmigkeitstypen oder nach dem übergeschichtlichen Wahrheitsgehalt seiner Religion fragte, mehr und mehr den Boden entzogen. Läßt man es wirklich seine Sache sagen, so stellt es uns im Letzten immer vor ein Geschehen, das Gott gewirkt hat oder noch wirken wird. Dabei ist gewiß dann auch oft von Frömmigkeit und Gottlosigkeit die Rede, von Sünde und von Vergebung, aber doch immer nur von einer Frömmigkeit oder einem Versagen, die je im Schatten ganz besonderer Ereignisse, Führungen oder Setzungen Gottes offenbar werden. Was die Menschen, von denen das Alte Testament erzählt, erleben, was sie aussprechen, was ihnen religiös widerfährt, das erklärt sich doch nicht aus einer allgemeinen „Religion“, deren Träger sie waren, sondern aus ihrem Standort im Schatten eines besonderen verheißenden oder drohenden Gotteswortes; es ist also zuinnerst bestimmt von der jeweiligen Stunde der Geschichte, in der sie von ihrem Gott betroffen oder etwa mit einem Amt betraut wurden.

Dieses veränderte Verständnis des Alten Testamentes zieht nun aber eine Revision der bisherigen Bestimmungen seines Verhältnisses zum Neuen ganz von selber nach sich; denn die Frage, die wir jetzt zu stellen haben, ist die, ob dieses Alte Testament, das viel weniger gedanklich-religiöse Zusammenhänge ausbreitet als von Heilssetzungen, von göttlichen Geschichtsereignissen redet und von Menschen, die oft mit schweren Ämtern betraut in eine ungeheure Gottesgeschichte hineingerissen werden — jeder in eine andere —, ob dieses so gesehene Alte Testament mit der Erscheinung Jesu Christi zu tun hat und wie das theologisch zu bestimmen wäre[15]. Auf welcher Ebene, in welchem

15. Zum Folgenden vgl.: *W. Zimmerli*, Verheißung und Erfüllung, Ev. Th. 1952, S. 34 ff; *H. W. Wolff*, Zur Hermeneutik des Alten Testaments, Ev. Th. 1956.

Sinne sind beide Testamente überhaupt komparabel? Gibt es Typisches, das sie miteinander verbindet? Es geht bei der Einführung des Begriffes des „Typischen" um etwas sehr Einfaches, nämlich um die Frage nach dem größeren historischen Sinnbereich, dem das jeweilige alttestamentliche Phänomen zugehört, in dem sich etwas Analoges ereignet und von dem her es dann seinem Wesen nach besser begriffen werden könnte[16]. Es geht um die Frage nach dem größeren Zusammenhang, nach dem „sachgemäßen Kontext" (H. W. Wolff), innerhalb dessen es allein sachgerecht gemessen und verstanden werden kann (denn nichts Einzelnes kann erkannt werden, ohne daß es einem größeren Zusammenhang eingeordnet wird). Der größere Zusammenhang, in den wir die alttestamentlichen Phänomene, wenn wir sie sachgemäß erkennen wollen, einzuordnen haben, tritt aber nicht in unser Gesichtsfeld, wenn wir das Alte Testament auf ein System allgemeiner religiöser Werte beziehen, sondern erst dann, wenn wir uns an den Raum jener spezifischen Geschichte halten, die von Gottes Taten und Worten in Bewegung gesetzt wurde und die nach der Auffassung des Neuen Testaments in der Erscheinung Christi ihr Ziel findet. Nur in ihr ist es sinnvoll, nach Analogem und Vergleichbarem zu suchen. Auch die Entsprechungen und Analogien zwischen dem Alten und Neuen Testament treten erst bei dieser Betrachtung ins rechte Licht. Wenn es seine Richtigkeit hat, daß beide Testamente ein auf Geschichtstatsachen rekurrierendes Zeugnis entfalten, dann liegt die Frage nahe genug, ob sich nicht auch im Einzelnen bei diesen Zeugnissen Entsprechungen zeigen. Die Frage nach der Analogie, nach dem Typischen ist auch dem Profanhistoriker geläufig. Hier wäre freilich nicht nach der Analogie der äußeren Abläufe zu fragen, sondern nach der Analogie der Credenda, die auch bei völliger Unvergleichbarkeit der äußeren Ereignisse vorhanden sein kann.

S. 337 ff. jetzt: Gesammelte Studien zum AT (1964) S. 251 ff; *W. Eichrodt*, Ist die typologische Exegese sachgemäße Exegese? ThLZ 1956, Sp. 641 ff; *W. Pannenberg*, Heilsgeschehen und Geschichte, Kerygma und Dogma 1959, S. 218 ff.

16. Ein Blick auf ähnliche Bemühungen im Bereich der allgemeinen Geschichtswissenschaft könnte der biblischen Wissenschaft nützlich sein und vielleicht manche allzu dogmatisch bezogene Fronten etwas auflockern. In der allgemeinen Geschichtswissenschaft wird (besonders in der Abwehr einer „Kryptotypik") dem Begriff des Typischen neue Bedeutung zuerkannt; denn nur scheinbar paradoxerweise verhilft eine möglichst exakte Erfassung des Typischen wiederum zu einer besseren Erkenntnis des Individuellen. Vgl. dazu *Th. Schieder*, Der Typus in der Geschichtswissenschaft, Studium Generale (1952), S. 228.

Betrachtet man unter diesem Gesichtspunkt etwa die Josephsgeschichte, so wird man bei dem Aufstand der Brüder gegen den, den Gott zu einem besonderen Werkzeug seines Heilsplans ausersehen hat, etwas erkennen, das nicht nur für das alttestamentliche Heilsgeschehen typisch ist. Das Schlüsselwort der Josephsgeschichte („Ihr gedachtet es böse zu machen, Gott aber gedachte es gut zu machen", Gen. 50_{20}) will ja keine allgemeine religiöse Wahrheit sein, als gäbe es eine solche Regel, nach der Gott der Menschen Böses ins Gute wandelt. Gewiß, dies Deutewort will nur einen ganz bestimmten Geschehenszusammenhang von Gott her deuten, aber das geschieht in einer so gehobenen Form, daß die Frage sich von selbst einstellt, ob hier nicht etwas formuliert wird, das für Gottes Handeln typisch ist. Tatsächlich vermag dies Schlüsselwort der alten Erzählung mit seinem Deutungswillen auch das neutestamentliche Heilsgeschehen zu umgreifen.

Betrachtet man weiter etwa die für die Prophetie Jesajas so wichtige Perikope Jes. 8_{16-18}, so wird man nicht das Schwergewicht auf die Stimmung des Propheten legen, weder auf seine Enttäuschung noch auf den Mut seiner Hoffnung. Aber dies, daß da einer just in dem Augenblick, da er mit der Ausrichtung seiner Botschaft im Volk nahezu völlig gescheitert ist, sich mitsamt seinem Jüngerkreis als Männer der „Vorbedeutung" (מוֹפֵת) nennt, ja, daß ihm auch noch nach der Ausrichtung seiner Botschaft, einfach in seinem Dasein, ein Zeichencharakter bleibt, inmitten einer massa perditionis, — ist das nicht voller Hinweis auf den, der in einem noch viel gültigeren Sinn das Zeichen des sich tief verbergenden Gottes ist? Auch das Wort von den „Menschen der Vorbedeutung" wird für seinen Jüngerkreis, der inmitten einer dem Gericht zueilenden Welt auf Gott hofft, seine Anwendung behalten.

Betrachtet man endlich die theologisch sehr genau nuancierte Art, wie das Amt des Mose im Pentateuch dargestellt ist, einmal als das des Einzigen in Israel, der ganz für das Gespräch mit Gott ausgesondert ist, einmal als des großen Fürbitters, der in stellvertretendem Leiden als Einziger außerhalb des Verheißungslandes stirbt, so sieht man auch darin sich etwas von dem Christusgeschehen vorbereiten, und man versteht, daß die Alten um solcher Vorausdarstellungen willen das Alte Testament für weissagungskräftig gehalten haben[17].

Was ist über den Vorgang eines solchen Verständnisses alttestamentlicher Texte zu sagen? Der Text wird in dem Sinne ernst ge-

17. Zu dem komplexen Bild der Moseüberlieferung s. Bd. I, S. 302 ff.

nommen, wie er sich uns unter Zuhilfenahme aller exegetischen Mittel, auch aller kritischen Maßstäbe erschließt. Die Josephsgeschichte bleibt das, was sie nach den Erkenntnissen der neueren Forschung ist. Auch ihre spezifisch theologische Aussage kann nur dann sauber ermittelt werden, wenn der ganze Textzusammenhang nach allen Richtungen hin kritisch durchleuchtet ist. Ebenso verhielt es sich bei Jes. 8 16-18; denn das Verständnis der Schlüsselstellung dieses Textes verdanken wir ja der neueren literarischen und formgeschichtlichen Analyse. Dasselbe gilt endlich von dem Mosebild des Deuteronomiums und der Priesterschrift. Es ist also darauf zu bestehen, daß der jeweilige Text so deutlich wie möglich nach seinem inneralttestamentlichen Verstand erfaßt werde. Die Frage nach dem Typischen ordnet sich also den Verstehensmöglichkeiten, deren wir uns bei der Auslegung zu bedienen pflegen, genauso zu, wie exegetische Methoden einander zu ergänzen pflegen, einmal fördernd, einmal korrigierend. Ganz unbegründet ist der Einwand, hier werde fremder Sinn eingetragen. Wieviel sachfremder Sinn wird heute noch durch unseren Geistbegriff oder Naturbegriff oder durch ein Entwicklungsschema in die Zeugnisse eingetragen! Die Frage nach dem Typischen will nur zu einem sachgemäßeren Verstehen führen. Von den Analogien her lehrt sie das Spezifische der Credenda in ihrem Sinn und ihrer Tragweite besser verstehen.

Mit Recht hat H. W. Wolff diesem Achten auf das Typische eine wichtige heuristische Funktion zugeschrieben[18]. Manche folgenreiche Fehldeutung wäre vermieden worden, wenn man analoge Vorgänge im anderen Testament im Auge gehabt hätte. Es wäre ja auch eine sinnvolle Aufgabe, bestimmte Gattungen, die in beiden Testamenten auftreten, etwa die der Paränese oder der weisheitlichen Sentenz, auf ihre theologische Eigenart hier und dort zu untersuchen. Eine Arbeit in einem derart erweiterten biblischen Horizont würde auch davor bewahren, sich vorschnell in allgemeineren theologischen Sätzen zu bewegen, um deren exegetische Fundierung es oft schlecht bestellt ist. Mehr denn je ist der Theologe auf genaue Erkenntnis der Einzelzeugnisse gewiesen. Hier, und nicht in einer höheren Ebene, muß es sich zeigen, was an der behaupteten Zusammengehörigkeit der beiden Testamente ist und was nicht. Und wo anders könnte sie deutlicher zutagetreten als in einer Analogie des bezeugten Geschehens?

Einmal derart in Angriff genommen, würde uns die Sache schwer-

18. *H. W. Wolff*, Ges. Studien zum AT (1964), S. 272 f.

lich mehr entlassen. Sie würde uns ganz von selbst zu genaueren Distinktionen weitertreiben und würde uns auch zu einer nuancierteren Terminologie verhelfen, so daß der alte und sicher belastete Begriff der Typologie wieder verschwinden dürfte. Aber nicht vorher.

Nennt man eine solche Auslegung in einem derart erweiterten biblischen Horizont typologisch, so ist der Begriff insofern immer noch sachgemäß, als er an eine ältere Auslegung anknüpft, die bei all ihren Grenzen doch darum gewußt hat, daß Altes und Neues Testament aufgrund eines bestimmten Gottesgeschehens zusammengehören und nicht nur aufgrund ihrer gemeinsamen oder verwandten religiösen Gedankenwelt. Und doch unterscheidet sich das, worauf es unserer Auffassung nach ankommt, in einem sehr wesentlichen Punkte von der älteren Typologie, wie sie etwa im 17. Jahrhundert verstanden wurde; denn jene bezog sich auf die Realien eines naiv verobjektivierten heilsgeschichtlichen Ablaufes; wir aber können nicht mehr sagen, der geschichtliche David oder Josua oder die Stiftshütte oder das Passahlamm seien Typen Christi. Nicht darum kann es sich handeln, irgendwelche Personen oder Gegenstände oder Institutionen in ihrer objektiven, gewissermaßen statischen Gegebenheit als Typen zu deklarieren. Alles kommt auf das ins Zeugnis gefaßte *Geschehen* zwischen Israel und seinem Gott an, auf das Gefälle der Abläufe bei all den Erscheinungen, Proklamationen, Zeremonien, Befreiungen, Konflikten und Bestrafungen, und darauf, welchen Ort alle diese Geschehnisse in dem großen Spannungsfeld von Verheißung und Erfüllung haben, das für die gesamte Existenz Israels vor Gott so charakteristisch ist. Die geschichtlichen Aussagen des Alten Testaments können nicht je als in sich ruhend aus ihrem heilsgeschichtlichen Zusammenhang abstrahiert werden. Eines der Hauptanliegen unserer ganzen Darstellung war es doch, zu zeigen, wie Israel durch Gottes Reden und Handeln in eine fortgesetzte Bewegung versetzt war und daß es immer auf irgendeine Weise sich in einem Spannungsfeld von Verheißung und Erfüllung vorfand. Man mag einen Text aus den Erzvätergeschichten oder einen aus dem Buch Josua oder den Geschichtsbüchern herausgreifen, immer wird man darauf stoßen, daß das geschilderte Ereignis im Schatten eines zukunftsträchtigen Gotteswortes steht und über sich hinaus auf etwas Kommendes weist. Wer also die alttestamentlichen Worte und Texte auslegt, muß sie unter allen Umständen von dieser Bewegung auf eine Erfüllung hin zu begreifen suchen, nach der hin sie, wie wir sahen, von sich aus schon offen sind. Am allerwenigsten darf er sie zu allgemeinen religiösen Wahrheiten abstrahieren; denn das, was in Israel von Gott her offenbar wurde, war bestimmt von einer besonderen Gemeinschaft mit Gott und durch einen besonderen Weg auf immer neue Ziele hin, auf den Israel von Gott gestellt wurde. In den dargestellten Abläufen ist also das Typische zu suchen.

Bei dem angeführten Beispiel der Josephsgeschichte war in dem Wort Gen. 50_{20} rückblickend etwas wie eine Erfüllung konstatiert; zugleich aber sahen wir doch dieses Wort gleichsam über seinen heilsgeschichtlichen Ort hinauslaufen, denn es umschließt viel mehr als es, auf den Konflikt der Brüder mit Joseph angewendet, hergibt (wobei wir übrigens auch noch die Meinung des didaktischen Erzählers treffen werden, der doch nur eine von vielen Anwendungsmöglichkeiten des Wortes ausgeführt hat!). Der wahre Sinn und die letzte theologische Reichweite des Wortes Gen. 50_{20} wird uns also erst vom Neuen Testament aus deutlich; erst von da aus können wir sehen, daß das Wort seine letzte ihm angemessene Ausfüllung im Alten Testament noch nicht gefunden hat. Ganz Ähnliches ließe sich von den beiden anderen Beispielen zeigen.

Aber die Frage nach dem Typischen kann ja nicht bei der Feststellung von Analogien in beiden Testamenten stehen bleiben. Dieses jeweils festgestellte Typische war im Alten Testament nichts Statisches. Es hatte im Gegenteil in Israel — so erscheint es wenigstens dem entfernten Betrachter — fast nur Augenblicksbedeutung. Alles befand sich in einer rätselhaften geschichtlichen Vorwärtsbewegung. Das ist besonders charakteristisch bei einem bestimmten Kreis alttestamentlicher Heilssetzungen, nämlich bei den Berufungen der Charismatiker und großen Amtsträger. Wir haben anderwärts schon die Vermutung geäußert, daß wir es bei gewissen Darstellungen von der Berufung und dem Scheitern der Charismatiker (Gideon, Simson, Saul) mit literarischen Kompositionen von einem schon typischen Gefälle zu tun haben, derart, daß sich diese Erzähler mit dem Phänomen des Aufstiegs und des alsbaldigen Versagens dieser Berufungen beschäftigen[19]. Auch hier ist jeweils von einer Erfüllung die Rede, d. h. von dem Erweis des Charismas und von Siegen. Aber plötzlich fallen diese Männer aus. Jahwe kann nicht mehr mit ihnen rechnen, und die Erzählung endet für den Leser mit dem Eindruck, als sei der für Jahwe wirklich Geeignete doch noch nicht gefunden und der Auftrag stehe eigentlich noch offen. Kann

19. S. Bd. I, S. 341 f.

man nicht bei allen diesen Erzählungen sagen, daß das jeweils von Jahwe Geplante und in Lauf Gebrachte die einzelnen geschichtlichen Zusammenhänge bei weitem transzendiert? Was ist denn aus den universalen Prädikationen geworden, die Jahwe an die judäischen Könige ergehen ließ (Ps. 2; 72; 110)? Man wird doch nicht glauben, daß diejenigen, die diese messianischen Texte in nachexilischer Zeit lasen und weiter tradierten, sie als ehrwürdige Denkmale einer ruhmvollen, aber endgültig entschwundenen Vergangenheit verstanden hätten[20]! Saul, dazu berufen, Israel zu erretten (1. Sam. 9_{16}), ist in Verzweiflung umgekommen, ja sein Versagen war den Späteren so peinlich, daß sie seinen Namen überhaupt aus der Geschichte gelöscht haben[21]. Aber auch David ist in Sünde gefallen, und der Bericht von seinen letzten Jahren spricht von Entsagung und Müdigkeit. Alle diese Männer sind hingegangen; aber die Aufträge, die Designationen und die an sie gebundenen göttlichen Zusagen sind weitergegeben worden. Ein schönes Beispiel solchen Weitergebens ist die Schebna-Eljakimperikope (Jes. 22_{15-25})[22]. Die beinahe schon messianischen Vollmachten des unwürdigen Schebna gehen in feierlicher Erneuerung auf Eljakim über. Aber auch er wird versagen. So blieb also das Amt „der Schlüssel Davids" unversehen, bis es endlich zu den Füßen Christi niedergelegt werden konnte (Apok. 3_{7}).

In diesem Sinne, also im Blick auf ihre ruhelose Bewegung auf eine zunächst ausbleibende Erfüllung hin, wird man von einer weissagenden Kraft der alttestamentlichen Vorbilder sprechen können. So war es doch auch bei der Landverheißung, auf die eine Theologie des Alten Testaments immer wieder zurückkommen muß: sie umschloß die Zusage einer von Gott verliehenen und gesegneten Lebensbasis und hat somit typische Bedeutung für das göttliche Heilshandeln. Aber wie war es mit der Erfüllung dieser Verheißung der „Ruhe" für Israel? Gewiß, in ihrer ersten geschichtlichen Verwirklichung wurde sie gehorsam und dankbar vermerkt (Jos. 21_{43-45}); aber derselbe Historiker muß doch auch von einer störenden Unstimmigkeit reden, von der Tatsache, daß Israel dieses Land mit Kanaanäern teilen muß (Ri. 2_{3}, $_{21}$, $_{23}$). Von dieser von Gott verliehenen Ruhe ist hinfort noch öfters die Rede; aber doch immer nur als von temporären Zuständen und nicht als von einer endgültigen Erfüllung. Somit blieb auch diese Verheißung noch

20. Vgl. dazu die Aktualisierung messianischer Psalmstellen in 2. Chron. 6_{42}.
21. Hierüber s. Bd. I, S. 340.
22. S. o. S. 56 f.

offen, und der Hebräerbrief konnte sie aufgreifen und in einem ganz neuen Sinn verstehen lehren (Hebr. 3 7 ff.)[23]. Es ist die alte Verheißung, die nun im Licht des Christusgeschehens ganz neue Aspekte enthüllt. So konnte eben dieser Hebräerbrief von den alttestamentlichen Verheißungsempfängern sagen, daß sie im Glauben gestorben sind und das Verheißene — das, worauf alle alttestamentliche Verheißung letztlich zielt — nicht erlangt haben; sie haben es „nur von ferne gesehen und gegrüßt" (Hebr. 11 13).

3. Die Ausleger, die einerseits die ganze vielschichtige Bewegung des alttestamentlichen Heilsgeschehens über sich hinausweisen und die andererseits das neutestamentliche Heilsgeschehen so vielfältig von alttestamentlichen Weissagungen her interpretiert sehen, werden sich, noch viel mehr als das bisher geschieht, in diese Doppelbewegung eines wechselseitigen Verständnisses der Testamente hineinziehen lassen müssen. Die Frage, inwieweit das neutestamentliche Heilsgeschehen zu einer Verstehenshilfe für das alttestamentliche und das alttestamentliche Heilsgeschehen eine Verstehenshilfe für das neutestamentliche werden kann und inwieweit sich das neutestamentliche als inkomparabel erweist, — diese Frage ist noch unerledigt. Einige Erwägungen über die Verborgenheit Gottes und über den Glauben im Alten Testament sollen dazu dienen, in der Frage nach dem „Typischen" etwas weiterzuführen.

a) Das neutestamentliche Heilsgeschehen steht im Zeichen einer tiefen *Verborgenheit Gottes.* In Christus hat sich Gott seiner Macht und Herrlichkeit entäußert, ja er hat sub specie contraria, in der Verhüllung von Ohnmacht und Schande unter den Menschen sein Werk getrieben. Auch Israel hat das Geheimnis dieses sich verbergenden Gottes zu tragen bekommen und seine Erfahrungen und Anfechtungen immer neu ausgesprochen; ist doch die gesamte Bundesgeschichte nichts anderes als die Geschichte einer fortgesetzten göttlichen Selbstbeschränkung. Daß sich Jahwe Israel als denjenigen ausersehen hat, an dem er sich verherrlichen werde, daß er sein Heil an einen Ort der Geschichte gegeben hat, derart, daß sich hinfort an der Stellungnahme zu diesem Werk, das Gott in Israel treiben wird, Heil und Gericht entscheiden sollen („segnen will ich, die dich segnen, und wer dir flucht, den will ich verfluchen", Gen. 12 3) — das ist die Botschaft eines sich vor der Welt verbergenden Gottes. Das Rätsel dieses besonderen göttlichen

23. *v. Rad,* Ges. Studien, S. 101 ff.

Geschichtsplanes tritt in ganz anderer Gestalt, z. B. in den maßlosen messianischen Prädikationen, auf: Der von Gott designierte König des universalen Weltreiches, das die Königspsalmen im Auge haben (Ps. 2; 72), und der Gesalbte, der alle Leidenden von Bedrückung und Gewalttat erlöst, in dessen Augen das Blut der Ärmsten kostbar ist (Ps. 72_{14}), ist jedenfalls eine Figur von wenig überzeugender Macht im politischen Kräftespiel dieser Welt. Wie das zeitgenössische Israel mit diesem Widerspruch fertig geworden ist, wissen wir nicht genau; möglicherweise hat er ihm im allgemeinen keine große Not bereitet. Aber dies gerade läßt uns aufmerken, daß da im Namen Gottes ein Herrschaftsanspruch von universaler Reichweite und ein Retteramt einem kleinen judäischen König zugesprochen wurde, in dem diese göttliche Beauftragung ja gar nicht zu ihrem Ziel kommen konnte. Sie mußte nach seinem Tod an seine Nachfolger weitergegeben werden, gleichsam mit der Frage: Bist du, der da kommen soll, oder sollen wir eines anderen warten?

Es muß in Israel Zeiten und Kreise gegeben haben, in denen die Rätsel und Paradoxien des göttlichen Geschichtswaltens besonders empfunden wurden und nach einem besonderen Ausdruck verlangten. Die jehovistische Abrahamsgeschichte steht geradezu unter dem Thema des Verzugs der Erfüllung, indem sie zeigt, wie die Verwirklichung der mit feierlichen Worten angekündigten Verheißung immer wieder bedroht wird und wie sie vor dem Verheißungsempfänger immer wieder zurückweicht. Die Erzählung von Isaaks Opferung läßt alle bisherigen Anfechtungen hinter sich und stößt in jenen Bereich äußerster Erfahrungen vor, da Gott selbst als der Feind seines Werks aufsteht und da sich vor dem Verheißungsempfänger geradezu der Weg in eine Gottverlassenheit zu eröffnen scheint. Denn in Isaak, den Abraham zu opfern geheißen war, schloß sich schlechterdings alles zusammen, was Jahwe zu geben versprochen hatte. Wer aber waren die, die in Israel solche Erfahrungen mit Gott gemacht haben? Mehr noch: In welcher Weise, in welcher Situation sind solche Erfahrungen erlitten worden? Oder handelt es sich mehr um Ahnungen von Möglichkeiten äußerster Art, die in einem solchen Gottesverhältnis beschlossen liegen mußten?

In der Verkündigung der Propheten nimmt die Verborgenheit Jahwes neue und noch rätselhaftere Züge an. Man braucht eigentlich nur an den äußerst gewagten Jahwegleichnissen der Propheten entlang zu gehen, um diese Seite der prophetischen Botschaft zu Gesicht zu bekommen: Jahwe, der erfolglose Liebhaber (Jes. 5_{1-7}), Jahwe, der Barbier (Jes. 7_{20}), Jahwe, die Falle für Israel (Jes. 8_{14}), Jahwe, der Eiter für Israel (Hos. 5_{12}), Jahwe, der Adoptivvater eines unzüchtigen Findlingskindes (Hes. 16_{4} ff.), Jahwe, der mit einem Licht die Häuser Jerusalems absucht (Zeph. 1_{12})[24]. Der Gott, den kultisch im Bilde anzubeten Israel streng verwehrt war, wurde, wo es um die Deutung seines Geschichtswaltens ging, in Vergleichen dargestellt, die sich wie eine Verhöhnung der göttlichen Würde und Heiligkeit anhören. Daß man so, jedes fromme Gefühl verletzend, von Jahwe reden konnte, ja, daß man es mußte, wenn man des eigentlichen Jahwe ansichtig werden wollte, das ist nicht das geringste Zeichen einer Verborgenheit, in die er für Israel hinabgestiegen war. Schon die Botschaft Jesajas stand unter dem Zeichen einer totalen Erfolglosigkeit. Er war ja zu dem Zweck entboten worden, Verstockung zu wirken. Aber er hat den Auftrag ergriffen. Nicht ohne eigenes Grauen mag er das Wort von dem Gott ausgerichtet haben, der „ein fremdes, seltsames Werk" an Israel ausrichten wird (Jes. 28_{21}); aber schon nach der ersten Phase seines Wirkens hat Jesaja angesichts der über Israel hereinbrechenden Nacht ein Wort äußerster Paradoxie gesprochen, nämlich, daß er hoffend ausblicke „auf den Gott, der sein Antlitz vor dem Hause Jakobs verborgen hat" (Jes. 8_{17}). Und am Ende seines Wirkens steht dieselbe Botschaft:

> „Darum handle ich an diesem Volk noch einmal wunderbar,
> wunderbar und wundersam, daß vergeht die Weisheit seiner Weisen
> und der Verstand seiner Verständigen sich verbirgt" (Jes. 29_{14}).

Aber das Offenbarungsgeschehen, in dessen Brennpunkt die alttestamentlichen Propheten stehen mußten, blieb bei dieser jesajanischen Schau, in der die Erkenntnis doch eigentlich auf etwas Letztes hin vorgestoßen war, nicht stehen. Hatte Jesaja dem Kommen Gottes zu seinem Volk noch wie von einem dritten Ort aus entgegengesehen, so war das Prophetenamt bei Jeremia in eine tiefe Krise getreten. Jeremia ist nicht mehr nur Botschafter; das ihm auferlegte Amt ist mit einemmal in den Bereich seines persönlichen Menschseins eingebrochen. In ihm selber, nicht irgendwo außerhalb seiner selbst, ereignet sich die ungeheure Begegnung Gottes mit seinem Volk; seine Seele, ja auch sein Leib müssen diesen Zusammenstoß bestehen. Das ist der neue

24. *J. Hempel*, Jahwegleichnisse der israelitischen Propheten, ZAW 1924 S. 74 ff. Das Wort עָשׁ in Hos. 5_{12} bedeutet nicht „Motte" sondern „Eiter"; s. *L. Köhler*, Lexicon in VT libros.

Aspekt, in dem sich in einer relativ späten Phase der Prophetie noch einmal ganz neue Möglichkeiten der prophetischen Existenz vor Gott eröffnen. Es ist der Weg in eine Dimension ganz besonderer Leiden; denn Jeremia erleidet, wie wir sahen, das Leiden Gottes und zugleich das seines Volkes. Es ist aber auch der Weg in eine ganz neue Form der Verantwortung, denn der Prophet, der Wächter ist, haftet mit seinem Leben für die anderen (Hes. 33$_{1\,ff.}$); es kommt darauf an, daß er in die Bresche tritt (Hes. 13$_{4\,f.}$). Dies alles ist in größter Nüchternheit aufgewiesen, mit der Nüchternheit des letzten Ernstes. Keinerlei Gloriole fällt auf die Männer, die sich anschicken, die ersten Schritte in die Nacht dieser stellvertretenden Leiden zu tun. Nur am äußersten Rand des Geschehens von Jes. 53 kommt ein Jenseits dieser Leiden in Sicht, ein Ort, von dem aus eine Rückschau möglich ist und eine Ausschau auf die Anerkennung des Gottesknechtes vor der gesamten Völkerwelt. Hier — aber gewiß nicht erst bei Jeremia — sind die Linien der neutestamentlichen theologia crucis vorgezeichnet[25]. Wo fänden wir sonst eine Analogie zu dem Geschehen, das über diese Männer kam? Es sind christologische Probleme, die sich in den Konflikten dieser Männer abzeichnen. Hier wurde der Grund gelegt zu der Erkenntnis von dem *δεῖ*, das in der neutestamentlichen Überlieferung sonderlich in den Leidensaussagen Jesu so oft anklingt, von dem Leidenmüssen, dem sich Jesus unterstellt[26]. Es besteht — so sieht es besonders Lukas — zwischen seinem Weg und dem der Propheten eine Entsprechung, die sich auch bei Jesus in einem Weg in Leiden und Tod erfüllen muß.

Aber es gibt noch einen anderen alttestamentlichen Aussagenkreis, der im Neuen Testament zur Verdeutlichung des Leidens Jesu, d. h. dieses Leidenmüssens, herangezogen wird: den der alttestamentlichen Klagepsalmen. Sie berichten ja von einer Erfahrung besonderer Art, die Israel an dem Walten seines Gottes machen mußte, nämlich von der Anfechtung einer den vereinzelten Beter immer schwerer bedrohenden Gottverlassenheit[27]. Daß gerade diejenigen, die sich ganz auf

25. „Hae sunt propheticae tentationes in quibus degustant Prophetae passiones Christi, quas etiam significant hi terrores." Melanchthon zu Jer. 20$_{14\,ff}$, Corp. Ref. XIII, 810 (zitiert nach *H. Sick*, Melanchthon als Ausleger des AT, 1959, S. 112).

26. Zu diesem *δεῖ* vgl. *W. Grundmann*, ThWBNT II, S. 21 ff; *L. Goppelt*, a. a. O. S. 90 f, 126. Aber auch Paulus scheint an eine ähnliche Vorstellung anzuknüpfen, wenn er sagt, daß Jesus Christus „gemäß der Schrift" gestorben sei, 1. Kor. 15$_{3\,f.}$

27. S. Bd. I, S. 411.

Jahwe geworfen hatten, denen in Not, Krankheit und angesichts von Feinden nur noch Jahwe blieb, um sich bei ihm zu bergen, — daß gerade sie auf einmal vor sich und vor der Welt als die von Gott Verlassenen offenbar wurden, das war ein Widerfahrnis von äußerster Bitterkeit. Daß Gott sich auch vor dem so tief verbarg, der sich in seiner Hilflosigkeit ihm bedingungslos in die Arme warf, das war wohl etwas vom Härtesten, das Israel zu tragen aufgegeben war. Aber in den Evangelien begleiten diese Leidensaussagen, sonderlich die des 22. Psalms, den Weg Christi bis zu seinem Tod am Kreuz. Die Darstellungen der Passion Jesu von Matthäus bis Johannes wollen es zeigen, daß sich diese Gebetsworte von der Gottverlassenheit des Gerechten jetzt erst in dem Leiden Jesu erfüllten. So tief hatte er sich seiner Herrlichkeit entäußert, daß er ohne weiteres in die Worte jener Leidtragenden hineintreten konnte, so daß sie sein Leiden aussprachen.

Alle echte Gotteserkenntnis beginnt mit der Erkenntnis der Verborgenheit Gottes[28]. Das hat schon Israel aufs vielfältigste erfahren. Wann es sich dieser Wahrheit theologisch voll bewußt geworden ist, ist freilich eine andere Frage. Deuterojesaja verdanken wir das klarste Wort des ganzen Alten Testaments:

> „Fürwahr, du bist ein sich verbergender Gott, du Gott Israels,
> der Heiland" (Jes. 45$_{15}$).

Aber auch Jesajas Worte von dem fremden Werk Gottes, das alle Weisheit der Weisen zunichte macht, setzt eine klare theologische Erkenntnis voraus, und irgendetwas von der Verborgenheit der Wege Gottes muß wohl auch schon der Jahwist erkannt haben; wie hätte er sonst die Stoffe der Vätergeschichte so ordnen können, wie sie nun geordnet sind. Und daß Gott nicht geschaut werden kann, daß das unmittelbare Gottschauen den Tod bringt, wußte schon das älteste Israel[29].

b) Wird man also in dieser Hinsicht in Israel mit einer verhältnismäßig späten, wenn auch auf dem Grund einer langen Erfahrung erfolgten erkenntnismäßigen Klärung rechnen müssen, so scheint das Wissen, daß Israel auf das Angebot dieses Gottes nur mit dem *Glauben* antworten konnte, wohl allen Zeiten gemeinsam gewesen zu sein. Spricht man vom „Glauben" Israels, so muß man sich freilich zuerst der terminologischen Schwierigkeit bewußt bleiben, die darin liegt,

28. *K. Barth,* Kirchliche Dogmatik II, 1, S. 205.
29. Gen. 16$_{12}$; 32$_{30}$; Ex. 24$_{11}$; Ri. 6$_{22}$; 13$_{22}$.

daß das Alte Testament eine solche Vokabel, die die Zuwendung des Menschen zu Gott in seiner Gesamtheit umgreift und auf die alle Schriftsteller zurückgreifen konnten, nicht kennt. Gewiß ist das Verbum הֶאֱמִין durch die besondere Betonung und Füllung, die es an einigen herausragenden Stellen erhalten hat, von großer Bedeutung; aber in anderen Zeiten und in anderen Kreisen hat man die gleiche Sache anders ausgedrückt, und nicht selten hat man sie begrifflich überhaupt nicht formuliert, sondern nur erzählt. Die in neuerer Zeit erschienenen Studien über den Glauben Israels stellen mit Recht den Begriff הֶאֱמִין ins Zentrum; tatsächlich ist dieses Wort mehr als andere als Träger konzentrierter Aussagen über den Glauben verwendet worden[30]. Trotzdem ist, abgesehen davon, daß das Anklingen oder Fehlen des Begriffes gerade im Alten Testament doch ein recht äußerlicher Maßstab ist, die methodische Frage zu stellen, ob solche Begriffsuntersuchungen mit ihrer mehr oder minder flächenhaften Zusammenordnung aller einschlägigen Belege dem tatsächlichen Befund gerecht werden können. Würden sie etwa deutlich machen können, inwiefern der Glaube, den Jesaja gefordert hat, zur Zeit Jeremias Auflehnung gegen Jahwe war? Man kann schon sagen, daß Jahwe und sein Handeln der Gegenstand des Glaubens Israels gewesen sei; aber dieser Jahwe und seine Pläne wandelten sich, und zwar in der Botschaft der Propheten von einer politischen Stunde zur anderen. So wird man die besondere Kompliziertheit der Glaubensfrage, wie sie sich in Israel stellte, sachgemäßer erfassen, wenn man von vornherein der besonderen heilsgeschichtlichen Existenz Israels Rechnung trägt.

Es gibt im Alten Testament eine umfangreiche Gattung von Kriegserzählungen, die von einem Aufbruch Jahwes zum Schutze seines Volkes berichten und die theologisch noch ganz und gar von den alten Vorstellungen vom heiligen Krieg bestimmt sind. Diese Erzählungen sind aber nicht zeitgenössisch, denn sie stellen die Geschehnisse insofern in sublimierter Gestalt dar, als sie den Sieg als ein reines Jahwewunder, ganz ohne menschliche Beteiligung, darstellen. Das Mitziehen der Israeliten gewinnt dadurch viel mehr eine bekenntnishafte als militärische Bedeutung. Wo immer diese Erzählungen auf die Einstellung, auf das Verhalten Israels als des irdischen Partners in diesen Ereignissen reflektieren — das ist in unterschiedlichem Maße der Fall —, da

30. Darstellungen des atl Glaubensbegriffes: *A. Weiser,* ThWBNT VI, S. 182 ff. (s. v. πιστεύω); *G. Ebeling,* Jesus und Glaube, ZThK 1958, bes. S. 70 ff; *E. Pfeiffer,* Glaube im AT, ZAW 1959 S. 151 ff.

handeln sie vom Glauben. Mit besonderem Nachdruck werden in der Gideongeschichte (Ri. 7) die Vorstellungen gerade in diese Richtung vorgetrieben, obwohl keine besondere Vokabel darauf hinweist[31]. Aber auch in der Erzählung von der Kanaanäerin Rahab, die angesichts des heranrückenden Gottesvolkes ein Bekenntnis zu Jahwe ablegt, klingt das Glaubensmotiv an (Jos. $2_{9\,ff.}$). Die Erzählung vom Schilfmeerwunder, die ihrer theologischen Struktur nach ganz in die Reihe dieser Überlieferungen gehört, spricht — mehr eine Ausnahme — expressis verbis von dem Glauben Israels an Jahwe. Ja, die Doxa dieses Ereignisses war so groß, daß auch der mittlerisch fungierende Mose in sie hineingenommen und deshalb in den Glauben mit einbezogen wurde: Israel „glaubte an Jahwe und seinen Diener Mose" (Ex. 14_{31})[32]. Auch in der Kundschaftergeschichte klingt der Begriff an (Nu. 14_{11}). In der Erzählung von David und Goliath fehlt er wieder; gleichwohl ist die Rede Davids — er komme nicht mit Waffen, sondern im Namen seines Gottes — als ein Höhepunkt in der Reihe der alttestamentlichen Glaubensaussagen zu bewerten (1. Sam. 17_{45}). Diese Rede eröffnet die Reihe der Kriegspredigten, die in konzentrierter Form die Krieger paränetisch auf ihre Anfechtungen und ihren Glauben hin anreden. Sie appellieren an ihren Glauben als an einen Akt des Gehorsams, den Israel, angesichts der verbürgenden Zusage Jahwes, seinem Gott schuldet[33]. Grundsätzlich blickt dieser Glaube nach rückwärts und nach vorwärts. Er kann sich auf ein geschichtliches Ereignis, auf eine ergangene Berufung oder erwiesene Führung beziehen, aber von da blickt er in die Zukunft und glaubt an den Gott, der eine erst im Kommen befindliche Rettung oder Heilstat verspricht. So ist es doch schon in der Komposition der Abrahamsgeschichten, die weit hinausgehend über das programmatische Wort Gen. 15_{6}, d. h. eben durch ihr Thema von dem Verzug der Erfüllung das Glaubensmotiv auf breiter Basis abwandelt. Abraham hat sich einer Zusage Gottes überlassen, er hat den Geschichtsplan, den Jahwe vor ihm entworfen hat, für eine reelle Sache gehalten und befindet sich damit auf dem Weg auf eine Erfüllung zu. So ist es im Grunde auch bei Jesaja, nur daß sich das „Werk Jahwes", auf das hier der Glaube ausblickt, über einen viel tieferen Bruch hinweg als Jahwes letzte Offenbarung von aller bisherigen Heils-

31. Zu Ri. 7 s. Bd. I, S. 341.
32. Noch stärker ist die Einbeziehung des Mose in die credenda in Ex. 19_{9}: „. . . damit sie auch an dich glauben für immer."
33. Dt. 20_{2} f; 9_{1-6}, $31_{3-6,\,7-8}$; Jos. 1_{1-9}; s. Bd. I, S. 30 f.

geschichte schroff abhebt. Glauben heißt bei Jesaja: auf Jahwe „hinschauen", d.h. sich nicht auf die gegenwärtigen Machtverhältnisse stützen. Die politischen Mächte in der Geschichte außerhalb Israels sind ohne Heil; ja es wird von Mal zu Mal schlimmer werden („denn aus der Wurzel der Schlange kommt ein Basilisk, und dessen Frucht ist ein geflügelter Saraf", Jes. 14$_{29}$). Auf diese Mächte kann man sich nicht „stützen"[34]. Rettung besteht allein für den, der der Gegenwart vorauslaufend sich in dem kommenden Heilsgeschehen, das Jahwe „auf dem Zion zum Abschluß bringen wird", zu bergen weiß (Jes. 10$_{12}$). Bei Jeremia ist von diesem Angebot der Rettung des Zion nicht mehr die Rede; es ist die Zeit, in der Nebukadnezar die Vollmacht der Weltherrschaft erhalten hat (Jer. 27$_{6}$). Die eschatologische Perspektive hat sich völlig verändert; die Glaubensforderung tritt — jedenfalls in der Form des Appells — in der Verkündigung dieses Propheten zurück. Die Glaubensfrage hat sich bei diesem Propheten nach innen gewandt und ist in den Konfessionen zur Existenzfrage des Propheten selbst geworden. Hier tut sich ein schweres Problem auf: Der Glaube vermag mit dem sich immer tiefer verbergenden Gott nicht mehr Schritt zu halten. — Wiederum in ganz anderer Weise zeichnet sich ein negatives Fazit in der deuteronomistischen Geschichtsschreibung ab: Die Könige Judas waren nicht „ganz" mit Jahwe gewesen, ihr Herz war nicht „ungeteilt"; nur einer — der König David — ist vor Jahwe „gewandelt in Lauterkeit des Herzens und in Aufrichtigkeit" (1. Kön. 9$_{4}$).

Man hat mit Recht gesagt, daß der Glaube in diesem Sinne immer auf eine Person gerichtet ist. Man glaubt an Jahwe und nicht an Sachverhalte[35]. Dieses Glauben setzt ja auch immer einen Zugriff, eine Initiative Gottes voraus. Auch geht es in diesem Glauben immer um das Ganze, um die Existenz des Menschen; seinem Wesen nach bedeutet er immer „ein Sich-selbst-Verlassen"[36]. Das ist auch im Neuen Testament nicht anders. Auch dort richtet sich der Glaube auf Gott und seine

34. Der Begriff des Sich-Stützens (הִשָּׁעֵן) ist bei Jesaja zu einem Parallelbegriff für „glauben" geworden (Jes. 10$_{20}$; 30$_{12}$; 31$_{1}$). Die Verwendung dieses Begriffes lebt im chronistischen Geschichtswerk wieder auf (2. Chron. 13$_{18}$; 14$_{10}$; 16$_{7}$ f.).

35. *A. Weiser*, a. a. O. S. 186; *G. Ebeling*, a. a. O. S. 72 f.

36. Diese Formulierungen sind dem Aufsatz von *Ebeling* entnommen (a. a. O. S. 74—78). „Glauben im atl. Sinne heißt nicht: etwas über Gott denken, sondern etwas von Gott erwarten. Er glaubt nicht das Vorhandensein Gottes, sondern das Kommen Gottes." S. 78.

Taten; diesem Glauben geht eine Tat Gottes voraus, die Erscheinung Christi im Fleisch — und zugleich richtet sich der Glaube von da aus auf eine eschatologische Vollendung. Insofern wiederholt sich in der Christusgemeinde die ganz auf den Glauben gestellte Existenz des alten Israel. Aber sie ist auch wieder grundsätzlich verändert dadurch, daß sich die Tat Gottes in der Person Christi verwirklicht hat und daß der Glaube dadurch, daß er nun zum Glauben an Jesus Christus geworden ist, ein ganz neues personales Gegenüber und auch eine ganz neue eschatologische Perspektive erhalten hat. Hierin sind Altes und Neues Testament geschieden[37]. Der alttestamentliche Glaube war Glaube an Jahwe; auch in seiner eschatologischen Ausrichtung blieb er Glauben an Jahwe. Er ist z. B. in der messianischen Weissagung durchaus nicht zum Glauben an den Messias geworden.

Aber noch einmal: sagt man, Israels Glaube sei immer Glaube an Jahwe gewesen, so bleibt damit etwas Wesentliches noch ungesagt. Wer war denn dieser Jahwe? Wie war er und wo war er den Menschen zuhanden? Erinnern wir uns an das, was oben schon über die verwirrende Diskontinuität des Verhältnisses Jahwes zu seinem Volk gesagt war! Das Alte Testament berichtet von gegründeten und wieder liquidierten sakralen Institutionen, von feierlich proklamierten Berufungen und alsbald darauf folgenden Verwerfungen; kultische Möglichkeiten des Verkehrs mit Gott werden eröffnet und wieder zerschlagen. Es ist der Jahwe, der Opfer gebietet und der sie dann schroff zurückweist; es ist der Jahwe, der sich von Mal zu Mal tiefer vor seinem Volk verbirgt, der Israel tötet, um es wieder lebendig zu machen. Hier erst, in der Begegnung mit diesem Gott, bekommt doch die Glaubensfrage ihre spezifisch alttestamentliche Schwere. Wie oft ist Israel aus seinem religiösen Besitz von Gott selbst vertrieben worden; wie oft ist ihm dieses „gedenket nicht des Früheren“ implizit oder explizit zugerufen worden (Jes. 43$_{18}$)! Das geschah immer da, wo Israel in seinem Glauben sicher wurde, wo es ihn verfälscht und wo es sein Wissen um Jahwe zu einer Selbstbehauptung vor Gott mißbraucht hat. Israel sollte sich auf keine mythische Ordnung von uraltem Ansehen gründen, und sein Verkehr mit Gott durfte nicht auf einer in langer Übung bewährten Technik der Gottesbefragung stehen. Es sollte allein von dem immer

37. Vgl. hierzu *R. Bultmann*, ThWBNT VI, S. 216—218. In dieser Gegenüberstellung von atl und ntl Glauben ist freilich der Umbruch in der prophetischen Botschaft, ihr Bruch mit dem Bisherigen und der radikale Verweis des Glaubens auf die Eschatologie nicht ganz zu seinem Recht gekommen.

neu ergehenden Wort seines verborgenen Gottes leben. Und das rückt das Alte Testament wiederum ganz nahe an das Neue heran.

„Aber ist die unerhörte Breite ihrer Gestalt und die alle Vergleiche hinter sich lassende Radikalität der (prophetischen) Anklagen, Urteile und Drohungen nicht doch erst dann erklärlich, wenn man sieht, wie es sich hier immer auch noch um etwas anderes handelt als um den Gegensatz zu diesen und diesen gewiß auch als solchen ernst zu nehmenden konkreten Verirrungen und Sünden Israels; wie hier vielmehr auf der ganzen Linie auch der Kampf der Offenbarung gegen die Offenbarungsreligion geführt wird, ein Kampf, in welchem die Propheten wahrlich auch die Propheten selbst nicht geschont haben. Ist es nicht, als ob die ganze Religion Israels zwischen *dem* Wort Gottes, das sie in ihrer ganzen Bestimmtheit einsetzt, ordnet und gestaltet, und *dem* Wort Gottes, durch das, man möchte fast sagen: jeder konkrete Gehorsam gegen dieses Gebot mit derselben Bestimmtheit als Unglaube entlarvt wird, wie zwischen zwei Mühlsteinen zerrieben würde?"

Karl Barth, Kirchliche Dogmatik, Bd. I, 2, S. 360.

4. Um nun abschließend zu unserer Hauptfrage, der nach dem christlichen Verständnis des Alten Testaments, zurückzukehren, so wird man nicht darin das Wesentliche zu sehen haben, daß eine große Zahl alttestamentlich-theologischer Begriffe im Neuen Testament, wenn auch oft stark neugeprägt, wiederkehrt. Das Wesentliche in dem Entsprechungsverhältnis beider Testamente liegt nicht primär im religiös-Begrifflichen, sondern im Heilsgeschichtlichen, denn in Jesus Christus stoßen wir wieder — und in gesteigerter Form! — auf das uns aus dem Alten Testament so gut bekannte Ineinander von göttlichem Wort und geschichtlichen Fakten (s. o. S. 381 ff.). Die im Neuen Testament nach dem Alten hin gezogenen Verbindungslinien — angefangen bei dem Christustitel, der Jesus doch zunächst als den Christus Israels bezeichnet — in ihrer Gesamtheit zu erwägen, ist hier nicht der Ort. Aber auch das Alte Testament gibt zu dieser Frage, wie wir sahen, seinen Beitrag; denn die die jeweiligen inneralttestamentlichen Geschehnisse deutenden Zeugnisse bewegen sich ihrerseits von Mal zu Mal von ihrem geschichtlichen Ort weg, auf Jesus Christus hin, um sich in ihm als ihrem endgültigen Erfüller zu sammeln.

Insofern erscheint das neutestamentliche Heilsgeschehen einfach im Sinne einer geschichtlichen Abfolge als die Verlängerung und der Abschluß der alttestamentlichen Gottesgeschichte. So stellen es ja auch die einfachen geschichtlichen Summarien im Neuen Testament dar, indem sie die Linie der alttestamentlichen Geschichte bis auf das neutestamentliche Heilsgeschehen hin fortführen[38]. Aber gerade im Zug einer

38. Apg. 7; Hebr. 11. Vgl. aber auch Lk. 11_{49}, und dazu *E. Stauffer*, Die Theologie des Neuen Testaments (1941), S. 216 ff, 331 ff.

solchen — zweifellos immer nur eklektischen — Vergegenwärtigung des Alttestamentlichen, wie sie an vielen Orten des Neuen Testaments und dem nachfolgend in der christlichen Auslegung vollzogen wurde, muß man das neutestamentliche Heilsgeschehen doch zugleich auch im Sinne einer Wiederholung verstehen, einer Wiederholung freilich auf der Basis eines ganz neuen heilsgeschichtlichen Ereignisses[39]. Das Alte Testament zeigt uns ein Volk, das von Gott in ein besonderes Vertrauensverhältnis berufen und das von immer neuen plerophorischen Verheißungen aus auf Erfüllungen immer universalerer Art hin in Bewegung gesetzt wurde. Israel hat auch schon in seiner alttestamentlichen Heilsgeschichte, wie wir schon sahen, Erfüllungen von Verheißungen erlebt und sie sorgfältig als solche verzeichnet (vgl. Jos. 21_{43} ff; 23_{14}). Es hat sich aber das Merkwürdige ereignet, daß damit die Verheißungen doch nicht endgültig als eingelöst galten; die Landverheißung behielt ihren Verheißungscharakter über Josua hinaus für alle Zeiten, ja man muß sagen, daß gerade durch ihre Erfüllung unter Josua ganz neue Verheißungen aus ihr entlassen wurden. Ganz ähnliches ließe sich z. B. vom Königtum sagen. Das aber, was Israel schon vorauslaufend in seiner Geschichte erfahren hatte, vollendet sich in dem Verhältnis des neutestamentlichen Heilsgeschehens zum alttestamentlichen. Christus ist Erfüller und wird für die Seinen zugleich zur neuen Verheißung. Das Neue Testament sieht die alttestamentlichen Verheißungen in Jesus Christus erfüllt; aber dieses „Heute" der Erfüllung (Luk. 4_{21}) eröffnet dem Glauben zugleich den Blick auf eine neue Heilsvollendung. Ein neues „Ziel des Glaubens" wurde jetzt sichtbar (1. Petr. 1_{9}). Insofern also — kann man sagen — wiederholt sich die Existenz Israels in der christlichen Gemeinde, als ja auch sie wiederum von einer Verheißung auf eine Erfüllung hin in Bewegung gebracht ist; auch sie befindet sich auf einer Wanderschaft und geht einer Ruhe entgegen (Hebr. 4_{1} ff.)[40]. Daß sich auf diesem Weg Israels immer wieder „Typisches" ereignet hat, daß dieses alttestamentliche Heilsgeschehen voller Hinweise ist auf das neutestamentliche, das ist

39. Zum Folgenden vgl. die förderliche Studie von O. *Schmitz*, Das Alte Testament im Neuen Testament, in: Wort und Geist (Festgabe für K. Heim 1934), S. 49 ff; aber auch *W. Zimmerli*, Verheißung und Erfüllung, Ev. Th. 1952 S. 34 ff, 54; *C. H. Ratschow*, Der angefochtene Glaube, S. 78.

40. Zu dieser Wegtheologie, ihrer Möglichkeit und ihren Grenzen, vgl. *F. Nötscher*, Gotteswege und Menschenwege in der Bibel und in Qumran (1958).

freilich erst durch die Erscheinung Christi offenbar geworden. Haben denn z. B. die Erzählungen von der Wüstenwanderung des Volkes Israel, von ihren mannigfachen Anfechtungen und Durchhilfen nicht auch der Kirche immer wieder zu einem Verständnis ihrer selbst verholfen? Andererseits ist aber auch offenbar geworden, daß das, was das Neue Testament als Erfüllung bezeichnet, nun eben doch nicht als geradlinige und wortgetreue Einlösung verstanden werden kann, sondern als eine Erfüllung, die das Verheißene schon im Ansatz weit überbietet. Auch da, wo das alttestamentliche Geschehen zu sehr gewaltigen Vorausdarstellungen des Christusgeschehens auslädt (Jeremia!), können wir von nicht mehr als eben von „Schatten" des Eigentlichen reden[41]. Die Heilsgüter des Neuen Bundes sind ja weithin andere als diejenigen waren, auf die hin Israel von Jahwe in Bewegung gebracht wurde. Darum kann man auch die eigentlich prophetische Weissagung nicht als Weissagung in einem direkten Sinne, sondern nur als die Weissagung von „Vorbildlichem" bezeichnen, insofern doch auch die prophetische Rede von der Zukunft des Gottesvolkes den Vorstellungskreis von den spezifisch alttestamentlichen Heilsgütern nicht grundsätzlich verläßt.

Die aktualisierende Neuinterpretation von Alttestamentlichem durch die junge Christusgemeinde ist also, vom Standpunkt auch der vorchristlichen Überlieferungsgeschichte aus gesehen, ein ganz legitimer Vorgang. Das spätere Judentum hat ja selbst dieses Erbe des alten Israel bis an die Schwelle der neutestamentlichen Zeit durchgetragen und hat, wie etwa die Qumransekte aufs neue gezeigt hat, bis zuletzt um seine rechte Interpretation und seine Aktualisierung für die Gegenwart gerungen. Darin ist die junge Christusgemeinde nur fortgefahren. Eine große Zahl alttestamentlicher Texte zeigte ja schon hinsichtlich ihrer inneralttestamentlichen Weitergabe in hermeneutischer Hinsicht eine merkwürdige Mehrschichtigkeit, wie das oben etwa an dem Beispiel des Jakobskampfes (Gen. 32) oder an dem der Nathanweissagung (2. Sam. 7) schon angedeutet wurde. Aber das, was sich in einigen besonders gelagerten Fällen exegetisch genauer verfolgen läßt, das gilt im Prinzip für alle Texte des Alten Testaments: *Ihre Deutung bewegt sich in einem Raum, der von der Stunde ihrer ersten Aktualität bis hin zu ihrer letzten Neuinterpretation angesichts des Christusgeschehens reicht.* Das, was die Theologie Weissagung nennt, ist

41. Stark betont von *K. Barth*, Kirchl. Dogmatik I, 2, S. 97; IV, 1, S. 187 f. u. ö.

doch einfach die Entdeckung, daß die alten Worte mit ihrer Aussage bis hin zu Christus reichen, ja, daß sie erst in ihrer Bezogenheit auf ihn zu ihrer eigentlichen Aussage kommen. Der Unterschied ist nur der, daß die Alten vor allem auf diesen letzten, durch Christus aktualisierten Gehalt der alten Worte ausgingen, während wir, geschichtlicher geschult, um beide Verstehensmöglichkeiten wissen, die christliche und die vorchristlich-alttestamentliche.

Die Art aber, wie die Christusgemeinde mit diesem von ihr in Beschlag genommenen Alten Testament umgeht, hat und behält also ein merkwürdig doppeltes Gesicht. Einerseits läßt das ins Licht Christi gerückte Alte Testament, wie wir schon sagten, gerade auch die Unterschiede, also seine ganze Vorläufigkeit erkennen; und die christliche Theologie wird, von Paulus belehrt, nicht aufhören dürfen, gerade an diesen Unterschieden sich selbst immer neu zu erkennen. Andererseits hat aber schon die früheste Christenheit allenthalben Alttestamentliches geradezu mit Ungestüm in das Licht Christi gerissen und dem neuen Glauben adaptiert. Paradigmatisch geschieht das gleiche bis heute in der Verwendung des Alten Testaments in der christlichen Liturgie, die sich zur Anrufung Gottes und Jesu Christi und zur Feier des neutestamentlichen Heilsereignisses aufs unbefangenste einer Sprache bedient, die dem Gottesdienst des alten Israel entstammt. Dieses ganze Hinausheben von Alttestamentlichem in den Horizont des Christusglaubens ist ein viel zu starker und in sich überzeugender Vorgang, als daß man die sich mit ihm vollziehende adaptierende Metamorphose als hermeneutische Falschmünzerei verklagen könnte. Im Blick auf das sich gegenseitig interpretierende alt- und neutestamentliche Heilsgeschehen ist das ein ganz konsequenter Prozeß. Es ist einfach eine Tatsache, daß sich der christliche Glaube auch in Alttestamentlichem aussprechen, ja sich erklären kann. Die Vätergeschichten, die Erzählungen von der Wüstenwanderung, von den Richtern und Königen, die alten Gebete und Weissagungen haben doch alle einen Punkt, eine Seite, an der sie ganz unmittelbar auf Christus ansprechbar sind. Sie an dieser Stelle zu ergreifen und sie in ihrer ganzen Aktualität der christlichen Gemeinde vor Augen zu stellen, eine solche Vergleichzeitigung von Alttestamentlichem wird sich kein Prediger verdächtigen lassen[42]. Es ist dann, als ob Christus selbst in das alt-

42. „Der Alte Bund wird durch die christliche Deutung nicht überfordert; er wird von Gott selbst überfordert, indem Gott der vorchristlichen Zeit das Maß Christi schon

testamentliche Geschehen hineinträte, es ausfüllend und zugleich über sich hinaushebend. Daß eine solche Interpretation des Alten Testaments nur eine charismatische sein kann und daß sie auch nur auswählend verfahren kann, haben wir anderwärts schon angedeutet.

Jedoch mit solchen Hinweisen auf das von Christus auf das Alte Testament zurückfallende Licht ist immer nur die eine Seite der Sache bezeichnet. Wohl war das neutestamentliche Heilsgeschehen der „Leitfaden", an dem sich die junge Christengemeinde im Alten Testament zurechtzufinden suchte und anhand dessen ihr das Alte Testament in einen ganz neuen Horizont gerückt wurde[43]. Aber das Umgekehrte gilt in gleicher Weise: Das alttestamentliche Heilsgeschehen war ihr ein Leitfaden zum Verständnis und zur Predigt des Christusgeschehens, was etwa in der Darstellung der Passionsgeschichte mit ihren Rückverweisen mit Händen zu greifen ist. Beide Testamente legitimieren einander[44]. Der erste Satz — das Alte Testament ist von Christus her zu deuten — scheint heute theologisch weniger bestritten als der zweite, daß wir nämlich ebenso des Alten Testaments bedürfen, um Christus zu verstehen. Aber ist es wirklich an dem, daß man so genau weiß, wer Jesus Christus war und ist, und daß es von da aus — eigentlich ein sekundäres Problem — nur noch gelte, die rechte Verhältnisbestimmung des Alten Testaments zu diesem uns vorher schon bekannten Christus zu finden?

Gelänge es dem Gespräch der Ausleger beider Testamente, diesen zweiten Satz deutlicher zu machen, dann würde die immer noch nicht erledigte Frage der „Beibehaltung" des Alten Testaments beantwortet sein. Was diese Frage betrifft, so sei nur dies vermerkt, daß wir einen Christusglauben, der sich konsequent vom Alten Testament gelöst hat, überhaupt noch nicht kennen. Versuche, die in dieser Richtung unternommen wurden, reichten nicht annähernd hin, das Christusbild wirklich herauszuhalten aus dem Strahlungskreis alttestamentlicher Vorstellungen, die noch unbewußt im theologischen Denken leben und die vom Gesangbuch, vom Gottesdienst und nicht zuletzt vom Neuen Testament selbst unentwegt ausgehen. In dieser Hinsicht ist das alt-

anlegt, und davon legt der Alte Bund vor Gott und vor der Geschichte Zeugnis ab." Hans Urs v. Balthasar, Herrlichkeit I (1961), S. 630.

Wichtige Hinweise auf die vielerlei Möglichkeiten der Predigt über alttestamentliche Texte bei C. *Westermann*, Verkündigung des Kommenden (1958).

43. O. *Schmitz*, a. a. O. S. 67.

44. *E. Dinkler*, ZThK 1950 S. 73.

testamentliche Erbe in der heutigen Theologie wahrscheinlich doch noch stärker, als man sich dessen bewußt ist. Andererseits hat gerade die theologische Entwicklung der letzten Generation gezeigt, wie sehr der Christusglaube des alttestamentlichen Geschichtsbegriffes bedarf, um sich vor einer Auflösung ins Mythologische oder Spekulative zu schützen[45]; ja es besteht sogar Grund zu der Hoffnung, daß gerade das Alte Testament die Theologie nötigen werde, die Kategorie der Geschichte neu zu konzipieren. Der Christusglaube bedarf auch der Universalität des alttestamentlichen Schöpfungsglaubens, daß die Christenheit nicht eine „Schar von Esoterikern wird, für die die Welt das Fremde ist“[46]. Freilich, die Argumente, mit denen die Kirche im Lauf ihrer Geschichte ihr Ja zum Alten Testament aussprach, unterlagen manchen Wandlungen. Möglicherweise werden sie in den jungen christlichen Gemeinden außerhalb unseres abendländischen Kulturkreises wieder anders lauten (Befreiung vom Dämonenglauben!). Und hätte in dieser Sache nicht auch das Israel, das von Paulus in Röm. 9—11 angesprochen ist, ein Wort mitzureden? Der stärkste Widerstand gegen eine Preisgabe des Alten Testaments geht aber vom Neuen Testament selbst aus, dessen Christuszeugnis sich aus der Verflechtung mit dem Alten Testament nur um den Preis höchst gewaltsamer Umdeutungen herauslösen ließe.

45. *R. Bultmann,* Theologie des NT (1948), S. 116 f; *W. Zimmerli,* Das AT als Anrede (1956), S. 84 f; *H. W. Wolff,* Ev. Th. 1956 S. 366; *C. H. Ratschow,* Der angefochtene Glaube (1957), S. 90; *W. Freytag,* Das AT und die junge Kirche, Reden u. Aufsätze I (1961), S. 193 ff.

46. O. *Weber,* Grundlagen der Dogmatik I (1955), S. 323.

D. DAS GESETZ

Die Neuinterpretation des Alten Testaments im Neuen und seine Deutung als eines Buches der Weissagung auf Jesus Christus ist eine Gegebenheit, die nach dem bisherigen Selbstverständnis der alttestamentlichen Wissenschaft mehr oder minder außerhalb des Aufgabenbereichs liegt, den sich eine alttestamentliche Theologie zu stellen habe. Es ist aber zu fragen, ob es dabei bleiben kann; denn die neutestamentliche Theologie sieht ihrerseits je länger je weniger Anlaß, sich der Frage nach dem Verhältnis des Neuen Testaments zum Alten besonders zu stellen. So ist es gekommen, daß wir zwei voneinander unabhängige Theologien haben, eine alttestamentliche und eine neutestamentliche, die voneinander keinerlei Notiz nehmen. Es braucht nicht gesagt zu werden, daß dieser Zustand, der durch die Arbeitsteilung und die Verselbständigung der beiden Testamente als getrennter Wissenschaftsbereiche entstand, unbefriedigend ist; wird doch dadurch ein Phänomen von so großer Bedeutung, wie es die offenkundige Bezogenheit der beiden Testamente aufeinander darstellt, gewissermaßen ausgeklammert. Dieser wichtige theologische Fragenkreis liegt heute mehr oder minder wie ein blinder Fleck zwischen der alttestamentlichen und der neutestamentlichen Theologie. Die Folge davon war, daß die Erörterung dieses Problems in die mehr erbauliche Diskussion der praktischen Theologie abgedrängt wurde, von der aber nicht behauptet werden soll, daß sie nicht da und dort ernsthafte und förderliche Arbeit geleistet habe. Eher wäre zu sagen, daß sie den Fragen die Treue gehalten hat, denen sich die biblische Wissenschaft allzulange entzog. Die biblische Wissenschaft muß sich aber diesem Fragenkreis stellen, und zwar aus zwei Gründen: einmal weil, wie wir glaubten zeigen zu können, das Alte Testament, sachgemäß ausgelegt, ganz von selber von sich aus über sich hinausweist und die Frage nach der Einlösung der sich steigernden göttlichen Zusagen, mit einem Wort: die Frage nach seiner Erfüllung unüberhörbar stellt; zum andern durch den vielstimmigen Rückbezug des Neuen Testaments auf das Alte, der seinerseits nun wieder den Theologen zur Stellungnahme und Klärung aufruft. Hier stehen wir nach dem Einbruch des historisch-kritischen Denkens in die Wissenschaft noch in den ersten Anfängen. Immerhin kündet sich heute — mindestens an den Rändern — eine gewisse Auflösung des Begriffes einer alttestamentlichen Theologie an, insofern es deutlich wird, daß es eine wirklich konsequent auf sich beschränkte Theologie des Alten Testaments doch eigentlich nicht geben kann; es sei denn, sie sieht von der allerwesentlichsten Eigenschaft des Alten Testaments ab, nämlich von seinem Hinweischarakter auf das neutestamentliche Christusgeschehen.

In diesem Sinne bedeutet es ohne Zweifel auch eine Durchbrechung der spezifisch alttestamentlichen Problemkreise, wenn wir nun, nachdem von Jahwes Heilshandeln die Rede war, noch nach der Bedeutung des Gesetzes fragen; denn die Frage ist, so formuliert, bekanntlich eine spezifisch neutestamentlich-christliche. Doch wird man nicht sagen können, daß mit der Unterscheidung von „Gesetz" und „Evangelium" eine Begrifflichkeit an das Alte Testament herangetragen werde, die ihm gar nicht entspräche. Auch das Alte Testament kennt Gottes Offenbarung teils als zuvorkommende Gnade, teils als Forderung an den Menschen. Allerdings liegen die Dinge für uns in dieser Sache nicht so einfach wie für frühere Generationen, für die es so sicher feststand, daß der Dekalog „Gesetz" sei, wenn sie nicht gar, in Vergröberung von Aussagen Luthers, das ganze Alte Testament als den Niederschlag einer „Gesetzesreligion" ansahen[1]. Sie hatten einen Gesetzesbegriff zur Hand, den sie nur an die Texte anzulegen brauchten, und standen im Bann eines bestimmten traditionellen theologischen Vorverständnisses vom Alten Testament, das inzwischen starken Korrekturen unterworfen wurde. Wir sind heute weit davon entfernt, eine solche allgemein anerkannte Vorstellung von dem zu haben, was im Alten Testament „Gesetz" ist. Wie mit so vielen Begriffen von zentraler Wichtigkeit geht es uns auch hier: Wir müssen es uns vom Alten Testament erst wieder neu sagen lassen, was für Israel „Gesetz" war und

1. Luther ist tatsächlich in gewissen summarischen Formulierungen (so etwa in der Vorrede zum Alten Testament von 1523 und in der Vorrede auf das Neue Testament von 1545) einer Identifikation des Alten Testamentes mit dem Gesetz Gottes und des Neuen Testamentes mit dem Evangelium recht nahe gekommen. Die Vorrede auf das NT beginnt mit den Worten: „Gleichwie das Alte Testament ein Buch ist, darinnen Gottes Gesetz und Gebot, daneben die Geschichte, beide derer, dieselbigen gehalten und nicht gehalten haben, geschrieben sind: also ist das Neue Testament ein Buch, darinnen das Evangelium und Gottes Verheißung, daneben auch Geschichte beide derer, die daran glauben und nicht glauben, geschrieben sind." Vgl. aber dazu *H. Bornkamm*, Luther und das Alte Testament (1948), S. 103 ff. und *G. Heintze*, Luthers Predigt von Gesetz und Evangelium (1958).

in welchem Verhältnis dieser fordernde und Israel verklagende Wille Gottes zu seinem Gnadenhandeln stand. Denn diese Frage, ehedem im Zentrum aller theologischen Erwägungen über das Alte Testament stehend, ist in den zusammenfassenden Werken des 19. und 20. Jahrhunderts kaum mehr theologisch-grundsätzlich aufgeworfen worden[2]. Die Forschung wurde von geschichtlichen Spezialproblemen gefesselt, von der Herkunft und der Stilisierung der Rechtsnormen, ihren Trägern und ihrer Weitergabe. Wie vieler Untersuchungen hat es allein bedurft, um die revolutionäre These Wellhausens, daß das Gesetz gar nicht vorprophetisch sondern nachprophetisch sei, durch eine schrittweise Aufhellung der altisraelitischen Rechtsgeschichte abzubauen und ihre Gültigkeit auf den Vorgang der literarischen Sammlung der an sich viel älteren Überlieferungen in großen theologischen Werken (Deuteronomium, Priesterschrift) einzuschränken! Daß der Rechtswille Jahwes schon in der frühesten Jahwereligion an Israel ergangen ist, unterliegt keinem Zweifel. Aber die Frage, wie er theologisch zu verstehen ist, wie Israel selbst diesen fordernden Willen Gottes in den verschiedenen Phasen seiner Glaubensgeschichte verstanden hat, ist noch lange nicht genügend geklärt. Von ihrer Beantwortung hängt aber viel ab für die christliche Bewertung des Alten Testaments. Mit so summarischen Unterscheidungen wie der althergebrachten, derzufolge man das alttestamentliche Gesetz in ein Zeremonial-, ein Judizial- und ein Moralgesetz teilte, ist heute nicht mehr auszukommen.

1. Angesichts eines so viel differenzierteren Tatbestandes empfiehlt es sich, zunächst einmal darnach zu fragen, was Israel, und zwar dem alten Israel, in seinen Gottesdiensten widerfuhr. Man darf doch erwarten, daß im Kultus das Wesentliche und Charakteristische des Verhältnisses Israels zu Jahwe geradezu in typisierter und verdichteter Weise Gestalt gewonnen hat; denn die gesetzlichen Ordnungen waren, wie wir sahen, keine Staatsgesetze, sondern betrafen Israel in seiner Eigenschaft als sakrale Gemeinschaft, als Volk Jahwes. Nun ist aber Folgendes sehr wichtig: Die Gesetze im Alten Testament haben diese sakrale Ordnung, also den Bund Jahwes mit Israel zur Voraussetzung; es gibt kein Gesetz, also etwas wie ein „Grundgesetz", das seinerseits diese Ordnung erst konstituiert. Sie besteht, und die Viel-

2. *G. F. Oehler* ist wohl einer der Letzten, der in seiner Theologie des AT (1882[2]) noch gelegentlich von einer „Pädagogie des Gesetzes" im AT sprach (S. 28, 37). Aber dieser Gedanke kommt in seiner Darbietung der alttestamentlichen Stoffe bezeichnenderweise nicht mehr zum Tragen.

zahl der Gesetze hat nur die Aufgabe, diese Ordnung zu schützen gegen alle möglichen Bedrohungen, die von innen oder von außen aufstehen könnten[3]. Daraus folgte, daß eine nicht kleine Zahl dieser Gesetze eigentlich etwas Okkasionelles hatte. Sie standen und fielen mit dem Vorhandensein der jeweiligen Bedrohung, d. h. bei veränderter Situation standen sie einer Neuinterpretation gegen neue Formen der Bedrohung zur Verfügung.

Die Tatsache, daß es unmöglich ist, diese Gesetze inhaltlich-thematisch auf einen Nenner zu bringen, als in sich zusammenhängend zu verstehen, ist bezeichnend. Man kann sie eben nicht als ein umfassendes Unternehmen bezeichnen, das Gottesvolk zu schaffen, also auch nicht als Einzelbestimmungen eines — allenfalls ungeschriebenen — Grundgesetzes. Dem steht ja schon ihre überwiegend negative Formulierung im Wege; vor allem aber die Tatsache, daß die Einzelgesetze die ihr vorgegebene Grundordnung gar nicht mehr berühren, sondern daß sie vereinzelt und okkasionell nur die jeweilige Bedrohung ins Auge fassen, die im kultischen oder im sozialen Leben Israels diese Grundordnung stören könnte. Immerhin — das ist ein sicheres Ergebnis der formgeschichtlichen und traditionsgeschichtlichen Exegese — diese Gebote haben schon im Kultus des älteren Israel eine große Rolle gespielt. Es ist bekannt, daß sie — was sich eben aus der liturgischen Situation, d. h. aus ihrer Rezitation erklärt — oft in der Gestalt von „Reihen" auftreten. Diese Reihen sind keineswegs immer gleich stilisiert[4].

Eine kurze Übersicht mag die Vielfalt ihrer Verwendungsmöglichkeiten veranschaulichen:

Ex. 20_{2} ff; Dt. 5_{6} ff.	„du sollst nicht ..."
Lev. 19_{13} ff.	„du sollst nicht ..."
Ex. $21_{12, 15-17}$ (Fragment)	„wer, ... der muß getötet werden."
Dt. 27_{15} ff.	„verflucht sei, wer ..."
Dt. 26_{13} ff.	„ich habe nicht ..."
Hiob 31_{5} ff.	„wenn ich (getan habe), so ..." (Form der Selbstverfluchung).
Hes. 18_{5} ff.	„er tut nicht ..." (ähnlich Ps. 15; 24).

In allen diesen Fällen haben wir es mit „Gebotsreihen" zu tun, wobei freilich der jeweilige Ort der Rezitation innerhalb des kultischen Ablaufes verschieden ist. Einmal handelt es sich um ein liturgisches Zeremoniell am Tor (Ps. 15_{2} f; 24_{4}), dann wieder um ein persönliches Be-

3. Vgl. dazu *M. Noth*, Die Gesetze im Pentateuch, Ges. Studien, S. 21 f, 67 ff.
4. S. Bd. I, S. 204 ff.

kenntnis eines Kultteilnehmers. Im Dodekalog (Dt. 27$_{15}$ ff.) ist es die Gesamtgemeinde, die sich von Unwürdigen, sollten sie sich in ihrer Mitte befinden, feierlich trennt. Besonders hervorgehoben ist die Rezitation des Dekalogs, die mit großer Wahrscheinlichkeit am Höhepunkt einer in gewissen Abständen wiederholten Bundeserneuerungsfeier stattgefunden hat[5]. Hier ist also von Gesetzen die Rede. (Der Umstand, daß vom Alten Testament aus die pluralische Formulierung so viel sachgemäßer erscheint als die Rede von „dem" Gesetz, gibt auch zu denken.) Jedenfalls nach dem, was oben über die vorgegebene, von keinem Gesetz formulierte Grundordnung gesagt wurde, ist die Frage, ob Israel durch die Ausrufung dieser Gebote in eine „gesetzliche" Situation vor Gott gestellt wurde, noch keineswegs zu bejahen. War es nun Israel auferlegt, durch die Leistung seines Gehorsams dieses Bundesverhältnis durchzuhalten? Es ist an anderer Stelle schon dargelegt worden, daß der Befund der Texte entschieden gegen diese Annahme spricht[6]. Dem Empfang der Gebote ist die Erwählung durch Jahwe vorausgegangen. Israel ist durch diese Erwählung zum Eigentumsvolk Jahwes geworden, also in einer Situation, in der es noch gar keine Gelegenheit zur Bewährung seines Gehorsams hatte, wie das sonderlich dem Text Dt. 27$_{9}$ f. zu entnehmen ist, der einem alten Zeremoniell zu entstammen scheint. Im übrigen sind diese Gebote ja weit entfernt, so etwas wie ein Ethos zu umreißen; vielmehr bezeichnen sie in ihrer negativen Formulierung doch nur Möglichkeiten, die an der äußeren Peripherie des menschlichen Lebenskreises liegen, nämlich Praktiken, die Jahwe absolut mißfällig sind: Wer Jahwe angehört, bricht nicht die Ehe, verrückt keine Grenze und mordet nicht. Immerhin ist dies doch sehr wichtig: Das Heilsereignis der Übereignung Israels an Jahwe ist unabtrennbar von der Bindung an gewisse Normen, die den Kreis der Erwählten sonderlich an seinen Rändern deutlich markieren. Aber das war bei der jungen Christusgemeinde nicht anders. Auch sie wußte von Anfang an sich an gewisse Rechtsnormen gebunden und hat sie unbefangen praktiziert. Niemand wird sagen wollen, daß etwa Paulus damit, daß er gelegentlich sehr streng auf gewissen Scheidungen und Abgrenzungen bestand, den Christenstand vergesetzlicht habe (1. Kor. 5$_{5}$; 16$_{22}$ vgl. Apg. 8$_{20}$). Auch die junge Christusgemeinde sah sich vor die Notwendigkeit gestellt, sich von unwürdigen Gliedern

5. S. Bd. I, S. 31.
6. S. Bd. I, S. 205 ff.

zu trennen: Einfach durch ihr Dasein gab es ein Drinnen und ein Draußen, und die Aufgabe, diese Grenze zwischen beiden Bereichen zu ziehen, stellte sich immer neu[7]. „Es trete ab von der Ungerechtigkeit, wer den Namen des Herrn nennt" (2. Tim. 2$_{19}$). In dieser Hinsicht hat also auch die Urgemeinde um ein ihr auferlegtes „Gesetz" gewußt und sich ihm unterworfen. Deshalb kann man ernstlich fragen, ob denn das Fluchzeremoniell des sichemitischen Dodekalogs (Dt. 27$_{15\,ff.}$) theologisch anders zu beurteilen sei als die Ausrufung des Anathema, die in der ältesten Abendmahlsliturgie ihren wichtigen Ort hatte[8]. In beiden Fällen scheidet sich die Gemeinde in feierlichem Zeremoniell von solchen, mit denen sie nach dem Willen ihres Herrn keine Gemeinschaft haben darf.

Im Bereich des Alten Testaments wäre nun aber noch ein weiterer Schritt zu tun: Auch das gesamte „Zeremonialgesetz", also die Ordnungen der Feste, der Beschneidung, der Opfer und die Bestimmungen über rein und unrein, mag man theologisch als „Gesetz" bezeichnen, aber eben doch als Normierungen, die einer umfassenden göttlichen Heilssetzung folgen, also als Ordnungen, die einer gestifteten Gemeinschaft ihre Form, aber auch ihre sakramentale Stabilisierung geben. Nun enthält freilich das Alte Testament über die theologische Bedeutung der Opfer und Zeremonien nur kärgliche Hinweise, am wenigsten für die alte Zeit Israels. Aber dieses Schweigen spricht u. E. am stärksten dafür, daß all die Zeremonien und Opfer eben nicht als Leistungen verstanden wurden, die etwas wie einen Anspruch auf die göttliche Gnade begründen. In keinem der Gebete, die die Darbringung der Opfer begleiteten, spielt die Reflexion über die dargebrachte Leistung und ihr Gewicht eine Rolle. Aber die gewichtigsten Argumente gegen die Auffassung, daß das ältere Israel sein Verhältnis zu Gott gesetzlich verstanden habe, liefert das Deuteronomium, denn es ist seinem innersten Wesen nach eine einzige, vehemente Erneuerung des alten Heilsangebotes an Israel. Auch hier wird Gesetz verkündigt; aber es kann keine Rede davon sein, daß Israel unter dem Drohen dieses Gesetzes erschrecken müßte und Anlaß hätte, an der Tragfähigkeit der der

7. Zu dem „Draußen" vgl. Apok. 22$_{15}$ („draußen bleiben die Hunde und die Zauberer, die Unzüchtigen, Mörder und Götzendiener und jeder, der Lüge liebt und treibt"). S. vor allem *E. Käsemann*, Sätze Heiligen Rechts im Neuen Testament, New Testament Studies (1955), S. 248 ff.

8. *G. Bornkamm*, Das Anathema in der urchristlichen Abendmahlstheologie, in: Das Ende des Gesetzes (1952), S. 123 ff.

Verkündigung der Gebote vorauslaufenden Heilszusage zu zweifeln. Im Deuteronomium tritt allerdings eine neue theologische Form der Verkündigung zum ersten Male im Alten Testament auf eine breite theologische Basis: die „Paraklese", deren theologische Sonderstellung neben dem indikativischen „Evangelium" und dem imperativischen „Gesetz" erst in neuerer Zeit genauer untersucht ist[9]. Die Paraklese darf ja nicht mit dem Gesetz verwechselt werden; sie stellt die Heilsbotschaft nicht in Frage; sie ist vielmehr eine besondere Form der tröstenden oder ermahnenden Anrede derer, die das Heilswort bereits empfangen haben.

> „Ich habe dir doch geboten (צִוָּה); sei stark und fest; fürchte dich nicht und erschrick nicht, denn Jahwe, dein Gott, ist mit dir, wo immer du hingehst" (Jos. 1$_9$).

Die deuteronomische Paraklese — man nennt sie häufiger Paränese — ist zwar von großer theologischer Beweglichkeit, denn ihrem wachsamen Blick entgeht kaum eine Gefährdung, die dem Gnadenstande Israels von seiten Israels selbst widerfahren könnte. Aber eine Erwägung, die uns so nahe zu liegen scheint, suchen wir in diesen wortreichen Texten vergeblich, nämlich die, ob denn Israel dieses Gesetz auch erfüllen könne. Die Gebote erscheinen dem deuteronomischen Prediger als durchaus erfüllbar, ja eigentlich als leicht erfüllbar. Von dem Gesetz her ist Israels Heilszustand nicht bedroht. Nicht das ist die Sorge dieser Paränese, daß Israel möglicherweise vom Gesetz überfordert, also daß es nicht können wird, sondern vielmehr, ob es überhaupt wollen wird.

Blicken wir vom Deuteronomium aus noch einmal zurück, so hat sich das jedenfalls als ein nicht unwichtiges Ergebnis herausgestellt: Eine fest umrissene Größe innerhalb der Jahweoffenbarung, die Israel als „Gesetz" gekannt und benannt haben könnte, hat es bis dahin nicht gegeben. Damit soll nicht gesagt sein, daß Israel nicht immer wieder und auf die vielfältigste Weise — vor allem im Raum des Kultus, aber auch außerhalb davon — auf strenge Forderungen Jahwes gestoßen sei. Aber der Inhalt dieses Gotteswillens war ihm nicht in Gestalt eines genau fixierten und leicht erkennbaren Gesetzes zuhanden. Im Gegenteil, wir sahen, wie Israel in seiner Kultusgeschichte sich angesichts der sich ständig wandelnden kultischen Gefahren immer neu

9. *E. Schlink,* Gesetz und Paraklese, in: Antwort (Karl Barth zum 70. Geburtstag, 1956), S. 326 f. *W. Joest,* Gesetz und Freiheit (1951), S. 137 ff.

vor die Notwendigkeit gestellt sah, sich das erste oder zweite Gebot zu interpretieren[10]. Diese Interpretation des Jahwewillens, einmal Bräuche duldend, ein andermal sie schroff verwehrend, war im letzten immer ein charismatischer Vorgang. Für die vielen Einzelentscheidungen, die in dem Dickicht von überkommenem kultischem Brauchtum und neuen religiösen Anstößen zu fällen waren, gaben die summarisch apodiktischen Sätze des alten sakralen Rechts nicht mehr als allgemeine Leitgedanken her. Was Gehorsam, was Ungehorsam vor Jahwe war, das mußte Israel immer neu im Gewissen seiner Priester zu hören versuchen. Das heißt aber, daß dieses Gesetz von vornherein auf Interpretation angewiesen war. Sein Verständnis war von früher Zeit an in Bewegung, was ja an der Umformung gewisser Gebote leicht zu sehen ist[11]. Damit ist aber etwas sehr Wichtiges gegeben: Dies Gesetz war für Israel alles andere als eine bekannte Größe, auf die man sich nur zu besinnen brauchte, sondern ein Widerfahrnis. Im Hören der Gebote — in alten Zeiten im Zeremoniell der Wallfahrtsfeste — ereignete sich eine Begegnung Israels mit seinem Gott. Aber auch noch das Deuteronomium ist eine einzige Aktualisierung des Willens Jahwes angesichts der spezifischen Gefahren in einer bestimmten Stunde der schon vorgerückten Geschichte des Jahweglaubens. Daß dieser Wille Jahwes in seiner Ganzheit nun auch schriftlich aufgezeichnet wurde, war ohne Frage ein Novum in Israel; denn wenn auch damit ursprünglich wahrscheinlich nicht mehr beabsichtigt war als eine Zusammenfassung des Jahwewillens für eine besonders kritische Zeit, so brachte diese schriftliche Fixierung doch fast zwangsnotwendig mit sich, daß der Israel geoffenbarte Jahwewille damit anfing, in eine neue Gestalt zu treten. Eine seiner Ausprägungen, die doch ursprünglich nichts anderes war als eine Aktualisierung unter vielen, gewann von jetzt ab mehr und mehr eine zeitlose normative Bedeutung. Der Prozeß der Kanonisierung begann. Daß das Deuteronomium und seine Proklamation unter König Josia eine Wende bezeichnet, ist oft betont worden; doch muß man zwischen der Art, wie es auf spätere Zeiten wirksam wurde,

10. S. Bd. I, S. 223, 232.

11. Zu den Interpretationen alter Gebote s. Bd. I, S. 212. Eine besonders bewegte Deutungsgeschichte hat das Gebot der Darbringung der Erstgeburt. Schon die sehr alte Zitierung in Ex. 13_{2} fügt eine ausführliche Legalinterpretation bei (Ex. 13_{11-16}), in der das Gebot geschichtlich verankert und in seiner Anwendung auf die tierische und menschliche Erstgeburt spezifiziert wird. In eine viel spätere Zeit führen die Interpretationen der Priesterschrift Nu. 3_{12} f, $_{40}$ f; 8_{16} (s. Bd. I, S. 262 f.) und die des Propheten Hesekiel (Hes. 20_{25} f.).

und seiner eigenen Auffassung von Jahwes Willensoffenbarung an Israel unterscheiden. In der letzteren Hinsicht steht es noch durchaus jenseits einer Vergesetzlichung, ja es ist zu einer besonders eindringlichen Predigt von Jahwes zuvorkommendem Heilswillen geworden.

2. Durch die Verkündigung der großen Propheten wurde Israels Verhältnis zu Jahwe schlagartig und dramatisch verändert. Es ist oben schon dargelegt worden, daß man diese Propheten weder für Verkünder neuer religiöser Ideen halten darf noch für die Reformatoren des Alten. Alles in ihrer Botschaft ist von da her zu verstehen, daß sie heilsgeschichtlich eine ganz neue Stunde für Israel anbrechen sehen; sie sehen ein Handeln Gottes auf Israel zukommen, das schreckliche Gerichte, das aber auch geheimnisvolle Bewahrungen bringen wird. Angesichts dessen wird — das ist die Meinung der Propheten — eine Berufung auf die alten Heilssetzungen nicht mehr verfangen, weil sich die Frage des Seins oder Nichtseins Israels überhaupt erst in diesem neuen Gottesgeschehen entscheiden wird. So ist also das erste, womit wir die Propheten beschäftigt sehen, dies, daß sie mit allen Mitteln der Rhetorik und der Argumentation ihre Zeitgenossen aus ihrem angemaßten und illusionären Heilsbesitz herausstoßen. Sie tun es, indem sie ihnen Gottes Zorn verkünden und sie unter sein Gesetz stellen. Dieses Selbständigwerden der „Predigt" des Gesetzes, aber freilich auch diese ungeheure Verschärfung in der Verkündigung von einer den Menschen tötenden Forderung Gottes, ist etwas ganz Neues[12].

12. Inzwischen ist *W. Zimmerli* in einer Monographie den Fragen des alttestamentlichen Gesetzesverständnisses nachgegangen (Das Gesetz und die Propheten, 1963). Mit ihm bin ich darin völlig einig, daß mit der Gewährung des Bundes immer auch die Bedrohung durch einen Fluch gegeben war *(Zimmerli,* a. a. O. S. 81 ff.). Erwählung und Anathema sind theologisch nicht zu trennen. Wo die eine sich ereignet, da kommt auch die entgegengesetzte Möglichkeit in Sicht. (Auf S. 93 hat Zimmerli meine Auffassung nicht ganz zutreffend wiedergegeben, vgl. Bd. I, S. 209 f.) Nach wie vor aber möchte ich die Gerichtsbotschaft der vorexilischen Propheten von diesem Vorstellungskreis abrücken und in ihr etwas Neues sehen. Wenn Amos und die nachfolgenden Propheten das Ende Israels, also ein totales, „restloses" Gericht ansagen, so kommt das einer Suspendierung des Bundes überhaupt gleich. Das aber ist anders zu bewerten als das da und dort *auch* wirksam werdende Anathema, denn dieses Anathema traf je und dann nur Einzelne oder Gruppen im Volk. Und selbst da, wo die Liquidierung einer ganzen lebenden Generation angedroht war, wie z. B. in Erzählungen von der Wüstenwanderung, ging es doch nicht um eine endgültige Verstoßung ganz Israels. Dem aber sahen die Propheten entgegen. Sie sahen den heilsamen Bezug Jahwes zu Israel überhaupt als gelöst an. Unter solchen Voraussetzungen konnte von einer Zukehr Jahwes zu Israel nur aufgrund ganz neuer Heilssetzungen gesprochen werden. Um diese unglaubliche Botschaft glaubhaft zu machen, argumentieren die Propheten häufig mit dem Hinweis auf die Verletzung

Mit der Feststellung, daß die Verkündigung der vorexilischen Propheten vornehmlich „Gesetzespredigt" sei, ist freilich nur etwas sehr Allgemeines ausgesagt. Allein der Umstand, daß sich die Propheten einer ganz anderen theologischen Sprache bedienen — bei Jesaja kommt der Begriff „Gesetz" ja nur ganz am Rande vor[13] —, nötigt uns, die Frage nach der Norm selbst noch einmal kurz ins Auge zu fassen und zu fragen, an welchem theologischen Ort und in welchen Zusammenhängen innerhalb der prophetischen Verkündigung dieses „Gesetz" erscheint. Denn in der Art und Weise, wie die Propheten anklagen, d. h. besonders in der Argumentation, derer sie sich bedienen, um die Sünde ihres Volkes aufzudecken, zeigen sich, sonderlich zwischen den Propheten des 8. und denen des 7. und 6. Jahrhunderts, erhebliche Unterschiede. Würde man bei den Propheten des 8. Jahrhunderts die bekannten Anklagen gegen das Verhalten den Rechtsschwachen gegenüber, ihre Vorwürfe über die Bedrückung der Armen, die Beugung des Rechts usw. allein zu Rate ziehen, so wäre das Bild ziemlich eindeutig: Die Propheten gehen von dem Israel geoffenbarten Gottesrecht aus. Wenn sich auch nur ganz selten unmittelbare Zitierungen alter Rechtssätze finden (in Hos. 4_2; Jer. 7_9 ist der Dekalog oder eine dekalogähnliche Reihe zitiert), so kann doch kein Zweifel sein, daß den Propheten bei ihren Anklagen ganz bestimmte Rechtssätze vorschweben, die wir in dem Überlieferungsmaterial auch meist zu benennen vermögen[14]. Das ist ohne Frage richtig; und doch wäre damit gerade das Wesentlichste der Anklagen noch nicht erfaßt. Es liegt ja nicht darin, daß in dem einen Fall gegen diesen, in dem anderen gegen jenen Satz des alten Gottesrechts verstoßen wurde, sondern darin, daß Israel total gegenüber Jahwe versagt hat. Bezeichnend für diese Tendenz auf das Ganze des Verhältnisses Israels zu Jahwe sind die kleineren oder größeren geschichtlichen Rückblicke, zu denen die

von Jahwegeboten. Aber gerade bei diesem Argumentieren tritt das Neue deutlich zutage, denn faktisch arbeiten die Propheten mit einem ganz neuen Gesetzesverständnis. Haben denn in vorprophetischer Zeit Verletzungen einer Bestimmung des Bodenrechts (Jes. 5_8), haben denn asoziales Schlemmerleben (Am. 4_1; Jes. 5_{11-22}) oder die Unterdrückung von Armen (Am. 2_6; 8_4) zu einem Todesurteil über ganz Israel geführt?

13. Jes. 5_{24}; 30_9.

14. Anhand von Am. 2_6 ff; 3_9 f; 4_1; $8_{4,6}$; $5_{7,11}$; 6_{12} hat *R. Bach* (s. o. S. 142 Anm. 12) versucht zu zeigen, daß Amos sich nur auf Forderungen des alten sakralen, also des apodiktischen Rechtes bezieht. Zu Micha s. *W. Beyerlin*, Die Kulttraditionen Israels in der Verkündigung des Propheten Micha (1959), S. 42 ff. Zu Hesekiel s. *W. Zimmerli*, Die Eigenart der prophetischen Rede des Ezechiel, ZAW 1954 S. 1 ff.

Propheten so oft ausholen[15]. Sie mußten schon die Heilsgeschichte im ganzen aufbieten, um das Entscheidende in den Blick zu bekommen. Dies Entscheidende ist, sagten wir, das völlige Versagen Israels. Aber woran — und das ist jetzt eine wichtige Frage — hat Israel versagt? Am Gesetz Jahwes? Befragen wir Jahwes Klage über seine mißratenen Söhne, die er herangezogen hat (Jes. 1 2 f.), oder die des Liebhabers über den „Weinberg", an den er so viel gewendet hat (Jes. 5 1 ff.), oder die des Vaters, der den Knaben Israel ehedem gegängelt hat (Hos. 11 1 ff.), so ist die Antwort immer die gleiche: versagt hat Israel an dem Heilswalten Jahwes. Darin bestand Israels Sünde, daß es die Führungen und die Gaben seines Gottes mißachtet hat. Auch der Hinweis auf den mißachteten Rechtswillen Jahwes will nichts anderes deutlich machen. Jedenfalls kann man nicht sagen, daß die Propheten dieser Epoche ihr Volk mit dem Gesetz Jahwes konfrontieren (falls es etwas Derartiges zu ihrer Zeit überhaupt gab); nicht an ihm, sondern an seinem Heilswillen ist es gescheitert. Ist diese Erkenntnis grundsätzlich sichergestellt, so steht nichts im Wege, den zweifellos auch vorhandenen Unterschieden ihr Recht zu geben. Am eindeutigsten ließe sich unser Satz, daß Israels Sünde an dem heilsgeschichtlichen Walten seines Gottes offenbar geworden ist, aus Hosea belegen, während bei Amos und Jesaja auch die Anklage wegen Übertretung einzelner Gebote eine Rolle spielt. Aber auch Amos konfrontiert bezeichnenderweise diese Vergehen (Am. 2 6-8) mit den heilsgeschichtlichen Wohltaten Jahwes (Am. 2 9-12), und bei Jesaja ist doch vor allem der Unglaube das große Hindernis. Daß die Jerusalemer das Angebot, sich bei Jahwe zu bergen, nicht annahmen, daß sie nicht „hinschauten" auf Jahwe, das war die Sünde, die ihnen nicht vergeben werden wird (Jes. 22 11 f.). So wird es also dabei bleiben, daß die Propheten des 8. Jahrhunderts „Gesetz predigen", jedenfalls decken sie Sünde auf; aber diese Sünde wird ganz unmittelbar an dem Heilswalten Gottes offenbar und nicht an einem richtenden Gesetz, das diesem Heilswalten gegenübersteht. Amos hat dafür vielleicht die schlagendste Formulierung gefunden: Gerade die Heilstat der Erwählung wird Israel zum Gericht (Am. 3 2). Spricht man aber von einer Gesetzespredigt bei diesen Propheten, so muß der Begriff doch auch noch in einer anderen Richtung eingeschränkt werden; denn der positive Appell zum Gehorsam nimmt in ihrer Verkündigung bekanntlich einen sehr geringen Raum ein. Am

15. Am. 2 9-12; 4 6 ff; Jes. 1 2 f; 5 1 ff; Mi. 6 1 ff; Hos. 11 1 ff; Jer. 2 1 ff.

allerwenigsten bestehen sie auf der menschlichen Gehorsamsleistung als einer Vorbedingung des göttlichen Heiles. So könnte man bei der Botschaft dieser Propheten angesichts der Schärfe der Verurteilung, andererseits aber angesichts des Fehlens der großen Imperative fast von einem inneren Widerspruch reden. Aber dies beides erklärt sich ohne weiteres aus dem Blick der Propheten auf das Kommende, auf die „festbeschlossene Vernichtung" (Jes. 28 22) und auf das neue Heil, das Jahwe zu wirken verheißen hat.

Bei den Propheten des 7. und 6. Jahrhunderts, bei Jeremia und Hesekiel, können wir weithin ganz ähnliche Beobachtungen machen; und doch hat sich bei ihnen gerade in der Frage, die uns beschäftigt, etwas geändert. Der alte prophetische Beruf, Sünde aufzudecken, war bei ihnen sichtlich in eine neue Phase getreten. Israel hat nach der Meinung Jeremias und Hesekiels den Bund gebrochen. Das hätten allenfalls auch Amos und Hosea sagen können; aber was hat es für eine Bewandtnis, daß Jeremia in diesem Zusammenhang an zentraler Stelle von der Tora spricht (Jer. 31 33)? Der Grund dafür, daß wir jetzt auf Erwägungen über das Gesetz stoßen, die wir oben bei Amos, Jesaja und Micha vermißt haben, liegt zunächst darin, daß diese ganze Zeit im Zuge restaurativer Tendenzen mit einemmal an den alten Überlieferungen interessiert und bemüht war, sich in ihnen einzurichten. So war das Stichwort dem Propheten von seinen Zeitgenossen gegeben; sie haben ihn zur Gegenäußerung veranlaßt (Jer. 8 8). Aber es waren ohne Zweifel auch eigene Erkenntnisse und Erfahrungen, durch die die Propheten mehr und mehr auf das Problem der Tora und ihrer Erfüllung durch Israel gestoßen wurden. Hatten die früheren Propheten von dem totalen Versagen Israels gegenüber Jahwe gesprochen, so rühren Jeremia und Hesekiel an die Erkenntnis, daß Israel seiner Natur nach gar nicht fähig sei, Jahwe zu gehorchen. Die schaurige Rückschau von Hes. 20 ist zunächst ein weiteres Beispiel für den Brauch der Propheten, Israel mit seiner Heilsgeschichte zu konfrontieren, um es dadurch in seiner Sünde offenbar werden zu lassen. Insofern ist Hes. 20 ein ausgeführtes Beispiel für das, was Amos gemeint hatte, daß nämlich gerade die Erwählung Israels zur Aufdeckung und Ahndung seiner Sünden führe (Am. 3 2). Aber da ist nun doch noch ein neuer Ton; denn der Gegenstand, an dem Israel sich nach der Darstellung von Hes. 20 versündigt hat, ist nicht die geschichtliche Heilstat Jahwes im engeren Sinne, also seine Führungen und seine Wunder, sondern es sind Forderungen gesetzlicher Art, zu deren Einhaltung Israel verpflichtet war. Überall in diesem Geschichtslauf sieht Hesekiel Gesetz aufbrechen und Israel daran versagen (s. o. S. 235 f.). So ist also der Wandel in dem Begriff der Norm gegenüber der älteren Prophetie doch unverkennbar; denn hier ist von einer wirklichen lex die Rede und es wird jetzt auch nach der Erfüllung dieses Gesetzes gefragt. Das Ergebnis dieser Nachfrage ist die bündige Feststellung, daß Israel diese Forderungen nicht befolgt hat. Nun sieht aber Hesekiel das Gottesvolk dieser Willensoffenbarung in einer so großen Verhärtung gegenüberstehen, daß die in dem Kapitel 20 nicht explizit beantwortete Frage, ob dieser Ungehorsam auf ein Nicht-Wollen oder Nicht-Können zurückzuführen sei, ziemlich gegenstandslos ist. Davon, daß die geoffenbarten Jahwegebote die Erfüllungsmöglichkeiten Israels schlechterdings übersteigen, ist ja bei diesen Propheten kaum die Rede. Das Wort von dem Mohren und Panther, der seine Farbe nicht wandeln könne, scheint immerhin in diese Richtung zu weisen (Jer. 13$_{23}$). Ein so radikales Wort wie das des Josua auf dem Landtag zu Sichem, daß nämlich Israel Jahwe gar nicht dienen könne (Jos. 24$_{19}$), findet sich im ganzen Alten Testament nicht mehr.

Aber daß den Propheten gerade in dieser Richtung sehr radikale Erkenntnisse gekommen waren, dafür sind die Weissagungen von dem neuen Gehorsam, den Jahwe im Menschen selbst wirken wird, der beste Beweis. Der theologische Ort aber, an dem dies letztere ausgesprochen wird, ist bedeutsam genug. Die ganze Verlorenheit Israels wird — bei Jeremia jedenfalls — eigentlich da erst offenbar, wo Gott sich aufmacht, sein Volk zu retten, also da, wo diese Erkenntnis fast schon überholt ist. Andererseits zeigen die Perikopen von Jer. 31$_{31\,ff.}$ und Hes. 36$_{26\,ff}$, wie stark diese Propheten Israel vom Gesetz her verstanden und wie sehr sie Israel von dem Problem der Erfüllung dieses Gesetzes bedroht sahen. Von der Weissagung, daß Gott das Unlösbare durch ein Wunder lösen wird, das sich mitten im Bereich des Anthropologischen ereignen wird, nämlich durch eine Verwandlung des menschlichen Herzens, war oben schon ausführlicher die Rede[16]. Indessen enthalten die Worte Jeremias vom neuen Bund doch auch keine erschöpfende Beschreibung des neuen Heilsgeschehens; denn in jenem ganzen Text wird ja eigentlich nur eine differentia specifica hervorgehoben, nämlich die Erneuerung der Herzen. Von ihr aus, also mehr punktuell, verdeutlicht der Prophet den Wandel vom Alten zum Neuen. (Viel-

16. S. o. S. 220 ff, 244 ff, 275 ff.

leicht hätte er das Wesen des neuen Bundes auch von anderen Unterschieden her beleuchten können?) Das ändert nichts an der Feststellung, daß bei den Propheten Jeremia und Hesekiel und in ihrer Nachfolge in der deuteronomistischen Geschichtsschreibung die radikalsten Erkenntnisse über das von Jahwe geoffenbarte Gesetz ausgesprochen werden: daß es nämlich das ungehorsame Israel tötet. Aber die Propheten haben auch davon gesprochen, daß Jahwe sein Volk durch ein neues Heilsgeschehen aus diesem Tod erwecken wird (Hes. 37 1 ff.).

Blicken wir zurück auf das Gesetzesverständnis der Propheten, so tun wir gut, es unter dem Gesichtspunkt zu verstehen, der sich bei so vielen Phänomenen der alttestamentlichen Überlieferung als hilfreich erwiesen hat, nämlich unter dem der Neuinterpretation älterer Überlieferungen. Gewiß haben sie nicht alle Gebote neu gedeutet. Amos z. B. hat nicht wenige Gebote in ihrem alten, vordergründigen Wortsinn seinen Zeitgenossen vorgehalten. Das Überraschende liegt dann einfach darin, daß Amos diese Ordnungen so kompromißlos ernst nahm in einer Zeit, die die Bindung an sie wohl längst abgeworfen hatte. In anderen Fällen aber liegt den prophetischen Forderungen und Anklagen eine kühne und nur charismatisch zu verstehende Umdeutung der alten Ordnungen zugrunde. Sie haben sie auf Verhältnisse und Probleme angewandt, die weit außerhalb ihres alten „Selbstverständnisses“ lagen. Das gilt schon von der Aktualisierung des 1. Gebotes und des Bilderverbotes bei Hosea und Jeremia; denn ein so vehementer Synkretismus, wie er in der späteren Königszeit offenbar wurde, lag gewiß noch nicht im Gesichtskreis der alten sakralen Weisungen. Auch bei den Angriffen auf wirtschaftliche und soziale Mißstände waren die alten Bestimmungen oft nur sinngemäß anwendbar, weil sich die sozialen Verhältnisse in ihrer Struktur gegenüber der Zeit, da Israel noch kein Staat, sondern ein amphiktyonischer Verband war, entscheidend gewandelt hatten. Davon, wie Jesaja diesem sich seiner selbst bewußt gewordenen Staat gegenüber mit all seiner Bündnis- und Rüstungspolitik die alten Ordnungen des heiligen Krieges aktualisiert hat, war schon die Rede[17]. *Die Propheten standen angesichts der eschatologischen Situation vor der Aufgabe, das, was Jahwe hier und jetzt von Israel forderte, ganz neu aus den alten Ordnungen zu interpretieren.* Wahrscheinlich war es doch erst Jesaja, der aus dem ganzen Überlieferungskomplex des heiligen Krieges die Glaubensforderung so stark heraus-

17. S. o. S. 166, 402 ff.

gestellt und zum Angelpunkt der ganzen Existenz Judas und Jerusalems gemacht hatte. In anderer Hinsicht war es die ruckartige Ausweitung des politisch-geschichtlichen Horizontes ins Universale, die große Ansprüche an die geistige Beweglichkeit der Propheten gestellt hat.

Wir sehen also, wie die Propheten zur Beurteilung der großen sozialen, wirtschaftlichen und politischen Probleme ihrer Zeit zwar auf alte Normen zurückgreifen, die dem Bereich des Jahwekultus entstammen, wie sie aber diese Normen hinaustragen und überraschend kühn für Bereiche verbindlich erklären, die sich längst dem kultischen Bereich gegenüber verselbständigt haben. Vielleicht fällt von da aus auch noch ein klärendes Licht auf die viel diskutierte Kultpolemik der Propheten; denn diese Angriffe setzen Scheidungen voraus, die in der Zeit der alten „Pansakralität" noch nicht vorhanden waren. Das Auseinanderfallen von kultischen und „moralischen" Ordnungen, derart, daß man sogar in die Lage kommen konnte, die einen gegen die anderen auszuspielen, war überhaupt etwas Neues. Aber es hatten sich eben Bereiche vor Israel aufgetan, in die die kultischen Ordnungen nicht mehr hineinreichten, oder es waren Gebiete, in denen der Jahweglaube an Boden verloren hatte. Das kultische Leben in seinem sakralen Bereich lief ruhig weiter, und seine Ordnungen mögen auch leidlich intakt gewesen sein; jedenfalls brauchten sich die Propheten darum nicht zu sorgen, weil das Sache der Priester war. Aber das genügte ihnen offensichtlich deshalb nicht, weil die andere Seite des Jahwewillens, der ehedem eine Einheit war, in Vergessenheit geriet, oder weil man gar nicht mehr wußte, daß er auch in den Bereichen galt, die damals niemand mehr mit Jahwe in Verbindung gebracht hatte.

So war es also eine neue Form von Gesetz, auf die Israel in der Verkündigung der Propheten stieß. Neu war daran, daß die Propheten nicht nur Israel, sondern auch die Völker dem Willen Gottes unterstellt und sie an ihm mit ihrer Hybris scheitern sahen (Jes. 10_{12}). Neu aber war vor allem die Radikalität dieser Gesetzespredigt, die Vehemenz, mit der sie alle, auch die verborgensten Lebensgebiete Israels aufgedeckt und ins Licht der göttlichen Forderung gerückt hat[18]. Es ist mit Recht gesagt worden, daß sich die Propheten bei der Heranziehung alter Normen gelegentlich in Widersprüche verwickelt haben. Was soll die

18. Ein Beispiel für die prophetische Radikalisierung der Gebote einer Torliturgie fanden wir in Jes. 33_{14} f. (s. o. S. 277).

Berufung auf die alte Bannformel, derzufolge der Böse aus Israel „herausgeschnitten" werden soll, wenn es dieses Israel, aus dem er ausgestoßen werden soll, gar nicht mehr gibt, weil es ja im Ganzen diesem Urteil verfallen ist[19]? Das hartnäckige Bestreben der Propheten, mit Hilfe der alten Normen des sakralen Jahwerechtes die Verlorenheit des ganzen Volkes zu begründen, war also ein hermeneutisches Wagnis; denn darum, daß Vergehen gegen Jahwe je an ihrem Ort wieder gehörig geahndet wurden, ging es den Propheten ja gar nicht. Das aber wäre doch die einfache Konsequenz aus der Aktualisierung der alten Rechtssätze gewesen. Man könnte also einwenden, daß die Verlorenheit des ganzen Volkes durch die Heranziehung dieser und jener übertretener Gebote rechtlich noch nicht bewiesen war, weil das Gebot ja doch nur jeweils die Bestrafung des Übertreters, allenfalls seiner Sippe forderte und also das vom Propheten Intendierte gar nicht ganz hergab. Sie ist aber doch „bewiesen", denn die Propheten sehen ihr Volk im Anbruch eines ganz neuen Gottesgeschehens stehen. In diesen neuen Horizont stellen sie die alten Gebote und von ihm her erhalten jene ein neues Licht. Ein extremes Beispiel einer solchen Interpretation einer alten Satzung hat Hesekiel in Hes. 20_{25} gegeben. Die Auffassung, daß Gott mit dem Gebot der Darbringung der Erstgeburten eine „ungute" Satzung gegeben habe, die gar nicht zum Leben führen sollte, schlägt allen bisherigen Vorstellungen vom Wesen der göttlichen Gebote ins Gesicht und wird allein von der neuen Sicht der Dinge verantwortet, mit der dieser Prophet an die Öffentlichkeit getreten ist[20]. Die Vollmacht der Propheten, mit der sie diese alten Ordnungen auswählen, wie sie sie anwenden und interpretieren, ist ausschließlich charismatisch.

3. Schärfer und bedrohlicher als durch die Propheten ist in Israel nicht mehr „Gesetz gepredigt" worden. Die Frage nach der Auswirkung dieses Ereignisses ist schwer genauer zu beantworten. Beim Deuteronomium und Deuteronomisten liegt unter allen Umständen eine Beeinflussung vor. Die monotone Konsequenz, mit der die dtr Geschichtsschreibung die Könige nach ihrem Gehorsam Gott gegenüber

19. Zu Hes. 14_7 f. s. *W. Zimmerli,* ZAW 1954 S. 24 f.

20. „Es ist ohne Zweifel die Sprache einer tief vom Geheimnis angerührten, in der sicheren Möglichkeit einer eigenen Gerechtigkeit erschütterten Zeit, die es wagt, sich dem Rätsel einer Strafe Gottes, die im Gebote selber enthalten ist, zu beugen, ohne diesem Gedanken auszuweichen. Die paulinische Erkenntnis vom Wesen des Gesetzes ist hier in einer eigentümlich begrenzten Formulierung von ferne zu ahnen." *W. Zimmerli,* Ezechiel BK, S. 449.

befragt, also darnach, ob sie „ganz" waren mit Jahwe, bezieht sich zwar vornehmlich auf deren kultisches Verhalten (s. Bd. I, S. 350); aber der Radikalismus dieses Maßstabes und vor allem die Geradlinigkeit, mit der hier das Gottesgericht von 586 von dieser Entscheidung der Könige zum Ungehorsam hergeleitet wird, kann doch nur als ein Echo auf den Radikalismus der Botschaft der Propheten verstanden werden. Stellt man aber die Frage nach der Auswirkung der Propheten genauer, so müßte man vor allem nach der Auswirkung der spezifisch eschatologischen Verkündigung fragen, und dann wird man wenig Greifbares finden. Die Steigerung und Detaillierung des Opferkultes in der Priesterschrift mit ihrer Betonung der sühnenden Funktion kann auch aus der allgemeinen religiösen Unsicherheit einer Zeit erklärt werden, die an den Fundamenten des Bundes und seiner Gültigkeit zu zweifeln begann. Deshalb sei hier nur noch eine Vorstellung aufgegriffen, die durch die radikale Gesetzespredigt der Propheten eine bemerkenswerte Ausgestaltung erfahren hat, nämlich die eines menschlichen *Mittlers,* der stellvertretend in den Raum zwischen Jahwe und dem von Jahwe bedrohten Volk tritt. Nicht, daß die Vorstellung als solche erst eine prophetische wäre. In einer sehr altertümlichen Erzählung wird uns mitgeteilt, daß der dem Fluch verfallene Jonathan vom Volke ausgelöst wurde, wobei die von vielen Auslegern vertretene Auffassung, daß es sich um einen Menschen (und nicht ein Tier) handelte, der stellvertretend den Fluch auf sich nahm, der antiken Strenge der ganzen Erzählung am besten entspricht (1. Sam. 14_{45}). Schließlich war ja auch der ganze Priesterdienst ein stellvertretender Mittlerdienst, vollends wenn man an das Verzehren des Sündopferfleisches denkt, von dem anderwärts schon die Rede war[21]. Auch an die Theorie, daß die Leviten für die nicht dargebrachten Erstgeburten Jahwe übereignet seien, muß in diesem Zusammenhang erinnert werden (Nu. $3_{12\,f,\ 40\,f}$; 8_{16}).

Auch im Prophetenamt war eine interzessorische Funktion von Anfang an verankert. Theologisch bedeutsam wird aber dieser prophetische Mittlerdienst da, wo das übernommene Amt in den Bereich des persönlichen Lebens übergreift und die menschliche Existenz des Mittlers selbst gefährdet. Auch das hat sich gewiß schon in den alten Zeiten immer wieder ereignet; aber es fällt auf, daß dieses Bild des leidenden Propheten erst im 7. und 6. Jahrhundert eine besondere, in-

21. S. Bd. I, S. 261.

tensive Ausgestaltung erfahren hat. Von Jeremia ist hier freilich nur bedingt zu reden; zwar tat sich in seinem Prophetendienst ein Abgrund von Leiden auf, und jeder Leser sieht auch, wie sich hier der Zusammenstoß Jahwes mit seinem ungehorsamen Volk in dem Humanum des Propheten ereignete. Es fällt aber auf, daß weder Jeremia noch Baruch etwas davon zu wissen scheinen, daß dieses Leiden ein spezifisch mittlerisches ist. Das ist bei Hesekiel schon wesentlich anders, denn er wird mit seinem Leben haftbar gemacht für die, die seiner Wachsamkeit anbefohlen sind. Hier greift also das Israel tötende Gesetz ganz offen nach dem Boten. Ebenso kommt das in der Aufgabe des „in die Bresche Tretens" zum Ausdruck, in der Hesekiel offenbar das Wesentliche des Prophetenberufes zusammenfaßt (Hes. $22_{28\,ff.}$; $13_{4\,f.}$), denn dieser Dienst setzt ja den Propheten vor allen anderen der Gefährdung aus. Immerhin bleibt auch da noch offen, ob dieser stellvertretende Dienst als ein wirkliches Opfer die Strafe der anderen zu beseitigen vermag[22]. Er besteht wohl nur darin, daß er ihnen durch sein Warnen die Möglichkeit zur Umkehr gibt. Wer die Warnung überhört, den vermag Hesekiel nicht zu retten (Hes. 3_{19}; 33_5). Andererseits ist es völlig deutlich, daß die anderen eben doch diese Chance dem Propheten verdanken, der sich ihretwegen in eine Zone besonderer Gefährdung begeben muß. Am weitesten stößt jene Zeichenhandlung vor, derzufolge der Prophet für eine bestimmte Zeit auf einer Seite liegen sollte, um „die Schuld des Hauses Israel zu tragen" (Hes. $4_{4\,ff.}$), denn der ursprünglich aus der Kultsprache stammende Terminus נָשָׂא עָוֹן weist, wie seine Verwendung beim Sündenbock zeigt (Lev. 16_{22}), auf ein wirkliches, stellvertretendes Wegtragen der Schuld[23]. Von diesen Andeutungen eines mehr partiellen Mittlertums ist es nun nur noch ein Schritt zu den zwei Darstellungen einer totalen Stellvertretung, die Israel im Mosebild des Deuteronomiums und in der Weissagung vom Leiden und Sterben des Gottesknechtes entworfen hat. Beide Darstellungen stammen nahezu aus derselben Zeit und beide entwerfen das Bild eines Mittlers, das sich im Bereich der alttestamentlichen Heilsgeschichte nicht realisiert hat. In beiden Fällen führt die stellvertretende Übernahme der Schuld „der Vielen" den Mittler in einen ganz außergewöhnlichen Tod: Mose stirbt außerhalb des Verheißungslandes, der Gottesknecht den Tod des Ausgestoßenen und Schuldigen.

22. S. dazu auch Ps. 106_{23}.
23. *W. Zimmerli,* Ezechiel BK, S. 111, 117.

Man kann also nicht sagen, daß die Vorstellung eines stellvertretenden Mittlers im Alten Testament mit Konsequenz durchgehalten werde. Man könnte ihr andere Aussagen gegenüberstellen, denen zufolge Jahwe selbst es war, den sein Volk „ermüdet" hat (Jes. 7 13) und der sich mit der Führung dieses Volkes eine Last aufgeladen hat, die er „schleppen" mußte (Jes. 43 23 f.). Merkwürdigerweise ist es Deuterojesaja, von dem doch die Gottesknechtlieder stammen, der zugleich in gewagten Anthropomorphismen von der Plage redet, die Israel seinem Gott aufgeladen hat. Das Wort von der Arbeit und Mühsal, die ihm Israel mit seinen Sünden gemacht habe, läßt die Vorstellung von einem anderen Gottesknecht anklingen, nämlich die, daß Gott sich selbst zum Knecht für dieses Volk machen mußte.

4. Das Fazit der prophetischen Botschaft, sofern man so etwas formulieren kann, war eine erschreckende Interpretation von Jahwes Willen an Israel und eine ebenso erschreckende Weissagung von neuen göttlichen Geschichtstaten. Man kann aber nicht sagen, daß die Propheten von da aus Israel bestürmt hätten, angesichts solcher Perspektiven sein Schicksal in die Hand zu nehmen, um sich durch ein Äußerstes an Gehorsamsleistung noch zu retten. Man würde sie völlig mißverstehen, wollte man annehmen, sie hätten die Wiederherstellung des gestörten Bundesverhältnisses von einer genaueren Erfüllung der Gebote abhängig gemacht. Die Frage, seit wann Israel begann, in der genauen Erfüllung der Gebote sein Heil zu suchen, ist schwer präzis zu beantworten. Möglicherweise kann man im chronistischen Geschichtswerk und paradoxerweise gerade in manchen „prophetischen" Predigten diesen Weg sich anbahnen sehen (z. B. 2. Chron. 15 2 ff, vgl. 13 4 ff.). Indessen, solche Texte müssen sorgfältig von der Theologie des Gesamtwerkes her interpretiert werden, und die kann man etwa in Anbetracht des Ernstes der Glaubensforderung schwerlich als „nomistisch" bezeichnen. Vor allem aber gibt es zu denken, daß wir zwar gar nicht wenig von den Anfechtungen wissen, denen das nachexilische Israel ausgesetzt war, daß sie aber gerade nicht am Gesetz und an der Frage seiner Erfüllung aufbrachen[24]. Hiob ist mit dieser Frage bekanntlich erstaunlich leicht fertig geworden (Hi. 31); bei Kohelet tritt sie überhaupt nicht ins Gesichtsfeld. In den Klagegebeten der ana-

24. Anders *F. Baumgärtel,* der diese spätere Epoche pauschal die „gesetzliche Zeit" nennt (Verheißung [1952], S. 45). Aber läßt sich der Satz „Die Ausweglosigkeit, in die der israelitische Fromme unter dem Gesetz gerät, ist grenzenlos ..." aus den atl Texten belegen? Ist „der Kultus im Nomos verankert"? (a. a. O. S. 44).

wim (S. Bd. I, S. 413 f.) geht es zwar um das Problem der Gottverlassenheit, aber die Situation der Beter ist keineswegs von der Zerknirschung über ihre Sünde gezeichnet, sondern von dem Warten auf die göttlichen Zusagen und von der Zuversicht von Menschen, die geradezu auf ihre Gerechtigkeit und „Ganzheit" (תֻּמָּה) pochen. Es war schon davon die Rede, daß diese Aussagen nicht als Zeugnisse einer Gesetzesreligion zu gelten haben, eher schon als ihr Gegenteil. Auch die „Gesetzespsalmen" (Ps. 19 B; 119) verraten nichts von jener Unsicherheit oder dem Bestreben, das Maß des geforderten Gehorsams abzustecken, das für die Gesetzesreligion so charakteristisch ist[25].

Die bekannte, im früheren Luthertum fast zu kanonischer Gültigkeit erhobene Vorstellung von einem Israel, das durch das Gesetz Gottes in einen immer härteren Gesetzeseifer getrieben und das gerade durch diesen Gesetzesdienst und durch die von ihm erweckte Sehnsucht nach dem wahren Heil auf Christus vorbereitet werden sollte, ist aus dem Alten Testament nicht zu begründen[26]. Wenn es nach der Auffassung des Alten Testamentes die Aufgabe des Gesetzes gewesen wäre, Sünde aufzudecken, müßte da nicht im Zuge einer solchen Argumentation die Sünde viel mehr als das theologisch Verständliche erscheinen, jedenfalls als das, mit dem man schon gerechnet hat und das durch die göttliche Pädagogik manifest werden soll? Die Gesetzesverkündigung der Propheten sieht aber in Israels Sünde etwas schlechterdings Unbegreifliches, etwas, für das es weder bei den Völkern noch bei den Tieren eine Analogie gibt (Jer. 2_{11}; 8_{7}). Gewiß, das Alte Testa-

25. S. Bd. I, S. 213 f.

26. Die Auffassung von dem AT als Gesetz ist in neuerer Zeit in radikaler Form von *E. Hirsch* wieder aufgenommen worden. Er sieht die Bedeutung des AT darin, daß es das geschichtlich mächtigste Widerspiel des Neuen ist; es ist Gleichnis dessen, was von dem Neuen Testament zerbrochen wird, ewiges Bild der im Evangelium verneinten Gesetzesreligion! (Das Alte Testament und die Predigt des Evangeliums [1936], S. 63, 76, 83 u. ö.) Auf einem anderen Weg kommt *R. Bultmann* zu dem ähnlichen Ergebnis, daß nämlich die altjüdische Geschichte nur „in ihrem Widerspruch, in ihrem Scheitern" als Weissagung verstanden werden könne (Weissagung und Erfüllung, ZThK 1950 S. 360 ff.). Was Bultmann von den „Widersprüchen" in bezug auf die Realisierbarkeit der atl Vorstellungen vom Bund, von der Königsherrschaft Gottes und vom Gottesvolke sagt, ist schon richtig: Die göttlichen Programmworte bei all den Gründungen und Berufungen sind in den ihnen entsprechenden Erfüllungen und Verwirklichungen immer nur partiell wiederzuerkennen; sie scheinen von Anfang an auf eine eschatologische Erfüllung hinzuweisen. Aber ist nicht Jahwe bei alledem doch mitgegangen, und war er nicht schon vor Israel an dem Ort, an dem sein Volk (unter viel Mühsal und Versagen) ankommen sollte, um von da aufs neue mit ihm zu sprechen und es weiterzutragen? Darum bezeichnet das Wort von dem „Scheitern" Israels bestenfalls nur die eine Seite der Sache.

ment erzählt von vielen Gerichten, die über das ungehorsame Volk gekommen sind. Aber wer hat hier gerichtet? Das Gesetz? Es war Gott selbst, der an Israel gehandelt hat, und nicht eine heilsgeschichtliche Gesetzlichkeit, die sich einem vorgefaßten Plan zufolge auswirken mußte. Vor allem war es Gott selbst, der immer Herr auch über Israels Sünde blieb und dessen Gerichte sich schon nach dem Zeugnis der vorexilischen Propheten und später immer deutlicher zugleich als Erweisungen seiner Treue zu seinem Volke darstellten[27]. Keines dieser Gerichte wirkt die unabänderliche Verwerfung. Immer ist Jahwe mitgegangen und hat sein treuloses Volk wieder aufgefangen; selbst der rebellierende Hiob hat sich in einem Raum weit jenseits von Kultus und Heilsgeschichte von Jahwe finden lassen müssen. „Wo ist der Scheidebrief eurer Mutter?" fragt Deuterojesaja seine verzagten Zeitgenossen (Jes. 50_1). Es gibt keine solche Lossagung Gottes von Israel. Der Prophet will damit sagen: der Beweis, daß Gott Israel verstoßen habe, müßte erst angetreten werden! Nach dem Zeugnis der Bibel hat Gott dieses Bundesverhältnis nicht gelöst, bis zu der Stunde nicht, da Jesus Christus in den Raum dieses Volkes eingetreten ist als das Siegel der Treue Gottes zu Israel. In Christus hat Gott seine Hände zuerst nach Israel ausgestreckt (Röm. 10_{21}); Israel aber hat nicht erkannt, was zu seinem Frieden diente. Tiefer als durch dieses sein Nein zu Jesus Christus hat sich Israel in seiner ganzen Geschichte nicht von dem Heilsgeschehen in seiner eigenen Mitte getrennt. Aber auch dadurch ist es der Treue Gottes nicht entfallen; jedoch die Gerechtigkeit aus dem Glauben haben nun die erlangt, die gar nicht nach ihr getrachtet haben (Röm. 9_{30}) und sind Erben der Verheißungen des alten Bundes geworden.

5. Wir kehren zurück zu der Hauptfrage dieses Abschnittes und werfen noch einen Blick auf die Bewertung des alttestamentlichen Gesetzes in der jungen Christusgemeinde. Nach alledem, was wir bisher feststellen konnten, wird auch in diesem Punkte nichts grundsätzlich anderes zu erwarten sein, nämlich eine Neuinterpretation im Lichte eines neuen Heilsgeschehens. Wie schon bei der Aktualisierung des Gottesrechtes durch die Propheten — und mehr noch — nötigt die Anwendung der alten Überlieferungen auf eine ganz neue heilsgeschichtliche Situation zu sehr radikalen Interpretationen[28]. Das eine wird

27. *K. Barth,* Kirchliche Dogmatik, I, 2, S. 100.

28. Das Phänomen der Radikalisierung des Gesetzes zeigte sich auch bei der

herangezogen, anderes stillschweigend oder scharf antithetisch als „antiquiert" zurückgelassen. Hat nicht das „Ich aber sage euch" der Bergpredigt seine heilsgeschichtliche Parallele in dem „Gedenket nicht des Früheren" des Deuterojesaja (Jes. 43_{18})[29]? Bei dem Thema „Gesetz") wird das Charismatisch-Eklektische, das für die Überlieferungsgeschichte und besonders für die Neuinterpretationen in den Zeiten der großen heilsgeschichtlichen Umbrüche so charakteristisch ist, mit höchster Kühnheit praktiziert. In dieser ausgesprochen charismatischen Interpretation des Gesetzes greift das Neue Testament hinter das Judentum zurück und knüpft an die Praxis der Propheten an. So kann es nun auch nicht mehr verwundern, daß das alttestamentliche Gesetz von sich aus mit der neuen christlichen Interpretation manchmal nicht Schritt halten kann, daß es von sich aus das, was das christliche Verständnis ihm entnimmt, gar nicht herzugeben scheint[30]. So haben ja schon die Propheten, wie wir sahen, das alte Gesetz überinterpretiert. Und was war ihre neue Sicht im Vergleich zu dem Horizont, der sich durch Christi Verkündigung und durch sein Leiden, Sterben und Auferstehen auftat!

Neben der Neuinterpretation einzelner Gesetze, die, wie gesagt, im Neuen Testament in eine ganz neue Phase getreten ist, steht noch ein anderes Bemühen, nämlich die Versuche, das Gesetz als eine innere Einheit zu verstehen und demgemäß die Suche nach einer Einheitsformel, auf die die Vielzahl der Weisungen möglicherweise reduziert werden könnte. So spitzt bekanntlich die Perikope Mk. $12_{28\,ff.}$ die Quintessenz des Gesetzes auf das Doppelgebot der Gottes- und Nächstenliebe zu. Nicht ganz unähnlich bezeichnet Paulus in Rö. 13_{8-10} in einer bestürzend summarischen Zusammenfassung die Liebe als die Erfüllung des Gesetzes. Aber auch hinter diesen in jedem Fall gewagten Formulierungen steht eine lange Geschichte des Nachdenkens, die spätestens mit den theologischen Summierungen von Dt. $6_{4\,f.}$ oder Mi. 6_8 beginnt.

Daß das übertretene Gesetz tötet, das haben auch die Propheten schon verkündet. Aber hier hat es den getötet, der „um unserer

Qumransekte. *H. Braun*, Spätjüdisch-häretischer und frühchristlicher Radikalismus (1957).

29. S. o. S. 257 f, 280.

30. Das gilt vor allem für Paulus. Zu seiner Lehre vom Gesetz s. besonders *R. Bultmann*, Theologie des Neuen Testaments, S. 255 ff. Das Äußerste in seiner das AT transzendierenden Interpretation hat Paulus wohl in Gal. 3_{17} gesagt:

Sünde willen" den Weg der Entäußerung gegangen war (1. Kor. 153), den, den das Neue Testament „Gottes Sohn", „Kyrios", „Messias Israels" nennt. Von diesem Ereignis, von dem vollkommenen Gehorsam und dem Sterben Jesu Christi aus, mußte ein neues, noch radikaleres Verständnis des Gesetzes (aber auch des Todes) ausgehen; denn nun war etwas ganz Überraschendes deutlich geworden: nämlich die Tatsache, daß das alttestamentliche Gesetz als „Gesetz" erst an Jesus Christus, seinem einzigen Erfüller, ganz offenbar geworden ist. Dann hat aber auch Gottes Bund mit Israel erst in Jesus Christus seinen rechten Bundespartner gefunden, denn er hat bei diesem Israel bis in den Tod ausgeharrt[31]. Er hat die Last der Gottverlassenheit Hiobs und der anawim ausgetragen; in ihm ist die geistliche Selbstdargabe, von der schon die levitischen Spiritualen gesprochen haben, Wirklichkeit geworden; er hat auch das Amt, an dem die Charismatiker des Alten Bundes gescheitert sind — es weit über seine alttestamentliche Begrenzung hinaushebend —, auf sich genommen. So hatte also doch Gott recht behalten: Einen gab es, an dem auch das Auge des Verklägers nichts finden würde (Hi. 18; 23), und auch die Propheten hatten recht behalten; ja die ganze Geschichte Gottes mit Israel war nicht „ins Leere gestoßen" und hatte nicht mit einer schlechterdings unerträglichen Frage an Gott geendet. In Jesus Christus ist endlich der in die Geschichte des Gottesvolkes eingetreten, der „ganz" war mit Gott; und in dem Einen ist Gott seinem Volke aufs allerpersönlichste nahegekommen, persönlicher und unmittelbarer, als sich diese Nähe in irgendeiner der Institutionen oder Ämter des alten Israel ereignen konnte. Aber Jesus Christus war auch der, in dem, wiederum alten Weissagungen zufolge, der Bund Gottes mit Israel entschränkt und durch den die Innerweltlichkeit der Heilsgüter aufgehoben wurde[32].

Es kann wohl nicht ausbleiben, daß sich jede Form eines christlichen Verständnisses des Alten Testaments in besonderer Weise an die paulinischen Interpretationen anlehnt. Schließlich war Paulus es doch, der in einer Hinsicht am folgerichtigsten die Kontinuität zwischen dem Alten Testament und dem neutestamentlichen Heilsgeschehen aufge-

Das Gesetz sollte gar nicht das Heil vermitteln (vgl. dazu *Bultmann*, a. a. O. S. 259). Aber auch die scharfe Trennung von Gesetz und Verheißung als zweier heilsgeschichtlicher Offenbarungen ist so aus dem AT nicht zu belegen (Röm. 321; 71 ff; Phil. 39).

31. O. *Weber*, Grundriß der Dogmatik I (1955), S. 328 f.

32. Gen. 123; Jes. 21–4; 4523; 601 ff.

zeigt hat. Er war es freilich auch, der in Ausübung „des Amtes des Geistes“ (2. Kor. 3₈) am kühnsten die Linien der alttestamentlichen Überlieferung ausgezogen und im Lichte des neuen Ereignisses ganz neu interpretiert hat. Aber Paulus war doch auch nur ein charismatischer Interpret des Alten Testaments neben anderen; auch er kann und will keine absolute Norm des christlichen Verständnisses des Alten Testamentes geben. Wie könnte auch eine so kühne Interpretation zur Norm werden! Neben ihm stehen Matthäus, Lukas und der Hebräerbrief, und auch ihre Sicht in das Alte Testament hat das Siegel des Geistes. Es gibt also überhaupt keine normative Deutung des Alten Testaments[33]. Jede Zeit muß von ihrer Erkenntnis und von ihren Notwendigkeiten her das Wort des alten Buches zu hören suchen. Wenn ihr dieser charismatische Zugang verloren ginge, so würden ihr weder Paulus noch Matthäus noch der Hebräerbrief helfen können.

33. Wer das AT als das Zeugnis einer Gesetzesreligion erklärt, der hat eine objektive Norm an das AT angelegt, die ihm als hermeneutischer Generalschlüssel dienen muß, und hat sich damit von der geistlichen Freiheit der Interpretation des Paulus geschieden.

Rückblick und Ausblick

Obwohl die „Theologie des Alten Testaments" erst eine junge Disziplin ist — sie ist seit W. Vatke, also erst 150 Jahre, an der Arbeit — hat sie doch schon eine Reihe von Wandlungen durchgemacht. Aber in der Vielfalt ihrer Erscheinungen kann man doch eine ziemlich gleichbleibende Tendenz erkennen, die sich bis heute durchgehalten hat, nämlich ihre Auseinandersetzung mit einem immer konsequenteren und immer anspruchsvoller auftretenden geschichtlichen Verständnis des Alten Testaments. Die alttestamentliche Wissenschaft war es selber, die diese Erkenntnis von Stufe zu Stufe vorgetrieben hat. Dementsprechend ergab sich für die „Theologie des Alten Testamentes" die Aufgabe, die Konfrontation mit einem immer unausweichlicher historisch verstandenen Alten Testament anzunehmen. Sie tat das teils zuversichtlich, teils zögernd, teils ganz oder fast ganz darauf verzichtend, sich überhaupt noch als einen Zweig der theologischen Wissenschaft zu verstehen.

1. Schon im ersten Aufbruch der historisch-kritischen Erforschung der Bibel erkannte man die Notwendigkeit einer Trennung der biblischen Theologie von der Dogmatik. Herausgestellt aus dem legitimierenden Bereich der Dogmatik mußte sich die nunmehr auf eigene Füße gestellte biblische Theologie selber als eine theologische Wissenschaft ausweisen. Aber gerade dieser Aufgabe stellten sich immer größere Schwierigkeiten in den Weg. Zunächst unterzog man sich der Aufgabe ganz zuversichtlich, indem man das Alte Testament von den allgemeinen Religionsideen her interpretierte. Wohl sah man sehr deutlich die „partikularen" Elemente im Alten Testament, also die Zeugnisse einer Opferreligion, einer Nationalreligion, einer Gesetzesreligion usw. Aber sie standen doch alle im Dienst universaler göttlicher Absichten: Im Partikularen verbarg sich schon symbolisch das Universale oder es war von ihm sonstwie umgriffen; jedenfalls, es war da und konnte von seiner Verhüllung befreit und aufgewiesen werden[1]. Dieser Brückenschlag

1. *R. Smend*, Universalismus und Partikularismus in der alttestamentlichen Theologie des 19. Jahrhunderts, Ev. Th. 1962 S. 169 ff.

hin zum Universalen war damals eine Lebensfrage für die alttestamentliche Theologie, denn mit seinem Gelingen stand und fiel die theologische Relevanz des Alten Testaments für die christliche Religion überhaupt. Aber gerade hier mußte die Arbeit eingestellt werden. Der Geist des Partikularen im Alten Testament war zu mächtig. Die bekannte Formel Wellhausens, „Jahwe, der Gott Israels und Israel, das Volk Jahwes", umschreibt die neue Situation genau. Dabei hat Wellhausen diese Reduktion auf das Partikulare nicht einmal bedauert. Er sah ganz mit Recht gerade darin „die wahre Stärke dieser Religion"; darin lag ihre Erlösung von dem unfruchtbaren Spiel der Mythologie[2]. Tatsächlich kann man den Weg von Vatke zu Wellhausen nur als den einer Befreiung bezeichnen, nämlich einer Befreiung aus dem Gefängnis religionsphilosophischer Fragestellungen, unter deren Diktat das Alte Testament doch noch wenig zum Reden kam. Ein großer Schritt hin zu einem sachgemäßeren Verständnis des Alten Testaments war getan. Aber der Preis, der dafür gezahlt werden mußte, war hoch. In dem Maß, in dem das immer intensiver geschichtlich verstandene Alte Testament die alten religionsphilosophischen Deutekategorien zerbrach, rückte es dem christlichen Betrachter immer ferner. Mit der unmittelbaren Aneignung seiner religiösen Inhalte, die die Väter der alttestamentlichen Theologie in der 1. Hälfte des 19. Jahrhunderts noch so zuversichtlich praktizierten, war es nun vorbei.

Der Fortgang der Wissenschaft vom Alten Testament in der Zeit nach Wellhausen ist bekannt. Er brachte vor allem durch den längst fällig gewordenen Einsatz der allgemeinen Religionsgeschichte und der besseren Kenntnis der altorientalischen Religionen, aber auch der Religionspsychologie und Religionssoziologie eine ungeahnte Erweiterung des geschichtlichen Verstehenshorizontes. Die alttestamentliche Theologie wurde zur „Geschichte der Religion Israels". Teils sprach man noch von der „Offenbarungsreligion"; aber da der Religionsbegriff, mit dem man arbeitete, im Grunde ein rein anthropozentrischer war, konnte man auch ohne den Koeffizienten einer Offenbarung auskommen, so daß in dieser Hinsicht schließlich kein Unterschied mehr darin bestand, ob die Arbeit am Alten Testament von einem Theologen oder — wie etwa in dem großen Werk von J. Pedersen — von einem Orientalisten getan wurde[3]. Aber die Hauptarbeit dieser geschichtlichen und reli-

2. Zitiert nach *R. Smend,* a. a. O. S. 176.
3. *J. Pedersen,* Israel I—II (1926), III—IV (1940).

gionsgeschichtlichen Erklärung des Alten Testaments wurde von Theologen bewältigt, die zunächst noch ihre Arbeit zuversichtlich als eine theologische Bemühung verstanden[4]. Weithin herrschend war freilich der entwicklungsgeschichtliche Aspekt. Dargestellt wurde der Aufstieg einer noch im „Naturhaften" gebundenen Religion, die letztlich in primitiven Vorstellungen eines Fetischismus und Animismus wurzelte, bis hin zu geistigen und sittlichen Vorstellungen. Jahwe „wurde" aus einem Vulkan- und Gewittergott der personhafte Gott der Propheten und schließlich der Gott der Welt. Einem besonderen Zug der Zeit zufolge konzentrierte sich das Interesse sonderlich auf die großen religiösen Persönlichkeiten und ihr Erleben.

2. Die neue Bewegung, in die die alttestamentliche Wissenschaft etwa von der Zeit nach dem ersten Weltkrieg ab geriet, ist auf viele und sehr verschiedene Ursachen zurückzuführen. Es war ein allgemeines Unbehagen aufgekommen gegen die gebräuchliche Verwendung des Entwicklungsschemas als einer Verstehenskategorie der Geschichte und der Geistesgeschichte. Die Aufhellung der geschichtlichen und kulturellen Verhältnisse in dem Palästina des 2. Jahrtausends ließ die These von den primitiven animistischen oder fetischistischen Anfängen Israels höchst fraglich erscheinen. Die Neuentdeckung der Welt des antiken Kultus und seiner „objektiven" Realitäten eröffnete den Horizont einer so bisher nicht gekannten Welt sakraler Wirklichkeiten und drängte das so beherrschend gewordene Interesse am Personalen und an den religiösen Genien wieder etwas in den Hintergrund. Dieselbe Korrektur ging auch von einer sachgemäßeren Analyse der geschichtlichen Literaturwerke Israels aus. Man stieß viel mehr auf die Darstellung von göttlichen Geschehnissen als auf die inneren Regungen der davon Betroffenen. Vor allem war die formgeschichtliche Methode aufgekommen und hatte bei der Auslegung der Texte der älteren literarkritischen Methode die Alleinherrschaft streitig gemacht und — nicht zuletzt! — waren vom Zentrum der Theologie aus Anstöße ausgegangen, die auch die Disziplin der Theologie des Alten Testaments mit neuem Selbstvertrauen erfüllten und ihr die Kraft gaben, sich in neuer, nicht mehr in religionsgeschichtlicher, sondern in „systematischer" Gestalt darzustellen. Zeugen dieses theologischen Aufbruches waren die Werke von L. Köhler und in noch viel höherem Maße das von W. Eichrodt.

4. So z. B. *B. Stade*, Biblische Theologie des Alten Testaments (1905), S. 15.

Aber von den Anstößen, die von der formgeschichtlichen Forschung ausgingen, muß noch besonders die Rede sein. Es war doch so, daß die vorwiegend literarkritisch geschulten Ausleger, wenn sie ihre subtile Arbeit der Textanalyse getan hatten, in der Regel den Text verließen und nach etwas zurückfragten, was hinter ihm stand; also nach allgemeineren gedanklichen Zusammenhängen und Vorstellungen oder nach historischen oder seelischen Erlebnissen, was alles doch meist nur mittelbar aus dem Text zu erschließen war[5]. Man war sich wohl oft gar nicht mehr bewußt, wie sehr man den Text nur noch als Mittel zum Zweck, nur als einen dienenden Führer zu einem Ziel hin verwendete, das jenseits von ihm lag[6]. Da erstand in der formgeschichtlichen Methode dem Text ein ganz neuer Anwalt, weil sie auf das Spezifische seiner Gestalt und Aussage merken lehrte. Auch sie scheute sich nicht, bei der Bestimmung einer kultischen oder rechtlichen oder höfischen Form hinter den Text zurückzufragen, aber das geschah in der Regel doch nur, um dem jeweiligen Text sein Eigenes abzuringen. Es kam also durch die Fragestellung der formgeschichtlichen Forschungsmethode zu einem ganz neuen Gegenüber zwischen dem Wahrheitsanspruch des Textes und dem Ausleger, denn jetzt wurde es zum Selbstzweck der Auslegung, seine Aussage so genau wie möglich zu erheben. Damit wurde die formgeschichtliche Methode ganz folgerichtig der Mutterboden der „Kerygmatheologie", denn ihrer Intention nach war die Aussage des Textes in der Regel bekenntnisartig auf Gott bezogen, indem sie den Menschen im Horizont eines bestimmten göttlichen Redens oder Handelns sah. Mit diesem Durchbruch hat sich freilich der Prozeß der geschichtlichen Erfassung des Alten Testaments und die Erkenntnis der zeitgeschichtlichen Bedingtheit seiner Inhalte weiter radikalisiert. Der Weg zum „Universalen" (s. o. S. 437) schien nun vollends verbaut.

Aber die theologische Relevanz der formgeschichtlichen Methode

5. „Was wir in ihr (der Exegese) suchen, sollte doch eigentlich nicht ... das Buch als solches sein, sondern der Mann, der hinter ihm steht und aus ihm uns grüßt, und Aug in Auge uns anblickt, also die lebendige Persönlichkeit und der Geist und das Leben einer ganzen uns nur scheinbar ferngerückten Zeit", *R. Kittel*, Die Zukunft der atl. Wissenschaft, ZAW 1921 S. 94.

6. „Die Mängel dieses exegetischen Betriebes . . . sind deutlich: Haupt- und Nebenfragen treten nicht klar hervor . . . Das Schlimmste aber ist, daß über all dem Mannigfaltigen, was man vom Exegeten erfährt, eines in Gefahr ist, zurückzubleiben: nämlich der Text." *H. Gunkel*, Ziele und Methoden zur Erklärung des AT, zitiert nach *H.-J. Kraus*, Geschichte der historisch-kritischen Erforschung des Alten Testaments (1956), S. 330.

griff noch weiter. Hatte sich bei den kleineren erzählerischen Einheiten die Frage nach ihrer Form und ihrer bekenntnismäßigen Intention als so fruchtbar erwiesen, so ließ sich diese Frage nun auch an die großen Erzählwerke richten. Die Pentateuchquellen oder das deuteronomistische Geschichtswerk beschränken sich ja nicht darauf, einzelne geschichtliche Begegnungen mit Jahwe darzustellen, von denen jede für sich ihre besondere Bedeutung haben mochte. Hier handelt es sich vielmehr um Darstellungen von Geschichtsstrecken von erheblicher Länge, deren Bedeutung für den Darsteller allein darin begründet war, daß diese Geschichtsstrecke im ganzen von Jahwe gefügt und durchwaltet war, dergestalt, daß eine Logik des göttlichen Waltens aufgewiesen werden konnte. Israel hat also das sehr große Wagnis unternommen, Jahwes Geschichtslenkung nicht nur im Anekdotischen, sondern auch im Rahmen längerer Zeitstrecken nachzuzeichnen (Jahwistisches Geschichtswerk, Geschichte von Davids Aufstieg, Thronnachfolgegeschichte usw.).

Von da ab begannen wir von „Heilsgeschichte", von einem „heilsgeschichtlichen" Walten Jahwes zu reden. Das war alles andere als eine Rückkehr in die ausgefahrenen Geleise der „Heilsgeschichtler" des 18. und 19. Jahrhunderts. Was das biblisch-theologisch bedeutet, dieser Aufweis nicht nur eines punktuellen Heilsgeschehens, sondern einer gewissen heilsgeschichtlichen Erstreckung, also diese Darstellung von Epochen, die derart von Jahwe umgriffen waren, daß größere Zusammenhänge des göttlichen Waltens, ja sogar eine deutliche Periodik erkennbar wurden, — das ist noch längst nicht allseitig erwogen. Aber unser sich anbahnendes neues Verständnis jener in Israel immer neu aufkommenden und entschlossen durchgehaltenen linearen Geschichtsentwürfe, diese in Israel offenbar vorhandene Nötigung, das Heilsgeschehen im Rahmen von immer großräumigeren geschichtlichen Kontinuitäten zu verstehen, — das mußte doch in einer Darstellung der Theologie des Alten Testaments gebührend berücksichtigt werden. Merkwürdiges Phänomen! In einem religiösen Raum stärkster Traditionsbrüche und kultischer Diskontinuitäten sieht man in Israel doch immer wieder einen komprehensiven Geschichtswillen am Werk, der erst dann Genüge findet, wenn es ihm gelingt, die Erfahrungen, die Israel mit Jahwe gemacht hat, im Horizont einer größeren geschichtlichen Kontinuität zu sehen. Dieses Nebeneinander von Diskontinuität und Kontinuität wird noch weiter untersucht werden müssen, nicht zuletzt auch im Blick auf das Verhältnis der jungen Christusgemeinde zum Alten Testament, denn im Neuen Testament wird das Verhältnis zum Alten ja auch nicht nur im Sinne einer reinen Diskontinuität gesehen. Auch Paulus hat etwa in Röm. 5 13 f, 20 die alttestamentliche Geschichte großartig-gewaltsam periodisiert und er dachte doch nicht daran, die Wahrheit des Zeugnisses von der alttestamentlichen Gottesgeschichte zu bestreiten. Er bestritt den Juden nur die Interpretation, die sie ihm gaben und die Konsequenzen, die sie daraus zogen.

3. Mit dem Bekanntwerden großer geschichtstheologischer Konzeptionen im Alten Testament mußte aber auch das Verhältnis der biblischen Aussagen zu den Erkenntnissen der modernen Historie in eine neue Krise treten. Als man sich mit der Frage nach der Frömmigkeit des alten Israel befaßte oder mit der Frage nach den in Israel herrschenden Religionsideen, geriet man mit dem Historiker kaum in Kollision. Das änderte sich aber, als vom Alten Testament selbst der Konzeption der modernen Historie eine sehr eigenständige Auffassung von Geschichte entgegentrat, die mit jener nicht leicht vereinbar war, weil sie so stark bekenntnishaften Charakter hatte. Dabei wiegen die Verschiedenheiten in der Darstellung von äußeren Hergängen (Vätergeschichten, Mosezeit) u. E. leichter als die Verschiedenheit der Auffassung von den die Geschichte bewegenden Kräften. Das alte Israel sah z. B. in seiner Erwählung eine Tatsache von äußerster Wichtigkeit. Der moderne Historiker sieht anders. Er registriert wohl die Existenz einer solchen religiösen Vorstellung, aber als geschichtsgründende Tatsache vermag er die Erwählung nicht zu erkennen. Die großen geschichtstheologischen Werke Israels wurden von der modernen Historie wie ungeheure Steinbrüche ausgeholt. Wofür jene sich nicht interessierte, das war freilich genau das, was in den alten Werken die Hauptsache war: das Wort von Gott und seinem Geschichtshandeln! Und wie vieles von dem, was derart in das moderne Geschichtsdenken herübergeholt wurde, verfälschte sich in dem Augenblick, da es in den Rahmen eines sachfremden Horizontes gestellt wurde! Müssen wir uns nicht eingestehen, daß wir bei aller Perfektion unserer historischen Erkenntnisse das von den alten Geschichtswerken Gemeinte noch sehr wenig in Sicht bekommen haben, weil wir die Dinge zu schnell aus ihrem spezifischen Verstehenshorizont herausgerissen und von unserem Geschichtsbegriff aus interpretiert haben? Noch immer gilt aber die Regel, daß sich die Methode ihrem Gegenstand anzupassen hat. Wir aber haben durch unsere modern historische Fragestellung die Gegenstände der Methode unterworfen. Unsere Situation dem Alten Testament gegenüber ist des-

halb so kompliziert, weil die historisch-kritische Methode an sich keineswegs an das Alte Testament eine Frage gerichtet hat, auf die hin es nicht ansprechbar war. Im Gegenteil, es liefert dem modernen Forscher mehr geschichtliches Material als irgendein Volk der orientalischen Antike. Aber einmal mußte der Konflikt doch zum Ausbruch kommen. Die Zeit ist vorbei, da wir das alttestamentliche Geschichtsdenken naiv von dem unseren her interpretieren konnten. Das Alte Testament stellt unserem modernen ein anderes Geschichtsdenken entgegen, weil es die Geschehnisse in anderen Zusammenhängen sieht. Der „objektivste" Annalentext macht uns die Sache keineswegs leichter. Sein Verzicht, das Geschehen in einen deutlicheren Verstehenshorizont zu stellen, macht ihn uns in hermeneutischer Hinsicht eher schwieriger. Es wäre kurzschlüssig, wenn ihn der moderne Historiker einfach als ein Kind seines Geistes verstehen wollte.

Das alles bedeutet nicht, daß eine ganz neue Methode zu fordern wäre. Es ginge nur darum, die historisch-kritische Methode ihrem Gegenstand angemessener und flexibler zu handhaben. Nachdem die Bedeutung der theologisch immer weiter ausgreifenden Traditionsbildung erkannt war, wäre es weder historisch noch kritisch, wenn man die Bemühung unterließe, die Eigenleistung dieser Werke, die auf ihre Weise auch in der Geschichte wurzeln, allseitig zur Kenntnis zu nehmen. Von da her ist die im 1. Band dieses Werkes vollzogene Trennung von Historie und Kerygma zu verstehen. Vor die Wahl gestellt, das Zeugnis Israels von seiner Geschichte entweder mit Hilfe der gängigen historisch-kritischen Methode und mit Hilfe gängiger religiöser Kategorien zu analysieren oder die Werke selbst ihre Sache sagen und sie selber ausreden zu lassen, schien die zweite Möglichkeit das geringere Übel zu sein. Es sollte doch der Unfug vermieden werden, daß sich auf der einen Seite der Historiker, auf der anderen Seite der Theologe jeweils die sie interessierenden Fäden aus dem Gewebe ziehen. Zuerst mußte das Gewebe als Ganzes gesehen werden, und sei es um den Preis einer temporären Zurückstellung der Frage nach der „historischen Glaubwürdigkeit". Machen wir diese Frage zum entscheidenden Kriterium, dann sind wir wieder auf das uns Geläufige und Bekannte zurückgefallen, und jedes Elektronenhirn kann sich dann das Fazit ausrechnen: mit der historischen Glaubwürdigkeit ist es bei der Geschichtsbetrachtung des alten Israel schlecht bestellt! Alles kommt darauf an, daß wir die Spannung, die zwischen dem modern-historischen und dem antikkerygmatischen Geschichtsbild besteht, aushalten und der modernen

Historie ihre manchmal etwas voreiligen Machtsprüche, mit denen sie sich das Bild, das Israel gezeichnet hat, unterwerfen will, verwehren. Nicht weil wir am Historischen uninteressiert wären, sondern im Gegenteil, weil wir von einer letzten Verbundenheit, ja Einheit beider Aspekte überzeugt sind. Die „wirkliche" Geschichte stellt sich uns als ein so komplexes Phänomen dar, daß wir es begrüßen müßten, wenn wir es nicht nur mit Hilfe einer Spezialmethode ansteuern können. Gewiß, der Text, den wir jeweilen auf sein Geschichtszeugnis abhorchen, enthält auch nur einen Teilaspekt der ganzen Wirklichkeit; aber er enthält im Zweifelsfall immer noch so viel, daß er uns nicht einfach vor die simple Alternative „Tatsache oder Illusion" stellt. Hier stehen nicht einfach Tatsachen gegen Illusionen, sondern wir haben uns mit zwei tief voneinander verschiedenen Weisen, Geschichte zu apperzipieren, auseinanderzusetzen. Auch hinter der alttestamentlichen Geschichtsdarstellung steht Geschichte. Selbst die sich von den alten Tatsachenfundamenten entfernende jüngere Deutung basiert ihrerseits wieder auf Geschichtserfahrungen, die Israel mit Jahwe gemacht hat. Ja, das kerygmatische Geschichtsbild wurde dadurch, daß es seinerseits wieder zum religiös-politischen Leitbild wurde, selbst wieder zu einem „Tatsachenfundament" von enormer Geschichtswirksamkeit.

Aus solchen Erwägungen heraus schien es mir geraten, dem Geschichtszeugnis Israels gegenüber einmal nicht von vornherein die Position des Besserwissens zu beziehen, sondern ihm mehr noch, als das bisher geschehen ist, zuzuhören. Wo immer also in diesem Werk von „Fakten" die Rede war, von „Geschichtstatsachen" o. ä., mit denen sich Israel beschäftigte — und im I. Band war das wohl häufig der Fall —, da möge der Leser versuchen, den Begriff des „Geschichtsfaktums" soweit irgend möglich in einem Sinne zu verstehen, der dem Geschichtsdenken Israels gemäß ist und nicht in dem Sinne, wie er unserer heutigen kritischen Geschichtswissenschaft geläufig ist. Die Frage nach dem realen Geschichtsbezug des kerygmatischen Geschichtsbildes steht allerdings noch in den ersten Anfängen. Die Eigentümlichkeit der altisraelitischen Geschichtsdarstellung besteht ja nicht nur darin, daß sie einen Horizont entfaltet, der souverän von Jahwe durchwaltet wird, sondern auch darin, daß der jeweils darstellende Glaube seinem Gegenstand in der Regel nicht gleichzeitig ist. Er ist ihm meist schon voraus. Ohne das mindeste Interesse am „objektiven" Hergang stellt er im Eifer der Aneignung das Geschehen anachronistisch ganz in seinen eigenen geistig-religiösen Horizont hinein. Geradeso aber begegnete

Israel viel intensiver seiner Geschichte, als wenn es sie im modernen Sinne „historisch" gesehen hätte.

Der Rückzug auf unsere positivistische Frage nach dem historisch Glaubwürdigen wäre das Ende einer gedeihlichen Beschäftigung mit dem Alten Testament, weil sich dessen geschichtliche Texte von dieser Fragestellung her gar nicht sachgemäß ansprechen lassen. Genauso verhält es sich doch bei dem, was wir „Natur" nennen. Ich bin ernstlich der Meinung, daß wir noch keineswegs zureichend wissen, was der Hebräer vor Augen hatte, wenn er die Augen aufschlug und — etwa wie im 104. Psalm — sich seine Umwelt sehend aneignete, und wie wir das dann zu beschreiben hätten. Nur das ist sicher, daß wir es gründlich verfehlen, wenn wir es als „Natur" oder als „Kosmos" bezeichnen wollten, denn dann käme ja gerade die Vorstellung des Getragen- und Gefristetseins von Jahwe, das für den Hebräer im Vordergrund stand, gar nicht zum Ausdruck. (Vgl. Bd. I, S. 439; Ev. Th. 24, 1964, S. 57 ff; 63 ff.) Und ist es nicht genauso bei dem, was wir „Geschichte" nennen? Alles kam Israel darauf an, diesen Bereich von Jahwe gestaltet und durchwaltet zu begreifen. Wir aber fragen an dem, was Israel das Wichtigste war, vorbei und halten immer noch die Frage nach dem „historisch Verifizierbaren" für die diesen Texten sachgemäßeste Fragestellung und merken gar nicht, wie sie sich uns bei diesem Verhören mehr entziehen als öffnen. Um Glaubwürdigkeit ging es dem alten Israel bei seinen geschichtlichen Überlieferungen auch, aber in einem anderen Sinn als dem der modernen Historie. Es genügt nicht, daß wir immer nur unseren Begriff von geschichtlicher Glaubwürdigkeit an das Alte Testament hinhalten und es daraufhin verhören. Wir müssen die besondere Weise, in der Israel der Geschichte begegnete, noch viel genauer zu verstehen suchen. Es gibt doch zu denken, daß das in seinem Geschichtsdenken wahrlich nicht unerfahrene Israel eine Reflexion über die „Historizität" eines Ereignisses m. W. überhaupt nicht kennt[7]. Israel hatte auch seine Sorgen; sie aber lagen auf anderem Gebiet, denn sie betrafen das Problem der Vergegenwärtigung von Geschehenem. Es war also die Sorge eines möglichen Ausgeschlossenseins von dem geschichtlichen Heil (s. o. S. 118 f.). Es sollte nun doch stutzig machen, daß wohl kaum eine der Darstellungen geschichtlicher Ereignisse im Alten

7. Wie anders Herodot! „Ob das wahr ist, ob Xerxes wirklich jenen Herold nach Argos geschickt hat . . ., kann ich nicht entscheiden . . . Meine Pflicht ist es, alles, was ich höre, zu berichten, freilich nicht, alles Berichtete zu glauben. Dies gilt für mein ganzes Geschichtswerk." Herodot, VII, 152.

Testament je den Anspruch erhebt, die zutreffende und korrekte Dokumentation zu sein, sondern daß sie meist nur eine Form der Vergegenwärtigung sein wollen, neben der auch andere mindestens als möglich gedacht werden können.

4. Hier aber wartet eine neue Aufgabe auf uns, denn diese Darstellung des altisraelitischen Geschichtsdenkens müßte nun vom Phänomenologischen zum Kritischen übergehen. Die Frage nach einer dem Alten Testament wirklich angemessenen Sachkritik steht ja noch offen. Weder die Übernahme einer Vorstellung aus einem benachbarten Religionskreis, noch das Festhalten an einem „magisch-naturhaften" Heiligkeitsbegriff ist an sich schon zu kritisieren. Ist es so sicher, daß Israel den Weg von magisch-dinglichen zu geistigeren Vorstellungen konsequent gesucht hat? Hier wird ein Geistbegriff zur Norm erhoben, mit dem man den Vorstellungen des Alten Testaments nicht gerecht wird. Aber wenn wir Israel seine eigenen ontologischen Vorstellungen erst einmal abgenommen haben, dann werden wohl auch erhebliche Niveauunterschiede festzustellen sein. Nicht anders verhält es sich beim Geschichtsdenken Israels. Es wäre eine wichtige Aufgabe, festzustellen, wo und wie ihm seine eigene Weise, Geschichte zu verstehen, auch wieder zur Grenze wurde und wo es — gefangen in seinen Vorstellungen — der Geschichte Gewalt antat.

5. Die Aufgabe, eine Einheit in dem Vielerlei zu finden, sich „dem Wagnis des Zusammendenkens"[8] zu unterziehen, wird sich kein Ausleger erst stellen müssen, denn er ist — wie gelänge ihm sonst auch nur eine einzige Exegese! — bewußt oder unbewußt immer auf dem Weg zu diesem Ziel. Freilich, die Art, wie heute der Aufweis der Einheit des Alten Testamentes fast unisono von einer Theologie des Alten Testamentes verlangt wird, als handle es sich dabei um ihr Existenzminimum, muß sich auf die Berechtigung dieser Forderung befragen lassen. Welcher Ägyptologe oder Romanist ließe sich im Blick auf das ihm vorliegende Literaturganze eine derartige Zumutung stellen? Schon von dieser Sicht aus ist es verdächtig genug, daß wir auf dem Gebiet der Wissenschaft vom Alten Testament bisher unablässig mit Einheitskonzeptionen bedient wurden. Entspricht denn diese aus dem geschichtlichen Erbe unserer Wissenschaft herkommende Fragestellung noch ihren heutigen Methoden und Erkenntnissen? Nein, es war Zeit, daß wir auch in dieser Hinsicht in die Phase eines Abbaus eingetreten sind

8. *W. Zimmerli,* VT 1963, S. 105.

und uns ein Mißtrauen allen solchen Einheitskonzeptionen gegenüber auferlegten, die sich an den Stoffen nicht oder nicht genügend bewähren. Sollte uns die Erkenntnis von einer letzten Einheit wieder aufgehen, in der all die Zeugnisse von Israels Geschichte und Zukunft, die uns so rätselhaft auseinanderzustreben scheinen, schließlich doch umschlossen sind, so wäre das gewiß kein Existenzminimum einer Theologie des Alten Testamentes, sondern ihr Äußerstes. Zuvor müßten wir wohl die Frage nach dem für den Jahweglauben und seine Bezeugungen Typischen weiter vorantreiben. Dies scheint der einzige Weg zu sein, den Begriff von der Einheit des Alten Testamentes wiederzugewinnen, der uns so problematisch geworden ist. Die Frage nach dem Typischen stellt sich von den Texten selbst und entstammt keineswegs dem Bestreben, ein verstaubtes Theologoumenon zu erneuern. Typisch für den Jahweglauben ist seine Bindung an göttliche Geschichtssetzungen, typisch ist die ständige Neuaktualisierung dieser göttlichen Setzungen oder Ereignisse bis hin zu den Neuaktualisierungen in der eschatologischen Botschaft der Propheten, also eine bestimmte Form typologischen Denkens. Die Exegese war es, die uns auf dieses Phänomen aufmerksam machte, dessen Breite und grundsätzliche Bedeutung uns überrascht hat. Auch den Neutestamentler beschäftigt das Phänomen der typologischen Wiederaufnahme von Alttestamentlichem. Es sind also die beiden Testamente selbst, die uns anleiten, dieses Phänomen ernster zu überdenken. Aber vielleicht müssen wir die Frage nach dem Typischen erst im Bereich des Alten Testamentes weiter vortreiben. Denn, überläßt sich die alttestamentliche Theologie dem ruhelosen, für das alte Israel so typischen Traditionsprozeß, dann steht es ihr nicht mehr frei, das Alte Testament aufgrund einer von außen herangetragenen Wertskala religiös einzuordnen. Dann wird sie von ihrem Stoff selbst von einer Aktualisierung zur anderen getragen und schließlich wird sie bis an die Schwelle des Neuen Testaments, ja über diese Schwelle geführt werden. Damit zeichnet sich aber ein noch ferneres Ziel unseres Bemühens ab, nämlich das einer „Biblischen Theologie", in der der Dualismus je einer sich eigensinnig abgrenzenden Theologie des Alten und des Neuen Testaments überwunden wäre. Wie sich eine solche biblische Theologie dann darzustellen hätte, ist noch schwer vorstellbar. Es ist aber ermutigend, daß sie heute immer lauter gefordert wird[9].

9. *R. de Vaux,* A propos de la Théologie Biblique, ZAW 1956 S. 225 ff; *G. Ebeling,* Wort und Glaube (1960), S. 88; *H. Schlier,* Bibl. Zeitschr. 1957 S. 19 f.

Sachregister

Stellenregister

2. Könige

Jesaja

Hesekiel

1. Chronik

2. Chronik

2. Makkabäer

Tobit

Baruch

Jesus Sirach

Weisheit

Jubiläenbuch

Psalmen Salomos

Sibyllinische Orakel

Äthiop. Henoch

Slawischer Henoch

Himmelfahrt Moses

4. Esra

Syr. Baruch

Test. Levi

Habakuk- Kommentar

Matthäus

Register der hebräischen Wörter